漳浦年鉴

（2017）

漳 浦 县 人 民 政 府 主办
漳浦县地方志编纂委员会 承编

方志出版社
Publishing House of Local Records

图书在版编目(CIP)数据

漳浦年鉴. 2017 / 漳浦县地方志编纂委员会编. —北京:方志出版社,2017.11

ISBN 978-7-5144-2693-9

Ⅰ. ①漳… Ⅱ. ①漳… Ⅲ. ①漳浦县—2017—年鉴 Ⅳ. ①Z525.74

中国版本图书馆 CIP 数据核字(2017)第 276942 号

漳浦年鉴(2017)

编　　者: 漳浦县地方志编纂委员会
责任编辑: 黄　彦

出 版 人: 冀祥德
出 版 者: 方志出版社
地址　北京市朝阳区潘家园东里 9 号(国家方志馆 4 层)
邮编　100021
网址　http//www.fzph.org
发　　行: 方志出版社图书经销中心
电话 (010) 67110500
经　　销: 各地新华书店
印　　刷: 漳浦县金浦新闻发展有限公司

开　　本: 889×1194　1/16
印　　张: 25.75
字　　数: 666 千
版　　次: 2017 年 11 月第 1 版　2017 年 11 月第 1 次印刷
印　　数: 001~700 册

ISBN 978-7-5144-2693-9　**定价:** 180.00 元

《漳浦年鉴》编纂委员会

名誉主任：戴平忠

主　　任：黄庆华

副 主 任：魏建真

委　　员：王永盛　陈志元　赵惠娇　杨和来
　　　　　戴鹏毅　陈衍龙　王永华

《漳浦年鉴》总编室

主　　编：赵惠娇

执行副主编：姚鸣声

副 主 编：陈淑惠

编　　辑：赵惠娇　姚鸣声　许建生　林雪芬

编 辑 说 明

一、《漳浦年鉴（2017）》以马列主义、毛泽东思想、邓小平理论、“三个代表”重要思想、科学发展观、习近平新时代中国特色社会主义思想为指导，坚持辩证唯物主义的立场、观点和方法以及实事求是的原则，力求全面、客观地记载2016年漳浦县自然、政治、经济、社会、文化发展等方面的基本情况，反映各行各业一年中的新成就、新事物、新经验、新问题、新趋势，体现时代特征、地方特色和年度特点。

二、《漳浦年鉴（2017）》采用条目体结构编辑，主体部分由类目、分目、条目组成，个别层次较多的在分目之下增设二级分目类。一般按行业或归口管理部门编排，类目下的分目除少数特殊行业外，一般按县辖一级单位编排。

三、《漳浦年鉴（2017）》采用规范化的语体文记述，力求言简意赅，通俗易懂。书中单位名称首次出现用全称，再次出现用简称。计量单位以国际法定计量单位为准。采用的资料和数据，除大事记外，其余均由全县各级机关、人民团体、企事业单位提供。

四、在编纂工作中，得到县有关领导、部门、单位、社会各界的大力支持和协助，在此一并表示谢意。由于年鉴所涉及的范围较广，在编纂中出现错漏之处，敬请批评指正。

漳浦县地图

漳浦县
绥安镇
旧镇镇
佛昙镇
赤湖镇
深土镇
六鳌镇
霞美镇
杜浔镇
沙西镇
古雷镇
盘陀镇
大南坂镇
石榴镇
长桥镇
官浔镇
马坪镇
前亭镇
南浦
赤岭畲族乡
湖西畲族乡
赤土
程溪镇
东泗
海澄镇
浮宫镇
东园镇
白水镇
港尾镇
列屿镇
陈岱镇
铜陵镇
康美镇
樟塘镇
东山县
西埔镇
旧镇港
浮头湾
将军湾
前湖湾
后蔡湾
江口湾
东山湾
菜屿列岛
台湾海峡
龙海市
平和县
云霄县
东山县
G324
G228
G15沈海
S201
S50古武
S1525漳州南连接线
S1591招银疏港
图例
县级行政中心
乡、镇政府
社区居委会、村委会
自然村
农林场
县级行政区域界
乡、镇行政区域界
高速公路及出入口
在建高速公路
铁路
在建铁路
国道及编号
省道及编号
县道
主要堤坝
山峰
河流
水库
盐田
审图号：闽S[2017]111号
比例尺：1:370 000
福建省制图院　编制　2017年10月
注：本图界线为权宜画法，不作划界依据。

7 月 28-30 日，中国共产党漳浦县第十三次代表大会在县城召开
（蓝智伟/摄）

12 月 24-27 日，漳浦县第十七届人民代表大会第一次会议在县城召开
（蓝智伟/摄）

12 月 24-26 日，政协第十四届漳浦县委员会第一次会议在县城召开
（蓝智伟/摄）

10 月 30 日，农业部副部长于康震(右六)到佛昙镇调研河豚产业发展情况

(县海洋与渔业局　供稿)

10 月 25 日，省委常委、宣传部长高翔（左四)到漳浦县调研文物保护开发工作

(蓝智伟/摄)

12 月 2 日，国家工商总局消保局局长杨红灿(左五)率国务院食安办督查组到漳浦县调研食品安全工作

(县市监局　供稿)

6 月，省级重点建设工程——漳州东林（盘陀镇)500 千伏变电站建成投用

（蓝智伟/摄）

11 月 17 日,漳州市首条城市隧道——万安隧道建成通车（蓝智伟/摄）

4 月 20 日，福建省首个光伏发电站与现代农业和休闲旅游相结合项目——漳浦中电光伏投产,正式并入国家电网发电

（蓝智伟/摄）

11 月 18 日，由农业部、国台办、国家林业局、中国贸促会、中国食品工业协会和福建省政府共同主办的第八届海峡两岸现代农业博览会·第十八届海峡两岸花卉博览会在东南花都开馆　（蓝智伟/摄）

9 月 24–26 日，国台办 2016 年对台交流重点项目，由漳浦县政府、漳州市政府台湾事务办公室主办的“海峡两岸开漳圣王文化交流暨漳浦威惠庙建庙 1300 周年纪念”活动在县城西郊威惠庙举行

（蓝智伟/摄）

1 月 13 日，由中国寿山石文化发展研究中心等单位主办的“中国寿山石大师作品捐赠仪式”在漳浦县举行

（蓝智伟/摄）

8月19日《漳浦县城乡总体规划(2015-2030)》通过专家评审

（县城建局　供稿）

8月11日，漳州市地震灾害应急求援队实战演练在绥安镇举行

（蓝智伟/摄）

7月23日，由县委、县政府主办的“记住乡愁·中国民间文化之乡漳浦剪纸精品展”在厦门传世艺宫举行　（蓝智伟/摄）

1 月 31 日，位于同三高速公路漳浦段的天福闽南文化城建成开业，文化城占地 1.33 万平方米，建筑面积 2 万平方米

（蓝智伟/摄）

8 月 1 日，明末民族英雄、书画家、文学家、教育家黄道周的雕像在漳浦道周公园落成

（蓝智伟/摄）

3 月 25 日，由中央人民广播电台、漳浦县广播电台及台湾胜利之声广播公司联合制作的系列广播专题节目《二代台商漳浦缘》在台湾嘉义举行首播仪式

（陈毅聪/摄）

4 月 19 日，闽宁协作——漳浦·彭阳文化艺术交流周启动仪式在漳浦县举行

（蓝智伟/摄）

1 月 14 日，由省文联、省书法家协会主办的“到人民中去——省书法家走进道周故里文艺志愿者活动”在绥安镇大埔村举行，56 位书法家为村民书写春联

（蓝智伟/摄）

2 月 19–28 日，“中国情·丹青梦”2016 年漳浦县新春画展在县城举行

（蓝智伟/摄）

漳浦县创建教育均衡县活动掠影

（县教育局 供稿）

石斋小学新貌

民族中学

新搬迁的县特殊教育学校

县青年教师参加在漳浦县举行的『漳州市小学信息技术优质课评选观摩活动』

深土中心学校的学生在上信息技术课

漳浦县小学语文名师工作室『送教下乡』活动

漳浦县中小学生书法比赛

古雷中心学校舞蹈社团活动课

达志中学的学生在学校天文台开展活动

绥安中心学校的『阳光运动会』

漳浦县『书香校园』班级主题阅读PK赛观摩活动

漳浦县中小学学生永嘉杯文艺调演

目 录

县情概揽

特 载

专 记

大事记

中共漳浦县委员会

主要会议

纪律检查

组织工作

宣传工作

统一战线工作

农村工作

精神文明建设

机关党建

党校教育

主要工作与活动

社会团体

漳浦县总工会

共青团漳浦县委员会

漳浦县妇女联合会

漳浦县工商业联合会(总商会)

漳浦县归国华侨联合会

漳浦县科学技术协会

漳浦县红十字会

漳浦县计划生育协会

漳浦县文学艺术界联合会

漳浦县关心下一代工作委员会

漳浦县残疾人联合会

漳浦县台湾同胞联谊会

漳浦县老区建设促进会

漳浦县企业与企业家联合会

漳浦县社会科学界联合会

法　治

法治政府建设

政法委及综合

公安

国土资源管理

价格管理

安全生产监管

海关监管

出入境检验检疫

财政　税务

财政

国家税务

地方税务

金　融

中国人民银行漳浦县支行

邮政

电信

教育　科技

教育事业

科学技术

文体　传媒　旅游

文化

新闻传媒

档案管理

党史研究

地方志编纂

体育

广播电视

旅游事业

卫生　计生

卫计工作

疾病防控

县医院工作

中医院工作

妇幼保健

附　录

县情概揽

·自然地理·

【地理位置】

漳浦县位于福建省南部沿海，漳州市东南部，介于北纬23°36′—24° 21′,东经117° 24′—118° 01′。东及东南濒台湾海峡，南偏西与东山县隔海相望,西南与云霄县相连,西及西北与平和县毗邻,北及东北与龙海市接壤。全境东西最宽距离62.80千米,南北最宽距离71千米。县域总面积1981平方千米(航拍2135.33平方千米，其中陆地2008.61平方千米，占93.58%;水域137.72平方千米，占6.42%)。海岸线长216千米(航拍267千米)，居全省第二位;突出部形成整美、六鳌、古雷三个半岛,凹岸形成东山(古雷)湾、浮头湾、将军澳、佛昙湾、后蔡湾等垵澳。

【地形地貌】

县境属博平岭山脉的延伸，在鹿溪上游河谷分野,分为梁山山脉和石屏山脉,派分出灶山山脉。梁山山脉绵亘于县境西南150多千米，西半部是漳浦与云霄两县的界山,东半部为县境中部盆地与南区沿海的分水岭南。梁山山脉多山峰,有“梁山九十九峰”之说,主要有:洞仔尖、雀目山、狮石尖、金刚山、莲花峰等。石屏山山脉绵亘于县境西北部,其极顶海拔1006米,是漳浦县境内的最高峰;石屏山山脉崇高险峻,海拔800米以上的山峰有7座,900米以上的有5座,主要有:石屏峰、玳瑁山、五牙山、摩顶山、海云山等。灶山山脉是石屏山支脉溪坂五牙山—长桥横内山从县境中部腹地向沿海的延伸,山脉的南北两侧形成赤土、湖西两个盆地。主要山脉有:胶丢尾山、乌龟山、朝天马山、灶山、南峰等。县域地势由西北向东南倾斜,各山脉之间为大小不同的平原、盆地,其间夹有许多丘陵。

【水文】

境内主要溪流有鹿溪、南溪、浯江溪、赤湖溪、佛昙溪、杜浔溪,六条溪流各成水系,主河道总长204.88千米，流域面积1460.40平方千米。河网(含13条一级支流）密度0.19千米/平方千米，年平均径流量13.88亿立方米,年排涝量16.83亿立方米,年最大排涝量23.33亿立方米。鹿溪是境内最长的溪,源自平和侯门,入县域后,纳盘龙溪、胜利溪、东山溪、盘陀溪、马坑溪、查岭溪、罗山溪、万安溪、后井溪，至旧镇城内村入东海，主河道57千米，境内长43.90千米，流域面积631.90平方千米,年均径流量5.95亿立方米,平均流量15.33立方米/秒。境内有西湖、鉴湖两个淡水湖,水域面积5.55平方千米。全县有水库89座，其中中型八座,小(一)型20座,小(二)型61座,总库容25154.70万立方米,集雨面积362.02平方千米。水库年可供水2.30亿立方米，有效灌溉面积133平方千米。

【气候】

漳浦县属南亚热带海洋性季风气候。雨量充沛、冬无严寒、夏无酷暑、冬季短、春、夏、秋长。多年平均气温21.3℃,1月平均气温13.6℃，极端最低气温-0.3℃(2016年1月25日);7月平均气温28.4℃，极端最高气温38.7℃(2002年7月4日)。最高月平均气温29.7℃(2003年7月);最低月平均气温11.5℃(1986年2月)。平均气温年较差15.4℃,平均气温日较差8.1℃。年平均霜日3.9天,无霜期353天、最长365天、最短349天,沿海村及半岛、海岛全年无霜。年平均日照时数1825.40小时,年总辐射132.76千卡/平方厘米。5℃以上持续期365天。年均降水量1690.30毫米。内山区1700毫米—1800毫米,半岛及沿海900毫米—1200毫米;年平均降雨日数125天,最多达200天(1984年),最少123天(2009年)。极端年最大降雨量2557.20毫米(2006年),极端年最少降雨量1043.30毫米(1988年),降雨集中在每年3月至9月,6月为最多。年平均相对湿度77%,年平均蒸发量1782.60毫米,年平均雾日8天。常年平均风速2.10米/秒,夏季以东南风、南风为主,冬季以西北风、东北风为主。

2016年,全年气候概况:平均气温21.7℃,比历年平均偏高0.4℃,属偏高。年≥35℃高温日数20天。年极端最高气温37.5℃,出现在7月28日,年极端最低气温-0.3℃,出现在1月25日,超过常年极值,出现霜。10月30日,出现“23型”寒露风、11月23日出现“20型”寒露风。无倒春寒和“五月寒”天气。1月、8月最低气温创历史同期新低。全年降雨量2318.90毫米,比历年平均偏多714.00毫米约44.50%,属异常偏多。全年降雨日数176天,≥0.1的日数167天;均超过历史平均值。1月28日(70.40毫米)出现的暴雨,刷新同期历史最大纪录。年日照时数1337.30小时,比历年平均偏少488.10小时,属异常偏少。年日照百分率30%。春播期平均温度15.5℃,比历年平均偏低0.7℃,总雨量309.80毫米,比常年偏多117.00毫米约61%,降水主要集中在3月7—25日。总日照时数142.10小时,比历年偏少9.10小时约6%。汛期(4—9月)总雨量1399.80毫米,比常年偏多12%;前汛期(4—6月)总雨量788.10毫米,比历年同期偏多21%;台风季(7—9月)总雨量611.70毫米,比历年同期偏多2%。影响漳浦县的台风个数偏少,影响程度较轻,雨量正常略偏多。

【矿藏】

境内已探明矿产有23种,其中金属矿有铁矿、铅锌矿、铝土矿、钨锡矿等六种。铝土矿储量81.90万吨(已开采36.235万吨),钨矿储量602吨、锡矿112吨。非金属矿有砂矿、花岗岩、玄武岩、辉绿岩、高岭土、陶瓷土、硅藻土、石英等。其中玻璃砂储量两亿吨以上,铸型用砂1.27亿吨,水泥用标准砂94.69万吨,硅藻土储量198.70万吨,高岭土储量500万吨,饰面用花岗岩2.15亿立方米以上,饰面用辉绿岩500万立方米,陶瓷土101.90万吨,建筑用花岗岩资源达5亿立方米以上。地下淡水常年储量2.60亿立方米,每年利用0.80亿立方米;地下热水有石榴象牙、东山村温泉,盘陀雀埔温泉,沙西院前,土楼埔头温泉,均已局部开发建温泉浴室;另有旧镇狮头海水温泉,一个钻孔自喷涌水量1000吨/日以上,孔口水温52℃。

·人文地理·

【建置沿革】

漳浦县秦前属七闽地。秦并入版图属闽中郡。汉部分属东治县,部分属南海郡。晋义熙九年(413年)置绥安县,属义安郡。隋大业三年(607年),并入建安郡的龙溪县。唐武德元年(618年),属领南道建州龙溪县。唐武德五年(622年),属江南道丰州龙溪县。唐贞观元年(627年),属岭南道泉州龙溪县。唐垂拱二年(686年),置岭南道漳州,漳浦属漳州。五代后梁开平三年(909年),属闽王国漳州。南唐保大四年(946年),改漳州为南州,属南州。宋乾德四年(966年),复南州为漳州,属漳州。元至元十六年(1279年),改漳州为漳州路,属福州行中书省漳州路。明洪武元年(1368年),改漳州路为漳州府,属漳州府。清时,均属漳州府。民国元年(1912年),属福建省漳州府。民国二年(1913年),废除府州制度,福建设东、西、南、北四路,属南路。民国三年(1914年),改设闽海、厦门、汀漳、建安四道,属汀漳道。民国二十三年(1934年),全省设10个行政督察区,属第六行政督察区。民国二十四年(1935年),全省设七个行政督察区,属第五行政督察区。

1949年9月,漳浦县解放,属福建省第六行政专区。1950年4月,第六行政专区改称漳州行政督察区,属漳州行政督察区;同年8月,漳州行政督察区改为龙溪地区,属龙溪地区。1955年3月,龙溪地区改为龙溪专区,属地溪专区。1985年6月,龙溪地区改称漳州市,属漳州市至今。

【政区划分】

宋乾德四年(966年),漳浦县城区设坊,城区外设乡。元至元十六年(1279年),县域设一坊三乡。明洪武元年(1368年),县域设坊、都、图,有一坊13都76图。清初,县域设坊、都、保,有一坊九都175保;嘉庆三年(1798年),县域有一坊九都135保。民国二十三年(1934年),推行保甲制度,县域设306保,编为50个联保。民国二十九年(1940年),联保改为乡镇,编为30个乡镇301保。

1949年9月,漳浦县解放,设立七个区,先后增设至十二个区,分辖六个镇,135个乡。1958年9月后,撤销区(乡镇)建制,成立10个人民公社;之后,分设为26个人民公社,再合并为17个人民公社。1984年9月后,人民公社改为乡(镇),原生产大队改为建制村,全县共有三个镇,18个乡。1988年5月起,漳浦县陆续撤乡改镇。至2016年,全县有绥安、旧镇、霞美、杜浔、沙西、古雷、六鳌、深土、赤湖、佛昙、前亭、马坪、官浔、长桥、石榴、盘陀、大南坂17个镇,南浦、赤土2个乡,湖西畲族乡、赤岭畲族乡2个少数民族乡,共21个乡镇。

【人口】

2016年,共登记出生22733人,出生率18.52‰,出生人口政策符合率90.67%,比市年度责任指标(90%以上)高0.67个百分点;出生人口性别比111.56,比市年度责任指标(112以下)低0.44个点;至年末,全县总人口917969人。是年,登记死亡4327人、迁入5523人、迁出6244人,办理居民身份证85186张(其中跨省异地受理5张),办理临时证1322张。提高流动人口管理服务水平,流动人口信息协查率、反馈及时率均达100%,市综合平台流动人口出生信息协查率100%。

【名胜古迹】

赵家堡 位于湖西畲族乡,系宋朝皇室后裔闽冲郡王赵若和的第九世孙、进士赵范于明万历二十八年(1600年)始建;第十世孙赵义续建而成的一座仿宋朝建筑建造的城堡。城内主要建筑有完壁楼、府第、汴派桥等及宋、明著名书法家的刻石、石碑十几处。全城规模恢宏,建筑类型丰富,历史文化内涵浓厚。是国家级文物保护单位。

诒安堡 位于湖西畲族乡,始建于清康熙二十六年(1687年)。系清平台谋士,曾任广西按察使、湖南布政使和太常寺卿的黄性震为家族抵御寇患,捐资兴建的一座全国罕见、至今保存最完好的清代典型闽南民居城堡。诒安堡平面为锁形,城墙周长1200米;城内现有95座民居,布局有序,巷道分明。是国家级文物保护单位。

威惠庙 位于绥安镇西郊,始建于唐开元四年(716年),是诏立敕建奉祀"开漳圣王"陈元光及其主要将领的庙宇,是漳台两地开漳圣王庙的祖庙。历代均有修护,至清末民初庙宇建筑大部毁坏。20世纪90年代开始重修,建成庙宇主体前、中、后三大殿及2座石牌坊,主体建筑面积1500平方米。

明诚堂 位于绥安镇东郊,系明代大儒黄道周故居,为省级文物单位。建于明万历三十七年(1609年),黄道周居此施教,初称为"东皋书舍";明崇祯十七年(1644年)明灭后,黄道周把东皋书舍扩建成四合院,改称为"明诚堂",以表爱国之志。1961年辟为纪念馆。馆中存有黄道周制作的用于释天论地、研究和讲授易学数理的仪器"天地盘",其中的奥秘至今无人破解。

乌石天后宫 位于旧镇镇乌石山麓,系在紫薇书院基础上,于20世纪90年代修建,供奉明嘉靖探花林士章于万历九年(1581年)致仕归漳浦时,特地从莆田湄洲妈祖庙迎回故乡奉祀的湄洲妈祖庙开基金身雕像。

天后宫与紫薇寺交相辉映，景区内有唐建的谢安庙及明嘉靖至万历年间，9名进士、7名举人在此修学成才的紫薇洞等文物古迹。

【旅游景点】

漳州滨海火山国家地质公园 位于前亭镇，景区规划开发建设面积4平方千米。主要地质遗迹有：柱状玄武岩、古火山口、火山喷气口群玄武岩西瓜皮构造等4种。2001年3月，经国土资源部批准，成为全国首批11个国家地质公园之一。2004年10月正式开园，2007年被国家旅游局评为国家AAAA级旅游景区。是全国目前唯一规模最大、保存最完整、特色最突出的滨海火山地质遗迹，属世界罕见，被省政府列入福建十大旅游品牌。2005年，被《中国国家地理》杂志评选为"中国最美的十个海岛"之一。

天福茶博物院 位于盘陀镇，景区面积53336平方米，2000年1月创建，2002年1月建成开院。2003年被国家旅游局评为国家AAAA级旅游区。2005年被授予首批全国农业旅游示范点。是目前世界最大的茶博物院。设有主展馆、中国茶道教室、日本茶道馆、韩国茶道馆和书画馆五大馆区。景区内有薪火相传、茗风石刻、明湖垂影、茂林修竹、唐山瀑布、武人茶苑、兰亭曲水、天宫赐福等八大景观。整个茶博物院布局精巧，立意独具匠心，环境舒心高雅，文化氛围浓厚，是一处善缔茶缘，感受茶情、传播茶文化以及休闲养性的高品位旅游区。

东南花都 位于官浔镇马口，景区面积5.20平方千米。是"海峡两岸（福建·漳州）花卉博览会"的举办地。2005年被国家旅游局评为国家AAAA级旅游区，2006年被评为全国农业旅游示范点。是海峡两岸农业科技与经贸合作示范基地，闽台风俗文化互动的舞台。至2016年，已连续举办18届"海峡两岸（福建·漳州）花卉博览会"。以花为媒，成为海峡两岸文化、旅游和经贸活动的载体和合作双赢、共谋发展的平台。景区依山傍水，群花锦簇，生机盎然，四季花香袭人。景区设有"六园六馆一市一庄一个俱乐部"。有50多家外资企业在此投资种植世界名贵的花卉品种。是一个集花展会务、休闲度假、生态观光、户外拓展训练的多功能综合生态旅游区。

·经济社会发展综述·

【概述】

2016年，漳浦县经济社会健康持续发展，基本完成县人大十六届六次会议确定的各项目标任务。全年完成地区生产总值302.87亿元，同比增长9.30%；固定资产投资255.33亿元，同比增长21.2%；规模工业总产值383.33亿元，同比增长11.5%；规模工业增加值111.26亿元，同比增长11.10%；公共财政总收入19.83亿元，同比下降1.70%；地方公共财政收入13.50亿元，同比增长0.20%；社会消费品零售总额（含古雷）103.09亿元，同比增长11.40%；外贸出口总值5.31亿元，同比下降5.30%；实际利用外资（验资口径）1.32亿美元，同比增长7.30%；城镇居民人均可支配30689元，同比增长9.90%；农村居民人均可支配收入16535元，同比增长11.30%。漳浦县被授予国家电子商务进农村综合示范县、义务教育发展基本均衡县、全国普法先进县、2011－2015年度全国法治教育先进县，省级平安先行县、食品安全社会共治示范县、全省计划生育工作先进单位、2016年省级妇幼健康优质服务示范县等。

【工业经济不断壮大】

突出园区平台支撑 继续实施绥安工业区整合战略，整合绥安、黄仓、旧镇、大南坂、赤湖5个工业园，开发面积增加到26.30平方千米。规划建设万安工业园、前亭工业园、赤湖皮革园、长桥林业循环经济产业园，已累计投入35亿元，完成各类土地报批2200公顷，征地1734公顷，土地整理1600公顷，清理闲置土地400公顷。万安工业园"五纵八横"道路等基础设施建设加快推进；赤湖工业园首批12家企业全部相继投产；前亭工业园和长桥林业循环经济产业园加快推进污水处理厂、园区道路等基础配套设施建设。“一个工业区，四个特色园”的工业发展平台格局基本形成。按照去产能、去库存、去杠杆、降成本、补短板的要求，合理调整各个园区产业结构，引导园区过剩产能供给侧减量和结构调整，实施智能化改造提升和“机器换工”行动，加快园区产业转型升级。引进福船一帆新能源、中电光伏、阳光电源等一批大项目、好项目，工业短板逐步补齐，逐步形成食品加工、机械制造、纺织服装等产业集群。

规模工业企业培育 全年净增规模工业企业32家，其中新投产企业新增上规模10家，分别为红海食品、万顺兴电子、同星木业、圣元环保电力、玮柏自行车、美一食品、四通食品、立志工贸、万顺吉、宏森工贸，产值4.30亿元；2016年年报老企业上规模21家，产值20.70亿元；年报退出5家，产值0.30亿元。

工业固定资产投资 全年完成工业固定资产投资95.42亿元，完成市下达目标80亿元的119.30%，同比增长22.20%；其中工业技改投资完成36.90亿元，完成年目标42亿元的87.90%。同比下降3.40%。

规模工业总产值 规模工业企业229家，其中产值超亿元96家、税收超千万元10家。全年实现规模工业总产值383.33亿元，完成年目标380.45亿元的100.70%，同比增长11.50%。

规模工业增加值 全年实现规模工业增加值111.26亿元，完成年目标110.27亿元的100.80%，同比增长11.10%，增加值率为28.98%，列入成本费用调查单位的61家企业预计实现工业增加值率29.34%。

工业税收 全年实现工业税收6.30亿元，同比下降14.90%。主因是制造业普遍不景气及受营改增税务体制改革和政府扶持企业，降低企业税收成本的影响。

【农业农村持续发展】

农业经济保持良好发展态势 实施点、线、面工程，以国道两翼示范带动全县农业转型增效。花卉苗木、蔬菜、水产、水果、食用菌等五大特色产业持续做大，实现规模化、标准化生产。石榴现代农业观光产业园、绥安大埔精品园、赤土立体现代农业核心示范园和福建农民创业园漳浦创业示范基地创建水平进一步提升。食用菌现代产业园被列入全省现代农业产业园“3211”工程(即：30个茶业、20个蔬果、10个食用菌和10个畜禽现代产业园)，现代农业优势不断凸显。新增农业龙头企业8家、农民专业合作社45家、家庭农场38家。已建成绿色、有机、无公害农产品基地1800公顷，发展设施农业18.67公顷，培育市级以上农业龙头企业35家、专业合作社21家。全县农林牧渔业总产值完成145.79亿元，同比增长4%。

农村土地承包经营权确权登记颁证工作扎实开展 完成251个村的农村土地确权登记颁证工作，航拍面积达到100%，签订合同的农户占比达95%，登记土地面积占比达92%。创建出口农产品质量安全示范县验收顺利通过。作为全国农村承包土地经营权抵押贷款试点，农村土地经营权抵押贷款试点初现成效，办理农村土地经营权抵押贷款6笔，总贷款金额1615万元，土地流转率达37.20%。

脱贫攻坚战有力有效 实施精准扶贫“七大攻坚工程”，至年底，全县脱贫人口3018户8080人，实现167户农村贫困无房户建设并搬迁入住，完成年度脱贫人口任务数的107.73%。造福工程搬迁840户2800人，完成年度任务的107.10%；6户易地搬迁已全部竣工入住。产业扶贫成效明显，落实产业帮扶贫困户1423户。下拨两批中央财政扶贫资金共95万元，扶持213户建档立卡贫困户发展生产。县财政拨出170万元，各乡镇本级财政资金600多万元，用于产业扶贫，重点扶持贫困村贫困户发展特色产业。金融扶贫有效推进，新增精准扶贫贷款1557万元。

【重点项目稳步推进】

2016年，漳浦县以项目为第一抓手，以“项目建设年”为平台，持续推进项目带动战略。做好项目储备，编制《漳浦县重点招商项目册》，收录涵盖食品加工类、精细化工类、光电科技类等重点招商项目80个。在全县开展项目建设“三比三看”竞赛活动，实行县领导挂钩重点项目和难点问题“会诊”制度和“每周一报”机制，开展“进企业、解难题、促发展”帮扶活动，狠抓项目建设重要环节，定期跟踪项目推进。着力解决项目推进中遇到的用地、用林、用水、用电、融资、投建报批等难题，拔钉清障，推动项目建设提质提速提效。全年获批土地项目 83 个，总面积 203.39 公顷。加快推进绥安工业开发区、万安工业园、前亭工业园等工业项目承载平台的整合提升，优化营商环境。全县 106 个县级以上在建重点项目，总投资 613.16 亿元，年度计划投资 180.08 亿元，全年累计完成投资 173.45 亿元，完成年度计划的 96.30%，与序时进度比下降 3.70 个百分点。其中省级在建重点项目 5 个，总投资 102.41 亿元，年度计划投资 18.70 亿元，全年累计完成投资 19.13 亿元，完成年度计划的 102.30%，超序时进度 2.30 个百分点。

【招商引资提质增效】

持续加大招商力度，拓展创新委托招商、网上招商、产业链招商、小分队招商等多种招商方式，组织招商团队参加海峡论坛(茶会)、“9·8”投洽会、“第十八届花博会·第八届农博会”等大型招商活动；全力做好“小分队招商”，有针对性地赴珠三角、长三角、泉厦等地开展投资推介和项目对接活动，全年组织外出招商活动 27 场；发挥专业招商队伍的作用，开展部门和企业对口招商，注重产业招商，围绕支柱跨国公司、上市公司，多管齐下力促招商引资取得新成效。全年实现签约报批招商引资项目 113 个，其中，外资项目 33 个，总投资 2.90 亿美元，总注册资本 1.19 亿美元；内资项目 80 个(内资项目为注册资本 500 万元以上的工业项目)，总注册资本 16.20 亿元。促成赛维网络科技、阳光电源、贝纳制衣等一批优质项目签约落户漳浦县。

【生态环境日益改善】

2016 年，深入开展“生态环境建设年”活动，顺利通过国家生态县考核验收。实施生态建设“七个五”行动计划项目 36 个，其中 23 个项目开工建设，13 个项目竣工，累计完成投资 26.16 亿元，完成年度计划投资的 149%。总投资 1584 万元，完成漳州市唯一农村环境综合整治项目“盘陀镇农村环境综合整治”。启动国家生态文明先行示范区和国家园林城市创建工作，建立县三级、乡镇四级网格化环境监管体系，日常环境监管任务明确到人，执法监管责任落实到人。加大环境治理力度，加强企业总量减排监管，完善减排企业自行监测体系。完成县城区大气环境质量监测和地表水环境质量监测，通过省级环境监测计量认证复核验收。全年办结建设项目环评审批 114 个，办结建设项目竣工环评验收 46 个，从源头上控制新的污染源产生。依法查处违法企业 15 家，受理并办结环境问题投诉案件 107 件。黄标车淘汰工作有力有序，全年淘汰黄标车 1243 辆，完成年任务的 119.98%。加大生态整治力度，开展“青山挂白”、矿山违规开采、河道管护、城乡污垃、扬尘废气、黑臭水等专项整治，加强规模化畜禽养殖污染综合整治。关闭禁养区生猪养殖场 1248 家，拆除猪舍面积 28.80 万平方米，消减生猪存栏 96392 头。重点流域相关乡镇垃圾收集率均达 90%以上，处理率达 100%。实施 2 条万里安全生态水系项目，完成造林绿化 1333 公顷、坡耕地水土流失综合治理 400 公顷。

【第三产业强势推进】

2016 年，打响“五行文化游”“厦一站，漳浦”旅游品牌，重点打造以滨海度假、红色车本、人文朝圣、生态养生为主题的特色线路。建设彩露华观光工厂和七星海、抽象画廊等旅游项目，提升“闽南井冈山”、滨海火山、翡翠湾、天福石雕园等重点景区功能。发展乡村游、民宿游。漳州东南花都有限公司、漳浦天福观光茶园有限公司入选年度福建省旅游龙头企业名单，漳浦火山岛自然生态风景区被评为省级十佳文明旅游景区，漳浦翡翠湾滨海度假区被评为省级文明旅游工作先进单位，漳州天福茶业有限公司被评为 2016 年省级观光工厂，湖西畲族乡城内村、深土镇山尾村被评为 2016 年省级乡村旅游特色村。全年旅游接待总人数356.49万人次，同比增长17.20%；旅游总收入34.01亿元，同比增长23.40%。

以“国家电子商务进农村综合示范县”为动力，乘势而上，从物流配送体系、县级服务中心及镇村服务站点、品牌培育与质量保障、人才队伍等四个方面发力，全面推进“互联网＋”行动计划的实施，融入“互联网＋”经济新模式，重点发展电子商务、现代物流等服务业新兴业态。建设完善电商创业园、电商服务中心、电商培训基地；基本建成县级物流仓储中心、21个乡镇物流分仓；建成201个村级服务站点。盘活社会资源，打通农村电商物流“最后一公里”，助推金马创业一条街加快建成，构筑县乡村三级物流配送体系。推广新型孵化模式，加快发展众包、众扶、众筹新模式，支持发展跨境电商、农村电商，促进更多农特产品走出国门、销往世界。同时，加快大南坂品牌汽车4S产业园道路配套建设，建成汽车超市，吸引更多品牌汽车经营商入园。全县已有腾睿电商、浦邮电商、白山鞍电商等一批知名电商企业在内的电商相关企业451家(工商注册口径)，并签约引进大型跨境电商龙头企业赛维网络科技；有微商卖家1000多家，电商从业人员1万多人。实现电子商务交易额18.28亿元，同比增长43.04%，其中网络零售额6.04亿元，同比增长14.21%。

【城乡建设万象更新】

2016年，全面加快县城中心区、特色城镇和美丽乡村建设。全县计划实施城建项目83个，年计划投资72亿元，实际累计完成投资86亿元，完成年计划投资的119.40%，其中房地产完成投资71.83亿元(不含古雷项目)。

城市建设扩容提质 立足漳州次中心城市发展定位，启动创建国家级园林县城和省级卫生县城活动，实施“面海东进、跨溪南扩、依山北拓”发展战略，旧镇、大南坂、万安“三个组团”同步扩张，火车站场、鹿溪两岸、九曲岭“三大板块”各具雏形。全年实施房地产及城市综合体33个，总投资264.06亿元，年计划投资50.43亿元，累计完成投资69.91亿元，完成年度计划投资的138.62%；重点推进美伦清华园、碧桂园、尚城豪庭、夏商水岸名都等27个房地产建设。实施市政基础设施项目39个，总投资55.45亿元，年计划投资15.97亿元，实际累计完成投资7.70亿元。实施城市综合交通工程项目23个，总投资30.94亿元，已投资5174万元；其中迎宾大道改造工程已全部完成，金浦大桥于3月开工建设，工业南路、湖滨东路、九曲岭片区道路配套项目、蓝理路、滨江道路等前期工作稳步推进。实施停车设施建设项目6个，总投资715万元，新增停车位274个。实施公园绿地建设项目6个，总投资2.29亿元，已累计完成投资4525万元。高标准建成迎宾大道、万安隧道、通站大道等一批重大市政工程。加强交通秩序、户外广告、环卫保洁等市容市貌整治，提升城市精细化管理水平。完成绥东溪、南门溪景观改造，新建鹿溪、道周、石斋等9个城市公园和金浦大道路口、龙湖大道南侧等27个街头绿地，县城主要路段和公共场所实现树绿花红、亮化美化。

村镇建设 以城带乡、城乡共荣，推进城乡一体化实施，加快推进新型城镇化建设。深化杜浔小城市培育试点，启动绥安镇低碳社区建设示范项目，推进佛昙商贸街、赤土安置示范小区、深土碧水丹山、盘陀鹿水新城等小城镇综合体建设。启动国道线城关过境线先导段改造，开工建设港城大道、旧镇漳东线至沿海大通道连接线等项目，推进沿海大通道旧镇、佛昙两座特大桥建设，建成农民文化公园22个，建成乡镇垃圾中转站36座，形成“村收集、镇转运、县处理”的一体化的垃圾处理系统，创建国家生态镇18个。实施美丽乡村项目25个，完成村庄人居环境整治66个。各示范村整治村围绕“五清楚”“两特色”因地制宜推进整治建设，累计投入资金1.30亿元，拆除猪圈、旱厕、禽舍、临时搭盖3.50万平方米；完成裸房整治855幢6.89万平方米，新建农村污水处理设施96个；新建污水管网9.30千米，硬化村道15.20千米、4.06万平方米，新增绿化3.40万平方米。基本达到"拆清楚、扫干净、摆整齐、保畅通"总体要求。新增农村水泥路120千米。

【民生事务投入加大】

落实各项为民解困措施，拓展救助范围，重点抓好特困人员、残疾人、孤老等社会弱势群体的基本生活保障。全年发放各类社会保障救助资金8894.88万元，发放优抚资金2451.10万元，发放各类优抚对象抚恤补助金和医疗补助金2225万元。新建后港、马坪、花林、杨美4所农村幸福院，并通过政府购买服务的方式，投入100万元，与社会养老服务机构签订服务项目，由专职服务人员上门为3200名服务对象提供各种形式的养老服务。全力保障民生，开展各类创业培训，培训学员5912人。全年新增就业人数6512人，城镇下岗失业人员再就业人数2109人，帮助就业困难对象再就业人数360人，城镇失业率控制在2.23%以内；健全被征地农民养老保障制度，帮助引导失地、失海农民二次就业、创业，新增农村劳动力转移就业人数1.02万人。发放失业保险金373.17万元。社会保障事业实现新突破，企业养老保险参保人数累计6.40万人，基金征缴36338万元，发放40758万元；为5.09万人办理工伤保险，为4.14万人办理生育保险，为6.01万人办理医疗保险；城乡居民养老参保人数39.76万人，占应参保人数的96%。向11.12万名60周岁以上老人发放养老金13681.67万元。新建续建保障性安居工程1860套，基本建成1260套，完成农村危房改造400户。漳浦县劳动人事争议纠纷多元调处中心被人社部评为"全国人力资源和社会保障系统2014－2016年度优质服务窗口"。

【社会事业和谐有序】

科技工作成效凸显 持续实施科技项目带动战略和知识产权强县战略，组织申报省级科技项目4个，市级科技项目7个。企业创新取得新的突破，5家企业获省级高新技术企业称号，2家企业被认定年度省科技小巨人领军企业，5家企业获福建省科技创新券补助。组织实施在研科技项目27个，取得示范带动、成果转化的作用，获福建省科技进步二等奖1个，漳州市科技进步一等奖，三等奖各1个。专利申报数授权数创新高，组织申报漳州市专利产业化2个；在漳州市首次专利奖评审中，被授予二等奖、三等奖各2个。4家企业列入第七批漳州市知识产权试点单位。1家企业列入福建省知识产权优势企业。

教育事业发展有序 加快推进义务教育基本均衡发展，顺利通过"义务教育发展基本均衡县"国家级评估验收和省级"特殊教育标准化学校"评估验收。漳浦一中连续第9年获漳州市"高考功勋奖"，道周中学等6所学校获市"初中教学质量信得过学校"称号，长春中学等11所学校获"初中教育教学质量先进校"，漳浦六中等21所学校获"初中教育教学质量达标校"，赤土中学通过省级"义务教育管理标准化学校"验收。实施第二批乡镇公办幼儿园建设，新建实验幼儿园绥东分园等4所公办幼儿园，开工建设漳浦一中一级校达标工程、城关中心校、实小城北分校。招聘中小学、幼儿园教师177人，缓解紧缺学科和幼教教师紧张问题。被评为漳州市初中教育教学质量达标县、漳州市高中教育教学质量达标县。

文化体育丰富多彩 全年组织开展文艺展演活动30多场次，举办各类展览30多场次；带动各地文艺活动170多场次；组织举办了记住乡愁—中国民间文化艺术之乡漳浦剪纸精品展(福州站、厦门站、漳浦站)；县芗剧团下乡演出105场，放映农村公益电影3597场，县城西湖公园双号免费电影放映136场。省委宣传部重点扶持项目－芗剧《煎石记》完成创作排演，于7月在漳州市人民剧场完成首演。芗剧《芝麻官系列》获得漳州市第八届百花文艺奖二等奖。芗剧《芝麻官系列》获"第26届福建艺术节"剧目一等奖。投入1500多万元，全国重点文物保护单位锦江楼、漳浦文庙等的维修。开展全民健身运动，新建乡镇、村、学校建设体育场地25个，"老年人健身康乐家园"61个。全年举办县级群众体育赛事200多场。完成14个项目、337名省级运动员注册工作。漳浦籍运动员在国内大赛中获银牌4个，铜牌1个。

卫计工作扎实推进 整合优化卫生计生资源，提升巩固卫计水平，全面推进杜浔中心卫生院、漳浦县第二医院等项目建设，县妇幼保健院迁建和一批乡镇卫生院改扩建工程竣工投用。推动中医药工作深入开展，完成8个卫生院中医馆建设并投入运行，医疗服务条件跃居全省县级最高水平。新招用卫计人员86人，在4个边远的乡镇卫生院各引进1名特设岗位全科医生，缓解边远地区看病难问题。医改工作有序开展，有效地控制医疗费用的增长，累计节约医保基金及减轻群众的负担912万元。完善计划生育利益导向机制，法定奖励扶助政策兑现率达100%。运用经济、政治、法律等综合手段，强化出生人口性别比失调综合整治力度，计生工作主要指标完成良好。疾病防控工作突显，疾病预防控制中心被评为福建省2014－2015年食品安全风险监测先进集体和2013－2015年度福建省慢性病防控工作先进集体。全面完成各项妇幼重大公共卫生服务项目任务指标，被授予福建省级妇幼健康优质服务示范县称号。新农合参合率达100%，筹资水平比2015年度增加60元／人•年。

社会大局和谐稳定 落实综治领导责任制，乡镇场、县直机关签订《党政领导综治责任书》，把落实综治领导责任纳入乡镇、机关年度绩效工作考核。健全“大调解”体系，强化矛盾纠纷排查，在矛盾纠纷多发领域建立人民调解委员会29个，专业调解组织13个。重新调整聘任平安中心户长2657人，综治协管员299人。通过行政调解、人民调解、司法调解、法律援助、保险理赔、社会救助等“一站式”化解，有效减少纠纷双方对立。是年，全县和谐乡村促进会参与调解矛盾纠纷4375件，调处成功4335件，调处成功率99.13%。投入2000多万元，重点乡镇新建175处监控点、284路公安视频监控。合计推送至市局联网平台553路。投入1300多万元，推进平安农村监控建设，在每个建制村配备10个以上的高清监控探头，建成高清监控探头3026个。按照农村全覆盖、社区规范提升要求，全面推广城乡社区网格化建设，县财政专项补助450万元，建成225个村级网格化管理服务站，实现基层社会治理信息化、管理智能化。有效地推进平安漳浦建设。

【漳浦特色美食】

霞美传统蚝嗲

※主料：野生珠蚝400克

※配料：青蒜末30克、鸭蛋1粒

※调料：鱼露6克、本土地瓜粉80克、纯净水120克、熟肉油25克

※制作方法：

1、珠蚝挑去碎壳片后用清水洗净沥干。

2、将珠蚝、青蒜末、纯净水、鱼露倒入盆中，加入地瓜粉用筷仔搅动成糊浆。

3、炒锅加热注入熟肉油烧至5成热，倒入珠蚝糊浆用煎铲炒开，并翻炒至两面海蛎煎呈乌光透亮凝固状，又滴入熟肉油倒入鸭蛋液翻煎成熟装盘即成，上席时随蒜茸酱、香菜、萝卜酸为佐料

※特点：鲜美滑润、传统风味

※营养成分：蛋白质34克 脂肪25克 能量786千卡 钙594毫克 铁38毫克 锌39.5毫克 维生素A276微克 维生素E6.5毫克 维生素B10.22毫克 维生素B20.8毫克 维生素C1.79毫克

漳浦美食协会供稿

特　载

漳浦县国民经济和社会发展第十三个五年规划纲要

·前　言·

“十三五”时期，是我们党提出全面建成小康社会的决胜期，是全面深化改革的攻坚期，是推动经济社会发展转型升级的关键期。编制好我县国民经济和社会发展第十三个五年规划，对于主动适应经济新常态，推进“富美金漳浦，山水绿家园”建设，实现科学发展跨越发展，具有十分重大的意义。

《漳浦县国民经济和社会发展第十三个五年规划纲要》以党的十八届五中全会和省委九届十五次全会、市委十届十一次全会精神为指导，根据县委十二届十三次全会审议通过的《中共漳浦县委关于制定漳浦县国民经济和社会发展第十三个五年规划的建议》进行编制，详细阐明未来五年我县经济和社会发展的指导思路、总体要求、目标任务和政策举措，是政府依法履行职责、引导市场主体行为、编制实施各类专项规划的重要依据，是全县人民为之共同奋斗的行动纲领。

·第一章　“十二五”执行情况回顾·

“十二五”以来，我县紧紧围绕“一城四区”①发展战略，统筹稳增长、促改革、调结构、惠民生、防风险，较好地完成“十二五”规划确定的各项目标任务，全县经济社会发展呈现持续向好态势。

一、综合实力明显增强

发展质量和效益不断提高，综合竞争力明显增强，实现地区生产总值318.77亿元(含古雷)，年均增长12.30%，人均地区生产总值39248元（含古雷)；一般公共预算总收入达31.55亿元(含古雷)，年均增长24.20%，地方一般公共预算收入达21.94亿元(含古雷)，年均增长27%；社会消费品零售总额达92.62亿元(含古雷)，年均增长13.30%；全社会固定资产投资五年累计1121.65亿元(含古雷)，年均增长18.40%；五年累计出口总额33.43亿美元(含古雷)，年均增长4.90%；五年累计实际利用外资8.70亿美元(含古雷)，年均增长6.10%。城乡统筹发展，区域协调格局日渐明晰，城镇化率达

48.30%；城镇居民人均可支配收入达27924元，年均增长12%，农村居民人均可支配收入达14856元，年均增长12.40%。2012、2013、2015年度被评为福建省县域经济发展“十佳县”。

二、产业结构更加合理

产业发展层次进一步优化，产业结构更加合理，三次产业结构比例调整为19.50:40.50:40(含古雷)。工业经济平稳增长。实现规模工业总产值452.47亿元(含古雷)，年均增长16.60%，规模工业企业达202家；古雷港区、绥安工业开发区等加快建设，培育形成了食品加工、光伏玻璃、皮革五金、健身器材、纺织服装等产业集群；一帆重工船舶分段加工、大唐风力发电等一批重大项目建成投产，自行车产业园、民生置业产业园、一帆新能源装备制造等一批重大项目开工建设，总投资20亿元的粤港家居产业园落户前亭工业园，总投资80亿元的漳龙林业产业园、九龙江林业工业科技产业园顺利签约并实现部分项目开工建设。第三产业有效提升。实现第三产业增加值127.34(含古雷)亿元，年均增长13.20%。游客服务集散中心、365假日酒店等重点旅游项目投入使用，“五行文化旅游”②品牌在国内产生较大影响力和吸引力，旅游接待总人数和旅游总收入年均增长近20%；永嘉城市生活广场、新都城市广场相继投用；四通物流园、长德商贸城等商贸物流项目顺利推进，城乡市场繁荣活跃；金融、会展、科技创意等现代服务业蓬勃发展。现代农业稳步推进。国家现代农业示范区、农业产业化示范基地和台湾农民创业园、漳浦农民创业园等园区的规模和品位进一步提升，对台产业合作进一步深化；农业硅谷二期、海峡花卉集散中心、扬基生物科技等一批重点项目顺利实施，建成了4个国家级现代渔业示范基地；农产品深加工企业达392家，国家及省级各类农业品牌71个，专业合作社95家。

三、基础设施不断完善

实施漳州沿海大通道(漳浦段)、金浦大道、龙湖大道、迎宾大道、万安大道等一批高等级交通道路和市政工程，实现综合交通东西南北大贯通。县城区共38千米的主次干道全部实现“白改黑、上改下”③，城市主要路段、公共场所实现绿化美化亮化，一批候车亭和停车场投入使用，城市形象和品位大幅提升。厦深铁路穿境而过，经济发展进入高铁时代；六鳌作业区台玻3000吨码头、古雷陆域和加工物流区填海造地等工程顺利实施；海西天然气管网二期、东林500千伏输变电工程、赤土绿领农业科技大棚光伏电站等项目顺利推进；六鳌30万千瓦海上风电项目获得国家能源局同意开展项目前期工作的批复，大唐国际漳浦火电厂一期工程前期工作开展申请已上报国家发改委。累计完成330千米的农村水泥路建设，实施71处的农村饮水安全提质增效工程、26千米的海堤强化加固、65座的中小型水库除险加固和4个一、二级渔港建设；朝阳水库、朝阳至眉力引水工程等项目前期工作顺利推进，启动建设东部供水项目。

四、深化改革稳步实施

积极贯彻全面深化改革精神，推进简政放权、放管结合与政府职能转变，有效探索经济体制、农业农村、社会事业、城乡发展、社会管理等领域改革，改革红利持续释放。优化政府工作部门，整合卫生和计划生育、市场监管、人力资源社会保障和公务员管理、工业和信息化、内贸和外贸、涉农管理等机构；开展事业单位分类，强化事业单位公共服务职能；加强行政审批制度改革，对行政审批项目进行清理规范，取消非行政许可审批事项，推行政府部门权力清单和责任清单制度；开展“一照一码”④登记改革，推进“三证合一”⑤机制；创新投融资模式，开展PPP⑥融资，鼓励社会资本办医、办学、办养老机构，被列入全国县城深化基础设施投融资体制改革试点县；开展县级公立医院综合改革，全面实施药品、耗材零差率补偿制度；启动公务用车改革；推进水利体制改革深化，创新海域使用管理，实行基层水产技术推广体系等渔业体制改革；实行财政国库集中支付管理，使预算和支付更加公开透明；规范预算外资金收支两条线管理，从源头上预防乱收费、乱罚款、乱摊派行为；推行政府采购制度，降低财政成本。加快小城镇综合改革，绥安镇被列为全省第三批小城镇机构改革试点乡镇，杜浔镇(古雷新港城)被列为省级小城市培育试点。

五、社会事业和谐发展

围绕打造教育强县目标，优先发展基础教育、高中教育、职业教育和民办教育，国民平均受教育年限9.61年，被确认为“福建省高水平高质量普及九年义务教育县”；实施农村初中校舍改造、“校安工程”、“全面改薄”[⑦]工程及金浦教育园区、公办幼儿园建设，所有中小学通过标准化验收。实施科教兴县战略，致力做好生物科技、设施农业等领域开发，高新技术产业增加值占工业增加值比重达12.40%。加快卫生计生事业发展，县医院改扩建和县中医院整体迁建工程竣工投用，县妇幼保健院整体迁建工程基本完成，实施杜浔、赤土、前亭等乡镇卫生院改造提升和一批村级卫生所（室）标准化建设，联创、康宁2家民营医院建设加快推进，每千人病床数达2.35张；加大卫技人才招聘引进力度，每千人口医生数达1.18人；坚持计划生育基本国策，“单独两孩”[⑧]生育政策稳步实施，年末总人口90.60万人，人口自然增长率11.88‰。就业形势保持稳定，五年累计新增城镇就业3.66万人、农村劳动力转移就业5.06万人，城镇登记失业率2.10%；社会保障体系逐步完善，社会保险实现全覆盖，新农合参保率连续多年100%。新建保障性住房3624套；县社会福利中心投入使用，县殡仪馆迁建项目加快推进。城乡文体事业繁荣发展，县文体中心、人民剧场等项目稳步推进。社会发展和谐稳定，古雷基本完成整岛搬迁和清海工作；社会治安防控体系不断完善，安全生产、食品药品安全、道路交通安全等专项整治有效落实，“平安港区”“平安校园”“平安景区”等特色创建工作取得阶段性成效。妇女儿童、青少年、老龄老促、残疾、工会、人防、物价、气象、民族宗教、侨务外事、档案方志、双拥、红十字会等工作取得新成绩。

六、生态环境明显改善

深入实施市委市政府生态建设“七个五”[⑨]行动计划，积极开展国家级生态县创建，城乡环境“点线面”综合整治成效显著，城市管理力度不断加大，农村环境综合整治持续推进，宜居品位不断提升。建成国家级生态乡镇18个、省级生态乡镇2个、市级生态村243个，森林覆盖率达53.95%，全县生态环境质量明显改善。开展环境综合整治，推进青山挂白问题治理，强化“五海”[⑩]资源保护，依法严厉打击乱砍滥伐、乱征滥占、非法采砂采矿等违法行为。强化重点流域水环境治理，落实鹿溪、赤湖溪河长责任制。县城污水处理厂二期、城乡生活垃圾转运站、城市生活垃圾焚烧发电厂、赤湖皮革园污水处理厂、扬绿热能脱硫设施、杜浔污水处理厂等项目竣工投用。严格执行固定资产投资节能评估审查，工业锅炉改造、电机系统节能、能量系统优化、余热余压利用等领域节能工程顺利开展。主要污染物排放总量减少、单位GDP能耗等均控制在省、市下达的指标范围之内，县城污水处理率达96%、生活垃圾处理率达100%。

总体上看，“十二五”规划编制期间，古雷港区重大石化项目已开工建设，预计“十二五”中期可实现竣工投产；有部分重大项目前期工作顺利推进，预计“十二五”期间可实现开工建设。由于我们在制定“十二五”经济社会发展主要目标时，对古雷港区发展形势过于乐观，对项目的建设推进、潜在的不可预见因素等考虑不够充分，导致全县主要的经济指标与规划的预期目标还有一定差距。若剔除古雷港区因素，县属的30项规划指标基本达到预期的目标，国民经济和社会发展取得长足进步。

·第二章　“十三五”发展环境分析·

“十三五”时期，我国全面建成小康社会进入决定性阶段，改革进入攻坚期和深水区，国际形势复杂多变，我县面对的改革发展稳定任务之重、矛盾风险挑战之多前所未有。

一、发展机遇

1.国家层面政策的支持，为我县发展注入新优势　中央提出生态文明先行示范区建设、21世纪海上丝绸之路核心区建设、全国第二批自贸区建设试点等一系列支持福建加快海峡西岸经济区建设的政策举措，我县作为海峡西岸经济区的重要县域，将从中受益。我县被确认为原中央苏区县、被列入全国县城深化基础设施投融资体制改革试点县，享有更多的政策支持和资金倾斜。

2. 对台对外合作的深化，为我县发展积蓄新潜力　“十三五”期间，国家将对大陆和台湾地区合作深化进行全面部署，我县作为对台交流合作的重要前沿，“五缘”[11]优势尽显，产业合作、文化交流、人员往来、民间信仰等将迎来更大的发展空间。“一带一路”[12]战略的实施、海上丝绸之路核心区建设的推进，将为我县拓展对外交流、加强对外经贸联系，构筑全面开放发展新格局创造良好发展环境。

3. 区位发展优势的凸显，为我县发展激发新动力　古雷石化基地建设上升为国家石化产业重点布局，世界级石化基地建设迎来了千载难逢的发展机遇；市委提出全力打造漳州深化两岸产业合作示范区和全国生态文明先行示范区，在新的起点上加快富美漳州建设，我县担负重大使命和任务，勇当先锋责无旁贷；厦门港南岸漳浦片区成为漳州滨海新区重点发展区域，后发优势增强、发展潜力增大。

二、面临挑战

从国际环境看，“十三五”时期，世界经济将从低速调整进入到温和增长期。当前，世界经济仍处于金融危机后的复苏和变革期，全球利益格局的战略博弈更加复杂，外部环境的不稳定性、不确定性明显增加，应对外部风险和挑战的难度加大。

从国内环境看，我国进入经济发展新常态，经济正在向形态更高级、分工更复杂、结构更合理的阶段演化，新的增长动力正在孕育形成，经济长期向好基本面没有改变。同时，也存在经济下行压力仍较大、结构调整阵痛显现、企业生产经营困难增多、部分经济风险显现等问题与困难。

从省内环境看，“十三五”时期我省进入新的发展阶段，增长速度进入换挡期、结构调整面临阵痛期、前期刺激政策处于消化期，当前投资、出口、企业生产经营等方面都遇到较大困难，经济下行压力仍然较大，适应经济新常态难度不断提高。

从我县自身发展情况看，面临着经济总量不够大，重点区域、重点企业、重大项目的支撑作用不够明显；产业发展层次不够清晰，产业转型升级不够快，龙头企业偏少，自主创新能力有待提高，高新技术产业规模偏小，新兴产业和现代服务业发展偏慢，工业短腿较为严重，“两多两难”[13]问题凸显，产业结构、财税结构优化任务艰巨；区域统筹协调不够好，推进城乡一体化、缩小城乡差距、引导失地农民转移就业任重道远；经济发展与资源环境之间矛盾加剧，用地用林等要素保障日益凸显，批而未供土地、闲置土地依然存在；社会文明环境不够优、机关作风转变不够实等问题，迫切需要在“十三五”期间认真解决。

综观全局，“十三五”时期，经济发展新常态下出现的一些趋势性变化将使我县经济和社会发展迎来了难得的机遇，同时也会面临不少的困难和挑战，我们一定要坚定信心，奋力拼搏，开拓创新，主动作为，努力开创“十三五”发展新局面。

·第三章　总体要求与发展目标·

一、指导思想

高举中国特色社会主义伟大旗帜，全面贯彻党的十八届五中全会和省委九届十五次全会、市委十届十一次全会精神，以马克思列宁主义、毛泽东思想、邓小平理论、“三个代表”重要思想、科学发展观为指导，深入贯彻习近平总书记系列重要讲话和对福建工作重要指示精神，坚持“四个全面”[14]战略布局，认真落实省委省政府和市委市政府重大决策部署，按照“跨越发展、赶超进位”目标要求，主动适应经济发展新常态，以保持经济稳定较快增长为目标，以提高发展质量和效益为中心，统筹推进经济建设、政治建设、文化建设、社会建设、生态文明建设和党的建设，加快实现经济发展方式转变和社会治理方式改进，全力推进“富美金漳浦，山水绿家园”建设。

二、基本原则

1. 坚持创新发展　要把创新摆在发展全局核心位置，把发展基点放在创新上，最大限度激发全社会创新创业活力，形成促进创新的体制架构，加快形成以创新为主要引领和支撑的经济体系和发展模式。

2.坚持绿色发展　要把建设生态文明摆在更加突出位置，坚定走生产发展、生活富裕、生态良好的文明发展道路，构建具有漳浦特色的生态文明建设体系，形成人与自然和谐发展现代化建设新格局，实现跨越发展和生态环境协同共进。

3.坚持协调发展　要增强发展协调性，在协调发展中拓宽发展空间，在加强薄弱领域中增强发展后劲。坚持促进城乡区域协调发展，促进经济社会协调发展，促进新型工业化、信息化、城镇化、农业现代化“四化”同步发展，不断增强发展整体性。

4.坚持共享发展　要把保障和改善民生作为根本立足点，坚持发展为了人民、发展依靠人民、发展成果由人民共享，使全体人民在共建共享发展中有更多获得感，增强发展动力，增进人民团结，实现全县人民共同迈入全面小康社会。

5.坚持改革开放　要加快体制机制创新，大胆先行先试、盘活各类资源，全面推进经济、政治、文化、社会与生态等领域改革。以深化两岸产业合作和海上丝绸之路核心区建设为载体，发展更高层次的开放型经济。

6.坚持党的领导和依法治县　要贯彻全面从严治党要求，不断增强党的创造力、凝聚力和战斗力，不断提高党领导经济社会发展的能力。全面推进依法治县，深入推进依法行政，保证公正司法，增强全民法治信仰，以法治精神、法治思维、法治方式推动各项事业持续健康发展，增强法治的引领、规范和保障作用。

三、发展目标

1.发展定位　围绕建设“富美金漳浦，山水绿家园”，在全市加快科学发展、跨越发展中，主动作为、勇当先锋，全力推进新型工业化、信息化、城镇化、农业现代化同步发展，力争发展方式转变取得重大进展，产业集聚能力明显增强，发展水平和质量明显提升，生态环境持续保持领先，建成宜居宜业宜游的滨海新城。

2.主要目标　按照预期性指标增速高于全市平均水平、约束性指标好于全市平均水平的思路，努力实现以下新目标：

综合实力显著提升　实现经济稳健和可持续发展，地区生产总值年均保持比全市高1个百分点左右的有质量有效益增长速度，到2020年，地区生产总值达432.80亿元，年均增长11%，人均地区生产总值达50661元，年均增长5.30%；一般公共预算总收入达32.45亿元，年均增长10%，地方一般公共预算收入达20.69亿元，年均增长9%；固定资产投资达548.80亿元，年均增长21%；社会消费品零售总额达156亿元，年均增长11%；外贸出口额达7.74亿美元，年均增长5%，实际利用外资（验资）达1.81亿美元，年均增长8%。

产业结构明显优化　特色现代农业发展壮大，新兴产业加快发展，服务业增加值比重进一步提高，到2020年，三次产业结构比例调整为13.20:45:41.80，规模以上工业总产值达585.59亿元，年均增长12.10%；规模以上工业增加值达166.74亿元，年均增长11.60%；规模以上工业全员劳动生产率达37.50万元／人；服务业增加值比重达到41.80%。培育形成食品加工、皮革制造、家居木业、装备制造、精细化工等一批上百亿元产业集群。

创新活力不断增强　财税、金融、医疗、要素市场等重点领域改革取得明显进展。政府职能加快转变，公信力和行政效率显著提高。基本形成适应创新驱动发展的制度环境，创新创业生态体系更趋完善。企业技术创新主体地位确立，科技对经济发展的贡献率不断提高，创新驱动对经济社会发展形成有效支撑。到2020年，研究与发展经费投入强度为1.56%；每万人口发明专利拥有量达1.5件；互联网普及率达96%。

城乡发展更加协调　空间格局进一步优化，重点区域辐射带动作用进一步增强。新型城镇化加快建设，农村基本公共服务与城市差距明显缩小，富美乡村建设加快推进，欠发达地区发展步伐明显加快，城乡区域关系更加协调，到2020年，常住人口城镇化率力争达到60%，户籍人口城镇化率力争达到42%；城镇居民人均可支配收入达43359元，年均增长9.20%；农村居民人均可支配收入达23601

元，年均增长9.70%。

民生保障全面提高　基本实现城乡居民收入增长与经济发展同步、劳动报酬增长和劳动生产率提高同步。覆盖城乡居民的社会保障体系基本形成，教育、就业、医疗、住房、文体等加快发展，基本公共服务体系逐步完善，社会治安立体化防控体系实现全覆盖，公众安全感、人民文明素质和社会文明程度显著提高。到2020年，每千人口医疗机构床位数达4张，每千人口执业（助理）医生数达2.17人；新增劳动力平均受教育年限13.11年；财政教育支持占财政一般预算支持比重达20%；基本养老保险参保率与全省保持同步，五年累计新增城镇就业人数3.50万人以上；现行标准下贫困人口2018年全部实现脱贫；城镇棚户区住房改造达到省市下达指标。

生态环境持续优化　生态县建设深入推进，能源资源利用效率、污染防治能力、生态环境质量显著提升，单位GDP二氧化碳排放降低、单位GDP能源消耗降低、主要污染物排放总量减少、非化石能源占一次性能源消费比重等均控制在省市下达范围内。土地、林地、水等资源有效利用，到2020年，耕地保有量53.86万亩，新增建设用地规模2086.67公顷；森林蓄积量达395万立方米，森林覆盖率达54.19%；万元GDP用水量控制在15立方米以内，城市空气质量达到国家标准比例、主要流域Ⅰ—Ⅲ水质比例均达100%，生态安全保障体系基本建成。

3. 空间布局　根据我县资源环境承载能力与未来发展潜力，按照城乡统筹、产城互动、海陆联动原则，在"一城四区"基础上整合提升，全力构建县城中心区、古雷港区、厦门港南岸漳浦片区、现代农业示范区"四大重点区域"新格局。

县城中心区　按照建设漳州次中心城市发展定位，加快实施"面海东进、跨溪南扩、依山北拓"的城市发展战略和"一溪两线三组团"[15]的城市空间结构，提高中心城区综合服务能力和辐射带动能力。立足产城互动，加速产业集聚，以建成漳州南部区域性经济、政治、文化、金融和信息中心为目标，努力构筑面海环湾城市形态，着力打造国家级园林城市、漳州南部商贸物流中心和生态宜居宜业的滨海新城。

古雷港区　严格按照国务院关于《漳州古雷石化基地总体发展规划》（2013－2030）批复精神，以发展石化产业基地、现代物流为主要功能，着力实施"一廊、三区"[16]整体布局，重点推动PX、PTA向上延伸炼化一体化等产业链和设施共建，向下延伸芳烃、烯烃及化工新材料产业链，主要生产有机化工原料、三大合成材料、精细化工产品以及石化下游深加工产品，形成面向国内及东南亚市场、与周边石化基地错位发展、上下游一体化的石化产业集群，打造成为千亿产值的石化产业园区。

厦门港南岸漳浦片区　主动融入厦门湾，积极承接厦门产业转移，加快前亭工业园规划建设，把滨海沿线一带打造成为县城东部新的经济增长极。加强与古雷港区招商合作，在功能上互动互补，规划发展污染少、附加值高的精细化工园。充分发挥景区串联作用，将沿海大通道作为滨海旅游观光带，打造以海岸新城、前亭火山岛、佛昙红山湾、赤湖七星海、六鳌半岛为核心的滨海旅游休闲度假区；充分挖掘赵家堡"五里三城"人文景观、天福石雕园生态景观、乌石妈祖朝圣度假、开漳圣王文化等旅游资源，建设闽南文化旅游集聚区。

现代农业示范区　依托国家级现代农业示范区和漳浦台湾农民创业园、漳浦农民创业园等平台，充分发挥海峡花卉集散中心、农业硅谷、扬基生物等现代农业企业示范作用，深化对台产业交流合作与技术引进推广，重点发展花卉苗木、食用菌、水果蔬菜、林下经济等特色优势产业，提升发展农业观光、农业博览、农产品物流、农业机械等产业，建成集农业种植、研发、展示、交易和观光于一体的完整产业链，打造漳浦现代农业示范园区和生态旅游观光生态走廊，构筑产业与生态协调共生、生产与生活和谐互动的示范带。

漳浦县"十三五"期间经济社会发展主要目标(不含古雷)

表1

分类	序号	指标名称		单位	2020年目标建议		指标属性
					总量	年均增长%	
经济发展	1	地区生产总值		亿元	432.80	11	预期性
	2	人均地区生产总值		元	50661	5.30	预期性
	3	三次产业结构比例		—	13.20:45:41.80		预期性
	4	财政收入	一般公共预算总收入	亿元	32.45	10	预期性
			地方一般公共预算收入	亿元	20.69	9	
	5	固定资产投资		万元	548.80	21	预期性
	6	社会消费品零售总额		亿元	156	11	预期性
	7	外贸出口额		亿美元	7.74	5	预期性
	8	实际利用外资(验资)		亿美元	1.81	8	预期性
	9	规模以上工业全员劳动生产率		万元/人	37.50		预期性
	10	服务业增加值比重		%	41.80	—	预期性
	11	城镇化率	常住人口城镇化率	%	60	—	预期性
			户籍人口城镇化率	%	42	—	
创新驱动	12	研究与发展(R&D)经费投入强度		%	1.56	—	预期性
	13	每万人口发明专利拥有量		件	1.50	—	预期性
	14	互联网普及率		%	96	—	预期性
民生福祉	15	居民收入	城镇居民人均可支配收入	元	43359	9.20	预期性
			农村居民人均可支配收入	元	23601	9.70	
	16	新增劳动力平均受教育年限		年	13.11	—	约束性
	17	基本养老保险参保率		%	与全省保持同步		预期性
	18	财政教育支持占财政一般预算支持比重		%	20	—	预期性
	19	五年累计新增城镇就业人数		万人	3.50	—	预期性
	20	贫困人口减少		万人	2018年国家现行标准下农村贫困人口全部脱贫		约束性
	21	医疗卫生	每千人医疗机构床位数	张	4	—	预期性
			每千人口执业(助理)医生数	人	2.17	—	
	22	城镇棚户区住房改造		万套	达到省市下达指标		约束性

续表 1

分类	序号	指标名称		单位	2020 年目标建议		指标属性
					总量	年均增长%	
生态文明	23	耕地保有量		万亩	53.86	—	约束性
	24	新增建设用地规模		万亩	3.13	—	约束性
	25	万元 GDP 用水量		立方米	15 以内	—	约束性
	26	单位 GDP 能源消耗降低		%	控制在省市下达指标之内		约束性
	27	非化石能源占一次性能源消费比重		%			约束性
	28	单位 GDP 二氧化碳排放降低		%			约束性
	29	森林绿化	森林蓄积量	万立方米	395	—	约束性
			森林覆盖率	%	54.19	—	
	30	城市空气质量达到国家标准比例		%	100	—	约束性
	31	主要流域Ⅰ-Ⅲ水质比例		%	100	—	约束性
	32	主要污染物排放总量减少		%	控制在省市下达指标之内		约束性

·第四章　打造漳浦产业升级版·

充分发挥市场配置资源的决定性作用，统筹产业空间布局，继续实施产业龙头促进计划，加快构建以特色现代农业为基础、先进制造业为支柱、战略性新兴产业为先导、现代服务业为纽带的现代产业体系，打造漳浦产业升级版。

一、加快工业转型升级

全面对接“中国制造 2025”[17]“互联网＋”[18]行动计划，坚持优化存量与发展增量相结合、改造传统产业与培育新兴产业相结合、抓住关键要素与夯实发展基础相结合、打造产业集群与提升发展能力相结合，引导工业向园区集聚，朝着分工细化、协作紧密方向发展，形成项目集中、产业集群、资源集约、功能集成的工业发展格局。

（一）着力打造“两区”工业平台

按照“统筹规划、整体布局、协调发展”基本原则，整合现有工业资源，优化产业布局，盘活工业用地存量，推进转型升级，解决“两多两难”问题，实施发展“飞地工业”，坚持“三维”[19]招商引资，形成分工明确、产业集聚、空间集中的古雷石化产业区与漳浦经济开发区“两区”工业架构。漳浦经济开发区除贯彻落实省市关于促进工业园区提升发展相关措施、分期分批对“一区七园”进行整合外，重点抓好万安生态产业园、长桥木业产业园、前亭工业园、赤湖皮革及精细化工园、深土食品加工园的规划建设，形成一个支撑全县科学发展跨越发展、具有县域特色的省级工业区。

1. 万安生态产业园　规划面积 39 平方千米，按照功能适度混合的思路，以低污染、高附加值的高科技产业、生物制药产业、食品加工业为主导，兼顾发展服务业、特色旅游业，立足建成海西对台重要产业基地，全县工业转型升级、集群发展重要平台，“十三五”期间打造成省级标准化工业示范园区。

2. 长桥木业产业园　利用长桥、南浦、官浔、赤岭一带丰富的林业资源优势和地处国道 324 线便捷的交通优势，在长桥镇规划 666.67－1000 公顷，按高起点、高标准规划建设“三板、三中心”（建筑模板、装饰板、家具板；木制家具制造中心、木制家具交易中心、木制家具物流中心）的思路，专业发展林业循环产业。

3.前亭工业园 在不影响整区规划前提下，先行规划一定规模区域，发展低污染、低能耗、节能型的工业项目，重点推进粤港家居产业园、九龙江林业工业科技产业园建设，建成集木材加工、贸易、物流、金融投资和服务为一体的现代综合性林业工业产业基地。

4.赤湖皮革及精细化工园 提高环保门槛，推进原有皮革产业转型升级；规划发展精细化工园，承接古雷石化中下游产业，重点布局石化设备及工器具制造、石化设备维修、橡塑加工、高性能材料、电子化学品、专用精细化学品等与古雷石化基地具有竞争性、承接性的产业链。

5.深土食品加工园 充分考虑古雷、沙西、杜浔、霞美、旧镇、六鳌、赤湖等乡镇不宜再大量发展农产品、海产品加工的实际，发挥深土地处这些乡镇中心地带且具备一定数量和规模食品加工企业的优势，规划设置200－333.33公顷的专业园区，重点发展海产品及果蔬农副产品加工，同时兼顾发展海洋生物产业。

（二）突出抓好"1＋6＋1"重点产业

在"两区"工业整体架构下，以石化产业为龙头，积极发展装备制造、新材料、家居木业、电子信息、生物医药、新能源等产业，继续提升传统优势轻工业，形成"1＋6＋1"的工业产业体系。

1.石化产业 依托古雷石化基地，推动一批在建项目尽快竣工投产，推动炼化一体化等重大项目尽快开工建设；稳步发展以乙烯、丙烯为原料的烯烃产业链和以苯、二甲苯为原料的芳烃产业链；大力引进低碳低排放的高端石化产品和特种化学品项目，推进附加值高、产业关联度强精细化工产业和化工新材料产业发展，形成园区化、集群化、规模化的石化产业链，建设国家级千亿石化产业基地。力争2020年形成年千万吨炼油、320万吨乙烯和350万吨PX的生产能力，产值超过3000亿元。

2.装备制造 在做大做强已有装备制造业基础上，立足未来产业配套需求，积极发展石油化工装备、海洋工程装备、精密机床、智能制造等高端装备制造业。以湘电风电制造为核心，完善风电设备产业链，力争形成海西风电装备制造基地、风力发电机组出口基地。深化一帆重工与厦门船舶重工的合作，承接厦门船舶产业转移，打造海西规模最大的船舶分段制造区；深化一帆重工与福建省船舶工业集团的合作，做大做强新能源装备项目，探索新能源产业与装备制造业结合发展新领域，培育海西重特大型重钢生产龙头企业。以海洋风能工程装备、临港工程装备为重点，积极拓展海洋工程装备制造。围绕古雷石化产业的发展，引进国内外石化产业装备制造大型企业，开拓石化产业相关成套装置（设备）制造业。围绕农业及食品加工、纺织等轻工业的发展，积极承接台湾食品机械、纺织机械、农业机械等产业的转移，发展小型专用机械设备制造。

3.新材料 大力延伸石化下游产业链，积极发展化工新材料。巩固原有玻璃产业，发展以特种玻璃为主的新型无机非金属材料。化工新材料重点发展应用于石油化工、电子信息、医疗、航天航空、新能源、海水处理等领域的先进高分子材料、高性能纤维及复合材料、智能高分子材料。新型无机非金属材料以台玻集团为基础，引进一批特种玻璃生产企业，与周边地区产业分工协作，配套发展建筑节能、航空、家电、交通、照明、仪器仪表等领域适用的特种玻璃材料。

4.家居木业 加快长桥木业产业园和前亭工业园污水处理、水电路、通讯等基础配套设施建设，力促已进驻企业开局之年实现部分竣工投产；以漳龙林业循环经济产业、九龙江林业工业科技、粤港家居等重大园区项目为基础，主动对接周边地区产业转移，严格行业准入门槛，利用我县丰富的林业资源和港口交通优势，规模发展木材精深加工、成品家居制造等产业。

5.电子信息 实施产业集群式引进模式，大力培育数码影像消费品制造、应用电子、新型小家电等产业。数码影像消费品重点发展数码相机（摄像机）及其零部件、移动互联网设备、平板电脑、数码阅读器、便携式多媒体终端等产品。应用电子重点培育石化工业、医疗领域以及汽车产业应用电子产品，同时关注应用电子产品最新研发成果，积极引进激光显示技术，发展新型显示设备制造。新型小家电以智能化、轻型化、个性化为方向，重点发展家庭空气调节小电器、家庭卫生小电器、厨卫用电器、个人护理小电器等。

6.生物医药　立足于丰富的海洋生物资源，大力培育海洋生物医药、新一代中医药产业，力争建成海西海洋生物医药产业化基地。加强与厦门大学、福州大学、国家海洋局第三海洋研究所等科研院校的合作，吸引科研院校在漳浦建立相应的海洋生物医药研究成果产业化转化基地，发展海洋药物、海洋生物制品、海洋功能食品等产业。做大做强现有的扬基生物、同溢堂等特色中药材和保健食品企业，力促国药产业园落地建设。

7.新能源　加快建设一帆新能源装备制造、赤土绿领农业科技大棚光伏电站、石榴光伏发电站、台玻屋顶发电等一批新能源项目。应用高效清洁火力发电技术，发展高效洁净燃煤发电产业，重点推进将军澳超超临界燃煤火电厂清洁能源项目。积极参与全省能源建设分工，加快推进海西液化石油气干线管网和成品油干线管网规划建设。

8.优势轻工业　提升食品加工、健身器材等传统优势产业，加强与古雷石化产业的协作，发展特色纺织服装、环保塑料制品产业。食品加工业着重规划建设万安、深土特色食品工业园区，加大与农业种养殖基地的合作力度，提高农产品加工精深度，并开发旅游食品和新型功能食品。健身器材重点加快自行车产业园建设，推进零配件供给本地化，提高产品研发设计能力，促进产品升级换代，力争打造成集健身器材研发设计、零配件生产、整机生产、销售于一体的全国知名健身器材产业基地。纺织服装业重点结合化工原料产业的发展，培育新型化纤及纺织面料、产业用纺织品生产，同时进一步提升服装加工业。环保塑料制品重点发展生物可降解塑料及其系列产品、塑料包装产品和塑料管材、产业用塑料产品等。

二、提升现代服务业水平

把加快发展现代服务业作为转方式调结构的重要举措，全力推进全县服务业总量扩张、结构优化、比重提高、水平提升，推动生产性服务业向专业化和价值链高端延伸、生活性服务业向精细和高品质转变，重点发展生态旅游、现代物流、现代金融、信息服务四大现代服务业，积极发展中高端房地产业、现代商贸服务业、健康养老服务业和中介服务业，构筑“4＋4”的现代服务业产业体系。

1.生态旅游　进一步挖掘和融合以自然生态、滨海风光、人文景观、特色美食为依托的旅游资源，积极打造21世纪海上丝绸之路特色旅游产业带。打造以滨海火山国家地质公园、六鳌翡翠湾、赤湖七星海等为龙头的滨海休闲度假，以赵家堡“五里三城”和“两帝师”文化园为龙头的人文景观，以东南花都、郊野公园和天福茶博物院为龙头的文化生态景观，以乌石妈祖、开漳圣王为龙头的朝圣度假等一批具有我县地方特色的旅游品牌。大力发展旅游新业态，打造“旅游＋”[20]产业跨界融合，创新文化体验、运动休闲、健康养生、修学度假等理念，实现旅游富民、富企、富县功能。加快推进乡村旅游开发，着力打造“农居休闲度假”“农俗文化体验”“农田风光旅游”等旅游产品。加强厦漳泉三地旅游合作，着力推进寻味游、文化游、摄影游、婚恋游四条旅游精品线路。加强游客服务中心、自驾车露营地、旅游标识标牌、旅游公厕等基础设施建设，助推旅游业不断提档升级。建设“智慧旅游”[21]网上服务系统，提升游客体验、旅游信息化和智能化水平。全面推进旅游从业人员职业继续教育，不断提升旅游从业人员的整体素质和服务水平。

2.现代物流　充分发挥综合优势，紧紧围绕港口、火车站、高速公路以及重点产业，加快物流载体建设，构筑“三园两中心”（县城综合物流园、古雷港物流园、旧镇综合物流园、赵家堡物流配送中心与花卉苗木物流配送中心）的现代物流框架体系。县城综合物流园重点推进火车站场周边规划建设，打造集市场信息、现代仓储、物流配送、市场展示及交易等功能为一体的现代化物流园。古雷港物流园主要包括古雷作业区、六鳌作业区以及将军澳作业点，着力打造集一站式采购基地、电子商务信息与现代仓储配送为一体的区域性物流园区。旧镇综合物流园重点推进旧镇作业点和高速公路互通口建设，打造成以服务工业园区、县城拓展区和周边乡镇为主、水陆联运的综合物流园区。赵家堡物流配送中心，打造成以大宗农产品、工业品、日用品等相关产品为主，集仓储、包装、分割、计量、分拣、刷签等功能于一体的现代物流配送中心。花卉苗木物流配送中心，打造成以花卉苗木等相关产品为主，集仓储、展示、物流配送、信息发布、检验检疫等功能于一体的花卉苗木现代物流配送中心。

3.现代金融 扩大银行、证券、保险等主流金融业规模，打造成以产业发展金融服务、民间资本服务、中小企业金融服务、农村金融创新服务等金融服务平台为支撑的次区域金融中心。开展金融生态县建设，优化金融运行环境，促进经济金融良性互动发展。大力发展货币市场，稳步扩大存贷款规模，积极培育上市资源，不断拓展保险市场。积极发展金融担保业、新型专业化产业金融等新型金融业态。加快发展新型农村金融机构，探索村级融资担保基金。优化农村金融网点布局，合理配置资源，消除“金融服务空白村”，保障农民享受基本金融服务；在“三权”[22]基础上将农村塘库堰承包经营权和集体建设用地使用权纳入抵押范围；推行抵押物强制参保制度，提升农业保险的渗透度；探索开发农房按揭贷款等金融产品，研究满足新型农村经济组织需求的贷款产品；整合各项农业发展及补助资金，建立“三农”信贷风险补偿专项基金，不断完善农村金融风险分担机制，构建新型农村金融服务体系。

4.信息服务 实施“互联网+”行动计划，加快智慧云服务平台建设，推动大众创业、万众创新，最大限度激发社会创造力。以“光纤到户”和“无线城市”为抓手，大力推进电信网、有线电视网和互联网“三网融合”，构建质优价廉的综合信息网络环境。围绕政府及行业单位信息化建设需要，大力推进政府门户网站系统、网上审批系统、电子印章系统以及城乡应急联动管理系统等建设。依托漳浦电商创业园平台，进一步完善县级电商服务中心及仓储物流中心配套建设，发展商服、商贸、仓储、电子商务等现代服务业；鼓励各类专业批发市场建立网上交易平台，推动面向消费者的电子商务应用，鼓励有条件的大型百货商场和购物中心建立网上商城；以入选全国“电子商务进农村示范县”为契机，规划建设镇村电商服务点300个，实现电商代购、代销、收发快递等便民服务功能县域全覆盖。推进农业物联网(感知农业)系统、现代农业观光旅游系统等建设。

5.中高端房地产 依托优质的滨海资源，大力发展中高端品质房地产，吸引更多精英阶层置业居住，为建设世界级滨海旅游休闲目的地提供支撑。优化房地产业内部结构，控制商贸密集区内住宅房产的开发建设，大力发展总部楼宇、现代商贸房产、星级酒店集群、中小型企业会所，打造商务总部集聚区。根据都市工业发展要求，按照与城市功能和生态环境相协调、产城融合的原则，规划建设一批都市工业楼宇，着力引进与我县产业高度关联的高新技术企业，加快发展工业地产。充分发挥我县丰富的海水温泉、河流、岛屿以及滨海资源优势，按照山、水、城融合，协调、和谐、可持续发展的思路，发展以游艇、水上运动、康体等为主题的休闲度假住宅、别墅以及酒店。

6.商贸服务 按照建设福建南部商贸物流中心的目标，把聚集优质要素作为城市建设和改造主攻方向，大力推进城市综合体和乡镇商贸综合市场建设，发展商贸服务业，形成城市建设与商贸物流产业发展相互承接、良性互动的格局，实现城乡商贸全面繁荣。重点推进以万新商业广场、永嘉商业广场、新都城市广场为支撑的现代核心商圈建设，抓好长德商贸城、府前唐街等商业综合市场集群建设；加快大南坂汽车4S产业园和旧镇汽车维修园等汽车交易市场集群建设；推进海峡两岸花卉集散中心及沿国道两翼花卉走廊的花卉交易集群建设；规划建设海峡两岸农副产品批发中心等农产品市场交易集群。

7.健康养老服务 统筹规划建设养老服务设施，支持社会力量举办养老机构，培育养老服务产业链，开发老年产品，建设一批功能突出、辐射面广、带动力强的休闲养生、特色医疗养老服务基地，建立健全居家养老服务网络。创新健康养老服务业支持方式，积极争取上级财政专项资金，支持健康服务业、养老服务业设施建设；通过投资补助、贷款贴息等方式，引导社会资本加大对养老、健康等服务业投入。创新发展模式，积极探索医疗、养老、家政、健身、旅游等各种服务业深度融合和互动发展。

8. **中介服务** 吸引以古雷石化产业为主要服务对象的研发、设计和财务、咨询服务等机构入驻，为古雷石化基地建设提供科技项目评估、认证、研发、会计师、律师、审计师、咨询等中介服务。

三、发展壮大现代特色农业

围绕高产、优质、高效、生态、安全的农业发展总体要求，发挥蔬菜、高优水果、食用菌生产和国家级现代农业示范区、闽台农业合作优势，加快转变农业发展方式，优化农业生产结构和区域布局，发展多种形式适度规模经营，推进产业链和价值链建设，着力构建现代农业产业体系、生产体系、经营体系。

（一）推进“一区两园”平台建设

1. **国家现代农业示范区** 加强规划引导和政策支持，围绕蔬菜、食用菌、粮食、水产、水果等主导产业，重点扶持石榴特色现代农业示范区等一批现代化设施示范基地、标准化管理示范基地和“五新”[23]技术推广基地建设。

2. **台湾农民创业园** 加快海峡花卉集散中心二期建设，完善水仙花乡电商平台等配套服务功能，打造海西最大的现代化花木交易市场；加快建设兰花大世界二期，打造成为闽台农业合作优势明显的国际一流园区。加大休闲农业项目招商引资和现代农业结构调整、转化升级扶持力度。发展科研教育、现代种业、休闲观光、现代国药、农业会展、物流商贸和闽台民俗文化等产业，努力建成集生产加工、科研教育、休闲旅游、物流商贸为一体的现代农业示范园区。

3. **漳浦农民创业园** 积极推广应用新理念、新技术、新设备、新方法，推进蔬菜、水果、食用菌、名贵药材等产业升级，力争通过5年努力，把漳浦农民创业园建设成为充满生机和活力的农业休闲旅游观光生态走廊、闽台农业交流合作双赢的示范样板和我省农民创业创新和现代农业发展示范窗口。

（二）构建高效现代农业产业体系

1. **粮食生产** 着力发展超级优质稻和名特优杂粮，重点推广超级稻综合配套栽培，提高单产；推广脱毒甘薯、马铃薯、玉米优质高产栽培，增加总产；努力推动水稻生产全程机械化，提高稳定粮食生产能力。

2. **水果生产** 围绕浦台名优特水果生产示范基地建设，突出台湾青枣、台湾莲雾等重点高优水果推广，实施水果品种结构调整，提高优质高效水果品种比重，依靠科技进步，提高水果品质。

3. **花卉苗木** 充分发挥台湾农民创业园和漳浦农民创业园的示范带动作用，辐射周边乡镇，大力发展兰花、棕榈科植物、榕树及榕树盆景、多肉植物、绿化苗木等基地，建设规模化花卉及观赏林木示范园区。

4. **蔬菜生产** 强化大葱、胡萝卜、白萝卜、番茄等重点产品的品牌建设，全力支持蔬菜大棚建设工程、无公害蔬菜出口生产示范基地建设工程、高效节水灌溉建设工程等项目建设，完善农业生产配套体系，做强做优蔬菜生产示范基地，夯实现代蔬菜产业发展基础。

5. **食用菌生产** 围绕食用菌出口生产基地建设，推进工厂化特色食用菌生产示范基地项目，积极引进新技术、新工艺，推动珍稀特品种和常规品种全面发展，巩固壮大食用菌工厂化生产规模，提升现代产业化发展能力。

6. **水产养殖** 建立水产良种繁育基地，加快全县水产优良苗种向规模化、产业化转变，实现由分散向规模转化；推广高位池工厂化高产高效设施养殖、大型抗风浪深水网箱养殖和抗风浪贝、藻吊养；进一步提高名优品种养殖比例，增加养殖多样性，实现传统养殖品种向优质品种转化。

7. **休闲农业** 大力发展林花、林果、林药、林菌、林禽、林蜂等林下经济，加快推广铁皮石斛、金线莲等新兴农业项目，引导农事体验、农家乐、商务休闲度假等休闲农业发展，加快生态果茶向休闲农业转型，支持花博园、花卉集散中心、扬基生物、大南坂铁皮石斛观光园、天福茶博园等项目建设，打造农业生态旅游休闲观光黄金走廊。

（三）加快发展设施农业

加大农业生产设施、农机具的补贴力度，扩大水果、食用菌、畜禽等设施设备奖补范围，推动产业发展提升。重点加快发展园艺设施栽培，引进适宜园艺新品种、实用技术和实用设施装备，集成推广成套设施设备和生产技术；扩大食用菌工厂化生产规模，促进品种多样化和质量高优化。

（四）积极培育新型经营主体

扶持专业种养大户，支持农民回乡创业，培育壮大专业合作社和家庭农场㉔；推进农业合作社规范化建设，拓展专业合作形式，扶持农机、植保类统防统治合作社发展；做大做强龙头企业，加大贷款贴息和补助资金扶持力度，支持龙头企业通过兼并、重组、收购等方式组建大型企业集团，带动一批关联度大的龙头企业集群发展，引导龙头企业与农户建立紧密型利益联结机制，采取保底收购、股份分红、利润返还等方式，让农户更多分享加工销售收益。

（五）强化农业科技推广应用

突出主导产业、特色产品、关键技术，加大农业“五新”推广力度，加快推进基层农技推广体系改革。建立和完善县乡村三级推广网络，拓展现代信息技术农业推广渠道，提高信息化服务现代农业的水平。加快农村信息服务站点建设，优化信息服务点网络布局；打造12316农业热线服务管理系统、网络系统和手机应用系统，提升信息服务质量水平；加快农业物联网应用和农业电子商务发展，重点依托“农业硅谷”等食用菌工厂物联网应用推广项目，示范带动食用菌生产过程管理信息化。

（六）提高农产品质量安全水平

以被列入全国农产品出口质量安全示范县为契机，开展农产品质量安全示范创建活动，推进农业标准化建设，建成“产地准出、市场准入、标志溯源、实时监控”的农产品质量安全全程监管体系，真正提升从农田到市场的全过程质量安全溯源监管能力。到2020年大宗农产品全面推行质量安全可追溯制度。完善农产品和农业投入品执法监管，加强重大动物疫病及动植物病虫害防治，强化疫情病情预警监测，保障农业生产和农产品质量安全。加强生产、加工、物流、销售等各个环节的监控，有效确定供应链上各个企业的责任。加大无公害农产品、绿色食品和有机食品品牌认证和产地认证力度，提高优质安全农产品生产比重。

四、实施创新驱动发展战略

实施科技强县和创新驱动发展战略，营造有利于大众创业、市场主体创新的政策环境和制度环境，加快推进经济结构战略性调整，努力在转变发展方式上迈出更大步伐，为我县经济转轨、换挡和升级提供强大动力支撑。以提高自主创新能力为核心，以促进科技与经济社会发展紧密结合为重点，强化企业创新主体地位和主导作用，形成一批有竞争力的创新型领军企业，支持科技型中小企业健康发展。深化科技体制改革，支持以企业为主体、产学研结合构建产业技术创新联盟，推动跨领域、跨行业协同创新，促进科技与经济深度融合。加强科技知识普及应用，加大科技投入，鼓励企业技术研发，推动产业技术向高端化、自动化、智能化发展。依托“6·18”虚拟研究院等对接平台，突出高位嫁接，吸引高端创新团队集聚，加快高新科技成果转化。围绕大众创业、万众创新，鼓励发展众创、众包、众扶、众筹新模式。深入实施人才强县战略，优化招才引智政策，以高层次人才和紧缺实用型人才为重点，围绕人才引进、培养和使用三个重要环节，大力加强人才资源开发，精心组织实施重大人才工程，着力培养一批产业领军型、经营管理型、农村实用型和行政管理型高素质人才，加大对人才创新创业的政策支持力度。

·第五章　推动城乡一体化发展·

坚持遵循自然规律和城乡空间差异化发展原则，加快推进省级新型城镇化试点和小城市试点，把城乡建设与产业发展、人民增收和民生改善紧密结合，科学规划县域村镇体系，建成以县城为核心、沿海城镇集群为支撑的新型城镇体系，塑造要素有序自由流动、主体功能约束有效、基本公共服务均等、资源环境可承载的区域协调发展新格局，实现城乡一体化发展，城乡居民生活品质和幸福感大幅提升。

一、统筹城乡规划建设

以城乡统筹规划为抓手，以基础设施和城乡风貌建设为重点，统筹推进城市、小城镇、新农村建设，努力改善城乡人居环境，构建城乡协调发展的新型城镇化格局。以加快推进人口集中、产业集聚、功能集成、要素集约为着力点，加大改革创新力度，着力推进杜浔（古雷新港城）小城市培育试点工作，加快实施镇区路网、水网、电网和绿化、美化、亮化等景观配套工程，建成特色明显、产业突出、设施完善、环境优美的滨海新城。加快新型城镇化建设，在绥安镇启动实施低碳社区㉕城镇化建设示范项目，力争在五年时间内打造成功能齐备、生活便利、保障一体、宜居宜业的新型城镇化样板。支持乡镇通过运作土地、盘活空间等方式，规划建设一批小城镇综合体和新村集中区，力促佛昙、深土、官浔、赤土、赤岭等一批小城镇综合体在规划期内形成规模和特色。顺应农村人口就业转移和村庄变化趋势，围绕实现“百姓富、生态美”的目标要求，因地制宜发展中心村、保护特色村、整治空心村，科学引导农村居民点建设，保护和传承乡村地域文化特色，走出一条具有本土特色、宜居宜业宜游的美丽乡村建设新路子。深入开展宜居环境建设行动，加大农村人居环境综合整治力度，推进房屋立面改造、河道清理、管线整理、垃圾归类、污水处理等项目，建立健全卫生保洁长效机制，建设一批美丽乡村、宜居乡村示范村。

二、统筹城乡经济发展

进一步强化城乡经济发展内在联系，以工业化的理念推进农业产业化，以现代农业的发展促进制造业、服务业升级，以现代服务业的发展推动三次产业融合，鼓励城市工商企业向农村延伸产业链，引导城市资金、技术、人才、管理等生产要素向农村流动，努力形成现代农业、先进制造业和现代服务业互促共进、协调发展的格局。积极推进户籍制度改革，拆除城乡二元结构对劳动力流动的各种壁垒和障碍，形成城乡劳动者平等就业的格局；建立城乡统一、竞争有序的人力资源市场，构建城乡统一的就业服务体系；建立健全城乡一体化的科技、信息、土地及资本等市场，强化各类生产要素在城乡之间的沟通和联系；构建城乡统一、内外贯通的生产要素市场体系，减少城乡生产、生活成本差距。

三、统筹城乡公共服务

同步推进城乡基础设施、产业布局和公共服务，做到城乡经济发展一体化、公共服务均等化、生活同质化。实施居住证制度，促进有能力在城镇稳定就业和生活的农业转移人口举家进城落户，并与城镇居民享有同等权利义务。按照统筹城乡发展要求和存量适度调整、增量重点倾斜、公共服务均等原则，深化公共财政体制改革，优化支出结构，进一步加大对农业农村的倾斜力度，着力提高困难乡镇公共财政保障水平。不断提高民生支出比重，把更多的财政资源用于改善民生，优先保证薄弱环节的投入。加快农村基本公共服务设施建设，完善镇村两级公共服务设施，努力使乡村公共服务水平向城镇看齐。扩大公共财政覆盖农村的范围，重点加大对公共交通、农村教育、医疗卫生、文化体育等基础设施的财政投入。

四、打赢扶贫攻坚战

坚持开发式扶贫方针，把扶贫开发作为脱贫致富的主要途径，鼓励和帮助有劳动能力的扶贫对象通过自身努力摆脱贫困，做到应扶尽扶，精准扶贫；实行扶贫开发和农村最低生活保障制度有效衔接，把社会保障作为解决温饱问题基本手段，逐步完善社会保障体系，做到应保尽保。逐年实现贫困村向新农村、小康村转变，贫困户向宽裕户、小康户转变，先于全省、与全市同步达到全面建成小康社会目标，到2018年全县贫困人口全部脱贫。少数因病、因灾返贫的人口，稳定实现不愁吃、不愁穿，保障其义务教育、基本医疗和住房；贫困村基本公共服务主要领域指标基本达到全市平均水平。加大“造福工程”资金扶持力度，引导和促进集中安置，完成农村危旧房改造任务。着力推进生态保护、旅游开发、扶贫攻坚有机结合，加大对贫困人口参与旅游经营服务的扶持力度，让群众分享旅游资源开发和旅游产业发展红利。

·第六章　完善现代基础设施·

按照统筹规划、协调推进、合理布局、适度超前的原则，完善交通、能源、市政、水利与防灾减灾、信息等基础设施建设，实现基础设施建设的优化组合、资源共享，形成功能完善、安全高效、保障有力的现代化基础设施体系。

一、加强交通体系建设

持续保持综合交通运输投资强度，加快推进国道G228漳州沿海大通道（漳浦段）、国道G324福昆线（漳浦段）、沈海高速复线龙海至云霄连接线、漳浦至古雷港城大道、万安园区至赵家堡互通口快速通道、沿海大通道连接线工程、红色旅游道路、古雷铁路支线、高速杨美互通、高速沙西互通等一批重点交通基础设施项目建设，进一步完善“四纵四横”[26]公路网布局。持续改善农村公路网络，切实抓好县乡网络优化、干线公路提升改造、自然村道硬化、安保提升、养护提升五大工程，推进建、管、养、运协调发展。加快推进漳浦汽车中心站、公交首末站项目建设，进一步完善农村客运场站基础设施及配套建设，实现行政村村村通班车。加快推进陆岛交通码头工程、四通物流园区建设，全面提升输送能力。“十三五”期间，逐步构建起“城乡一体、枢纽集成、覆盖全县”的综合交通运输枢纽。

二、提高能源保障能力

优化电源结构，推进火电厂、分布式太阳能发电、海上风力发电等电源项目，规划建设一批110千伏等输变电工程；积极参与海西液化石油气干线管网和成品油干线管网规划建设；加快重点地区燃气管网建设，建设大型储气设施和城市高压输气管线；有序规划建设电动汽车充电和汽车加气站设施。深入推进农村户用沼气、大中型沼气等节能工程。继续实施农村电网改造升级工程，实现城乡用电同网同价。

三、完善市政基础设施

完善城市干道与高速公路、国省干线的联系，提高路网密度，进一步完善城市路网结构。深化县城基础设施投融资体制改革试点工作，加快迎宾大道、和康大道南段、金浦大桥等城市道路综合交通工程建设，打通“断头路”，城市路网布局更加科学、合理和顺畅。加大停车场建设和地下空间发展力度，开辟公交新线路，提升公共交通服务能力。加快实施县城、前亭工业园等重点区域引、供水工程。新建、扩建一批城镇污水处理厂和环卫配套设施，2020年县城区污水处理率达98%以上。加快生活垃圾焚烧发电厂配套建设，进一步完善县域垃圾收集转运系统，2020年县城区和镇区垃圾100%实现无害化处理，城乡垃圾一体化处理覆盖95%以上行政村。

四、强化防灾减灾体系

加快重点水利项目建设，实施农村安全饮用水提质增效工程和一批小型民生水利项目，开工建设中部片区水网供水工程，加快东部供水工程、朝阳水渠引水工程建设；续建朝阳灌区等一系列配套与节水改造项目。加快县城城区防洪堤、海堤强化加固等防洪工程建设，推动朝阳水库建设，实施6座小型水库和鹿溪等11座大中型桥闸除险加固。贯彻“海绵城市”[27]建设理念，完善雨水蓄滞、收储系统，加大下凹式绿地、植草沟、人工湿地、可渗透路面、砂石地面、自然地面及透水性停车场建设，完成旧城区低洼易涝区域治理。扎实推进农村水电增效扩容改造，加快水土流失综合治理步伐，实现一批防汛抗旱信息化平台载体建设。完善城区防洪排涝设施，加大江河防洪治理力度，推进鹿溪等防洪工程建设，加强重点城镇排水系统建设，提升防涝减灾能力。加强地质灾害防治工程、防治能力建设，实施地质灾害重大隐患治理和危险点搬迁等工程。加大气象灾害性天气监测预警、地震灾害监测、林业有害生物监测、森林火灾监测和海洋灾害监测等基础设施建设力度，提升灾害预报预警能力。

五、提高城市信息化水平

将智慧城市规划列为新型城镇化建设的重要内容，加快建设智慧家庭、智慧社区和智慧城市。立足“数字漳浦”建设，落实“宽带中国”[28]战略，完成全光网城市建设，全县户均宽带速率达到50M以上。积极实施“互联网＋”行动计划，加快构建大平台、大数据，推动建设新一代基础网络，加快推进电子政务和电子商务建设与应用，建设完善农村电商服务网络，逐步实现应用系统互联互通、资源共享。发展产业互联网经济，推进产业组织、商业模式、供应链、物流链创新，支持传统企业利用信息化进行企业转型升级。运用第三方支付、小额信贷等互联网金融服务推进金融领域业务创新。

·第七章　率先建成生态文明先行示范区·

树立尊重自然、顺应自然、保护自然的理念，以体制机制创新为动力，以生态文化建设为支撑，以实现绿色循环低碳发展为途径，深入实施生态建设“七个五”行动计划，有度有序利用自然，调整优化空间结构，构建科学合理的城市化格局、农业发展格局、生态安全格局、自然岸线格局，率先建成生态文明先行示范区。

一、落实主体功能分区

综合考虑区域资源环境承载能力、现有开发密度、未来人口分布等因素，科学谋划空间开发格局，强化主体功能定位，把整个县域划分为优化开发区域、重点开发区域、限制开发区域三大功能分区。优化开发区域包括绥安、旧镇、大南坂3个乡镇，重点开发区域包括前亭、佛昙、赤湖、深土、六鳌、霞美、杜浔、古雷、沙西9个乡镇和万安农场、漳浦盐场、白竹湖农场、华侨南山茶果场、下蔡林场5个农林盐茶场，限制开发区域包括盘陀、石榴、南浦、长桥、官浔、赤岭、赤土、湖西、马坪9个乡镇和玳瑁山茶场、长桥农场、中西林场、石古农场4个农林茶场。

二、健全生态文明制度

贯彻落实《党政领导干部生态环境损害责任追究办法(试行)》，树立绿色发展政绩导向，研究建立适应主体功能区要求的干部考核机制。坚持“谁受益、谁补偿”“谁污染、谁治理”和激励机制与约束机制并举、保护补偿与损害补偿并重的原则，建立林地、湿地、海洋、水土保持等生态补偿机制，制定近海养殖退出相关政策，推动海洋渔业向深海养殖、远洋捕捞转型。制定重点生态区位林权赎买收储相关政策，建立林地收储中心和生态林储备库，确保森林生态安全和饮用水安全。探索资源环境产权交易制度，推行环境污染第三方治理，开发碳金融产品，推广绿色信贷，推动生态产品市场化。加强环境保护基础能力建设，加大基础设施建设项目、监测监察机构、装备能力和信息化平台建设力度，强化生态执法。完善严格监管所有污染物排放的环境保护管理制度，独立进行环境监管和行政执法。

三、节约集约利用资源

实施全民节能行动计划，提高节能、节水、节地、节材、节矿等标准，开展能效、水效领跑者引领行动。推进节能降耗，建立能耗强度、碳强度与能源消费总量双控制度，加快淘汰水泥、机砖等落后产能，大力推广使用清洁能源。鼓励和支持企业技术改造，重点推动石油化工、皮革制造等主导产业向高端、绿色方向发展。严格林地用途管制，实行建设项目占用林地“占补平衡、有偿使用”，确保林地保有量。加强水资源保护和用水总量控制，合理制定工业用水定额，积极推广农业节水灌溉技术。推进存量建设用地再开发与集约利用，加大土地整理复垦开发力度，鼓励集约节约用地，完善建设用地投资强度控制标准和评价体系，因地制宜地推进旧城镇、旧厂房、旧村庄改造工作。支持绿色清洁生产，推进传统制造业绿色改造，推动建立绿色低碳循环发展产业体系，鼓励企业工艺技术装备升级更新。推行企业循环式生产、产业循环式组合、园区循环式改造，减少单位产出物质消耗。加强生活垃圾分类回收和再生资源回收的衔接，推进生产系统和生活系统循环链接。

四、保护修复自然生态

坚持保护优先、自然恢复为主，实施山、水、林、田、海生态保护和修复工程，构建生态廊道和生物多样性保护网络，严守林业、海洋、水资源等环境生态保护红线，全面提升森林、河湖、湿地、海洋等自然生态系统稳定性和生态服务功能。持续开展造林绿化，加大森林抚育、封山育林力度。继续抓好沿海防护林体系建设，重点抓好沿海基干林带、溪流、道路、环城沿线等重点生态区位林分修复。加强山体植被和景观保护，对“五沿”[29]青山挂白问题开展集中整治，对采石点、取土点进行统一规划管理，坚决制止乱采滥挖、破坏生态现象。注重保护好“五海”资源，不断巩固提升良好的海洋生态环境。加强自然保护区、风景名胜区建设和保护，维护生物多样性。持续推进鹿溪、南溪、佛昙溪、赤湖溪、浯江溪、杜浔溪六大重点流域综合整治，强化重要生态功能区的强制性保护。加大佛昙湾、旧镇湾等重点海湾生态环境的整治力度，统筹做好岸线资源开发利用和修复。加强森林资源和矿产资源保护，依法打击无证砍伐林木、乱采滥挖野生植物、乱捕滥猎野生动物和无证开采、违规开采矿产资源等行为。开展矿山生态环境恢复治理和储量动态监测工作。

五、强化环境综合整治

加强水、大气、土壤污染防治，推进重点行业和重点区域清洁生产和污染治理，提高城乡综合承载力和环境竞争力。加强规模化畜禽养殖污染综合整治，推广立体生态种养模式和生物发酵“零排放”技术，加大重点排污企业污染整治力度。加快城乡污水、垃圾处理设施建设，改善重点流域水质。加强铅、铬等重金属和持久性有机物污染防治。开展农村环境综合整治，持续推进城市片林、乡村公园绿地等项目，建设绿色城镇、绿色村庄。推进重点行业和重点区域大气污染治理，严格控制城市细微颗粒(PM2.5)等复合污染。加大对节能环保、循环经济等项目的支持力度。加强项目建设监督管理，严格执行建设项目“三同时”[30]制度，加大主要污染物减排总量控制，推进生产、生活、生态共赢。

·第八章　全面提升外向型经济水平·

实施更加积极主动的开放战略，在更大范围、更宽领域、更深层次上全面提高开放型经济水平，加快形成全方位、多层次、宽领域的大开放新格局，推动开放朝着优化结构、拓展深度、提高效益的方向转变，促进要素有序流动、资源高效配置、市场深度融合。

一、构筑全面开放发展格局

主动融入国家“一带一路”战略部署，主动在漳州海上丝绸之路核心区建设中积极作为；加强与海上丝绸之路枢纽城市和其他节点城市拓展经贸合作；采取产业链招商、增资扩股等引资方式，积极引进海上丝绸之路沿线国家的项目落户漳浦。围绕政策、资源、规划，科学谋划生成项目，积极引导资金更多地投向科技含量高、技改升级类项目，投向市场潜力大、发展前景好的产业。探索鼓励外资企业增资扩股的有效机制，引导外资投向现代服务业和战略性新兴产业等领域。建立便利跨境电子商务等新型贸易方式，健全服务贸易促进体系。实行统一市场准入制度，开展浦籍民企回归工程，鼓励和支持民营企业与央企、外企加强上下游配套，提高对外合作深度和广度。

二、拓展深化对台交流合作

扩大两岸人员往来，深化浦台农业、文化、教育、科技等领域的交流合作，增进两岸同胞福祉。充分利用古雷台湾石化产业园区、漳浦台湾农民创业园等平台，全面优化台商投资软环境，强化产业链招商，深化对台交流合作，力争在招引产业链关键环节、龙头项目上取得重大突破。大力推进浦台农业交流与合作，加速农业产业化、现代化、精致化步伐，努力打造两岸农业合作基地，推动农业产业向更大范围、更宽领域、更高层次发展。依托国家级古雷石化基地，推进两岸石化产业深度合作，力争建成两岸石化产业深度合作试验区，打造世界一流的石化基地。充分利用台湾文化创意产业的优势和基础，结合我县丰富的滨海自然和人文旅游资源，做大做强漳浦特色文化产业品牌，深化浦台文化产业合作。

三、强化周边地区融合发展

积极探索政策共有、利益共享、风险共担的合作工作机制，加快形成区域经济一体化格局。积极开展山海项目对接，主动对接融入厦漳泉同城化发展布局，加快建设对外连接通道，承接厦门等地区优质产业转移辐射，扩大区域分工协作，促进区域经济发展。加强区域重大项目建设协调，推进跨区域铁路、公路、电网、天然气管网等重大基础设施统筹规划布局与建设。积极开展浦港澳交流活动，引导华侨华商回乡投资兴业，强化对港澳侨交流合作，全面提升对接港澳侨的深度与广度。

·第九章　强化保障和改善民生·

坚持普惠性、保基本、均等化、可持续方向，从解决人民最关心最直接最现实的利益问题入手，始终坚持把改善民生作为一切工作的出发点和落脚点，按照人人参与、人人尽力、人人享有的要求，坚持守住底线、突出重点、完善制度、引导舆论的基本思路，加快发展各项社会事业，推进基本公共服务均等化，实现经济与社会发展良性互动，基本建成与人民群众需求相适应的公共服务体系和社会保障体系，形成人民幸福安康、社会和谐进步的良好局面。

一、坚持教育事业优先发展

深化教育领域综合改革，完善现代教育体系，加强社会主义核心价值观教育，充分满足人民群众对高质量教育的需求，着力创建全国“义务教育基本均衡县”，加快“教育强县”步伐。2020年学龄前儿童入园率达95%以上（其中公办幼儿园入学率达50%以上）、小学入学率100%、初中入学率100%、高中毛入学率96%以上，财政教育支出占一般预算支出比重达20%。发展普惠性学前教育[31]，积极应对“全面两孩”[32]后的幼儿教育需求。有效推进义务教育、优质教育均衡发展，切实缩小校际差距、城乡差距，高质量普及九年义务教育。加快普及高中阶段教育，扩大优质高中教育资源，推动普通高中多样化发展，全面提高普通高中学生综合素质。优化学校布局，整合教育资源，继续开展“全面改薄”工程，实施一中、二中等学校扩建工程，推进城关中心、华府、道周等小学及县城区“名园办分园”幼儿园建设。推进一中、达志、道周等学校创建省一级达标校。大力发展职业教育和成人教育，规划建设漳浦职校新校区，扩大技能型人才培养规模。重视特殊教育、老年教育和家庭教育发展。健全以政府投入为主、多渠道筹集教育经费的体制。探索完善各类学校教师、校长校际交流机制，深化教学改革，规范办学行为，完善教师管理体制。加快教育信息化建设，实现网络环境、教学资源、教育管理、教学应用数字化。

二、加强卫生服务体系建设

深化医药卫生体制改革，实行医疗、医保、医药联动，建立覆盖城乡的基本医疗卫生制度和现代医院管理制度。加快建立和完善以基本医疗保障为主体，其他多种形式医疗保险为补充，覆盖城乡居民的多层次医疗保障体系。优化医疗资源规划布局，办好3家县级公立医院，完成县医院“三级乙等医院”创建工作，加快推进杜浔中心卫生院、佛昙中心卫生院、官浔中心卫生院、古雷社区卫生服务中心及村级卫生所（室）等医疗卫生服务体系建设，力争2020年每千人病床数达4张。深入开展爱国卫生运动，加强疾控、妇幼保健、卫生监督等公共卫生服务建设。实施中医“名医、名科、名院”发展战略，加快中医药事业发展。鼓励社会资本创办综合医院、专科医院，加快推进康宁、联创2家民办医院建设，力争2020年社会资本举办的医疗机构床位数占全县医疗机构总床数的20%以上。加强医疗卫生队伍建设，加大高层次卫生人才招聘引进力度，力争2020年每千人医生数达到2.17人。稳定计划生育基本国策，实施“全面两孩”政策，2020年全县总人口控制在97.20万人以内，人口自然增长率控制在13‰以内。

三、健全公共文化体育服务

统筹城乡文化均等化发展，健全完善与经济社会发展相适应的现代公共文化服务体系。到2020年，全县乡镇、村（社区）基本建成集宣传文化、党员教育、科学普及、普法教育、体育健身等功能于一体的综合性公共文化场所。围绕全国文化先进县和全国体育先进县建设，加快推进县文体中心、人民剧场等重点文化项目，实施海峡两岸（漳浦）畲族文化产业园、中共闽粤边区特委旧址红色旅游经典景区基础设施建设等一批文化与生态、文化与旅游融合项目。拓宽浦台文化交流领域，打造妈祖文化、开漳文化、畲族文化等一批地方特色文化品牌。重视物质和非物质文化遗产保护与传承，做好锦江楼、赵家堡“五里三城”等文物修缮保护工作。鼓励文化企业跨地区、跨行业经营，培育一批有影响力的文化企业和战略投资者。丰富文化服务内容，引导群众在文化建设中自我表现、自我教育、自我服务。培育健康向上的文化消费市场，吸引和促进居民文化消费。实施农民体育健身工程、乡镇足球场、社区多功能运动场等公共体育设施建设，拓展体育活动阵地，建立完善的社会化全民健身组织网络。

四、完善就业创业服务体系

坚持就业优先战略，继续实施就业促进计划，贯彻实施“劳动者自主就业、市场调节就业、政府促进就业和鼓励创业”就业方针，着力推动更加充分、更高质量就业。五年累计新增城镇就业人数3.50万人以上、农村富余劳动力转移就业5万人以上，城镇登记失业率控制在3.50%以内。实施大学生就业、创业计划，建立返乡大学生创业孵化基地㉝；开展新生代农民工职业技能提升和贫困家庭子女、未升学初高中毕业生、农民工、失业人员和转岗职工、退役军人免费接受职业培训行动，积极帮助引导失地、失海农民第二次就业、创业。加强公共就业培训服务载体和能力建设，开展就业技能培训、岗位技能提升培训。建立城乡居民实际收入增长与经济增长保持同步的机制，完善资本、知识、技术、管理等由要素市场决定的报酬机制。实行政府出资购买公益性岗位的办法，创造更多公平的就业机会和就业岗位。创新劳动关系协调机制，规范劳动人事争议仲裁机构建设，构建和谐稳定的劳动关系，优化经济社会发展环境。

五、建立公平社会保障制度

健全多层次的养老保险体系，稳步提高保障水平，逐步建立城乡一体化的社会保险组织管理体制和管理运行机制。2020年城镇参加基本养老保险人数达10万人，城乡三项基本医疗保险、城乡居民社会养老保险参保率均达95%以上。继续做好城乡养老保险、新老农保“两个衔接”工作，落实被征地农民养老保险待遇。积极推进机关事业单位养老保险制度改革，逐步建立基本养老保险和职业年金相结合的多层次养老保障体系。有效控制医疗费用不合理增长，落实失业保险金发放标准与物价上涨挂钩联动机制。加强农村“五保”供养工作，鼓励各类市场主体投资兴办社会养老中心、日间照料等服务机构，2020年实现养老服务设施覆盖县城所有社区和所有乡镇，力争每千名老年人拥有养老床位数25张以上。加强保障性安居工程建设，优化公租房、廉租房和经济适用房比例；推进集中连片城市棚户区和城中村改造，基本完成农村危房改造。

六、促进社会事业全面发展

实施《漳浦县妇女发展纲要》和《漳浦县儿童发展纲要》，引导妇女依法参与经济、文化和社会事务管理，提高妇女参政议政比例和水平；保障儿童生存、发展、受保护和受教育权利，努力做好贫困儿童、留守儿童扶助、帮教工作。积极发展慈善公益事业，推动社会福利事业发展。加强基层老龄协会建设，加大老龄事业投入。积极开展应对人口老龄化行动。建立政府主导、全社会共同参与的失独家庭关爱关怀机制。支持残疾人事业发展，进一步健全残疾人社会保障体系和服务体系。积极开展双拥工作，探索创新军地双向互利的措施，推进军民深度融合发展。促进工会、共青团、民族宗教、档案方志、侨务外事、人防、物价、气象、红十字会等社会事业全面发展。

·第十章　推进全面深化改革·

致力建设职能科学、结构优化、廉洁高效、人民满意的服务型政府，着力创新体制机制，努力在重点领域和关键环节改革上取得新突破，逐步形成管理科学、运行高效、服务便捷的体制机制，加快形成有利于创新发展的市场环境、产权制度、投融资体制、分配制度、人才培养引进使用机制，做到改革为了群众、改革依靠群众、改革让群众受益。

一、加快行政审批制度改革

进一步转变政府职能，推进简政放权、放管结合、优化服务，加大减权放权力度，提高政府效能，激发市场活力和社会创造力。按照行政审批规范化、标准化、信息化、便利化要求，进一步清理规范行政审批事项，做好国务院和省、市级取消、下放、调整审批事项的承接落实工作；进一步精简优化前置审批和中介服务项目，健全网上并联审批、联合审批服务工作机制，压缩审批时限，规范审批流程；建设“网上办事大厅”，实行审批全过程编码化、信息化、网络化管理，实现行政审批提速提效；推进特殊区域行政审批制度改革创新，推行“园内事园内办结”；推进监管方式创新，强化事中事后监管，规范市场秩序，创造公平竞争的发展环境。

二、推进资源要素市场配置

继续深化经营权制度改革，支持发展专业合作社、家庭农场等新型经营主体，拓展多元化合作经营模式。深化生态公益林管护机制和森林生态效益补偿机制，合理分配和使用生态公益林补偿金。建立城乡统一的建设用地市场，慎重稳妥推进农民住房财产权抵押、担保、转让。维护进城落户农民土地承包权、宅基地使用权、集体收益分配权，支持引导其依法自愿有偿转让上述权益。完善公共资源市场化配置项目目录，各类工程建设项目招标投标、土地使用权、海域使用权和矿产权出让、国有产权交易、政府采购、林权流转交易等各类项目按照“应进必进”要求进场集中交易。引导林权依法依规流转，推进林业资源资本化。深化投融资体制改革，吸引社会资本参与公益性、基础性项目和保障性住房建设；创新金融信贷模式，推动国家级承包土地经营权抵押贷款试点，推广农业设施和林权、海域使用权、钢质渔船抵押贷款和船网工具指标质押贷款模式；完善林业保险制度，继续推进森林综合保险，拓展设施花卉保险品种。

三、培育经济发展新动力

发挥好投资的关键作用。积极创新融资方式，把投资重点放在调结构、补短板、惠民生上，努力使建设资金投向同我县国民经济社会发展方向相吻合；加强重大项目策划储备，做好用地、用林、用海等要素保障，全力抓好重点项目建设；加大公共消费型基础设施、企业技改创新和制造业提升、公共服务供给等项目投入力度；利用好国家专项建设基金，推广 PPP 模式。发挥好消费的基础作用。充分挖掘和快速释放居民消费潜力，加快启动不同层次消费需求；努力稳定或扩大就业，增强居民消费能力；拓展旅游、家政等新兴消费业态；鼓励电子商务发展等综合性措施，使电子商务辐射到广大城镇和乡村；鼓励合理进行房地产消费，促进房地产业健康发展。发挥好出口的促进作用。推进出口贸易转型升级，扩大高附加值、高技术含量产品出口；加强营销和售后服务网络建设，提高传统优势产品竞争力；开拓新兴海外市场，带动商品出口和劳务输出。

四、深化重点领域改革

坚持公平开放透明，贯彻“非禁即入”原则，建立市场准入“负面清单”[34]制度，统一市场准入，保障各类市场主体依法平等进入负面清单之外的领域。落实支持民营经济发展的各项政策措施，鼓励民营企业依法进入更多领域，引入非国有资本参与国有企业改革，更好激发非公有制经济活力和创造力，进一步放开民间投资准入条件。推进企业科技创新机制改革，围绕现代农业、工业创新设计等领域，打造科技经济紧密结合的产业技术创新链，积极实施技术标准和品牌战略。加快建立中小企业公共服务网络平台。鼓励民间资本投资创办小微企业，进一步强化对小微企业的增信服务和融资支持，扩大小微企业融资规模。

五、发挥改革引领作用

探索实行强镇扩权，通过委托、交办等方式，赋予杜浔、绥安等先行试点乡镇更多的经济社会管理权限。加强自贸区政策研究和对接，积极实施电子营业执照和全程电子化登记管理，全面推行“三证合一”制度，切实简化登记注册流程，提供高效、便捷的市场准入服务。推进外商投资管理体制改革，简化项目投资审批流程，推行企业登记“先照后证”登记制度，积极引导外资重点投向高端制造、高新技术等产业。清理和规范涉企行政事业性收费，减轻企业负担，完善公平竞争、促进企业健康发展的政策和制度。激发企业家精神，依法保护企业家财产权和创新收益。

·第十一章 推进治理能力现代化·

把党的领导贯穿于依法治县的全过程，坚持党的领导、人民当家做主、依法治县有机统一，坚持人民主体地位，坚持法律面前人人平等，坚持依法治县和以德治县相结合，健全法治建设领导体制和工作机制，高度重视法治队伍建设，增强党员干部法治意识、规则意识和党的意识，不断提高运用法治思维和法治方式深化改革、推动发展、化解矛盾、维护稳定的能力，全面推进依法治县。

一、加强法治社会建设

深化司法体制改革，规范司法行为，强化对司法活动监督，提高司法公信力。坚持用制度管权、管事、管人，全面加强党内监督、人大监督、民主监督、行政监督、司法监督、审计监督、社会监督和舆论监督。建立健全行政执法责任制、行政损害赔偿制、行政过错追究制，明确执法主体、规范执法权责、提高执法水平。完善司法救助和法律援助制度，构建县域社区矫正体系。推动社会生活在法制范围内有序运行、矛盾纠纷在法律框架内有序解决、各项工作在法治轨道上有序推进。深入开展法治宣传教育，大力弘扬社会主义法治精神，建设社会主义法治文化，发挥道德建设在推进依法治县过程中的重要作用，增强全民学法尊法守法用法意识，使全县人民都成为社会主义法治的忠实崇尚者、自觉遵守者、坚定捍卫者。

二、打造阳光高效政府

坚持依法行政，深入实施《政府工作规则》，严格执行重大行政决策等相关制度，健全行政运行机制，营造公平公正发展环境，促进行政权力阳光透明。按照“为民、务实、清廉”要求，全面正确履行政府职能，合理划分政府管理职责及权限，完善行政决策程序和机制，完善行政执法体制，严格规范公正文明执法，深入推进政务公开和办事公开，加快建设职能科学、权责法定、执法严明、公开公正、廉洁高效、守法诚信的法治政府。加强对领导干部的监督，努力形成科学有效的权力运行和监督体系。转变政府工作作风，集中整治在项目进展中存在的“不作为、慢作为、乱作为”以及“庸懒散、中梗阻”等问题，切实把各级干部的心思和精力集中到抓发展上。

三、推进社会治理创新

加快推进社会信用体系建设，在全社会形成诚实守信的良好氛围和环境。培育发展和规范管理社会服务组织，全面推广网格化⑤社会服务管理，充分运用法治思维和法治方式规范社会行为、调节利益关系、协调社会关系、解决社会问题、化解社会矛盾，促进社会和谐稳定。按照党委领导、政府负责、社会协同、公众参与原则，健全社会治理格局。转变社会治理方式，促进以政府管理为主向政府管理与社会自治相结合转变，以政府调控为主向政府调控与社会协同相结合转变，以政府规范为主向政府规范与社会约束相结合转变。以群众情绪疏导、社会矛盾协调、社会治安防控为重点，完善社会治理机制。建立社会群体利益诉求代言机制，强化信访主渠道作用，健全信访部门诉求反应联动机制，妥善处理人民群众的利益诉求，切实解决群众反映的强烈问题。

四、深化平安漳浦建设

深化“平安漳浦”建设，完善立体化社会治安防控体系建设，增强人民群众安全感。坚持预防与应急并重、常态与非常态结合，建立健全“统一指挥、反应灵敏、协调有序、运转高效”的突发事件应急管理机制，提高突发事件预防与应急准备、监测预警、应急处置和应急保障等能力，有效应对自然灾害、事故灾难、公共卫生、社会安全等突发公共事件。切实加强安全生产，减少生产安全事故，坚决遏制重特大事故。开展消防专项规划修编，加快消防站等设施建设，启动县综合应急救援指挥中心建设工作。进一步深化食品安全社会共治示范县创建成果，深入推进食品药品安全建设，严格执行技术标准，建立健全食品药品安全监管网络与溯源体系，提升监管能力和水平。深入推进社会公德、职业道德、家庭美德和个人品德建设，积极开展文明城区、文明社区、文明村镇、文明行业、文明单位、文明校园、文明家庭等精神文明创建活动，全面提高社会文明程度。

·第十二章　确保规划全面实现·

本规划经过县人民代表大会审议批准，是未来五年我县经济社会发展的宏伟蓝图，具有法律效力。要举全县之力，确保完成规划确定的发展目标和任务。

一、加强党的领导

各级党委必须不断提高总揽全局、协调各方能力，为实现经济社会持续健康发展提供坚强的组织保证。要建立健全决策工作机制，提高决策科学化水平。探索创新干部考核评价方式，形成有利于科学发展的用人导向。积极推行村干部职业化管理，进一步健全和完善党领导下的村级民主自治。坚持党的群众路线，始终保持党同人民群众的血肉联系。坚持全面从严治党，落实“三严三实”[38]要求，加强县乡村三级干部队伍建设，争当谷文昌式好干部。严明党的纪律和规矩，落实党风廉政建设主体责任和监督责任，进一步营造风清气正、干事创业的良好政治生态。

二、强化规划实施

强化本规划的统领地位，各级各类规划的编制和实施要以本规划为依据，保证规划目标、生产力布局、投资安排、政策手段能有机对接。要进一步明确职责分工，密切配合，紧盯规划发展重点和目标任务，组织编制一批重点专项规划，细化落实规划明确的主要任务，共同推进重大发展任务的落实、重要改革措施的实施和“十三五”总体目标的实现。国民经济和社会发展年度计划要依据本规划，合理确定年度发展目标，分年度落实本规划的目标和任务。

三、深化项目带动

突出强化投资拉动，把实施项目带动作为推动规划实施的重要抓手，在抓好五年“行动计划”重大项目推进落实的基础上，抓好“三维”项目对接，持续策划生成、开工建设、建成投产一批项目；用节约集约的思维保障好规划项目的用地、用林等要素指标需求，用创新的思路和改革的办法拓展融资渠道、破解融资难题。

四、完善评价考核

根据不同资源禀赋、发展任务、工作重点，进一步完善差别化的绩效评价体系和具体考核办法，强化对深化改革、生态文明、创新驱动、转型升级、民生福祉等目标任务完成情况的综合评价考核。考核结果作为各级领导班子调整和领导干部选拔任用、奖励惩戒的重要依据，形成强势推动规划实施的激励机制。

五、加强监测评估

完善监测评估制度，加强监测评估能力建设，强化对规划实施情况跟踪分析。规划主管部门要对指标完成情况进行评估，并向县政府提交规划实施年度进展情况报告，以适当方式向社会公布。县直有关部门要加强对规划相关领域实施情况的评估，自觉接受县人民代表大会及其常务委员会的监督检查。在规划实施中期阶段，要组织开展全面评估，形成评估报告提交县人大常委会审议。规划实施要注意接受政协的民主监督，广泛听取社会各界意见。

表 2

漳浦县“十三五”期间重点项目规划表

序号	项目名称	建设内容及规模	建设性质	建设地址	总投资(万元)	建设年限	主管部门或实施单位
	总计(182 个)				15349260		
	一、工业项目(30 个)				2836200		
1	漳龙林业循环经济产业园	项目规划占地 333.33 公顷,按功能划分为六个区,即进口木材加工区、木材初加工区、木材深加工区、新能源区、集中制胶区、商务配套服务区	新建	长桥	500000	2016-2018	福建漳龙木业科技有限公司
2	漳州九龙江林业工业科技产业园	用地 170.07 公顷,主要建设林业加工区、物流商贸区、综合用地、配套服务区等	新建	前亭	300000	2016-2021	漳州市九龙江集团
3	漳浦粤港家居产业园	用地 116 公顷,建设左右家私、美廷家居、高帆家具、恒昂实业、东佳利实业、泰柯实业、宽廷投资以及粤港福建家居展示馆等项目	续建	前亭	200000	2015-2018	粤港家居商会
4	民生置业产业园	用地 61.47 公顷,其中民生印刷及民生服装 19.87 公顷,国宾馆 27.53 公顷,配套用地 14.07 公顷。建设票据、宣传品印刷项目及民生专用服装生产项目等	续建	黄仓工业园	200000	2014-2016	福建华盈天创印刷有限公司
5	一帆新能源装备制造项目	用地面积 30 公顷,分三期建设,建成后年产海上和陆上风机塔筒 5 万吨,石化核电结构单元模块 2 万吨。	续建	六鳌	150000	2014-2020	福建一帆新能源装备制造有限公司
6	深土特色食品工业园区	规划面积 166.72 公顷,引进食品深加工企业 30 家	新建	深土	100000	2016-2019	深土镇人民政府
7	赤湖镇新材料与精细化工产业园	用地 266.67 公顷,建设医药、农药、兽药及中间体功能区、新材料及中间体功能区、新型助剂及中间体功能区等	新建	赤湖	1000000	2017-2020	赤湖工业区

续表 2

序号	项目名称	建设内容及规模	建设性质	建设地址	总投资（万元）	建设年限	主管部门或实施单位
8	汇泉冷链物流及保税仓项目	占地 13.33 公顷，建设物流区及保税仓库	新建	深土	35000	2016-2017	福建省汇泉食品有限公司
9	漳浦自行车产业园	占地 15 公顷，建设厂房、办公楼及配套设施，总建筑面积 17.50 万平方米	续建	旧镇工业园	30000	2015-2017	台湾自行车输出同业公会
10	漳浦农机产业园	占地 11.87 公顷，引进 7 个台资农机制造项目	新建	绥安工业园	30000	2016-2018	台湾农机公会
11	悦港小麦粉生产线、码头项目	日处理 500 吨小麦专用粉加工厂及 5000 吨级专用码头	新建	六鳌	30000	2016-2018	漳州市悦港投资有限公司
12	峰安皮革建设项目	占地 9.33 公顷，年产 90 万张牛原皮	续建	赤湖	30000	2014-2018	赤湖工业区
13	彩露华观光工厂项目	占地 18.67 公顷，规划建设厂房、仓库、办公楼等，总建筑面积 3.25 万平方米	新建	大南坂工业园	29000	2016-2018	漳浦彩露华化妆品有限公司
14	际诺思轻工制品建设项目	占地 6.63 公顷，规划建设厂房、仓库等，总建筑面积 7.50 平方米	新建	大南坂工业园	28000	2016-2017	际诺思（漳州）轻工制品有限公司
15	片仔癀爱之味生技食品项目	占地 11.20 公顷，建设研发办公楼、仓储中心、公共设施、原物材料仓库及生产线车间，建设面积约 15 万平方米	新建	绥安工业园	20000	2016-2019	漳州片仔癀爱之味生技食品有限公司
16	致易卫星接收器建设项目	占地 4.77 公顷，拟建厂房、仓库、办公楼、宿舍楼及其配套设施，总建筑面积 8 万平方米	续建	绥安工业园	20000	2015-2016	福建致易电子科技有限公司
17	峻安皮革项目	占地 5.47 公顷	续建	赤湖	20000	2014-2018	赤湖工业区
18	浩基新型节能环保科技建设项目	占地 2.93 公顷，规划建设厂房、仓库、办公楼等，总建筑面积 4.50 万平方米	续建	大南坂工业园	15000	2015-2017	漳浦浩基环保科技有限公司

续表 2

序号	项目名称	建设内容及规模	建设性质	建设地址	总投资（万元）	建设年限	主管部门或实施单位
19	比速光电项目	用地 3.20 公顷，总建筑面积 9.30 万平方米，主要生产 LED 光源	续建	绥安工业园	15000	2014-2016	漳浦比速光电科技有限公司
20	金马百虹金葱粉生产项目	占地 0.80 公顷，规划建设厂房、仓库、办公楼等，总建筑面积 1.20 万平方米	新建	旧镇工业园	12000	2016-2020	漳州金马百虹金葱粉有限公司
21	鹏利玩具建设项目	占地 3.57 公顷，建设办公楼及厂房 61305 平方米	新建	黄仓工业园	11000	2016-2017	鹏利玩具（福建）有限公司
22	炜峰顺电子建设项目	占地 2.56 公顷，建设办公楼及厂房 3.60 万平方米	新建	黄仓工业园	10000	2016-2017	漳州炜峰顺电子科技有限公司
23	圣安食品深加工	用地 6.67 公顷，建筑面积 6 万平方米	续建	深土	10000	2014-2016	福建圣安食品有限公司
24	原漳州迈士通厂房嫁接项目	办公宿舍楼厂房 5 万平方米	续建	前亭	10000	2015-2018	前亭镇人民政府
25	石雕工艺品产业园（二期）	用地 8.67 公顷，厂区建设 6 万平方米，购置石雕工艺品生产线 12 条套	新建	赤岭	10000	2016-2017	大发石业（福建）有限公司
26	易立特野营用品生产项目	占地 0.90 公顷，规划建设厂房、仓库、办公楼等，总建筑面积 1.87 万平方米	续建	绥安工业园	6500	2015-2017	漳浦易立特野营用品有限公司
27	环保烧结多孔砖项目	占地 0.90 公顷，规划建设厂房、仓库、办公楼等，总建筑面积 1.87 万平方米	新建	大南坂工业园	5500	2016-2018	漳浦佳乐森新型材料有限公司
28	漳浦盐场盐田技改项目	对 693.73 公顷的盐田生产设施进行升级改造	新建	漳浦盐场	4000	2016-2020	漳浦盐场
29	超达玩具研发、制造项目	占地 0.67 公顷，规划建设厂房、仓库、办公楼等，总建筑面积 1.20 万平方米	新建	大南坂工业园	3200	2016-2018	福建超达玩具有限公司
30	车城汽配公司扩建项目	扩建车间 4980 平方米	新建	湖西	2000	2016-2017	车城汽车配件福建有限公司

续表2

序号	项目名称	建设内容及规模	建设性质	建设地址	总投资（万元）	建设年限	主管部门或实施单位
	二、农林水项目(32个)				614583		
1	南浦乡黄金竹产业园	建设型竹厂、竹家具厂、竹食品加工厂、竹饮品厂、竹纤维化工厂（化妆品、保养品）、竹艺术品博物馆、竹制品展厅等，占地100公顷；发展竹林基地666.67公顷；建设相关配套设施	新建	南浦	94100	2016-2020	南浦乡人民政府
2	朝阳水库枢纽工程	拟建水库总库容4299万立方米，最大坝高91米，正常蓄水位190米，拟建电站装机容量6000千瓦	新建	南浦	91305	2017-2020	县水利局
3	漳浦县一级渔港建设项目	建设六鳌、佛昙岱嵩、赤湖前湖、赤湖将军澳等一级渔港	续建新建	相关乡镇	91196	2015-2020	县海洋与渔业局
4	漳浦朝阳原中央苏区县灌区续建配套与节水改造工程	新建干渠长91.10千米、支渠长73.40千米，整修衬砌干渠长173千米、支渠长98.90千米，配套附属建筑物904座，配套分、斗、毛渠736.80千米，排水沟渠61.20千米，配套灌区水情自动测报系统及量水设施	新建	相关乡镇	53520	2016-2020	县水利局
5	漳浦县农村安全饮水提质增效项目（含中部水网）	全县（不含县城区）以下的乡镇、村庄、农场、林场、学校等农村饮水工程配套项目，主要是完善取水、输水、净水、配水设施	新建	相关乡镇场	35000	2016-2020	县水利局
6	沙西榕树观光园项目	规划建设200公顷榕树观光园	新建	沙西	30000	2016-2020	沙西镇人民政府
7	漳浦县桥闸加固工程	实施鹿溪、旧镇、浯江、花厝、赤湖、江口、月示、杜浔、沙西、沙西海口闸、雄厝等11座桥闸加固工程	续建	相关乡镇	28500	2014-2018	各桥闸管理处

续表 2

序号	项目名称	建设内容及规模	建设性质	建设地址	总投资（万元）	建设年限	主管部门或实施单位
8	中小河流治理项目	规划实施马坪、旧镇、赤土、官浔、赤岭、长桥、石榴、霞美、赤湖等 9 条中小河流治理项目，总长度 33 千米	新建	相关乡镇	24900	2016-2020	县水利局
9	漳浦县海堤强化加固	实施跃进埭、六鳌、湖前湾、花厝、沙西、竹屿、佛昙、霞美、旧镇等海堤加固 26 千米	新建	相关乡镇	19500	2016-2020	县水利局
10	漳浦粮食联合储备库	用地面积 71813 平方米，建设 10 万吨仓容的现代化粮食高大平房仓（部分浅园仓）及配套设施	新建	旧镇	16000	2016-2017	县粮食局
11	沙西水产品养殖、冷藏及加工项目	建设无公害水产品养殖基地 49.87 公顷、大容量蓄水池 4 公顷、海水淡水排供水系统 4.13 公顷、冷藏库 2.33 公顷，其他库房配套设施 1 公顷	续建	沙西	15000	2015-2019	福建力能渔业有限公司
12	石榴特色现代农业示范区	改造园区道路 10.50 千米及其他配套设施建设。建设扬基铁皮石斛产业园、利苑大棚蔬菜产业园、优质木瓜产业园和君美芦荟产业园 4 个农业特色园	续建	石榴	12000	2015-2018	石榴镇人民政府
13	漳浦县安全生态水系建设项目	规划赤岭乡、湖西乡、霞美镇、佛昙镇、赤土乡、绥安镇、马坪镇、旧镇镇、长桥镇、石榴镇、盘陀镇等 8 个项目，82 千米河道安全生态水系建设	新建	相关乡镇	11500	2016-2020	县水利局
14	漳浦县二级渔港建设项目	建设整美、前湖、白石、北江、后蔡、土楼、河乾、白沙、山门、崎沙、下寨、岈仔山等二级渔港	新建	相关乡镇	10000	2016-2020	县海洋与渔业局
15	大璞文创园项目	建设集生物科技、休闲观光、智慧旅游、度假居住为一体的生态休闲区	新建	台创园	8000	2016-2020	台湾农民创业园管委会

续表 2

序号	项目名称	建设内容及规模	建设性质	建设地址	总投资（万元）	建设年限	主管部门或实施单位
16	台创兰园项目	规划用地 66.67 公顷，主要建设园区土方回填、场地平整及道路路网	新建	台创园	8000	2016-2020	台湾农民创业园管委会
17	重要水源地达标建设项目	规划眉力水库、澎水水库、石过陂水库、杨美水库、鹿溪、赤兰溪水库、眉力水库环境整治；桥内水库、东平水库、小径水库、苦竹水库、东升水库等 12 个重要水源地达标建设项目	新建	相关乡镇	6090	2016-2020	县水利局
18	海峡花卉集散中心二期项目	二期 49.73 公顷花卉市场土地整理、基础设施配套	续建	长桥	6000	2015-2018	海峡（福建漳州）花卉集散中心有限公司
19	兴科生态农业开发项目	拟建设办公楼 2000 平方米、宿舍楼 1000 平方米、展示厅 1200 平方米，开发面积 53.33 公顷	续建	马坪	6000	2014-2017	兴科农业（漳州）有限公司
20	南浦乡林下经济园区	建设百草园，山苏园，总用地 333.33 公顷并建设相关配套设施	新建	南浦	5500	2016-2020	南浦乡人民政府
21	中型水库移民后期扶持项目	移民自然村环境综合整治建设	续建	相关乡镇	5118	2014-2018	各有关场或移民村村委会
22	官浔万亩花卉苗木产业园	整合花博园、树博园、毓秀园、芙蓉园资源，加固溪堤 4 千米，道路建设 4 千米，拓宽排洪渠、排水沟 6 千米	新建	官浔	5000	2016-2020	官浔镇人民政府
23	铁皮石斛仿野生栽培（林下经济）	铁皮石斛基地 66.67 公顷、设施温室 13 万平方米	续建	绥安	5000	2014-2018	福建扬基生物科技有限公司
24	现代农业立体化基地建设项目	建设标准化养殖场 9500 平方米、水产养殖基地 80 公顷、现代农业示范基地 20 公顷，标准化大棚 66.67 公顷	改建新建	大南坂	4800	2016-2020	大南坂镇人民政府

续表 2

序号	项目名称	建设内容及规模	建设性质	建设地址	总投资（万元）	建设年限	主管部门或实施单位
25	六鳌后江观光休闲渔业项目	建设海上度假休闲馆，1 号风机至瞭望礁建设长 50 米舰桥，环礁建设垂钓台 6 处、环岛观光艇	新建	六鳌	4000	2016-2018	六鳌镇人民政府
26	农村水电增效扩容改造	实施澎水、内湖、杨美等 16 座水电站的增效扩容改造，增加装机容量 820 千瓦	续建	相关乡镇	3654	2014-2018	县水利局
27	抗旱应急水源项目	桥内水库供水工程及乡镇打机井 55 口，解决农业灌溉用水和生活用水应急水源问题	新建	绥安	3400	2015-2018	县水利局
28	官浔镇淡水养殖项目	优质高效标准化改造养殖基地 200 公顷，改建明渠明沟、排水设施	新建	官浔	3000	2016-2020	官浔镇人民政府
29	“美丽官浔”建设项目	完成 9 个建制村富美乡村建设，推进整镇富美乡镇	新建	官浔	3000	2016-2020	官浔镇人民政府
30	赤岭蜜柚观光休闲产业园	种植 200 公顷，配套道路 4.40 千米，排灌渠道 4.30 千米	新建	赤岭	3000	2016-2018	赤岭乡人民政府
31	漳浦县三级渔港建设项目	建设前亭后蔡、霞美中社、霞美下蔡、霞美后辽、深土南境等三级渔港	新建	相关乡镇	1500	2016-2020	县海洋与渔业局
32	水产苗种繁育基地	新建省级水产苗种繁育基地 2 座，育苗水体 8000 平方米及配套育苗设施	续建	佛昙前亭	1000	2015-2016	县海洋与渔业局
	三、商贸服务业项目（13 个）				745000		
1	长德商贸城	用地 13.33 公顷，建设商铺、仓库、写字楼及生活配套住宅，总建筑面积 11 万平方米	续建	绥安	300000	2014-2016	漳浦长德商贸物流开发有限公司
2	大南坂品牌汽车 4S 产业园	规划总面积 66.67 公顷，建设 30 个以上品牌汽车 4S 店、二手车交易市场及其他配套服务设施，建成集汽车销售、维修、配件和信息服务为一体的品牌汽车 4S 产业园	续建	大南坂	200000	2016-2018	县经信局

续表 2

序号	项目名称	建设内容及规模	建设性质	建设地址	总投资（万元）	建设年限	主管部门或实施单位
3	漳浦县农贸综合市场	用地 20 公顷，建筑面积 36 万平方米	新建	县城	108000	2017-2020	县城乡规划建设局
4	漳浦县石材交易市场	用地 66.67 公顷，建筑面积 9.60 万平方米，建设 10 幢、三层交易市场	新建	赤湖	60000	2015-2018	漳浦县石材协会
5	漳浦县物流中心	县城、旧镇两处，各占地 20 公顷	新建	县城	20000	2019-2020	县交通运输局
6	大南坂物流园基础设施建设	道路总长度 3.20 千米	新建	大南坂	13000	2016-2018	大南坂镇人民政府
7	漳浦县二手车市场	规划用地 4 公顷，投资 1.20 亿元，建成配套设施齐全的二手车交易市场	续建	大南坂	12000	2015-2016	漳州盛鑫二手车有限公司
8	创业孵化中心项目	创意集市、景观花园酒店	续建	长桥	10000	2015-2017	漳州浦德农业科技有限公司
9	祥顺汽车驾考项目	用地 6.67 公顷，拟建设 5000 平方米的综合楼及相关驾考的场地基础设施建设	续建	大南坂	6000	2014-2016	漳浦祥顺汽车服务有限公司
10	六鳌农贸市场及集商贸一体超市	总占地面积 3750 平方米，总建筑占地面积 3000 平方米，总建筑面积 1.80 万平方米. 建设停车场 750 平方米及配套设施	新建	六鳌	6000	2016-2018	六鳌镇人民政府
11	霞美镇农贸市场	在原废旧粮站筹建镇农贸市场	新建	霞美	4000	2017-2019	霞美镇人民政府
12	盛元汽贸 4S 项目	用地 1.76 公顷，总建筑面积 1.80 万平方米	续建	绥安工业园	4000	2015-2016	漳浦盛元工贸有限公司
13	湖西乡农贸市场改造	改造现有农贸市场	新建	湖西	2000	2016-2020	湖西乡人民政府

续表 2

序号	项目名称	建设内容及规模	建设性质	建设地址	总投资(万元)	建设年限	主管部门或实施单位
	四、交通能源项目(45 个)				4044189		
1	G228 漳州沿海大通道漳浦段	长 57.30 千米,采用双向六车道一级公路标准设计,路基宽度为 32 米,路面宽度 22.50 米,桥梁宽度与路基同宽	续建	相关乡镇	335000	2012-2017	县交通运输局
2	漳浦港城大道公路	长 13.49 千米。按一级公路双向六车道标准建设	新建	相关乡镇	125652	2016-2018	县交通运输局
3	G324 线过境线县城段	路线长 19.10 千米,一级公路,设计车速 80 千米/小时,路基宽 32 米,双向 6 车道	新建	县城	85000	2016-2018	县交通运输局
4	漳浦县农村公路建设	拓宽改造乡道 50 千米,自然村硬化村道 500 千米	新建	相关乡镇场	60000	2016-2020	县交通运输局
5	G324 线三古至盘陀岭段白改黑	二级公路 40.87 千米	新建	相关乡镇	36000	2016	县交通运输局
6	X534 长桥镇区至赤岭乡	二级公路 15.40 千米,路基宽 18 米,路面宽 15 米,双向四道	新建	相关乡镇	27400	2016-2019	县交通运输局
7	X534 赤岭乡至马坪镇后康村	二级公路 13.70 千米,路基宽 18 米,路面宽 15 米,双向四道	新建	相关乡镇	25300	2017-2020	县交通运输局
8	X531 湖西乡至赤湖镇区	二级公路 12.50 千米,路基宽 23 米,路面宽 15 米,双向四道	新建	相关乡镇	24500	2016-2018	县交通运输局
9	G324 官浔马口至山边段	一级公路 2.80 千米,路基宽 32 米,路面宽 22.50 米,双向六道	新建	相关乡镇	21100	2018-2020	县交通运输局
10	漳浦汽车西站	一级站标准建设,占地 5.33 公顷	新建	绥安	20000	2018-2020	县交通运输局
11	湖西乡至赤岭乡道路拓宽	二级公路 10 千米,路基宽 23 米,路面宽 15 米,双向四道	新建	湖西赤岭	20000	2016-2020	湖西、赤岭畲族乡人民政府

续表 2

序号	项目名称	建设内容及规模	建设性质	建设地址	总投资（万元）	建设年限	主管部门或实施单位
12	X534 前亭白竹湖至火山地质公园	二级公路 7 千米，路基宽 23 米，路面宽 15 米，双向四道	新建	前亭	19300	2019-2020	县交通运输局
13	“石榴泉”旅游道路与红色旅游道路连接线	二级公路 7 千米，路基宽 23 米，路面宽 15 米，双向四道	新建	石榴	19300	2017-2018	石榴镇人民政府
14	赤湖镇疏港公路	总长 4.60 千米，路面宽 32 米，一级公路双向六车道	新建	赤湖	18000	2016-2020	赤湖镇人民政府
15	漳东线至沿海大通道连接线	旧镇漳东线至沿海大通道连接线二级公路 3 千米，佛昙漳东线至沿海大通道连接线二级公路 4.30 千米	新建	相关乡镇	18000	2016-2017	县交通运输局
16	X534 马坪镇后康村至前亭白竹湖	二级公路 6.80 千米，路基宽 23 米，路面宽 15 米，双向四道	新建	相关乡镇	17500	2017-2020	县交通运输局
17	X513 官浔镇（锦江村）至纵二线G324（东升村）	二级公路 10 千米，路基宽 23 米，水泥路面宽 15 米，双向四道	新建	官浔	16800	2017-2019	县交通运输局
18	G324 长桥平埔至倒桥段	二级公路 5.90 千米，路基宽 23 米，路面宽 15 米，双向四道	新建	相关乡镇	14200	2018-2020	县交通运输局
19	大南坂镇道路建设	建设梧陂村、金岗山海防道路总长约 29 千米、建设村道约 55 千米、镇区道路约 25 千米、改造危桥 11 座	新建	大南坂	13200	2016-2020	大南坂镇人民政府
20	漳浦汽车中心站一期	占地面积 38674 平方米，建设一级客运站	续建	县城	12500	2014-2016	县交通运输局
21	X584 南浦乡至长桥割后村	二级公路 6.80 千米，路基宽度 18 米，路面宽 15 米，双向四车道	续建	相关乡镇	12000	2016-2018	县交通运输局

续表 2

序号	项目名称	建设内容及规模	建设性质	建设地址	总投资（万元）	建设年限	主管部门或实施单位
22	沈海高速杨美互通口	新开通 1 个高速互动口	新建	相关乡镇	10000	2018-2020	县交通运输局
23	X585 绥安马坑至龙湖路	一级公路（兼市政主干道）1.20 千米，路基宽 40 米，路面宽 30 米，双向六道	新建	绥安	10000	2016-2017	县城乡规划建设局
24	六鳌沿海大通道支路	建设疏港公路龙美村路口至虎头山，长 15 千米	新建	六鳌	10000	2016-2020	六鳌镇人民政府
25	X535 石榴镇梅西村至国道 G324	一级公路 4.10 千米，路基宽 23 米，路面宽 15 米，双向四道	续建	石榴	9500	2013-2017	县交通运输局
26	省道漳东线 S201 前亭至佛昙段	二级公路 6 千米，路基宽 23 米，路面宽 15 米，双向四道	新建	相关乡镇	9000	2017-2019	县交通运输局
27	X535 佛昙新安村至后许村（G228）	二级公路 4.10 千米，路基宽 23 米，路面宽 15 米，双向四道	新建	佛昙	8000	2018-2020	县交通运输局
28	安保工程及危桥改造	实施农村公路 300 千米，改造危桥 20 座	新建	相关乡镇场	8000	2016-2020	县交通运输局
29	陆岛交通码头建设	建设古雷大霜（西林）、整美、香江、下寨 4 个陆岛交通码头	新建	相关乡镇	8000	2016-2020	县交通运输局
30	X584 旧镇寨内村至深土锦江村	二级公路 3.80 千米，路基宽度 23 米，路面宽 15 米，双向四车道	新建	相关乡镇	7000	2018-2020	县交通运输局
31	X585 旧镇漳东线至西埔村（G228）	二级公路 3 千米，路基宽度 23 米，路面宽 15 米，双向四车道	续建	相关乡镇	6800	2015-2016	县交通运输局
32	X530 桥仔头村至后蔡村（G228）	二级公路 3.20 千米，路基宽 12 米，路面宽 9 米	新建	相关乡镇	6000	2017-2018	县交通运输局
33	官浔大道	官浔镇区至龙海东泗高速互通口连接线快速通道，全长 2 千米	新建	官浔	6000	2016-2020	官浔镇人民政府

续表2

序号	项目名称	建设内容及规模	建设性质	建设地址	总投资（万元）	建设年限	主管部门或实施单位
34	南浦乡道路建设	拓宽改造南浦至三坪8.50千米、南浦大道1千米，改建南浦至程溪6.50千米，实施危桥改造9座	新建	南浦	5837	2016-2020	南浦乡人民政府
35	X532榜长线至官浔康庄村	二级公路2千米，路基宽23米，路面宽15米，双向四道	新建	相关乡镇	5000	2018-2020	县交通运输局
36	赤土乡江滨大道	道路红线宽度24米，长度835.84米	改建	赤土	2000	2016-2017	赤土乡人民政府
37	六鳌海上风电场项目	建设规模80万千瓦，分三期实施，一期规模30万千瓦	新建	六鳌	2000000	2017-2022	六鳌镇人民政府
38	大唐漳浦火电厂一期	2×1000兆瓦超临界燃煤发电机组	新建	赤湖	694000	2017-2020	大唐国际漳浦火电项目筹备处
39	漳浦光伏电与农业综合开发项目	用地66.67公顷，建设装机50MW光伏发电项目，现代农业和休闲观光	续建	赤土	110000	2015-2018	漳浦中电光伏发电有限公司
40	大南坂光伏发电项目	占地23.33公顷（利用周边农场土地），地面种植、地上发电	新建	大南坂工业园	70000	2016-2020	福建龙麟环境工程有限公司
41	漳浦石榴光伏电站项目	占地面积约73公顷，利用公司自行投资建设的农业大棚，项目装机规模40兆瓦	新建	石榴	47000	2016-2018	中民漳浦新能有限公司
42	110千伏输变电项目	新建西营、金源、花都、金浦、江口、马坪、后崎、鹿溪、港口等110千伏输变电工程，新增主变容量50万千伏安，线路89.82千米	新建续建	相关乡镇	33700	2015-2020	国网漳州供电公司
43	500千伏东林输变电	新增主变容量100万千伏安	续建	盘陀	20000	2015-2016	省电力有限公司
44	220千伏山南输变电	新增主变容量18万千伏安	续建	相关乡镇	13400	2015-2016	漳州供电公司

续表 2

序号	项目名称	建设内容及规模	建设性质	建设地址	总投资（万元）	建设年限	主管部门或实施单位
45	台玻屋顶分布式光伏发电项目	利用公司现有厂房屋顶，建设规模为 6 兆瓦的分布式光伏发电项目，年发电量约 600 万千瓦时	新建	旧镇	4200	2016-2017	漳浦天闽光伏发电有限公司
	五、城建项目（25 个）				6151603		
1	漳浦城镇化示范项目	用地 386.67 公顷，其中居住用地 153.33 公顷，商业用地 64 公顷，郊野公园 48 公顷，公共绿地 11.87 公顷，市政道路 80 公顷	新建	绥安	2000000	2016-2019	北京金源鸿大房地产有限公司
2	县城房地产开发项目	实施美伦·清华园、碧桂园·联创综合体等房地产建设，总建筑面积约 400 万平方米	新建续建	县城	1600000	2014-2020	县城乡规划建设局、房管局
3	县城拆迁改造（棚户区改造）项目	县政府及实小周边 6.20 万平方米，旧汽车站周边地块 75173 平方米，金鹿路 40130 平方米，印石路 5.18 万平方米，和康大道 50355 平方米，西湖片区 40933 平方米，人武片区 27.80 公顷，水涵片区 4 公顷，油车片区 12 公顷	新建	县城	371700	2016-2020	县城乡规划建设局
4	漳浦海岸新城及配套项目	建设城市干道 55 千米，防洪排涝工程 13 千米，绿化总面积 123.80 公顷等；主要建设城市景观工程、海岸工程、游艇码头、体育公园、能源供应基地等多个城市配套工程	续建	相关乡镇	300000	2012-2023	滨海投资建设（福建）有限公司
5	海西如意城	占地 56.67 公顷，拟建设商业住宅小区，配套建设医院、学校、物流、道路等基础设施	新建	旧镇	300000	2016-2021	福建锦溪房地产开发有限公司
6	万安生态开发一期建设项目	建设万安大道、安义路、万绥路、安宁路，污水处理厂，220 千伏输变电工程，孵化创业中心、城市综合体、通用厂房、唐郡漳浦、台商佳园等	续建	万安产业园	259000	2014-2020	漳浦万安经济发展有限公司

续表 2

序号	项目名称	建设内容及规模	建设性质	建设地址	总投资（万元）	建设年限	主管部门或实施单位
7	县城区道路建设工程	建设迎宾大道、大亭路中段（麦市街－府前街）、大亭路南段（龙湖大道－得仙路）、印石路中段（麦市街－工业南路）、印石路南段（龙湖路－北岸二期）、和康大道南段、金浦大道南段及区间道路、坂泉路、国道至通站道路、工业南路、青年路、金鹿路（得仙桥－蓝理路）、鼎元北路（道周公园周边道路）、麦市街延伸段二期、文体中心周边道路、得仙路（安置房段）、长德商贸城、汽车站周边道路、绥东花园周边道路、蓝理路及周边道路、石斋北路、金浦大道延伸连接港城快速通道、九曲岭项目配套道路等，总长度约 40 千米	新建续建	县城	246403	2015-2018	县城乡规划建设局
8	乡镇城市综合体建设	建设霞美、官浔、深土、佛昙、赤土、赤岭、前亭等乡镇城市综合体	新建续建	相关乡镇	226000	2014-2020	相关乡镇
9	鹿溪南岸（一期）开发建设	征地 215.27 公顷，房屋拆迁 2 万平方米，土方回填 300 万立方米，建设市政道路 14 千米，34 万平方米；建设金浦大桥、得仙大桥、和康大桥三座大桥；建设排涝站及 4 千米等	续建	县城	150000	2015-2018	江滨建设投资开发有限公司
10	鹿溪北岸二期开发建设	周边道路、市政管线等，总面积约 1.12 平方千米	续建	县城	105000	2015-2019	江滨建设投资开发有限公司
11	安置房建设项目	绥东花园建筑面积约 18 万平方米；印石花园南区建筑面积约 10.27 万平方米；印石花园 B 区总建筑面积 5 万平方米；警训中心建筑面积 10 万平方米	续建	县城	104000	2014-2018	县城乡规划建设局

续表 2

序号	项目名称	建设内容及规模	建设性质	建设地址	总投资（万元）	建设年限	主管部门或实施单位
12	前亭工业园基础设施配套项目	建设浦苑路、石埕路、仙埕路等园区主次干道 40 公里；绿化总面积 32.59 公顷；配套水、电、排（污）水、污水处理厂等基础设施及土地平整等	新建	前亭	100000	2016-2020	漳浦高新园管委会
13	两帝师公园建设	用地约 167 公顷	新建	大南坂	85000	2016-2018	大南坂镇人民政府
14	漳浦县警训中心	21.6 公顷，建筑面积 15 万平方米	新建	县城	55000	2016-2018	县城乡规划建设局
15	生活垃圾焚烧发电厂二、三期工程	建设日处理 800 吨生活垃圾	新建	旧镇	36000	2017-2020	县城乡规划建设局
16	大南坂农场安置小区建设	建设农场危旧房改造安置房 300 套及道路、排水、供电、绿化等配套	新建	大南坂	38000	2016-2020	大南坂镇人民政府
17	清泉岩公园建设	用地 40 公顷，总建筑面积 10012 平方米	新建	大南坂	30000	2016-2018	大南坂镇人民政府
18	县人民剧场、城市规划展示馆及档案馆建设	人民剧场建筑面积 10916 平方米，城市规划展示馆建筑面积 10514 平方米，档案馆建筑面积 4932 平方米	新建	县城	22500	2016-2018	县文广体局
19	六鳌供水工程	建设湄力水库至六鳌饮水工程，铺设管线长 25 千米；扩建水厂，供水规模达 1 万吨 / 日，铺设管道长 20 千米	新建	六鳌	22000	2016-2020	漳浦县深六供水有限公司
20	东部片区（一期）供水项目	原水管道（隧洞）、配水管道、水厂及配套供电、自控、仪表、通信等	续建	前亭	21000	2015-2017	福建龙睿实业有限公司
21	中部片区供水工程	新建中部水厂一座，供水规模 5 万吨 / 日，铺设管道长 60 千米	新建	赤土	20000	2016-2017	县水利局

续表 2

序号	项目名称	建设内容及规模	建设性质	建设地址	总投资（万元）	建设年限	主管部门或实施单位
22	威惠公园建设	用地.公顷 50 公顷	新建	县城	20000	2016-2018	县城乡规划建设局
23	县城中心区污水管网改造	改造污水管网总长 16 千米	新建	县城	18000	2016-2020	县城乡规划建设局
24	九曲岭山体休闲运动公园	用地 39.27 公顷，建设花之广场、梦幻剧场、爱之广场等设施	新建	县城	12000	2016-2017	漳浦县江滨建设投资开发有限公司
25	公厕、中转站建设项目	建设公厕、中转站	新建	相关乡镇场	10000	2015-2018	县城乡规划建设局
	六、社会事业项目(27 个)				1525715		
1	漳浦县幼儿园建设项目	实施江滨、第二实幼分园、实幼城东分园、第三幼儿园、石榴、万安、南浦等幼儿园建设	续建	相关乡镇	10940	2014-2018	县教育局
2	漳浦县中学建设项目	实施一中、二中、达志、道周等学校改扩建工程	续建	相关乡镇	10780	2014-2018	县教育局
3	漳浦县小学建设项目	实施实小城北分校、城关中心学校、文昌小学、华府小学等小学建设工程	续建	绥安	6900	2015-2018	县教育局
4	联创中心医院	二级综合医院，用地 10 公顷，建筑面积 10 万平方米	新建	绥安	60000	2016-2020	漳浦联创中心医院
5	漳浦县卫生服务体系建设	整体迁建佛潭、旧镇、官浔、古雷、盘陀、大南坂、赤湖等卫生院和绥安社区卫生服务中心；改造扩建杜浔、霞美、六鳌、南浦、赤岭、沙西、马坪、石榴、湖西等卫生院和疾控中心实验大楼	新建续建	相关乡镇	30000	2015-2020	县卫生和计划生育局
6	康宁医院	占地 3.40 公顷，总建筑面积 33953 平方米	新建	旧镇	10000	2016-2020	漳浦县康宁医院

续表 2

序号	项目名称	建设内容及规模	建设性质	建设地址	总投资（万元）	建设年限	主管部门或实施单位
7	漳浦文体中心	项目总用地面积 334193 平方米，拟建设主体育场、体育馆、博物馆、文化活动中心、图书馆等，以及其他配套建筑，总建筑面积 128771 平方米	续建	县城	111106	2015-2018	漳浦县江滨建设投资开发有限公司
8	赵家堡、诒安堡、蓝廷珍府第文物修缮及保护设施建设	对赵家堡、诒安堡、蓝廷珍府第进行修缮，建设相关保护配套设施	新建	湖西	48000	2016-2030	湖西乡人民政府
9	海峡两岸（漳浦）畲族文化产业园	建设中国畲族博物馆（闽台馆）；修复种玉堂等文化遗产，建设污水垃圾处理、区间道路等保护设施；配套建设文化广场、停车场等旅游基础设施；“五里三城”旅游基础设施建设（含仿宋特色街区、顶坛畲族风情园、诒安堡连接赵家堡旅游道路建设、游客集散服务中心、赵家堡互通口拓宽等）	新建	赤岭 湖西	37500	2016-2020	赤岭、湖西畲族乡人民政府
10	闽南文化城及天福宿舍区综合楼建设项目	建设漳州闽南文化城一幢，总占地面积 11438.80 平方米，总建筑面积 17224.12 平方米；建设 10 层员工宿舍区综合楼一幢以及路面硬化、绿化等相关配套设施，占地 0.67 公顷	新建 续建	旧镇 赤土	11500	2014-2016	漳浦天福观光茶园有限公司
11	漳浦县乡镇足球场建设	建设 30 个乡镇足球场，总建筑面积 21.42 万平方米	新建	相关乡镇	10500	2016-2020	县文广体局
12	七星海国际滨海旅游度假区	占地 244 公顷，规划建设商业会议中心、旅游度假酒店、风情商业街、海滨广场、妈祖文化广场、古森林及古船军事博物馆、沙雕公园、滨海浴场	续建	赤湖	430000	2015-2023	福建七星海投资有限公司

续表 2

序号	项目名称	建设内容及规模	建设性质	建设地址	总投资（万元）	建设年限	主管部门或实施单位
13	滨海火山国家地质公园二期	用地 186.20 公顷，建设火山地质博物馆、房车营地、香山度假区、无边界泳池、游船码头、崎沙湾海洋旅游度假区、火山岛商业购物一条街、江口湾旅游度假小镇、旅游专用道等	续建	前亭	256000	2002-2025	漳浦县三星旅业发展有限公司
14	盘陀南国天境温泉度假	占地 73.33 公顷，规划建设商业会议中心、度假屋，温泉馆及配套设施	新建	盘陀	100000	2016-2023	漳州市佳胜投资有限公司
15	六鳌翡翠湾海西旅游度假中心	总建筑面积 52.25 万平方米。建设生态公寓、度假屋，游艇俱乐部及配套设施	续建	六鳌	90000	2012-2016	福建漳州翡翠湾旅游开发有限公司
16	南浦乡生态旅游产业区	总占地 340 公顷，建设南溪生态公园、天正文化园、祖师文化园、红军文化园、古镇文化园及相关配套设施	新建	南浦	85000	2016-2020	南浦乡人民政府
17	六鳌半岛旅游度假中心	自驾游度假中心，总用地面积 3.81 公顷，总建筑面积 9.89 万平方米；电子商贸度假中心，总用地面积 4.68 公顷，总建筑面积 11.69 万平方米	新建	六鳌	62000	2016-2018	福建龙祥旅游综合开发有限公司
18	六鳌抽象画廊旅游景区	规划面积 200 公顷，主要为景区内道路等基础设施建设，抽象画廊保护性修复，游客服务中心等接待设施及其他旅游配套设施建设	新建	六鳌	50000	2016-2022	福建抽象画廊旅游开发有限公司
19	中共闽粤边区特委旧址红色旅游经典景区基础设施建设	红色旅游经典景区出口公路（续建）；车本村产业发展、环境整治、文化提升三大工程；烈士陵园、红军公园	续建	石榴	44200	2011-2017	石榴镇人民政府

续表 2

序号	项目名称	建设内容及规模	建设性质	建设地址	总投资（万元）	建设年限	主管部门或实施单位
20	六鳌古城旅游景区	项目占地面积 34 万平方米，总建筑面积 3500 平方米。主要包括游客休闲服务区，配套建设道路、绿化、给排水、消防、供配电等	新建	六鳌	20000	2016-2018	六鳌镇人民政府
21	海月岩景区基础设施建设	建设旅游道路 3 千米及排水、绿化、亮化设施，配套建设占地 5.33 公顷的游客服务中心及公共停车场	新建	沙西	12000	2016-2020	沙西镇人民政府
22	朝天马峰生态园	养乐戏水、养身度假、养惠互动、朝圣观光等	续建	湖西	10000	2015-2020	朝天马峰龙雨生态旅游有限公司
23	火山地质公园鱼鳞石园区	整合火山鱼鳞石资源，建设休闲娱乐场所	新建	佛昙	5000	2016-2019	佛昙镇人民政府
24	县殡仪馆迁建	殡仪业务用房、配套用房	续建	绥安	6689	2013-2016	漳浦县殡仪馆
25	南浦乡社会养老中心	总建筑面积 8900 平方米	新建	南浦	3100	2016-2020	南浦乡人民政府
26	大南坂休闲公园建设	建设休闲公园 5 个，种植绿化树 2.50 万棵及建设配套设施	新建	大南坂	2500	2016-2020	大南坂镇人民政府
27	漳浦县数字档案馆建设	建设“局域网、政务网、公众网”三大服务平台	新建	县城	2000	2019-2020	县档案局
	七、生态建设项目（10 个）				**102470**		
1	鹿溪流域治理（三期）	实施水环境整治、沿溪防洪堤和鹿溪北岸景观带建设，实施排污截污工程	续建	县城	30000	2015-2017	县城乡规划建设局
2	沙西海洋公园项目	实施沙西海洋公园规划、红树林种植及配套基础设施建设	新建	沙西	26000	2016-2018	沙西镇人民政府
3	农村环境综合整治	实施湖西、赤岭、石榴、大南坂、六鳌、盘陀、霞美等乡镇相关行政村环境整治	新建 续建	相关行政村	14300	2015-2020	相关乡镇

续表 2

序号	项目名称	建设内容及规模	建设性质	建设地址	总投资（万元）	建设年限	主管部门或实施单位
4	美丽乡村建设项目	实施官浔、大南坂、南浦等 20 个村“三整治三提升”工程。	新建	相关村	8000	2016	县城乡规划建设局
5	县城区黑臭水体整治	南门溪、绥东溪、排洪渠等，长 9 千米	新建	绥安	6000	2016-2018	县城乡规划建设局
6	水土流失综合治理项目	实施南浦、长桥、官浔、赤岭、马坪、佛昙、湖西、赤土、深土、霞美、沙西、盘陀等 12 个乡镇，治理面积 53 平方千米	新建续建	相关乡镇	5470	2014-2018	县水利局
7	后蔡湾沙滩生态环境整治及修复	拆除沙滩上水产养殖设施，近岸沙滩海域整治面积 85 公顷；岸线整治修复长度 4120 米	新建	前亭	4500	2016-2018	县海洋与渔业局
8	官浔休闲生态观光园	从玳瑁山至红霞、西北等行政村，配套园区路面硬化、绿化、安防、给排水等基础设施	新建	官浔	4000	2016-2020	官浔镇人民政府
9	南溪流域水质整治及生态乡镇建设	对南溪流域官浔段、长桥段、南浦段进行障碍物拆除、清淤，水葫芦清理，建设旅游休闲集镇	新建	官浔长桥南浦	2200	2016-2020	官浔镇、长桥镇、南浦乡人民政府
10	浯源废弃矿山治理工程	对浯源村 27 处共 200 公顷的废弃矿山进行回填、植被恢复处理	续建	赤土	2000	2015-2017	赤土乡人民政府

·《漳浦县国民经济和社会发展第十三个五年规划纲要》有关注释·

1.“一城四区”：指县城、古雷港经济开发区、绥安工业开发区、厦门港南岸新城漳浦片区、现代农业示范区。

2.“五行文化旅游：即金木水火土文化旅游，“金”指漳浦特有的城市瑰宝，“木”指天福茶博物院、东南花都，“水”指滨海和温泉资源，“火”指火山奇观，“土”指古堡土楼。

3.“白改黑、上改下”：水泥路改为柏油沥青路，管道、线路等从地上改为地下。

4.“一照一码”：只核准给企业一个执照，营业执照上只有一个代码。也就是把过去企业拥有的工商注册号、组织代码号、税号等三个号码合并为一个代码。

5.“三证合一”：即把过去的营业执照、组织机构代码证、税务登记证，合并为一个证件。

6. PPP：指公共部门通过与私人部门建立伙伴关系提供公共产品或服务的一种方式，其中公共部门与私人部门互相取长补短，共担风险、共享收益。

7.“全面改薄”：指全面改善贫困地区义务教育薄弱学校基本办学条件。

8.“单独两孩”：指一方是独生子女的夫妇可生

育两个孩子。

9.“七个五”:即实施五大工程、保护“五海”资源、推进“五景”建设、深化“五沿”治理、加强“五行”管控、彰显“五古”丰登、落实五种提倡。

10.“五海”:指海岸、海湾、海岛、海滩、海水等资源。

11.“五缘”;地缘相近、血缘相亲、文缘相承、商缘相连、法缘相循。

12.“一带一路”:指“丝绸之路经济带”和“21世纪海上丝绸之路”。

13.“两多两难”:指中小企业多、融资难;社会资金多、投资难。

14.“四个全面”:指全面建成小康社会、全面深化改革、全面依法治国、全面从严治党。

15.“一溪两线三组团”:一溪即鹿溪;两线指迎宾大道和国道324线;三组团分别是旧镇、大南坂、万安三大组团。

16.“一廊、三区”:“一廊”指基地西侧基础设施走廊,宽度约为200米,自西向东依次布置疏港大道、高压走廊和排洪沟等;三区:分别为石化产业区、港口及物流仓储区、公共罐区。

17.“中国制造2025”:是升级版的中国制造,体现为四大转变、一条主线和八大对策。

18.“互联网+”:即将互联网的创新成果深度融合于经济社会各领域之中,提升实体经济的创新力和生产力,形成更广泛的以互联网为基础设施和实现工具的经济发展新形态。

19.“三维”:指国有企业、民营企业、外资企业三个范畴。

20.“旅游+”:指充分发挥旅游业的拉动力、融合能力及催化、集成作用,为相关产业和领域发展提供旅游平台,形成新业态,推进旅游转型升级。

21.“智慧旅游”:利用云计算、物联网等新技术,通过互联网/移动互联网,借助便携的终端上网设备,主动感知旅游资源、旅游经济、旅游活动、旅游者等方面的信息。

22.“三权”:指所有权、使用权和收益权。

23.“五新”:即新肥料、新农药、新品种、新技术、新农机具。

24.“家庭农场”:指以家庭成员为主要劳动力,从事农业规模化、集约化、商品化生产经营,并以农业收入为家庭主要收入来源的新型农业经营主体。

25.“低碳社区”:指在经济高速发展的前提下,保持能源消耗和二氧化碳排放处于较低水平。

26.“四纵四横”:即G15漳诏高速公路、纵二线G324福昆线、纵一线G228沿海大通道、S201漳东线前亭至沙西;港城大道、县道坂旧线、县道文深线、县道长前线。

27.“海绵城市”:指城市能够像海绵一样,在适应环境变化和应对自然灾害等方面具有良好的“弹性”,下雨时吸水、蓄水、渗水、净水,需要时将蓄存的水“释放”并加以利用。

28.“宽带中国”:指适应经济社会发展需要的宽带、融合、安全、泛在的下一代国家信息基础设施。

29.“五沿”:沿路、沿江、沿海、沿城市周边、沿村庄周边。

30.“三同时”:指项目建设过程中,需要配套建设的防治污染和其他公害的环境保护设施,必须与主体工程同时设计、同时施工、同时投产使用。

31.“普惠性学前教育”:指合理配置教育资源,大力发展农村学前教育,缩小城乡之间、区域之间、学前教育机构之间保育教育条件和水平的差距,提升学前教育整体办学水平,促进学前教育优质、均衡发展。

32.“全面两孩”:是指所有夫妇,无论城乡、区域、民族,都可以生育两个孩子。

33.“孵化基地”:一般来说,就是将科技成果在一定范围内进行资本、技术和市场等方面的优惠和扶持,促进相关科技的快速发展。

34.“负面清单”:指政府规定哪些经济领域不开放,除了清单上的禁区,其他行业、领域和经济活动都许可。

35.“网格化管理”:根据属地管理、地理布局、现状管理等原则,将管辖地域划分成若干网格状的单元,并对每一网格实施动态、全方位管理,它是一种数字化管理模式。

36.“三严三实”:指严以修身、严以用权、严以律己,又谋事要实、创业要实、做人要实。

专　记

为了同在一片蓝天下

——漳浦县创建义务教育发展基本均衡县工作纪实

漳浦，一颗镶嵌在海峡西岸的璀璨明珠。这是一方历史悠久、人杰地灵、美丽富饶的热土，黄道周、蓝氏三杰、两帝师等浦邑先贤，为漳浦历史写下了浓墨重彩，“耕读齐家、崇文重教”的优良传统在这里薪火相传。漳浦，地处福建东南沿海，辖有21个乡镇，10个农村盐菜场，278个建制村，18个社区，8个居委会，总人口917969人，全县有义务教育阶段学校204所，在职公办教职工5344人，在校生82921人。漳浦县以“促进教育均衡发展，办人民满意的教育”为目标，举全县之力优先发展教育，均衡发展教育。

布局调整促均衡

漳浦是人口大县，由于教育底子薄、历史欠账多，城乡、区域和校际之间发展参差不齐，教育均衡发展面临巨大挑战。

县委县政府重视顶层设计，狠抓细节执行，全县上下协同一心，决心突破漳浦教育均衡发展的瓶颈。2015年，创建工作领导小组调整后，县委书记沈志平、县长戴平忠分别担任组长、第一副组长，全县的均衡创建工作势头意气风发。2016年6月，县委书记戴平忠、代县长黄庆华等新一届县委县政府领导上任后，全县义务教育均衡发展工作再上新台阶。创建领导小组精心构建“总框架”，设计“路线图”，确定“时间表”，从学校布局调整着手，有力打通均衡发展第一关。2010年以来，全县共拆除危险校舍168幢，面积26.54万平方米。新征教育用地73.27公顷，迁建、扩建学校38所，17所公办乡镇中心幼儿园陆续开园。小学（含教学点）由2012年的189所调减到161所，初中由34所调减到31所。布局调整盘活了资源，促进均衡，逐步实现“校点调少、规模调大、队伍调优、质量调高”的目标。

基础建设促均衡

继“两项督导”验收后，金浦大地又一次刮起发展教育的旋风。县委、县政府全面改善学校办学条件，统筹城乡教育资源配置，推进义务教育均衡发展。县委、县政府主要领导、分管教育的县领导经常深入学校指导、督办项目建设，有力推动漳浦县义务教育均衡创建进程。

新增财力优先倾斜。按照教育经费“三个增长”的要求，优先安排财政投入，坚持新增财力优先向教育倾斜。全面落实各项教育经费，确保及时全额拨付使用。2013—2015年，县本级财政预算内对教育拨款14.07亿元，三年平均增长13.58%；生均教育事业费和生均公用经费实现逐年增长。广泛开展多元筹资，鼓励并引导社会力量捐资办学，为实现均衡发展提供坚实的保障。

2013-2015 年全县社会各界筹资 5272 万元;2016 年进一步加大资金筹措力度,各乡镇场再筹集 1 亿余元,用于改善学校办学条件。

校舍建设快速推进。各级领导靠前指挥,亲自督办学校建设工程,力求做到“三个凡是、三个优先”:凡是学校用地优先保障;凡是学校项目优先审批;凡是学校资金优先下拨。自 2010 年以来,共投资近 6 亿元,建设校安工程 206 个,建筑总面积达 35.80 万平方米,已竣工交付使用项目 198 个,建筑面积 34.60 万平方米。

薄弱校改造力度增强。2015 年底,“一校一策”整改方案的出台与实施,有效扭转全县中小学间发展不平衡现象。县、乡镇、学校三级共投入 2.70 亿元对薄弱学校进行全面改造,所有项目均全面开工并 100%完成,相继投入使用。至 2016 年,一个个新校区展露新颜,一座座教学楼拔地而起,一间间教室宽敞明亮……魅力漳浦,正在举全县之力缩小城乡之间、区域之间和校际之间的差距。

师资共享促均衡

教育大计,教师为本。漳浦县多措并举,强基固本。在待遇、职称方面坚持“两个倾斜”,保障农村教育留得住人才。2013-2015 年,招录补充教师 378 人,2016 年,再招聘 181 名,补充农村中小学师资力量,重视教师资源合理配置。2013-2015 年,发放边远地区学校教师补贴 672.52 万元,惠及 2000 多名教师。从 2015 年 1 月起,在农村任教教师享受每月 250 元至 350 元的工作补贴。有 386 名任教累计 25 年及以上、在农村学校任教的教师享受“不占核准岗位数可直接聘任”的政策照顾,解决职称问题。实现教师资源共享。通过“名师流动、结对帮扶、定期支教、对口交流、巡回讲学、挂职锻炼、梯次培训”等形式,实现了大范围、多形式、分层次的城乡教师交流。2013-2015 年,全县义务教育阶段教师在城乡之间、校际之间交流 1142 人次;通过转岗培训,为紧缺学科补充教师 117 人,合理调剂、均衡配置教师资源,不断优化教师队伍结构。以师德培训为抓手,营造育人正能量。创办漳浦县“智慧人生教育讲堂”,打造师德培训的“黄埔军校”,以传统美德强大的感召力,引导全县教师成为优秀传统文化的传播者、践行者。2015 年 11 月,“讲堂”被授予“漳州市培育和践行社会主义核心价值观教育基地”“智慧人生教育讲堂”。自 2013 年 10 月创办以来,共培训教师 6000 多人次。各级各类先进典型、“感动漳浦十大道德模范”“教育讲堂力行模范”“最美教师”不断涌现。

教育公平促均衡

城乡互助“常态化”。推进学校结对帮扶、名校办分校、老校带新校、强校扶弱校、“小片区”管理和委托管理等工作,实现优质学校与薄弱学校有效对接。巧建平台,深入开展片区教科研活动,将全县划分成小学阶段 7 个片区和初中阶段 5 个片区,定时定点定主题开展教科研活动。城乡教师实现相互切磋交流、碰撞融合,推动全县义务教育均衡发展。

招生过程“阳光化”。坚持就近入学,努力遏制择校现象。严格实行常态编班,确保生源均衡配置。2011 年以来接纳随迁子女 2270 人,就读比例达 100%。以绥安中心学校、实验小学分校、龙湖中学为主接收进城务工子女就读,让随迁子女就近接受义务教育,与本地学生享受同等待遇。

关爱工程“日常化”。全县新建成农村寄宿制学校 29 所,宿舍面积 7.10 万平方米,食堂面积 1.60 万平方米,有效解决留守儿童就餐难、住宿难问题;学校设立图书室、亲情室、活动室,安装亲情电话,聘请“爱心家长”,营造温馨的“留守学生之家”;全县拓宽经济资助渠道,加大资助力度,2013-2015 年,为义务教育阶段学生发放生活补助 1180 万元;同时,社会各界资助学生 5272 万元。重视家庭教育工作,努力构建学校、家庭、社会“三位一体”育人网络。据不完全统计,各校先后举行近 700 场家庭教育专家讲坛,培育 16 所市级以上家长示范学校。结对帮扶、成长家访、心理疏导、主题班队会、家长座谈会等活动更是把学校变成一个个强大的正能量场，温暖各类弱势群体的学生……

特殊教育成果丰硕，漳浦县特教学校从硬件设施到软件发展，都堪称漳州市特殊教育的排头兵，多次在全国和省市各级比赛中崭露头角。

内涵发展促均衡

以人为本，立德树人。推动优秀传统文化进校园，着力德育创新。从2011年开始，漳浦县以经典诵读活动为先导，以国家级课题实验区为平台，以师德专场培训为助推，以家庭教育讲坛为延伸，打出德育“组合拳”。小课堂大传播，小平台大能量，德育成效日益凸显：校园育人环境逐步优化，师生文明礼仪处处可见，学校品味和内涵得到提升。江苏、江西、河北等地的教育同行纷纷前来交流取经。“美德少年”“孝亲少年”“校园之星”……一代金浦少年正沐浴着这股德育之风健康成长。

“每天运动一小时”“每天阅读一小时”等活动犹如一股股清泉，让每个学校散发着灵动的气息，从小学到初中，确保开足体育课时，刚性落实学生在校体育活动时间。全县现有全国和省级校园足球特色学校13所，漳浦四中足球队2014年、2015年连续两年获得漳州市中小学生足球联赛冠军，南浦中心学校足球队获得2016年漳州市小学生足球联赛第3名。学生的创新与实践能力得到培养。以书法、剪纸这2项“国字号”文化传承为代表，全县中小学社团活动遍地开花，形式多样，努力实现“个个有特长”。

学校之名，在其文化。在追求教育均衡与和谐发展的今天，一校一文化，一校一特色，体现了历史的传承与积累，体现时代的发展与创新。实验小学的慈善文化、绥安中心学校的雅行文化、石斋小学的孝廉文化、六鳌中学的海洋文化、民族中学的畲族文化、盘陀中学的茶文化……一张张亮丽的校园名片，彰显出文化育人、环境育人的无穷魅力。

规范管理增效率。从学校课程到安全管理，每个细节都关乎教育的质量。至2016年，全县承办市级以上课程改革经验及教育教学研讨会56次。新增省市级研究型名师38人、学科带头人190人、骨干教师405人。2012年以来，全县教师在各级各类竞赛中获得：国家级奖励20人次，省级奖励102人次，市级奖励184人次。在2015年“一师一优课，一课一名师”活动中，有6位老师获得省级“优课”并送国家级参评，其中陈艳萍老师成功晋级国家级优课。在2015年、2016年全国农村及少数民族地区中小学英语课堂教学优秀课展评中，蓝佐玉老师、翁雅婷老师分别获得全国二等奖、一等奖，她们的论文分别获得全国一等奖、二等奖。

2014年，全县中小学校全部通过“义务教育标准化学校”验收。2015年被教育部关工委授予第18届全国青少年五好小公民“少年向上真善美伴我行”主题教育活动先进集体。2016年被国家教师科研基金“十二五”科研规划重点课题“中国学校法制教育行动研究”总课题组授予“重点实验区”。漳浦县还先后获得“福建省学校及周边治安综合治理工作先进集体”“福建省读书援助示范县”等省级表彰；连续8年获得“漳州市高中教育质量先进县”“漳州市初中教育质量达标县”称号。

（撰稿人：张党恩）

大 事 记

1月

1—3日　县慈善总会、福建广电网络集团漳浦分公司，联合TCL集团共同举办“善行漳浦、扶贫惠民—广网家电惠民”活动。活动期间，投入补助资金3000万元，以惠民券形式下发给低保户、五保户、残疾户和低保边缘困难户。

6日　漳州市文化科技卫生“三下乡”活动在漳浦县深土镇举行，市、县领导阮开森、沈志平参加活动。

14日　由省文联、省书法家协会主办的“到人民中去——省书法家走进黄道周故里文艺志愿者活动”在漳浦绥安大埔村举行。省文联主席王来文、省书法家协会主席陈奋武等56名书法家为村民书写春联。

14日　由国务院侨办主办、华侨大学承办的2016海外“中国寻根之旅”冬令营到漳浦学习剪纸技艺。学员来自7个国家。

22日　首届闽台农特产品展暨漳浦·台湾小吃节在漳浦县城启动，漳浦、台湾两地近百家客商参加展销。活动持续至31日。期间还举办闽台土特产品展销、台湾小吃体验、民俗文艺演出、啤酒免费品尝、名家春联赠送等。

31日　天福闽南文化城建成开业，文化城位于同三高速公路漳浦段天福服务区B区。总投资6000万元，占地1.33万平方米。建筑面积2万平方米。

1月　东南花都获评为“2015年省级生态旅游示范区”，成为漳州市唯一上榜的旅游区。

1月　漳浦县首个空气质量自动监测站建成运行。

2月

2日　由县工商联(总商会)主办，县慈善总会、漳浦泉州商会协办的漳浦泉州商会慈善捐赠暨扶贫济困专款发放仪式在县城金仕顿大酒店举行。漳浦泉州商会12位企业家共捐款10万元。

3日　由省文联、省民间文艺家协会主办，漳浦县委、县政府、海峡民间艺术馆承办的“记住乡愁——中国民间文化艺术之乡漳浦剪纸精品展”在福州三坊七巷开幕，展出作品70多件。剪纸精品展持续至14日。

17日　漳浦县第六套健身秧歌比赛在县城举行，来自各乡镇的13支代表队参加。佛昙镇、绥安镇、绥安工业区代表队获一等奖。

18日　大亭农贸市场竣工。项目投资794万元，总用地面积7987平方米，总建筑面积3006平方米。是县委、县政府为民办实事重点工程之一。

19日　省农业厅副厅长伍斌带队到漳浦县就农村土地承包经营权抵押贷款、设施农业抵押贷款等工作开展调研。漳浦县从2015年12月起，被列为全国232个农村承包经营权抵押贷款的试点县(市、区)之一。

22日　由县政协主办、县委宣传部、县人民法院等单位协办的“诚信漳浦书画作品展”在县老年大学开幕，展出作品150多件。

25日　省人大常委会副主任刘群英到漳浦县进行工作考察。

25—27日　政协第十三届漳浦县委员会第五次会议在县会议中心召开，市县领导沈志平、戴平忠、陈少华、林培兴等出席开幕式。

26—28日　县第十六届人

民代表大会第六次会议在绥城召开，市县领导沈志平、戴平忠、陈少华、林培兴等出席开幕式。

3月

3日　由团县委主办的漳浦青少年之家“七彩公益课”计划启动仪式暨万套法制书皮进校园活动在绥安辕门小学举行。

4日　南京市委副书记龙翔带领南京市考察团到漳浦县考察现代农业发展。期间，实地察看海峡两岸（漳州）农业硅谷食用菌生物科技产业园等项目。

12日　江西省综治办三处处长贺芳带队到漳浦县考察治安防控体系建设。

15日　由省农业厅、教育厅主办，漳州科技职业学院承办的福建省首个农民茶业大专班在漳州科技职业学院开班，来自全省100名茶叶种植加工大户、家庭农场主、农民合作社负责人参加学习。

18日　漳州市城市专业治安巡防队规范化建设现场会在漳浦县召开。会前，与会人员参观漳浦县城市巡防应急服务公司，了解其运作模式及取得的成效。

18日　中科院研究员、博士生导师、漳浦一中90届校友李志远回母校漳浦一中举办《千年古老的光学与当代纳米科技的碰撞》学术讲座。

19日　台湾创业青年考察团一行20余人到漳浦县参观考察，先后参观海峡花卉集散中心、现代林业产业园等现代农业示范基地。

25日　由中央人民广播电台、漳浦县广播电台及台湾胜利之声广播公司联合策划制作的8集系列广播专题节目《二代台商漳浦缘》在台湾嘉义举行首播仪式。并在海峡两岸闽南话协作网平台上的22家电台联合播出。

25日　宁夏回族自治区彭县党政考察团在彭县县委书记赵晓东带领下，到漳浦县开展经济社会等工作的考察交流活动。

3月　漳浦县在厦门软件园举办专场招商推介会，来自全国各地200多位企业客商参加，涵盖互联网、电子信息、机械装备制造、食品、金融、现代农业等多个领域。

4月

6日　县工商联与县委宣传部、地税局、文联等9个部门联合开展2016年“诚信纳税　铸就发展”税收宣传月书画展活动在县城聚源东岸售楼部举行。

12日　省环保厅副厅长杨荣郎到漳浦县调研危险废物监管及规范化管理“达标升级”试点工作。

13日　省科技厅副厅长林岿然、省农科院党委书记陈永共到漳浦台创园海峡花卉集散中心参观考察。

14日　全国人大环资委副主任委员张宝顺为组长，全国人大环资委副主任委员王鸿举、黄小晶，国家海洋局副局长孙书贤为成员的全国人大环资委调研组到漳浦县就《中华人民共和国海洋环境保护法》修改和海洋环境保护工作进行调研。省人大常委会副主任陈伦，市县领导陈家东、檀云坤、沈志平等陪同调研。

19日　闽宁协作—漳浦·彭阳文化艺术交流周启动仪式在漳浦县博物馆举行。交流周期间，举办漳浦·彭阳文化艺术书画作品展、两县文化艺术交流座谈会及书画剪纸创作活动。

20日　福建省首个光伏发电与现代农业和休闲旅游相结合的项目漳浦中电光伏投产，正式并入国家电网发电。项目位于赤土乡浯源村，总投资12亿元，占地133公顷，由中电国际新能源控股公司和福建绿领农业科技有限公司共同投建。项目装机按80兆瓦，年利用小时1220小时，年均上网电量1亿千瓦时。

21日　福建省宜居环境建设指挥部办公室公布全省美丽乡村示范村创建名单，106个村上榜，漳浦县南浦乡南浦村、湖西乡顶坛村、深土镇山边村入选。

22日　国务院台办相关人员一行到漳浦调研涉台社区矫正工作。

22日　省监察厅副厅长洪平率省纪委监察厅调研组到漳浦县调研运用监督执纪“四种形态”工作。

26日　漳浦县举行农村电商物流中心落成暨物流配送发车、51个村级服务站开业启动、县农村电商指挥中心揭牌3项仪式。

28日　省民族与宗教研究

所一行由副所长谢世清带领，到漳浦县开展“福建省扶持高山族发展的政策研究”。

29日　中央台盟副主席吴国祯到漳浦县石榴琦溪村寻根认祖，在吴氏宗祠进行族谱对接。

29日　由商务部主办，漳州科技学院承办的2016年发展中国家无公害茶叶生产技术培训班，在漳州科技职业学院举行，来自斯里兰卡、尼泊尔、肯尼亚等7个国家的31名茶业官员、企业家、专家参加为期56天的研修。

4月　2016年海外华裔青少年“寻根之旅”来自泰国的60多名华裔青少年到漳浦县参观，在县二实幼参观学习，进行文化交流。学习剪纸。由国务院侨办主办，华侨大学承办。

4月　省住房和城乡建设厅、省文化厅公布第五批福建省历史文化名镇名村，佛昙镇轧内村获第五批省级历史文化名镇名村称号。

5月

12日　中央电视台4套中文国际频道《远方的家》“海上新丝路”专题片摄制组，到漳浦县佛昙、六鳌进行民俗风情拍摄、采访活动。

18日　省委常委、纪委书记倪岳峰到漳浦县调研党风廉政建设工作。

18日　省委常委、常务副省长张志南，中石化集团公司高级副总裁章建华到古雷现场办公。

25日　台湾云林县古坑慈灵宫组团一行95人到漳浦威惠庙谒祖进香。

26日　县妇幼保健院新院投入使用。新院总投资1亿多元，占地面积2.27万平方米，开放床位200张。

29日　漳浦县泽生提线歌仔戏团一行7人，携《双状元》《贤婆恶媳》《李文俊求亲》等经典戏目赴台，开展民间戏剧文化交流活动。

5月　福建省宜居环境建设指挥部办公室公布全省美丽乡村景观带创建名称，全省62条，石榴镇象牙村至车本村10千米地段列入。

6月

1日　漳浦县渔港澳口视频监控平台投入使用，实现对沿海8个乡镇22个渔港码头、澳口的渔业船舶进行24小时监控。

8日　漳浦县地方志编纂委员会被福建省地方志编纂委员会列为“福建省年鉴精品工程试点单位”，是全省五个试点单位之一。

11－13日　第八届海峡论坛·第三届海峡（漳州）茶会在马口东南花都举行，200多家海内外茶企业参展。

12日　央视发现之旅频道《诚信档案》栏目组到漳浦县绥安工业区，就恒烨卫生日用品有限公司入围《诚信档案》进行取景拍摄。

13日　全国妇联党组书记、副主席、书记处书记孟晓驷一行到漳浦县调研妇联组织改革创新和基层组织建设工作，省妇联主席吴洪芹、市县领导檀云坤、沈志平等陪同调研。

17日　“丹青追梦－闽台书画名家邀请展”暨漳浦画院揭牌仪式在江滨公园的漳浦画院举行，省文联书记处书记、副主席王来文参加。

20日　宁夏彭阳县人大常委会副主任杨志杰带领彭阳县非党员干部代表团一行到漳浦县考察交流。

21日　省人大法制委副主任委员丛林带队，到漳浦县调研，征求《福建省国防动员条例》草案修改二稿及《福建省人民防空条例》修改案立法修改意见。

21日　云南省昭通市委常委、副市长沈文海带领昭通市考察团到漳浦县考察。

21－22日，国家投资项目评审中心副主任张棉旺、水利部水土保持监测中心主任郭索彦率调研组到漳浦县，调研2013－2015年坡耕地水土流失综合治理工程建设典型工作情况。

22日　漳州军分区“兵妈妈·好军嫂”巡回宣讲到漳浦县举行报告会，6位兵妈妈、好军嫂在会上作报告。

24日　省委宣传部互联网信息办专职副主任刘志坚带队到南浦乡，督导“无违建”示范乡镇创建。

25日　第十一届两岸青年联欢节·海峡西岸经贸考察团到漳浦县就物理空间及投资环境进行考察。

27日　"台湾崇晋书道学会书法作品展"在县老年大学开展，展出崇晋书道学会会员优秀书法作品121幅；展览会由县政协台港澳侨联络委主办，县老年大学承办，展览会持续至7月2日。

28日　厦门市委常委、纪委书记孙明忠率队到漳浦县考察廉政文化建设工作。

28日　漳浦县召开领导干部大会，宣布省委、市委决定：戴平忠任中共漳浦县委书记，提名黄庆华为漳浦县人民政府县长候选人。

6月　省级重点建设工程—漳州东林（盘陀）500千伏变电站建成投用。从东北、西南、西北3个方向出线，为漳州南部规划大型电源提供就近接入点。

7月

1日　龙岩市民宗局一行到赤岭畲族乡石椅民族村参观学习少数民族特色村寨保护与发展工作经验。

15日　云霄县政协主席王彩云率云霄县文化艺术考察团到漳浦县，考察书画发展工作。

19日　省财政厅副厅长林贻武率调研组到漳浦县调研地方政府债务管理情况，并实地察看金浦教育园蔚蓝色等地方政府债券资金投入的重点建设项目。

23－24日　国家生态县创建技术评估组到漳浦县通过实地查看，一致认为漳浦县各项指标达到国家生态县建设标准，同意通过技术评估。11月17日，漳浦县通过国家生态县考核验收。

23日　由漳浦县委、县政府主办的"记住乡愁•中国民间文化之乡剪纸精品展"在厦门传世艺宫美术馆开幕，展览持续至29日。

28－30日　中国共产党漳浦县第十三次代表大会在绥城召开，参加大会党员代表348人。大会选举产生中共漳浦县第十三届委员会委员36人，候补委员7人和新一届中共漳浦县纪律检查委员会委员21人；选举产生出席中共漳州市第十一次代表大会代表61人。

7月　中央电视台七套《美丽中国乡村行》到漳浦台湾农民创业园开展拍摄活动。

7月　由县地方志编纂委员会编纂的《漳浦县志（1990－2007年）》出版发行。这是新中国成立后，漳浦县编纂的第二部县志，由方志出版社正式出版，共分29卷、145章、589节、199.70万字，图照66张。

8月

1日　漳浦县在道周公园举行黄道周雕像揭幕仪式，雕像由厦门大学艺术学院教授吴荣华设计创作，采用花岗岩整石雕刻，总高度4.50米。

2日　全省危险废物监管现场培训暨规范化管理"达标升级"试点推广会在漳浦县召开。省环保厅副厅长杨荣郎、省环保厅防污处处长徐威、县领导黄庆华等出席会议。会议推广漳浦县危险废物规范化管理"达标升级"经验。

9日　漳州市政协调研组一行到赤岭畲族乡开展畲族文化建设规划专题调研。

10日　省委政法委"六个专项治理"媒体采访团到漳浦县进行采风活动，重点采访漳浦县城市巡防应急服务公司。

11日　代号为"漳震1608"的漳州市地震灾害应急救援队实战演练在漳浦县绥安镇举行。此次演练由漳州市抗震救灾指挥部主办，漳浦县人民政府协办。漳浦县组织15支抗震救灾指挥部成员单位救援队参加。

25日　国家发改委农经司农村政策处处长许正斌、省发改委农业处处长胡宗潭等一行，到赤岭畲族乡开展产业融合发展专题调研。

9月

6日　省统计局副局长雷志亮带队到漳浦县指导第三次全国农业普查深土镇试点工作。

8日　党史纪录片《闽南井岗山》举行首发式，影片真实再现1926年至1949年间，中共漳浦地方组织萌芽与壮大的历程。

13日　省档案局局长丁志隆带领省档案调研组到漳浦县调研档案馆建设事宜。

14日　省长于伟国，省委常委陈冬指导漳浦县检查防台防汛工作，并慰问坚守在防御强台风一线的干部群众和部队官兵。

14日　漳浦县游泳运动员李庭申在里约残奥会SB2级50

米蛙泳比赛中，获得银牌，成为漳浦县第一位残奥会亚军。

14日　漳浦县组织编辑的《记住乡愁－中国民间文化艺术之乡漳浦剪纸精品集》在第25届“金牛杯”全国优秀美术图书评奖会上获金奖。“金牛杯”由中国编辑学会美术读物专业委员会主办。

22日　省人大常委会副主任彭锦清带队到漳浦县开展《海岸带保护与利用管理条例（草案）》初审立法调研。

22日　省教育装备管理办公室副主任杨兴胜带领督导组到漳浦县，督导义务教育发展均衡县创建工作。

23日　县民宗局与湖西、赤岭2个畲族乡联合举办“民族团结进步”宣传月书法笔会。

24－26日　漳浦县举办“海峡两岸开漳圣王文化交流暨漳浦威惠庙建庙1300周年纪念大会”活动，活动是国台办2016年对台交流重点项目，由漳浦县政府、漳州市政府台湾事务办公室主办。省政协人口资源环境委员会副主任谭培根，闽南师范大学党委书记林晓峰，市县领导黄双庆、许少钦、朱福清、沈元坤、戴平忠、黄庆华、陈少华、林培兴等及台湾开漳圣王庙团发展协会理事长李竹村等出席开幕式。活动期间，还举行“开漳纪念馆”和“两岸三地书画联展”开馆仪式，“开漳圣王文化学术论坛”等活动。台湾嘉宾163人应邀参加活动。

10月

9日　泉州市丰泽区民宗局局长林秀娥等领导到赤岭畲族乡开展挂钩帮扶项目考察。

11日　全国新型职业女农民培训班在漳州科技职业学院开班，来自福建、湖南、江西等省的近百名新型职业女农民参加培训。培训班由全国妇联主办、漳州科技职业学院承办。省妇联副主任陆菁、省农科院科研处处长汤浩等出席开班式。

13日　省委统战部、省民宗厅和福建中医药大学联合主办的“福建中医药大学医疗专家义诊活动”在赤岭畲族乡举行，福建中医药大学妇科、普外科、神经内科、呼吸内科、中医内科等专家为赤岭、湖西2个少数民族乡群众义诊300多人次。

15日　全国人大常委会委员、全国台联会会长汪毅夫带领十二届全国人大台湾省代表团一行，到漳浦县视察社会经济发展和对台工作。

16日　国务院农普办副主任、农业部市场与经济信息司副司长王小兵，率国务院第三次全国农业普查督查组到漳浦县检查指导工作。

19日　省食品安全社会共治示范县验收组到漳浦县开展验收工作。

25日　省委常委、宣传部部长高翔到漳浦县调研党委（党组）意识形态工作和宣传思想文化工作。

25日　福建省第三次全国农业普查省级综合试点（漳浦）数据处理培训班在漳浦县开班。

26日　省政协副主席陈荣凯带领调研组到漳浦县，调研农村“两权”抵押贷款试点工作开展情况。

29日　福建省商务厅“八闽电商行－走进漳浦”电商大讲堂专题培训会在漳浦县召开。

30日　农业部副部长于康震率调研组到漳浦县佛昙调研河豚产业发展情况，省海洋与渔业厅厅长吴南翔、市县领导张翼腾、黄庆华陪同。

11月

3日　西藏自治区林芝市政协主席桑杰扎巴率林芝市党政代表团到漳浦县考察现代农业发展工作。

4日　国道324线漳浦路段“白改黑”工程完工，全线通车，路段总长41千米。工程总投资3.70亿元。该工程7月25日开工。

4日　新疆维吾尔自治区木垒哈萨克自治县妇联干部培训班在漳州科技职业学院开班，来自木垒哈萨克自治县37名妇联干部到漳浦参加培训交流。10日，新疆维吾尔自治区木垒哈萨克自治县基层干部教育培训基地在漳州科技学院揭牌；同时，漳浦县与木垒哈萨克自治县签订两地培训交流协议，建立基层干部培训协作机制。

9日　省科技厅受科技部委托，组织有关专家对漳浦县承担的国家科技富民强县专项行动计划“漳浦县优势花卉产品开发与标准化生产示范”项目进行绩效考评和验收。

9—11日　香港漳浦同乡会参访团一行40人回乡开展参观考察活动，期间，考察团先后参观万安生态科技园区、威惠公园、天福茶博物院等。

10日　省民宗厅厅长黄进发一行到漳浦县赤岭民族乡调研民族宗教工作。

16日　省土壤污染防治和农村环境综合整治工作培训班在漳浦县开班，来自全省各县市区环保部门的工作人员参加培训。

17日　万安隧道举行通车仪式，万安隧道起点在县城朝阳路与金霞路交叉口处，终点连接万安大道，是漳州市道条城市隧道，全长3.26千米，总投资3.50亿元，2012年9月动工兴建，项目按一级公路标准设计，双向4车道，设计时速40千米／小时。同日，在万安工业园举行60个项目或集中签约、或开工、竣工庆典仪式。

18日　第八届农博会·第十八届花博会在东南花都开馆，全国政协港澳台侨委员会副主任梁绮萍、副省长梁建勇，省政协原副主席、省农产品市场协会总顾问陈家骅，省政协原副主席叶继革、中国国民党中常委廖万隆、漳州市委书记陈家东共同为博览会开馆。1200多家企业参展，其中台湾企业200多家。国外企业近20家。来自韩国、日本、美国荷兰等20多个国家和地区的2000多名客商、专家学者参会。

18日　台湾蔬果花卉产业科技发展协会方义党董事长带领协会下属企业18名会员到漳浦县考察现代农业。

25日　由中央人民广播电台与漳浦县委宣传部联合策划制作的广播连续剧《一代相国蔡新》在漳浦县举行首播仪式，中央人民广播电台副总编杨文延、代县长黄庆华参加首播仪式。

26日　由省民宗厅主办的“福建省参加第五届全国少数民族文艺会演部分节目赴民族地区巡回演出”文艺活动，到漳浦县赤岭畲族乡演出。

11月　福建省农村环境综合整治试点现场观摩会在漳浦县盘陀镇举行。

11月　省政协副主席刘可清、薛卫民率调研组到漳浦县，调研漳州沿海大通道漳浦段建设工作。

12月

2日　国务院食品安全委员会办公室到漳浦县开展农村食品安全治理专项督查活动。

4日　漳浦县举行县、乡两级人大代表换届选举投票。此次207个县级选区（含驻军）共选出县人大代表290人，911个乡镇选区共选出乡镇人大代表1322人。

4日　漳州市新四军研究会漳浦办事处揭牌成立。

12日　中国渔业协会专家到佛昙调研河豚养殖。

13日　省司法厅厅长陈勇率省综治考评组到漳浦县考评督导2016年综治工作。

13日　新华网、人民网、《光明日报》、中央人民广播电台等中央主流媒体记者到漳浦县开展集中采访活动。

14日　副省长黄琪玉率省直有关部门负责人，到漳浦县调研农业农村工作，了解漳浦县智慧农业发展情况。

16日　漳浦武庙文化公园举行奠基仪式，县委书记戴平忠、代县长黄庆华、县人大常委会主任陈少华、县政协主席林培兴为奠基培土。

20日　省台办主任王玲在漳州市委副书记、市长刘远陪同下参观海峡花卉集散中心。

24—27日　漳浦县第十七届人民代表大会第一次会议在绥城召开。出席会议的人大代表290人。大会选举陈少华为人大常委会主任，选举黄庆华为县政府县长。

24—26日　政协第十四届漳浦县委员会第一次会议在县会议中心召开。222名政协委员出席会议，大会选举林培兴为县政协主席。

中共漳浦县委员会

·主要会议·

【中国共产党漳浦县第十三次代表大会】

7月28—30日，中国共产党漳浦县第十三次代表大会在绥城召开，参加大会的党员代表348人，相关单位的负责人应邀列席会议。29日上午，大会举行开幕式，县领导戴平忠、黄庆华、李明清、简洪坤、刘达文、黄海明、陈锦云、戴文利、沈顺来、黄国峰、林苏洪、陈金生出席开幕式，开幕式由黄庆华主持，市委组织部部务会成员、正处级组织员、市委非公工委书记严国梁到会祝贺。30日下午，大会举行闭幕式，黄庆华致闭幕词。

大会期间，代表们听取、审议、通过戴平忠代表中共漳浦县第十二届委员会所作的《适应新常态　实现新跨越　加快建设生态宜居宜业宜游的滨海新城》的工作报告，陈金生代表中共漳浦县第十二届纪律检查委员会所作的《忠诚履行职责　全面从严治党　为漳浦新一轮跨越发展提供坚强保证》的工作报告。大会选举产生中共漳浦县第十三届委员会委员36人，候补委员7人和中共漳浦县第十三届纪律检查委员会委员21人；选举出席中共漳州市第十一次代表大会代表61人。

中共漳浦县第十三届委员会委员：（按姓氏笔画为序）

王一鸣　王上飞　王永盛
卢建明　刘达文　许志刚
李明清　杨艺明　杨福山
吴　佐　吴立宏　吴锦棋
沈顺来　陈少华　陈伟红
陈伟强　陈志达　陈志伟
陈金生　陈衍龙　陈森辉
陈锦云　陈耀胜　林苏洪（女）
林培兴　郑世然　郑通斌
郑煜辉　涂平辉　黄庆华
黄国峰　黄海明　蓝主保
简洪坤　戴文利　戴平忠

候补委员：

（按得票高低为序）

卢辉达　李英明　许志明
杨媛（女）　陈石金　高文贵
谢秀莲（女）

漳浦县出席中国共产党漳州市第十一次代表大会代表

（按姓氏笔画为序）

王上飞　王永盛　王任艺
王丽水　王添文　卢长贵
卢建明　叶达国　刘秀芬（女）
许志刚　许坤煌　阮开森
李伟国　杨艺明　杨振有
杨跃进　吴玉宝　吴芳颜
吴锦棋　邱传芳　沈顺来
张晓龙　陈艺芳　陈少丽（女）
陈伟强　陈志达　陈志勇
陈秀菊（女）　陈秀端（女）
陈金生　陈建鹏　陈荣寿
陈艳珠（女）　陈森辉　陈湘海
陈德贤　林　昕　林艺娟（女）
林龙喜　林冰蕊（女）　林伯琪
林艳环（女）　林振宗　林培文
林惠明　郑通斌　郑煜辉
胡益芬　钟育华　洪艺明
洪彬艺　郭丽凤（女）
黄　莹（女）　黄小芳（女）
黄卫华　黄庆华　黄丽蓉（女）
简洪坤　蔡　新　蔡燕斌（女）
戴平忠

【中共漳浦县委常委（扩大）会议】

1月5日，召开县委常委（扩大）会议，副市长、县委书记沈志平主持会议。会议听取县委常委、常务副县长柳亚殊传达全省、全市经济工作会议精神，听取副县长黄国峰传达全省、全市生态环境保护会议和扶贫开发工作会议精神，听取副县长陈伟红传达全市城市工作会议精神，听取副县长陈志伟传达全市信访联席工作会议精神，并结合漳浦县实际，提出贯彻落实意见；县委常委林益生就2016年县领导挂钩乡镇安排及2016年重点区域和重点建设指挥部总指挥、副总指挥安排情况作汇报。沈志平在会上提出：要积极和市级对接，继续研究九大经济指标，研究2015年已签约未落地、已落地还在建、已建设未投产的项目，研究提出全年经济工作亮点；要明确脱贫时间节点，对贫困户进行精准摸底，实事求是建档立卡，落实扶贫基金，建立帮扶政策，从根本上帮助困难群众脱贫；要做好生态环境保护工作要把握好生态红线、采矿、青山挂白、河流整治等问题，加大生猪养殖污染整治力度；做好城市工作，城市建设规划不能随意更改，已拆除未出让的地块要抓紧进行绿化，今后县城要根据项目需要进行征迁；要加强卫生、市场、交通等问题的管理，乡镇特别镇区所在地也要加强城市建设；挂钩领导要高度重视初信初访，公检法系统要重点打击缠访、闹访对象，要建立信访专项基金，更快解决欠薪等信访问题。在家县委领导出席会议，县人大、县政府、县政协各套班子领导列席会议。

1月22日，召开县委常委（扩大）会议，副市长、县委书记沈志平主持会议。会议传达学习习近平总书记在中央政治局“三严三实”专题民主生活会上的重要讲话和省委书记尤权到漳州调研的讲话以及省、市“两会”精神，提出贯彻意见。会上，县人大常委会主任陈少华传达省十二届人大四次会议和市十五届人大五次会议精神，县政协主席林培兴传达省政协十一届四次会议和市政协十五届五次会议精神。会议要求：各级各部门要认真学习、深刻领会省、市“两会”精神，结合漳浦实际，将大会提出的目标要求贯彻落实到工作中，努力保持经济平稳较快发展，确保“十三五”发展开好局、起好步。会议研究部署春节期间访贫问苦、拥军优属、解决农民工欠薪等各项工作。在家县委领导出席会议，县人大、县政府、县政协各套班子领导列席会议。

2月3日，召开县委常委（扩大）会议，副市长、县委书记沈志平主持会议。会议听取沈志平传达全市精准扶贫和工业发展会议精神，听取县委常委、统战部部长刘达文传达全市统战工作会议精神，听取县委常委、组织部部长邓思民传达全市群团工作会议精神，听取县委常委林益生汇报县领导及县直机关单位挂钩乡镇（村）情况。研究县直机关绩效考评情况及重点纳税大户名单、增加县级文明单位等有关事宜。沈志平在会上提出要求：要重视和加强群团和统战工作；要落实好时间节点，摸清贫困户数量，创新挂钩帮扶机制，确保按时完成扶贫任务；要注重挖掘潜力，制定切实有效的企业帮扶措施，实事求是摸清相关数据，提早做好项目储备及相关申报工作。在家县委领导出席会议，县人大、县政府、县政协各套班子领导列席会议。

7月11日，召开县委常委（扩大）会议，县委书记戴平忠主持会议。市委组织部部务会成员、正处级组织员、非公企业工委书记严国梁宣布市委对漳浦县新一届县级领导班子的调整安排决定，县委书记戴平忠、县人大常委会主任陈少华、县委副书记、代县长黄庆华分别作表态发言，表示坚决拥护和服从市委的决定。会上，戴平忠希望新任职的同志尽快熟悉工作，尽快进入角色，尽快打开工作局面；其他同志要大力支持他们的工作，为他们创造良好的工作环境，共同推动漳浦各项事业不断取得新成效。县领导班子要始终坚持发展第一要务，紧紧围绕市委市政府各项决策部署，真抓实干，攻坚克难，全力推进“四大重点区域、六项重点建设”，推动漳浦经济社会持续平稳发展，确保“十三五”开好局、起好步。在家县委领导出席会议，县人大、县政府、县政协各套班子领导列席会议。

8月11日，召开县委常委（扩大）会议，县委书记戴平忠主持会议。会议传达贯彻省委九届十六次全会、市委十届十三次全会和市委常委（扩大）会议精神。戴平忠在会上强调：全县各级各部门要深刻领会省委、市委全会精神实质，切实把思想和行动统一到省委、市委的重大决策部署上来，特别是要与学习贯彻县第十三次党代会和上半年经济形势分析会精神结合起来，进一步增强加快发展的责任感和紧迫感，抢抓机遇、攻坚克难，以加快创新发展、推进供给侧结构性改革，推动全县实现新一轮跨越发展；要突出重点，加快产业转型升级步伐，按照县第十三次党代会提出的建设“富强漳浦”的要求，坚持问题导向，突出创新驱动，进一步优化产业结构，做大产业规模，壮大产业实力，努力实现有质量有效益的发展，着力打造漳浦产业升级版；与此同时，要加快推进供给侧结构性改革，着力在去过剩产能、去商品房库存、降低企业生产成本，以及补齐城乡建设、民生事业、脱贫攻坚、生态环保等领域短板上下功夫，实现经济社会又好又快发展。要求要立足当前，确保全年目标任务顺利完成；全县各级各部门要切实将精力集中在抓发展上，以学习贯彻省委、市委全会精神为动力，按照县第十三党代会和上半年经济形势分析会的部署要求，扎实做好下半年各项工作，确保全年目标任务顺利完成。同时，要扎实抓好安全生产、防汛防台风和社会稳定等各项工作，确保人民群众生命财产安全。在家县委领导出席会议，县人大、县政府、县政协各套班子领导列席会议。

9月5日，召开县委常委（扩大）会议，县委书记戴平忠主持会议。会议研究讨论中共漳浦县委第十三届第二次全会有关事项。会上，县委常委、纪委书记陈金生传达《中共中央关于辽宁拉票贿选案查处情况及其教训警示的通报》精神；县委常委、常务副县长黄国峰就《中共漳浦县委　漳浦县人民政府关于实施创新驱动发展战略建设创新型漳浦的决定（讨论稿）》《中共漳浦县委　漳浦县人民政府关于推进供给侧结构性改革的总体方案（2016－2018年）（讨论稿）》《漳浦县有序降低杠杆率水平防范化解金融风险的实施意见（讨论稿）》《漳浦县补齐发展短板扩大有效供给的意见（讨论稿）》《中共漳浦县委　漳浦县人民政府关于落实保障措施加速工业跨越发展的若干意见（讨论稿）》《中共漳浦县委　漳浦县人民政府关于重大工业项目招商引资奖励试行办法（讨论稿）》作起草说明；县委常委、组织部部长沈顺来传达全市“两学一做”学习教育推进会精神并提出贯彻意见。会议分别对上述事项进行充分讨论。在家县委领导出席会议，县人大、县政府、县政协各套班子领导列席会议。

9月29日，召开县委常委（扩大）会议，县委书记戴平忠主持会议。会议传达学习市第十一次党代会精神，县委常委、组织部部长沈顺来，县委常委、纪委书记陈金生分别对市委书记陈家东，市委常委、纪委书记林叶萍在市第十一次党代会上所作的工作报告精神进行传达。会议还传达全市推进现代服务业加快发展工作会、中共中央办公厅《关于防止干部“带病提拔”的意见》和省委组织部贯彻《中共中央关于辽宁拉票贿选案查处情况及其教训警示的通报》精神。会议要求：全县上下要把深入学习贯彻市第十一次党代会精神作为当前和今后一个时期的重要任务，自觉把思想和行动统一到市第十一次党代会部署上，迅速传达、深刻领会、全面落实，认真抓好全县各项中心工作，确保年度工作任务圆满完成。在家县委领导出席会议，县人大、县政府、县政协各套班子领导列席会议。

10月28日，召开县委常委（扩大）会议，县委书记戴平忠主持会议。会议传达学习领会党的十八届六中全会精神。戴平忠要求各级各部门要把学习贯彻党的十八届六中全会精神作为当前的政治任务，要全力以赴抓好全会精神学习宣传，要将学习贯彻全会精神与当前开展的“两学一做”学习教育活动相结合，要与抓好当前各项工作相结合，对照年初确定的目标任务，奋力冲刺，确保完成全年目标任务。在家县委领导出席会议，县人大、县政府、县政协各套班子领导列席会议。

11月1日，召开县委常委（扩大）会议。县委书记戴平忠主持会议并在会上传达市委常委（扩大）会精神及市委书记陈家东关于学习领会党的十八届六中全会精神的要求，结合漳浦县实际，提出贯彻落实意见；县委副书记、代县长黄庆华在会上传达全市第三季度经济分析会精神，县委常委、纪委书记陈金生传达《中国共产党问责条例》和省委《关于贯彻〈中国共产党问责条例〉的实施办法》精神。会议研究部署安全生产、道路安全综合整治和国家级卫生县城创建等工作。在家县委领导出席会议，县人大、县政府、县政协各套班子领导列席会议。

11月25日，召开县委常委（扩大）会议，县委副书记、代县长黄庆华主持会议。会议研究讨论《漳浦县全面推进公务用车制度改革实施方案》和《漳浦县委巡察工作实施办法（试行）》。会上，黄庆华就贯彻落实福建省第十次党代会和省委十届一次全会精神，要求认真学习领会，切实把思想和行动统一到省党代会精神上来，全县各级党组织要迅速行动起来，精心组织传达学习，深入领会精神实质，让“再上新台阶、建设新福建”成为引领发展的主旋律、最强音，成为广大干部群众的共识和行动，推动省党代会各项决策部署落到实处；要突出重点关键，加快产业转型升级，深化改革扩大开放，加大生态建设力度，立足漳浦实际，聚焦发展重点，加大推进力度，力争富美金漳浦建设取得更大成效；要突出党要管党，着力全面从严治党，全县各级党组织要按照省委的部署，切实负起全面从严治党的政治责任，不断加强和改进党的建设，努力营造风清气正的政治生态；要注重统筹兼顾，全力抓好当前各项工作，各级各部门要以学习贯彻省党代会精神为动力，进一步振奋精神，狠抓落实，切实抓好换届工作，重视保障和改善民生，全力维护社会稳定，确保各项工作有序推进，确保完成全年目标任务。黄庆华强调，各级各部门要进一步坚定信心，凝心聚力，开拓奋进，狠抓落实，确保“十三五”开局之年圆满收官，推动富美金漳浦建设取得新进展，努力为“再上新台阶，建设新福建”做出更大贡献。在家县委领导出席会议，县人大常委会、县政府、县政协各套班子领导列席会议。

【中共漳浦县委全体会议】

县委第十二届第十四次全体会议 4月11日，中共漳浦县第十二届委员会第十四次全会在县会议中心召开，副市长、县委书记沈志平主持会议。县委常委、组织部部长邓思民在会上就召开中国共产党漳浦县第十三次代表大会有关事项进行说明。全会审议并通过《中国共产党漳浦县第十二届委员会第十四次全体会议决议草案》，并决定于2016年7月下旬在绥城召开中国共产党漳浦县第十三次代表大会。全会号召全县各级党组织、全体共产党员和广大干部群众紧密团结在以习近平同志为总书记的党中央周围，认真贯彻落实党的十八大和十八届三中、四中、五中全会精神，同心同德，与时俱进，开拓创新，全力推进“四大重点区域”的开发建设，努力推动漳浦科学发展跨越发展，以优异成绩迎接中国共产党漳浦县第十三次代表大会的召开。在家县委领导出席会议，非县委委员、候补委员的县四套班子领导等列席会议。

县委第十二届第十五次全体会议 5月13日，中共漳浦县第十二届委员会第十五次全体会议在县委综合楼会议室召开，副市长、县委书记沈志平主持会议。全会对部分乡镇党政正职主官拟任和推荐人选进行票决。

县委第十二届第十六次全体会议 7月26日，中共漳浦县第十二届委员会第十六次全体会议在县委综合楼一楼会议室召开，县委书记戴平忠主持会议。会议主要任务是：圈选确定出席漳州市第十一次党代会代表候选人预备人选，听取中国共产党漳浦县第十三次代表大会筹备工作情况报告。全会审议并通过了《中国共产党漳浦县十二届委员会工作报告（草案）》《中国共产党漳浦县纪律检查委员会工作报告（草案）》《中国共产党漳浦县第十三次代表大会议程（草案）》和日程安排（草案）以及第十三届县委委员、候补委员、县纪委委员预备人选名单。

县委第十三届第一次全体会议 7月30日，中共漳浦县第十三届委员会第一次全体会议在县城召开。新当选的中共漳浦县第十三届委员会委员、候补委员参加会议，会议选举中国共产党漳浦县第十三届委员会常务委员、书记、副书记；审议通过中国共产党漳浦县第十三届纪律检查委员会第一次全体会议选举产生的常务委员、书记、副书记。

中国共产党漳浦县第十三届常务委员会

书　记：戴平忠

副书记：黄庆华　李明清　简洪坤

常　委：（按姓氏笔画为序）

刘达文　李明清　沈顺来

陈金生　陈锦云　林苏洪（女）

黄庆华　黄国峰　黄海明

简洪坤　戴文利　戴平忠

县委第十三届第二次全体会议　9月7日，中共漳浦县第十三届委员会第二次全体会议在县会议中心召开，县委书记戴平忠主持会议。全会的主要任务是：认真贯彻落实五大发展理念和省委九届十六次全会、市委十届十三次全会精神，研究部署当前和今后一个时期漳浦推进供给侧结构性改革和实施创新驱动发展战略问题，为漳浦新一轮跨越发展提供强大支撑和持久动力。

县委书记戴平忠代表县委常委会作报告，县委副书记、代县长黄庆华就《关于实施创新驱动发展战略建设创新型漳浦的决定》和《关于推进供给侧结构性改革的总体方案（2016－2018年）（讨论稿）》作起草说明。会议审议通过《关于实施创新驱动发展战略建设创新型漳浦的决定》和《中国共产党漳浦县第十三届委员会第二次全体会议决议（草案）》，并讨论《关于推进供给侧结构性改革的总体方案（2016－2018年）》及相关配套文件。

全会强调，推进供给侧结构性改革和实施创新驱动发展战略对当前奠定经济增长和漳浦县长远发展具有重要意义，是适应经济发展新常态、有效应对经济下行压力的重要举措。全县各级党组织和广大党员干部要充分认识推进供给侧结构性改革和实施创新驱动发展战略的重要性和紧迫性，把创新驱动摆在全局的核心位置，让创新驱动成为建设富美金漳浦的第一动力。

全会明确，当前和今后一个时期，漳浦县实施创新驱动发展战略的总体要求是：牢固树立和贯彻落实创新发展理念，以科技创新带动全面创新，以制度创新激发动力活力，以开放创新深化交流合作，以人才建设强化支撑保障，着力发展新产业、新技术、新平台、新业态、新模式，加快形成以创新为主要引领和支撑的经济体系和发展模式，努力建设创新型漳浦，为富美金漳浦建设提供强大支撑，力争到2020年，建设更加完备的区域创新体系，综合科技进步水平、科技促进经济社会发展指数取得显著提升；全社会研发经费投入年均增长15%以上；高新技术产业和战略性新兴产业增加值占GDP比重分别达16%和15%。

全会要求，创新驱动和供给侧结构性改革是漳浦县当前和今后一个时期经济工作的主线和重点任务，要坚持把创新驱动贯穿供给侧结构性改革全过程，结合漳浦县实际，突出重点，强化举措，统筹推进，推动漳浦经济社会发展再上新的台阶。要加快产业转型升级，以创新为引领，着力做大做优增量，改造提升存量，壮大产业规模，提升经济发展的质量和效益，全力打造漳浦产业升级版。要突出人才第一资源，高度重视人才队伍建设，深入实施人才强县、人才强企战略，加大人才引进力度，创新人才培养机制，优化人才发展保障，全面壮大人才队伍，实现人才集聚发展。要优化政务服务环境，以开展“营商环境建设年”活动为契机，加快转变政府职能，加强创新平台建设，加大政策支持力度，着力破除制约供给侧结构性改革和创新驱动发展的各种制度性瓶颈、体制机制和政策障碍，进一步激发市场活力和社会创造力。要着力补齐发展短板，坚持问题导向，分清轻重缓急，制定具体工作方案，把补短板工作落实到具体项目、具体工程和具体资金上，增强工作实效性。同时，要按照去产能、去库存、去杠杆的需求，着力矫正要素配置不合理的问题。

全会号召，全县各级各部门要牢固树立和落实五大发展理念，抢抓机遇，开拓进取，真抓实干，为加快建设生态宜居宜业宜游的滨海新城作出新的更大贡献。不是县委委员、候补委员的县各套班子领导，县纪委常委，各乡镇场、绥安工业区、台创园、县直各单位主要负责人及县人大、县政协各委室负责人列席会议。

·纪律检查·

【概况】

2016年来，漳浦县纪委监察局机关发挥纪检监察执纪监督问责的职能，持续推进党风廉政建设和反腐败各项工作有序开展，督促全县21个乡镇、69个县直机关事业单位及其下属单位、二级机构全面实行责任清单管理；开展专项督查78批次，检查单位220个，处理19人；追究党风廉政建设责任6起21人，处理违反中央八项规定的24起64人；受理信访举报460件，新立案185件，开展廉政谈话函询370人，查处侵害群众利益的不正之风和腐败问题61起，处理61人。

【县纪委十二届六次会议】

1月29日，中共漳浦县纪委十二届六次全会在县会议中心召开。副市长、县委书记沈志平在会上肯定2015年全县党风廉政建设和反腐败工作，并部署2016年工作；县委副书记、县长戴平忠传达十八届中央纪委六次全会、省纪委九届七次全会及市纪委十届七次全会精神。会议由县委常委、纪委书记刘军主持，并代表县纪委常委会作题为《落实从严治党要求，强化监督执纪问责，切实把纪律和规矩挺在前面》的工作报告。全会审议通过纪委常委会向全会所作的工作报告。市纪委第四纪检督察室主任林毅峰，县领导陈少华、李明清、柳亚殊、陈勇谋、陈锦云、林益生出席会议。

【县纪委十三届一次会议】

7月30日，中共漳浦县纪律检查委员会十三届一次全会在绥城召开，21名县纪委委员参加会议。会议通过无记名投票方式，选举产生中共漳浦县纪委十三届委员会常委、书记、副书记。

书　记：陈金生

副书记：林锦泉　程伟平

常委：陈金生　林锦泉　程伟平　赵翠玲　陈汉章　杨增玄　吴志强

委员：（按姓氏笔画为序）

卢艺福　李旺万　李建华　杨增玄　杨毅波　吴志强　何惠珠（女）　张达永　陈少任　陈汉章　陈志民　陈励明　陈国库　陈金生　陈奕雄　林　海　林锦泉　赵翠玲（女）　洪国华　涂秋生　程伟平

【持续推进责任落实】

坚持清单定责　制定出台《县委落实党风廉政建设主体责任清单》和《县纪委落实党风廉政建设监督责任清单》，明确党委领导班子主体责任19项、党委书记责任10项、班子成员责任9项、纪委监督责任15项。同时，制定出台《漳浦县贯彻落实〈关于深化落实党风廉政建设党委主体责任的暂行规定〉主要任务分工方案》，明确主体责任的重点任务，促进工作落实。

坚持问题督责　针对上年度省和市责任制检查反馈的问题，分别制定《整改任务与分解方案》，并提出48条和21条具体整改措施，已全部整改到位。督促全县21个乡镇、69个县直机关事业单位及其下属单位、二级机构全面实行责任清单管理，把落实“两个责任”“五抓五看”具体情况纳入年度绩效考评的重要内容，考评结果与干部选拔任用和单位绩效奖金挂钩。

坚持严肃问责　开展乡镇党委书记向县纪委全会书面述廉述责、接受评议，并通过专项督查、“问题清单”“一案双查”等形式，落实《中国共产党问责条例》及省委实施办法，强化问责追责，层层传导压力，推动全面从严治党向基层延伸。是年，全县追究党风廉政建设责任6起21人（监督责任2人），同比上升10.50%；其中党政纪处分2人，其他组织处理19人。

【持续推进纪律教育】

加强纪规学习　在《廉政准则》《纪律处分条例》《问责条例》等党内法规颁布后，通过邀请专家授课、组织巡回讲解、印发学习材料等方式，对全县30个乡镇场和县直单位近3000名基层党员干部进行教育辅导。举办“漳浦县落实中央八项规定精神、规范财务管理制度”培训班，组织县直单位和各乡镇场法人代表及财务人员共769人进行封闭式学习，提高遵纪守纪意识。

加强教育创新 在开展廉政书画展、编印廉政书籍、创建教育基地等基础上，运用新兴媒体的传播力量，改造升级漳浦县纪检监察门户网站，开通"漳浦纪检"微信公众号，传播纪检监察"最强音"。围绕弘扬漳浦优秀历史廉政文化，整理出《黄道周家规》，作为首期漳州传统家规家训对外发布。

加强换届监督 严把党员领导干部"党风廉洁意见回复"关，共审核县乡换届推荐人选34批次1921人，审核出不符合条件的对象10人。落实任前廉政谈话和测试，分8批次对235名拟任科级干部进行任职前廉政谈话，并对其中4批123名拟任领导职务岗位的科级干部进行任前廉政知识测试，营造风清气正的政治生态。

【持续推进正风肃纪】

狠抓明察暗访 在元旦、春节、端午、中秋等重要时间节点前都制发通知，强调纪律要求。与此同时，开展明察暗访，采取"不打招呼、不定时间、不定路线"的方式，直奔基层、直达现场，深入重点区域进行突击检查。是年开展明察暗访40批次。

狠抓集中行动 抽调28名纪检干部成立7个检查组，对全县各乡镇场和县直机关单位落实中央八项规定精神情况进行检查，对10名相关责任人给予问责处理。制定开展"1+X"专项督查工作形式，督促全县11个职能部门开展检查78批次，检查单位220个，移送问题线索32条，处理19人，党纪立案调查1人。

狠抓通报曝光 依托文件通报和媒体曝光，对各类典型案件及时点名道姓进行通报曝光。是年，全县查处违反中央八项规定精神问题24起，同比上升71.40%；处理64人，同比上升113%。其中：党政纪处分20人，同比上升333%；其他组织处理44人，同比上升529%。通报曝光违反中央八项规定精神典型案例5期10起56人。

【持续推进高压反腐】

突出"四种形态" 建立健全信访举报件"三级督办""三室会审"机制，完善信访举报件办理"零暂存"。是年，全县纪检监察机关受理信访举报460件次，其中检举控告类初信初访195次；为纪律审查提供有价值的问题线索82条，同比增长43.90%；转立案27件，同比增长50%，并为123名受到错告的干部澄清了事实。把握实践"四种形态"，是年，开展廉政谈话函询370人，运用前两种形态处理823人，占总人数927人的88.80%；运用第三种形态处理86人，与第四种形态9人的相对比值为9.6:1。

突出执纪重点 针对基层党员干部在征地拆迁清海、"三资"管理分配、扶贫专项资金使用中弄虚作假、与民争利、损害民利的行为，严肃查处杜浔"两违"案件、古雷征地收海窝案、扶贫领域系列案件等一批发生在群众身边的腐败案件。是年，全县查处侵害群众利益的不正之风和腐败问题61起，处理61人。其中，给予党政纪处分60人（移送司法5人），其他组织处理1人。

突出力量整合 以委局领导为主导，按区域和系统将全县各乡镇场、县直各单位划分成4个监督执纪片区，分别由4个纪检监察室挂钩联系，并探索实践交叉办案、协同办案、指定办案等纪律审查工作机制，聚合各片区内的执纪审查力量，提高执纪效率和公正性。是年，全县新立案185件，同比增长58.12%，其中查处科级干部12人，移送司法机关9人。

【持续推进队伍建设】

注重体制改革 完成县纪委监察局内设机构调整，人员同步调整到位。通过单独派驻和归口派驻相结合的形式，对县委工作部门、政府系统和司法系统派驻31个纪检组（监察室），负责县直64个单位的纪检监察工作。开展分工自查整改，清理乡镇纪委书记分管其他业务13人，派驻纪检组长分管其他业务15人。

注重用人导向 制定出台乡镇纪委书记、副书记和派驻纪检组长、副组长提名考察办法。

顺利完成县、乡纪委换届工作。是年，全县提拔重用20名优秀纪检监察干部，将1名不适合继续任职的乡镇纪委书记调离纪检队伍。严格按照《关于进一步加强农村基层党风廉政建设的若干意见》，落实各乡镇均配备3名以上专职纪检监察干部。

注重监督管理 结合“两学一做”学习教育，持续开展业务培训、跟班轮训、知识测试等，加强学思践悟，推动工作创新。成立纪检监察干部监督室，强化内部监督。是年，对6件反映纪检监察干部违纪的信访举报件快查快结，为6名纪检监察干部澄清事实，并完成176名纪检监察干部借款、出借资金和融资担保的专项清理，坚决防止“灯下黑”。

（供稿：县纪委）

·组织工作·

【概况】

2016年，漳浦县组织工作紧紧围绕县委工作大局，深入开展“两学一做”学习教育、县乡党委换届选举、党员发展和教育管理、夯实基层组织基础、推进人才队伍建设、不断提升组织工作科学化水平，为漳浦县科学发展、跨越发展提供坚强的组织保障。

【“两学一做”学习教育扎实开展】

开辟传统课堂、网络课堂、艺术课堂、流动课堂“四大课堂”，开展学习教育；举办“两学一做”骨干培训班86场，参训1.12万人次；落实“书记上党课”制度，县委“两学一做”宣讲团巡回宣讲28场。出版党员教育培训教材1册，摄制党员教育电教片3部；在县有线电视台开设“两学一做进行时”栏目，开通“两学一做”微信专栏。发挥县域内“十大党员教育培训基地”党性教育资源优势和“检察院警示教育基地”“两帝师”廉政文化长廊作用，开展“体验式”党性教育活动154批次，参与党员6725人次。

【县乡换届选举工作圆满完成】

至5月30日，完成全县21个乡镇党委换届工作，产生新一届乡镇党委委员199人，其中新进党委班子47人，占23.62%。10月，启动县乡人大换届和政协委员换届工作，联合县纪委、公检法等9个部门对人选进行预审，与统战部组成考察组，对市县人大、政协推荐人选进行深入考察。加强换届纪律宣传，公布12380举报电话，短信提醒组干、乡镇干部和村主干，乡镇党委书记就换届监督向县委作《书面承诺》。向乡镇党代表发放《加强换届风气监督通知》《“九个严禁、九个一律”》提醒卡7000多份，《回执》回收率100%；考察期间组织21个乡镇班子成员及相关人员观看警示录《镜鉴》《警钟》。按“四必看”要求发放《严肃换届纪律文件选编》，对领导干部、换届人员及“两代表一委员”进行专题教育。落实“四个凡提”和任前公示制度，组织6批137名拟提拔对象参加廉政知识测试。新一届乡镇人大主席21人，人大专职副主席1人，人大班子平均年龄39.20岁，大专以上学历22人。新一届乡镇政府班子66人，平均年龄39.30岁，大专以上学历65人。

【发展党员与教育管理】

把发展党员工作纳入党建工作责任制，列入乡镇绩效考核和党建述职评议的主要内容，党员发展工作覆盖机关、村组、社区、企事业单位、“两新”组织等。是年全县新发展党员274人。规范基层党组织“三会一课”、专题组织生活会、党员民主评议等党内生活制度，坚持高标准、严要求，开好县处级、乡科级民主生活会。各基层党（工）委成立党员关系排查小组，开展党员组织关系排查，排查出失联党员21人，有19人取得联系，2人按要求实行自行脱党除名处理。新建1个外出党员党支部和21个外出返乡大学生党支部，加强对流动党员的教育管理。加强分类指导，对165个应换未换届基层党组织加大整治力度，至年底，全部完成换届。

【深化干部培训】

专题培训 分4期组织县

直机关、企事业单位、乡镇场法人代表和财务人员共计637名学习《准则》《条例》等知识；组织23个乡镇场、绥安工业区、台创园及县直单位86名组工干部参加组织业务专题培训班。

常规培训 开设青年干部培训班、科级干部进修班、科级干部任前廉政建设专题班，提高领导干部综合履职能力。是年，近200名干部参加廉政建设专题班，56名青年骨干参加青干班，53名科级干部参加科级班。

【夯实基层党建基础】

打造农村党建精品 加大对绥安镇大埔村、城西社区，长桥镇东升村，南浦乡后坑村等典型的跟踪培育；并在其他各乡镇选择1—2个村进行重点培育，逐步打造可学、可看、可信的农村党建精品路线；组织召开全县特色党建项目联评联审会，对各乡镇创建情况进行验收。

提升非公党建水平 开展非公企业、社会组织党建三个覆盖“百日攻坚行动”，建立非公企业党组织181个，覆盖率98.10%；建立社会组织党组织33个，覆盖率87.20%，实现非公企业、社会组织党的工作有效覆盖。在绥安工业区、台创园推行网格化管理和党员积分制管理；发挥典型示范作用，推选5个非公企业党组织参评市级党建示范点，推选7名非公企业党支部书记参评市级党建标兵。投入145万元，基本完成台创园党群活动中心建设，一楼设置展示区、阅览区、活动区；二楼设置党群服务站、法院办案点、巡回检察涉台工作室、台商服务协调中心、司法调解中心等6个内设窗口。完善非公企业党员党费全额返拨制度，将非公企业和社会组织党建工作经费纳入年度财政预算。

推进村主干职业化管理 9月，开展基层组织工作专项督查行动，着重督查村主干职业化管理工作，对村主干以外其他“两委”工资未按规定标准发放、制度执行不到位、村务公开不规范等问题，逐一记录并限期整改，在年终考评时逐一对照整改情况。县财政每年用于村“两委”干部工资支出从3526.95万元增加到4892.64万元。同时，进一步强化党群联席会议、村干部坐班值班及请销假、便民服务全程代理、村级重大事务请示报告等一系列制度的制定执行。

“双薄弱”村转化成效明显 建立县处级领导挂钩、乡镇党委主导、县直部门挂钩的整改转化机制，选派33名（其中省派6人、市派8人、县派19人）干部驻村蹲点，“一村一策”实施集中整顿。至年底，27个软弱涣散村党组织已有25个实现转化；26个村集体经济扶持重点村增收村财157.55万元。

完善村级综合服务场所建设 对村（社区）综合服务场所基本情况进行初步摸底，村部为危房的51个，无活动场所11个，租用的31个，借用的33个。采取“党费拨一点、乡镇出一点、村里筹一点、部门扶一点、社会帮一点、市场运作一点”的“六个一点”办法多渠道筹集资金，市拨补助资金80万元。2016年，已有6个村部全部建成投入使用，4个村部建成封顶，4个村部即将装修完毕，18个村部完成修缮。

【各类人才队伍建设统筹推进】

推进省级市级各项人才奖项的申报工作，2016年，完成1家省院士工作站验收工作，推荐引进省级高层次人才1人、市级1人，推荐省级优秀人才4人、市级3人，985高校全日制毕业生来浦就业创业补贴者1人，市青年英才优秀创业项目获奖者2人，高技能人才146人。深化浦台人才交流，依托海峡两岸新型农民培训基地开班授课，开展两岸农业专家研讨交流；实行人才委培模式，建立浦台人才继续教育工作联席会议制，以漳浦职校、电大等为依托，采取订单、委托、储备等模式培训人才。3月，推荐陈建中等三名候选人，经过组织考察、公示公告等程序后，4月，经县委常委会研究决定，聘请陈建中担任台创园管委会副主任。推进校企合作，省农科院、中国海洋大学、厦门大学等省内外高校、科研院所与漳浦县多家企业开展产学研合作，解决技术难题40多项。是年，美丽家香食品有限公司等4家被列为省创新型企业；同溢堂药业、福船一帆新能源装备制造有限公司被列为2016年省科技小巨人领军企业；新增2个市级企业技术中心；腾睿电子商务有限公司通过市级企业孵化器评定；县电子商务服务中心列入省级众创空间。

（撰稿人：叶陈欣）

·宣传工作·

【概况】

2016年，漳浦县宣传思想文化工作围绕“四大重点区域”发展布局，适应新常态，唱响主旋律，为加快漳浦科学发展跨越发展提供强有力的思想保证、舆论支持和文化条件。

【强化思想引领】

深化学习研究宣传习近平总书记系列重要讲话精神，宣传贯彻十八届六中全会，省、市、县党代会精神，围绕“两学一做”专题教育，推动中心组学习发挥带头示范作用。依托社科普及周、“三下乡”等平台，抓好理论普及宣传。注重理论研究，紧扣发展实际，梳理“漳浦县域经济发展研究”等24个重点课题研究，打牢全县团结奋进思想基础。

【加强舆论引导】

结合县委、县政府不同时期的工作重心，广播、电视、报纸、互联网四轮联动，新闻、专题、文艺、广告多管齐下，打响“两学一做进行时”“四大重点区域、六项重点建设”“三比三看进行时”“古雷建设进行时”“龙岭脱贫攻坚在行动”“平安漳浦·你我同行”等主题宣传战役；开展道安、禁毒、打假、打击网络诈骗等重要工作主题宣传。形成系列性宣传效应，以点带面，形成宣传强势，营造积极向上、生动和谐的舆论环境。开展“宣传漳浦好新闻奖”评选表彰活动，激发全县广大新闻工作者的积极性、主动性和创造性；引导政务网、广电网、漳浦论坛等主流网站、属地论坛、微信微博，针对党的方针政策和群众关心的社会热点问题，扩大网络正面宣传。加强网评、网管、网研队伍建设，完善突发公共事件新闻发布应急机制，开展清除淫秽色情及低俗信息，打击电信网络诈骗等专项整治，理性引导社会思潮，营造良好网络舆论氛围。

【传递向善道德能量】

在全县各乡镇场和主要村（居）建设一批“宣传文化长廊”，完成市下达的社会主义核心价值观主题公园、社区、街道建设任务，为正能量的传播提供有利平台。分发《我们的价值观知识读本》，在车站、广场、楼宇电视、室外LED屏幕刊播“中国梦”“社会主义核心价值观”等公益广告。挖掘湖西乡村医生陈伟琳、“见义勇为好人”林万发、漳州市最美教师林贤文等先进典型，宣传社会正能量。组织志愿服务活动，涌现漳台义勇消防队等12支影响力较大的志愿服务队伍，以榜样的力量促进全社会形成良好的道德风尚。

【构建惠民文化工程】

是年，开展较大型的文体活动100多场，农村公益电影全年放映3579场，县城西湖广场公益电影放映136场，文化共享工程服务读者2500多人次。出台《漳浦县红色文化保护、传承和弘扬工程实施方案》，建立联席会议制度，制定责任清单，推动漳浦红色文化的保护、传承和弘扬。文艺精品创作全面开花，在市百花文艺奖评选中获一等奖3个、二等奖2个、三等奖4个；作品《天鹅之恋》《上善若水》在文博会上分别获得最具创意文化产品奖和优秀创意文化作品奖；“记住乡愁－中国民间文化艺术之乡漳浦剪纸精品展”先后在福州三坊七巷、厦门传世艺宫、漳州图书馆、火山地质公园举行；承办全省剪纸年会，举办剪纸技能大赛，在《中国艺术报》《海峡导报》等媒体推介漳浦剪纸，出版《记住乡愁漳浦剪纸精品集》《漳浦剪纸邮册》等，其中大型图书《剪纸精品集》获第25届“金牛杯”全国优秀美术图书金奖。承办“福建省书法家走进黄道周故里文艺志愿活动”、举办“闽台书画名家邀请展”“闽宁协作－漳浦、彭阳书画摄影展”、诗词吟诵会、书法精品展、诗人节等数十场文艺作品展演活动。文化产业不断发展壮大，是年，全县实现规模以上文化产业增加值3.80亿元，超额完成市下达的目标任务。

【拓展对外宣传渠道】

两岸交流活动 发挥对台优势，依托妈祖、陈元光等两岸民间共同信仰，天福茶博物院、石雕园、茶学院等两岸茶文化活动基地，台湾农民创业园等闽台农业合作先行区等对台合作与交流的平台，举办第八届海峡论坛·第三届海峡（漳州）茶会等活动，开展两岸经济文化合作与交流；以“威惠祖庙·福泽两岸”为主题，组织举办海峡两岸开漳圣王文化交流会暨漳浦威惠庙建庙1300周年纪念活动，传承圣王文化，扩大两岸民间交流；以开展优秀对外宣传品“彩虹奖”评选活动为抓手，策划制作《漳浦旅游微读本－最漳浦》等一批图文精美、特色鲜明的对外宣传折页、邮资信封、画册、专题片等宣传品，摄制红色文化纪录片《闽南井冈山》，与中央人民广播电台联合制作的4集广播剧《一代相国蔡新》，在两岸同步播出。

内地交流活动 依托闽宁协作20周年等契机，推动书法、美术、剪纸、摄影等艺术作品对外交流；借助漳浦旅游资源推介会、翡翠湾第二届国际冰雕大师赛、九省市书画名家采风活动等载体，对接央视《消费主张》《美丽中国乡村行》《每日农经》栏目组，福建画报《寻味》栏目组、福建新闻频道《2016漳州苏区行》摄制组等数十家主流媒体，以及大型纪录片《开台王颜思齐》、电影《终极直播·秘境》摄制组到漳浦县采风拍摄，宣传漳浦深厚文化底蕴、秀美自然风光和良好发展势头，提升漳浦的知名度和影响力。

（撰稿人：陈旭烨）

·统一战线工作·

【概况】

2016年，漳浦县统一战线工作围绕建设富美金漳浦工作大局，切实做好港、澳、台、侨、联谊和接待，接待海外华侨华人、港澳同胞37批次412人次；做好侨台困难家庭的扶助，向9户特困户归侨侨眷每人补助金额1200元，向13户困难台胞发放慰问金2.66万元；加强工商联组织建设，完成上海、深圳、厦门、泉州等异地商会的换届；引导民营企业家、宗教界人士热心慈善事业，共捐赠公益事业款880多万元；向上报送各种统战信息60条，开展统战4个重点课题的调研和文稿撰写，入选市委统战部《统战理论研究文稿汇编》。

【第十四届政协委员推荐工作】

是年，政协漳浦县委员会届满换届，对新政协委员的产生，遵循党管干部和民主协商相统一，依法依规、程序公开、接受监督的原则，县委组织部和统战部各自分工，在综合考察评价后汇总产生，本届产生县政协委员222人。

【党外人士统战事务】

贯彻《中共中央关于加强党外人士工作的意见》，做好党外干部的安排和党外人士队伍建设。在各乡镇场和县直各单位推荐的基础上，认真筛选德才兼备、有发展潜力的人选，建立和保持有一支50名的党外后备干部队伍，为党外干部的调整和充实做准备。是年，全县有处级党外领导干部5人（县人大常委会副主任1人，县政府副县长1人，县政协副主席3人，副调研员1人）。党外科级领导干部30人。其中：县直单位23人，乡镇7人。县直单位和乡镇中正职各2人。县人大党外常委8人，党外代表110人，占代表总数的37.90%；县政协党外常委26人，占常委总数的65%，党外政协委员140人，占政协委员总数的63%。

【与港、澳、台胞及归侨侨眷的交流交往】

加强与香港漳浦同乡会交往联谊 7月8日，香港漳浦同乡会第七届理监事会顺利完成换届选举，陈国强先生当选为第七届香港漳浦同乡会会长，县政协主席林培兴、县委常委、统战部部长刘达文组团赴港庆贺。11月9－11日，县委统战部，县侨联共同接待以陈国强为团长的香港漳浦同乡会参访团一行40人。11月20－24日，漳州市委统战部应香港漳州同乡会总会邀请，组团赴港开展为期5天的社团工作，漳浦县委常委、统战部部长刘达文受邀参加,赴港澳开展社团工作交流。

落实侨法，依法维护侨益 切实为归侨侨眷排忧解难,向各基层侨联发送修改后的《福建省华侨权益保护条例》40 册共 50 份。做好扶持贫困归侨省级专项资金的发放工作，争取 1.08 万元资金,重点用于保障 9 户特困户归侨侨眷的生活补助,每人补助金额 1200 元。

侨联组织建设 1 月 28 日，完成漳浦县第十届归侨侨眷代表大会的换届工作;是年,先后完成马坪、前亭、大南坂镇 3 个乡镇基层侨联的换届工作。

做好定居台胞的服务 是年，为在漳浦县定居的 13 户困难台胞发放慰问金 2.66 万元，为 32 名台胞开具台籍身份转换证明。

协助做好族谱对接 多次组织人员深入镇村,查阅大量资料,走访吴氏宗亲,经过核对,最终确认台盟中央副主席吴国祯祖籍地在石榴镇琦溪村。4 月 29 日,接待台盟中央副主席吴国祯一行到石榴镇琦溪村完成族谱对接。

接受侨胞、港澳同胞公益捐资 2016 年，接待海外华侨华人、港澳同胞 37 批次 412 人次;接受海外华侨华人、港澳同胞捐赠漳浦县公益事业款项计 196.26 万元、港币 6.70 万元。

【经济领域统战工作】

工商联组织建设 制订指导引导和服务异地漳浦商会的实施办法，完成上海、深圳、厦门、泉州等异地商会的换届。

为非公经济营造良好发展环境以开展“企业服务年”活动为契机,帮助企业落实各项优惠政策,及时反映和解决企业的困难和问题,帮助多家工业企业办理土地和房产相关手续,为非公经济发展营造良好的政治环境和发展环境。

引导民营企业履行社会责任 2 月 2 日，在金仕顿大酒店举行扶贫济困专款发放仪式,向全县 200 位特困群众发放扶贫救济款 10 万元。促成北京、上海、广州、深圳、福州、泉州、厦门等异地商会回乡开展扶贫活动，帮扶资金总计 500 多万元。在 2016 年“诚信纳税、铸就发展”税收宣传月书画展活动中,组织部分会员企业家代表参与书画认捐助学,现场认捐 15 万元。

参与招商引资 配合赤湖镇做好五金园项目规划调整和产业招商，是年完成招商项目 3 个,总投资 1.20 亿元。至年底,有 2 个招商项目投产,实际到资 4500 万元，上缴税收 400 多万元。

【构建和谐稳定的民族与宗教活动环境】

协助少数民族文艺巡回演出 11 月 25—26 日，省民宗厅主办,漳浦县民宗局、赤岭畲族乡、湖西畲族乡承办的第五届全国少数民族文艺——山哈魂的部分节目到漳浦县赤岭畲族乡、湖西畲族乡巡回演出。分别表演《山哈魂》《畲族传统婚礼》等具有民族特色节目。

到民族乡开展医疗义诊 10 月 13 日,省委统战部、省民宗厅组织福建中医药大学、妇科、普外科、神经内科、呼吸内科、中医内科等 5 个科室专家到漳浦县赤岭畲族乡为赤岭、湖西两个少数民族乡群众义诊,有 300 多人次畲族群众前来就诊。

申报少数民族发展项目资金 审核上报少数民族发展项目 55 个，争取到各级民族补助款 1291.06 万元。其中:中央补助资金 127 万元、省级项目补助 157.91 万元、市级补助款 115 万元、县级补助 91.15 万元、省政府 27 号文挂钩帮扶湖西、赤岭 2 个少数民族乡各 400 万元。

两岸宗教交流活动 9 月，成功举办“海峡两岸开漳圣王文化交流会暨漳浦威惠庙建庙 1300 周年纪念”活动。

加强宗教活动场所管理 8 月,县委统战部、县公安国保大队组成联合检查组，对全县 15 个重点宗教场所就财务监督管理、主要教职人员的备案、开展“宗教政策法规学习月”活动等内容进行为期 3 天的检查。

引导宗教界人士热心慈善活动 是年,全县宗教团体捐赠公益事业款项累计 378.62 万元。

【统战课题调研和撰写】

根据省、市委统战部关于 2016 年度统一战线理论政策研究工作的要求,结合漳浦县实际情况，深入基层和有关单位就《少数民族乡村脱贫攻坚机制研究》《新形势下拓展闽台交流合作的研究》《引导非公有制经济人士弘扬企业家精神研究》《加强留学人员统战工作问题研究》等4个重点课题展开调研和文稿的撰写。4个课题全部被市委统战部统一战线理论研究会采用，入选《统战理论研究文稿汇编》。

（撰稿人：张翠珏）

·农村工作·

【概况】

2016年，全漳浦县实现农业总产值128.40亿元（现行价），同比增长4.20%；农村居民人均可支配收入16342元，同比增长10%。全县粮食播种面积3.17万公顷，产量20万吨，其中早稻1万公顷，晚稻8000公顷，甘薯8000公顷。蔬菜种植面积2.45万公顷，产量52万吨；水果3.13万公顷，产量23万吨。在全县6个粮食主产乡镇建成连片34公顷以上粮食产能区16个，工厂化育秧、机械化插秧面积400多公顷，增长幅度大。新增农业龙头企业8家，市级农民专业合作社示范社3家，省级示范社2家；市级家庭农场示范场4家，省级示范场2家。至年底，全县市级农业龙头企业36家，省级农业龙头企业21家，国家级农业龙头企业1家，市级农民合作社示范社21家，省级示范社11家；市级家庭农场示范场22家，省级示范场6家。

【现代农业项目建设】

石榴特色现代农业示范区项目计划投入1.50亿元，由石榴镇政府、扬基生物科技有限公司、漳浦康华芦荟有限公司、漳浦利苑农业有限公司和漳浦县天意农业有限公司承建。重点规划提升环园区休闲农业观光道路绿化工程（道路长3700米）、完善建设农业休闲观光道路（支路650米）和完善建设田间道路（长2320米），在台湾名优火龙果产业园，配套建设33.34公顷台湾名优火龙果标准化示范园。建成扬基生物科技产业园、利苑大棚蔬菜产业园、康华芦荟产业园和名优火龙果产业园4个功能区域。发展铁皮石斛、白芨、美国芦荟、有机蔬菜、台湾名优水果及休闲观光等特色农业，打造集生产种植、加工展示、休闲观光为一体的特色现代农业示范区。

赤土光伏立体农业示范区项目总规划面积333.34公顷，引进福建绿领农业科技有限公司企业进驻。主要采用现代光伏农业大棚设施，棚顶用于光伏发电，棚内用于现代农业生产。棚内建设微喷灌、滴灌、温光气体数字化控制系统、远程监控系统等现代农业配套设施，以及园内道路、绿化、给排水、消防、供配电等基础设施。

漳浦农民创业园示范基地位于绥安镇大埔村，项目2个。三茂农业有限公司的“休闲农业观光设施建设”，总投资746.30万元，主要建设内容有休闲农业农家乐建设、改造986平方米及相关配套设施、设备，绿化等；建设田间道路总长度96米、水泥路面硬化宽度5.50米、排水沟220米。漳浦县荔海家庭农场的“特色果蔬观光体验区建设”，总投资300.14万元，主要建设内容包括建设果蔬良种示范基地2公顷、排灌渠改造建设190米、绿化1280平方米，棚架绿化长廊40平方米。以上项目总投资1046.44万元，其中新增投资601.39万元。

【促进畜禽养殖业健康发展】

实施畜禽养殖污染专项整治，落实市政府下达全县生猪标准化示范升级改造60家的任务，做好生猪标准化升级改造。引导创建2个省级畜禽养殖标准化示范场，完成1家可养区生猪存栏5000头以上的省级标准化养殖场升级改造，4家可养区存栏1500－5000头的省级标准化养殖场升级改造。

【组织实施扶贫开发和造福工程】

挂钩扶贫　为确保年内完成全县7500个贫困人口稳定脱贫目标，及时调整县领导及县直机关单位挂钩乡镇精准帮扶贫困群众方案，由县领导挂钩5个重点贫困村，县直78个单位和部门挂钩21个乡镇和10个农林茶盐场，县直各部门每个科级干部和每个科室各挂钩1个贫困户，支持贫困村项目建设和贫困户发展生产。

扶贫小额信贷 至年底，发放贴息贷款1312万元（每户3万元—5万元），有314户贫困户利用信贷资金扩大生产，提高生产经营效益。

“雨露计划”培训 是年，漳浦县承担“雨露计划”培训任务375人，补助资金15万元。至年底，培训建档立卡贫困户392人，超额完成市下达的培训任务。经过培训，有30多个建档立卡贫困户被聘到种植大户果园、蔬菜园、养殖场打工。

产业扶贫 是年，全县通过各种渠道落实产业帮扶贫困户1056户。及时下拨二批中央财政扶贫资金95万元，扶持213户建档立卡贫困户发展生产。

教育扶贫 对从幼儿园到高中各学段建档立卡学生都按助学金的最高档进行资助，其中，高中建档立卡学生还实施免学费政策。是年，累计资助学生数350人，补助资金55.06万元。

医疗保险、医疗救助和社会救助 至年底，已有358个建档立卡贫困户享受医疗救助72.20万元。将因病因残的贫困人口2936人列为低保对象，做到应保尽保。针对因病致贫、因病返贫在贫困户中所占比例较大，全县投入资金110多万元为4490户建档立卡贫困户购买小额意外险，实现投保全覆盖。

贫困村脱贫 全县有市县重点贫困村5个，为确保贫困村脱帽，及时下拨每年每村15万元补助资金；并在研究政策、项目布局和资金安排上给予倾斜支持，促进贫困村发展，加快整村脱贫步伐。

贫困无房户、造福工程扶贫搬迁 造福工程全面开展，按照省市要求，及时将2800人任务全部落实到户到人。已投入资金1.35亿元，2832人836户已全部动工，其中竣工379户1285人。同时，易地搬迁6户，已竣工5户，剩余1户正推进中。无房户全面竣工，至10月底，全县167户已全部竣工，11月底全部入住新居。集中安置区项目全面推进，六鳌镇新厝村集中安置点已基本竣工，投入资金3500多万元，建设住房92幢；湖西乡赵家城村配套项目总投入376万元，至12月已竣工；南浦乡后坑村东湖新村配套项目82万元，至11月底，整个新区安置配套已顺利通过验收。

【富美乡村建设】

2016年，全县有富美乡村创建村22个（市级2个，县级20个）及11个环境整治村（其中市级3个），累计已投入资金3300万元，完成年计划的165%，拆除废旧1100平方米、硬化村道17.30千米、清理沟渠89.60千米、建休闲活动场所21个、新增绿地面积1.20万平方米。

【农村土地承包经营权确权登记颁证】

漳浦县是全省13个土地确权颁证试点县之一，为做好试点工作，成立以县长为组长的县农村土地承包经营权确权登记颁证工作领导机构。把土地确权工作纳入全县的年终绩效考评之一，并将乡镇的党政一把手作为第一责任人，对确权登记颁证工作负总责。至年底，基本完成全县251个村的农村土地确权登记颁证，航拍面积完成98%，颁证的农户数占全县总农户数的95%，登记土地面积占全县应颁证土地面积的92%。

【提升县乡两级农产品质量安全监管能力】

在县级农业部门具备农产品农残快速检测条件的基础上，为全县11个乡镇配备农残速测仪、土壤分析仪等仪器；另外9个乡镇纳入福建省农产品质量安全监管能力建设，按照省农业厅统一部署，为乡镇农产品质量安全监管站配备农残速测仪和流动采样监测车等。实现全县20个乡镇监测设备全覆盖，具备乡镇农产品农残快速检测的能力。

【及时兑现农机购置补贴】

是年，漳浦县第一批农业机械购置补贴资金为20万元（中央补贴资金15万元，省级补贴资金5万元）。至10月底，已实施农机购置补贴资金68.59万（中央补贴资金57.28万元，省级补贴资金11.31万元），补贴农机具 53 台(套),受益农户 20 户,涉及农机具轮式拖拉机 17 台、旋耕机 19 台、增氧机 15 台、田园管理机 1 台、半喂入式联合收割机 1 台。

【主要农产品产地环境监测】

已完成省农业厅下达漳浦县 2014 年主要农产品产地环境监 80 个测点位 (耕地监测点位 70 个,园地监测点位 10 个)信息采集、土样采样、土样制备及送样等工作。2016 年,主要农产品产地环境监测 64 个监测点位(水稻田 40 个,蔬菜地 20 个、菠萝 4 个)已完成信息采集及土壤采样、土样制备及送样。

【气象灾害影响】

1 月 25 日,受南下寒潮影响,全县出现历年来最低温度值,县气象站最低气温 -0.3℃,大部分地区出现霜,山区有结冰。受寒潮袭击,全县农作物遭受严重损失,截至 27 日 18 时,蔬菜受灾面积 827 公顷、2579 万元;粮食受灾面积 1022.27 公顷、3763 万元;水果受灾面积 897.67 公顷、2526 万元。受 9 月 15 日第 14 号台风"莫兰蒂"影响,全县经济损失 1.22 亿元,其中农、渔、牧业损失 7133 万元,水利设施损失 4380 万元,工业损失 725 万元,房屋倒塌 63 间,受灾人口 20 万人,转移人口 7120 人。

(供稿:县农业局)

·精神文明建设·

【概况】

2016 年,漳浦县精神文明建设工作以培育和践行社会主义核心价值观为主线,以加强公民思想道德建设、推进农村精神文明建设、开展学雷锋志愿服务活动、促进未成年人思想道德建设为工作重点,不断深化群众性精神文明建设。成功举办"智慧人生教育讲堂"专题培训 3 期,300 多名干部职工参加培训。组织开展第三届漳浦县学雷锋志愿服务系列先进评选表彰活动,评选出 20 个"学雷锋优秀志愿服务组织",111 名"学雷锋优秀志愿者"。开展"十星文明户"评选活动,评选出 894 户"漳浦县十星文明户"。

【社会主义核心价值观弘扬有声势】

社会主义核心价值观学习教育 以"智慧人生教育讲堂"为平台,组织全县干部职工参加社会主义核心价值观学习教育培训活动。采取分期分批集中封闭形式开展培训教育,以传承中华美德、做"四有"领导干部、践行核心价值观等为主要内容,让广大干部职工充分认识中华优秀传统文化的当代价值和学习优秀传统文化的现实意义。是年,举办专题培训 3 期,参训人数 300 多人。

增强社会主义核心价值观宣传力度 提升公益广告的艺术品质和宣传效果,开展"讲文明树新风"公益广告原创作品征集评选活动,全县收集有效作品 43 件。其中:影视类作品 6 件,广播类作品 3 件,平面类作品 33 件。及时推荐报送市委文明办参评,通过公益广告的创作,传递昂扬向上正能量。同时,利用车站、广场、公园、工地围挡、旅游景点、户外电子显示屏、楼宇电视、固定广告牌、报纸、广播电视台、网站、手机等媒介,刊播"中国梦"、社会主义核心价值观、"两帝师文化""黄道周文化"、诚信建设、志愿服务、文明交通、文明旅游、文明礼仪、垃圾治理、食品安全等公益内容,倡导良好家风、树立法治观念、建设生态文明,培育和践行社会主义核心价值观。

推动社会主义核心价值观进村入户 将"三下乡"活动与践行社会主义核心价值观有机结合起来,让"三下乡"活动打造成为弘扬社会主义核心价值观的民心工程。是年,分别在绥安镇、深土镇、盘陀镇举行"图说我们的价值观"巡回展览暨文化、科技、卫生"三下乡"活动,3 万多名群众参加现场活动。组织县直文明单位深入基层、深入群众,以群众需求为第一信号,咨询答疑、捐赠助学、科技普及、志愿服务、安全宣传等,将社会主义核心价值观贯穿于"三下乡"活动全过程,构筑起培育和践行社会主义核心价值观的前沿阵地。

促进社会主义核心价值观入心入脑 以“我们的节日”活动为载体，强化社会主义核心价值观的培育和践行。春节元宵期间，开展“喜气洋洋过大年·红红火火金漳浦”主题活动，各种传统的民俗活动热闹非凡，文化盛宴缤彩纷呈。清明节期间，发出“和谐清明·文明过节”倡议，开展爱国诗词吟诵、祭奠革命先烈、网上祭先烈、“清明节一我们播种绿荫”、参观先贤遗踪文化踏青等活动，倡导现代感恩理念、文明缅怀方式和实践社会新风。端午节期间，开展“经典诵读·文化端午”“文化娱乐·民俗端午”“志愿服务·爱心端午”“道德实践·文明端午”四大主题活动，用优秀的传统文化感染人，促进公民道德水平的提高。

践行社会主义核心价值观榜样力量 开展“我推荐我评议身边好人”活动，发动各级各类文明单位组织学习身边好人的事迹，要求广大干部群众参与身边好人推荐评议和网上投票活动，扩大道德模范和“好人建设”工作宣传面和影响力。是年，全县有4人入围中国好人榜、福建好人榜候选人；其中，林万发入选福建好人榜“见义勇为好人”。

【学雷锋志愿服务活动有热度】

完善志愿服务体系 建立健全志愿服务网格化、全覆盖，从县级、乡镇、村居、文明单位四个层面推进志愿服务体系化，在全县基本形成县志愿者协会、乡镇志愿者服务站、社区(村)志愿者服务点、文明单位志愿服务队体系。至年底，全县有志愿者服务队227支，注册志愿者12014人。

提升志愿服务能力 县委文明办联合红十字会举办第四期县级应急救护志愿者骨干培训班，有50名志愿者骨干参加培训，普及应急救护知识和技能，增强志愿者队伍的应急服务能力。各级各类志愿服务组织结合自身实际开展80多场培训，2000多名志愿者、义工参与培训，有效提升志愿服务水平和服务效果。

提高志愿服务热情 组织开展第三届漳浦县学雷锋志愿服务系列先进评选表彰活动，评选出“学雷锋优秀志愿服务组织”20个，“学雷锋优秀志愿者”111人，激励社会公众广泛参与志愿服务，推进全县学雷锋志愿服务活动持续发展。在全县范围内组织参加2016年度漳州市“最美志愿”系列评选活动，发动各级文明单位(社区、学校)，文明村镇为漳浦县8个“最美志愿”候选系列投票，通过投票活动的开展，在全社会弘扬正能量。

拓宽志愿服务领域 以“情暖金漳浦·山水绿家园”作为志愿服务活动年度主题，结合3月5日学雷锋纪念日，围绕环境保护、城市管理、文化卫生、公共安全、法律援助、应急救援等内容，组织开展各类志愿服务活动。开展文明交通劝导志愿服务活动，以“学雷锋、做志愿、讲文明、树新风”为主题，组织40多个省、市级文明单位，在每星期一、星期三、星期五的上午8:30—10:30，分别在县城6个重点交通区域，针对交通秩序过程中发生的不文明行为和现象进行劝导，向市民宣传公民基本道德规范，教育和引导市民摈弃不文明交通行为。

抓好志愿服务品牌 在金浦大地，涌现漳浦微益联盟、漳浦慈济共修处(环保站)、漳浦论坛、漳台义勇消防大队、漳浦残联“学雷锋扶残助残”志愿服务队、漳浦妇联“爱心妈妈”志愿服务队和漳浦第二中学纯美义工团等12支比较有影响力的志愿服务队伍。漳浦微益联盟已发展成为拥有21支义工队(分支)、24个乡镇组、4000多名成员的民间爱心公益组织，他们借助微信、微博平台，通过微信红包、朋友圈、聊天群、众筹方式带动全社会的爱心人士共同参与关爱残疾学生、照顾孤寡老人、帮助弱势群体等爱心活动，带动捐款捐物超300万元，一对一走访2000多家特困户，为灾区捐赠18卡车的爱心物资。

【未成年人思想道德建设工作有成效】

深化主题教育实践活动 深化开展“我的中国梦”主题教育实践活动。在全县组织开展“关爱青少年月”活动，主要开展走访慰问送温暖、代理家长送亲情、法律援助送回归、宣传教育送文化、安全保护送平安、拓宽渠道送就业等“六送”关爱系列行动。清明节，各中小学通过网上献花、签名寄语、向烈士鞠躬、宣誓等多样形式开展“网上祭英烈”活动。以“七一”党的生日为契机，继续开展“童心向党歌咏活动”，组织未成年人广泛传唱歌颂党、歌颂祖国、歌颂中国梦的优秀歌曲，教育引导他们从小知党爱党，在党的阳光沐浴下，培育和践行社会主义核心价值观。

注重乡村学校少年宫建设　加强全县乡村学校少年宫的建设，除了抓好4所中央专项彩票公益金支持建设的乡村学校少年宫建设外，对全县自建乡村学校少年宫的中心学校给予全方位的倾斜支持，对少年宫的场所建设、器材配备、经费保障、管理办法、工作制度等方面进行指导、督促、推动，使少年宫建设好、管理好、使用好。

激励表彰先进典型　组织评选2014－2015年度漳浦县未成年人思想道德建设工作先进个人活动，评选“未成年人思想道德建设工作先进工作者”97人，“乡村（城市）学校少年宫优秀辅导员”29人。通过激励先进，发挥先进典型的示范带动作用，推动全县未成年人思想道德建设工作深入发展。

【农村精神文明建设有进展】

改善乡村环境　完善和规范垃圾处理设施管理制度，将垃圾处理设施运行和维护纳入乡镇财政预算；加大设施配备投入，建立健全垃圾中转站，在文明办设置全县垃圾转运处理监控终端，实行在线监控监管。将环境卫生整治纳入年终绩效考评内容，定期不定期对各乡镇场进行督促检查，开展专项督查行动12次。在县广播电视台及微信公众号开辟“环境卫生整治”专栏，平均每周专题报道2－3次，对整治中存在的问题及群众反映的不文明、不卫生行为进行曝光，跟踪报道整改措施落实情况。

培育文明乡风　开展农村社会风气突出问题专项治理活动，全县315个村居（作业区）制订、修订村规民约。开展“十星文明户”评选，评选出“漳浦县十星文明户”894户，以评促建，营造健康向上文明乡风。开展“晒家训、扬家风”活动，增强全体公民对家风建设的认知认同，更好地从自身做起，身体力行，遵守家庭美德、职业道德、社会公德规范和要求。实施“五古丰登”行动计划，依托古街、古厝、古寺庙、古树、古桥等历史文化遗迹，拓展基层宣传文化新阵地，传承乡贤文化，推进农村精神文明建设。

促进文明资源共建共享　抓好“城乡结对共建文明村”活动，51个文明单位结对共建51个文明村；督促省市级文明单位结合“精准帮扶贫困群众活动”，帮扶共建村，推动共建村全面发展。落实“文明共建、文化共享”计划，把“结对子、种文化”的结对帮扶工作纳入全县群众性精神文明创建活动总体规划，推动文化共建工程落实落地，促进文明共建和文化共享。

（撰稿人：阮彩芳）

·机关党建·

【概况】

2016年，县直机关党工委履行机关党建工作职责，组织和督促县直机关300个党组织开展“两学一做”教育学习活动；完成3个基层党委，9个党总支、67个党支部换届选举工作；举办党务干部培训班6期、入党积极分子培训班3期；培育“1263”机关党建机制建设示范点5个，展现县直机关党建围绕中心、服务大局的新成果。县直机关党工委被省直机关党工委评为“全省机关工委系统先进集体”，在全市机关党建工作综合评比中被列为“优秀”等次。

【开展“两学一做”活动】

筑牢思想基础　组织县直机关270个党支部3200多名在职党员，根据“两学一做”学习教育要求，参加党员e家理论知识学习、测试，重点学习党章、党规知识、《中国共产党纪律处分条例》，用党的组织纪律约束每名党员。

夯实参与基础　以党支部为单位，对县直机关所有党员进行组织关系集中排查，摸清底册，从摸底中查找存在问题并及时通知各单位做好协调和纠正，理顺党员组织关系。

打好“学”“做”融合基础 引导党员干部利用四下基层、组团献血、慰问走访、挂钩帮扶等契机，开展“两学一做”专题调研，让全体党员干部切实践行“机关党建走前头，作表率”，在“学”中自我净化，在“做”中自我提升，扎实进取，努力在本职岗位上建立新功。

【规范完善各项常规工作】

组织贯彻落实《中国共产党和国家机关基层组织工作条例》（简称《条例》，下同）、省委《关于贯彻〈中国共产党和国家机关基层组织工作条例〉实施意见》、市委《实施办法》以及县委《实施意见》，抓好《条例》的督查检查，开展专题调研，总结推广经验。按照《条例》规定，严格落实按时换届选举工作制度，根据人事调整，及时做好党组织领导班子的设置和充实；同时做好任期届满党组织换届选举的审批工作。是年，有3个基层党委，9个党总支、67个党支部完成换届选举工作，成立2个基层党委、2个党总支、28个党支部，撤销1个党总支、6个党支部，进一步理顺县直机关党组织设置。执行统一标准，做好党费的收缴、使用和管理，至年底，收缴党费228.37万元（含补缴党费85.54万元）。

【开展“七一”系列活动】

组织引导机关各级党组织开展建党95周年系列活动，举行新党员入党宣誓仪式和举办入党积极分子培训班，组织县直机关单位党务干部参观廉政教育基地，县直机关有10个党支部被评为先进基层党组织，13名党员被评为优秀共产党员，11人被评为优秀党务干部。

【严格按规定发展党员】

举办机关党务干部培训班6期、入党积极分子培训班3期；严格按照有关规定，做好发展党员工作。是年发展党员34人。

【落实党风廉政建设责任制】

严明党的政治纪律 组织党员干部学习党章，严格遵守党章规定，坚决按照党的组织原则和党内政治生活准则办事，严守党的纪律特别是政治纪律，切实做到“四个服从”，确保令行禁止、政令畅通。

加强反腐倡廉教育 持续推进“廉政文化进机关”活动，把理想信念宗旨、党纪法制、从政道德等教育与廉政文化创建活动融为一体，注重示范教育、警示教育和岗位廉政教育，筑牢拒腐防变的思想道德防线。6月30日，组织县直机关80名党员干部和30名预备党员到县廉政文化教育基地学习，接受警示教育；“七一”期间，文体系统、纪检监察系统等县直机关部分党支部组织党员到大南坂“两帝师廉政教育基地”参观学习。

健全廉政责任机制 贯彻根据“两学一做”学习教育及县委落实两个主体责任的要求，党工委分发100本集《党章》《准则》和《条例》在一起的小册子，供机关党务干部和班子成员学习，增强党务工作者的廉政自率意识，落实党风廉政建设。

推进规范化建设 根据县纪委、组织部《关于认真开好2016年度乡（科）单位党员领导干部民主生活会的通知》，督促县直机关80多个科级单位于是年底全部完成专题民主生活会。

【拓展“1263”党建机制建设】

巩固拓展“1263”示范点成果，筛选培育5个县直单位作为“1263”机关党建机制建设示范点，提升机关党建工作水平，展现县直机关党建围绕中心、服务大局的新成果。

（供稿：县直机关党工委）

·党校教育·

【概况】

2016年，县委党校贯彻落实《漳浦县贯彻落实〈2014—2018年全国党员教育培训工作规划〉实施意见》，全年举办各类党员干部培训班10期，参加培训干部1037人次；选派教师13人次，分赴乡镇、机关单位开展专题辅导宣讲活动68场次；有3篇论文分别获市委党校系统第八届社会科学优秀成果二、三等奖。

【教育培训】

按照大规模培训干部、大幅度提高干部素质的要求，漳浦党校坚持把党员干部培训教育作为党校工作的中心任务，转变观念，创新办学机制。是年，先后开设青年干部培训班、科级干部进修班、任职培训班等主体班次及其他专题培训班次。1月13－22日，与县财政局、审计局、县监察局联合举办漳浦县落实中央八项规定、规范财务管理制度培训班。其中法人代表培训班2期，培训法人代表250人；财会人员培训班2期，培训财会人员400人。6月20－21日，举办漳浦县“两学一做”学习教育专题培训班，各乡镇场、绥安工业区、台湾农民创业园组织委员及县直各单位分管组织人事工作领导共81人参训。10月10－28日，举办漳浦县科级干部任职培训班，分3期进行，近200名新任科级干部参加培训。11月15日起，举办漳浦县第十八期青年干部培训班，培训为期2个月，来自全县各乡镇、工业区及县直各单位56名青年干部参加培训。12月6日起，举办为期2个月的漳浦县第六期科级干部进修班，来自全县各乡镇、各部门的50名科级干部参加培训。

【宣讲活动】

是年，结合“两学一做”学习教育，采取送教上门的形式，选派6位教师到乡镇、机关单位开展“两学一做”专场辅导宣讲活动32场次。到各乡镇、机关单位开展“学习贯彻漳浦县第十三次党代会精神”专场辅导宣讲活动达28场次。为学习贯彻党的十八届六中全会精神和省第十次党代会精神，党校选派2位领导和5位老师加入漳浦县“学习贯彻党的十八届六中全会精神县委宣讲团”，12月，分赴全县各乡镇（场）、开发区以及各县直单位开展专题辅导宣讲活动36场。

【教研科研】

2016年，党校教师的调研课题《古雷搬迁后农民就业问题研究》《古雷半岛整体搬迁后，居民二次创业问题研究》结项并被市委党校评为优秀科研课题。在CN级刊物《经济师》上发表论文《浅谈领导干部的语言艺术》《加强基层党建工作的几点思考》。向市委党校报送的《试论廉政文化在净化政治生态中的作用》获漳州市党校系统第八届社会科学优秀成果二等奖，《非婚同居之法律规制刍议》《探讨新时期党员干部人文素养提升》获三等奖。

【新校区配套设施持续完善】

上半年，总投资1600多万元建成的大礼堂部分投入使用。大礼堂分上下两层，有可容纳300多人的多功能报告厅1间，可容纳150人的多媒体教室1间，可容纳100人的多媒体教室2间。完成160个床位及学员楼各种配套、床被等用品的采购配置。

【机构设置】

4月，县委机构编制委员会批复同意漳浦党校加挂“漳浦县行政学校”牌子，增设培训处（加挂乡镇党校工作联络处牌子）和科研处。培训处负责公务员培训，联系对外培训工作并组织实施，承担培训效果评估，负责联系乡镇干部、职工的教育、培训，对乡镇党校进行业务指导；科研处负责编制科研规划，管理科研活动，评估和宣传科研成果，为县委县政府决策服务。

（撰稿人：朱慧斌）

·老干部工作·

【概况】

2016年，漳浦老干部工作贯彻落实中办发（2016）3号文件和省《关于进一步加强和改进离退休干部工作的意见》精神，改善和拓展老干部服务方式，努力为老干部办实事做好事。是年，全县服务管理对象87人，其中：离休干部48人，“5·12”（指1949年10月1日之后，至1950年5月12日之间参加工作）退休干部39人。

【保障老干部政治待遇】

开展“两学一做”学习教育活动　把“两学一做”学习教育活动与做好老干部工作结合起来，走访、慰问老干部72人次，为党员老干部送去“两学”资料57份，做到送学上门与走访探望相结合。为老红军柯永麟家属送去中央颁发的“中国工农红军长征胜利80周年纪念章”及1万元慰问

金。开展“我参与、我见证、我助力—老干部为全面建成小康社会增添正能量”主题活动。

向老干部通报工作 10月，县委、县政府召开老干部通报会，县委副书记、代县长黄庆华，县委常委、组织部部长沈顺来参加，县委常委、常务副县长黄国峰向老干部通报全县经济、社会的发展情况，听取老干部的意见建议并给予协调落实。

离退休干部“四就近”服务示范建设 向市老干局争取资金3万元、配套8000元，创建城西社区“四就近”(即就近学习、就近活动、就近得到关心照顾、就近发挥作用)服务老干部示范点。

【落实老干部生活待遇】

落实有关老干部经济待遇政策 是年，由于老干部调资在文件上出现交叉，造成反复，先是5•12退休干部先与退休干部一起调整，并按退休干部调整标准进行调资，后文件又要求5•12退休干部按离休干部标准进行调整，与离休干部、在职干部同时调整。对此，及时协调县财政局、机关社保等单位及老干部原单位，准确地为每位老干部调处好工资问题，并耐心细致地向5•12老干部解释调资政策，让老干部了解调资政策要求，确保老干部的调资落到实处。

落实走访慰问制度 4-5月，开展“上门送学、上门求教”走访离退休老干部活动，分组分片在不同时段到县外及各乡镇走访老干部72人次，为党员老干部送去“两学”资料57份，向老干部征求工作意见，了解他(她)们身体、生活等情况。在春节、中秋、重阳节期间，坚持走访慰问老干部，县委、县政府还在重阳节拨出专款慰问享受处级待遇的老干部。9月，组队到福州、莆田、泉州、厦门等地慰问易地安置的老干部和老干部遗偶；10月，分两批次派人参加市老干局组织的省外易地安置老干部及遗偶的慰问活动。

做好服务保障 坚持探望、慰问住院老干部，是年，先后到175医院、市医院、县医院及中医院看望、慰问老干部15人，办理护理费19人次。

【县老年大学工作】

是年，县老年大学学习活动内容丰富。围绕建党95周年，红军长征胜利80周年，举办“漳浦县老区革命史”讲座，组织参观县革命纪念馆、车本老区村，并到云霄乌山革命根据地、上杭古田会议会址，龙岩《福建儿女长征史迹》展览馆等革命纪念馆或革命圣地参观学习。7月1日，举办纪念中国共产党成立95周年，中国工农红军长征胜利80周年音乐、戏曲演唱会。7月7日，举办漳州市老年大学纪念中国共产党成立95周年、红军长征胜利80周年书画作品联展。办好《漳浦老年教育》校刊，出版《永远跟党走，共圆中国梦》《摄影采风集锦》《剪纸展栏》等专刊。

(撰稿人：陈泗杰、陈 玲)

·信访工作·

【概况】

2016年，漳浦县信访局受理群众来信来访3326件，其中来信2197件，来访317件，省长信箱115件，漳州12345政务平台798件，人民网14件。到县来访201件，同比下降73%；到市上访67批161人次，同比批次下降42.70%，人次下降26.50%，到市集体访批次持平；到省上访36批48人次，同比批次下降18.20%，人次下降26.20%，没有到省集体访；进京正常上访13批16人次，同比批次下降59.40%、人次下降67.30%。

【依法化解信访事项】

强化初信初访化解 重视初信初访的办理，实行属地基层首办责任，通过一系列的举措来规范初信初访办理工作。县信访联席会议通过定期督查，把每十天进行一次通报作为常态化抓落实，提高初信初访的办理质量。是年全县受理初信初访件152件，到期应办理的144件，已全部办结，办结化解率达100%。

化解省、市、县信访积案 通过采取县领导包案、镇三套班子领导具体负责化解，县信访联席会负责总协调并聘请律师、法律工作者、社会知名人士作为第三方调解等办法，对化解进行缓慢的乡镇主要领导、分管领导和村主要领导进行约谈，强力推进信访积案化解。至年底,中央交办件1件已化解;省交办信访积案1件已化解;市交办的17件信访积案已化解15件,县梳理筛选重点信访件已化解5件。

化解“三跨三分离”信访事项　试行通过法定途径分类处理信访投诉请求,完善协调处理工作机制,使群众各种信访诉求进入法定的途径。是年,成功化解官浔镇张某及山西运城杨某死亡事故“三跨三分离”等信访件。

处置、化解群体访、集体访　是年,成功化解42批1900多人次的群众集体、群体上访事件。较典型的有:信访局主要领导主动对接,多次成功化解、劝返7批645多人次全省性“民代幼”教师群体越级集体上访,有效缓解民代幼教师群体的消极抵触情绪;多次成功劝返南疆保卫战退伍老兵和农村籍退伍老兵欲参与到省、市的聚集上访,化解成果得到市信访局的充分肯定;主动作为,参与县城迎宾大道绿化工程山西省施工人员致死引发的突发事件,经过7天的协调化解,最终签订调解协议;成功处置化解杜浔镇电力工程施工人员电杆倒地致死引发其四川省凉山少数民族60多人聚集到县政府缠访、闹访接近10天的事件,得以圆满解决;全国“两会”期间,成功解决旧镇“金浦新城”农民工讨薪事件;成功解决“皇浦会KTV”装饰工程工人集体讨薪事件;全力帮助化解盈丰公司1期、3期、5期,六鳌镇海堤加固工程,聚源财富广场工地工程建造引发的集体讨薪事件及碧桂园房屋质量问题引发的业主大规模上访等一系列事件;成功化解历时1个月的赤湖镇北桥村与湖西乡岭塔村因公共汽车追尾导致售票员死亡因赔偿协调不成引发村社准备斗殴事件;对沙西镇沙岗村村民因偷窃拒捕不幸坠亡,其家属到县政府缠访、闹访;石榴镇芳林村林某不服法院对其儿子判决到县政府缠访、闹访等个别缠访、闹访事件给予劝说化解。

【完善信访机制】

开展“三无”创建活动　开展县、镇、村“三无”创建工作,着力从源头上预防和减少信访问题的发生。全县304个村(居、社区)除赤湖镇月屿村,石榴镇石榴村、象牙村,大南坂镇第一作业区,绥安镇炉尾村、绥西村、麦埔村,旧镇镇城内村,马坪镇后康村,盘陀镇蒲野村等10个村外,其他294个村全部达到“三无”乡村创建条件。

重视矛盾纠纷排查化解　建立每月一次的矛盾纠纷排查例会制度,开展矛盾纠纷化解工作。以乡镇司法所专职调解员、信访干部等为主要力量,全县排查出矛盾纠纷2811件,已化解2800件,化解率99.61%,一大批的矛盾纠纷问题被化解在萌芽状态。

依法落实风险评估机制　对直接关系群众切身利益且涉及面广、可能引发信访突出问题的决策事项进行充分风险评估,制定出维稳工作预案、方案,采取预警、疏导、处置、化解等相应对策,把可能引发的矛盾纠纷和上访事件的苗头纳入视线,做到早发现、早控制、早化解。成功疏导县民代幼教师、参战退伍老兵等集体上访群体。

【依法整治“非访”】

针对信访老户择机进京非访的现象,实施进京“非访”专项整治,一方面加大对乡镇、村相关管控责任领导的责任追究力度,提高乡镇、村在敏感时期对重点人员的管控责任感;另一方面加大对重点乡镇的治理控制,成立以县公安局长为队长的工作队,进驻2个乡镇开展进京非访专项整治,有效震慑缠访、闹访人员。是年,全县依法查处11名信访人,其中处以行政拘留7人次,警告处理4人次。

【实行“阳光信访”】

推广省信访信息系统　落实网上信访全面运行,已接入县委政府部门单位92家,实现县域全覆盖,规范各部门各单位网上业务,运行系统稳步高效。

建立县“12345政务服务热线平台”　把平台建设作为做好“创新群众工作方法解决信访突出问题”的重要举措,全县已有87个联动单位加入到该便民服务平台,落实“马上就办”措施,及时解决群众身边遇到的各种困难和问题。

(撰稿人:胡惠瑜)

漳浦县人大常委会

·主要会议·

【县第十七届人民代表大会第一次会议】

12月24—27日，漳浦县第十七届人民代表大会第一次会议在绥城召开，出席会议的人大代表290人。县委副书记、代县长黄庆华向大会作《勇当排头兵 再创新辉煌 为加快建设富美金漳浦而努力奋斗》的工作报告；县人大常委会主任陈少华向大会作县人大常委会工作报告；县人民法院院长郑通斌向大会作县人民法院工作报告；县人民检察院检察长吴锦棋向大会作县人民检察院工作报告；县委书记戴平忠在大会上作重要讲话。大会选举陈少华为县第十七届人民代表大会常务委员会主任，选举黄庆华为漳浦县人民政府县长，选举王予军、张秀华、王朱申、王赐义为县第十七届人民代表大会常务委员会副主任，选举黄国峰、陈美慧、郑世然、陈伟红、蓝主保、陈伟强、陈志伟为县人民政府副县长；选举郑通斌为县人民法院院长、吴锦棋为县人民检察院检察长；选举杨和来等23人为县第十七届人民代表大会常务委员会委员；选举陈开森等54人为出席漳州市第十六届人民代表大会代表。

会议期间，全体与会代表听取审议县委副书记、代县长黄庆华关于漳浦县人民政府工作报告；审议漳浦县人民政府关于开展创建国家卫生县城工作的报告，审议漳浦县2016年国民经济和社会发展计划执行情况及2017年国民经济和社会发展计划草案的报告；审议漳浦县2016年财政预算执行情况及2017年财政预算草案的报告；听取和审议县人大常委会主任陈少华就关于漳浦县第十六届人民代表大会常务委员会作的报告；听取和审议漳浦县人民法院院长郑通斌关于漳浦县人民法院工作报告；听取和审议漳浦县人民检察院检察长吴锦棋关于漳浦县人民检察院工作报告。

出席政协第十四届漳浦县委员会第一次会议的全体政协委员、县直机关、部门负责人，各乡镇（场）长等列席了县十七届人大一次会议相关全体会议。

【县第十六届人民代表大会第六次会议】

2月26—28日，漳浦县第十六届人民代表大会第六次会议在绥城召开，200多名代表参加会议，市、县领导沈志平、戴平忠、陈少华、林培兴出席会议。县长戴平忠向大会作政府工作报告；县人大常委会主任陈少华向大会作县人大常委会工作报告；县人民法院院长郑通斌向大会作县人民法院工作报告；县人民检察院检察长吴锦棋向大会作县人民检察院工作报告；副市长、县委书记沈志平在大会上讲话。会议期间，全体与会代表听取和审议县长戴平忠关于漳浦县人民政府工作报告；审议漳浦县2015年国民经济和社会发展计划执行情况及2016年国民经济和社会发展计划草案的报告；审议漳浦县2015年财政预算执行情况及2016年财政预算草案的报告；听取和审议县十六届人大常委会主任陈少华关于漳浦县人民代表大会常务委员会工作报告；听取和审议漳浦县人民法院院长郑通斌关于县人民法院工作报告；听取和审议县人民检察院检察长吴锦棋关于县人民检察院工作报告。出席政协第十三届漳浦县委员会第五次会议的全体委员，县直机关、部门负责人，各乡镇(场)长等列席县第十六届人民代表大会第六次会议相关全体会议。

【县十六届人大常委会会议】

县十六届人大常委会第三十二次会议 1月26日，县十六届人大常委会举行第三十二次会议。县人大常委会主任陈少华，副主任吴川泽、刘两溪、张秀华、王予军、王朱申和委员共26人出席会议。县政府、县人民法院、县人民检察院有关领导以及县政府办、县人大机关各委室有关负责人和各乡镇人大主席列席会议。会议由陈少华主持。会议听取和审议县人民法院和县人民检察院有关人事任免提请报告；听取和审议县人民法院和县人民检察院有关负责人的辞职报告；听取和审议主任会议关于县人民法院院长和县人民检察院检察长代理职务的决定草案；听取和审议主任会议关于召开漳浦县第十六届人民代表大会第六次会议的议案，决定于2016年2月26—28日在绥城召开漳浦县第十六届人民代表大会第六次会议。会议还传达学习2016年省市人代会的主要精神。

县十六届人大常委会第三十三次会议 2月19日，县十六届人大常委会举行第三十三次会议。县人大常委会主任陈少华，副主任吴川泽、刘两溪、张秀华、王予军、王朱申和委员共26人出席会议。县政府、县人民法院、县人民检察院有关领导以及县政府办、县人大机关各委室有关负责人和各乡镇人大主席列席会议。会议由陈少华主持。会议听取副主任吴川泽关于县十六届人大六次会议筹备工作情况的报告；听取和审议副主任王予军关于县十六届人民代表大会第六次会议代表变动情况的代表资格审查报告；听取和审议县人民代表大会常务委员会工作报告稿，决定向大会作报告；听取和审议县十六届人大六次会议各代表团召集人建议名单及主席团和秘书长等名单草案的议案；表彰2015年度乡镇人大主席团宣传信息工作先进单位。

县十六届人大常委会第三十四次会议 3月14日，县十六届人大常委会举行第三十四次会议。县人大常委会主任陈少华，副主任吴川泽、刘两溪、张秀华、王予军、王朱申和委员共26人出席会议。县政府、县人民法院、县人民检察院有关领导以及绥安工业区管委会、古雷港经济开发区财政局、县政府办、县人大机关各委室有关负责人和各乡镇人大主席列席会议。会议由陈少华主持。会议听取和审议古雷港经济开发区管委会关于2015年财政预算执行情况和2016年财政预算草案的报告；听取和审议绥安工业区管委会关于2015年财政预算执行情况和2016年财政预算草案的报告；听取和审议县政府人事任免议案，决定免去柳亚殊县政府副县长职务，决定免去林顺德县公安局局长职务，决定任命陈伟强为县公安局局长；听取和审议县人民检察院人事任免提请报告，任命黄梅君、黄文宝为县人民检察院检察员，免去陈智海、江坤南县人民检察院检察员职务。会议还进行宪法宣誓。

县十六届人大常委会第三十五次会议 5月18日，县十六届人大常委会举行第三十五次会议。县人大常委会主任陈少华，副主任吴川泽、张秀华、王予军、王朱申和委员共23人出席会议。县政府、县人民法院、县人民检察院有关领导及县政府办、县人大机关各委室有关负责人和各乡镇人大主席列席会议。会议由陈少华主持。会议听取和审议主任会议关于2016年度“6·28代表统一活动日”活动主题的议案，决定2016年度“6·28代表统一活动日”活动主题为“营造风清气正换届环境”；审议通过主任会议关于漳浦县国家工作人员宪法宣誓办法；听取和审议县政府关于人事任免议案，决定任命许少维为县农业局局长、张齐嘉为县林业局局长，决定免去黄建平县林业局局长职务、张齐嘉县农业局局长职务；听取和审议县人民检察院关于人事任免提请报告，免去许永康县人民检察院副检察长、检察委员会委员、检察员职务；听取和审议刘两溪关于请求辞去县十六届人大代表职务的书面报告，决定接受刘两溪辞去县十六届人大代表职务的请求。会议还进行宪法宣誓。

县十六届人大常委会第三十六次会议 6月30日，县十六届人大常委会举行第三十六次会议。县人大常委会主任陈少华，副主任张秀华、王予军、王朱申和委员共23人出席会议。县政府、县人民法院、县人民检察院有关领导以及县政府办有关负责人和各乡镇人大主席列席会议，县科技局主要负责人和有关人员列席相关阶段会议。会议由陈少华主持。会议听取和审议县政府有关人事任免议案，根据县政府县长戴平忠提请，决定任命黄庆华为县政府副县长；听取和审议戴平忠关于请求辞去县政府县长职务的报告，决定接受戴平忠辞去县政府县长职务的请求；听取和审议主任会议关于黄庆华代理县政府县长职务的议案，决定县政府副县长黄庆华代理县政府县长职务；听取和审议县人大常委会执法检查组关于科技进步法执法检查报告，形成审议意见，连同执法检查报告交县科技局办理。会议还进行宪法宣誓。

县十六届人大常委会第三十七次会议 7月22日，县十六届人大常委会举行第三十七次会议。县人大常委会主任陈少华，副主任张秀华、王予军、王朱申和委员共23人出席会议。县政府、县人民法院、县人民检察院有关领导及县政府办有关负责人和各乡镇人大主席列席会议，县财政局、审计局、发改局、交通运输局有关负责同志列席相关阶段会议。会议由陈少华主持。会议听取和审议县政府2016年上半年工作报告、县法院2016年上半年工作报告、县检察院2016年上半年工作报告、县政府关于2015年度预算执行和其他财政收支审计情况的报告、县政府关于2015年度财政决算（草案）和2016年上半年预算执行情况的报告、县政府关于2016年上半年国民经济和社会发展计划执行情况的报告，形成审议意见，交报告机关办理；批准2015年度县本级财政决算。审议、批准县政府关于将红色旅游经典景区出口公路S4标段等6个BT项目资金纳入财政预算的议案、关于将泉州银行以基金形式增资漳东公司的基金回购款纳入财政预算的议案、关于2016年度新增债券转贷资金纳入年度预算的议案。听取和审议县公安消防大队关于开展“人民满意消防大队”复评工作的报告；审议和批准主任会议《关于开展县公安消防大队“人民满意消防大队”复评工作的议案》。听取和审议戴文利、戴晓清、蓝文华的书面辞职报告，接受戴文利、戴晓清、蓝文华关于辞去县政府副县长职务的请求；听取和审议县政府有关人事任免议案，决定任命蓝主保、陈伟强、陈志伟为县政府副县长。会议还进行宪法宣誓。

县十六届人大常委会第三十八次会议 9月6日，县十六届人大常委会举行第三十八次会议。县人大常委会主任陈少华，副主任吴川泽、张秀华、王予军、王朱申以及县人大常委会委员共24人出席会议。常务副县长黄国峰及县人民法院、县人民检察院、县政府办、县公安消防大队、县城建局、县人社局有关负责人，县人大机关副科级以上干部和各乡镇人大主席列席会议。会议由陈少华主持。会议听取和审议主任会议关于漳浦县“人民满意单位”评议工作暂行办法（草案）；听取和审议县公安消防大队关于“人民满意消防大队”复评整改工作落实情况的报告；听取和审议县人大常委会复评工作领导小组关于县公安消防大队“人民满意消防大队”复评工作的报告；听取和审议主任会议关于授予县公安消防大队2014－2016年度“人民满意消防大队”荣誉称号的议案；听取和审议县政府关于被征地农民基本养老保障工作的报告；听取和审议县政府关于漳浦县城乡总体规划（2015－2030）的议案；听取和审议主任会议关于设立县、乡选举委员会的议案；听取和审议主任会议关于县、乡两级人民代表大会代表换届选举日的议案；会议表决通过部分人事任免议案，决定任命陈志元为县人民政府办公室主任，蔡燕斌为县经济和信息化局局长，王一鸣为县教育局局长，王瑞东为县民政局局长，蓝永强为县海洋与渔业局局长，林锦泉为县监察局局长，林国辉为县国土资源局局长，吕坤新为县发展和改革局局长；决定免去王永盛县人民政府办公室主任职务，陈建华县经济和信息化局局长职务，吴立宏县民政局局长职务，李六三县海洋与渔业局局长职务，王赐义县国土资源局局长职务，杨水寿县统计局局长职务；决定撤去黄耀光县教育局局长职务。会议颁发任命书并组织新任命县政府组成人员进行宪法宣誓。

县十六届人大常委会第三十九次会议 10月8日，县十六届人大常委会举行第三十九次会议。县人大常委会主任陈少华，副主任吴川泽、张秀华、王予军、王朱申以及县人大常委会委员共23人出席会议。常务副县长黄国峰以及县人民法院、县人民检察院、县政府办有关负责人，县人大机关副科级以上干部和各乡镇人大主席列席会议。会议由陈少华主持。会议听取县选举办公室关于漳浦县县、乡两级人大换届选举工作方案（草案）起草工作的说明；根据县人大常委会主任会议提请，通过县选举委员会关于漳浦县县、乡两级人大换届选举工作方案；审议李六三、林建新关于请求辞去漳州市第十五届人大代表职务的书面报告，决定接受李六三、林建新辞去漳州市第十五届人大代表职务的请求。

县十六届人大常委会第四十次会议 11月18日，县十六届人大常委会举行第四十次会议。县人大常委会主任陈少华，副主任吴川泽、张秀华、王予军、王朱申以及县人大常委会委员共21人出席会议。副县长陈美慧以及县人民法院、县人民检察院、县政府办、县人大机关有关负责人和各乡镇人大主席列席会议。会议由陈少华主持。会议听取和审议副县长陈美慧代表县政府所做的关于县十六届人大六次会议代表建议办理情况的报告，形成审议意见，交县政府办理；听取和审议主任会议关于召开县十七届人大一次会议的议案，决定于2016年12月24—27日在绥城召开漳浦县第十七届人民代表大会第一次会议；听取和审议县人民法院有关人事任免提请报告，根据县人民法院院长郑通斌提请，对黄瑞生等24人的职务进行任免。会议还进行宪法宣誓。

县十六届人大常委会第四十一次会议 12月14日，县十六届人大常委会举行第四十一次会议。县人大常委会主任陈少华，副主任吴川泽、张秀华、王予军、王朱申以及县人大常委会委员共23人出席会议。常务副县长黄国峰及县人民法院、县人民检察院、县政府办有关负责人，县人大机关副科级以上干部和各乡镇人大主席列席会议。县财政局，古雷港经济开发区、绥安工业区管委会有关负责人列席相关阶段会议。会议由陈少华主持。会议听取和审议县政府、古雷港经济开发区、绥安工业区关于2016年财政预算调整的报告，批准县政府、古雷港经济开发区、绥安工业区2016年财政预算调整；听取副主任吴川泽所作的关于县十七届人大一次会议筹备工作情况的报告；审议通过县十六届人大常委会代表资格审查委员会关于县十七届人大一次会议代表资格审查报告；审议通过主任会议关于县十七届人大一次会议各代表团召集人建议名单及主席团和秘书长等名单（草案）的议案；审议通过县人民代表大会常务委员会工作报告（稿），决定向县十七届人大一次会议作报告；听取和审议主任会议有关人事任免议案，对王少平等17人的职务进行任免。会议还进行宪法宣誓。

·主要工作与活动·

【概况】

2016年，县十六届人大常委会召开会议10次，听取和审议专项工作报告17项，讨论并作出重大事项决定、决议29项，形成审议意见10件51条；对1部法律法规实施情况进行检查，开展调研、视察、执法检查和跟踪督查22次；任免国家机关工作人员75人次。

【服务大局】

发挥职能作用 根据县委的决策部署和县政府的重点工作，依法行使重大事项决定权，促进项目带动战略的有序实施。用好用活上级各项优惠政策，强化投资运作，促进全县形成抓项目、谋发展、促转型的热潮，为县委“四大重点区域、八项重点工作”战略部署实施发挥作用。

支持发展大局 开展重点项目建设进展情况调研，常委会领导挂钩联系乡镇和重点项目，经常深入乡镇和项目建设现场检查指导，促使项目建设扎实推进和挂钩乡镇各项经济指标顺利完成；开展工业经济与招商引资专题调研，提出合理化建议，为县委决策服务。

推动全面深化改革 把全面深化改革要求贯穿于人大工作全过程，牵头民主法制领域改革专项工作，推动相关改革工作有序开展；支持县人民法院、县人民检察院人事制度改革，推动县人民法院、县人民检察院逐步建立与社会条件相适应的法治新秩序，更好回应广大人民群众需求。

及时依法选举任命 坚持党管干部、人大依法选举和任免干部的原则，及时依法补选出县人民法院院长、县人民检察院检察长；决定副县长黄庆华代理县长职务。任免国家机关工作人员75人次，为地方国家机关更好地履行职能提供有力的组织保障。选举、决定任命或任命之后，随即举行宪法宣誓仪式，增强国家工作人员的责任感、公仆意识和法治观念。

【监督工作】

推动科学发展 听取和审议县政府上半年工作报告、县政府关于城乡总体规划（2015—2030）的报告，开展科技进步“一法一例”执法检查，着力推动县政府及其职能部门培育发展新动力，激发创新创业活力，提高经济发展的质量和效益。听取和审议计划执行情况、预算执行和决算情况以及审计工作报告，突出对落实国家重大方针政策情况的审查，突出对预算收支平衡、法定支出、重点支出等方面的审查，突出对资金使用效益的监督，推动县政府及其职能部门促进城乡区域协调发展，促进经济社会协调发展；依法批准县本级决算和古雷港经济开发区、绥安工业区年度预算，并根据县政府、古雷港经济开发区和绥安工业区的预算调整报告作出决定、提出具体要求。听取和审议被征地农民基本养老保障工作的报告，组织对经济林发展情况进行视察，开展农机推广与服务、供销合作社服务“三农”等进行专题调研，针对“三农”工作中的重点、难点问题，督促县政府有关部门加大“三农”工作力度，坚持走产出高效、产品安全、资源节约、环境友好的农业现代化道路。

着力保障民生 高度重视社会保障工作，贯彻落实省人大常委会《关于加强社会保障工作监督的决定》，听取和审议县政府关于社会保障工作情况的报告，提出审议意见，推动县政府不断扩大社会保障覆盖面，逐步建立健全社会保障体系。高度重视公共安全和服务，开展食品安全、住宅小区治安与物业管理工作调研，推动县政府进一步落实食品安全监管责任，更加重视住宅小区服务工作。着力推进医疗卫生事业健康发展，对县级公立医院综合改革情况进行跟踪督查，推动县政府进一步重视医疗卫生事业发展，加快公立医院综合改革步伐，逐步建立覆盖城乡的基本医疗卫生制度和现代医院管理制度。开展归侨侨眷权益保护法执法落实情况调研，对市政道路建设情况进行视察，推动县政府及其职能部门更加重视特殊群体和民生事业，促进社会全面进步。

推动公平正义 听取和审议县法院、县检察院上半年工作报告，听取和审议县政府关于社区矫正专项工作报告，推动司法机关严格公正文明执法，维护社会稳定和长治久安。开展义务教育均衡发展工作调研，推动县政府及其职能部门合理配置教育资源，推动义务教育均衡发展。关注社会热点难点，把信访工作作为监督工作的重要组成部分，主动参加信访联席会议，协助做好重大活动期间信访工作，听取信访群众合理诉求，一年来受理群众来信78件次、接待来访群众126批168人次；坚持法治导向，完善和改进信访工作机制，推动涉法涉诉等问题的解决，依法维护信访群众合法权益。

增强监督实效 突出监督重点，紧紧围绕县委的工作中心、“一府两院”的工作重点、改革发展的难点以及广大群众普遍关注的热点，在调研的基础上，抓住带有普遍性和倾向性、经过努力可以解决的突出问题，作为监督工作重点，增强监督工作的针对性。监督领域从“一府两院”向垂直管理部门拓展。2016年，听取和审议县公安消防大队关于开展“人民满意消防大队”复评工作报告，促进县公安消防大队整改突出的问题，健全和完善一系列便民利民服务机制，授予县公安消防大队为2014—2016年度“人民满意消防大队”称号。通过开展地税和国税工作专题调研，提出合理化建议，着力解决影响投资环境的突出问题。改进监督方式，出台《漳浦县人大常委会关于开展满意度测评工作暂行办法》《漳浦县“人民满意单位”评议工作暂行办法》，促进受评议单位工作作风的好转和工作效率的提高。强化跟踪督办，在常委会组成人员“审议意见”交办后，适时组织跟踪督办，督促报告机关采取有力措施，改进相关工作；开展“专项工作报告”、执法检查工作整改“回头看”，推动县政府及其有关部门进一步落实责任，促使社会普遍关注的热点难点问题不断得到解决。

【代表工作】

夯实工作基础 根据省委、市委和省人大常委会、市人大常委会的部署，坚持党的领导，发扬民主，严格依法办事，有序推进县乡人大代表换届选举工作。12月4日，依法选出县人大代表290人，乡人大代表1322人。

创新履职平台 开展“6·28代表统一活动日”活动，引导代表围绕“营造风清气正换届环境”主题开展活动，调动代表活动积极性。邀请代表参加县人大常委会组织的调研、视察、执法检查和跟踪督查活动，发挥代表的主体作用。

提升办理质量 听取和审议县政府关于代表建议办理情况的报告，推动办理工作从“答复型”向“落实型”转变。健全和完善代表建议办理工作的督办制度，把代表多次提出、社会普遍关注的建议作为重点督办，及时协调解决代表建议办理过程中出现的问题，促使代表建议办理质量进一步提升。

强化服务保障 每月向代表寄送有关文件和材料，保障代表知情知政权。加强代表活动的组织服务保障，落实代表履职补贴和代表活动经费的相关要求，确保县人大代表活动经费、乡镇人大代表活动经费列入本级财政预算。

【自身建设】

理论研讨更加深入 主动参加省人大组织的课题研讨，提交课题研讨论文39篇，有4篇论文获奖，获奖论文总数和等次居全市各县(市、区)第一位。

宣传工作更加扎实 围绕常委会履职亮点，加强对常委会服务大局、重要活动、工作动态、监督实效的宣传，向《人民政坛》《漳州人大》等杂志和省、市人大网站投稿，宣传信息工作位居全市各县(市、区)前列。

联系交流更加广泛 加强与省、市人大常委会的工作联系，自觉接受省、市人大常委会的指导和监督；加强与兄弟单位的横向交流，学习借鉴工作经验；加强对乡镇人大及其主席团的工作指导，不断提升县乡人大工作水平。

【履职情况】

听取和审议专项工作报告(17项)

1.听取和审议古雷港经济开发区关于2015年预算执行和2016年预算草案的报告。

2.听取和审议绥安工业区关于2015年预算执行和2016年预算草案的报告，

3.听取和审议县政府2016年上半年工作报告。

4.听取和审议县法院2016年上半年工作报告。

5.听取和审议县检察院2016年上半年工作报。

6.听取和审议县政府关于2015年度本级预算执行和其他财政收支的审计工作报告。

7.听取和审议县政府关于2015年财政决算草案和2016年上半年财政预算执行情况的报告。

8.听取和审议县政府关于2016年上半年国民经济和社会发展计划执行情况的报告。

9.听取和审议县公安消防大队关于开展县公安消防大队“人民满意消防大队”复评工作报告。

10.听取和审议县公安消防大队关于“人民满意消防大队”复评整改工作落实情况的报告。

11.听取和审议县人大常委会复评工作领导小组关于县公安消防大队“人民满意消防大队”复评工作报告。

12.听取和审议县政府关于被征地农民基本养老保障工作报告。

13.听取和审议县政府关于漳浦县城乡总体规划（2015－2030)的议案。

14.听取和审议县政府关于县十六届人大六次会议代表建议、批评、意见办理情况的报告。

15.听取和审议县政府关于漳浦县2016年财政收支预算调整的报告。

16.听取和审议绥安工业区关于2016年预算调整的报告。

17.听取和审议古雷港经济开发区2016年预算调整的报告。

执法检查(共1项)

科技进步“一法一例”执法检查。

专题调研、视察、检查、跟踪督查(共22次)

1.“同级审”整改情况跟踪督查。

2.林业工作调研。

3.地税和国税工作调研。

4.乡镇人大工作调研。

5.旅游产业发展工作调研。

6.经济林发展情况工作视察。

7.社区矫正专项工作整改情况跟踪督查。

8.市政道路建设情况工作视察。

9.农机推广与服务工作情况调研。

10.开展归侨侨眷权益保护法执法调研。

11.食品安全管理工作调研。

12.义务教育均衡发展工作调研。

13.供销社服务三农情况工作调研。

14.国有资产经营情况工作调研。

15.城乡低保工作调研。

16.公积金管理使用情况工作调研。

17.工业经济与招商引资工作调研。

19.住宅小区治安与物业管理工作调研。

19.现代渔业发展专项工作整改情况跟踪督查。

20.少数民族权益保障法执法工作整改情况跟踪督查。

21.税收征管法执法检查整改工作跟踪督查。

22.县级公立医院综合改革专项工作整改情况跟踪督查。

审议意见(共10件51条)

1.关于县人大常委会会议对《中华人民共和国科技进步法》实施情况检查报告的审议意见。(4条)

2.关于县人大常委会会议对县人民政府2016年上半年工作报告的审议意见。(5条)

3.关于县人大常委会会议对县人民法院2016年上半年工作报告的审议意见。(5条)

4.关于县人大常委会会议对县人民检察院2016年上半年工作报告的审议意见。(5条)

5.关于县人大常委会会议对县政府2015年度本级预算执行和其他财政收支的审计工作报告的审议意见。(5条)

6.关于县人大常委会会议对县政府2016年上半年预算执行情况报告的审议意见。(4条)

7.关于县人大常委会会议对县政府2016年上半年国民经济和社会发展计划执行情况的报告的审议意见。(5条)

8.关于县人大常委会会议对被征地农民基本养老保障工作报告的审议意见。(4条)

9.关于县人大常委会会议对《漳浦县城乡总体规划（2015－2030)》的审议意见。(10条)

10.关于县人大常委会会议对县十六届人大六次会议代表建议办理情况的报告的审议意见。(4条)

决定、决议(共29项)

1.关于接受翁麦展辞去漳浦县人民法院院长等职务的决定。

2.关于接受林文井辞去漳浦县人民检察院检察长等职务的决定。

3.关于郑通斌代理漳浦县人民法院院长职务的决定。

4.关于吴锦棋代理漳浦县人民检察院检察长职务的决定。

5.关于召开漳浦县第十六届人民代表大会第六次会议时间的决定。

6.关于表彰2015年度乡镇人大主席团宣传信息工作先进

单位的决定。

7.关于批准古雷港经济开发区 2015 年预算执行情况和 2016 年财政预算草案的决议。

8. 关于批准绥安工业区 2015 年财政预算执行情况和 2016 年财政预算草案的决议。

9. 关于 2016 年度“6•28 代表统一活动日”主题的决定。

10. 关于接受刘两溪辞去县十六届人大代表职务的请求的决定。

11. 关于接受戴平忠辞去漳浦县人民政府县长职务的请求的决定。

12. 关于黄庆华代理漳浦县人民政府县长职务的决定。

13. 关于接受戴文利辞去漳浦县人民政府副县长职务的请求的决定。

14. 关于接受戴晓清辞去漳浦县人民政府副县长职务的请求的决定。

15. 关于接受蓝文华辞去漳浦县人民政府副县长职务的请求的决定。

16.关于批准 2016 年度新增债券转贷资金纳入年度预算的决议。

17. 关于批准红色旅游经典景区出口公路 S4 标段等 6 个 BT 项目资金纳入财政预算的决议。

18. 关于批准泉州银行以基金形式增资漳东公司的基金回购款纳入财政预算的决议。

19. 关于开展漳浦县公安消防大队“人民满意消防大队”复评工作的决定。

20.关于批准 2015 年漳浦县本级财政决算的决议。

21. 关于授予漳浦县公安消防大队 2014－2016 年度“人民满意消防大队”称号的决定。

22.关于设立漳浦县县、乡选举委员会及其办事机构的决定。

23. 关于漳浦县县、乡两级人民代表大会代表换届选举日的决定。

24. 关于接受林锦泉辞去漳浦县第十六届人大常委会委员职务请求的决定。

25. 关于接受李六三辞去漳州市第十五届人大代表职务请求的决定。

26. 关于接受林建新辞去漳州市第十五届人大代表职务请求的决定。

27. 关于批准绥安工业区 2016 年财政收支预算调整的决定。

28. 关于批准漳浦县 2016 年财政收支预算调整的决定。

29. 关于批准古雷港经济开发区 2016 年财政收支预算调整的决定。

人事任免事项(共 75 人次)

1. 关于郑通斌任职的通知。(1 人次)

2. 关于吴锦棋任职的通知.(1 人次)

3.关于陈伟强等同志职务任免的通知。(2 人次)

4. 关于柳亚殊免职的通知。(1 人次)

5.关于黄梅君等职务任免的通知。(4 人次)

6.关于许少维等同志职务任免的通知。(4 人次)

7. 关于许永康免职的通知。(1 人次)

8.关于黄庆华等同志任职的通知。(1 人次)

9.关于蓝主保等同志任职的通知。(3 人次)

10. 关于陈志元等同志职务任免的通知。(16 人次)

11. 关于黄瑞生等同志职务任免的通知。(24 人次)

12. 关于王少平等同志职务任免的通知。(17 人次)

(供稿:县人大办)

漳浦县人民政府

·主要会议·

【县政府常务会议】

2月29日，县长戴平忠主持召开县政府第一次常务会议，县政府班子成员出席会议，县委、县人大常委会、县政协有关领导及县直有关部门主要负责人列席会议。会议原则通过漳浦县2016年推进依法行政建设法治政府工作要点、取消婚姻登记收费问题，刘坂中学、刘坂小学合并为九年一贯制学校，福建省漳浦粮食联合储备库建设等问题。

4月14—15日，县长戴平忠主持召开县政府第二次常务会议，县政府班子成员出席会议，县委、县人大常委会、县政协有关领导及县直有关部门主要负责人列席会议。会议原则通过关于2016年基本养老保险缴费基数调整、将原县中医院作为绥安社区卫生服务中心过渡业务用房、2016年县委县政府十件为民办实事项目、漳浦县贯彻《福建省城市规划管理技术规定》实施细则(试行)等问题。

5月24日，县长戴平忠主持召开县政府第三次常务会议，县政府班子成员出席会议，县委、县人大常委会、县政协有关领导及县直有关部门主要负责人列席会议。会议研究通过《关于G324线漳浦三古至盘陀路段路面白改黑工程配套资金的请示》，建设盘陀、赤土供电所生产营业用房，蓝厝自然村要求批准成立畲族工作区、《漳浦县2016年上半年安全生产工作报告》、漳浦县县级公立医院管理委员会规程、《关于优化整合妇幼保健院和计划生育服务资源实施方案》、聘用乡镇涉渔船舶预警监控平台管理人员、漳浦县公安局佛昙边防所军事业务用房用地划拨等问题。

7月13日，代县长黄庆华主持召开县政府第四次常务会议，县政府班子成员出席会议，县委、县人大常委会、县政协有关领导及县直有关部门主要负责人列席会议。会议原则通过《关于审批龙美湾旅游区总体规划》的请示、协调赤湖镇污染集控区(皮革园、五金园)新项目准入审批，漳浦县成品油分销体系"十三五"发展规划、协调解决黄仓工业项目环评审批、理顺漳浦县广电新闻中心和漳浦县广播电视台管理体制、2016年漳浦县各乡镇及县直单位绩效考评方案、漳浦县塑料包装厂职工安置方案、建设漳浦县第二实验幼儿园新园，县城区主要街道命名、更名、撤销情况等问题。

8月21日，代县长黄庆华主持召开县政府第五次常务会议，县政府班子成员出席会议，县委、县人大常委会、县政协有关领导及县直有关部门主要负责人列席会议。会议原则通过关于佛昙镇总体规划局部调整、深土镇漳东线北侧控规调整、漳江湾特大桥连接线工程建设、上埔小学校园内部分土地行政划拨、漳浦一中划拨新征用地、终止兰花产业园土地承包经营合同及回收承包土地补偿等问题。

10月19日，代县长黄庆华主持召开县政府第六次常务会议，县政府班子成员出席会议，县委、县人大常委会、县政协有关领导及县直有关部门主要负责人列席会议。会议研究通过《漳浦县赤湖工业园整合提升工作实施意见(讨论稿)》、漳浦彩蓝制帽有限公司职工购置房办理"两证"、绥安工业区开发总公司剩余地块收回、《关于推广政府与社会资本合作模式实施方案（试行）》、乡镇政府权责清单编制、全县“十三五”农村饮水安全巩固提升工程建设、《前亭镇总体规划修编》污水工程规划调整、《全县国有企业整合重组工作方案》、向漳州市九龙江集团有限公司融资借款、金浦教育园区职业教育项目资产第二次拍卖、漳浦县实验幼儿园古雷第二分园开园、与夏商置业合作建设公办幼儿园等问题。

10 月 24 日，代县长黄庆华主持召开县政府第七次常务会议，专题听取县编办关于全县退伍士官安置工作方案汇报；县政府班子成员出席会议，县委、县人大常委会、县政协有关领导及县直有关部门主要负责人列席会议。

12 月 9 日，代县长黄庆华主持召开县政府第八次常务会议，县政府班子成员出席会议，县委、县人大常委会、县政协有关领导及县直有关部门主要负责人列席会议。会议研究通过 2017 年《政府工作报告》（征求意见稿）、漳浦海岸新城（后蔡湾片区/前湖湾片区）控规调整、漳龙林业循环经济产业园涉及林地审批、支持漳州科技职业学院建设发展、奥斯尼和金宏达公司两宗闲置土地处置、鹿溪南岸片区一期建设项目合作开发合同补充协议、指定龙睿公司代持市政策性担保公司股份问题、关于向海峡银行融资等问题。

· 重要活动 ·

举办“记住乡愁——中国民间文化艺术之乡漳浦剪纸精品展”　2 月 3 日，由省文联、省民间文艺家协会主办，漳浦县委、县政府、海峡民间艺术馆承办的“记住乡愁——中国民间文化艺术之乡漳浦剪纸精品展”在福州三坊七巷开幕。此次展出作品 70 多件。是日，还在榕举行“漳浦民间剪纸的美学价值与现实功能”座谈会，来自国家、省相关剪纸协会的艺人、学者及福建师大美术学院教授参加。剪纸精品展持续至 14 日。7 月 23 日，在厦门传世艺宫美术馆举办“记住乡愁·中国民间文化之乡剪纸精品展”。

在厦门举办专场招商推介会　3 月，漳浦县在厦门软件园举办专场招商推介会，来自全国各地 200 多位企业客商参加，涵盖互联网、电子信息、机械装备制造、食品、金融、现代农业等多个领域。推介会上，由县商务局、绥安开发区、漳浦驻厦门招商办事处组成的招商团队，通过 PPT 推介、播放招商宣传片、发放招商画册、分组座谈等形式，全方位向与会客商推介展示漳浦县的发展优势、重点产业、招商平台和发展前景。

组团参加第二届海峡旅游博览会　5 月 5 日，漳浦县组团参加在厦门举行的第二届海峡旅游博览会。县内的旅游企业，在会上全方位推介漳浦县的旅游线路及产品，突出“厦一站·漳浦”“金木水火土·文化旅游来漳浦”及“花样漳州·锦绣漳浦”的旅游品牌。

组团参加第十九届中国国际投资贸易洽谈会　9 月 8 日，漳浦县组团参加在厦门举行的第十九届中国国际投资贸易洽谈会，其间，漳浦县代表团参加投资峰会、项目对接等 10 多项活动。古雷经济开发区和厦门湾南岸滨海新区单独设馆，展示区位优势及优良的投资环境。漳浦县还通过发放宣传手册、拜访等形式，为客商对接项目和获取投资信息提供服务。在洽谈会上，漳浦县落实签约外资项目 9 个，总投资 2.40 亿美元，拟利用外资 8810 万美元，其中，绥安工业开发区 6 个、大南坂、旧镇、赤土各 1 个，涵盖旅游、食品、五金、光电、生物科技等多个行业。

举办“海峡两岸开漳圣王文化交流暨漳浦威惠庙建庙 1300 周年纪念大会”活动　由漳浦县政府、漳州市政府台湾事务办公室主办的国台办 2016 年对台交流重点项目—“海峡两岸开漳圣王文化交流暨漳浦威惠庙建庙 1300 周年”纪念活动，于 9 月 24－26 日在漳浦绥城举行；省政协人口资源环境委员会副主任谭培根，闽南师范大学党委书记林晓峰，市县领导黄双庆、许少钦、朱福清、沈元坤、戴平忠、黄庆华、陈少华、林培兴等及台湾开漳圣王庙团发展协会理事长李竹村等出席开幕式；期间，还举行“开漳纪念馆”和“两岸三地书画联展”开馆仪式,“开漳圣王文化学术论坛”等活动。应邀参加活动的台湾嘉宾163人,其中来自台湾金门陈氏宗亲56人,台湾新营同济宫21人,台湾高雄凤邑开漳圣王庙22人,台湾燕巢兴龙宫3人。

·政务纪略·

【政务信息】

2016年,编辑《漳浦要讯》40期。严格落实信息量化考核及奖惩制度,做好省市约稿组织编报工作,及时反映地方动态性及趋势性问题,反映社会热点难点及领导关心、百姓关注的问题。全年向省政府办公厅报送信息511条,被省政府办公厅刊物采用27条(其中《福建信息》3条、《政讯专报》1条,《今日要讯》正刊21条、增刊2条);向市政府办公室报送信息467条,被市政府办公室刊物采用88条(其中《漳政要讯》正刊84条、增刊4条)。漳浦县人民政府获得“全省政府系统信息报送优秀单位”称号。

【督查工作】

围绕政府工作报告、县三级干部大会、县政府第一次全体会议确定的各项目标任务,县政府常务会、专题会等重要会议议定的事项及县长批示件进行跟踪督查。按照“督查要全面深入、督查要认真分析、督查要解决问题”的总体要求,深入基层督查督办,狠抓落实。全年办理反馈中央、省、市领导批示件13件,县长批示件30件;开展阶段性重点工作督查25次,印发专项督查通报17期,联合县委督查室、县效能办开展严肃会风会纪督查6次。同时,开展精准扶贫、土地确权、卫片执法、河道污染整治、环保督查、县城区市容环境整治等工作落实情况专项督查。

【人大代表建议、政协委员提案办理】

通过筹办交办会和督办会,明确定责任领导、定责任科室、定具体经办人、定办理期限、确保办理质量的“四定一确保”原则,督促承办单位强化时效意识,提高办理质量。全年督办市人大代表建议和政协委员提案共7件,县人大代表议案建议51件,县政协委员提案74件,办结率100%。

【数字漳浦建设】

围绕县委、县政府工作部署,以“数字漳浦”建设为中心,以电子政务和电子商务为抓手,持续完善“中国漳浦”门户网站和电子政务网建设,夯实电子政务基础。推进党政OA和电子证照系统建设,2016年,完成108个单位公文交换平台接入工作,实现全县政务办公资源共享,提高工作效率,促进办公程序制度化、规范化、合理化。在社会领域,漳浦旅游网、厦一站漳浦APP、漳浦旅游微门户等系统凸显应用成效。开展政务网络巡检维护,做到全天候值班,确保政务视频会议系统和应急视频会商指挥系统顺利运行,全年实现视频会议零故障。服务漳浦农村电商创建,为物流配送体系构建、电商服务站点建设、电商品牌培育等工作提供技术支撑。打造县域全覆盖、全程可管控的“县、乡、村三级物流配送体系”,至年底,全县建成210个村级服务站并投入运营。

(供稿:县政府办)

·行政审批·

【概况】

2016年,漳浦县行政服务中心办理140350件服务事项,其中承诺件33086件,即办件107264件,即办率76.42%,群众满意率99.98%;开展公共资源交易510宗,增价节支40313.10万元,其中建设工程391宗,节约资金38958.60万元,政府采购82宗,节约资金61万元,国有产权物权37宗,增价1293.50万元。2月,县委、县政府授予中心县直机关绩效考评优秀单位,5月,省总工会授予中心“五一先锋号”称号。

【清理审批项目】

按照县审改办公布的“三项权力清单”,及时承接上级调整、取消、下放的审批服务事项,做到权利清单之外无审批，中心窗口之外无审批。对于没有法律法规依据的，涉及前置审批和中介服务事项一律取消。经承接、取消及调整后，保留的行政审批事项199项，其中71项包含子项275项，保留公共服务事项224项（其中46项包含子项189项）。实现行政审批服务事项“五个规范”和“四个统一”，即规范审批事项名称、申请材料、审批流程、办理时限、收费项目，统一行政审批事项的统计口径和目录、统一使用行政审批专用章、统一行政服务中心设置、统一行政服务中心工作规则，实现有限监管。

【简化办事程序】

优化项目举措　严格按照市中心提出的“十个凡是”要求，鼓励窗口敢于打破常规的审批服务模式，建立由中心总牵头，服务窗口、进驻部门共同参与的服务平台，精简审批材料，压缩审批时限，减少审批环节，取消废除无法律法规规章依据的材料证明等优化服务项目的举措，构筑项目审批环节少、提供材料简、办事效率高的服务软环境。林业局窗口在办理省重点项目九龙江林业产业园使用林地报批过程中，考虑到涉及面积大，实地情况复杂，为缩短办事时限，中心林业窗口人员主动进入一线，了解实际情况，并及时与省林业厅沟通协调，精简材料，破解审批难题，推行“零障碍”服务，使得项目报批顺利进行。

延伸服务项目　把工业发展服务窗口调整为投资项目综合服务窗口，全程免费代办服务范围延伸至工业项目、省市县重点项目以及领导交办的重要项目，让企业少跑路；1—5月，窗口共为67家项目业主代办相关证照，信息咨询600多人次，实现合同注册外资2000多万美元。

实现“一级”办结　是年，市管局在部门重新整合的情况下，局领导重新签署窗口授权委托书，把该局办理营业执照、食品经营许可等7个行政审批事项百分百授权进驻中心审批窗口办理，并全部授权中心的审核审批股股长审批，所有的审批环节全部在中心窗口一级办结，实现局领导零审批。市管局窗口实行“一照一码”登记制度改革后，实现监管部门和企业“双减负”。是年办理全县新设立内外资企业核发“一照一码”营业执照1719户，内外资企业统一社会信用代码换发5518户，内外资企业发放电子营业执照4533户。

开展并联审批　除常规性开展延时预约服务、主动上门服务外，还针对性地开展联审联办服务。4月22日及26日，中心召集国土、建设、环保、消防、人防办、气象等相关窗口负责人和审批科长对际诺思（漳州）轻工制品有限公司1#、2#、3#厂房及附属工程建设项目、唐郡（福建）实业有限公司文化产业村项目和漳州伟伊化纤有限公司扩建项目规划许可项目进行联合审批，减少项目业主不必要麻烦。

【强化监督检查】

继续针对以往管理存在一定漏洞的问题，把原来在一、二楼大厅设立值日主任的制度改为巡查制度，每天不定期4次对服务大厅工作人员的工作纪律、服务态度、办件情况等进行随机抽查，杜绝窗口工作人员上班时间玩手机，玩电脑及聚集聊天的现象。在窗口《月通报》反馈表中，及时将各窗口的标准化执行情况反馈给窗口和进驻部门领导，敦促大厅人员遵守好各项规章制度。对在工作中存在的庸、懒、散、拖、粗等现象，坚决纠正，并按规定严格处理。同时按照省、市每季度一轮督查的办法、要求，每月一次开展对各窗口的档案抽查、业务督查，及时解决窗口在办件中存在的办件程序、申办材料、授权到位、办理时限等问题。

（供稿：县行政服务中心）

·外事侨务·

【概况】

2016年，漳浦县外事工作完成上级主管部门布置的各项工作任务，配合接待比利时列日省代表团到漳浦天福茶博院参观考察；及时上报2家公司高层管理人员APEC商务旅行卡的申请；严格规范因公临时出国团组，对不符合规定的报批申请坚决予以退回。

【及时完成外事侨务工作事宜】

完成上级主管部门布置的各项工作任务，开展落实漳浦县境外非政府组织单位变动情况工作；配合市外侨办接待比利时列日省代表团到漳浦天福茶博院参观、考察。

【促进县域内企业对外合作交流】

在APEC商务旅行卡的申报办理过程中认真审核，严格把关，督促企业落实APEC商务旅行卡的管理规定，对不合条件的坚决给予退回，对符合条件的则给予支持，及时上报。是年，审核华达（福建）玩具有限公司、漳州天福茶业有限公司等2家公司高层管理人员APEC商务旅行卡的申请并上报，为企业走出国门开展商贸合作活动提供帮助，促进漳浦县与APEC经济体国家的经贸合作与交流。

【规范因公临时出国团组管理】

执行中央“八项规定”及漳州市委《漳州市关于加强国家工作人员因公临时出国管理工作的实施意见》精神，严格规范因公临时出国团组，对出访任务、行程安排、经费管理、出访天数、人员备案、证件管理等方面进行严格把关，凡不符合规定、不符合报批程序、材料不全的报批申请坚决予以退回。支持“一带一路”建设，对外开展经贸合作与往来的因公出国（境）申请，做到特事特办。

（供稿：县外侨办）

·台湾事务·

【概况】

2016年，漳浦县台办贯彻落实中央对台工作方针，加强与台湾的宗亲交流、文化交流、民间信仰交流、村里对接交流等活动，接待到漳浦寻根谒祖、民间交流36团、1143人次；热心为在浦的台胞服务，办理台商台胞求助件32件，协助处理台胞在浦病故件2件2人，海上浮尸寻找归还1具。

【民间交流】

宗亲交流 是年，接待到漳浦寻根谒祖、民间交流36团、1143人次。其中，回漳浦寻根谒祖、族谱对接的台湾同胞15个团组、515人次。3月6日，台湾省新北市板桥市“林秀俊文教基金会”理事长林麒星率林氏宗亲23人，到石榴攀龙林氏祖祠祭祖；11月14—18日，又分批组织165人回祖地谒祖，这是继2015年11月17日林丰正回乡祭祖后又一次较大规模的宗亲联谊活动，也是板桥林氏宗亲1998年认祖后连续18年回乡谒祖。漳浦郑氏宗亲会与台湾郑氏宗亲会互动频繁，上半年，台湾郑氏宗亲2次到浦，漳浦郑氏宗亲也于5月14—18日，由会长郑启茂带队前往台中参加一年一度世界郑氏宗亲联谊大会与郑成功文化研讨会；6月13日，全台郑氏宗亲会理事长郑和丰、世界郑氏宗亲总会荣誉副理事长、金门郑氏宗亲会创会人郑庆利带领彰化、金门宗亲代表14人到漳浦县开展交流。

文化交流 2016年是漳浦威惠庙建庙1300周年，也是漳州建州、漳浦建县1330周年。由漳浦县政府、漳州市政府台湾事务办公室主办的国台办2016年对台交流重点项目——“海峡两岸开漳圣王文化交流暨漳浦威惠庙建庙1300周年”纪念活动，于9月24—26日在漳浦绥城举行；邀请台湾嘉宾163人，其中：台湾开漳圣王庙团发展协会成员宫庙主委、宫主等61人，台湾金门县陈氏宗亲56人，台湾新营同济宫21人，台湾高雄凤邑开漳圣王庙22人，台湾燕巢兴龙宫3人。5月29日，漳浦县泽生提线歌仔戏团一行7人，携《双状元》《贤婆恶媳》《李文俊求亲》《包公奇案》等经典戏目赴台，开展民间戏剧文化交流活动，这是漳浦民间木偶剧首次赴台演出交流。在台7天演出12场，首场在高雄湖内区演出，高雄市湖内区福安宫管理委员会郭明德主委在最后一场演出时，向戏团赠送“技艺超群”的锦旗。

民间信仰交流 是年，接待到漳浦县的台湾进香团10团、410人次。3月5日，赤岭乡举办四年一次的“三官大帝文化节”，台湾桃园市八德三元宫主委邱垂宗率48人，新北市金山乡圣德宫主委陈阿海率36人前往参加活动。3月18日，高雄市湖内区福安宫主委郭明德率团18人到漳浦京里福顺宫参加新建福顺宫庙落成庆典活动，并捐赠石雕大香炉2尊，同时参访漳浦南门妈祖宫。5月9日，由郭明德牵头组织高雄万福宫施锦川、台南市万年殿林隆昌、清王宫宋宝国主委，率4宫庙理事代表共98人到漳浦福顺宫、南门妈祖宫晋香朝拜，交流民俗文化；并签订三年交流协议，确定今后每年都将带人前来进香交流。5月25日，台湾云林古坑慈灵宫组团95人到漳浦威惠庙谒祖进香。5月29日，漳浦京里福顺宫、南门妈祖宫应台湾高雄市福安宫的邀请，由理事长吴顺和、黄森建率理事会成员91人赴台参访交流，参加台湾高雄市湖内区福安宫的“三府千岁”圣诞的祭祀活动等。

村里对接交流 8月18—24日，漳浦县台办主任蔡红茂带领漳浦盐场党委书记及竹屿居委会、雄厝村，霞美镇董门村支书共6人，赴台中与梧栖区开展村里对接交流。10月10—16日，台办副主任许智富率漳浦县旅台同胞联谊会顾问、理事等组成的宗亲交流团一行7人，赴台开展宗亲交流和乡镇对接活动。10月10—16日，渔民站站长张有嘉率由漳浦乌石天后宫顾问、理事等组成的乡镇交流团一行6人，赴台开展乡镇村里对接交流活动。通过前期沟通，双方在海产养殖、农业产业、小额贸易等方面达成一些合作意向。至年底，已有8对浦台村里成功建立村里对接。

（撰稿人：陈有金）

·机构编制工作·

【概况】

2016年，漳浦县委编办持续深化行政审批制度改革，依法精简前置审批和中介服务事项，保留前置审批事项90项，调整前置审批事项12项；保留中介服务事项56项，调整中介服务事项17项。调整规范县级行政权力，取消26项，县级保留的行政审批事项199项，公共服务事项224项。开展乡镇政府权责清单编制，全县乡镇政府本级权责事项195项，其中沿海乡镇194项，山区乡镇188项。

【政府机构改革】

规范机构名称 对机构改革中出现名称变更的单位进行督查，检查单位牌子、公章、机构代码证书等是否及时更改，所使用名称是否与机构改革“三定”文件规定一致。

规范单位运行 通过查阅资料、实地了解工作情况，检查政府各工作部门是否在规定职能规范内开展工作，特别是对于原职能交叉，在机构改革中进一步厘清的，是否按要求明确分工，是否存在不作为、乱作为现象。如食品安全监管工作，漳浦县结合创建省级食品安全示范县及省编办到市县调研食品药品体制改革等有利契机，对涉及食安相关职能部门进行调研，协调理清职能分工，提出食安监管机构改革建议。

规范内设机构设置 实地查看各单位内设机构的挂牌情况，对于已撤销但仍保留牌子、改革中新增设未挂牌以及擅自挂牌设置机构等现象进行整改规范，确保内设机构个数、名称与“三定”文件一致。

规范领导配备 对全县各机关单位的领导配备情况进行再次摸底，全面掌握各单位现有领导职数及实有配备数。针对个别单位超职数配备领导问题，建议县委在人事调整中，对个别超职数配备的单位领导进行岗位调整，确保在职数范围内配备领导。

【行政审批制度改革】

依法精简前置审批和中介服务事项 根据省市有关清理前置审批、中介服务和收费项目的要求，组织各单位对各自的审批项目申报材料进行全面清理，对没有法律法规依据的前置审批和中介服务事项一律取消，对于保留的事项进一步规范名称、设定依据、时限、收费等，并形成目录清单向社会公布。经清理，全县公布保留前置审批事项90项，调整前置审批事项12项；保留中介服务事项56项，调整中介服务事项17项。

清理调整行政权力与公共服务事项 开展行政审批项目清理，对于法律法规明确取消或地方自行设立的行政审批事项坚决以予清理。经梳理汇总与审核把关，是年，取消中央指定地方实施的行政许可事项16项。承接省、市下放行政权力4项，调整规范县级行政权力、公共服务事项55项，对应取消26项；调整后，县保留行政审批事项199项，其中71项含有子项275项，保留公共服务事项224项，其中46项含有子项189项。

衔接取消下放审批项目 在做好现有审批项目清理规范的基础上，及时对省市下放项目进行承接。是年，按照省市要求，组织开展国务院、省、市政府取消下放事项落实情况“回头看”工作，对照2011年以来上级取消下放审批服务事项有关文件，全面梳理县级应承接和对应取消项目，重点对项目承接是否到位，项目取消是否彻底等方面问题进行自查。经梳理，全县应承接国务院、省、市取消下放事项有：2013－2015年国务院下放事项11项，对应取消17项；2011－2015年承接省政府下放事项56项，对应取消23项；2012－2015年承接市政府下放事项189项，对应取消69项。对于上级下放的审批事项均能承接落实到位，上级取消项目也给予及时公布取消、停止审批。

制定完善审查工作细则 组织县直部门主动对接省市对应部门，编制行政审批和公共服务事项审查工作细则，逐项细化和完善审查环节、审查内容、审查标准、审查要点、注意事项等；以审查工作细则为依托，明确廉政要求及违法违纪作为需要承担的后果，建立部门内部人员过问审批事项办理的记录制度和责任追究制度，禁止部门内部人员违反规定干预审批过程。是年，有32个县直部门编制出台行政审批和公共服务事项审查工作细则。

推进行政服务中心标准化建设 按照市政府提出行政审批规范化、标准化、信息化、便利化要求，重点推进“五个规范”和“四个统一”，即规范审批事项名称、规范申请材料、规范办理时限、规范审批流程、规范收费项目，统一审批事项标准目录、统一使用审批专用章、统一行政服务中心设置、统一受理窗口。按照“十个凡是”要求，鼓励窗口敢于打破常规审批服务模式，建立由行政服务中心总牵头、服务窗口、进驻部门共同参与的服务平台，精简审批材料，压缩审批时限，减少审批环节，取消废除无法律法规规章依据的材料证明等优化服务项目的举措，构筑项目审批环节少、提供材料简、办事效率高的服务软环境。同时，通过设立投资项目综合服务窗口、开展延时预约服务、主动上门服务、联审联办服务等，提高审批效能。

【开展乡镇政府权责清单编制】

根据国务院办公厅《关于推行地方各级政府工作部门权力清单制度的指导意见》和《福建省人民政府办公厅关于开展全省乡镇政府权责清单编制工作的通知》精神，漳浦县以绥安镇列入全省乡镇政府权责清单编制试点为契机，在全省率先开展乡镇政府权责清单编制工作，为全省乡镇全面铺开提供较好的清单范本。8月，全省乡镇政府权责清单编制工作会后，及时出台《漳浦县人民政府办公室关于开展全县乡镇政府权责清单编制工作的通知》，召开全县乡镇政府权责清单编制工作会，对全县乡镇政府权责清单编制工作进行部署。在征集各乡镇、县直相关部门的修改完善意见，以县政府文件正式发文公布。经梳理公布，全县乡镇政府本级权责事项195项，其中沿海乡镇除前亭镇195项，其他沿海乡镇194项，山区乡镇188项；县直部门委托、下放乡镇权责事项13项；县直派驻乡镇机构518项。

【建立健全双随机抽查机制】

根据省、市关于推广随机抽查机制规范事中事后监管的要求，及时制定出台《关于推广随机抽查机制规范事中事后监管的实施意见》，并按时间进度要求抓好组织实施。制定随机抽查事项清单，县审改办牵头组织县直各部门根据法律法规规章的规定，全面梳理本部门、本系统的监管事项，逐项明确抽查依据、抽查主体、抽查内容、抽查方式等。建立“双随机”抽查机制，各部门根据公布的随机抽查事项清单，建立健全各类市场主体名录库和部门执法检查人员名录库，通过摇号等方式，随机抽取检查对象、随机选派执法检查人员，并建立“递补抽取”机制，严格操作规范，严格限制监管部门自由裁量权。根据监管领域实际情况，合理确定随机抽查比例和频次，保证必要抽查覆盖面和工作力度。全县31个部门按要求完成本单位随机抽查方案，并制定“一单、两库、一细则”。

【规范机构编制管理】

严格执行机构编制法规政策　严格执行《地方各级人民政府机构设置和编制管理条例》、省委省政府《关于严格控制机构编制的通知》等法规和文件，健全县编委及编办议事、办事规则制度，规范管理。执行机构编制管理“三个一”和“五不准”制度，严守机构编制管理程序规定；完善机构编制管理制度，坚持机构编制集中统一管理、专题专报、一个部门承办、“一支笔”、一家行文的审批制度；落实机构编制实名制管理，及时更新、维护实名制管理信息数据库，确保管理系统数据真实、准确、完整。

严格控制机构编制　按照省、市关于严格控制机构编制的文件精神，事业机构编制实行总量控制。对于因社会事业发展需要增设机构、核增编制的，按照撤一建一、编制总量内调剂的办法予以解决，在既保持机构编制总量不突破的前提下，又能保障全县经济社会发展需要。

（供稿：县委编办）

·事业单位登记管理·

【概况】

2016年，全县事业单位登记管理工作贯彻执行《事业单位登记管理暂行条例》及《事业单位登记管理暂行条例实施细则》规定，做好事业单位法人登记和年度报告公示工作，完成事业单位法人登记年检320个，办理变更登记136个；为全县320家事业单位换发赋有统一社会信用代码的新版事业单位法人证书。

【事业单位年度报告公示】

在年度报告审核中，除规定上报材料外，还根据有规定对部分事业进行实地抽查，检查核对事业单位业务开展情况及经费收支情况，对于不按时开展年检的单位及时告知催检，确保不遗漏。是年，完成事业单位法人登记年检320个，年检率达100%，办理变更登记136个，设立登记11个。

【事业单位法人和机关群团登记改革】

是年，为全县320家事业单位换发赋有统一社会信用代码的新版“事业单位法人证书”，并全面规范登记内容。在换发新证书前对事业单位名称、住所、经费来源、举办单位、宗旨和业务范围等各项登记内容逐项全面收集核实，特别对事业单位净资产进行重点核实，及时进行变更，确保全县事业单位登记相关信息准确和规范。对原由县市场监督管理局负责的机关、群团组织机构代码管理职能调整由县委编办负责后，对这些机关、群团组织进行统一社会信用代码赋码发证。

【优化政务和公益中文域名注册续费】

根据全县机构设置，摸清底数，掌握机构设置数量和中文域名单位注册数量，查清未注册域名单位数量和过期域名未续费原因，做到底子清、情况明。及时与市委编办和兄弟县业务部门交流意见，做好衔接，研究解决注册中文域名遇到的难点、疑点，及时帮助各申请单位解决注册申报和域名续费过程中遇到的困难和问题，做实做好全县中文域名注册管理。在事业单位法人新设立登记和提交年度报告时，提交中文域名注册申请或续费申请，实现多项工作同步进行，减少注册和续费工作的环节步骤，提高工作效率。到年底，全县到期域名续费327个。

（供稿：县事业单位登记管理局）

政协漳浦县委员会

·主要会议·

【政协第十四届漳浦县委员会第一次会议】

12月24—26日，中国人民政治协商会议第十四届漳浦县委员会第一次会议在县会议中心召开，222名政协委员出席会议。县委书记戴平忠在大会上讲话；县政协主席林培兴代表第十三届县政协常委会向大会作工作报告。大会选举林培兴为政协第十四届漳浦县委员会主席，吴水跃、何北贡、张少榕、蓝振强为政协第十四届漳浦县委员会副主席；选举产生政协第十届漳浦县委员会常务委员。林培兴致闭幕词。

会议期间，县政协委员讨论县委书记戴平忠在开幕式上的讲话；听取、审议并同意政协主席林培兴向大会所作的县政协常委会工作报告，蓝振强所作的县政协常委会提案工作报告；审议通过本次会议提案审查报告；审议通过《政协第十四届漳浦县委员会第一次决议(草案)》。委员们还列席县十七届人大一次会议相关全体会议。会议还表彰一批2016年度县政协工作先进单位和个人。

【政协第十三届漳浦县委员会第五次会议】

2月25—27日，中国人民政治协商会议第十三届漳浦县委员会第五次会议在县会议中心召开，政协第十三届漳浦县委员会委员222人出席会议；市、县领导柯志宏、沈志平、戴平忠、陈少华、林培兴等参加开幕式。市政协副主席柯志宏代表市政协向大会致贺词；副市长、县委书记沈志平在会上发表讲话；政协主席林培兴代表第十三届县政协常委会向大会作工作报告。会议选举增补曾荣彬、蓝玉瑛为政协第十三届漳浦县委员会常务委员。会议期间，县政协委员讨论了副市长、县委书记沈志平在开幕式上的讲话；听取、审议并同意县政协主席林培兴向大会所作的县政协常委会工作报告，蓝主保所作的县政协常委会提案工作报告；审议通过本次会议提案审查报告；审议通过《政协第十三届漳浦县委员会第五次决议(草案)》。委员还列席了县十六届人大六次会议第一、第二次全体会议。大会表彰一批2015年度县政协工作先进单位和先进个人。

【政协党组成员会议】

1月14日、1月22日、5月4日、6月30日、7月6日、7月7日、7月11日、7月12日、8月25日、9月1日、9月19日、11月2日、12月2日、12月9日分别召开14次政协党组成员会议，研究讨论机关党支部对照检查材料；党组成员开展批评与自我批评；研究讨论十三届县政协五次会议的召开时间、地点和参会对象；进行公务员2015年度等级考核民主测评；研究通过十三届十六次常委会会议有关事项；研究讨论增补为十三届县政协常务委员的提名人选；组织学习《习近平总书记重要讲话文章选编》；研究讨论确定2名党员作为县直机关单位党代表候选人；组织学习《党章》；投票选举县直机关党代表；组织学习《党委会工作方法》；研究讨论出席县党代会代表候选人初步人选名单；研究讨论漳浦县73名出席市党代会代表候选人初步人选名单；研究讨论漳浦县出席省党代会代表候选人提名人选名单；研究讨论漳州市出席省党代会代表候选人初步人选名单；听取林培兴作“坚守纪律底线、培养高尚情操”的专题发言；开展“一日捐”活动；学习传达十八届六中全会精神；听取蓝振强作“学习贯彻习近平总书记系列重要讲话精神，奋力推进我县政协事业创新发展”的专题发言；组织学习《中华人民共和国宪法》；研究讨论十四届县政协委员初步名单。

【政协主席会议】

1月22日、2月1日、2月4日、2月14日、3月4日、3月24日、4月15日、4月29日、6月2日、6月15日、6月30日、7月21日、8月22日、9月6日、11月14日、11月21日、12月8日分别召开17次政协主席（办公）会议，研究县政协十三届五次全会有关筹备工作；研究讨论年度评优评先工作；研究部署“两节”慰问老党员、老干部及贫困户有关工作；研究确定2016年开展的调研视察活动有关事项；讨论政府政协领导联席会议有关议题；研究部署2016年文史工作；研究2016年文史资料编撰、书籍印刷等经费预算；研究部署2016年提案工作；研究讨论政协领导班子述职述廉报告；组织学习《习近平总书记系列重要讲话（读本）》；研究通过《漳浦县政协机关干部精准帮扶贫困群众实施方案》；研究部署2016年度委员走访考核工作；研究部署换届有关工作；研究部署族谱修编工作；研究讨论机关车辆改革工作；研究确定县政协道周书画院有关人事事宜；研究通过十三届政协优秀委员名单；研究县政协十四届一次全会有关筹备工作。

【政府、政协联席会议】

6月2日，在县政府办公楼会议室召开政府、政协联席会议，县政府正副县长、县政协正副主席出席会议，县经信局、执法局、财政局、房管局、教育局、建设局、物价局及县政府办、县政协各机关委办负责人列席会议。会上，县政府、县政协相互通报工作情况，县政府相关职能部门及分管副县长就县政协重点提出的民生问题作详细解答，会议还就强化提案督办力度和政协文史资料书籍编撰经费、推动族谱修编工作经费等相关问题达成共识。

【政协十三届常委会议】

1月29日、7月5日、12月16日，分别召开县政协十三届十六次、十七次、十八次常委会，听取《县政府工作报告（征求意见稿）》起草情况说明和政协提案办理情况通报；听取县政协常委会工作报告（征求意见稿）和提案工作情况报告（征求意见稿）起草情况说明；听取县人社局通报有关工作情况；协商讨论“漳浦县工业废弃物处理情况”和“漳浦县食品安全监管体系建设情况”等2个专题的调研报告；听取县委统战部关于调整增补十三届县政协委员和政协常委建议名单的情况说明；听取县政府2016上半年工作情况通报；学习传达2016年县政府、县政协领导联席会议精神；听取县政协十三届五次会议以来提案工作情况通报；审议通过县政协常委会2016年调研视察课题；审议通过县政协常委会2016年度重点督办提案；听取《县政府工作报告》起草说明和提案办理情况通报；审议通过十三届县政协常委会工作报告和提案工作情况报告；审议通过召开县政协十四届一次会议的决定；协商提出县政协十四届一次会议议程（草案）和日程（草案），以及授权主席会议审议本次常委会议未尽事宜等议程；研究通过关于表彰第十三届县政协优秀委员建议名单。

·主要工作与活动·

【不断提高协商能力履职水平】

政治协商更加规范　完善政治协商工作机制举行全委会议1次、常委会议3次、主席会议17次，开展内容丰富、形式多样的协商活动。在每次全体会议之前，都要组织委员围绕全县工作重点、难点，精心准备大会发言材料。先后有8位委员在大会上发言，一批发言意见建议被县委、县政府领导批示，转交有关部门办理。开展专题协商活动6

次，内容涉及城市建设、交通安全、营商环境、社会事业、民生民计等方面，形成协商报告4篇、专题发言材料8篇，提出建议意见40多条。专题协商成果得到县委、县政府的采纳。按照“三在前、三在先”原则，先后对年度的《政府工作报告》等事关全县经济和社会发展的重大事项进行协商，为党政科学决策、民主决策提供参考依据。

民主监督更加有效 把民主监督贯穿于政协各项工作中，强化监督意识，拓宽监督途径，丰富监督手段，提高监督水平。在3次政协常委会上，分别邀请县人社局等部门的主要领导到会通报工作情况，面对面听取常委的意见建议。重视政协委员到县直相关单位担任特邀监督员，鼓励他们在涉台案件审理、重大案件听审、信访公开听证、价格听证、政风行风、机关效能评议、乡镇主要领导述职报告等专题活动发挥监督作用。

参政议政更加深入 拓展参政议政领域，提高参政议政实效。每年定期召开一次县政府、政协领导联席会，由县政府、政协领导互相通报工作情况，围绕全县中心工作，就“补短板”“抓落实”“破难题”进行沟通交流；县政府领导及相关部门负责人还就县政协反映的有关社会热点问题进行现场解答，切实提高参政议政实效。鼓励政协委员、政协机关干部，围绕群众关注的社会热点、焦点问题，广泛收集社情民意，采写上报政协信息。是年，收集社情民意信息121条，向县委、县政府领导和上级政协反映社情民意信息72条，被上级政协采用16条，2016年社情民意信息工作评比位居全市各县市区第一名。

【创新工作方式激发履职活力】

创新提案工作机制 不断改进提案督办形式和沟通方式，针对承办提案较多的县建设局、教育局、卫计局等部门专门召开提案办理协商会，请承办单位领导到会倾听委员们的意见和建议，并现场进行答复，促进承办单位及时掌握和解决人民群众关心的热点难点问题。是年，征集提案75件，立案75件，提案件件有落实、事事有回音，提案综合办结率100%。换届评选表彰优秀提案30件，提案办理先进单位10个，提案办理先进个人28人。

创新调研视察方法 把调研视察作为履行职能的“精品”来打造，确立“人员选调要精、调查研究要实、建议意见要深”的原则。围绕调研视察课题，抽调参政议政能力强的委员和有关部门负责人或专家，采取听汇报、座谈、实地走访、发放调查问卷、查看相关资料等方法开展调查研究，力争掌握第一手翔实资料，并对资料进行分析提炼。是年，形成调研文章、视察报告4篇，呈阅件2份，报送县委、县政府和相关部门。

创新委员履职考核方式 将委员走访活动和委员履职考核活动进行创新结合，邀请县委组织部、统战部全程参与，采取走出去，看具体、看亮点，边看边议的方式，着重考核走访委员任期内的“四个一”履职情况和自身发展情况。对在外委员，以驻外商会为单位，由政协领导每年带队分组赴上海、深圳、广州等8个异地商会，向浦籍在外企业家宣传介绍漳浦优良的营商环境，听取他们对全县中心工作及县政协工作的意见建议，鼓励支持他们创新创业，回乡投资兴业。对本地委员，按界别将委员分组，定期组织召开座谈会、收集信息、走访企业，加强委员之间交流互动。是年，召开主题座谈会12场，有500多名在外乡贤、浦籍企业家和政协委员参加座谈，收集到意见、建议80多条。

【着力助推文化建设】

推进文史修编 坚持文史资料工作的统战性和“三亲”特点，聘请一批热心文史工作的退休老干部和社会人士为政协文史征集研究员，形成一支相对固定的文史修编队伍，结合县域实际，突出地方特色，有序推进文史工作。不断拓宽政协史料征集渠道和文史题材，陆续编撰出版《漳浦历代名人·续编》《漳浦古楼》《明代漳州府科举》《卢维祯诗册》《漳浦古村落》《漳浦文史资料·第35辑》等6部书籍。其中，《漳浦历代名人·续编》是在《漳浦历代名人》的基础上，再选录300名历代人物，重点记录各历史人物的政绩和德行，再现历史人物风貌。配合全国、省、市政协做好《漳州古村落》等有关文史资料的征编工作。通过文史资料的挖掘、整理、征集和出版，逐步对漳浦历史文化资源进行系统性整合。

推动族谱修编　族谱修编工作是一项集民心的公益事业，在常委会的推动下，进展顺利。完成对林、吴、许、王等 15 个姓氏的族谱修编；有黄、张、刘、蔡等 4 个姓氏正在收集汇总，即将修编完成；有李、陈、杨等 8 个姓氏正在有序推进。设立“漳浦县姓氏族谱展示馆”，规划将追随陈元光至漳浦的 87 姓族谱全部整编馆藏，作为漳浦县文化传承和两岸寻根谒祖、文化交流的重要平台，已收录 37 个姓氏 166 册族谱。

推动文物保护与修缮　发挥政协“智囊团”作用，推动历史文化传承创新，推进文化遗产、非物质文化遗产和历史文化名镇、名村的保护开发。组织委员和专家学者到县威惠庙、孔庙、武庙遗址、海月岩、海云家庙、林士章墓、杨世懋总兵府、锦江楼等文物保护单位视察调研、实地考证，并多次召开座谈会反复论证，为文化遗产恢复重建和修缮保护工作提出科学性、前瞻性的意见和建议。

推进诚信文化建设　围绕构建社会核心价值体系，县诚信促进会开展诚信维权活动，弘扬社会诚信风尚。通过建立微信公众平台、微信群、《诚信漳浦》内刊等平台，促进成员之间的互动、交流及政策宣传教育引导；开展“诚信宣传周”“3·15 拒绝传销”等主题宣传活动，促进社会民生重点领域的诚信文化建设。是年，还专题开展“新春诚信书画展”“海峡两岸诚信文化书法交流笔会”等交流活动，倡导形成“以诚实守信为荣、以见利忘义为辱”的社会氛围。

【努力扩大履职成效】

为项目建设倾心尽力　将工作力量推向经济社会发展的主战场，先后有 4 名政协领导、10 名机关干部和部分委员在古雷石化园区、长桥木业园区、万安工业园的征地、收海和项目建设一线担任指挥长、副指挥长和组长、业务骨干等。政协班子成员经常深入基层、深入企业，做好挂钩乡镇和项目的跟踪服务。号召广大政协委员和社会各界人士主动带头配合征迁工作，主动了解项目建设情况，帮助解疑释惑、化解矛盾、建言献策，以实际行动加快项目建设步伐。

为服务民生真心出力　发挥人民政协联系面广的优势，发动各级政协委员、社会贤达和企业团体参与社会公益事业，献爱心、送温暖，是年，黄全和、陈建中、吴志民、杨集文、王明煌、梁加辉、周文贵、王庆荣、陈纪林、王建祥、张群豪、郑洪坤、陈忠辉、施结麟、陈英雄、林树森、林炳义、杨坤田、蔡文谦、杨小龙、陈国强、蓝佳金、王阿文、林水泰、洪阿其、杨志旺、陈壬水、蓝宝华、陈迪鹏、郑远明、杨春葵、吕美玲等各级委员、社会贤达和港澳台同胞侨胞都慷慨解囊、捐资助学，支持公益事业。县总商会、泉州商会、厦门商会、深圳商会、广州商会、上海商会、香港漳浦同乡会等团体通过各种形式支持公益事业、扶贫济困，传递正能量。

为宣传漳浦尽心竭力　加强与各级政协组织和国内外知名人士的联系和交流，推动海峡两岸文化及民间社团交流，不断做大“朋友圈”，提升漳浦对外形象。是年，海内外贵宾到漳浦视察调研指导工作有 25 批次。对外文化交流的规模和范围进一步扩大，内容和形式日益丰富，渠道和层次更加多样。委员林艳环率县竹马戏演出团应邀赴台巡回演出，并携《开漳圣王陈元光诗赋·林仲文书法作品集》开展开漳圣王文化交流；委员高少苹、陈燕榕、卢淑蓉等到美国、中国澳门、上海、广州等国内外城市，举办剪纸非遗作品展，宣传漳浦、提升漳浦知名度。

（撰稿人：陈伟斌）

社会团体

·漳浦县总工会·

【概况】

2016年，漳浦县总工会新组建基层工会组织54家，新增会员数2490人；以创建“工人先锋号”为主要载体，组织开展“安康杯”劳动竞赛，参赛企业单位380家，参赛职工3.14万人；发动182个单位1578名职工参加医疗互助保障，金额125.26多万元；开展送温暖活动，走访慰问特困职工294人，发放慰问金42.88万元。

【基层组织建设】

成立县总工会建会工作领导小组，建立组建工作责任制，把任务落实到人。根据市总工会下达的2016年组建工会和发展会员工作目标任务要求，下发《关于2016年全县各乡镇工会组建目标任务分解的通知》，指导各乡镇开展组建工作，促进基层工会组建和会员发展。至年底，企业新组建工会组织54家，完成年任务数的100%，新增会员数2490人，完成年任务数2380人的105%。

【职工生活保障】

送温暖工程活动 元旦、春节期间，走访慰问特困职工294人，发放慰问金42.88万元。各镇工委、基层工会也开展相应活动。开展“防暑降温”慰问活动，全县慰问职工人数5000多人，发放慰问金11.05万元。

关爱帮扶女职工 采取联系计生困难户、结对帮扶困难女职工和挂钩女职工困难户等三种形式，开展对职工的扶贫助困活动。与县妇联协作，联合举办有关女性健康知识讲座，提高女职工心理素质和健康水平；开展女职工妇科普查。在2015年开展在档困难女农民工“两癌”普查基础上，继续对在档困难女职工开展“两癌”检查，推进“两癌”检查规范运作。

职工医疗互助保障 根据市总工会《关于在全市机关企事业单位中开展职工医疗互助活动的通知》要求，县总工会结合实际，出台《漳浦县职工医疗互助活动实施方案》。深入基层宣传发动职工参加医疗互助保障，推进职工医疗互助深入开展。是年，全县发动182个单位1578人参与，金额125.26多万元。

【维权维稳】

成立县总工会处置职工群体事件应急领导小组，印发《漳浦县总工会处置职工群体性事件应急预案》；要求全县各级工会组织配备1—2名维稳信息员，发挥工会群众组织的优势，及时了解和反映职工群众的思想动态和利益诉求。

【劳动竞赛】

以创建“工人先锋号”为主要载体，带动各方面的竞赛活动，形成全方位、多层次的劳动竞赛新格局，在全县掀起学知识、练技能、提素质的热潮。是年，发动380家企业参加“安康杯”劳动竞赛，职工总数3.14万人。

【劳模管理】

开展学习劳模、为劳模免费体检等系列活动 “五一”前夕，县总工会与县广播电视台联合推出劳模访谈录，介绍他们的先进事迹，弘扬劳模精神，在全社会营造尊重劳模、关心劳模、学习劳模的氛围。10月，组织劳模到县中医院进行免费体检。

做好评模工作 “五一”前夕，开展2016年度全国、省、市“五一劳动奖章(状)”的推荐评选活动，把漳浦县符合条件的在改革开放和创新创业中作出突出成绩或重要贡献的先进个人推荐至市总工会参加评选。是年，林国辉(县市容管理处)、童云玉(县第二实验幼儿园)、郑小园(县财政局)、柯建龙(县财政局)、林淑珠(县教师进修学校)、蔡宗斌(县公安局)、吕坤乙(大南坂农场)、郑友谊(盈丰食品公司)、黄金国(福建全和建设公司)、施自生(县地税局)、林恩(县总工会)、陈竑华(县总工会)、纪耿忠(彩蓝制帽公司)、林慧杰(绥安工业区)、李跃福(台玻光伏玻璃公司)等15人获得市“五一劳动奖章”。

【职工素质建设】

职工培训 落实“职工素质建设工程”加大与社会职业培训机构合作，举办多个培训班，培训职工1000多人，为职工转岗，贫困职工家属转岗，职工素质提升等创造条件。

开展职工文体活动 发动基层工会利用节假日，开展职工文体活动，丰富职工业余生活。县总工会在2016年春节、元宵两节期间，与基层工会联合举办“迎新春职工门球比赛”“全县健身秧歌比赛”“庆元宵乒乓球比赛”“庆元宵柔力球比赛”“职工书画展”等活动。

【会费征缴】

根据《中华人民共和国工会法》和《工会财务管理制度》有关规定，把收缴和上缴会员费工作列入重要工作日程。加大经费收缴力度，继续委托县地税局代征。是年，完成上缴工会会费522.08万元，占当年经费预算的108.43%。

（撰稿人：黄百万）

·共青团漳浦县委员会·

【概况】

2016年，共青团漳浦县委凝聚力量，在全县建立3个驻外团组织，与4个青年社会组织保持联系和交流，成立346个非公企业团组织，覆盖35岁以下青年达18336人、团员9382人，引领青年在建设主战场建功立业、就业创业；强化“青年志愿者”品牌，成立专业青年志愿者队伍20余支，注册青年志愿者1万多人，开展系列志愿服务活动；围绕精准扶贫，募捐筹集资金帮扶农村贫困青少年。

【凝聚青年投身建设主战场】

发挥“青”字号生力军作用 发挥广大团员青年作为参与“三个建设年活动和一大攻坚战”(三个建设年：重点项目建设年、营商环境建设年、生态环境建设年；一大攻坚战：扶贫攻坚战)的生力军和突击队，在重点项目建设、营商环境建设、生态环境建设、扶贫攻坚、新闻宣传等5个领域发挥作用。引导青年在经济发展的主战场攻坚克难、勇挑重担，为推动漳浦经济综合实力实现新跨越贡献青春力量。是年，厦门港南岸滨海新城漳浦片区建设青年突击队获评“漳州市青年突击队”称号，洪素芯、许森艺等6人在各领域表现突出，获评“漳州市青年岗位能手”称号。

创新“节目十”模式服务青年台商创业 联合中央人民广播电台、漳浦县广播电视台、台湾胜利之声广播公司策划制作的8集广播专题节目《二代台商漳浦缘》，聚焦两岸青年创业就业，展现二代台商在漳浦的奋斗历程。3月，节目在两岸多家媒体同步播出，台湾国民党主席洪秀柱为节目题词。活动期间，中央人民广播电台将漳浦团县委“节目＋活动”的模式形成内参上报，得到中央政治局委员、国务院副总理刘延东批示。承接对台青年工作，团县委先后接待台湾创业青年考察团、第十一届两岸青年联欢节·海峡西岸漳州行经贸考察团等，向台湾创业青年宣传漳浦支持台湾青年创业的政策，吸引前来创业发展。

【突出品牌服务青少年】

办好第26期漳浦少年军校 7月2日，由团县委与县边防大队联办的第26期漳浦少年军校开班，来自全国各地300名少年参加为期12天的少年军校军训。漳浦少年军校持续强化“家校联系博客”管理，让家长在少年军校封闭化管理期间可以通过网络多角度、全方位了解孩子在少年军校中的点点滴滴，受到家长及社会好评，连续两年少年军校博客点击率达200万多次。

强化“青年志愿者”品牌 整合青年志愿服务资源，创新志愿服务方式，围绕党政中心工作，开展青春助力精准扶贫、“邻里守望、情暖绥城”“青春志愿行，温暖回家路”“青春自护·平安春节”“爱心课业辅导”等系列志愿服务活动。以全国志愿者先进个人柯文慧为原型拍摄微电影《心灵舞者》入选团中央第二届“向上 向善”中国青少年微电影大赛。至年底，全县注册青年志愿者1万多人，专业青年志愿者队伍20余支。

推进关爱农民工子女行动 组织返乡大学生志愿者前往长桥等地，为留守儿童开展“七彩假期”亲情陪伴志愿活动。同时，开展“爱心课业辅导”，通过“一对一”的形式，为30余名小学生解决学习上的难题。在城乡接合部辕门社区开设青少年之家“七彩公益课”，以活动的形式让青少年之家走进重点青少年、外来务工人员子女、留守儿童身边。已开办2期，设有剪纸、简笔画等免费公益课。

【拓展载体丰富活动内容】

开展主题教育活动 以各类节庆纪念日为契机，开展形式多样的主题教育活动。清明节期间，组织青少年开展清明祭扫活动，激励青少年缅怀革命先烈、发扬革命精神；五四期间，组织各级团组织和青年团员通过文艺会演、重温入团誓词、十八岁成人宣誓仪式等形式广泛开展纪念系列活动；“六一”期间，组织开展“我们学先锋 创造新生活”主题队日活动，坚定共产主义接班人的理想信念。

拓展团组织覆盖面 开展非公有制经济组织和新社会组织团建以及驻外机构团建。4月12日，召开漳浦县青年商会换届大会；9月30日，召开漳浦县第四届大学生论坛暨大学生村官联合会换届大会。加强驻外团组织建设，联合驻深圳团工委开展“抱团携手，‘深’情助困，关爱农民工子女行动”等系列活动。

打造“青少年之家” 成立团中央首批“青少年综合服务平台”，开展“青少年之家公益拓展进校园”“七彩公益课”“青少年之家书法兴趣班”等各类广受青少年喜爱的活动，并建立5个乡镇(街道)级以上青少年综合服务平台，让广大青少年感受到共青团是“青少年之家”。

【多形式开展扶贫攻坚】

扶助贫困学子 围绕精准扶贫工作，帮扶农村贫困青少年，募捐筹集到漳浦县泉州商会、厦门商会、深圳商会、漳浦青商会等爱心助学基金22.90万元，向57名新考上本科的贫困学子每人发放3000—5000元的助学金。为40余名精准扶贫登记在册的贫困中小学生送去每人600元慰问金及学习用品。

引领青年就业创业 多次在微信公众平台发布“青创的扶持政策”“人才新政”“创新创意项目征集”等文章，在全社会营造重视、支持、参与青年创业创新的氛围。与建行、邮储、农信社等金融部门协作，形成“银团”联动机制，推出更贴近创业青年的融资业务。春节期间，联合漳浦光大银行组织青年志愿者开展“送金融知识下乡”活动。联合县人社局、司法局等多部门在古雷、石榴开展专场招聘会暨文化科技卫生“三下乡”活动，通过青春助力“三下乡”，促进青年就业。此外，多次开展公务员考前公益培训、跨境电商培训、农村青年致富带头人培训等。

实施人才支持计划 针对青年创业经验匮乏、思路单一的困扰，团县委成立由青年致富带头人、青商会青年企业家组建的“导师团”和“顾问团”，与创业青年帮扶结对，一对一指导创业青年，对青年的创业项目给予具体指导、法律咨询和跟踪服务。并先后邀请市、县青年创业促进会导师团，龙海市青商会等走访漳浦青年企业家，就公司规划、经营管理、运营模式等进行深入交流。规范青年创业基地管理，搭建平台，推报漳浦电商园获评漳州市青年创业示范园区，推报漳州指尖网络科技有限公司等8家企业参评漳州市青年英才优秀创业项目，其中2个项目分获10万元与5万元创业资金补助，为创业青年解决资金难题。

（撰稿人：林勇华）

•漳浦县妇女联合会•

【概况】

2016年，漳浦县妇联工作着力推进“家庭文明建设工程”活动，评选出市、县“五好文明家庭”47户，全国、省级各1户；市“最美家庭”12户；实施“创业创新巾帼行动”，创建省级巾帼示范基地7个；提升妇女维权工作实效，及时处置来信来访68件、105人次，为妇女排忧解难；实施妇联关爱活动，为6512名适龄妇女进行“两癌”免费筛查，向16名“两癌”贫困患者送去4.80万元的救助金，为29名贫困高中生、应届女大学生争取资助7.40万元。县妇联被评为全省妇联系统先进集体。

【营造妇女健康发展氛围】

纪念“三八”国际妇女节 制定庆“三八”106周年系列活动实施方案，召开庆“三八”表彰大会，对2015年度“最美家庭”“五好文明家庭”“示范家长学校”等进行通报表彰，举办“巾帼杯”老年妇女门球赛，增强老年妇女的健身意识；组织法律工作者及妇委会主任开展“三八”维权周活动，为到场群众介绍并分发《中华人民共和国妇女权益保障法》白皮书100多份，分发《反邪教常识》《开展家庭拒绝邪教活动倡议书》宣传专刊、《远离拐卖关爱妇女儿童》宣传折页1万多份，接受现场咨询300多人次。

举办女性健康知识讲座 3月8日，县妇联联合县卫计局、绥安镇妇联举办庆“三八”女性健康知识讲座，邀请妇产科专家进行“女性生殖健康”讲座。

【推进“家庭文明建设工程”活动】

“五好文明家庭”创建活动 通过各级妇联实地走访，经层层推荐，陈舒红家庭获第十届全国“五好文明家庭”称号，陈怀玉家庭获第十届福建省“五好文明家庭”称号，李英明等2户家庭获漳州市第十五届“五好文明家庭标兵户”称号，郑小红等47户家庭获市、县“五好文明家庭”称号。

开展寻找“最美家庭”活动 组织收听收看全国妇联“让爱住我家”2016全国寻找“最美家庭”活动启动仪式暨网络视频直播，并与县电视台联合录制和谐家庭宣传片进行宣传。6月，经过网络评选，翁坤林家庭当选“全国最美家庭”；戴丽彬家庭被评为省“最美家庭”，郑建和等12户家庭被评为漳州市“最美家庭”。

开展家庭教育亲子活动 5月28日，组织县家庭教育工作委员会成员单位22户家庭在天福石雕园开展以“家教，让人生更精彩”为主题的庆“六一”家庭教育亲子实践活动。并联合县委宣传部、县地税局在县特殊教育学校举办庆“六一”亲子趣味运动会暨“同悦书香”亲子阅读活动启动仪式。

深化“平安家庭”创建活动 6月，开展送法下乡活动，组织20多名巾帼志愿者到天福“妇女之家”开展“建设法制漳浦•巾帼在行动”系列活动，分发《反家暴法》《创建平安之家•促进社会和谐》等宣传专刊500多份和宣传品200多份。11月7日，在城西社区小广场举行“同圆巾帼梦•共享平安家”文艺汇演，提高群众对平安建设的知晓率和参与率。

举办家庭教育大讲堂 3月9日，邀请省妇干校副校长何大光到机关单位、军营等开展婚姻与家庭教育公益讲座。

【实施“创业创新巾帼行动”】

为妇女创业就业提供服务 9—10月，组织12名女农民参加全国、省妇联在漳州科技学院开办的全国百名新型职业女农民培训班。10月，配合全国妇联调研组进村入户完成进百份调查问卷，并组织县农业、金融、供销社等相关部门负责人参加“农村妇女参与农业发展现状”专题调研座谈会。了解农村妇女参与现代农业发展的基本情况以及女大学生返乡创业的基本情况、主要形式和特点。

深化“双学双比”活动 以创建巾帼示范基地为依托，强化培训，注重实效，倾力打造品牌基地，促成一乡一品一特色。全县已有省级巾帼示范基地7个。是年,全县各级妇女组织开展多种形式的科普、法律、实用技术培训40多期,培训妇女5000多人次。巩固"巾帼建功"创建成果,引导妇女创先争优,将"巾帼文明岗"创建工作作为"巾帼建功"活动的重要载体。至年底,全县国家级"巾帼文明岗"1个,省级"巾帼文明岗"19个,市级"巾帼文明岗"31个,县级"巾帼文明岗"30个。

【提升妇女维权实效】

维护妇女权益的法制宣传教育活动 与相关单位利用"三八维权月"、6月26日"国际禁毒日"、11月25日反家暴日、12月1日预防"艾滋病"日、12月4日法制宣传日等时段,通过展示图文并茂的宣传图板、发放宣传材料、接受群众咨询等方式举行宣传活动。

为妇女排忧解难 发挥县、乡、村三级妇联信访渠道作用,使受害妇女在最短时间内得到帮助,尤其是受到家暴的妇女,在第一时间内得到保护。是年,县妇联接待来电、来信、来访68件、105人次,做到件件有着落,办结率达100%。

优化妇女儿童发展环境 以迎接国家妇女儿童"两纲"中期评估检查为契机,多次对两个规划中期评估工作进行"回头看",通过实地考察,对存在问题进行查漏补缺。加强督促指导,县妇儿工委办经常到各成员单位开展督导检查,推动重点、难点问题的解决。做好2015年两个规划监测统计报表的收集、统计。

加强未成年人思想道德建设 8月,县妇女儿童活动中心于启动暑期免费公益培训班活动,开设硬笔书法和少儿美术2门课程,对家庭困难和流动留守儿童给予优先安排。有55名儿童参加培训。10月,聘请漳州市讲师团讲师,在全县范围内开展"家庭公益大讲堂"家教专场3场,参加人数760多人。

【实施妇联关爱活动】

"母亲健康1+1"捐款活动 响应省红十字会、省妇联"母亲健康1+1"募捐活动,为乳腺癌、宫颈癌重症贫困母亲送上一份温暖的号召,组织全县妇女干部、职工捐款4.61万元。年底,向16名"两癌"贫困患者送去4.80万元的救助金。

农村妇女"两癌"检查 在全县各乡镇普及"两癌"预防知识。联合县卫计局为6512名适龄妇女进行"两癌"免费筛查。

"送温暖献爱心"活动 组织妇联干部下基层,访妇情、办实事,为石榴镇象牙村贫困户送信息、技术、物资,帮助解决生产生活中的难题。是年,走访慰问贫困妇女22人、计生二女困难户5户、妇联系统离退休妇女干部8人,送去生活物品和慰问款2万元。

"春蕾圆梦"助学活动 是年,县有29名贫困高中生、应届女大学生得到省、市妇联资助7.40万元。

【妇联组织建设】

举办3期基层妇女干部培训班,全县各乡镇场妇联主席、村居妇代会主任324名参加培训。顺利完成全县乡镇场妇联换届工作,选优配强乡镇场妇联班子特别是选准配强班子带头人,同时吸纳社会各界优秀妇女兼职妇联副主席。全县各乡镇场选举产生妇联主席23人、副主席28人、兼职副主席23人、执委185人。选送妇联系统干部4人参加市妇联举办的岗位培训。

(撰写人:杨艺珣)

·漳浦县工商业联合会(总商会)·

【概况】

2016年,漳浦县工商联(总商会)异地商会8个,基层商会2个,行业协会5个,会员近5000人。以创建"五好"工商联活动为平台,提升商会服务水平,开展"营商环境建设年"活动,引领非公有制经济人士建立新型政商关系,在企业中开展"守法诚信"活动;实施"百企帮百村"精准扶贫活动,全县本地及异地商会累计捐献帮扶资金超过500万元。

【引领建立新型政商关系】

开展"营商环境建设年"活动,引领非公有制经济人士建立新型政商关系,为非公有制经济人士建立政企沟通交流的长效机制，营造“亲商、尊商、重商、富商”良好营商环境。参与非公有制经济人士综合评价活动，梳理非公经济发展存在的问题和难点，整理扶持非公有制经济发展的有关政策，做好非公有制企业服务，帮助非公有制工业企业解决土地、房产办证难问题，促成县政府出台《关于妥善处理历史遗留问题规范工业企业房产证补办工作的实施意见》。帮助非公企业做好消防设施验收。协助相关部门为40多家企业办理环评、注册和融资等服务。配合赤湖镇做好挂钩的五金园项目规划调整和产业招商。

【推动诚信教育活动开展】

开展以“守法诚信、坚定信心”为重点的理想信念教育实践活动，与宣传部、地税局、文联等9个部门联合开展2016年“诚信纳税、铸就发展”税收宣传月书画展活动，组织部分会员企业家代表参与书画认捐助学，现场认捐15万元。

【实施“百企帮百村”精准扶贫】

响应省委统战部、省工商联发起“百企帮百村”精准扶贫号召，按照“积极倡导、企业自愿、村企互动、互利互惠、实现长效”工作要求，制定工作方案，向全县的非公企业发出“百企帮百村”精准扶贫行动倡议书。2月2日，与县慈善总会、漳浦泉州商会开展慈善捐赠活动，向200位特困群众发放扶贫救济款10万元。促成北京、上海、广州、深圳、福州、泉州、厦门等异地商会回乡开展扶贫活动，累计落实各种帮扶资金超过500万元。

【提升商会服务水平】

引导所属商会健全规章制度，促使商会按章办会，规范运作；加强异地商会引导指导和服务工作，与县委统战部联合印发了《关于指导引导和服务异地漳浦商会的实施办法（试行）》。与县司法局在县工商联内部成立人民调解委员会，设立专门调解室，聘请编外企业家会员为调解员。指导本地基层商会开展行业服务、反映会员诉求，帮助会员开拓市场。

【加强商会组织建设】

5月15日，上海漳浦商会第三届理（监）事会暨就职典礼在上海雅悦新天地举行，上海联尚实业有限公司董事长蓝佳金当选会长，上海鑫亨实业有限公司总经理林伟强为执行会长，河南省泌阳县方圆实业有限公司总经理何谦睦为常务副会长兼秘书长。上海市有关部门领导，福建省政府驻沪办、上海市福建商会、漳州市驻沪办、上海漳州商会、漳浦异地商会负责人，漳浦县领导林培兴、刘达文等和县直有关部门负责人及各兄弟商会嘉宾、顾问、会员等800多人参加庆典。9月8日，成立漳浦县建筑装修建材协会，漳浦县闽龙建材有限公司董事长李江龙当选为首届会长。9月24日，厦门市漳浦商会第四届会员大会暨理（监）事举行就职典礼，厦门鑫福阳投资有限公司董事长陈建阳当选为会长，厦门市中加思培因私入境服务有限公司董事长陈纪林当选为监事长。

【举办创新创业研讨会】

1月16日，县工商联（总商会）举办2016年创新创业研讨会，来自全县各地的企业家代表和总商会执委100多人参加。就“如何为企业树立保障”、如何看待企业文化传承、“在互联网时代的创新创业方向”等主题进行研讨。

（撰稿人：黄河生、黄文海）

·漳浦县归国华侨联合会·

【概况】

2016年，县侨联扩展和深化侨联工作领域，推荐5名归侨侨眷为县人大代表，3名归侨侨眷为县政协委员；完成县侨联及3个基层侨联换届选举工作，指导2个基层侨联做好省级“侨胞之家”创建；做好回乡省亲、旅游考察的侨胞接待，全年共接37批次412人次；做好贫困侨扶贫工作，帮扶贫困侨40户次，发放扶助资金2.34万元；鼓励引导海外侨胞港澳同胞捐资捐赠漳浦县公益事业196.26万元、港币6.70万元。

【县第十次归侨侨眷代表大会】

1月28日，漳浦县第十次归侨侨眷代表大会在绥城召开，出席大会代表有127人，大会选举产生新一届侨联领导班子。经选举，漳浦县归国华侨联合会第十届委员会主席吴世强、副主席王杰秀。侨联常委19人，委员49人。聘请杨集文为荣誉主席、郑远明、杨炳川为名誉主席；同时还聘请海内外有名望、德高望重的重点人士23名作为侨联顾问。

【为归侨侨眷排忧解难】

做好精准扶贫工作 及时掌握县内贫困归侨情况，通过深入调查，完成全县贫困归侨低保救济和精准扶贫对象、残疾归侨的摸底，全县9个侨乡共有24户贫困归侨侨眷家庭。同时，做好3户困难华侨农场职工向县工会申报困难职工登记、南山华侨农场2名贫困大学生申报领取“致福助侨奖学金”等工作。做好2016年度扶持贫困归侨省级专项资金发放，对申请对象，按规定履行公示程序，确保补助对象公平、公开。是年，该专项资金1.08万元，重点用于9户特困归侨侨眷生活补助，补助资金按每人1200元给予发放。成立帮扶领导小组，研究制定帮扶实施方案，对沙西镇枋林村3户贫困群众，实行一户一策，做到帮扶内容精准管用、帮扶措施精准到位，力争在规定时间帮其脱贫。

看望慰问部分重点侨务对象 1月22日，会同县委统战部、县外侨办到厦门等地开展走访慰问重点侨户17户，为他们送去节日的慰问和祝福；清明节、中秋节期间，部分旅居海外侨胞回乡省亲谒祖，县侨联及时登门拜访。

做好涉侨信访维稳工作 是年，共受理涉侨信访案件6件，来信2件，来访4件。对每一信访件，通过主席办公会研究，及时把情况向有关部门进行反映，开展相关调研工作，并把办理、反馈情况及时转达来访者。做到件件有回音，事事有落实、反馈，确实维护侨胞利益。

贯彻保护法维护归益 7月7日，与县人大侨台委、县外侨办及佛昙镇、湖西畲族乡、马坪镇等乡镇分管侨务工作的领导到南山华侨茶果场开展关于归侨侨眷权益保护法及福建省实施办法贯彻执行情况的调研。8月8日，组织县侨联全体干部、侨乡、重点村侨联负责人参加市侨联举办组织建设、维权、信息工作培训，进一步加强侨联干部业务能力，提高用党的侨务政策、侨益保护法维侨护侨的水平。向各基层侨联发送新《福建省华侨权益保护条例》40册、50份。使侨务干部，归侨侨眷知法用法，维护侨益。

【主动作为服务发展大局】

推荐优秀侨界人士参政议政 推荐优秀侨界人士担任政协委员、人大代表。在漳浦县第十七届人大代表名额安排中，有归侨侨眷5人；在政协漳浦县第十四届委员会中，有侨界委员3人。

撰写侨务调研文章 根据统战部的部署要求，县侨联结合本单位实际，选准课题，开展相关调研工作，完成《加强留学人员统战工作问题研究》文章。

服务侨资企业 4月12日，到位于大南坂镇的侨资企业延邦管业(漳州)有限公司开展调研活动，了解侨资企业经营发展中面临的主要问题和困难、对国家政策的具体需求及近年来权益保护情况等。对侨资企业提出的融资难、用工难意见建议进行梳理、归纳总结，形成调研工作报告，以提案方式进行呈报，并及时向市侨联反馈侨资企业情况，做好跟踪、服务工作。

鼓励二、三代新侨爱国爱乡 漳浦到菲律宾谋生的青年居多，为了引导他们艰苦拼搏，新民村侨联小组发挥其优势，在老一辈侨胞的引荐下，利用村里的节日，动员他们回乡参加节庆，成立新民村旅菲青年会，鼓励他们自觉尊重所在国的法律，致富不忘家乡。发动旅菲青年会带头为新民村患白血病的村民黄桂兰捐资16万元。

【接待联谊工作】

主动对接，拓展联谊，2016年，共接待回乡省亲、旅游考察的侨胞、港澳同胞37批次412人次。其中：2月10日，到湖西畲族乡看望春节回乡省亲的印尼华侨蓝宝华女士；5月3日，前往马坪后康村拜会回乡的侨联顾问、港胞陈贯珩及其女儿一行；5月9日，前往酒店拜访下榻的菲律宾侨胞郑远达、郑远明先生；8月31日，到湖西畲族乡看望、慰问回来省亲的印尼侨胞、蓝氏宗亲互助会蓝保罗先生等7人；9月13日，到前亭镇后蔡村看望、慰问回乡省亲的坦桑尼亚侨胞黄昱宪先生、坦桑尼亚总统马古富力的女儿凯撒林等4人；11月11日，配合县委统战部等有关部门，做好回乡参加漳浦二中（原纯美中学）举行建校八十周年校庆庆典活动的海外侨胞，共接待香港、海外侨胞178人。

2016年度海外侨胞、港澳同胞捐赠公益事业芳名表

表3　　　　单位：万元

序号	捐赠者	捐赠时间	捐赠款额	捐赠意向、用途	受捐单位
1	黄哲水	6月1日	1.50	购置“六一”儿童节礼物	大南坂新民小学
2	蓝宝华	7月30日	2.50	购置办公设备	县侨联
3	蓝龙华	8月10日	8	龙华奖学奖教金	湖西苏溪小学
4	黄怀安等14人	9月6日	37	新民村金仙堂活动经费	大南坂新民村白花洋文化中心
5	旅菲青年会	10月9日	1.6	“重阳节”活动费用	大南坂新民村老人协会
6	杨维廉后裔	11月8日	1.98	杨维廉奖学奖教金	佛昙岱嵩小学
7	陈志超	11月8日	3	芳浦奖学奖教金	马坪中学
8	陈迪鹏	11月8日	2	陈迪鹏奖学奖教金	马坪马圩小学
9	陈迪鹏	11月11日	5	龙美奖学奖教金	漳浦二中
10	陈迪鹏	11月11日	100	艺术体育馆建设	漳浦二中
11	汤玲玲	11月11日	8	汤玲玲助学金	漳浦二中
12	杨集文	11月11日	4.88	杨集文奖学奖教金	漳浦二中
13	陈国强	11月11日	10	漳浦二中校庆	漳浦二中
14	杨小龙	11月11日	5	漳浦二中校庆	漳浦二中
15	杨炳川等13人	11月11日	6.70（港币）	漳浦二中校庆	漳浦二中
16	蓝智贤	11月20日	2	蓝天奖学奖教金	湖西顶坛小学
17	印尼侨胞	11月20日	3	有才奖学奖教金	漳浦民族华侨中学
18	杨仲康	11月20日	0.80	杨江泽奖学奖教金	佛昙鸿儒小学

注：

1. **菲律宾捐赠37万元的芳名：**黄怀安4万元、郑远达3万元、郑远强3万元、郑远程3万元、郑远明3万元、黄冠新3万元、黄冠华3万元、黄种洪3万元、黄祖权3万元、黄浦安3万元、郑连捷2万元、黄万福2万元、黄锦川1万元、黄海龙1万元。

2. 香港捐赠 6.7 万港币的芳名：杨炳川 1 万元、吴天籁 1 万元、陈志超 1 万元、杨雅贞 1 万元、王一珉 0.50 万元、陈志通 0.50 万元，陈国武、林亚钦 0.50 万元、陈逢福 0.40 万元、林国钦、李亚凤 0.30 万元、陈汉宗 0.30 万元、杨两程 0.20 万元。

（撰稿人：何惟英）

·漳浦县科学技术协会·

【概况】

2016 年，漳浦县科协贯彻落实《全民科学素质行动计划纲要》，开展主题科普宣传活动，8000 多人次参加，发放科普图书宣传资料 5000 多份；成立科技创新服务分中心，指导 11 家企业成立企业科协，开展创新驱动、助力企业发展，指导学会协会开展活动。

【开展科普宣传】

加强与各县科协和各部门的协调与配合，开展主题科普宣传活动，结合“科普日”“三下乡”等活动，深入盘陀、霞美、赤土、古雷、竹屿等乡镇场开展科普宣传工作，送科技下乡、进社区。在科技周活动期间，举办科普知识讲座 2 场，开展科普培训 2 次、科普进社区 3 次，校园科普活动 2 场，8000 多人次参加，发放科普图书宣传资料 5000 多份。推荐“赤土乡白鹭森林公园”及“火山岛旅旅休闲度假区地学博物馆”为福建省第五批科普教育基地。与漳浦电视台联合，开辟《科普新说》大型科普系列电视专栏，每天滚动播放 2 次，每次时长 30 分钟。联合地震办举办防震科普知识讲座。

【助推企业创新发展】

指导 11 家企业成立企业科协，成立科技创新服务分中心，开展创新驱动、助力企业活动。深入企业、农村一线，开展科技信息服务，为 11 家企业免费安装专利数据检索系统，已建立专家院士工作站的企业 1 家，调研企业 8 家，推荐上报建立专家院士工作站 4 家。

【指导学会协会开展活动】

服务学会协会 加强学会协会队伍建设，深入学会，听取部分学会的工作报告和对科协工作意见和建议。指导县医学会、护理协会、青少年辅导协会开展换届选举、学术讲座等各种活动，收集优秀学术论文，推荐给上级科协。

组织青少年科技教育 发动各教育机构参加省、市科协组织的科技创新大赛，组织推荐参赛作品 26 个，30 余人参加，其中南浦中心校获得三等奖。推荐 2 名教师参加福建省科技创新大赛指导教师培训。

（供稿：县科协）

·漳浦县红十字会·

【概况】

2016 年，漳浦县红十字会履行《中华人民共和国红十字会法》各项职责，开展人道救助工作，在“红十字博爱送万家”活动中，向贫困家庭发放物资 150 份，价值 1.95 万元；助学活动中，发放助学款 5.50 万元，资助 32 名贫困学生；做好重病、大病救助，向重病患者发放救助金 10.80 万元，向大病患者发放医疗救助款 330.40 万元。广泛开展应急救护培训，通过红十字进机关、校园、社区、企业等形式，全年培训急救员 463 人。被评为福建省红十字会系统先进集体。

【人道救助工作】

“博爱送万家”活动 1 月，县红十字会启动“红十字博爱送万家”活动，其间，发放物资 150 份（其中市红十字会下拨 50 份，自筹资金购买物资 100 份），总价值 1.95 万元，将这批物资分配到赤岭畲族乡土塔村、南浦乡龙桥村、大南坂镇、杜浔镇后因村慰问五保户、计生二女户、贫困学生等。

“红十字爱心公益日”活动 1 月 8 日，联合县文明办开展爱心公益日宣传活动，走访慰问

“感动漳州人物”原深土镇敬老院院长林莲花、“自立自强美德少年”漳浦二中八年级学生陈冠荣等9名困难先进模范人物，为他们送去每人400元的慰问金和1箱“博爱送万家”物资。

关爱特殊教育学校学生 10月19日，与县气象局、大众公益志愿者等，到县特殊教育学校，为同学们送去衣物、文具、食品等慰问物资。

红十字助学、助困、助医 是年，发放助学款5.50万元。其中：厦门鹏拓塑胶制品有限公司捐赠助学款4.70万元、聚宝生物有限公司捐赠2000元，县红十字会发放助学款6000元，共资助32名贫困学生；天福集团捐赠1万元，用于盘陀中学购置教学设备、办公及活动经费等。12月9日，县红十字会接收厦门海关罚没运动鞋一批，先后发放给湖西畲族乡后溪村、石榴镇石榴村、沙西镇高山村、赤岭畲族乡石坑村等乡镇。12月14日，会同旧镇镇慰问计生户，为计生困难户送去慰问款3000元及一批慰问物资。是年，接收贫困家庭救助申请7份，发放救助金1.20万元。接收重病患者救助申请56份，向县财政申请大病救助专项资金，向重病患者发放救助金额10.80万元。

大病救助 通过县有线电视台《金浦报》等新闻媒体宣传省红十字会大病救助的政策，申请条件等；加强与县民政局低保股、医保中心、新农合等相关单位对接，取得支持和帮助；做好大病救助申请对象的填表、咨询、服务，信息跟踪反馈。是年，接收符合条件的大病救助申请312份，获得省红十字会医疗救助款330.40万元。

“5·8”红十字博爱周活动 通过微信、微博平台开展为期一周“红十字知识有奖问答”活动；5月6日，联合县绥安中心学校开展“感悟生命·健康成长”体验式生命教育系列活动，活动内容有珍爱生命故事比赛、生命梦想绘画比赛、生命感悟心语卡制作比赛，慰问困难学生10人，发放助学款3000元；9日，组织县红十字会e时代红十字志愿服务队到六鳌镇、官浔镇开展助残济困等志愿服务活动。漳州e时代红十字志愿服务队每月定期组织红十字志愿小分队到六鳌镇、官浔镇慰问贫困户，全年送出慰问金1万元。

【应急救护培训】

进机关 4月27—28日，联合县文明办、县农业局、县志愿者协会，举办第四期应急救护志愿者骨干培训班，县直各文明单位的35名干部职工参加培训。

进校园 5月8日，联合县进修学校开展全县第一期体育教师应急救护培训班，60名教师通过学习和考核，取得红十字救护员证书；8月1日，联合县德才学校举办应急救护培训班，200名夏令营师生参加培训，经过理论和实操的学习，夏令营师生基本掌握急救的理论知识和技能；12月10日，在漳州科技学院举办应急救护培训班，78名师生参加培训，取得红十字救护员证书。

进企业 先后为腾龙芳烃、长运公司、村哲实业、达川食品、大叶伞业、泰庆皮革、香洲皮革、立和、联合发、新潮手套等多家企业培训救护员255人，提高企业员工应对突发事件的能力和水平。

进社区 7月19日，到绥安镇城西社区举办急救知识讲座，为社区居民讲授心肺复苏术的理论知识，并在现场示范实践技能操作，36位社区居民参加。

“世界急救日”活动 9月14日，在县西湖公园开展急救知识普及和量血压活动，为市民测量血压，提供健康知识咨询，并分发应急救护知识、掌上急救宣传单及红十字宣传书签和圆珠笔。

【红十字青少年】

绥安中心学校、实验小学2所红十字体验式生命教育示范校，以“珍爱生命、健康发展”为主题，结合实际先后开展森林防火主题班会、安全急救知识培训、春季传染病的预防常识宣传、“5•12”防灾减灾日防震安全知识讲座等活动。并通过国旗下讲话、校园广播、黑板报、图片展览、班队活动等形式，开展生命教育，在社会上发挥示范引领作用。

【红十字宣传】

利用网站、微博、微信、县有

线电视台、报纸等平台，及时发布应急救护知识，视频，通过宣传，扩大红十字会社会影响力。是年在“八闽九州红十字”刊登报道9篇，县广播电视台播放5条，报纸杂志登载文章15篇，网络媒体报道42篇；县红十字会微信公众平台发送图文消息32条，微博发布信息386条。

（撰稿人：林欢初）

•漳浦县计划生育协会•

【概况】

2016年，漳浦县计生协会投入资金508.41万元，推进协会“联创”建设，全县一流村（居）计生协会和合格村（居）计生协会占全县协会数的87.60%；调整完善会员结构，劝退会员11291人，新入会会员13485人，全县会员49614人；发挥协会网络作用，全县村专职副会长参加小组活动3000多次；女组长开展上门随访服务3万户以上；发放“幸福工程”项目资助款563万元，助力23个乡镇场的贫困母亲356户发展经济；推进“特殊家庭”帮扶项目，发放救助金46万元。

【推进协会“联创”建设】

加大财政支持力度 县财政投入508.41万元用于协会的日常和项目运作，其中包含女组长和专职副会长工作补贴247.60万元，生育关怀55万元，幸福工程40万元，小额贴息15万元等。为支持县计生协会“三个专题”项目活动，5月，县财政追加预算15万元，较2015年计增加财政预算30.21万元。

提高“联创”质量 各乡镇场计生协会按照“全面创建、分批达标，确保质量，提高水平”的工作思路开展“联创”，经验收，全县316个村（居）计生协会中，一流村（居）计生协会159个，占50.30%；合格村（居）计生协会118个，占37.30%；达标“五好”会员小组1454个，达标数占全县会员小组数2291的63.50%。

推进新“双创”活动 在巩固南浦、长桥、大南坂、赤岭、绥安、官浔、前亭、马坪、石榴、赤土、湖西、盘陀、深土、赤湖等14个历年已达标先进乡镇和长桥镇示范乡镇的基础上，是年，新创建盘陀镇为示范乡镇。

调整完善会员结构 制订出台《关于开展村计生协会会员结构调整完善的通知》，开展会员结构调整，完善会员“一包六带头”活动。调整后，全县会员49614人，劝退会员11291人，新入会会员13485人。建立和完善相应的会员培训制度，各建制村有30%以上的会员（即骨干会员）得到培训。完善“会员之家”建设，每个建制村计生协会都为“会员之家”配备必要的宣传设备和宣传材料，健全活动制度。

【发挥协会网络作用】

完善村级女组长工作补贴及绩效考评制度 在调整充实女组长基础上，下达《关于调整计生协会女组长县级工作补贴的通知》，自1月起，根据各乡镇女组长服务对象人数的多少，分别按每人每月50元、60元、70元、80元4个档次进行拨付补贴。同时，各乡镇根据实际情况，为村级计生协会专职副会长、女组长设置绩效奖金。古雷镇专职副会长人均每月300元，女组长人均每月150元；深土、佛昙、霞美等乡镇计生协会专职副会长人均每月100元。为鼓励女组长参加两级例会，各乡镇都为女组长发放误工补贴，女组长每次参加两级例会有30—50元不等的误工补贴。

企业计生协会建设 根据县计生协会制订的《企业计生协会评估标准》及“四有”（有牌子、有机构、有队伍花名册、有活动）要求，加强对乡镇企业计生协会的指导。一帆重工企业协会被评为市“十佳企业计生协会”。

“万、千、百”活动持续开展 加强对村协会业务指导，督促检查其开展活动；各村专职副会长每月参加一次会员小组活动、进行面对面业务指导。是年，全县村专职副会长参加小组活动3000多次；女组长开展上门随访服务3万户以上，并做好随访、例会及小组活动记录。

协会内部资料档案管理 根据《关于加强乡村计生协会两级例会及档案管理工作的通知》要求，各乡镇计生协会对各项工作资料进行收集、分类、整理、装订归档并妥善保管，全县计生协会档案管理工作质量得到较大提升。

【拓展协会服务领域】

"幸福工程"项目资金发放 是年，组织实施发放"幸福工程"项目资助款563万元，助力23个乡镇的贫困母亲356户发展经济。至年底，全县"幸福工程"项目资金累计575.03万元，救助贫困母亲覆盖全县24个乡镇场；滚动发放资金2988.80万元，救助贫困母亲4000多户。

推进"特殊家庭"帮扶项目 开展入户随访慰问，春节和"红五月"期间慰问失独家庭476人次，发放慰问金24.72万元。落实紧急救助，救助23户新发生特殊家庭(其中2016年新产生2户特殊家庭)，发放救助金46万元。开展挂钩帮扶，将特殊家庭帮扶纳入"挂一村帮五户"活动项目中，由县直机关和乡镇政府机关挂钩。建立特殊家庭志愿者服务队伍，开展志愿者服务活动；各乡镇场根据特殊家庭不同需求状况开展健康体检、咨询保健、座谈会等志愿者服务活动。为特殊家庭购买计生家庭意外险。

助力家庭意外伤害保险 至年底，全县参与计生家庭意外伤害保险投保总数30070户，完成年任务数26761户的112.37%；投入保费总额300.70万元，其中公费21.80万元。

开展金秋助学活动 年度高考招录后，县、乡计生协会即组织金秋助学对象申报、审核。对考上大学本一院校的农村二(独)女户女儿每人发给1200元奖学金和慰问品，考上其他本科院校的每人发给800元奖学金和慰问品(由各乡镇负责发放)。是年有450名学生得到扶助，发放助学金、慰问品57万元。

【创新活动宣传载体】

推进"三个专题"项目活动 针对社会热点，开展"三个专题"项目活动(即开展农村计生困难户调查摸底，建档立卡活动及精准扶贫农村计生困难户的活动；开展公共卫生均等化进农村、进企业的试点，提升计生协会关爱母亲生殖健康的服务水平；开展建立农村民主协商制度的试点，发挥群众自治示范村作用，提升农村计生协会工作水平)。通过对"三项专题"工作论证、规划后，选择深土镇车敖村、盘陀镇计生协会及天福茶业有限公司计生协会(企业协会)、赤土乡赤土村为试点，并由县协会3位副会长分别挂钩3个试点单位，指导具体工作开展。赤土乡赤土村将建立农村民主协商制度试点工作与"富美乡村"建设相结合，引领群众自我监督、自我管理、自我服务，自觉落实好人口计生政策；盘陀镇计生协会及漳州天福茶业有限公司计生协会开通微信公众号，定期更新公共卫生知识及协会工作动态，提升计生协会关爱母亲生殖健康的服务水平；深土镇落实责任，收集信息，建档立卡，保障精准扶贫工作深入开展。

"红五月"文化活动 "红五月"期间，全县各乡镇场开展慰问关怀、晚会、服务等活动形式。其中文艺演出3场，受教育人数1200多人；紧急救助62人，发放救助金3.10万元；慰问失独对象116人次，发放慰问金3.48万元；办理保险1123户，其中独生户233户，二女户312户；志愿者服务活动25场次，参与人员204人次；宣传活动23场次，参加人数244人次；义诊咨询9场次，接受义诊512人次，发现病例128例；幸福工程发放对象227人，金额356万元；11个乡镇举行女组长演讲比赛，参加演讲人数58人，受教育人数623人次；县级队伍培训1场，参训人员112人次，镇级队伍培训21场次，参训人员1320人次；召开座谈纪念会5场，参加人数122人次，表彰工作人员21人、好会长63人、优秀女组长372人、优秀会员22人；发放宣传品1.05万份，发放宣传资料3.82万份。11个乡镇开展"阳光女孩"评选活动，评选"阳光女孩"188人，发放奖金和奖品7.50万元。

(供稿：县计生协会)

·漳浦县文学艺术界联合会·

【概况】

2016年，漳浦县文联学习贯彻习近平总书记文艺座谈会讲话精神，坚持文艺“两为”方向和“双百”方针，推动漳浦文化事业繁荣发展，组织举办闽台书画名家邀请展、海峡两岸书画展，协助在福州、厦门举办“记住乡愁－中国民间文化艺术之乡漳浦剪纸精品展”及“闽宁协作漳浦－彭阳书画摄影展”；鼓励精品创作，3 人获漳州市百花文艺奖一等奖，6 人获二、三等奖。

【推动漳浦文化事业繁荣发展】

省书法家志愿活动 1 月 13 日，由福建省文联、福建省书法家协会、漳浦县委、县政府牵头主办的“到人民中去－福建省书法家走进黄道周故里文艺志愿活动”在漳浦县绥安镇大埔村启动。省文联和各级领导及来自全省各地的 56 名书法家参加。

漳浦剪纸精品展 2 月 3 日，由福建省文联、福建省民间文艺家协会主办，漳浦县委、县政府、海峡民间艺术馆承办的“记住乡愁－中国民间文化艺术之乡漳浦剪纸精品展”开幕式在福州市三坊七巷海峡民间艺术馆举行，出席开幕式的有来自省内外 200 多名领导、嘉宾、民间剪纸艺人。展出作品 70 多件。是日，还在福州举行“漳浦民间剪纸的美学价值与现实功能”座谈会。展览持续至 14 日。7 月 23 日，由漳浦县委、县政府主办，县委宣传部、县文联、县文广体局、海峡导报社、厦门传世艺宫联合承办的“记住乡愁－中国民间文化艺术之乡漳浦剪纸精品展”开幕式在厦门传世艺宫美术馆举行，省民协、厦门市文联等领导，以及来自省内外嘉宾、民间剪纸艺人，300 多人出席开幕式，展览持续至 29 日。

闽台书画名家邀请展 6 月 17 日，“丹青追梦－闽台书画名家邀请展”暨漳浦画院挂牌仪式在漳浦县江滨公园的漳浦画院举行。

海峡两岸书画展 9 月 24 日，以漳浦威惠庙建庙 1300 周年为契机，“河南固始、福建漳浦、台湾书画作品联展”在威惠庙开展。此次书画联展荟萃河南固始、福建漳浦、台湾两岸书画家以陈元光诗词为内容的 66 件书法作品和以祖国美好山河为题材的 27 件美术作品，展现各地厚重的文化底蕴和地域特色，“中国国民党荣誉副主席”詹春伯为展览送来墨宝。

【协会活动】

书画展览活动 2 月 19 日，在县博物馆举行“墨香迎春　情怀梁鹿”漳浦县书法艺术促进会书画作品展；2 月 19－28 日，在永嘉天地举行“中国梦　丹青情”2016 漳浦新春画展；4 月 6 日，与县地税局等 9 单位联合举办“诚信纳税　铸就发展”税收宣传月书画展活动；4 月 19 日至 5 月 25 日，“闽宁协作漳浦－彭阳书画摄影展”分别在漳浦县博物馆、宁夏彭阳县体育馆举行；4 月 20 日，在县会议中心举行“道周书法”学术研讨会暨林仲文书法作品集捐赠仪式；6 月 27 日，在县老年大学举行“台湾崇晋书道学会书法作品邀请展”；展出崇晋书道学会会员优秀书法作品 121 幅，展览会持续至 7 月 2 日。11 月 18 日，在东南花都举行第 18 届海峡两岸花博会漳州名家书画展。

文学诗词创作活动 1 月 20 日，举办《漳浦文学》评刊会和“古镇佛昙　滨海侨乡”采风活动，福州、厦门、漳州等地作家学者参加活动；2 月 21 日，在县老年大学举行“金猴献瑞诗词漳浦县丙申元宵诗词吟诵会”；6 月 4 日，在漳浦教育园区举行“第六届漳浦诗人节”开幕式，并举行“行进的节奏•在漳浦大地上”诗歌朗诵会；6 月 9 日，在赤土乡举行“人文赤土　生态万安”漳浦县丙申端午诗词吟诵会。

其他文艺活动 1 月 13 日，协办中国寿山石大师作品捐赠仪式暨杨玉璇艺术成就座谈会；1 月 29 日，在县博物馆举行《忘不了的乡愁－陈达文摄影作品展》；2 月 16 日，在绥城新都广场举办“春的畅想－新春综艺晚会”；3 月 16 日，在福州唐郡文化村举办“记住乡愁－漳浦剪纸福州精品展”座谈会；4 月 23 日，在天读民居书院举行林丹娅《读书是美丽的》暨县作协创作基地揭牌仪式。

【鼓励精品创作】

修订《漳浦县文学艺术作品精品奖》《漳浦县艺术精品展览管理办法》《漳浦县书法艺术奖励制度》等。文艺创作成绩突显，林跃奇历史长篇小说《黄道周》

获国家新闻出版广电总局“2015年优秀网络文学原创作品”奖；吴可彦、林艺阳、黄丽蓉等3人获漳州市百花文艺奖一等奖，另有6人获二、三等奖；《记住乡愁—剪纸精品展作品集》获第25届“金牛杯”全国优秀美术图书金奖。

（供稿：县文联）

·漳浦县关心下一代工作委员会·

【概况】

2016年，漳浦县关工委新发动参加关工委组织的“五老”人数361人。至年底，全县建立各级关工委组织503个，参加关工委成员6836人，其中“五老”参加关工委2874人，“六大员”（报告员、帮教员、家教员、科教员、志愿辅导员、文化市场督导员）队伍4455人。开展“两史”主题报告180多场，受教育青少年5.30万人次；开展法制教育专题讲座121场，受教育青少年4.20万人次。

【开展党史国史主题教育】

开展以纪念建党95周年和长征胜利80周年为主要内容的党史国史主题教育活动，与教育系统关工委联合，到城乡各中小学校开办讲座，向青少年宣传党的革命历史和中国社会的伟大变化，加深青少年对党史国史的认识，引导青少年听党话、跟党走。是年，开展“两史”主题报告180多场，受教育青少年5.30万人次。

【加强关工委基层组织建设】

以乡镇党委政府换届为契机，加强基层关工委组织建设、队伍建设，吸收更多干部加入到关工委队伍中。全县21个乡镇，大部分的分管领导是近两年才加入关工委队伍，新加入关工委的“五老”360多人。

【为青少年办实事好事】

开展三个活动　开展关爱青少年月活动：1月，县关工委深入长桥、官浔、龙岭村等地开展慰问孤儿活动，各乡镇也按照市县关工委文件要求，开展关爱青少年月活动。5月底，在赤湖、长桥、盘陀、南浦、霞美、六鳌、绥安中心幼儿园开展“六一”国际儿童节慰问活动，各乡镇根据自身实际，均开展各种形式的庆祝活动。在“金秋助学”活动中，市、县关工委资助特困大学生28人，发放金额7.20万元；此外，四部门联合发放助学金52多万元。全县发放扶贫助学、奖学奖教金350多万元，资助青少年学生超过4000人。

建立扶贫助学奖学奖教基金会　是年，全县各级关工委发挥自身优势，通过基金会筹集资金，建立各种扶贫助学奖学奖教基金会60多个，为青少年解决实际困难，营造良好的社会环境。

做好“留守儿童”帮扶　摸清全县“留守儿童”的实际情况，做好登记建档，与共青团、妇联、学校、民政等有关部门联合开展结对帮扶，帮助“留守儿童”解决实际困难。

【开展法制教育】

开展普法教育　各级关工委利用各种资源，做好《中华人民共和国未成年人权益保护法》和《中华人民共和国预防未成年人犯罪法》的宣传，开展法制教育，提高青少年爱国思想，遵规守法，提高自我保护意识。是年，全县开展法制教育专题讲座121场，受教育青少年4.20万人次。配合公安机关开展禁毒教育，组织学生观看禁毒宣传影片24场，举办禁毒教育宣传图片活动86场，受教育青少年7.20万人次。针对霞美、深土、六鳌、旧镇等地区出现青少年参与诈骗现象，联合法院、检察院、公安、司法等部门在城乡各地开展反诈骗教育活动，举办讲座22场、专题影片20场、图片展88场，受教育青少年6.80万人次。

协助调解矛盾纠纷　各级关工委发挥“五老”的威望优势，主动充当干群调解员，协助所在地党政组织宣传政策法规，调解项目建设中的征地征迁问题。

（供稿：县关工委）

· 漳浦县残疾人联合会 ·

【概况】

2016年，漳浦县残疾人工作以加快推进残疾人小康进程和打赢残疾人扶贫脱贫攻坚战为重点工作目标，加强村级联络员队伍建设，重新选聘317名村级联络员，实现全县31个乡镇(场)为残疾人服务网络全覆盖；投入资金62万元，为62名贫困白内障患者完成免费复明手术、资助97名残疾儿童进行康复训练、为240名贫困精神病患者提供免费服药医疗救助、向肢体残疾人发放辅助器具120件。做好农村困难残疾人核查核实，全县已纳入建档立卡2008人；做好全国残疾人基本服务状况和需求信息数据动态更新，完成全县328个建制村社区居委会（含虚拟社区)、27353名残疾人的动态更新调查工作。

【残疾人工作队伍建设】

为实现全县残疾人基层组织建设规范化、制度化管理，保证基层残疾人工作有序开展，重新选聘317名村级联络员，并落实每位联络员岗位补贴待遇50元/月。新聘4名乡镇联络员，并对全县乡镇联络员岗位重新调整安排，基本实现全县21个乡镇为残疾人服务网络全覆盖。加强基层联络员的业务能力培训，组织4名乡镇联络员参加市残联举办的业务培训；结合全国残疾人基本服务状况和需求数据信息动态更新工作，分批次组织各乡镇残联对村级联络员进行业务培训。

【制定出台助残政策】

8月26日，出台《漳浦县人民政府关于进一步加快推进残疾人小康进程的实施意见》(浦政文〔2016〕153号)和《漳浦县人民政府关于完善困难残疾人生活补贴和重度残疾人护理补贴制度的实施意见》(浦政文〔2016〕154号)，在保障残疾人基本民生、康复救助、就业创业、托养服务、残疾学生资助、公共服务等方面提出具体的扶持措施。

【落实扶残助残业务】

康复工作 邀请厦门市妇幼保健医院主治医师蔡淑英到漳浦县开展“发育迟缓的早期发现及脑瘫康复治疗”公益讲座，普及残疾儿童预防与早期康复知识；落实“光明行动”项目，投入配套资金11.40万元，为62名贫困白内障患者完成免费复明手术；做好0—6周岁残疾儿童抢救性康复训练救助项目工作，投入配套资金36万元，资助97名残疾儿童进行康复训练；落实省级“一元钱安心计划”项目，投入精神病防治康复经费8.40万元，为240名贫困精神病患者提供免费服药医疗救助；落实国家彩票公益金项目及省级救助项目的各项残疾人辅助器具任务，投入经费6万元，为贫困重度肢体残疾人免费发放轮椅、拐杖、助行器等辅助器具120件，安装假肢、矫形器22例，改善肢体残疾人的生活自理能力。

就业工作 开展按比例安置残疾人工作，审核认定安置残疾人单位118家，缴征残保金490万元；投入资金43.50万元，扶持农村残疾人就业创业87人；推荐绿康盲人保健按摩中心、新起点盲人保健按摩中心、县盲人保健按摩中心参加市级“福乐盲人按摩中心”建设项目示范点的评选工作并通过验收，分别获得市级补助15万元；核定“绿康”等3家盲按中心超比例安排残疾人就业25人，给予奖励资金12.83万元；联合人社、地税、民政等部门，通过审核，有40名残疾人符合享受残疾人自主就业创业社会保险补贴的条件，向他们发放补贴款7.36万元；在“全国助残日”期间，组织选送13名有劳动能力的残疾人参加市残联举办的残疾人就业招聘会，有3人已被用人单位录用；投入5万元继续推动“一县一品”工作的深入开展，有序开展食品烘焙与艺术剪纸等项目，学员已掌握食品烘焙和剪纸艺术的初级技能。

教育工作 配合卫生、教育部门做好6—14周岁适龄儿童少年筛查鉴定工作，以促进全县教育均衡发展。及时对全县残疾学生及享受低保待遇的残疾人子女的扶助补助资料进行审核，共扶助144名学生，发放补助资金27.70万元。

扶贫工作　做好农村困难残疾人核查核实，全县已纳入建档立卡2008人；做好农村贫困残疾人家庭危房存量情况摸底调查，经核实全县贫困残疾人家庭危房存量2555户，已纳入贫困户建档立卡残疾人701户；完成2015年度“安居工程”的验收，给予17户农村贫困残疾人每户补助1.50万元；推进精准扶贫工作，确定佛昙镇5户贫困残疾人为帮扶对象，同时列为年度贫困残疾人就业、创业重点扶持对象，每户给予补助资金6000元；组织实施“机构托养”“居家养护”项目，共审核对象301人，发放资金69.20万元；开展慰问精准帮扶贫困残疾人活动，向10户贫困残疾人发放慰问金5000元和生活物品。

宣传与文体工作　在“全国助残日”，组织开展“关爱孤残儿童让爱撒满人间”主题文艺演出、“同在蓝天下•共筑中国梦——2016年福建省漳州市漳浦县关爱残疾儿童行动”暨“爱心礼包”发放等系列活动。做好2016年肢体残疾人运动苗子及艺术人才选拔，组织参训人员谢艺文等5人次参加2016年省、市残疾人运动员体育训练营；8月，漳浦县选送的运动员李庭申在里约残奥会获得男子50米蛙泳银牌和150米个人混合泳第四名，受到省、市的表彰；县残联被漳州市人民政府记集体三等功一次。

维权办证　落实残疾人机动车燃油补贴政策，完成225名肢体残疾人机动车燃油补助审批，发放补贴款5.85万元；印制第二代“中华人民共和国残疾证”核发告知单3000张，宣传办证工作流程，方便群众了解办证政策。

【做好全国残疾人基本服务状况和需求信息数据动态更新】

召开全县调查员培训工作会议，培训调查员、督导员等364人；督导调查员做好调查工作，其中入户调查23846人，电话调查863人，完成入户调查率为96.51%；做好录入及归档工作，数据录入100%合格，归档社区登记表、残疾人登记表封面、调查底册各328份，残疾人登记表23846份，圆满完成全县328个建制村、社区、居委会(含虚拟社区)27353名残疾人的动态更新调查工作。

（撰稿人：叶志武）

•漳浦县台湾同胞联谊会•

【概况】

2016年，漳浦县台湾同胞联谊会鼓励引导在浦的台胞参政议政，及时向上反映台胞的意见建议，为32名台胞开具台籍身份转换证明；做好困难定居台胞补助工作，向21名老龄定居台胞发放补助金6.72万元，向15名困难定居台胞发放生活补助3.60万元，向13户困难台胞，发放慰问金2.66万元。

【鼓励在浦台胞参政议政】

鼓励引导在浦的台胞为漳浦县的经济繁荣和社会各项事业的发展建言献策，是年，县台联收集漳浦县台籍委员所撰写的提案整理上报，并向县政协报送《关于加强浦台青少年之间的交流了解的建议》社情民意1条；同时，收集在浦的台胞台商对如何做好2016年省委、省政府为民办实事的意见建议，对群众关注度高、社会覆盖面广、民生关联度大的问题进行整理，及时向上级台联组织汇报，为上级台联组织决策提供依据。走访台胞台商，了解他们的真实想法，对“做定居台胞、常住台胞、岛内台胞工作的现状，存在的困难，有何对策及建议”和“5•20后，如何更好地做好对台工作”等2个课题进行调研，向市委统战部报送论文《新形势下拓展闽台交流合作研究》。

【帮扶在浦定居生活贫困台胞】

按照省、市台联的部署要求，县台联会对全县定居生活的台胞进行重新调查核实，摸清全县老龄台胞生活补助人员和困难台胞生活补助人员情况，核实“两补”对象人员信息，并收集相关资料报送上级台联。是年，向21名老龄定居台胞发放补助金6.72万元，向15名困难定居台胞发放生活补助3.60万元；春节前走访慰问困难台胞13户，发放慰问金2.66万元，并向老台胞发放棉被和食用油等生活必需品。

【做好基础工作】

是年，深入调研调查，做好县域内一户特困定居台胞家庭帮扶的申报工作，完成困难台籍学生助学对象的调查摸底和登记，上报贫困生贫困情况说明，并进行公示。做好台籍基础数据统计工作和定居台胞党员情况统计，选送台胞李清秀参加高山族赴台交流活动。选送台籍大学生陈锦玲参加海峡两岸青少年夏令营。

【协助台胞寻根谒祖】

年初，接到市台盟关于台盟中央副主席吴国祯祖籍地有可能在漳浦的信息后，县台联会多次组织人员深入镇村，查阅大量资料，走访吴氏宗亲多人，经过核对，证实吴国祯的祖籍地为石榴镇崎溪村。4月29日，吴国祯在市台盟主委、市人大常委会副主任李珊珊和漳浦县委常委、统战部部长刘达文等人的陪同下，到琦溪村寻根认祖，在吴氏宗祠进行族谱对接。

(供稿:县台联)

·漳浦县老区建设促进会·

【概况】

2016年，县老促会加大老区宣传力度，拍摄《闽南井冈山》纪录片，编纂《历史丰碑》一书，在各类老区报刊发表新闻报道251篇，被中国老促会评为“老区宣传工作一等奖”；开展重点精准扶贫，支持美林、后洞等5个老区村道路建设资金400多万元，扶助资金14万元，支持龙岭梅北发展林下经济和建设野生茶育苗基地；做好老区学子奖学金发放，全年发放各项奖学金151人、22.60万元。

【加大老区宣传力度】

为纪念红军长征胜利80周年，中国共产党成立95周年，漳浦县党的组织成立90周年，县老促会聘请厦门集诚毅文化传播有限公司拍摄《闽南井冈山》纪录片，并制成VCD900片。9月8日，举行首映(首发)式，市县有关领导参加。县委决定结合“两学一做”将此片作为地方党史教材，发至基层党支部。编纂《历史丰碑》，印刷1500册，分发县第十七届人大代表和县第十四届政协委员。同时，加强老区宣传力度，在《中国老区建设》《红土地》《福建日报》等报刊发表文章251篇，其中:《中国老区建设》5篇、《红土地》8篇、《滴水缘》3篇。县老促会、老区办被中国老区建设促进会评为“老区宣传工作一等奖”。

【开展重点精准扶贫】

协调扶助老区村 针对南浦乡的美林村、中西村，赤岭乡的土塔村、湖西乡的后洞村，大南坂镇瓷窑村的道路硬化建设项目的资金缺口大的问题，联系、协调县农业、交通、水利、建设、移民、财政等部门挂钩帮扶，共支持资金400多万元，确保各项目建成通车。县老促会、扶贫协会从扶贫基金运作中提取资金，协调县有关单位和企业捐资，加上省扶贫开发协会下达补助的资金，扶助龙岭村5万元、梅北村4万元，支持两村发展林下经济，种植铁皮石斛、金线莲；支持车本村5万元建设野生茶育苗基地。

开展实用技能培训 会同县农办、人社局及省、市、县农技部门和有资质的培训机构，举办包括果树、蔬菜种植管理及病虫害防治、特种经济、动物养殖等产业知识培训班5期，参训人员198人次；同时，会同慧通职业培训学校举办2期初中文化以上、45岁以下女保育员(中级)培训，100人受训，经考试合格的发给证书。

开展精准扶贫 挂钩帮扶石榴镇龙岭村，全村有贫困户26户、82人，通过各方支持，已脱贫20户。其中:通过培训解决就业，劳务输出的有5户；发展养土鸡、番鸭、养兔的5户；扶持种植青枣、辣木、蜜柚7户；小额信贷支持1户；还争取资金帮助危房改造2户。前亭镇楼下村学生杨巍峰考上漳浦一中，家中只有一个老祖母，无钱交学费和生活费，县扶贫协会每年给予补助6000元，直至其高中毕业。

【建设修复革命遗址】

2016年，在省民政厅和县财政的支持下，投入资金250万元，为1932年6月捍卫苏区、在车本村浴血奋战的红军闽南独立第三团400多位牺牲的指战员，建设一座红军烈士纪念园。此外，投入500多万元。分别重修靖和浦游击根据地旧址—山城村吴氏祖祠；中央红军进漳的红三军七师司令部旧址—石榴镇石榴村的许氏民宅；中共漳州中心县委机关旧址—南浦乡南浦村的徐氏民宅；石榴镇龙岭村吴庭坚烈士纪念亭；位于马坪镇马圩小学的中共漳浦县委机关旧址；霞美镇虎崆岩县委机关旧址。

【老区学子奖学金发放】

县老促会是“福建省黄仲咸奖学金”“漳州科华奖学金”和“陈建平奖学金”的承办单位；同时，与县扶贫协会创办“苏区红苗奖学金”，全年发放各项奖学金151人、22.60万元。于9月26日、10月28日两次在“漳浦县革命历史纪念馆”举行奖学金发放仪式，其间，安排获奖的学生观看纪念馆展览，对他们进行革命传统教育。

（撰稿人：沈淮森）

· 漳浦县企业与企业家联合会 ·

【概况】

2016年，漳浦县企业与企业家联合会引导会员企业用好用足惠企政策，获得补贴、优惠资金350万元；指导15家会员企业获得市级“守合同重信用企业”称号，16家会员企业被评为市第六轮农业产业化市级龙头企业；搭建融资平台，多形式促成40多家会员企业融资8000多万元；帮助30多家会员企业破解生产经营中的土地报批、项目立项、道路供电等困难。县企联被评为全省企联系统先进集体。

【为会员企业维权】

6月，联系县法院在县企联联合成立调解工作室，重点调解会员企业之间，会员企业与企业组织、个人的民商事纠纷，为会员企业提供法律保障；联系县检察院，在县企联成立巡回检察企联联系点，依法保护企业的合法权益，及时打击行政机关部门对企业“吃、拿、卡、要”和办事中梗阻等非法行为。“一室一点”成立后，工作人员或直接受理会员的矛盾和纠纷案件；或主动深入基层企业走访，倾听会员诉求；或组织召开片区工作座谈会，邀请片区会员参加并反映问题。至年底，共收件30件，已妥善调处22件。其中，成功调处一家会员企业单位诉某银行通过财险公司超额收取不动产保险费的纠纷，由某银行退回该企业单位保险费1.20万元，双方消除了误解与矛盾冲突。

【规范、完善会员企业环保设施建设】

宣传新《中华人民共和国环境保护法》，运用正面引导、反面警示等形式，督促会员提升环保意识，自觉践行主体责任，加强污染治理，共同保护生态环境。3月，县企联根据县环保局《关于部分小微企业建设项目补办环评和竣工验收审批手续方案》《关于进一步做好环保违规建设项目清理整顿工作的通知》文件要求，有针对性地组织金浦汽车悬架、青田蔬菜、永顺食品、文达印刷、聚宏食品、绿泰盛蔬菜等16家会员企业及时配合环保局工作。对于符合条件的会员企业帮忙联系有资质机构给予做环评报告，对于在建企业项目帮忙联系登记备案，对于需要整改和设施投入的企业帮忙联系配套规范，事后还不定时跟踪督促，至年底，已有12家会员企业完成备案或通过环评验收。

【引导会员企业用好用足惠企政策】

配合市经信委、市企联以不同方式发放各级政府扶持企业发展政策文件150份（每份2册82条）；配合县经信局开展“进园区、下企业、送政策”活动，累计发放县委、县政府关于加速工业跨越发展的实施意见100份。帮助会员企业对接、申报政府补助或依法享受相应的补贴、优惠，合计资金350万元。其中，帮助1家会员企业搜集整理资料，分别向农业部门和商务部门申报并成功获得冷冻项目45万元资金补助和增加出口创汇60万元资金奖励；帮助1家会员企业申报工业厂房建设68万元补助；帮助1家会员企业申报获得10万元质量品牌奖励等。

【指导会员企业创先争优、转型升级】

创先争优 引导和鼓励会员企业开展创先争优活动,提高企业知名度及市场竞争力。7月,指导20家会员企业参评“2015—2016年度漳州市守合同重信用企业”,丰盛食品、三本肥料工业等15家会员企业获评;11月,指导16家会员企业获评漳州市第六轮农业产业化市级龙头企业。同时,协助会员企业申报各级商标,在2016年度全县新增的5家著名商标中,丰盛食品、福利来、进丰等会员企业榜上有名;7家市知名商标中,顺洋食品、创盈蔬菜等会员企业名列其中。

转型升级 面对全县企业中传统产业过大,新兴产业不足,产品结构单一的问题,着力帮助会员企业加快企业转型升级。引导会员企业的传统产业品牌化、新兴产业规模化、支柱产业高端化,推进一、二、三产业协调发展,助推会员企业向新常态、新模式、新产业转型升级。是年,已有福建扬基生物科技有限公司、福建省四通物流集团、漳浦县远东贸易有限公司等企业成功转型升级。

【扩大对内对外交流空间】

鼓励会员企业走出去引进来,共同为漳浦县招商引资引智出力。6月1—6日,理事会组织12家会员企业到山东青岛、烟台、龙口进行商务考察;9月23—30日,组织10家经营蔬菜和糖果行业的会员企业到沈阳、四平、长春等地考察蔬菜种植及市场行情,宣传漳浦的投资环境,就信息互通、企业合作等事项达成共识。12月15—17日,河南省安阳市殷都区商会会长带领当地企业家一行13人到漳浦县交流访问,组织他们到部分会员企业开展项目洽谈,就加强双方合作达成意向。是年,或帮助会员企业参与接待,或直接邀请接待台湾、泉州、厦门等地客商,或接待外出创业的漳浦籍乡贤共21次,谈妥投资或业务8个。

【为会员企业提供金融帮助】

探讨破解企业融资瓶颈,及时发布金融部门的贷款与金融产品信息,多渠道为会员企业筹措资金。3月22日,组织60位会员参加县政府主办,县经信局、人民银行、银监办等单位承办的银企金融对接会,有4家会员企业在“金融超市”与银行成功对接,达成2500万元的贷款意向。联系有闲置资金的会员企业帮助短期迫切需求资金的企业渡难关,促成20多家会员企业之间开展短期互助,资金达1500多万元。多次与农信社、邮储银行、兴业银行、建设银行等金融部门联系协调,成功为15家会员企业融资4200万元。

【破解会员企业难题】

尽力尽心为帮助会员企业破解生产经营中的难题,是年,先后帮助益才果蔬等十几家企业联系农业局、商务局、经信局申报项目补助和技改创新项目储备;帮助全和公司等6家企业到发改局、国土局、建设局、环保局办妥立项备案、土地报批、房产证、环评手续;帮助鸿鑫果品公司办理企业项目立项、基建报批、厂房建设补助;帮助宏森工贸协调解决项目立项延期、木材加工许可证、产品检验、高炉工资格认证等问题;联系建设局、绥安开发区为同星木业公司大门处的降坡及沥青铺路;联系电力公司帮助解决绿泰盛蔬菜、金浦汽车悬架公司的用电困扰及协调核定锦客隆各门店生活用电、营业用电缴交比例;联系绥安开发区返还金园泡沫厂工业用地基础设施配套费;联系县邮政部门免费为会员企业网上推介产品,并为会员优惠快递物流费;联系县消防大队指导锦客隆各门店消防设施配置和隐患排查等。

(供稿:县企联)

·漳浦县社会科学界联合会·

【概况】

2016年,县社科联开展社科宣传周活动,发放社科普及宣传材料1.60万份;举办“海峡两岸开漳圣王文化学术论坛”,收到省内外、台湾地区及马来西亚的论文78篇，精选31篇优秀论文编印《开漳圣王文化研究》论文集；以“金浦大讲坛”为平台，举办报告会51场，宣讲党的六中全会、省、市、县党代会的精神；制定《漳浦县社会科学普及规划纲要(2016－2020年)》。

【开展社科宣传周活动】

将宣传周活动与“三下乡”活动相结合，扩大活动规模，提升宣传效果。启动仪式设在盘陀中学大操场，县委4套班子的领导、各乡镇的宣委及盘陀中学师生1000多人出席启动仪式。其间，县社科联向盘陀中学捐助3000元社科普及宣传经费并赠送价值6000元的科普书籍；有26个单位参加“科学在你身边”普及咨询活动，发放社科普及宣传材料1.60万份，举办56版社会科学普及图片展。

【社科学术研究出成果】

结合“海峡两岸开漳圣王文化交流会暨漳浦威惠庙建庙1300周年纪念活动”举办“海峡两岸开漳圣王文化学术论坛”。共收到来自马来西亚、中国台湾及河南、山东等地的论文78篇，经专家学者评选，31篇优秀论文入选《开漳圣王文化研究》论文集，已由厦门大学出版社出版。论坛会上，有9位与会的专家教授做主题发言。本次论坛研究领域较为广泛，可归纳为：开漳圣王文化的精神内涵及其特点、开漳圣王文化在中国台湾和海外的传播、陈元光将军家族部将的历史研究与神化探讨、陈元光信仰的发展与圣王文化的形成，漳州、漳浦等地的开发史与遗址考证等5个方面。此外，参与哲学社会科学课题调研，县社科联选送的《“互联网＋社科普及”运行机制与发展模式研究》和《新常态下学校、社会、家庭、网络“四位一体”协同育人研究》2个课题调研项目，均获得市级三等奖。县委调研课题《漳浦县民间信仰的传承与发展研究》《漳浦传统文化的传承与发展情况汇报》获得好评。

【基地建设呈现新气象】

漳浦县有黄道周纪念馆、蔡新故居2个市级社科基地。是年，县财政拨出专款，对黄道周纪念馆进行重新修缮，纪念馆布展工作得到进一步完善。纪念馆也是漳浦道周中学的德育基地，学校每年新生入学都要到此接受教育。是年，纪念馆接纳参观人数8000多人次，发放宣传材料6000份。是年县社科联拨付经费1.50万元，在蔡新故居社科普及基地修建1座宣传栏，宣传社科知识、蔡新简介、廉政文化。结合乡镇宣传文化长廊建设和主题公园建设，将社科知识宣传融入其中，把社会主义核心价值观与传统文化教育相结合，优美的环境与先进文化相结合。

【服务中心工作】

“金浦大讲坛” 紧扣省、市、县党代会和党的六中全会，县社科联与县委讲师团与县党校一起，以“金浦大讲坛”为平台，在机关企事业单位及乡镇场举办讲座，宣讲党的六中全会和省、市、县党代会精神。共举办报告会51场，参加人数6800人次。

开展“做强红色文化，建设美丽乡村”宣传活动 县社科联与金浦报记者一起下乡采风，在《金浦报》上开设专版，图文并茂，宣传“创建绿色富美家园，挖掘红色旅游资源”。共刊发17期。

制订“十三五”社科普及规划纲要 在调研、探讨、广泛征求意见后，结合漳浦实际，制定出台《漳浦县社会科学普及规划纲要(2016－2020年)》，明确漳浦县社科普及工作的指导思想、基本原则、主要目标、主要任务以及机制保障，为漳浦县在“十三五”期间，做好社科普及工作提供指导性意见。

(撰稿人：林杜鸿)

法　治

•法治政府建设•

【概况】

2016年，漳浦县全面落实《中共中央关于全面推进依法治国若干重大问题的决定》和中共中央、国务院《法治政府建设实施纲要（2015－2020年）》（以下简称《纲要》），把法治政府建设作为贯穿政府工作的主线，不断完善工作机制，规范行政行为，增强政府公信力和执行力，促进全县经济社会持续快速发展。

【依法行政】

部署年度依法行政工作　县政府主要领导多次主持召开县政府常务会议，听取推进依法行政建设法治政府工作情况汇报，对规范重大行政决策、行政审批制度改革、排查化解矛盾纠纷、依法行政绩效考核等工作提出一系列要求，强调要加强领导、完善制度、强化问责。根据《福建省2016年推进依法行政建设法治政府工作要点》《漳州市人民政府办公室关于印发漳州市2016年推进依法行政建设法治政府工作要点的通知》精神，结合漳浦县实际，县政府研究制定《漳浦县2016年推进依法行政建设法治政府工作要点》，将法治政府建设工作任务分解到各单位、各部门，统筹推进全县依法行政工作。

完善依法行政工作考核机制　健全考核机制，把依法行政工作纳入全县绩效考评同部署、同考核，年初有计划，年中有检查，年末有考核。对行政机关依法行政工作进行监督检查，将依法行政成效作为衡量各单位、各部门领导班子和领导干部工作实绩的重要内容，并纳入政府年度绩效考核范围。

开展政府法治宣传教育　县乡（镇）两级组建普法讲师团，部门、单位设立普法联络员，在乡镇、村居设立普法宣讲员和辅导员，村（社区）开展“法治文化宣传示范户”活动及“农家书屋”建设工程，全县各中小学校配备法制副校长或法制辅导员，在全县形成一个横向到边、纵向到底、组织有序、覆盖全县的普法网络。同时，运用新媒体开展法律宣传，向社会公开“漳浦普法”、微信公众号，加强舆论引导，密切关注网络舆情，及时主动发布权威信息。12•4全国法制宣传日期间，由县依法治县办、县委宣传部、县司法局、县公安局交警大队主办，以“弘扬宪法精神、协调推进‘四个全面’战略布局、建设法治漳浦、平安漳浦”为主题的“12•4”国家宪法日暨“122”全国交通安全日宣传活动在道周中学举办。通过展板展示、赠阅宣传材料等形式，宣传国家宪法日和交通安全日的相关知识。5月，漳浦县被中宣部、司法部评为“2011－2015年全国法治宣传教育先进县”称号。

【落实《纲要》部署要求】

《纲要》发布后，漳浦县政府高度重视，要求全县各级政府和行政机关结合自身工作职责，谋划和落实法治政府建设的各项任务，以法治思维和法治方式深化改革、推动发展、化解矛盾、维护稳定。结合全县法治政府建设工作实际，开展调研论证，广泛听取意见，研究制定《漳浦县法治政府建设实施方案》，解读《纲要》布置的各项任务，按照任务时间节点纳入全县2016年度推进依法行政建设法治政府工作要点中，细化任务要求，明确责任主体。同时根据《纲要》要求，修订完善依法行政绩效管理考评办法，将《纲要》明确的新任务、新要求纳入考核体系，以绩效考评促进工作质量优化提升。

【提高依法行政意识和能力】

提升法治素养 结合“七五”普法，以会议学法、专题培训、课题研讨、网上学习为主要形式，落实领导干部学法制度，健全公务人员全员经常化、制度化学法用法的工作机制，各乡镇政府、县直各单位利用周一学习例会组织单位干部职工学习法律知识。各职能部门本着“干什么、学什么、用什么”的要求，运用各种方式学习专业法律法规，提高依法行政的意识和能力。县市场监督管理局利用3·15消费者权益保护日、4·26全国知识产权周、12·4国家宪法宣传日、食品安全宣传月、社会科学普及宣传周等开展现场宣传咨询活动，宣传《中华人民共和国消费者权益保护法》《中华人民共和国商标法》《中华人民共和国广告法》《中华人民共和国食品安全法》《中华人民共和国药品管理法》等法律法规和曝光各类经济违法违规案例，引导广大经营者和消费者自觉守法、遇事找法、解难靠法；县城乡规划建设局以推动“七五”普法规划全面实施及国家宪法宣传日活动为契机，组织干部职工学习《中华人民共和国建筑法》《中华人民共和国招投标法》《建设工程安全生产管理条例》《工程质量管理条例》等法律法规；县林业局通过开植树节、爱鸟周、森林防火宣传等活动，采用出动宣传车、印发资料、发送宣传彩信等多种形式，向社会广泛普及林业法律法规知识等。

提高执法人员法治能力 各部门采取参加上级举办的依法行政培训班，专业部门分散培训、以会代训，以案讲法等形式，督促各专业行政执法部门加强学习。是年，漳浦县城乡规划建设、卫生计生、市场监督管理、交通运输、国土资源、安全生产监督管理等部门执法人员参加各级培训班达1300多人次。

完成行政执法主体资格确认和行政执法人员清理 根据省市工作部署，制定漳浦县行政执法主体资格确认和行政执法人员清理工作方案，经第一阶段清理审查，依法确认24个行政机关，9个法律法规授权的组织，5个受委托的行政机关或组织为县级行政执法主体；完成全县行政执法人员执法资格清理，审查通过持有福建省行政执法证件的执法人员527人。同时将漳浦县行政执法主体资格确认和行政执法人员清理结果通过政府门户网站进行公告，接受社会监督。

【加强和改进制度建设】

推进行政决策科学化、民主化、法治化 县政府坚持“集体领导、民主集中、会议决定”原则，强化议事和决策机制，重大问题均提交县政府专题会议、县长办公会议、县政府常务会议集体讨论研究。落实《重大行政决策合法性审查》等六项制度，推进重大事项社会稳定风险评估，从制度的建立和落实上确保重大决策体现公众参与、专家论证、合法审查和集体讨论。发挥县政府法制机关的法律顾问作用，确保县政府重大行政决策事项和重点合同、协议经过合法性审查把关，有效降低政府行为的法律风险和稳定风险。这些制度的落实，有效推进古雷石化项目、迎宾大道、金浦教育园区、佛昙商贸街、红色旅游的道路、万安产业园区建设等热点问题的解决；同时，对迎宾大道项目、港城大道等项目进行重大行政决策实施情况评估。

落实规范性文件管理制度 加强规范性文件监督管理，建立行政法规、规章和规范性文件清理长效机制。注重规范性文件的事前审查，落实规范性文件层级备案制度，切实做到“有件必备、有备必审、有错必纠”。是年，县政府法制办对7件规范性文件认真进行事前法制审核，确保规范性文件既符合法律和上级政策规定并落实有效期制度。县政府对经审核后公布的规范性文件，100%及时上报市政府和县人大常委会备案并在“中国·漳浦”门户网站进行公布。

有序推进政府法律顾问 为落实《纲要》精神，按照《关于推行法律顾问制度和公职律师公司律师制度的意见》（中办发

〔2016〕30 号)《全面推行政府法律顾问制度指导意见》(闽委发〔2016〕10 号)和《漳州市全面推行政府法律顾问制度的实施意见》(漳委发〔2016〕17 号)有关要求,结合漳浦县实际,制订《漳浦县全面推行政府法律顾问制度的实施意见》,明确县直有关部门在 2016 年年底前建立和实施法律顾问制度;乡镇人民政府、国有农林盐茶场、国有企业事业单位可以根据实际情况,在 2016 年年底前建立符合本单位工作需要的政府法律顾问工作模式。充分发挥政府法律顾问在重大行政决策、法治政府建设工作中的作用,在开展法治政府建设工作和作出重大行政决策中,对应当听取法律顾问意见的事项,均听取法律顾问的意见或建议。

【开展行政审批制度改革】

推行行政权力清单制度 推行行政权力清单制度,公开县直各政府部门的行政权力事项,严格按照对外公布的行政权力清单行使行政职权。经县委研究审议通过的《县政府部门责任清单》已于 2015 年 10 月底完成公布;2016 年 10 月底,完成乡镇政府权责清单编制工作,明确各乡镇权责事项和目录,并向社会公布。乡镇政府权责事项195 项,其中行政许可 5 项,行政处罚 5 项,行政强制 5 项,行政征收 1 项,行政征用 1 项,行政裁决 2 项,行政给付 6 项,行政监督检查 38 项,公共服务 15 项,政策法规 3 项,发展规划 14 项,指导协调 4 项,其他权责事项 96 项。

优化审批流程,推动并联审批 建立健全行政审批事项动态清理和调整机制,持续取消、下放(委托)和调整一批县级行政审批事项;突出问题导向、基层导向和需求导向,推进县级行政审批和便民服务事项向乡镇延伸,最大限度为企业松绑,便民利民;对相同、相近或相关联的审批事项,一并取消或下放;精简投资审批和行政审批中介服务事项,减少职业资格许可认定。全面落实“五个规范”和“四个统一”,根据全省统一规范的行政审批和服务事项,推进事项名称、申报材料、办理环节、办理时限和审查工作细则的标准化,建立环节标准、时限标准、材料标准,推行编码管理,实现审批服务规范化、标准化、信息化、便利化。梳理、优化、再造审批流程,推进并联审批,实现提速增效。结合深化和完善“多规合一”工作,依法推进建设项目流程再造,提升审批服务效率。

【落实执法责任制和执法监督】

开展行政执法案卷评查 县政府法制办组织有关部门的人员及法官、律师等人员组成案卷评查小组,根据《中华人民共和国行政处罚法》《中华人民共和国行政许可法》及相关法规,从案卷评查入手,规范行政执法程序。重点检查环保、安监、经贸、发改、民政、林业、农业、市管、卫计、文体、交通等 11 个县直行政执法部门办理审结的行政处罚和行政许可案卷,检查行政执法行为的主体和程序是否合法,运用行政裁量权是否合理,说理是否充分,文书制作和归档是否规范等。对评查发现的问题,在全县范围内进行通报,并督促相关部门进行整改。通过开展行政执法案卷评查,进一步提高行政执法人员的依法行政意识和规范执法的能力和水平。

行政执法规范化建设及行政执法监督 各执法部门在原有规范行政权力运行工作的基础上,结合实际进一步建立健全信息公开制度、集体讨论制度、自由裁量权制度、行政执法过错和错案责任追究、告知和说明理由、执法时限、案例指导、行政执法责任、监督检查、考核评议等相关配套制度。严格制定并执行自由裁量标准,采取建立自由裁量内卡,责任追究制度等措施,防止出现违法裁量、滥用裁量权的现象。创新执法监督方式,县检察院、县政府法制办、县效能办通过运用执法信息平台、“两法”衔接信息共享平台,对行政处罚运行实行全程、实时监控,提高执法效率和规范化水平。6 月 19 日,下发《漳浦县人民政府办公室关于加强漳浦县行政执法与刑事司法共享平台使用管理有关问题的通知》,推动全县执法机关在新形势下进一步转变工作方式,提高工作效率。

打造和拓展便于群众监督的平台 县政府在自觉接受人大监督、政协民主监督的同时,重视人民群众的监督和社会舆论监督，不断完善群众举报投诉制度，畅通受理渠道，主动听取社会各界对漳浦建设发展的意见和建议。县政府及各部门都设立监督投诉电话，在“中国漳浦”网站上设立投诉专栏，凡是对政府及职能部门行政行为存在异议、意见的，均可在网上进行投诉，由有关部门负责处理，并将处理结果在网上进行答复，整个过程公开透明。完善行政处罚、行政许可公示制度，将行政处罚基准和典型案例、行政许可的条件、标准、程序、时限等向社会公布，接受社会监督。逐步健全政务公开制度，通过政府公告栏、“中国漳浦”网站及新闻媒体等，多渠道向社会公布政务信息。县政府和各部门通过网络进行电子政务公开，及时向社会发布重要信息，使人民群众有更多的知情权，更便于对行政机关实施有效的监督。是年，县政府门户网站“县长信箱”专栏共收到群众反馈信息77条，部门回复率100%，群众满意度96%。

【着力完善纠纷化解机制】

依法开展行政复议工作 漳浦县政府将行政复议作为依法化解行政纠纷和开展执法监督的重要手段，始终保持行政复议申请渠道通畅，行政复议案件数量一直位列全市前列。是年，县政府收到行政复议申请8件，受理8件，全部审结。其中驳回行政复议申请1件，维持原行政行为2件，经协调申请人自动撤回申请5件。

自觉履行行政复议被申请人职责 县政府作为行政复议被申请人的行政复议案件9件，驳回3件，复议申请人撤回申请1件，审理中5件。在配合漳州市政府法制办开展行政复议案件审理过程中，漳浦县均能按规定、按时向上级行政复议机关提出书面答复并提交当时作出具体行政行为的证据、依据和其他有关材料，主动配合市政府法制办复议案件现场勘验等，较好地履行行政复议被申请人职责。

依法履行行政应诉职责 加强县政府与法院良性互动，发挥互动工作机制的主渠道作用，做好行政应诉工作，接受人民法院依照行政诉讼法对行政机关实施的监督，依法出庭应诉。是年，行政诉讼应诉22件（其中一审案件12件）。对法院受理的行政诉讼案件，县政府在法定期限内提交答辩书和相关证据材料，并做好配合人民法院进行案件审理的相关准备工作。

落实人民调解工作机制 开展人民调解专项活动，做到有部署、有计划、有总结，每月印发调解工作专刊。基层调解工作经验被省委办公厅《八闽快讯》专刊推广，政府购买服务选聘镇村两级调解员的做法也在省市司法行政系统推广，5个调解典型案例在福建综合频道《调解有一套》录制并连续播出。县委书记、县长、政法委书记等领导多次听取开展矛盾纠纷排查调处工作汇报，亲自处理群众反映集中可能影响本地稳定的重大矛盾纠纷。在县直单位建立行业性人民调解委员会30个，建立信访、医疗、交通、劳动、国土、建设、工商联及旅游等纠纷多发行业和征地拆迁、涉法涉诉等重点领域的矛盾纠纷排查汇报制度。开展各种人民调解专项活动，增强部门间在化解矛盾纠纷上的协调配合，推进“公调对接”“检调对接”“诉调对接”工作机制，将人民调解与行政调解、司法调解有机衔接、联动配合，做到维稳、信访、矛盾纠纷排查信息“三合一”，做到“排查一件调处一件”，将社会矛盾化解在基层，消除在萌芽状态。是年，全县共开展矛盾纠纷排查活动25次，排查调处各类矛盾纠纷并录入人民调解信息系统案件4022件，调处率100%，其中调解成功4009件，成功率99.68%。

（供稿：县政府办）

政法委与综合

【概况】

2016年，漳浦县政法综治工作强化矛盾纠纷排查化解；加大投入，建设“雪亮工程”等社会治安防控体系和以专带群、全民参与的群防模式；开展制售假烟、电信诈骗、道路交通安全等专项整治及“六个专项治理”；漳浦县被中宣部、司法部授予“2011—2015年度全国法治教育先进县”称号，被漳州市评为综治平安先进单位。

【维护社会安定稳定】

落实综治领导责任制　县委常委全年召开4次以上会议，专题研究政法综治工作。年初通过全县三级干部会议，向乡镇场、县直机关签订下发《2016年党政领导综治责任书》，明确目标要求和工作任务。把落实综治领导责任纳入乡镇、机关年度绩效工作考核内容，分值500分，仅次于经济发展分值。层层落实责任，做到有部署、有督促、有考核、有奖惩；并与领导干部评先评优、晋职晋级直接挂钩，严格执行综治领导责任查究和一票否决权，确保将综治责任和工作措施落到实处。

开展国家安全和反邪教工作　强化情报信息收集力度和预知预警能力，对邪教重点人、重点区域、重点部位及涉军、涉教、涉疆、涉藏等关注对象，全部纳入管控视线，密切关注其活动态势，严防敌对势力渗透破坏和案件发生。持续深化无邪教村居创建，坚持“六个”纳入（把反邪教工作纳入基层党建、精神文明建设、社会治安综合治理、网格化建设、新农村建设和中小学教学计划）。深化教育效果，为反邪教警示教育长效机制注入活力，形成覆盖机关、学校及农村的反邪教警示教育网络新格局；以网络建设为依托，开展“家庭拒绝邪教”“防邪识邪知识进家庭”等活动，不断拓展反邪教宣传新领域，提高干部群众识邪、防邪、反邪意识；加强重点人教育转化，落实“一人一案、一人一专班”，定期走访重点邪教人员，跟踪调查核实情况，对3名诬告滥诉人员落实转化稳控措施，对7名邪教人员进行法律政策教育，将12名三级邪教人员转为四级管理。

开展社会风险评估　落实重大决策、重大项目、重大活动的社会稳定风险评估制度，把评估当作一道法定前置程序严格执行，改变风险评估工作流于形式，可有可无，事后补充评估、滞后评估，评估项目推进脱节等现状。对项目建设中涉及群众切身利益的补偿标准、安置方案和环境影响等问题以及潜在的各类不稳定因素进行细致的预测、分析和评估，制定风险防范应对策略和消减措施，最大限度地降低矛盾隐患，确保重大项目建设顺利推进。

【排查化解矛盾纠纷】

落实矛盾纠纷排查化解工作制度　开展乡镇场每周、县每半月矛盾纠纷排查制度，将每月信访联席会议、维稳例会与矛盾纠纷排查调处工作协调会议合并召开，汇总分析。县直单位、各乡镇维稳信访矛盾化解工作情况形成会议纪要，针对突出敏感问题和有可能激化的矛盾纠纷，明确责任分工，研究化解措施，确保矛盾不激化，大事不出镇、小事不出村的工作格局。

加强基层调解　做好基层调解，用最精确的方法化解一线矛盾，用农村办法解决农村问题；发挥各乡镇综治信访维稳中心“人大代表工作室”作用，选择农村工作经验丰富、办事能力强和不同行业具有权威性的人大代表参与化解社会矛盾。是年，全县和谐乡村促进会参与调解矛盾纠纷4375件，调处成功4335件，调处成功率99.13%。做好专业调解，建立多个实际要求、富有特色的行业性调委会，在矛盾纠纷多发领域建立专业调解中心，化解社会矛盾。至年底，建立交通、医患、国土、住建、环保、人社等行业性人民调解委员会29个，专业调解组织13个。通过实行专业调解员第三方调解，行政调解、人民调解、司法调解、法律援助、保险理赔、社会救助等“一站式”化解，有效减少纠纷双方对立。道路交通调解、医患纠纷调解工作处于全省前列；劳动人事争议调处中心12月被评为全省唯一的全国优秀服务示范窗口。用好联席化解，用会诊方式解决疑难问题。发挥县信访调解中心作用，建立“本单位调处、中心常驻人员联合调处，部门主要领导协商调处，县领导牵头集中调处”的四级调处机制，运用领导包案、集中会诊的方式破解“老、大、难”问题。探索推行信访积案专案评审和公开听证等方法，实现信访调解工作由“中转站”向“终点站”转变，达到“化解一批、办结一批、稳控一批”的效果。

开展执法监督和案件评查　以省委政法委等七部门出台的《福建省关于党委政法委员会对政法执法活动进行监督的实施细则》为主线，全面加强法律监督，开展案件评查和化解工作。是年，市委政法委交办涉法涉诉信访案2件，已全部化解。以案件评查为载体，做好每个案件评查，做到件件有落实，重点案件有跟踪；对信访热点案件、假烟机案件等，分别抽出重点案件在政法部门开展交叉评查或集中评查，纠正执法办案中的瑕疵，促进办案规范，完成市政法委下达6件评查案件。开展司法救助，是年，县财政拨出专项资金150万元，中央专项资金30万元，司法救助27件27人次，总金额为100.34万元。

【重点整治遏制犯罪】

重点打击影响群众安全感的严重暴力犯罪和多发性侵财犯罪。是年，全县立刑事案件2715起，同比立案数减少369起，下降11.90%，破案888起，破案率32.70%，同比提升0.70%。其中，立八类案件150起，破113起，破案率75.30%；同比立案数减少2起，下降1.30%；立多发侵财案件2023起，破获449起，破案率22.20%，起诉侵财犯罪嫌疑人271人，专项考评排名全市第一；现行命案立4起，全部破案，破案率100%。检察机关受理审查逮捕案件266件341人，审查起诉案件666件844人；其中起诉严重暴力犯罪案件161人，“两抢一盗”等多发侵财案件247人。依托办案家访、捕诉前和解、不捕直诉、检调对接等办案新机制，深入基层化解矛盾，开展办案家访72次，促成刑事和解13件，不捕38件58人，不诉26件45人。审判机关审结刑事案件618件862人，其中判处有期徒刑10年以上有14人，5年以上10年以下有期徒刑37人；针对危害人民群众生命财产安全的突出问题，审结强奸、“两抢一盗”、故意伤害等犯罪246件331人；加大打击人民群众关心关注的危害食品药品安全、环境污染等犯罪力度，依法判处刑罚15人；突出整治毒品犯罪行为，审结涉毒案件34件36人；及时审结涉“两违”刑事案件3件3人。

【社会治安防控体系建设】

建设政府投入、社会采集的“雪亮工程”　按照全省公共安全视频建设联网应用（雪亮工程）要求，加大视频监控体系建设投入，以公安、综治办等政府布建的视频监控探头为主、以社会面收集的探头为补充，统筹由公安机关和基层派出所使用，做到重要部位、复杂场所和农村薄弱地区公共区域视频监控系统基本全覆盖。

打造以专带群、全民参与的群防模式　加强镇、村专兼职巡防队伍、企业、小区、学校等单位保安队伍建设管理，实行以专带群的区域巡防，最大限度提高路面见警率。通过政府购买公共服务，推进漳浦县城市巡防应急服务公司建设，由公安巡特警大队负责管理，配备以退伍军人为主的专职巡防队员120人，实行以正式民警带队的路面巡逻、便衣反盗抢、视频巡查的“三位一体”勤务模式；并承负参与抢险救灾和处置各种突发事件的任务，发挥“一队多用”作用。公司成立后，县城区刑事发案率同比下降30.20%，盗窃发案率同比下降41.10%，摩托车盗窃发案率同比下降57.10%。在古雷港区成立古雷分公司，提升古雷新港城社会治安管控能力。3月18日，漳州市专职巡防队伍规范化建设现场会在漳浦县召开。

【开展社会治安重点整治】

挂牌重点整治点整治　前亭镇、霞美镇被市政法委列为2016年挂牌重点整治点。针对前亭镇制售假烟的突出问题，县组建以法院院长为队长的工作队进驻开展整治，投入专项整治经费90多万元，在各村片区落实打假责任制，构建严密的情报网、巡查网、监控网，并实行情报收集、举报奖励制度，有效遏制案件发生，一年中，该辖区没有发生制售假烟案件。针对霞美镇电信诈骗案件多发突出问题，县组建以公安局长为队长的工作队，投入专项整治经费40多万元，通过进村入户宣传、调查，走访群众1万多户，摸排出重点人员571人，对重点对象加强管控，有效控制辖区内电信诈骗案发。一年中，发案4起，与上年度持平；没有发生外出从事电信诈骗被抓获的情况。是年，全县查获制假烟机27台（套）。

道路交通安全整治　完善提升道路交通安全基础设施，在县城区4条主干道、国道漳浦段主要路口、交通复杂地段或设置中央隔离带，或设置交通安全警示标志，完善监控系统，增设减速带等。开展道路交通安全综合整治，强化路面秩序管控，严肃查处交通违规行为。

缉枪制爆专项行动　加强易燃易爆危险品监控，切实消除各类不稳定因素。是年，立涉枪涉爆犯罪案件4起，侦破3起，收缴枪支10把，查处人员5人。

【强化基层综治组织建设】

把镇、村综治基层基础工作作为全县政法综治工作基本出发点，多次开展督导，促进镇村两级综治信访维稳中心（站）的规范化建设，确保矛盾排查周例会记录、主要领导综治实绩档案表、信访化解记录等综治工作材料齐全，专职巡防队、维稳三支队伍等基层组织根据要求履行职责。第三季度，结合村级换届选举，对所有平安中心户长及综治协管员进行调整聘任，新聘平安中心户长2657人，综治协管员299人。对综治协管员实行“县聘、乡管、村用”制度，加强管理，建立实绩档案、每月一次例会、每季度一评比等制度；各乡镇场派出所、司法所每季度进行一次分类指导和实践业务操作培训；村一级坚持每月由综治协管员召开一次平安中心户长会议，集中了解社情民意，交流工作体会，提高业务水平。

【推广城乡社区网格化建设】

按照农村全覆盖、社区规范提升要求，全面推广城乡社区网格化建设。县财政专项补助450万元，建成225个村级网格化管理服务站，实现全县80%以上的建制村网格化服务管理规范化建设要求。将村级日常综治业务工作纳入网格上报事项，健全源头发现、巡查走访、信息收集、问题处置的运行机制；共录居民信息人数78.69万人，占全县居住人口的98%，其中本地户籍人口74.84万人，流动人口3.85万人。平台基层数据完整率100%，网格事件及时上报率100%，事件办结率80%，实现基层社会治理信息化、管理智能化。

【推进“六个专项治理”】

严重精神障碍患者肇事肇祸治理　由卫计部门牵头，综治办协调，公安、民政以及各乡镇场密切配合，确诊3级以上风险患者480人（3级351人，4级88人，5级41人，死亡10人），逐一建立“清单”管理制度，做到应录尽录、应收尽收、应治尽治。

寄递物流专项治理　强化行业规范化管理，要求各寄递单位对寄运的物品必须100%先验视、后封箱，寄递物流必须100%实名制，邮件、快件必须100%通过X光机安检。

危险物品安全监管专项治理　是年检查企业176家次，排查整改安全隐患问题197处。

毒品问题专项治理　开展“飓风肃毒”活动，加强毒品运输的情报监控和精确打击，破毒品案件54起，抓获毒品犯罪嫌疑人70人；查获吸毒人员255人，缴获各类毒品16993.32克。

电信诈骗和涉众型金融犯罪专项治理　3月，成立公安局刑侦大队反电信诈骗专业侦查队，加强专案攻坚。至年底，立案419起，同比上升42.50%，破案74起，同比上升131.30%，破案率21.10%，同比上升8.20%；刑事拘留嫌疑人54人，同比上升45.90%，提请批准逮捕嫌疑人16人、同比上升700%；涉案金额785万元，同比上升28.90%，追缴赃款约28.70万元。

“执行难”专项治理　开展“案件执行年”活动，以涉金融、民生、特殊人员和挂牌督办等重点案件为突破口，加大集中清理执行积案力度。“案件执行年”活动考评保持在全市前列，第三季度考评全市第一。

【综治平安建设宣传】

结合省、市公众安全感调查，在3、6、9、11、12月开展综治平安建设集中宣传活动。县委政法委、宣传部从10月8日起，联合开展为期2个月时间的“平安乡镇创建风采展示”和“首届平安乡镇微信票选活动”。通过电视、报刊、网络、微信、短信、微电影等传播媒体，营造浓厚氛围。全县关注并参与投票人数20.60万人。

（供稿：县委政法委）

·公安·

【概况】

2016年,漳浦县公安机关通过实施“飓风肃毒”、夏季社会治安综合整治行动等专项行动,破获刑事案件888起,巩固社会安全秩序,提升群众安全感和满意率;加强道路交通安全管理,查处交通违法行为10.92万起,扣留机动车22156辆;推进户籍制度改革,解决户口登记99人,办理居民身份证8.52万张;优化和出入境管理服务,通过自助受理机、网上受理业务等形式,受理公民出入境申请3.08万人次;加大资金投入,提升警务科技水平,推进社会治安防控体系建设,新安装视频监控系统231处监控点350路,视频监控系统建设水平走在全市乃至全省前列。

【提高打击破案效能】

2016年,以“砺剑2016”“飓风肃毒”、打击虚假信息诈骗、追逃等专项行动为重点,抓实日常打击、专业打击与专项行动,巩固社会安全秩序,提升群众安全感和满意率。是年,立刑事案件2715起破888起,破案率32.70%,与上年度同比,立案数减少369起,下降11.90%,破案率提升0.70个百分点;提请检察机关批准逮捕302件413人(批捕266件341人、不捕38件58人),提起公诉699件993人。

打击八类严重暴力犯罪 树立“命案必破”的理念,强化多警联动快速反应机制,全力开展命案攻坚。将命案侦破机制导入到打击八类严重暴力犯罪工作中,发挥侦查谋略和侦查手段作用,强力推进八类严重暴力案件侦破工作。是年,立八类案件150起,破113起,破案率75.30%;与上年度同比,立案数减少2起,下降1.30%;现行命案立4起,破4起,命案实现全破;另破年前积案1起,抓获本地历年命案逃犯1人、外省命案逃犯1人、年内命案逃犯1人,命案侦破专项考评工作居全市前列。

开展“砺剑2016”专项行动 以破小案保民生“砺剑2016”专项行动为载体,采取情报导侦、便衣抓现、串并案侦查等有效措施,加大入室盗窃、盗窃摩托车、盗窃车内财物等侵财案件打击力度;对系列性、跨区性、流窜性、团伙性、职业性犯罪案件,加强研判,快速打击。是年,立多发性侵财案件2023起,破获449起,破案率22.20%;抓获侵财作案人员271人,起诉侵财犯罪嫌疑人234人,侦办省督办案件3起,追缴赃款100多万元。

打击防范虚假信息诈骗犯罪 成立打击电信网络诈骗专业队,深化打击协作,强化重点地区整治,落实宣传防范与挽损止付并举,有效提升专项治理效能。是年,立电信网络新型违法犯罪案件467起,破案80起,破案率17.09%,打掉电信网络新型违法犯罪团伙8个,刑拘犯罪嫌疑人60人、提请批准逮捕16人,追回赃款27.25万元,成功止付金额200多万元。

开展追逃专项工作 突出追逃工作重点,把故意杀人在逃人员、历年在逃人员、外省在逃人员缉捕作为重中之重,开展侦查抓捕;敦促在逃人员投案自首,做好本地籍在逃人员的劝投及抓捕。是年,抓获各类网上逃犯243人,其中年前在逃人员120人、外省在逃人员45人、本省外县市在逃人员44人,抓获杀人在逃人员3人;追回本地历年在逃人员119人、下降率为70%,至年底,全县库存在逃人员132人,库存占比4.42%。

“飓风肃毒”会战行动 围绕毒品问题专项治理和“飓风肃毒”行动既定目标任务,多举措加以推进,确保任务目标落实。会战期间,查获吸毒人员244人,破获贩毒案件54起,打击毒品犯罪嫌疑人65人,排查吸毒人员671人。成功侦破公安部督办“2016－352”网络贩毒、许某等人制贩毒目标案件2起,缴获各类毒品17072克,其中海洛因350克,冰毒16722克。追回社区戒毒社区康复脱失人员12人,管控率达88%,会战及吸毒人员见面清查等工作成效均位居全市前列。开展禁毒宣传教育活动,牵头创建位于漳浦教育园区的“漳浦县毒品预防教育基地”和“大南坂中学毒品预防教育示范校”。

缉枪治爆专项行动 围绕

反恐维稳大局，按照公安部、省厅、市局部署，狠抓各项措施落实，严防严打枪爆犯罪活动，推动缉枪治爆专项行动深入开展。是年，立案4起，结案3起。8月30日，在泉州市丰泽区成功抓获公安部督办涉爆在逃人员苏某，圆满完成漳州市缉枪涉爆在逃人员到案率百分百的目标。

做优县城区巡防打控新模式　做强做优县城区巡防一体化工作，对县城区巡防勤务进行调整完善，建立“点上守”“线上巡”“面上控”三位一体的整体运作机制，有效实现县城区立体化巡防打防管控目标，县城区刑事案件发案同比下降30.20%，群众安全感明显增强，并以此带动全县平安建设取得显著成效。上半年及第三季度，漳浦县综治维稳考评多年来首次进入全市前三位。

【着力守护社会公共安全】

治安要素管控责任和措施　坚持日常管理防范与全面清查整治相结合的方法，以查隐患、督整改，查制度、督落实“两查两督”为重点，组织开展危爆物品大检查活动；是年，组织开展民爆物品、烟花爆竹安全检查330余次，收缴气枪63把，管制刀具19把，收缴炮弹3枚，子弹4690发。强化对寄递业的治安管理，组织开展寄递单位“三个100%”制度专项督导，组织寄递物流落实三个百分百情况，暗访测试87次，安全检查140家次，查处内保案件23起，并严格按照G20峰会期间市寄递分拣（分拨）处理场所安保工作规定，落实派驻责任民警制度。

突出问题得到有效整治　针对古雷港“后征拆时期”社会管理问题突出，加大黄赌毒打击整治力度，开展娱乐行业场所管理整顿，集中清查行动7次，清查娱乐场所26家，发现隐患18处，现场整改16处，限期整改2处，查处黄赌毒案件31起。开展打击非法传销专项活动，捣毁传销窝点4个，立案4起，破案4起，抓获犯罪嫌疑人9人，教育遣散传销人员42人，有效遏制传销违法犯罪活动蔓延势头，4月29日，漳州市打击传销暨创建无传销县（市、区）活动现场经验交流会在漳浦县召开。

夏季社会治安综合整治行动　以全省公安机关部署开展夏季社会治安综合整治行动为契机，主动加压发力、全警全力攻坚，3次集中统一行动，成效均位居全市前列。第一次集中统一行动：抓获网上在逃人员13人、破“盗抢骗”专项行动案件56起，查办网络侵犯个人信息案件8起，收缴非法枪支16支、子弹1834发，查处内保行政案件68起，处罚违规宾馆、网吧20家，项目完成量排名全市第一。第二次集中统一行动：访查出租房屋4902户、旅馆63家，重点出租房屋、宾旅馆访查覆盖率和微信申报活动情况达标率均100%，新登记出租房屋374户、查缴重点物品5起；破获毒品案件19起、抓获犯罪嫌疑人19人、找回脱失人员12人，查处吸毒人员74人，见面排查吸毒人员612人；整治严重交通违法行为3667起，排查卫星定位装置不联网不在线车辆85辆次、约谈“两客一危”企业24家次；检查“两客一危”企业144家次、排查隐患车辆847辆次、排查问题驾驶人423人次、排查动态监控制度不落实企业5起，行动成效位居全市第一。第三次集中统一行动：排查登记“低慢小”飞行器生产、销售、使用单位1家，具有制作、操纵、驾驶技能人员2人，飞行器1个；检查车辆332辆，检查人员1101人，核查需重点关注人员117人，查获违法犯罪嫌疑人1人，查获在逃人员1人；查缴枪支3支，子弹269发，管制刀具8把，检查危险物品从业单位62家次，发现隐患问题16处并全部责令整改到位。

开展“打四黑除四害”和“清水蓝天”行动　加强打假治劣，推进“打四黑除四害”专项工作深入开展。是年，立涉假烟案件50起，破17起，破获公安部督办假烟案件1起，省厅挂牌督办假烟案件1起；捣毁制假窝点26个，抓获涉假人员65人，缴获卷烟机台26台（套）、假烟1400余件、半成品假烟360余件，散装烟支2500余件，烟丝3700余包、盘纸、水松纸、滤嘴棒等其他原辅材料2500余件，折合人民币3000余万元。联合相关单位先后组织开展2次“清水蓝天”统一行动，查处涉及环保案件4起，行政拘留6人。

强化道路交通安全管理 落实“党政同责、一岗双责”工作机制，以“降事故、保安全、保畅通”为目标，相继开展集中整治酒后驾驶行为专项行动、涉摩违法行为专项治理，交通安全综合整治“大干50天”攻坚战等活动，加强对超速违法行为的整治、县城区交通秩序整治和农村道路交通秩序管控，严格落实每月“逢六”“逢九”集中整治涉酒驾驶交通违法行为统一行动日勤务，维护道路交通秩序。是年，全县发生一般以上交通事故202起，造成死亡132人、受伤134人，直接经济损失44.78万元。与上年度同比，起数增加34起，上升20.02%；死亡人数增加33人，上升35.33%；受伤人数增加9人，上升7.20%；直接经济损失增加1.81万元，上升4.20%；查处交通违法行为10.92万起，扣留机动车22156辆，扣证1282本，拘留603人。其中严重交通违法行为35259起（醉酒117起，饮酒549起，超员8990起，超载1465起，超速1259起，未戴安全头盔11681起，涉证6589起，涉牌4609起）。

提升消防安全管理水平 强化灭火救援处置准备与救援能力建设，健全社会火灾防控体系，持续优化社会消防安全环境。是年，接火灾警情458起，出动消防车527辆次、消防官兵2994人次，抢救被困人员83人，疏散人员22人，抢救财产价值151.70万元；检查单位959家，督促整改火灾隐患861处，对35家违法单位或个人依法进行行政处罚，并临时查封11家，责令“三停”18家，提请县政府对华美达大酒店重大火灾隐患挂牌督办并完成整改销案工作。依托重点单位和社区，在全县建立58个微型消防站，3个消防安全联防协作组织；依托乡镇建成10支二级消防队，8支志愿队，并将盘陀、长桥、佛昙3个派出所的微型消防站纳入119平台调度；安装简易消防设施1500余个，新增市政消火栓50个。

【推进户籍制度改革】

推进农村户口城镇化 落实户籍制度改革，推行差别化落户政策，引导和鼓励农业转移人口向城镇、县城区转移落户。根据国家统计局标准区乡村代码城乡属性，对公安人口信息系统中漳浦县区乡村进行清理、核对、完善，配合做好行政区划调整及村改居工作中公安人口信息系统地域属性的调整更改，提高户籍人口城镇化率。

出台居住证管理办法 根据《漳州市人民政府办公室关于印发漳州市居住证制度实施方案的通知》，征求发展改革、教育、综治、卫计等相关各部门意见，推动出台《漳浦县居住证制度实施方案》。

统筹推进相关领域配套改革 加强与社会保障、医疗、住房等相关部门的协调，推动各部门出台相应配套改革文件。其中，《漳浦县公共租赁住房管理办法》将县城区外来务工人员和由农村户口转移至县城区人员纳入申报对象。

解决无户口人员登记 根据《福建省人民政府办公厅关于解决无户口人员登记户口问题的实施意见》精神和要求，开展解决无户口人员户籍登记。是年，排查无户口人员151人，解决户口登记99人，其他未解决人员先行予以登记，逐人根据具体情况进行调查核实，对照相关规定逐步解决。

建立居民身份证异地受理挂失申报和丢失招领制度 推进居民身份证“三项制度”的落实，升级派出所户籍窗口软硬件，逐所开展系统安装调试，指导模拟操作；组织全县户籍管理工作人员开展居民身份证异地受理、挂失申报和丢失招领“三项制度”业务培训，从7月1日起，全面受理居民身份证挂失申报和丢失招领业务，从10月10日起，全面开展跨省居民身份证异地受理工作。至12月31日，全县受理跨省居民身份证5张，挂失申报4751张。

落实《福建省公安机关户口管理规范》 规范身份证申领流程，落实公安派出所户籍窗口当场制发临时居民身份证便民服务。是年，登记出生22733人、死亡4327人、迁入5523人、迁出6244人，办理居民身份证85186张（其中跨省异地受理5张），办理临时证1322张。

推进“互联网＋公安政务服务”平台建设 依托福建公安公众服务网5＋N办事大厅和“福

建治安便民”微信的“指尖办事”，组织落实网上户籍业务办理工作，拓宽服务群众的渠道。是年，审核审批办结微信户政业务申报460笔，办结365笔。

规范派出所出具证明工作　根据公安部等12部委《关于改进和规范公安派出所出具证明工作的意见》文件精神和上级公安机关相关文件要求，县公安局明确公安派出所根据具体情况予以办理开具的证明主要有：户口登记项目内容变更更正证明；注销户口证明；亲属关系证明；被拐儿童身份证明；捡拾弃婴（儿童）报案证明；非正常死亡证明；临时身份证明；无犯罪记录证明；法律法规规定的由公安派出所出具证明的其他情形。其他对于居民户口簿、居民身份证、护照完全能够证明事项不再开具证明。其他需要证明的事项，由有关部门和单位遵循于法有据和“谁主管、谁负责”的原则予以开具。

【提升交通管理服务水平】

推行机动车登记检验服务群众措施　从6月起，交警大队车管所3个摩托车检测站每周六均安排加班检测，加班检测376辆。在农村及偏远地区实行摩托车“带牌销售”，是年，摩托车“带牌销售”注册登记7113辆。

推行受理单制度和办理时限承诺制　根据上级文件精神，推行受理单制度如受案回执、驾驶证办理回执单等；制作公安行政许可事项服务指南、办理流程图，推行办理时限承诺制，规范行政审批及公共服务有关工作，服务指南和服务承诺向社会公开。公安行政许可事项办理环节压缩到5个环节以内，还没有承诺办理时限的控制在法定时限60%以内。

实施快处快赔机制　2015年11月1日，成立县交通事故快处快赔处理中心。推行互碰互赔、保险理赔中心等快处快赔机制，实现道路交通事故快速处理和保险理赔“一站式”服务。至2016年12月末，处理案件275起。

【优化出入境管理服务】

推进电子往来台湾通行证试点改革，优化办证流程，增加办证类型，扩展受理范围。4月中旬起，省内居民通过自助受理机，可就近办理往来港澳旅游再次签注；9月起，自助受理机可以受理省内居民赴台旅游签注；12月1日起，开展省内居民赴台旅游签注网上受理业务。是年，受理公民出入境申请30778人次，其中：受理因私出国护照6739人次、受理内地居民赴港澳19031人次、受理往台申请4877人次、台湾居民办证131人次；办理境外人员入境临时住宿登记数4992人次，查处涉外案件12起29人，其中外国人非法居留案件2起2人、非法入境案件10起27人。

【落实重点项目联络员制度】

根据市局《关于建立重点项目联络员制度的通知》要求，结合辖区实际，县公安局“属地为主、分级挂钩”原则，对45个在建设重点项目（其中省级12个、市级7个）明确挂钩局领导和属地辖区派出所工作职责，开展工作，帮助企业解决实际困难，维护企业发展环境。至年底，局班子成员共走访重点企业45家，掌握不稳定因素22处，排除化解数21处，为企业提供服务104次，获企业赠送锦旗1面，帮助建立安全防范制度企业46家，收集工作建议57条，发现隐患30处，帮助隐患整改26处，组织开展企业周边治安整治行动67次。

【信访维稳工作】

信访工作　是年，接待来信来访702人次，其中来访520人次，来信182人次；受理信访件285起，其中初件154件，重件131件；内导办理及受理信访事项177件，不予受理的58件。年内信访受理信访件比上年度同期（2015年受理213件）下降17%。至年底，已办结97件，办结息诉55件，办结率86%；上级交办21件信访积案已全部办结或息诉，其中省厅8件，办结4件，息诉4件；市局8件，办结4件，息诉4件；县联席办5件，办结1件，息诉4件。

维稳工作　围绕县委、县政府各项经济发展战役，加大涉征涉迁维稳处置力度，是年，共服务保障房屋征收262.30万平方米、征地1400公顷、收海7467公顷，化解涉征矛盾纠纷近200件次，查办涉征案件42起、查处涉案人员73人次。同时，加快对涉稳案事件的依法查处和快速处置，是年，先后处置“8·12电力公司围聚索要高额赔偿”案事件组织人员，处置古雷新港城部分群众反映信号塔辐射并要求拆除基站事件；参与“9·7”古雷杏仔海域落水及“12·20”古雷海域渔船等事件处置与善后工作。

【推进执法规范建设】

落实法制员派驻制度 派驻法制员对所派驻部门的各类执法活动进行实时监督和定期评议，把好案件质量关，变事后监督为全程监督，在第一时间对所派驻部门的接处警、受（立）案、采取侦查强制措施等案件办理、执法活动全过程督促整改，实现指导服务前移，执法监督全覆盖的目标。至年底，派驻法制员考评2015年11月至2016年12月案件7777起，发现考评执法问题28499个，通过督促，落实整改反馈25388个，整改率为85.65%。

推进涉案财物及执法办案场所管理 2月，完成新版涉案财物管理模块推广使用工作，并举办多次涉案财物管理培训。3月15日，租用漳浦县鸿杰汽车服务有限公司作为涉案车辆停车场并开始启用。9月，组织对需入库涉案财物进行专项治理，统计出2016年未入库涉案财物900多件，及时给予整改完毕，入库率达100%。同时，加强执法办案场所软硬件建设，购买配发办案单位新版执法办案系统电脑153台，对基层所队办案区234台电脑进行升级更换。

落实执法主体责任和考评奖惩制度 根据《漳州市公安局建立全市公安机关法律顾问制度的意见》，建立健全公安机关法律风险防范机制。加大对执法质量奖惩落实力度，激发案件主办民警、办案部门兼职法制员、办案部门负责人、派驻法制员以及法制部门审核人员的责任心和工作积极性。是年，通过“三项制度”问责约谈民警113人次，奖励省市县案件考评分达90分以上的主办民警、法制员及派驻、审核民警44人次，落实对10名通过高级执法资格民警奖励每人3000元。

【队伍纪律作风建设】

修订2016年度综合考评具体办法，建立健全“要情日清、维稳周会商、工作月汇总、季度一评析”精细管理制度，围绕4个时间节点抓早抓实各项公安业务工作。建立跟踪督办制度，解决执行不力的问题，制定《漳浦县公安局督办工作制度》，固化队伍求真务实、雷厉风行的工作作风，形成工作有部署、有落实、有结果、有反馈的新常态。抓实常态监督机制，解决问责不严的问题，制定《2016年漳浦县公安局落实党风廉政建设“两个责任”清单》《2016年全县公安机关落实党风廉政建设责任制考核办法》，建立健全“三项制度”的使用，做到令行禁止。是年，采取“三项制度”166人次，其中打招呼97人次，谈话57人次，告诫12人次，谈话函询4人次，提醒谈话2次；自查民警违纪案件13人次，党政纪处分5人次，倒查问责落实“两个责任”不力责任领导6人次。

【加大科技建设应用投入】

推进基础保障标准化建设配齐配强反恐处突击应急救灾装备，升级更换全局办案电脑，完成旧镇警犬基地（场）改造建设，完成长桥所“暖警工程”改造建设，大南坂派出所业务用房顺利完成封顶，深土、石榴、官浔、南浦4个派出所业务用房项目奠基开工。

强化警务合成作战科技支撑 推进漳浦技侦分站和网侦工作站创建，县公安局技侦分站于7月28日揭牌设立，先后投入270余万元采购专用技侦设备及办公器材，成立后，配合交案单位抓获犯罪嫌疑人22人。做强网侦工作站，调整充实网安大队警力配置，先后投入近200万元，采购信息安全登记保护检查工具箱、电子数据采集分析勘察、手机数据采集分析勘察设备等，并完成二级网安大队建设和四级互联网监控中心、四级网安警务室建设，基本完成取证实验室和无线上网(WIFI)管控系统建设。

**推进社会治安防控体系建

设 投入近1800多万元，完成古雷港区二期及乡镇重点路段公安视频监控建设(漳浦县报警监控系统四期项目)。至年底,古雷港区报警监控系统56处监控点66路，重点乡镇报警监控系统监控点175处284路;公安视频监控已建成运行,是年市局下达的70路视频监控已全部推送完毕,20路微卡口已经建设完成。至年底,已推送至市局联网平台600多路,道路交通监控系统有22套信号灯控制系统,配备建设电警16套、抓拍卡口29套,另有182个高清视频监控探头,视频监控系统建设水平走在全市乃至全省前列。

(供稿:县公安局)

·检 察·

【概况】

2016年,漳浦县检察院深化检察官办案责任制改革试点工作，落实检察人员分类管理;持续加强“两提升五过硬”建设,批捕犯罪嫌疑人341人、起诉943人，查办各领域职务犯罪18件22人;服务社会经济发展,提供法律咨询26件，起诉破坏生态环境资源犯罪9件11人，监督查封非法加工企业4家;加强侦查活动监督，立案监督33件39人，追捕追诉漏犯40人，发出《纠正违法通知书》18份,针对涉嫌虚假仲裁移送法院执行监督发出检察建议17件；受理县人大交办信访件3件,代表意见建议15条。

【宽严相济维护社会稳定】

履行批捕起诉职能 2016年，批捕犯罪嫌疑人341人、起诉943人。其中起诉故意杀人、强奸等严重暴力犯罪161人，“两抢一盗”等多发性侵财犯罪247人，电信网络诈骗犯罪30人。开展办案家访72次,促成刑事和解13件，不批捕38件58人、附条件不诉7件9人、不起诉26件36人。运用两岸司法互助平台,将一起电信诈骗犯罪涉案赃款37万余元退还台籍被害人。针对办案中发现电信、新农合诈骗犯罪多发的情况，撰写《当前电信诈骗“打而不死”检察机关建议加强源头治理》《新农合资金“唐僧肉”又遇“新妖怪”》信息专报,被省委、最高检、中央办公厅秘书局等采用。

深化未检一体化办案机制 创建未成年犯社会调查检察官亲历机制，提升社会调查针对性、实效性、客观性,促进“未检”保护工作；开展社会调查13人次，作出附条件不起诉9人,相对不起诉11人。

【服务社会经济发展】

服务“四大重点区域”建设 选派4名院领导、2名干警常驻古雷、杜浔、绥安等重点区域建设地参与安置劝导、化解纠纷等工作。运用预防调查、检察建议等形式协助征迁地所在镇村完善资产管理等制度,保障项目建设在法治轨道内开展。

服务“六项重点”建设 服务发展环境建设,依法打击影响项目推进等各类涉企犯罪28件63人，查办职务犯罪4件5人；走访企业12家，提供法律咨询26件。服务生态文明建设,起诉破坏生态环境资源犯罪9件11人，查办职务犯罪2件2人,联合相关部门重点整治南溪流域长桥溪支流水质污染问题,监督查封非法加工企业4家。

【推进反腐倡廉】

查办群众热切关注领域职务犯罪 重点查办重大项目建设、专项补贴资金管理、生态环境保护等领域犯罪,立案侦查贪污贿赂犯罪12件16人,渎职侵权犯罪6件6人,查办处级要案2件2人，为国家追回经济损失475万余元。查办古雷征地收海环节领导干部与村民共同贪污征迁补偿款窝串案5件7人,排查并立案非法采矿背后国土部门工作人员玩忽职守案2件2人。

开展职务犯罪预防工作 针对查办的侵吞粮补款案、国土局执法人员职务犯罪案件,开展案例分析,形成《查办行政执法领域职务犯罪（2011—2015年）情况专项报告》，并促成县国土局等执法单位开展为期6个月队伍大整顿；制作《蔡新PK和珅》获得全省检察机关“优秀H5廉政微片”；开展警示教育35次,受教育人数1500余人;开辟行贿犯罪档案查询直通道,提供查询1471次。

【强化法律监督】

加大诉讼活动监督力度　加强侦查活动监督，立案监督33件39人，追捕追诉漏犯40人；发出《纠正违法通知书》18份，推行主任检察官亲历性办案，排除非法证据6份，开展羁押必要性审查20件21人，均被采纳变更强制措施。加强审判活动监督，对认为确有错误的判决、裁定提出、提请刑事、民事抗诉4件，获法院采纳3件；针对涉嫌虚假仲裁移送法院执行监督发出检察建议17件，有效促进司法公正。加强刑罚执行和监管活动监督，查出2013年以来涉及财产执行罪犯2036名交由法院核查，核定确认11名审前未羁押判实刑未收监、未暂予监外执行罪犯，已监督纠正9人，另外2名已进入保外就医病情鉴定程序。着力化解涉法涉诉纠纷，按期办理并反馈群众控告申诉举报136件；办理国家司法救助案件2件，发放救助款6.50万元。

加大巡回检察监督力度　开展危害食品药品安全犯罪和破坏生态环境犯罪专项法律监督，促进依法行政。参与县环保局联合执法5次，监督整改超标排污企业4家，移送行政执法机关处罚3件4人。开展涉台巡回检察工作调研，撰写情况反映《经济下行压力下台企台商对司法保障"五大期待"》信息专报被市委、省检、省委和最高检采用。推进军检共建常态化，组织6名公安边防、消防法制员到县检察院业务部门跟班见习。

【实施检察改革任务】

深化检察官办案责任制改革试点工作，研究制定轻微刑事案件不诉证据规格、自侦案件侦审协作配合等具体规定，加强办案环节配合协作及内部监督制约。从8月起，按照省检察院司法体制改革统一部署，落实检察人员分类管理，首批31名员额检察官宣誓履职。全面推行检务公开，筹建集案管受案、送达、律师阅卷、刑事申诉案件公开审查等一体的检务公开大厅。探索推行不捕不诉案件公开听证机制，召开不捕不诉案件听证会13次。成立新媒体运营中心，加强"两微一端"新媒体建设，5期官方微信进入政法机关微信影响力排行榜，拍摄全省检察机关首部控申题材《爱的救赎》微电影。打造"多载体一站式"服务律师平台，实现检律互动常态化，接待律师113人次，召开全市检律互动座谈会1次。

【自觉接受监督】

主动将检察工作置于党的领导、人大监督之下，坚持重要部署、重要情况和重大案件，主动向县委、县人大请示报告；落实县人大常委会的审议意见，重视办理人大代表意见、批评和建议。开通微信、短信平台，走访等方式加强与代表沟通交流，邀请代表参加听证会、市院巡察工作会等，保障代表履行监督权利。是年，受理县人大交办信访件3件，均办结反馈；对代表提出的意见建议15条，均分流到相关科室限期办理。

（供稿：县检察院）

·法　院·

【概况】

2016年，漳浦县人民法院创新阳光司法机制，严格司法，加强审判，受理各类案件12495件，办结9615件；推动司法职能延伸，服务地方经济建设，及时化解涉重大石化项目案件54件，标的额达1.65亿元，保障重大项目建设推进；落实解决司法服务群众"最后一公里"问题措施，为困难群众缓减免交诉讼费15.40万元，发放执行救助基金70.20万元。

【严格司法加强审判】

依法严惩刑事犯罪　依法严厉打击各种刑事犯罪，开展规范化审判工作，审结刑事一审案件618件863人。严惩危害群众安全感的犯罪，审结强奸、聚众斗殴、寻衅滋事、故意伤害、"两抢一盗"等案件295件432人；打击职务犯罪，强化罚金刑适用，审结职务犯罪案件14件22人，判处罚金246万元；打击假烟、危险驾驶等犯罪，从严判处假烟犯罪11件22人，17名被告人被判处有期徒刑15年至8个月不等的刑罚；审结危险驾驶案件 124 件，判处实刑 42 件 42 人，实刑率达 33.90%，与上年度同比上升 258.50%。同时，坚持宽严相济，从重判处 10 年以上有期徒刑 13 人，5 年以上 10 年以下有期徒刑 36 人；对具有从轻、减轻情节的 457 名被告人判处缓刑、拘役、免刑或单处罚金。

妥善平衡民事关系　注重弘扬诚实信用原则，调节好各种社会关系，营造和谐的社会环境。审结民商事案件 6349 件，标的额 5.43 亿元，调撤率 49.52%。依法保障和改善民生，审结劳动、道路交通、“三农”等涉民生案件 705 件。妥善审理婚姻家庭、抚养、继承案件，审结该类案件 1005 件，调解、撤诉 784 件，调撤率达 77.80%。维护守约方利益、制裁违约失信行为，平等保护市场主体利益，审结合同类案件 4629 件。稳妥审理金融借款、民间借贷等案件，防范金融风险，稳定经济秩序，办结 3536 件。

加强行政审判　应对漳浦法院作为漳州市行政案件集中管辖法院之一所带来的案件激增情形，优化审判资源，审结行政诉讼案件 113 件，同比增长 214%。审查非诉行政执行案件 309 件。严格施行修改后的行政诉讼法，努力推动行政机关负责人出庭应诉，出庭应诉率 100%。通过走访座谈、司法建议、培训授课、庭审观摩、府院良性互动联席会议和诉前建议机制等方式强化沟通交流、加强执法规范、指导依法行政、预防化解纠纷，提升依法行政水平。

【推动司法职能延伸】

保障重大项目建设　及时研判并积极回应涉及古雷开发区、前亭工业园、万安生态产业园项目建设中的司法需求，及时化解涉重大石化项目案件 54 件，标的额达 1.65 亿元。出台服务中小企业文件，审慎处理保护金融债权和帮扶企业生存关系，妥善采取“放水养鱼”等方式化解企业债务。设立涉项目司法直通车，建立司法服务保障“绿色通道”。

保障特色产业发展　围绕省级生态示范县创建、两岸石化基地建设，着力推进各项特色司法工作。探索涉台审判新机制，完善两岸司法互助、台胞陪审制度，设立涉台社区矫正基地，得到上级法院充分肯定。4 月，省台办、省法院在漳浦县召开对台湾犯罪人依法适用缓刑假释现场会。力推生态环境司法保护，探索建立复植补绿、公益诉讼等生态审判机制，在县政府支持下，建立生态修复基金 50 万元，是年，促使被告人预缴“复植补绿”资金 15.80 万元。

保障平安漳浦建设　发挥理诉疏访、多元化解机制功能，加大诉前纠纷化解力度，特别注重刑附民案件调解工作，调撤率达 59.30%，最大限度地促进案结事了人和。落实平安建设和社会管理综合治理措施，做好社区矫正、回访帮教、监外执行等工作，健全涉诉舆情监测研判制度，建立网络阅评员队伍，牵头组成工作队进驻前亭镇开展治安重点整治，推进立体化社会治安防控体系建设。开展“六五”普法，深化法律“六进”活动。

【落实司法为民措施】

完善便民体系　推行非工作时间预约诉讼、立案登记、“跨域”立案，完善诉讼服务中心功能，落实《解决司法服务群众“最后一公里”问题的 20 项措施》。按照“一建制村一巡回办案服务点”要求，强化人民法庭、巡回审判点、巡回办案服务点、便民服务联系人“四位一体”建设。健全司法救助体系，救助资金纳入县财政预算，为 32 名困难群众缓减免交诉讼费 15.40 万元，发放执行救助基金 70.20 万元，为 16 名符合条件的被告人指定辩护律师。

化解涉诉信访　将信访积案清理活动与日常信访工作有机结合，落实各项信访制度规定，强化信访人诉求“诉”类与“访”类的区分甄别，根据案件具体情况，分别采取事了息访、法理攻心、司法救助、剥离分流、移交稳控等措施，有效化解涉诉信访案件。全年化解涉诉信访件 16 件，6 件省级、5 件市级信访清积任务全部完成。工作经验得到市中院领导的肯定，批示全市法院学习推广。

开展执行“清积”　结合“案件执行年”活动，开展执行积案集中清理活动，执结各类案件 2199 件，总标的额 3806.96 万元。选准涉民生、涉金融、涉特殊人员和挂牌督办等重点案件为突破口，按片区开展执行会战，先后开展会战43次，司法拘留516人次，以涉嫌拒执罪移送公安机关立案侦查6件8人，引导自诉2件3人，执结一批“钉子案”。加大信用惩戒力度，采取多种方式，曝光失信被执行人2987人，促进履行义务256件，标的额378.65万元。用足网络查控系统，开展执行“五查”，查询2.20万多次，成功执结340件。

【创新机制提升公信度】

创新司法规范机制　突出对审限监控和存案监管，制订《审限刚性管理规定》，加强流程节点管理、程序监督以及审判运行态势研判，建立符合审判规律的流程管理制度。健全案件质效评查长效机制，制订《2016年案件评查工作实施方案》，坚持“两评查”与质量自查、交叉评查相结合；评查二审发改案件106件、常规案件304件，有效提升案件质量和效率。全院审判态势运行良好，存案工作量从年初的4.70下降到2.00以下，位居全市基层法院前列。

创新涉企调解机制　与县企业与企业家联合会共同设立企联工作调解室，在各工业园区设立维权工作联系点，建立联系平台，排查化解纠纷，开展巡回办案和法律咨询、法律教育、法律宣传活动。聘任3名涉企案件特邀调解员，开展就地委托调解、邀请调解、指导调解。完善调解网络，设立涉企诉讼调解“快车道”，依法维护好企业和企业家的合法权益。

创新阳光司法机制　深化审判流程、裁判文书、执行信息三大公开平台建设，推行上网文书质量保障机制，上网裁判文书4891件，发现文书瑕疵并整改14件。强化“八个看得见”系统功能，实现审判法庭数字化改造，加快运行法院官方网站、微博和微信。推进庭审同步录音录像，开展庭审直播，及时发布重大、典型案件的庭审或执行信息，庭审直播各类案件23件，向执行申请人发送信息2.20万条，回应群众知情权。

【提升队伍素质】

审务督察督查　以工作中存在的法律文书错漏、说理释法不透、个别案件拖拉等问题为导向，开展“六难三案”“差错漏失拖”等专项整治。对照专项整治任务，突出薄弱环节和重点岗位，加强效能检查、审务督察，是年开展效能检查和审务督察21次，发现问题9个，并督促整改。

强化司法能力　支持干警参加学历教育、司法考试、跟班学习和审判实务培训、异地高校培训，加强新法新规、司法技能、群众工作法培训教育，增强干警职业素养。选派57名干警参加各类培训，同时，采用师徒结对传帮带、案例现场教学、庭审观摩、岗位练兵、技能比武等方式，注重从实践中提升干警的综合能力。全年开展疑难案件研讨、办案竞赛、专题学习、学术讨论、案件研讨12场次，

廉政建设　发挥廉政例会、廉政短信、文化楼道、廉政谈话、家庭助廉“五个平台”的作用，坚持家访谈心、个人重大事项报告和廉政“八必谈”制度，落实廉政谈话46人次。重新调整选任16名专兼职廉政监察员，选任13名人大代表、政协委员为人民法院监督员。

（供稿：县人民法院）

·司法行政·

【概况】

2016年，漳浦县司法行政工作履行全县普法依法治理、人民调解、社区矫正与安置帮教、法律援助、公证等职能，开展矛盾纠纷排查活动25次，排查调处各类矛盾纠纷4022件，调处率100%，其中调解成功4009件，成功率99.68%；解答群众法律咨询2324人次，办理各类公证1516件，受理及指派办理法律援助案件294件，受援人总数342人，为受援人挽回损失或取得利益1950万元；5月，漳浦县被中宣部、司法部评为“2011－2015年全国法治宣传教育先进县”称号。

【创新社会矛盾纠纷排查调处】

在县直单位建立行业性人民调解委员会30个，建立信访、医疗、交通、劳动、国土、建设、工

商联及旅游等纠纷多发行业和征地拆迁、涉法涉诉等重点领域的矛盾纠纷排查汇报制度。开展各种人民调解专项活动，增强部门间在化解矛盾纠纷的协调配合，推进“公调对接”“检调对接”“诉调对接”工作机制，将人民调解与行政调解、司法调解有机衔接、联动配合，做到“排查一件调处一件”，将社会矛盾化解在基层，消除在萌芽状态。全县开展矛盾纠纷排查活动25次，排查调处各类矛盾纠纷并录入人民调解信息系统案件4022件，调处率100%，其中调解成功4009件，成功率99.68%。

【社区矫正与安置帮教】

在全省首创建立台籍人员社区矫正基地，受到国台办、最高法院的高度评价。加强重点对象管控，严格执行社区矫正“日定位、周听声、月见面、季评议、年考评”和社区矫正人员报到、就业、就医、请销假、迁居等工作制度。是年，全县在册管理刑释人员3643人，通过各种形式安置3640人，衔接、安置、帮教率均达99.92%；累计接收社区矫正对象3683人，解除矫正3067人，在控在矫人数616人。取得“管得住”“矫得好”“帮得上”的成效。

【提升法律服务工作效能】

创建县、乡、村公共法律服务平台，实施“一村一法律顾问”全覆盖，打造1小时法律援助服务圈，让群众在家门口就能享受“法律服务快餐”。发挥公证处、律师事务所、基层法律服务所等法律服务行业的职能作用，引导律师、法律工作者参与政府信访接访。是年，全县办理各类公证1516件，办证准确率和合格率均达100%；受理及指派办理法律援助案件294件，受援人数342人，接待法律咨询890人次，为受援人挽回损失或取得利益1950万元；全县律师、法律服务工作者参与信访接访126人次，解答群众法律咨询2324人次；参与涉法信访调解案件21件，化解社会矛盾纠纷1365件。

【普法依法治理工作深入推进】

坚持和完善法治宣传教育工作考核评估和奖惩激励机制，深化“法律六进”活动，培育“法律六进”示范点；拓展法治宣传渠道，因地制宜利用乡镇及村（居）公共活动场所建设法治公园、法治广场、法治长廊、法治宣传栏等，扩大法治宣传覆盖面。运用新媒体开展司法行政宣传，向社会公开“漳浦普法”“漳浦调解”等微信公众号，加强舆论引导，密切关注网络舆情，及时主动发布权威信息。

（供稿：县司法局）

【漳浦特色美食】

肉圆扁食

※主料：漳浦肉圆20粒、扁食20粒

※配料：蒜丁2克（炸过）、芹菜末5克

※调料：精盐3克、鱼露3克、肉圆原汤300克

※制作方法：

1、将肉圆和肉圆汤放入净锅里面，大火加热煮开，倒入调有精盐、虾油、蒜丁、芹菜末汤碗内。

2、另一热水锅将扁食放入大火煮开5分钟左右，捞起倒入肉圆碗内即可混合食用。

※特点：肉圆弹性爽口、扁食粘滑味香、两者相伴，美味又止饥。

※营养成分：蛋白质35.4克　脂肪76克　能量1030千卡　钙60毫克　铁7.1毫克　锌5.2毫克　维生素A116微克　维生素E1.02毫克　维生素B10.6毫克　维生素B20.38毫克　维生素C10毫克

漳浦美食协会供稿

人民武装

•武装部工作•

【概况】

2016来，漳浦县人武部狠抓各项工作落实，人武部全面建设呈现出较好发展势头，圆满完成征兵工作，大学生占比50.6%；开展民兵整组，编实建强三大类114支队伍；加强专武干部、民兵营连长、专业骨干训练，提高专业技术骨干能力素质；组织民兵预备役人员600多人次参加抗洪抢险，2000多人次参与驻地开展植树造林、环境卫生整治等活动。

【圆满完成征兵任务】

根据征兵时间调整，及早筹划、及时部署、积极展开。在全国征兵工作会议召开之前，就率教育、民政、公安等部门人员深入驻地高校进行征兵宣传，帮助大学生算清“三笔账”，营造“一人参军、全家光荣”的政治氛围，调动广大适龄青年应征积极性。在新兵征集过程中，严把体格检查、政治审查、走访调查、审批定兵、安全输送和廉洁征兵“六个关口”，做到每一个环节按照标准工作到位、跟踪到底、责任到人。是年，漳浦县圆满完成征兵工作，在征集的新兵中，大学生占比50.6%。

【开展民兵整组】

围绕十二五规划任务要求，根据上级关于民兵调整改革指示精神，做到早筹划、早部署，确保整组工作有序展开。人武部领导先后3次深入基层武装部实地调研论证，面对面检查指导，特别是漳州军分区检查验收后，部党委一班人不盲目乐观，主动查找问题，分2个检查组，采取逐单位、逐点位过的办法，对基层年度整组工作情况进行检查评比。是年，编实建强三大类114支队伍，确保关键时刻拉得出、用得上。

【加强军事训练】

着眼从实战、实际需要出发，突出人武部机关训练，按照每月定计划、定时间、定内容、定标准，重点组织基础理论学习、指挥技能、识图用图、体能等内容训练；突出专武干部、民兵营连长、专业骨干训练，先后派出3批24人次参加上级组织的专武干部和专业骨干集训，其中参加省军区武装部长集训2人，取得优秀学员的好成绩；组织80名民兵营连长、信息员集训和30人的通信、维修队伍及海上信息员分队、防空导弹专业等专业训练，提高专业技术骨干能力素质。

【参加地方公益活动】

发挥桥梁纽带作用，开展形式多样拥政爱民活动。组织干部职工、民兵预备役人员600多人次参加防汛抗洪、抢险救灾。组织干部职工、民兵预备役人员2000多人次，参与驻地开展植树造林、环境卫生整治等活动。参与社会公益、扶贫帮困活动，“六一”儿童节和教师节，拿出5000元慰问学校教师和小朋友；拿出2万元慰问挂钩村贫困对象；在漳浦一中开展“助学帮困行动”，部机关干部职工共捐款2.10万元，扶持4名贫困学生。贯彻两级军区党委首长关爱“一老一少一基层”活动，拨出1.08万元，慰问军区范围内18名营连主官。

【开展军事及抗洪演练】

首长机关演习 协调县国动委各办、动用民兵60人,高标准完成“前卫”演练,得到上级机关和首长的肯定及通报表彰。演习中民兵编组合理、机动迅速,战斗行动展开快、指挥员情况处理得当,既锻炼领导指挥、摔打民兵队伍,又进一步理顺军地协同关系。

军警民抗洪演练 根据防区季节性自然灾害等特点,组织军地联合演练,磨练提高民兵应急出动能力。5月下旬,组织民兵125人完成防台救灾实兵拉动演练,动用车辆6台、借用冲锋舟5艘、救生衣125件、木桩60根、铁锹(铁镐)80把、施救绳300米、对讲机10部、应急灯6盏等物资器材。重点演练民兵应急分队集结、机动、宿营、搭设帐篷、水上救援、巡堤、堵管涌等课题。

(供稿:县人武部)

· 人民防空 ·

【概况】

2016年,漳浦县人民防空工作贯彻落实《中华人民共和国人民防空法》《福建省人民防空条例》,加强防空警报建设,新安装防空警报器6台,提高设防镇和县城区的音响覆盖率;新批“结建式”人防工程5个,建筑面积4.79万平方米;竣工验收项目2个,建筑面积8256平方米;累计收取人防工程易地建设费2191.36万元。

【指挥通信建设有序进行】

推进人防地面指挥所项目建设 项目与县司法业务用房等共建一幢大楼,2015年完成基建一期,2016年县政府拨付二期项目资金580万元,用于安装电梯、空调等设施。至年底,二期项目正在有序进行中。

加强防空警报建设 组织技术人员3次检修防空警报系统,确保音响的完好率。“9•18”试鸣活动顺利进行,全县48台警报齐鸣,县电视台进行专题报道,县人防办发放手机宣传公告信息20万条。12月,新采购6台防空警报器,安装在3个设防镇和县城区,提高音响覆盖率。

【强化人防工程质量监管】

加强工作人员的业务培训,提高全员专业素质,11月,派出2人参加在厦门举办的全省人防依法行政法规培训和人防工程质量监督培训。重视质量监督,健全人防工程建设的监督管理制度,质监站人员常规化下工地到一线,把好施工过程每个环节质量关,确保人防工程的质量。

【依法征收人防易地建设费】

坚持依法依规办事,组织召开人防工程易地建设专家论证会5场,并进行公示、审批,为38个工业项目办理人防审批,按法律法规给予免交人防易地建设费1100多万元,全县没有发生违法减免缓交易地建设费现象。县人防办首次独立开展行政执法,依法对某一项目未能补建防空地下室行为给予警告,并处10万元罚款,同时征收人防易地建设费。是年,累计收取人防工程易地建设费2191.36万元,完成县政府下达的指导性计划300万元的7倍。

(供稿:县防办)

· 支前双拥 ·

【概况】

2016年,漳浦县支前双拥工作以漳州创建全国双拥模范城活动为契机,形式多样加大国防教育和双拥宣传,清明节组织开展悼念革命烈士、弘扬革命烈士丰功伟绩的活动;做好入浦驻训部队支前保障服务,为驻训部队提供演训用地近20公顷,腾出厂房10家、中小学校9所,村委会、消防值勤点5处,民房22座、民船21艘供驻训部队使用;拨付资金近20万元,支持驻军“六个一好”项目建设。

【国防教育和双拥宣传】

年初,县人武部会同县委宣传部制订国防教育计划,结合漳州创建全国双拥模范城活动,分层次全方位地开展国防教育。春节期间,县各套班子领导和各级共建单位上高山、下基层走访慰问驻军官兵,帮助解决实际困难;召开军政座谈会和县各套班子领导到驻军驻地过军事日生活，强化领导干部的国防意识。清明节期间，县委、县政府和驻军组织机关干部、学校师生、部队官兵近万人分赴漳浦革命烈士陵园、皮定均将军陵园、虎碹岩、石榴车本村红军烈士纪念园等4个爱国主义和国防教育基地开展悼念革命烈士、弘扬革命烈士精神活动。4月上旬，《金浦报》全版报道宣传全县各地开展爱国主义教育活动。7月12日，举办漳浦县征兵工作、国防教育、双拥支前文艺晚会，增强群众国防观念和双拥意识，激发广大适龄青年参军报国热情。9月30日，先后在县革命烈士陵园和石榴镇车本村红军烈士纪念园举行公祭仪式，在家县四套班子领导与县直机关干部、政法干警、驻浦官兵、师生代表等参加活动。各乡镇在镇区主要路口设立永久性大型双拥宣传标语牌；《闽南日报》、县有线电视台、广播电台和《金浦报》等新闻媒体及时报道、宣传漳浦县的双拥事迹、典型做法，营造“军爱民、民拥军、军民团结一家亲”的深厚氛围。

【提升支前综合保障能力】

做好入浦驻训部队支前保障服务　是年，先后有7批次部队进驻漳浦进行军事训练。县支前办、公安、边防、交通、海洋渔业等部门及驻地镇、村，主动服务、全力保障，按照部队驻训的要求，县公安局、边防大队出警100多人次，协助部队做好训练区域的安全警戒，公安交警保障过往漳浦机械行军部队的交通管制；各驻训地的乡镇村，根据部队需要，帮助落实演训用地近20公顷，借用企业厂房10家、中小学校9所，村委会、消防值勤点5处，民房22座、民船21艘，动员疏散群众300多人，为机械化行军部队提供饮用水、热食盒饭。其间，县委常委、人武部政委陈锦云，副县长陈美慧带领县政府办、支前办、驻训地乡镇领导前往部队驻训进行慰问，送去慰问物资及慰问金近20万元。同时，做好国防测绘某部进驻漳浦县的支前保障，协调有关部门及乡镇给予大力支持并提供食宿等方便。

支前物资供应站建设　是年，充实和完善支前物资信息库，对原调查数据进行更新补充，对支前数据实行动态跟踪管理，完善支前物资供应潜力保障预案。在驻军训练场组织工商、物价、卫生防疫、军粮供应、武装部、民兵、物资供应商和部队等部门实施支前物资供应演练2次，出动车辆6台次，人员60人次。演练项目有供应站开设、物资供应前运、防空疏散等，通过演练，检验支前物资供应站建设情况和支前物资供应站工作人员对工作任务、工作流程、工作方法的熟练程度，提高应急支前保障能力。

支持部队基层连队“六个一好”项目建设　拨付资金近20万元，支持驻浦部队2个基层连队建设蔬菜大棚及猪圈，已建成投用。

帮助部队解决热点、难点问题　县财政继续为驻浦部队随军待业家属发放生活补助费，发放标准每人每月500元，全年共发放98.40万元；协调县教育部门解决18名军官子女进入重点学校就读。

支持驻浦部队现代化建设　是年，县政府拨付科技拥军专项经费5万元，支持地处偏远乡村的驻浦某部进行营区安全设施建设，安装视频监控系统，使部队能对营区重要设施和重要部位进行实时监视。

走访慰问　春节期间，走访慰问漳浦驻军、漳州驻军及居住在漳州、厦门的原守备五师部队离退休老干部，发放慰问金及慰问物资近60万元。

【妥善协调军用光缆迁改】

是年，先后妥善协调有关部门做好迎宾大道拓宽改造、沿海大通道漳浦段、黄仓开发区、深土镇丹山碧水小城镇综合体项目、长桥林业循环产业园区项目等工程用地的军用光缆迁改，确保建设项目顺利推进。

（撰稿人：王荣新）

农　业

•种植业•

【概况】

2016年,全县实现农业总产值128.40亿元(现行价),同比增长4.20%;农村居民人均纯收入16342元,同比增长10%。全县粮食播种面积31733.33公顷,产量20万吨,其中早稻1万公顷,晚稻8000公顷,甘薯8000公顷。蔬菜种植面积24466.67公顷,产量52万吨;水果31333.33公顷,产量23万吨。新增农业龙头企业8家,市级农民专业合作社示范社3家,省级示范社2家;市级家庭农场示范场4家,省级示范场2家。至年底,全县有市级农业龙头企业36家,省级农业龙头企业21家,国家级农业龙头企业1家,市级农民合作社示范社21家,省级示范社11家;市级家庭农场示范场22家,省级示范场6家。

【推进粮食生产现代化】

在全县6个粮食主产乡镇建成连片34公顷以上粮食产能区16个,工厂化育秧、机械化插秧面积400多公顷,增长幅度巨大。为今后工厂化机插育秧和机械化插秧推广积累经验,为全县水稻全程机械化栽培、粮食产能区的“五新”技术推广和水稻规模经营打下基础。

【加快现代农业项目建设】

为突出农业转型升级、农业新业态,重点抓好“一区二园”(一区即国家级现代农业示范区,二园即漳浦台湾农民创业园、福建省漳浦农民创业园示范基地)现代农业项目。

石榴特色现代农业示范区　该项目预计投入1.50亿元,由石榴镇政府、扬基生物科技有限公司、漳浦康华芦荟有限公司、漳浦利苑农业有限公司和漳浦县天意农业有限公司承建。重点规划提升环园区休闲农业观光道路绿化工程(道路长3700米)、完善建设农业休闲观光道路(支路650米)和完善建设田间道路(长2320米),在台湾名优火龙果产业园,配套建设34公顷的台湾名优火龙果标准化示范园。最终建成扬基生物科技产业园、利苑大棚蔬菜产业园、康华芦荟产业园和名优火龙果产业园4个功能区域。发展铁皮石斛、白芨、美国芦荟、有机蔬菜、台湾名优水果及休闲观光等特色农业,打造一个集生产种植、加工展示、休闲观光为一体的特色现代农业示范区。

赤土光伏立体农业示范区　该项目总规划面积334公顷,引进福建绿领农业科技有限公司企业进驻。主要采用现代光伏农业大棚设施,棚顶用于光伏发电,棚内用于现代农业生产。棚内建设微喷灌、滴灌、温光气体数字化控制系统、远程监控系统等现代农业配套设施,以及园内道路、绿化、给排水、消防、供配电等基础设施。

福建省漳浦农民创业园示范基地　漳浦县绥安镇大埔村三茂农业有限公司“休闲农业观光设施建设”总投资746.30万元,主要建设内容:休闲农业农家乐二处建设、改造986平方米及相关配套设施、设备,绿化等;建设田间道路总长度96米、水泥路面硬化宽度5.50米、排水沟220米。漳浦县荔海家庭农场“特色果蔬观光体验区建设”总投资300.14万元,主要建设内容包括:建设果蔬良种示范基地

2 公顷、排灌渠改造建设 190 米、绿化 1280 平方米，棚架绿化长廊 40 平方米。以上项目总投资 1046.44 万元，其中新增投资 601.39 万元。

【农业面源污染防治】

加强种植业污染源头控制 全面推广测土配方施肥、使用低毒低残留农药及生物农药等先进生产技术，严格控制种植业面源污染，引导农户发展无公害农产品、有机食品、绿色食品为重点的生态农业。全县年推广测土配方施肥 4.64 万公顷，占农作物播种面积的 67.90%。专业统防统治面积 8686 公顷，低毒低残留农药使用比重明显增加。全县年农药使用量从 2013 年的 1159.70 吨逐年下降到 2016 年的 1060 吨，年均下降 2.92%，年推广绿色防控示范面积 660 公顷，辐射带动 4573 公顷次，亩均可减少农药使用量 5.23%。2016 年秸秆产生量为 16.85 万吨，综合利用率为 97.79%。2016 年全县农用农膜年利用 248 吨，采用废品回收率达 80%以上。

废弃农药包装物回收处置 是年全县农用农膜年利用 248 吨，在石榴镇、长桥镇等设施农业重点区域开展废旧薄膜回收行动，采用废品回收率 80%以上。在全省率先引进并在果园推广免喷除草剂农药、防止杂草生长、保温、保湿、保持地面清洁的地膜“抑草席”(除草布)新材料、新技术。福建天意农业开发有限公司在漳浦县水果产业首次大面积使用新材料和推广新技术，使用“抑草布(又称抑草席)”铺设 43 公顷，发展环保节约型农业，实施规模化、集约化、标准化栽培技术，起到好的示范作用。

土壤重金属监测 2016 年，下达水稻田 40 个、蔬菜地 20 个、菠萝园 4 个产地环境监测任务的点位基本情况调查、野外采样、土壤样品晾干和寄送、采集点位信息并填写相关表格、拍摄点位景观照片等工作任务。

清洁能源推广 “十二五”以来，争取省级以上农村沼气补助资金 560 万元，至 2016 年年底，全县农村沼气用户总量 1.28 万户，按每户每年用液化气 12 瓶、每瓶 100 元计，每户年可节约燃料费 1200 元；每口沼气池产生的沼渣、沼液施用于农作物可减少化肥、农药支出 150 元，沼渣沼液综合利用的增收效果 300 元，户年均可增收节支 1650 元，1.28 万户每年可增收节支约 2112 万元，相当于减少标准煤 877.40 万吨。

农作物秸秆综合利用 因地制宜开展农作物秸秆综合利用试点示范，推进秸秆肥料化、饲料化、基料化等综合利用，初步建立农作物秸秆禁烧与综合利用相结合的机制。是年，全县秸秆产生量为 16.85 万吨，综合利用量为 16.48 万吨，年秸秆综合利用率为 97.79%。用于炊事用能、沼气发酵原料等每年能源化利用秸秆量 12808 吨；肥料化利用，每年通过机械化粉碎还田、腐熟还田 122044 吨；食用菌基料使用 13341 吨；用作牛羊饮料过腹还田 7231 吨；蔬菜畦面覆盖栽培 9178 吨。

推进化肥零增长行动 按照“减量、增效”的要求，开展化肥减量化试点示范，全面普及测土配方施肥。实施绿色生物防控和统防统治，全县初步建立化肥减量化长效机制。针对全县的水稻、花生、马铃薯等主要农作物，及各村土壤养分情况，调整施肥比例，降低磷肥施用量，推广科学合理的配方施肥、控制氮肥施用量、氮肥深施、磷肥集中施用和作物专用肥等撒施。2016 年推广 4.27 万公顷，占农作物播种面积的 67.90%。在实施商品有机肥示范推广方面，2016 年，全县示范推广应用商品有机肥面积 803 公顷，施用商品有机肥 3068 吨，建立商品有机肥示范推广项目示范片 3 片，面积 112.40 公顷，辐射带动应用商品有机肥 1200 公顷。同时发动群众积造和增施有机肥，是年，在“一区两园”“三品一标”农产品生产基地布置示范片，推广有机肥 3333 公顷。

实施农药零增长行动 开展农药使用情况监测，全县确定水稻、蜜柚、大葱、荔枝等 4 种本地主栽品种作为农户农药使用量调查。推进绿色防控技术示范推广，重点选择大棚蔬菜、出口基地和绿色无公害基地，建设一批绿色防控示范区，带动大面积推广应用。

(供稿：县农业局)

·海洋与渔业·

【概况】

2016 年，漳浦县海洋与渔业工作围绕推进现代渔业持续发展，投资 1500 多万元，完成石斑鱼和南美白对虾人工繁育基地建设，投资 9070 多万元，实施“利用贝类加工副产物制备天然牛磺酸产业化示范”和“海洋中药和海洋中药材研发技术平台”两个海洋经济创新示范项目；投资 13000 万元，加快六鳌一级渔港和前湖二级渔港建设。全县水产品总产量 42.58 万吨，同比增长 4.80%，渔业产值 54.60 亿元，同比增长 4.60%。

【推进现代渔业持续发展】

现代渔业项目建设　完成石斑鱼全人工繁育基地改扩建、南美白对虾人工繁育基地建设和工厂化石斑鱼养殖基地建设，总投资 1505.70 万元。

扶助企业转型升级　完成省级水产加工项目贷款贴息 4 家，投入资金 11100 万元。

海洋经济创新发展区域示范项目　主要抓好“利用贝类加工副产物制备天然牛磺酸产业化示范”项目，总投资 6280 多万元，引进先进牛磺酸加工设备 33 台套，改建生产车间 3800 平方米，建设冷库 1317 平方米；“海洋中药和海洋中药材研发技术平台”项目，总投资 2790.70 万元。

【渔业安全建设水平不断提高】

加强安全生产宣传教育和培训　开展渔业安全生产宣传教育培训 16 场次，其中石斑鱼、南美白对虾等健康养殖技术培训班 2 期，参训人数 960 余人，发放宣传材料 5500 多份，通过预警短信平台发送渔业安全生产、天气预警等信息 6 万余条，利用微信平台在主要渔村建立船长微信群 5 个，加强海上生产渔船之间的沟通联系。

加快渔港基础设施建设　2016 年，六鳌一级渔港完成投资 11687 万元，前湖二级渔港完成投资 1310 万元，岱嵩一级渔港工程可行性研究报告通过专家评审。

鼓励渔民响应渔船更新改造和减船转产政策　是年，推进“小改大、木改钢”步伐，淘汰 405 艘小型木质渔船，申请减船转产 95 艘，新建造中小型钢质（含玻璃钢）渔船 71 艘。

创新渔业安全管理办法　做好渔业船舶三级管理试点工作，推动县、镇、村渔船三级管理，完善乡镇船舶规范化管理。投入 110 万元，为全县 22 个渔港、澳口安装高清视频监控系统，建设乡镇预警平台，加强沿海镇渔船和乡镇管理船舶的监管，及时掌握渔船动态，为海上应急救援、防台防汛等工作提供技术保障。

渔业安全生产隐患排查治理　是年开展执法行动 218 次，检查港口 182 个次，出动执法人数 717 人次，检查渔船 1900 艘次，排查安全隐患 39 项。

落实渔业政策性保险　对辖区渔船做到应保尽保的同时，为 60 马力以上渔船投保附加人身平安互保，部分渔民主动投保额达 60 万元。

水产品质量安全建设　加强重点区域、重点品种、重点环节、重点药物综合治理，配合农业部和省市开展水产品质量安全抽检 43 批次，开展海区贝类区划与卫生监测抽样 70 批次，县海洋渔业局自行快速抽检 167 批次，合格率达 99.40%。组织利康水产养殖专业合作社实施可追溯体系建设，品种为拟穴青蟹，养殖面积 38 公顷。

【海洋生态环境得到改善】

海洋环境保护和生态修复　申报《福建漳浦海岸新城后蔡湾片区海岸带综合整治及修复项目工程》，继续实施滨海湿地红树林养护工作，维护滨海湿地生态平衡。实施渔业资源增殖放流活动，投放黑鲷苗 58.45 万尾。

海漂垃圾整治　清理海漂垃圾 98.50 吨，废旧船舶 32 艘，改善近岸海域生态环境。

提升海域监管监测能力　争取国家海域动态监管能力建设项目资金 315 万元，全面提升海域综合管理网络化、信息化、科学化水平；争取海洋环境灾害应急监测能力建设项目资金 270 万元，完成 38 台（套）仪器设备的采购和安装工作，提高县级海洋环境监测水平。

加强海洋资源环境执法力度 查处海洋违法案件4起，处罚金额3931.22万元，其中海盾案件1起，非法采砂案件3起；查办渔业违法违规案件28起，其中2起涉嫌非法电鱼的渔船，按规定进行行刑对接，已移送公安部门进一步侦查处理。

【坚持管理服务并重】

服务重点项目 抽调精干力量做好海上管控和海域征收工作，支持古雷重点项目。牵头组织古雷港经济开发区海域收储中心等有关单位，完成古雷石化园区7宗填海造地工程项目的前期工作，编制古雷石化园区B－13等7宗填海造地工程项目海域使用权出让方案，已成功挂牌出让一宗（B－13）海域使用权。

提升行政服务效率和质量 全面推行行政权力清单、责任清单、公共服务清单制度。保留行政权力132项，其中：行政审批13项、行政确认6项、行政处罚126项、行政强制9项、行政征收2项、行政监督检查22项、其他行政权力11项；梳理出265项具体责任事项，梳理并保留公共服务4项。清理规范行政审批中介服务，对保留的行政审批中介服务实行清单管理并向社会公布，推进中介服务行业公平竞争。严格执行《漳州市行政审批监督管理暂行办法》，强化行政审批监督管理；制定《漳浦县海洋与渔业局行政审批和公共服务事项审查工作细则（试行）》，进一步规范行政审批和公共服务事项职能的履行，促进海洋与渔业行政职能转变，提高海洋与渔业行政执行力和行政审查效率。

（供稿：县海洋与渔业局）

•林 业•

【概况】

2016年，漳浦县林业用地12.03万公顷，有林地面积11.23万公顷，森林覆盖率55.98%，全县活立木总蓄积量390万立方米。省级以上重点生态公益林面积5.66万公顷（其中中西林场2893.60公顷、下蔡林场422.60公顷、马口苗圃483.40公顷、乡镇集体部分5.28万公顷），按保护级别分，国家级生态公益林2.80万公顷、省级生态公益林2.86万公顷。沿海沙滩林地的建制村49个，林地面积5211.73公顷，其中生态林3835.33公顷。是年，全县完成植树造林1559.53公顷，占任务的120.60%；完成森林抚育1278.40公顷，占任务的101.50%；完成封山育林1741.80公顷，占任务的100.50%。

【营造林工作】

备足造林苗木 全县完成培育造林各类苗木463万株，其中：桉树容器苗280万株，相思类容器苗109万株，木麻黄新品种水培容器苗44万株，其他造林苗木30万株，为全县造林绿化提供充足苗木。

加强技术指导 及时开展造林技术指导，安排专业技术人员挂钩到乡镇，协助各乡镇落实造林用地并进行造林作业设计；及时开展造林苗木调查摸底和储备、调剂工作，保障植树造林用苗供应。

开展义务植树活动 在义务植树月期间，组织县各套班子领导、宣教口、农口、群团组织、驻军部队等近300人在漳浦动车站站前广场开展义务植树活动，种植蓝花楹、火焰木等景观绿化苗木近1000株。以开展义务植树活动为契机，在全县掀起植树造林新高潮。

沿海基干林带建设 重点对现有基干林带内的宜林沙荒地全部造上林，挖掘沿海滩涂潜力，利用闲置滩涂种植红树林，完成泥岸造林任务；营造农田林网，引导农业种植公司、群众营造农田林网，形成规模；拓展基干林带范围内的非林地造林，整合一些企业、村集体闲置用地和采砂复垦地等地块，采取租地、借地等方式进行造林，完成沙岸造林任务；将岩岸造林范围延伸至海岛，完成岩岸造林任务，及对基干林带范围内郁闭度0.5以下的稀疏林补植补种，完成林带修复任务等6个方面拓展造林空间。

【深化林权改革】

全县新审核林权登记56宗，办证面积368.53公顷，其中变更林权登记10宗，面积97.80

公顷；受理林权流转 3 宗、面积 29.20 公顷；受理林权抵押贷款 9 笔，贷款金额 1510 万元，抵押林权面积 632. 公顷。同时，严格按照省、市关于推进县属国有林场改革的统一部署和要求，研究制定县办林场改革实施方案，整合林场资源，创新林场管理体制，打造生态型林场。

【林木采伐限额管理】

办理林木采伐许可证 107 份，采伐林木面积 1005.67 公顷，采伐林木蓄积量 9.69 万立方米，采伐林木出材量 7.94 万立方米。

【花卉产业】

至年底，全县花卉种植面积 6733.33 公顷，工商注册花卉企业 535 家。其中：外资企业 7 家、台资 28 家、农民专业合作社 126 家、个体工商户 230 家，花卉从业人员 9.50 万人。花卉年产值 13.10 亿元，年销售额 10.30 亿元，出口创汇 2000 万美元。

【森林防火】

两次召开全县春季森林防火会议，对清明、“五一”森林防火进行动员部署，落实各项防患措施。严格执行 24 小时领导带班制度，印制森林防火警示宣传图片 2000 份，在全县主要交通路口、道路两侧、林区边缘等显眼处张贴宣传；在林区路口、墓地集中区刷写、悬挂防火标语 100 多条，群发森林防火宣传短信 30 万条，确保森林防火宣传到人。对超过年龄限制的扑火队员进行调整，全县各类森林火灾扑救队伍 31 支，队员 669 人（其中县级扑火队伍 4 支 100 人，乡镇场扑火队伍 27 支 569 人）。投入 60 多万元，为全县 660 名扑火队员重新装备扑火服装与扑火工具，提升火灾扑救能力和成效。

【森林病虫害防治】

采用定点监测，定期巡查与全面普查相结合的办法，对全县森林资源进行全面监测，及时准确摸清病虫害发生的范围、面积和危害程度，制订有效防范措施。调拨 1.50 吨白疆菌粉炮和其他药物对松毛虫及桉树病虫害进行全面除治，防除治面积达 1.34 万公顷。分别设置固定标准地 205 个、34 个、241 个，监测松林 1.34 万公顷、木麻黄 1933.33 公顷、桉树 2.93 万公顷，监测率和防治率均达 100%。采用政府购买服务方式在全县组织开展林业有害生物专项普查，通过公开招投标，由漳州生产力促进中心具体负责组织实施。

【林业执法】

相继开展“打击破坏候鸟等野生动植物资源”“打击破坏森林和野生动植物资源违法犯罪”和“打击非法占用林地等涉林违法犯罪”等专项行动。把开展打击涉林违法犯罪专项行动与全县开展的重点流域水环境综合整治“百日攻坚”行动、全县打击制售假冒卷烟专项行动、古雷半岛东侧陆域非法占用林地专项整治等专项行动相结合，成立古雷东部片区、长桥等山区片区、沿海片区、县重点流域片区、玳瑁山片区等 5 个工作组，进驻责任片区开展专项打击行动。是年，出动森林公安民警 368 人次、林业执法人员 345 人次、出动专项行动宣传车辆 52 台次；刑事立案 9 起，其中上级督办件 1 起；查处林政案件 42 起，依法拆除非法加工木材企业 5 家、面积 4472 平方米；清理木材、野生动物交易场所 190 处；没收木材 14 立方米；没收并放飞野生鸟类 150 只，解决并放生国家一级野生动物蟒蛇 11 起 11 条；各类罚没款达 250 万元。配合古雷港开发区开展古雷东侧陆域非法占用林地专项整治及全县重点水流域两侧非法占用林地养殖场专项整治行动。

【征占用林地审核报批】

主动靠前，做好项目征收占用林地审核报批服务，深入企业及项目用林用地现场进行实地调研，与当地党委政府和园区负责人及相关业主进行座谈，探讨生态林“占一补一”解决办法和途径；并专人全程跟踪指导办理有关手续，提前介入，主动与项目业主沟通，讲解相关政策和办理流程，避免业主走弯路。是年，全县上报粤港家居、海西天然气管网、漳龙、九龙江 2 个木业产业园区以及红色旅游路 S4 标段、港城快捷通道、旧镇至沿海大道连接线等 53 起，获得上级审核同意占用征收林地面积186.42公顷，审核率100%。

（撰稿人：李　闵）

·水利·

【概况】

2016年，漳浦县水利工作以推进生态水利建设为主线，加快推进3项重大水利项目、11项面上水利项目建设进程，全年完成投资16460.08万元，占年度计划的105%；编制修订完善各项防汛预案，落实责任，将灾害损失降至最低限度；抓好冬春水利建设，累计完成投资7042万元，完成投劳215.73万工日，完成土石方249.85万立方米；加强水行政执法，全年扣押铲车23部，捣毁采砂船6只。

【水利工程项目全速推进】

是年，全县实施万里安全生态水系建设项目、漳浦县东部片区（一期）供水工程、漳浦朝阳大型灌区续建配套与节水改造项目等3项重大水利项目；海堤强化加固、水土保持项目、灌区续建与改造项目、小（二）水库除险加固工程、漳浦县农村饮水安全“十三五”提质增效项目、漳浦县梁山水库水源地水资源保护建设项目、农田水利管护及水利工作站能力建设、冬春水毁修复、漳浦县大坝安全鉴定及水利设施维修养护、其他部门节水灌溉投入（含山地水利）、山洪灾害防治等11项面上水利项目。总投资86605.88万元，年度计划投资15666.38万元。实际完成投资16460.08万元，占年度计划的105%，提前一个月完成全年建设任务。

【防汛备汛工作扎实开展】

开展汛前防汛备汛全面工作大检查　汛前，县防汛抗旱指挥部组织检查组，对各类水利设施存在的安全隐患进行排查，对在检查中发现的安全隐患和薄弱环节，及时下发整改通知书，限期整改，确保安全度汛。

编制修订完善各项防汛预案　各乡镇场修订完善防汛抢险救灾应急预案，增强预案的可操作性和应对突发事件的处置能力。

将防汛抗旱各项责任落到实处　按照辖区管理原则，落实各类水库、水闸、江海堤防和城市防洪行政责任人、工程安全管理责任人和管理人员。同时，完善系统，提高防汛抗旱现代化水平，全县山洪灾害防治项目建设已基本完成，山洪灾害预报预警系统日趋完善。

防抗台风措施有力　由于各项防御措施落实到位，建立军警民防汛协防机制，备足防汛抢险物资。成功防抗了2016年以来袭击或严重影响漳浦县的“鲶鱼”“莫兰蒂”“海马”等台风和暴雨、洪水，将灾害损失降至最低限度，保障了人民群众的生命财产安全。

【创新流域管理体制】

加强沟通平台建设　县流域水利管理中心和六大流域管理站主动与各乡镇场联系、对接、协调、沟通，进一步理顺管理体制，助推流域各项水利工作顺利开展。督促指导各乡镇场推进流域河道管理实行社会化、专业化管理模式，建立河道漂浮物打捞清理长效管理机制。

服务项目建设　加大中小河流治理项目和海堤除险加固工程项目建设监管力度，加快推进项目建设实施，承担全县水利工程项目的技术服务工作，从项目的生成、实施到竣工进行全程跟踪服务，开展技术指导、质量监督和项目推进工作，切实加强工程建设质量管理。

加强流域水资源和河道采砂监管　安排工作人员24小时轮班巡查，严厉打击非法采砂和破坏流域水资源的行为。

【水行政执法依法规范】

全力打击非法采砂　严格规范取水许可证发放程序，坚持“谁审批、谁发证、谁负责”的原则，严格规范受理、审查、决定、录入、编号、打证、盖章、发放程序。加强河道采砂日常巡查，牵头组织查处河道堤岸管理范围内的违法侵占堤岸，全力打击流域内非法采砂行为。全年扣押铲车23部，捣毁采砂船6只，处罚款项12.31万元。

巡查重点流域水环境　组织人员对鹿溪、浯江溪、南溪、杜浔溪、赤湖溪、佛坛溪主河道巡查，重点做好河道采砂、向河道倾倒建筑垃圾、水面清洁等方面进行检查。对于巡查过程中发现河道内病死猪，及时向相关乡镇通报，维护河流环境。

加大水土保持治理力度 开展深土、旧镇、湖西、赤岭等4个水土保持重点乡镇水土流失治理项目和霞美镇、深土镇坡耕地水土流失综合治理试点工程。全面开展鹿溪水系生态流域整治工作。

【冬春水利建设常抓不懈】

开展以重点水利项目、民生水利工程、水毁工程集中整治修复和清淤清障整治工作为重点的农田水利建设。2015－2016年度冬春水利建设超额完成上级下达年度建设任务；2016－2017年度冬春水利建设全面开展，累计完成投资7042万元，完成投劳215.73万工日，完成土石方249.85万立方米，分别占年度计划任务的91.30%、90.02%和90.02%。

【重新启动朝阳水库项目前期工作】

10月，重新启动项目前期工作。至年底，已完成库区实物调查摸底和可研报告等17项前期工作，正在开展水土保持、用地预审、移民安置点、移民安置规划、洽谈、对接PPP合作投资企业等工作。此外，向上争取到水利部投资上亿元的鹿溪水系连通项目。

（撰稿人：许志伟）

·农机推广与服务·

【概况】

2016年，漳浦县农机站以发展现代农业为主线，以促进农业增效、农民增收为目标，大力发展农机服务体系，因地制宜推广先进适用的农机新技术、新机具。是年，全县实施农机购置补贴资金97.50万元，补贴机具92台套，受益农户35户；年度检验农机具449台，培训农机手17人次。

【春耕备耕服务】

组织农机技术人员深入各乡镇田间地头23次，指导农民应用农机化新技术、新机具，指导农民机手保养调试和检修各类农机具，为春耕备耕做好准备。对农机手进行技术培训17人次，提高农机驾驶操作人员技能水平。开展农机务农，为农业生产提供机耕、机灌以及夏收、秋收等服务。

【加强农机安全监管】

建立健全制度 成立领导机构，制订《漳浦县农机管理站2016年农机安全生产工作要点》《漳浦县2016年农机安全检查计划》《2016年漳浦县农机安全宣传教育工作方案》，与农机手签订农机安全生产责任书104份，确保农机安全生产目标的落实。

严把拖拉机入户年检关 对于不符合要求的拖拉机坚决不予办理入户年检，办理拖拉机登记注册25台，联合收割机2台，上牌率100%；年度检验449台，完成上级下达的年检任务。办理拖拉机驾驶证期满换证47本，核发驾驶证6本，持证率92.28%。完成多功能拖拉机录入全国变型拖拉机系统。

加强农机安全宣传 利用电视、宣传栏、宣传单、标语等形式，在乡镇村、集镇圩场、田园场院开展宣传教育活动，发放农机安全学习资料宣传单1930份、农机安全学习资料宣传手册1510本、悬挂宣传挂图31幅、放映安全教育警示牌36部次、到乡镇放映交通安全警示片2部次，受教育群众近4000人次。

农机安全检查 加强春节、清明、五一等重大节假日及春耕、“三夏”等重要时节农机安全监管，联合乡镇政府、公安派出所、乡镇农机站等部门开展打非治违专项整治，排除农机安全隐患。排查拖拉机122台、联合收割机2台、农机服务组织机构1个；查处无证驾驶26起、无牌证行驶10台、逾期未检14台、擅自改装1台、违规异地挂牌5台、机况隐患36台；排查治理隐患单位115个，排查一般隐患66项，已整改66项，整改率100%。

【农机购置补贴】

根据《福建省财政厅 福建省农业厅关于提前下达福建省2016年第一批农机购置补贴资金的通知》精神，漳浦县第一批农业机械购置补贴资金为20万元(中央补贴资金 15 万元,省级补贴资金 5 万元)。资金指标下达后,农机站制订农机购置补贴工作方案,经上级主管部门审核后组织实施。抓好政策宣传,在电视、网站公开信息,及时通过农机购置补贴专栏或当地政府网站或在乡镇所在地张贴等形式公示购机者购买信息,严格补贴程序,实现阳光操作。严格核实抽查,对购机者提供的农机购置补贴材料的合规性进行审核,并受理符合条件且材料完整的申请,对补贴额较高和有省级累加补贴机具重点抽查,对已拨付的补贴机具建档。严肃补贴纪律,建立健全相关机制,通过电话、网站、信函等有效形式受理投诉。是年,全县实施农机购置补贴资金 97.50 万元(中央补贴资金 81.33 万元,省级补贴资金 16.17 万元),补贴机具 92 台(套),受益农户 35 户,涉及农机具轮式拖拉机 24 台、旋耕机 28 台、增氧机 31 台、田园管理机 3 台、半喂入式联合收割机 1 台、自走式履带式谷物联合收割机 1 台,茶叶筛选机 2 台,根茎类种子播种机 1 台,薯类收获机 1 台。第一批发放农机购置补贴资金 73.78 万元(中央补贴资金 61.34 万元,省级补贴资金 12.44 万元),补贴机具 72 台(套),受益农户 25 户,涉及农机具轮式拖拉机 18 台、旋耕机 19 台、增氧机 31 台、田园管理机 3 台、半喂入式联合收割机 1 台。

(供稿:县农机站)

·畜牧业·

【概况】

2016 年,漳浦县畜牧业以推进畜禽标准化示范建设为目标,组织实施生猪养殖关闭拆除、可养区上规模猪场的标准化提升改造和退养户转产转岗三大工程;开展畜禽养殖污染治理,全县创建国家级生猪标准化示范场 2 家,省级肉牛标准化示范场 1 家,省级生猪标准化示范场 6 家、市级 60 家;全县规模养猪场(户)污染物处理面 100%,其废弃物利用率达 70%。将生猪养殖总量控制在 48 万头以内。

【推进畜禽标准化示范建设】

全县创建有国家级生猪标准化示范场 2 家,省级肉牛标准化示范场 1 家,省级生猪标准化示范场 6 家,市级生猪标准化示范场 60 家。建有废弃物资源化利用设施,规模养猪场(户)污染物处理面达 100%,其废弃物利用率达到 70%。在长桥镇割后村建成 1 家第三方病死猪集中无害化处理工厂,配备机械处理设备 6 台,日可处理病死猪 6 吨;建有病死畜禽无害化处理池 263 口,用于收集和无害化处理农村散养病死家禽。同时,以生猪养殖面源污染整治为抓手,推进存栏 250 头以上猪场升级改造和禁养区猪场、可养区存栏 250 头以下猪场、存栏 250 头以上未提出改造或改造不达标猪场等关闭拆除。2013—2017 年,全县共投入 878 万元,关闭禁养区猪场、可养区存栏 250 头以下猪场、存栏 250 头以上未提出改造或改造不达标猪场 2786 家(户),削减生猪存栏 18.90 万头,基本完成禁养区和可养区存栏 250 头以下猪场关闭拆除任务。存栏 250 头以上猪场升级改造完成 110 家,完成省、市下达的年度目标任务。

【强化生猪养殖总量控制】

加强全县畜禽养殖管理,下发《关于进一步做好畜禽养殖污染防治工作的通知》,提高养殖准入门槛,规范全县畜禽养殖行为,引导畜禽养殖有序发展。按照农牧结合,种养平衡原则,科学规划布局生猪养殖,在全市率先编制《漳浦县畜牧业发展规划》,落实生猪养殖总量控制,根据环境承载能力、市场需求和污染治理要求,在“十三五”期间,全县生猪年出栏总量控制在 48 万头以内;并层层分解到乡镇一级。同时,下达 2015—2018 年生猪养殖污染防治目标责任书,并与绥安、石榴、大南坂、盘陀、赤岭、马坪、玳瑁山等鹿溪重点流域乡镇场签订《漳浦县鹿溪等重点流域畜禽养殖污染防治责任书》,把农业面源和畜禽养殖污染防治列入绩效考核内容。

【实施生猪养殖污染整治】

“关闭拆除”工程 对各乡镇场实施水质倒逼机制,对重点流域水质和环境污染严重的地方，开展专项整治行动，强化重点区域监管，对发现违法偷排、漏排和超标超量排放养殖粪污的猪场，以铁的纪律，查处一批，整顿一批，起到震慑一大片的效果，确保畜禽养殖污染整治工作取得成效。出动2800多人次，发出环境违法行为限期改正通知书631份、立案查处违法养殖排污案件11起，行政拘留10人。

可养区存栏250头以上规模猪场的标准化提升改造工程 制订《漳浦县(2016-2018年)可养区生猪存栏250-1500头规模养猪场(户)标准化升级改造实施方案的通知》，筛选出符合升级改造的规模猪场，按年度实施标准化提升改造项目。重点推广“干法清粪＋污水收集工艺模式、种养结合＋建设沼气池的立体生态模式、大中型沼气工程达标排放模式、异位生物发酵床零排放治理模式等生态养殖模式，加快推进配套环保设施建设，采用行之有效的减量化、无害化、资源化技术处理措施，实施养殖全过程综合治理，确保猪场做到零排放或达标排放。

退养户转产转岗工程 整合资源，发挥资源优势，引导养殖户发展特色农业、生态农业、休闲农业，促进转型转行，确保退养不失业。

【废弃物综合利用】

鼓励生猪规模养殖场配套建设以猪粪为原料的有机肥厂，全县建成碧罗山畜牧有限公司和金祥养殖有限公司等2家废弃物综合利用示范点，通过组织规模猪场现场观摩学习，发挥示范带动作用，推进全县猪场废弃物资源化利用。全县建有有机肥生产企业6家，年生产商品有机肥10万吨，其中在漳浦县销售量1.40万吨。年使用沼液资源化利用面积980公顷，推广猪一沼一果(茶、菜、林)等模式980公顷，畜禽排泄物资源化利用率90%以上。

(供稿：县畜牧局)

【漳浦特色美食】

杜浔筵肠

※主料：净猪小肠400克、前腿肉750克、蕃薯粉180克

※配料：蒜仁50克、青蒜白片25克

※调料：鱼露15克、白糖12克、大骨汤300克、食用油15克

※制作方法：

1、首把前腿肉切成小丁，蒜头捶烂用纱布挤出蒜汁加入肉中，用味精、白糖、鱼汁腌1小时，投入蕃薯粉、大骨汤调均成肉粉浆。

2、把小肠剪成长60cm，搓洗干净，一头用细线绑紧，灌入肉粉浆，大约八成满，把小肠口用细线扎紧，再把整条分二节用线扎紧，依此法灌制成筵肠生坯。

3、把生坯用凉水洗净，用开水稍烫，用针在肠上刺几针放气，再放入温水锅中，用中火慢慢浸煮，边翻动边用针在肠上刺几针放气，大约40分钟熟透，捞起摸上食用油即可，待凉却后改刀装盘，青蒜白片调入鱼露为佐料即可上席。延肠也有用大肠制成的“大肠延肠”，区别于蒜仁与扁鱼末之差。

※特点：肉质鲜香细嫩、粉浆软滑爽口、冷藏后食用时配上虾露青蒜白片的佐料口味更佳、回味无穷

※营养成分：蛋白质181克 脂肪119克 能量2532千卡 钙156毫克 铁33.8毫克 锌30毫克 维生素A75微克 维生素E10毫克 维生素B14.5毫克 维生素B22.36毫克 维生素C6.3毫克

漳浦美食协会供稿

工　业

·综　述·

【概况】

2016年,全年实现规模工业产值383.30亿元,完成年目标380.45亿元的100.70%,同比增长11.70%;实现规模工业增加值111.10亿元,完成年初目标110.27亿元的100.80%,同比增长11.10%;实现工业项目固定资产投资95.42亿元,完成年初目标80亿元的119.30%,同比增长22.20%;完成工业技改投资36.88亿元,完成年目标42亿元的87.80%。

【强化工业经济运行综合协调】

根据市、县下达的年度目标,强化目标任务管理和组织推进;按照推进转型升级,加快科学发展的要求,做好跟踪、督促、协调和服务,保质保量完成年初制订的各项目标任务。建立领导干部"一联系三挂钩"(即联系乡镇场、工业园区,挂钩工业运行、工业企业、工业投资项目)制度,及时了解各工业企业经济运行情况,指导、督促各乡镇完成每月工业经济指标(规模工业产值及增加值)任务,确保工业经济稳定增长,检查、指导各地帮扶企业、促进发展等政策落实情况,收集分析企业生产经营中存在的困难和问题,协调推动相关问题解决。

【推进技改投资】

引导指导企业　围绕"打造漳浦工业发展升级版",有针对性开展调研活动和政策宣传,让企业在第一时间了解国家、省市相关产业优惠政策,调动企业加快技改步伐能动性,引导企业加快转型升级步伐。根据企业实际情况,为企业争取政策、资金扶持。做好技术改造、科技创新项目的实施和储备。是年,组织4家企业申报"2016年漳州市节能(循环经济)财政奖励项目",项目包括:台玻福建光伏玻璃有限公司的"福建台玻风机、水泵节能改造";福建省漳浦县扬绿热能有限公司的"赤湖皮革园区供热站项目";漳州富洋皮业有限公司的"皮革生产线电机节能、设备节能及生产废液循环利用改造";漳浦县宏森工贸有限公司的"年产6万立方米刨花板建设项目"。

及时申报各类技改项目　组织全县有关项目完善资料,对上申报,项目申报过程中,及时跟进申报进展,跟踪服务。是年,全县列入省级重点技改项目储备7个,即漳州伟伊化纤有限公司、福建君美芦荟有限公司、漳州一帆新能源装备有限公司(2个)、漳州市丹东农业开发有限公司、车城汽车配件有限公司、飞秒服饰有限公司;列入省级技术创新项目库3个,即一帆新能源、鸿群电器、一帆重工;列入市级技改项目储备48个。

【加快信息化建设】

研发建设漳浦工业经济运行大数据管理软件　为加强全县工业经济指标管理,掌握经济运行情况,为政府决策提供及时、准确的数据支撑,启动漳浦工业经济运行大数据管理软件研发建设。至年底,该软件已基本完成,正进一步调试完善。

推进"两化"融合工作　经过实地调研,1月,筛选伟伊化纤等6家企业申报2016年省级"两化"融合重点项目库并入选;3月,组织四通食品有限公司等

4家企业参加省“两化”融合宣传推广八闽行（漳州站）活动，推荐万辰生物科技股份有限公司申报2016年“两化”融合管理体系贯标试点企业；4月，推荐漳州伟伊化纤有限公司申报省级智能制造样板工厂（车间）示范项目；6月，推荐漳浦南顺时装针织有限公司、漳州万辰生物科技公司等2家企业申报2016年市“两化”融合类项目专项资金，争取到专项资金65.70万元。

【加大企业帮扶力度】

深入企业解困 开展“下园区、进企业、惠企行”系列活动，深入企业生产一线调研，宣传相关政策，帮助企业进一步掌握国家和省、市出台的一系列支持企业发展的政策文件。指导企业用足用好政策，向上争取更多的政策支持，提高企业增强竞争实力。及时梳理政策，不同方式不同途径发放2016年国家、省、市扶持企业发展政策汇编1500余份，鼓励企业用好用足各级党委政府的政策支持。落实“甲供甲控”的企业和主要产品目录库，出台《漳浦县人民政府办公室关于拓展内需市场促进企业发展的通知》文件，至年底，已有漳州铭万建材有限公司、迈达建材有限公司等15家企业24项产品申报目录库。帮助企业申报企业技术改造及技术创新专项资金、企业技术改造资金，及时下拨增产增效奖励金额。

开发建设网络服务平台 全面提升门户网站、建设手机端及微信公众平台，为服务企业提供多元化的渠道，该项工作已进入最后测试阶段。创建“技改”“企业服务”等多个企业微信群，加强与乡镇、园区、企业联系沟通，及时发现热点、难点和苗头性问题，及时着手处置。

建立领导干部“一联系三挂钩”工作制度 经常性开展全县稳增长工作调研，帮助企业、园区、产业遇到的征迁、审批、融资、用地、用工、用电、营销等困难和问题。引导小微企业走“人才兴企”之路，帮助小微企业与大型企业之间构建人才交流平台。坚持发展大企业与扶持小微企业并举的方针，鼓励小微企业向“专精特新”方向发展，走与大企业配套协作、专业化、集群化发展道路。针对市场需求不足、产能过剩、采购成本增加等不利因素，引导小微企业加强内部管理，增强抵御市场风险能力。

搭建融资服务平台 通过组织银企对接会等形式，推进金融机构开展“无间贷”“助保贷”“税易贷”等业务，有效缓解企业普遍存在融资难问题。

推动县级中小企业公共服务平台建设 重点组织县企业与企业家联合会申报福建省中小企业公共服务示范平台和四通物流园有限公司、腾睿电子商务有限公司、漳浦电商园发展有限公司等企业申报福建省小微企业创业基地。

【汽车4S产业园建设】

园区征地面积18.67公顷，规划红线用地14.40公顷，至年底，已完成征地赔青、土地报批、排洪沟、土方工程、用电线架设及园区配套道路建设前期工作。园区规划设计入驻10家品牌汽车4S店和1家二手车市场，至年底，已有4家品牌汽车（即丰骏万达、嘉瑞万达、龙丰万达、通宝工贸）和1家二手车企业入驻，并已竞拍取得土地。已有丰骏万达、嘉瑞万达、二手车市场开工建设。

【推进企业节能降耗】

落实节能目标责任制和考评制，狠抓重点企业节能管理，督查企业按计划完成节能目标。做好工业节能降耗预警和晴雨表发布工作，跟踪重点企业执行能耗限额标准，严控新上高能耗、产能过剩行业项目，淘汰落后产能，提升企业的节能水平。是年，淘汰燃煤锅炉129台；申报省级节能环保项目4个（其中节能项目3个、循环经济项目1个），即台玻福建光伏玻璃有限公司“风机、水泵节能改造项目”；漳州富洋皮革有限公司“皮革生产电机节能、设备节能及生产废液循环改造项目”；福建省漳浦县扬绿热能有限公司，皮革园区供热站项目；漳浦县宏森工贸有限公司“工业废气及其他废气物综合利用项目。

【加快国企改革步伐】

推进国企改革重组，妥善处置处理好国企下岗职工的遗留问题。至年底，全县所属国有企业

48家，完成改制39家，未改制9家（漳浦盐场在经营中）。为加强国有企业改制后资产、档案、职工等管理，开发国有企业管理软件，软件涵盖国有企业的历史、职工信息、档案信息、信访信息等内容，已进入调试阶段，将于2017年2月正式投入使用。

（供稿：县经信局）

·电力工业·

【概况】

2016年，国网漳浦供电公司完成固定资产投资1.07亿元，累计完成供电量22.18亿千瓦时（其中省网20.41亿千瓦时，县网小水电1.77亿千瓦时），同比上升8.92%；售电量20.72亿千瓦时，同比上升10.32%。最高负荷33.28万千瓦，同比下降2.69%；电力用户36.60万户，其中：大工业534户，非普工业7940户，农业生产8828户，非居民照明3396户，居民生活用电325912户，商业19394户；完成纳税总额4000.82万元，同比增长4.63%。实现连续安全生产4266天。

【营销管理】

强化供电管理　应对经济下行压力，千方百计拉动电量增长，新增高、低压用户20787户，增容1453694千伏安；新增小区7个，新装容量31720千伏安。完成自备电源客户双电源协议签订124户；配合地方政府开展的专项整治行动，按规定对5户违规企业给予停止供电。完成手机号码更正2.30万户，用电地址更正5023户，完成智能表调试34632只，综合采集成功率99.20%，同比增长0.23个百分点。高供高计用户普查率91%，高供低计用户83%，低压动力用户92%，居民用户86%。落实“一户一策”措施，加快推进购电制，是年累计执行购电制15131户，自有渠道报装数3623件，自有渠道缴费率70.03%。落实领导挂钩责任制，高低压电费回收率均达100%。

完善小区供电管理　加强与当地政府、小区物业沟通，完成51个小区供配电设施产权移交协议的签订；27个小区供配电设施入账接管；1个小区（万新商贸中心原变压器已纳入公司的项目改造，变压器由属公司资产）无须再评估入账；23个小区确认不接收清册。

服务地方建设　主动对接省、市、县重点项目，建立“一对一”服务机制，主动服务古雷石化、农业硅谷、漳州沿海大通道和城镇建设，保障用电需求。落实推进漳浦县2015年工业发展工作和重点项目共计7项。成立古雷港开发区客户服务分中心，服务古雷港开发区客户的用电和发展需求。

【电网建设】

加大电网建设的投资，完成投资3.59亿元，投运110千伏西营、西营二期、东埔二期、旧镇二期，新增110千伏主变容量25万千伏安、线路18.60千米。配合省公司建设投产500千伏东林输变电项目，500千伏主变容量100万千伏安，线路34千米，有效缓解县城区域、赤湖以及旧镇等辖区电网供电紧张局面。投资2.49亿元，新建220千伏山南、110千伏金源、110千伏花都以及35千伏南浦输变电项目，新增主变容量29万千伏安，35千伏及以上线路49.10千米。加快配电网建设，投入资金2.46亿元，建设完善、改造升级全县配电网络，解决频繁停电、低电压等热点、难点问题。通过深化“一台区一方案”低电压整治，完成整改357个出口台区；完成频繁停电10千伏线路整改23条，全年故障率下降11%。

【安全生产】

开展“无违章班组”创建活动　强化安全责任制落实和电网、作业现场风险管控，落实安全措施，实行隐患排查治理周期制和责任制，累计整改各类隐患637条，整改完成率96.70%。执行“两票”8255份，合格率99.26%。组织应急预案演练、安全用电进企业、入社区宣传等活动。落实“平安建设”工作，开展“六五”普法活动，加强对广大干部职工的法律知识教育，提高职工的法律意识，杜绝各种安全事件的发生。

优化电网调度运行　精心调度，合理安排运行方式，提高供电能力和电能质量，营造良好的用电环境。实现各种管控措施的有效落实和闭环管理。

加强生产运维管理　完成2016年度技改、大修、运维项目38个。完成110千伏馈线开关间隔的CT型号及厂家排查，防误操作专项排查，变电站防潮、防渗排查及变电站直流蓄电池电阻测试；开展输电线路特巡特护9次，清理超高树木5.74万棵；加装防风拉线62组，砌墩4处。变电站PMS系统OP对应率100%，PMS生产管理系统变电站实用化评价指标台账完整率、规范率均达100%。完成过重载配变整治175台。

（撰稿人：张文辉　黄巧华）

•二轻工业•

【概况】

2016年，漳浦县二轻联社着重做好县塑包厂和县服装厂的职工安置工作，经与职工协商，公开公平地制订安置方案，顺利完成2个厂的企业改制和职工安置；对联社党组织进行整合。

【完成县塑包厂和县服装厂的企业改制】

为做好县塑包厂和县服装厂的厂房因县城改造的需要被征收拆除，职工需要安置的工作，避免因此而引发的信访上访，联社听取不同阶层职工的意见，找出最大的公约数，几易其稿，制定出合理的安置方案，并把安置方案交付职工代表大会表决，通过后上墙公示10天，然后上报二轻联社审查，同意后上报县政府审批后实施。由于公开赔偿金额，公开财务，公开工龄。安置工作坚持公平公开公正，力争做到合情合理合法，获得职工的认可支持，整个安置工作顺利进展。至年底，塑包厂149名职工全部领取安置款，签订解除劳动关系协议书；服装厂66名职工仅1个尚未领取安置款，其他55名职工也都领取款项，办好相关手续。整个安置工作平稳，没有出现因此而引发的信访上访。

【整合健全党的组织】

二轻联社原来设党总支委员会，下辖10个党支部，党员87人。随着县城旧城改造，多家企业厂房被征收拆除、企业改制，党员的组织关系也分别迁往各自居住的社区党支部。至2016年9月，有7个党支部因企业改制，党员外迁支部撤销。联社党总支仅辖二轻联社党支部、五金铁工厂党支部、木器站党支部3个党支部，党员24人。为便于管理，经县直机关党工委同意，12月，联社撤销党总支委员会、五金铁工厂党支部、木器站党支部，并将五金及木器2个支部的党员并入二轻联社党支部，于12月14日召开二轻联社合并后的第一次党员大会，选出新一届的支部领导班子。

（撰稿人：林连络）

【漳浦特色美食】

传统手工软贡糖

※主料：优质花生仁600克

※配料：蒜茸10克、贡糖粉末12克、煸炒过的白芝麻10克

※调料：精盐5克、麦芽糖400克、白糖250克、纯净水600克

※制作方法：

1、花生和细沙在锅中用小火炒熟（炒至外膜转深红，时间约18分钟）后花生与沙筛选分开，退去花生外膜后待用。

2、麦芽糖、白糖、纯净水一起下锅用小火熬制搅拌成糖膏。

3、将蒜茸、贡糖粉末、白芝麻和花生一起倒入糖膏锅内，搅拌均匀后倒扣到案板上，捶打卷成长条，再切成小条或块状。

※特点：入口酥爽、蒜香扑鼻

漳浦美食协会供稿

园　区

·绥安工业区·

【概况】

2016年,绥安工业区实现社会生产总值2397188万元,同比增长17.80%,其中工业总产值2383945万元,同比增长17.50%(规模工业总产值2026354万元,同比增长17.50%);实现财税收入44103万元,完成年任务4.15亿元的107%;同比下降10.40%;其中国税收入29757万元,同比下降5.70%,地税收入14346万元,同比下降18.70%;出口创汇33147万美元,同比下降13.50%;固定资产投资426370万元,同比下降4.70%;限额以上社会消费品零售总额13242万元,同比增长85%。

【工业项目】

投资500万元以上项目100个,完成投资42.59亿元,完成年任务41.52亿元的103%,其中工业固定资产投资额40.64亿元,完成年任务38亿元的107%,工业技改项目投资额23.83亿元,完成年任务21.90亿元的109%;新增规模企业14家,完成年任务13家的108%;规模企业120家;新办工业企业53家,完成年任务30家的177%;新投产工业企业31家,完成年任务23家的135%;新批注册外资含飞地项目3871万美元,完成年任务8000万美元的48.39%;外资实际到资3780万美元,完成年任务6880万美元的55%;新增社会消费品零售企业2家,完成年任务2家的100%。

【基础设施建设】

继续推进工业园区整合提升工作。创新整合方式,整合赤湖工业园工作,基本完成财务和人员的整合。着手实施绥安、黄仓、旧镇、大南坂4个工业园区的功能提升工程,优化投资环境。是年,4个园区基础设施共投入1732万元,其中:黄仓工业园826万元,绥安工业园490万元,旧镇工业园308万元,大南坂工业园108万元。

【招商引资】

开展招商活动18次,签约项目59个,总投资48.11亿元、总注册资本13.13亿元。其中,外资项目12个(含增资项目2个),总投资1.29亿美元,签约注册外资6024万美元(其中,已批注册外资3871万美元);内资项目47个(含增资项目1个),总投资39.69亿元,注册资本9.22亿元。总投资5000万元以上的项目共20个。其中总投资上亿元的项目9个,即:①新能源汽车及关键零部件产业基地项目总投资20亿元;②盈丰工业园光伏发电项目总投资1.20亿元;③盈科海洋生物科技项目总投资1.50亿元;④贝纳制衣生产项目总投资1亿元;⑤达维服装生产项目总投资1.20亿元;⑥龙麟新能源光伏项目总投资1.50亿元;⑦贝伊特玩具生产项目总投资3000万美元;⑧中绿食品增资扩产项目总投资1800万美元;⑨康达农机配件生产项目总投资2000万美元。超额完成年初制定的目标。另有跟踪在谈的重点项目5个,预期总投资3.80亿元。

【重大项目建设】

是年,有项目110个,列入市县重点项目19个。在建项目39个,其中:在建市县重点项目

16个，其他在建项目23个。市级重点在建项目8个（即：农机产业园、致易卫星接收器生产项目、同星木业针车缝纫板生产项目、自行车产业园项目、浩基环保科技项目、际诺思轻工制品建设项目、联创LED光电、金马百虹金葱粉）。其中，致易电子、同星木业、自行车产业园部分项目等3个项目于2016年实现投产；县级重点在建项目8个，其中，福强服装加工扩建项目、安发纸业扩建项目、鸿泰工贸标准厂房项目、庆鑫建材加工项目、易立特溜冰鞋生产项目等5个项目于2016年实现投产。全区39个在建项目总占地面积90.07公顷，总投资30亿元，2016年计划投资15.60亿元，全年完成投资16.30亿元，完成年度计划的104.50%。

【项目用地整改】

整改批而未供项目用地113宗，面积313.40公顷。其中，已整改完成33宗，面积77.07公顷；查处闲置土地34宗，面积133.20公顷；已整改完成并开工6宗，面积20.73公顷；拟协议收回项目用地5宗，面积25.87公顷；撤销闲置的项目10宗，面积39.80公顷；尚在整改中项目12宗，面积40.07公顷。

【产业特色】

产业发展规划进一步完善，初步形成食品加工、纺织服装、建筑建材、机电装备、五金塑胶、户外用品、健身器材、包装材料、玩具制造、光伏玻璃等产业格局。并大力发展食品加工、轻纺制品、运动器材3大主导产业。2016年，三大主导产业实现产值130亿元，占园区规模工业产值的64.53%。

【科技创新】

对接经信、科技、财政等部门，促进传统工业企业进行技术改造、转型升级。推进仂元工业、伟伊化纤、绿泉食品、易立特野营用品、延邦管业、恒美食品等21个技改项目，全年完成技改投资额22亿元，完成年任务21.9亿元的100.40%。

【非公企业党建】

完成44家符合条件非公企业党组织的换届选举工作；发展党员20人，培养入党积极分子45人；创建市、县级非公党建示范点3个，推荐培育基层党建工作标兵4人，其中市级党建标兵1人。至年底，绥安工业区已建立基层党组织79个，党员总数646人，其中非公企业党员509人。

【管理与服务】

帮助企业盘活闲置土地、厂房，进行“嫁接招商”，成功嫁接圣诺曼生物科技、万祥工贸、富海木业等10个项目租赁厂房。帮助企业办理相关手续，包括对区内40余家在建项目，特别是19个市县级重点项目进行全程跟踪、协调、办理项目建设前期相关手续。帮助格联特等23家企业补办房产证，帮助彩蓝公司解决集体集资建房十多年来不能办理房产证的问题。多渠道帮企业招工，缓解企业用工难问题，全年为工业区58家企业招工近1000人次。建成和完善兴利达公寓、长德商贸城、彩蓝公寓等服务于工业园区的人才的邻里中心，优化工业区企业员工和技术人才的生产生活条件。

（供稿：绥安工业区）

·古雷经济开发区·

【概况】

2016年，古雷经济开发区完成固定资产投资113.40亿元、公共财政收入6.93亿元。海顺德特种油品项目于8月12日恢复生产，完成规模工业产值1.43亿元。中石化炼化一体化等一批重大项目突破发展，在建工业项目全部复工建设，古雷工业经济呈现复苏、企稳、向好的趋势。

【基础设施日臻完善】

新港城安居工程全部如期建成交付，配套的幼儿园、小学、中学、银行、超市、污水处理厂同步建成投用。投资百亿元的填海造地工程正式开工，工程总投资百亿元，已开工建设，完成200公顷主装置区地块交地，为炼化一体化百万吨乙烯项目建设用地提供需求保障。一批市政、交通基础设施开工建设；至年底，开工亿元以上项目有疏港公路D2段、东港溪排涝、消防特勤站化工模拟装置等9个，基本实现市委、市政府每月有亿元以上项目开工的要求。一批在建基础设施项目建成投用，包括新港城配套道路、前埔污水处理厂、腾龙路与海顺德连接线，腾龙西路A段等。

【生态环保有序推进】

前埔污水处理厂工程　工程总用地面积3.60万平方米，设计总规模为日处理污水2万立方米，分近、远两期建设，近期工程规模为日处理污水1万立方米，投资5986万元，于8月建设完成。

漳州市沿海防护林体系工程古雷部分　项目于5月1日开工建设，对疏港公路东侧原沥青混凝土搅拌站硬化地面的破除及场地平整；6月，完成整地8公顷，种植木麻黄约2万株；7月，完成整地2公顷，种植木麻黄约5000株，合计完成10公顷约2.50万株木麻黄种植；10月25日，项目通过市林业局验收。

绿道网建设　完成疏港公路两侧可施工区域的绿化种植及沿海大通道至杏仔路道路两侧外围木麻黄防护林的种植。针对冬季季节性海风易对该段地被及灌木造成损伤，设立防风网及整株灌木包网。年度完成绿道网建设投资7933万元，超额完成年度投资6000万元的目标。

【完成《漳州古雷石化产业基地产业链招商报告》编制】

为精准把握古雷开发区的招商方向，明确《漳州古雷石化基地产业发展规划》中规划项目的发展趋势、市场规模、消费流向和潜在招商对象，开发区与漳州市石油化工产业服务中心联合，委托中国石油和化学工业联合会初步编制《漳州古雷石化产业基地产业链招商报告》，并计划2017年通过招商规划专家评审会，完成招商规划内容定稿，以指导港区今后石化产业的招商方向。

【重大项目取得突破】

古雷炼化一体化项目一期工程项目，年初项目获得省发改委核准，9月，投资案获得台湾投审会通过；11月7日，合资公司在两岸企业家峰会期间项目公司正式挂牌成立。海顺德特种油品二期项目，企业争取到国家专项建设基金1亿元，已签订投资协议并启动征地工作。台湾中石化烯烃芳烃一体化项目，可研报告已编制完成，其他一揽子前期工作要件在编制中。锦江石化与南光集团芳烃－己内酰胺一体化项目，可研报告已委托编制，环评能评等前期工作同步展开，项目投资补充协议正在洽谈磋商。延长石化炼化一体化项目，预可研已委托编制，战略投资协议完成初稿草拟，正进一步对接。海顺德炼化一体化项目，公司已正式成立，与开发区签订投资框架协议。宝塔石化炼化一体化项目，工艺设计方案初稿已完成，正在对产品结构、技术路线进行优化提升。

【提升完善园区规划体系】

启动古雷开发区“十三五”规划编制，为开发区未来5年发展提供智力支持、理论支撑。提升古雷石化基地发展规划，已委托裕廊国际咨询公司，按国际标准对石化基地水、电、热、供气、路网、管廊、码头等进行完善提升。编制产城融合协调发展规划，为港区产城融合协调发展做好大文章。实施产业链招商规划，为开发区实施精准招商、产业链健康发展提供支持。对古雷石化基地内的26项专项规划进行梳理、统筹、整合，高标准实施产业配套基础设施项目建设。

【招商引资】

根据市委、市政府关于开展“古雷招商月”活动要求，开发区党政主要领导分赴台湾、北京、陕西、上海等地招商。瞄准石化基地产业链条短板，主动对接德国巴斯夫、荷兰皇家壳牌集团、艾克森美孚、延长石油、宝塔石化等国内外著名石化企业，引办一批石化中下游产业项目，并达成一批合作意向。7月，在上海举办“上海－古雷石化项目专场推介会”，签约海顺德二期原料制备项目、海顺德炼化一体化项目、新阳科技60万吨苯乙烯项目、古雷公共管廊项目等。此外，腾龙芳烃对二甲苯改扩建、翔鹭石化精对苯二甲酸改扩建、锦江石化芳烃－几内酰胺一体化、海水淡化及盐化工等5个项目基本达成一致意见。

【创新发展】

实施创新驱动发展战略，培育开发区国际竞争新优势、增强长远发展动力。筹建古雷化工品贸易交易中心，成立筹建领导小组，拟采用全球招标的形式，聘请世界一流的专业团队，采用合作或限期经营的模式，择优选择平台运营商，全面启动石化产品贸易交易中心建设。启动建设古雷化工学院，为今后石化园区科技研发、项目建设储备人才。推进"区地合一"改革，参照漳州开发区及台商投资区的经验做法，按照将古雷镇、霞美镇、杜浔镇、沙西镇、下蔡林场及相关海域成建制委托古雷开发区管理的要求，推进"区地合一"体制设计。

【安全生产】

深刻吸取腾龙芳烃"4•6"事故、天津"8•12"爆炸事故等教训，全力保安全、护生态、守底线。严格落实"党政同责、一岗双责"，坚持行业必须管安全、管业务必须管安全，研究制定《古雷开发区"党政同责、一岗双责"暂行规定》，推动安全生产责任落到实处。配齐配强安全监管队伍，以区安办和应急救援中心为主，安监、环保、质监、气象、国土、消防等市直派驻单位共同参与的安全监管及应急救援体系基本建成，并建立联演联训、企业负责人定期报告、约谈、专家检查、管理月报等日常监管制度。探索引进第三方协作监管机制。面向全国公开选拔招聘安全生产坐班专家，对园区企业实行全天候安全巡查和帮扶服务。

（供稿：古雷经济开发区）

•漳浦台湾农民创业园•

【概况】

2016年，漳浦台湾农民创业园（以下简称台创园）加大投资力度，加快漳龙林业产业园、兰花产业园二期等重点项目建设步伐；组织园区台企参加第八届海峡论坛、中国国际农产品交易会暨国际农业博览会等活动，通过走出去、请进来，引进新品种9种、新技术3项，并签署意向投资5500万元。完成国家星火计划项目"蝴蝶兰新品种规模繁育与示范推广"。

【加快重点项目建设】

漳龙林业产业园项目　项目规划用地200公顷，建设区内道路11.68千米及相关配套设施。2016年计划投资5000万元。至年底，完成征地65.47公顷，土方平整33.33公顷，建挡土墙950米；对原入驻兰花企业的温室大棚及附属设施的征收、赔偿正配合漳龙集团中介公司按评估实施。至年底，项目完成投资额5240万。

兰花产业园二期项目　该项目规划用地100公顷。项目主要建设园区配套生产道路2500米，路面宽8－12米；道路两侧建设排水沟长3000米，宽1米；园区路灯136盏；绿化面积1万平方米；园区用水机井30口；园区电网3000米等。至年底，完成项目设计规划，征用土地30公顷，正在征用土地13.33公顷，进行园区土方平整、主干道及排水工程700米建设。53.33公顷土地正在进行前期测量和规划设计。2016年完成固定资产投资2101万元。

花卉苗木检验检疫中心项目　为抓住蝴蝶兰种植户开拓美国高端市场带来的新机遇，加紧建设兰花病毒检测实验室，争取早日为园区及周边兰企蝴蝶兰种苗进出口提供检验检疫技术上的支撑和服务；协助园区有条件的兰花企业按照输美温室的技术软硬件要求，投资500万元建设新温室或改造已有温室共5000平方米，已全部试产。钜宝公司和新镇宇公司已率先通过国家检验检疫总局和美国检验检疫官员实地智能温室等设施考核，获得带介质蝴蝶兰种苗出口美国、加拿大的认证。

休闲观光农业基地项目　结合市县"十三五"规划对现代农业定位和支持政策，及闽南文化生态走廊规划建设的契机，建成核心区10千米的现代农业休闲观光专类走廊和驿站。

【加强闽台交流合作】

参加第八届海峡论坛　6月，在厦门举行的以"携手建设智慧农业，推进两岸融合发展"为主题的第八届海峡论坛•两岸特色乡镇交流暨智慧农业对接会上，组织13名台湾现代农业业者参与闽台特色乡镇的对接和“台湾青年农民中华农耕文化福建行”交流活动。就两岸花卉苗木、果蔬茶叶、休闲农业、智慧农业等产业方面的经验和成效进行互动交流和产业对接，漳浦台创园有限公司与台湾玉沙农场有限公司、台湾大翔兰园、台湾环球投资有限公司签约“兰花育种中心”“兰花新品种培育”“大璞文创园”3个项目。

参加中国国际农产品交易会暨国际农业博览会　11月，组织园区台企天福集团、漳州三本、台丰山生态农场、蜜源农场等13家企业参加由农业部和云南省人民政府在昆明共同主办的第十四届中国国际农产品交易会暨第十二届昆明国际农业博览会。13家企业在会上展示了天福茶食品，铁皮石斛、金线莲等100多种产品。

参加第八届农博会、第十八届花博会　11月，参与海峡两岸(福建漳州)第八届农博会•第十八届花博会的筹办，组织以台创园花卉产销协会为主的各成员会员参展，以蝴蝶兰为主题，以从台湾引进的珍贵果树苗木为衬托，设计展示“花龙(花农)”作品，被大会组委评为金奖作品。

开展新型农民培训　2016年，举办闽台智慧农业合作交流、新型农民农村妇女家政服务等主题培训班12期，学员882人次，其中，台籍学员52人。

持续推动两岸交流合作　2016年，接待台湾农商团体500多人次，派出台创园花卉产销协会等人员前往台湾交流、招商2批次。其中，在第八届海峡论坛、第十四届海峡项目成果交易会、花博会.农博会期间，通过邀请台湾农商考察团前来实地观摩、考察，加强闽台现代农业交流合作。引进新品种9种、新技术3项，并签署意向投资5500万元。

【落实特色产业项目对接】

花木电子商务平台建设　争取优惠政策，全力支持园区内海峡花卉集散中心“漳州水仙花乡”花木电子商务平台建设。帮助平台完善漳州花木产业链所具备的各项资源要素整合，促其上线试运行，使“漳州花木”龙头地位和品牌效应的辐射带动作用更加凸显，为广大农户带来更大的销售空间和利润空间。

完成国家星火计划项目　完成国家星火计划项目“蝴蝶兰新品种规模繁育与示范推广”，并顺利通过验收。该项目依托福建农林大学的科技支撑，利用漳州钜宝生物科技有限公司在杂交培育新品种研发的特长，在漳浦台创园区内示范推广蝴蝶兰主要新品种3个，集成蝴蝶兰种苗组培快繁体系和低成本培养技术体系1套，种苗生产成本降低15.80%；建立蝴蝶兰瓶苗出瓶培养技术体系，移栽成活率提高7%—10%，小苗到商品苗培育时间缩短30—40天；建立蝴蝶兰鲜切花生产技术体系，年生产蝴蝶兰“钜宝幸福”等新品种种苗900万株、生产鲜切花2万枝，年产值达8000万元。项目还建立蝴蝶兰新品种生产示范基地1个，面积13公顷；在包括覆盖盘陀镇、长桥镇、官浔镇等乡镇在内的各地推广组培快繁、智能温室栽培和鲜切花生产等3项技术，辐射推广新品种多个，面积达66.67公顷。借助项目的带动，漳浦台创园区新增就业人数630人，带动农民增收1100万元；培训种植人员620人次，进行就业培训516人次。实现漳浦台创园区内的10家主要兰企年产值合计达2.50亿元。

【加大对台企扶持力度】

继续加大对园区台农企业在融资、土地流转、服务窗口前移等方面的扶持力度，为台农企业办理电费优惠补贴1062万元。同时为天福、三本、钜宝、同正、蒂尼、长生等6家企业申请项目建设贴息补助227.60万元，其中天福集团拿到贴息补助封顶100万元。

(撰稿人:黄惠瑜)

•花博园(花博会)•

11月18日，第八届农博会•第十八届花博会在漳浦县东南花都开馆。农博会•花博会由国家农业部、国台办、国家林业局、中国贸促会、中国食品工业协会和福建省人民政府共同主办。农博会•花博会继续秉承“花开两岸、合作双赢”的办会宗旨，延续花卉特色，展示食品名城，连接“一带一路”。

全国政协港澳台侨委员会副主任梁绮萍、副省长梁建勇，省政协原副主席、省农产品市场协会总顾问陈家骅，省政协原副主席叶继革、中国国民党中常委廖万隆、漳州市委书记陈家东共同为博览会开馆。漳州市市长檀云坤主持开馆仪式并致辞。来自韩国、日本、美国、荷兰等20多个国家和地区的2000多名客商、专家学者参加开馆仪式；漳浦县领导黄庆华、郑世然、蓝主保等参加开馆活动。

农博会·花博会坚持“市场化、专业化、特色化”的办会方向，突出特色，突出创新，突出实效，强化市场运作，推动供给侧结构性改革，促进产业转型升级。农博会·花博会设花卉馆、水产精品馆、根雕艺术馆、天然奇石馆等11个室内展馆，面积5万多平方米；还设有总面积28万平方米的芙蓉园、儿童乐园、玫瑰爱情主题园、名贵树种园、百花园、百竹园、百果园、盆景园等室外展园。1200多家企业参展，其中台湾企业200多家，国外企业近80家，展示展销农资产品、农林牧渔业产品及其加工品1.20万多种。

新设的“花样漳州·美丽乡村”旅游馆，以“乡村让生活更美好”为主题，突出乡村、乡土和闽南元素，利用博览会平台，通过高清图片，展示漳州市“十大美丽乡村”的自然风光和风土人情，宣传推介“十大最美乡村游”。将农业、旅游和新农村建设有机结合起来，重点展示漳州的美丽乡村建设与旅游业的深度交流、融合、发展的成果，及旅游产品、民俗风情、特色文化。

博览会还设立专门展区，展示“漳州国家现代农业示范区”的新品种、新技术、新模式、新业态。通过实物、图片、影视资料展示绿色防控技术、生物农药、农产品质量安全可追溯体系平台和可追溯试点企业产品，并在现场演示可追溯平台功能，全面展示漳州市农产品质量安全保障体系建设新成果。

值得一提的是，这届农博会·花博会设立有“一带一路”展区，以农博会·花博会平台，邀请“一带一路”沿线的韩国、越南、马来西亚等17个国家60多家知名企业参展参会，展示有法国的葡萄酒、缅甸的大米、马来西亚的燕窝、墨西哥的龙舌兰蜜等各国特色产品。

这届农博会·花博会主要突显五大特色：一是突出“漳州味”，设有“漳州味”展区，重点推介水产精品等名优特食品；二是打造品牌，展示精品特色花卉，展示20多个专业门类的1500多个品种，近4000盆花卉。通过艺术造景，融入漳州传统文化，打造出争奇斗艳、姹紫嫣红的“花卉大世界”；三是加强闽台合作，设有“台湾味”展区，组织近百家台湾涉农企业，展示台湾特色农业。天福、信华等在漳投资的台企参展，带来台湾的创新食品、创意农业，钜宝公司组织台湾花企带来蝴蝶兰、卡特兰等洋兰精品花卉；四是围绕品牌品质，展示宣传农产品质量安全，以实物、图片、网络和远程控制演示，形象展示漳州农产品质量安全“两个平台”（农产品质量安全可追溯监管平台、农资监管平台）以及“三品一标”（有机食品、绿色食品、无公害食品、地理标识产品）的建设成效；五是示范推广，展示国家现代农业示范区建设成果。广泛征集农业“五新”展品，如航天育种蔬菜，提升农产品品质的新型授粉技术，修复土壤的生态施肥新模式、生物防控新药剂，利用负离子杀菌提升茶叶品质的新机械等，通过展会推广新品种、新技术的应用，提高农业综合生产力。

农博会·花博会期间，还举办现代农业展览展销、花王赛，第四届福建创新创业大赛决赛，休闲农业项目对接会、中国蘑菇节、工业设计科技创新大赛、“五古丰登”摄影作品展、走进闽南乌山清华美院山水画展十大最美乡村游推介等系列活动。

在18日上午举行的第八届农博会·第十八届花博会项目现场签约仪式上，漳州市有38个项目现场签约，合计总投资200.30亿元。其中，外资项目14个，涉及比利时、韩国、新加坡等国家和中国台湾、香港，总投资55.20亿元；民企项目15个，总投资71亿元；央企项目9个，总投资74.10亿元。农博会·花博会展会为期5天，持续至22日。

（供稿：县方志委）

商务 贸易

· 商业贸易 ·

【概况】

2016年，漳浦县商务经济持续平稳发展，完成实际到资1.32亿美元，同比增长7.30%；总量位居全市第1位，增速位居全市第3位；社会消费品零售总额（含古雷）109.90亿元，同比增长11.40%，总量位居全市第3位，增速位居全市第7位；外贸出口总额5.30亿美元，同比下降10.92%，总量位居全市第4位，增速位居全市第12位。

【招商引资】

持续加大招商工作力度，拓展委托招商、网上招商、产业链招商、小分队招商等多种招商方式，多管齐下力促招商引资取得新成效。组织招商团队参加海峡论坛、“9•8”投洽会、第十八届花博会•第八届农博会等大型招商活动，取得良好项目对接成效。全力做好“小分队招商”，有针对性地赴珠三角、长三角、泉厦等地开展投资推介和项目对接活动，全年组织外出招商活动共27场，促成赛维网络科技、阳光电源、贝纳制衣等一批优质项目签约落户漳浦县。是年，全县引进注册资本500万元以上的内资工业项目共102个，总注册资本20.30亿元；引进签约报批外资项目36个，总投资3亿美元，总注册资本1.30亿美元。

【电子商务】

主动融入“互联网＋”经济新模式，推动县域电子商务快速发展。从物流配送体系、县级服务中心及镇村服务站点、品牌培育与质量保障、人才队伍等四个方面发力，推进“国家电子商务进农村综合示范县”建设，建成投用电商创业园、电商服务中心、电商培训基地；基本建成县级物流仓储中心、21个乡镇物流分仓；建成201个村级服务站点。至年底，全县有电商相关企业451家（工商注册口径），包括腾睿电商、浦邮电商、白山鞍电商等一批知名电商企业；签约引进大型跨境电商龙头企业—赛维网络科技。全县有微商卖家1000多家，电商从业人员1万多人。实现电子商务交易额24.55亿元，同比增长41.25%，其中网络零售额9.76亿元，同比增长11.42%。上行快件296万件，同比增长26.88%，下行快件1016万件，同比增长56.98%，快件总量居福建省示范县第一位。

【外贸出口】

对接落实外贸发展扶持资金和配套政策　争取省级城市副食品调控基地补助资金65.80万元。其中：基地规范化建设补助资金43万，基地受灾补助资金22.80万元。

开拓国际市场　鼓励县域企业主动走出去开拓国际市场，引导企业参加各类展销活动，组织12家企业参加5月的“漳州味•北欧行（波兰）”、9家企业参加12月的“漳州味•东北亚行（韩国）”等展会。

争取外贸回归　促成益才果蔬、丰盛食品、贝品儿童用品、元新食品等4家外贸企业回归，回归总额3900万美元。

【国内贸易】

品牌体系建设　推进“国家级出口食品农产品质量安全示范区”创建，全县13个省级副食品基地中，被评为“省级示范基地”的1家，即福建趴趴跑生态农业综合开发有限公司；取得“绿色食品认证”的4家，即金祥畜牧有限公司、红岭山绿林（漳州）生态农场有限公司、利苑农业技术（漳州）有限公司、锦鑫食品冷冻有限公司；取得“无公害体系认证”的3家，即县食品公司城关良种场、龙雨生态养殖场、三茂农业有限公司；取得“有机农产品认证”的1家，即漳州市丹东农业开发有限公司。

对接落实内贸发展资金及配套政策 争取落实各类内贸扶持资金174.90万元，惠及多家企业。

抓好社会消费品零售总额指标跟促 做好新增限上企业项目的储备管理，2016年，全县上报新增54家限上社会消费品零售单位，其中审批通过25家，未审批29家，预计可新增社零总额9600万元以上。推动县域企业走电商发展新业态，腾睿电子商务、浦邮电子商务、赛维网络科技、白山鞍电商等新兴电商为县域社会消费品零售额提供新增长点。

帮助企业拓展国内市场 组织县域企业参加各类展销活动，促进漳浦名优产品“走出去”。组织6家企业参加“第120届广交会”、6家企业参加厦门“9·8”投洽会、9家企业参加“闽货华夏行”、5家企业参加第十八届花博会·第八届农博会“漳州味”、3家企业参加海峡论坛漳州茶食品展销、9家企业参加“花样漳州味”展销活动、1家企业参加第十三届中国（厦门）国际食品交易博览会等展洽会。现场销售总额14000万元、签订各类购销合同2亿元。

【审核审批】

是年，县行政服务中心商务局窗口办理审核审批等业务503件，办结率100%。其中：外商投资企业设立审批13件，外商投资企业变更审批34件，外商投资企业设立与变更备案21件，加工贸易业务审批49件，加工贸易企业经营状况及生产能力证明4件，对外贸易经营者备案登记及变更45件，成品油零售经营企业年检初审67件，成品油零售经营资格初审5件，酒类流通备案登记及变更16件，报废汽车回收企业资格认定的审核转报4件，境外投资审核1件，外商投资企业联合年报事项244件。此外，办理原产地证1523份，代办国际商事证明书6份，代办领事认证12份。

（供稿：县商务局）

·供销贸易·

【概况】

2016年，全县供销系统实现商品购进总额97275万元，同比增长20.10%。其中农副产品购进43700万元，同比增长28.67%；商品销售总额109297万元，同比增长18.67%。其中农业生产资料销售19956万元，同比增长7%。生活消费品零售30910万元，同比增长37.44%；实现利润总额274.10万元，同比增加62万元；实现社会贡献总额884.10万元，同比增加112万元；上缴国家各种税费376万元，同比增加92万元。

【稳步推进“新网工程”】

围绕“新网工程”建设，搭建新的为农服务平台。已在县城区及其他乡镇建成一批集商贸、办公、服务于一体的“新网工程”建设项目，辐射周边一大批便民超市、村级综合服务社、农家店。形成一个比较完整的县、乡、村三级日用消费品配送销售网络，供销社服务网络得到快速延伸，为农服务功能不断增强。为突显“新网工程”建设所带来的发展成果，加大投入力度，不断推动“新网工程”建设工作迈上新台阶。是年投资540万元，重点抓好前亭供销社日用消费品配送中心（一期）建设。至年底，完成建筑面积1540平方米，进入内部装修阶段。

【保障农资供应】

落实化肥冬储任务 县供销联社统一安排，早行动、早部署、早落实，抓好化肥等农资商品的冬储与调运备供，确保春耕化肥供应充足。在保证完成上级下达冬储任务的基础上，分析市场形势，科学决策冬储数量与品种，以满足农业生产的需要。是年，完成上级下达化肥冬储任务7000标吨。

做好农资供应服务 是年，全县供销系统120家化肥店售给农民农业生产资料10.02万吨。其中尿素1.75万吨，碳铵1.53万吨，磷肥2.07万吨，钾肥7515吨，复合肥3.92万吨，供应各种农药981吨。供应上不仅数量充足，质量保证，价格平稳，而且规格品种齐全，结构比例合理，供应及时。尽量减少中间流通环节，坚持从正规厂商进货，不让“三无”产品、游商推销的商品、非国家定点生产的商品和假冒伪劣商品等从供销系统流入市场。开展送货下乡服务，送货下乡供应量占全系统农资销售量的70%以上。县供销向社会做出农资供应八条承诺，发挥全县系统17家“四有”标准庄稼医院的服务功能，开展、推广测土配方等多种形式的农技服务，指导农民科学施肥、平衡施肥，提高化肥利用率，达到节本增效减污的目的。前亭供销社庄稼医院被漳州市供销社评为“2016年度全市示范社庄稼医院”。

【加快电子商务平台建设】

打通农村电商“最后一公里”和“最初一公里” 通过县、乡、村三级的“速递e站”快递，借助“中通速递”的大系统，实现电商快递到村到户。是年，快递派件140万件，收件13万件，快递增速从2016年年初的每天2000多件上升到年底的每天9000件。

快速提升农产品销售和农资服务 2016年，漳浦县的地瓜、杨桃、青枣、荔枝、石榴、木瓜、余甘等一大批水果顺利搭上电商快车，销售全国各地。40大类的近百余个优质、特色的农产品、工艺品和老字号上线，农资产品在农村的便利服务，成为“互联网+”战略在农村的具体实践。销售额达8000多万元，占全县电商销售额的18%。

【促进农业增效农民增收】

加快搞好村级综合服务中心工作，是年新增加村级综合服务中心12家，年销售额2200万元，经营面积765平方米，辐射服务群众2万人。发展各类农民专业合作社，参与农业产业化经营，助农增收，是年新发展农民专业合作社7家，全县系统的农民专业合作社总数达到59家，带动周边农户9350多户，从事农业产业化经营。发挥“漳浦县农村合作经济协会”的服务功能和作用，加强对全县农产品生产、销售环节的技术指导、营销策划和信息服务，对接生产与市场，促进农产品流通。

（供稿：县供销联社）

·粮食流通·

【概况】

2016年，漳浦县粮食流通工作以粮食安全为主线，以“粮安工程”为抓手，及时完成3066吨县级储备粮轮换，新增地方储备粮4000吨；有序推进漳浦粮食联合储备库建设项目工作，并投入资金190万元，对南浦、杜浔等粮点的危仓老库进行维修改造；落实储粮安全责任制，强化储粮安全与生产安全管理；开展“世界粮食日”进农村、村学校、进社区宣传活动。

【完成储备粮轮换】

3月4日，举行2013年度3066吨县级储备粮轮换竞买会，为县财政增加23万余元资金收入；6月，储备粮轮换实物出库工作全部完成，为夏粮轮入做好腾库准备；8月，圆满完成3066吨的夏粮轮入工作，新增地方储备粮4000吨（其中应急大米150吨），600万公斤的储备粮订单收购计划基本完成。

【危仓老库及军供网点维修改造】

根据2015年《福建省财政厅 福建省粮食局关于做好“粮安工程”危仓老库维修改造工作的通知》精神，编报危仓老库维修改造实施方案；投资190万元，对南浦、杜浔等粮点的危仓老库进行维修改造，至7月全面竣工。军粮供应站仓库、营业场所、业务用房等维修改造工程于4月成功招标，5月动工，12月全面竣工。

【有序推进建库工作】

福建省漳浦粮食联合储备库建设项目总投资1.60亿元，建筑面积3.17万平方米、设计建设仓容10万吨（省级、县级各5万吨）。2015年9月，县政府与省储备粮管理有限公司签订联合建库协议，并选址于旧镇台玻工业园 B－01 地块；2016 年 12 月，取得施工许可证，进入工程建设阶段。

【强化储粮安全管理】

执行查仓制度　严格执行“三天一小查、七天一大查、风雨随时查”的查仓制度，做好日常查仓及春秋两季查仓。加强粮情监测，随时掌握仓内外温湿度、粮温和虫情，发现隐患，及时整改。

落实储粮安全责任制　在同基层粮食企业签订安全责任书的基础上，按照“谁主管，谁负责；谁检查，谁负责；谁签字，谁负责”的原则，明确责任，并将安全工作纳入年度考核范围，年终评比实行安全事故一票否决。实行定人、定量、定仓，专人、专仓、专账，层层落实，确保责任到人。对人为保管不力，发生黄变、霉烂造成严重损失的，追究公司法人代表及相关人员的责任。

完善科学保粮模式　利用储粮基础设施，结合粮食保管经验，综合运用储粮技术，确保储粮达到“一符四无”的要求。

【开展“世界粮食日”宣传活动】

县粮食局会同农业、教育、科技、气象、妇联等部门，以“积极应对气候变化，促进粮食减损增效”为主题，开展粮食减损增效“三进”活动，发放宣传资料近 400 份，接受现场咨询近 200 人次：组织农业科技专家等，走村入户、深入田间地头宣传国家粮食生产、收购政策，发放“气候变化与粮食减损增效”主题宣传册；会同教育部门组织学生走进储粮仓库、粮油实验室，向学生宣传讲解储粮知识、发放“气候变化与粮食减损增效”主题宣传册；组织相关人员进社区发放“气候变化与粮食减损增效”主题宣传册，向公众宣传讲解节粮减损、粮油营养健康以及气候变化对粮食的影响等科普知识。

（撰稿人：潘秀娟）

·烟草专卖·

【概况】

2016 年，漳浦县烟草专卖局（分公司）加强专卖市场管理，坚持市场导向，做好卷烟营销，实现卷烟销售总量 42882 箱，实现税利3.99亿元，同比增长15.68%，查处违法案件 208 起。

【专卖市场管理】

加强专项整治　以运输环节、货运场所、仓储场所、物流行业等领域为重点，相继开展“清网打非”“猎狐”等市场清理整顿专项行动。完善“APCD”市场监管工作规范，明确重点检查区域和重点检查对象，加大对多次违反“一户一码”零售户的监管与检查力度，实现从常规检查向精准管理转变。全年查处市场卷烟案件 204 起。

规范行政许可　严把许可证“准入、退出”关，使烟草专卖零售许可证管理有进有退、规范有序，形成良性循环。通过“三员”互控，及时反馈零售户在许可证后续使用中出现的各种情况，避免出现借、套证户。全年办理行政许可 331 户，注销 455户。

推进卷烟打假工作　全年查获涉假案件 53 起，查获烟机 54 台、假烟 4749 件、烟丝 104.86 吨。同时，加大网络案件办案力度，强化与公检法的配合协作，共同研究做好取证、定罪、量刑等关键环节，推进抓捕追刑。是年，全县涉假烟人员判刑 18 人，其中实刑 17 人，缓刑 1 人。

【卷烟营销】

培育优胜重点品牌　分析制定符合本区域实际的品牌培育发展规划和目标，将辖区市场进一步细分，区隔市场的消费差异、习惯偏好等，选择适合细分市场需求的品牌进行重点培育，逐步在漳浦辖区内形成以“全国性知名品牌为主导、省产优势品牌为依托、低焦特色品牌为引领”1＋3 的优胜重点品牌的品类体系。同时，创新品牌培育方法，探索运用“T＋CX”策略工具，根据订足率、订足面等跟踪客户订货情况，通过自下而上的方式，深入调研市场库存、价格动态，动态调节不同类别客户、不同区域市场单次投放，满足区域市场的差异化需求。

培植优质零售客户　加强农村市场的硬件投入，将现代终端的建设向农村市场延伸，通过发放背柜、烟柜、推烟器及烟套等硬件设施，逐步改善农村市场的终端环境。全年发放柜台100只，背柜44台、推烟器36个。加强终端陈列指导，以最小单元市场划分锁定客户标杆；通过客户培训、客户经理指导、视频展播等方式，转变客户原有的摆放习惯，由陈列“老三样”向滞销烟、新品烟、异形烟转变，促进非常规烟的销售，减少客户的滞销库存。开展终端5S活动，由客户经理指导，客户自己动手，通过客户参与，拍照对比5S活动前后店貌改造成效，让客户切身体验陈列环境的改善；并通过评比改造成效，调动营销人员及零售客户参与积极性，营造改善终端环境比、效、赶、超的良好状态。

【参与社会公益】

2月，慰问困难计生二女户2000元、春节慰问零售户4999.10元、春节慰问边防大队2000元、春节慰问驻浦部队海防四连2000元。7月，“八一”慰问边防大队、驻浦部队海防四连各2000元。11月，向驻浦部队海防四连捐赠2000元。12月，慰问退伍老兵2000元，向漳州市希望公益服务中心捐赠青年文明号图书角4000元，帮扶马坪镇仙都村农民公园建设2万元。是年，累计捐赠公益资金4.30万元。

（供稿：县烟草局）

·盐业经营管理·

【概况】

2016来，盐业漳浦分公司销售各类盐产品5116.6886吨，比上年同期的5678.88吨减少562.19吨，其中加工用盐3836.90吨，比上年同期的4547.55吨减少710.65吨；小包装碘盐1278.79吨，比上年同期的1131.33吨增加147.46吨，完成年计划76.76%；漳浦盐场生产原盐盐1.91万吨，放运2.50万吨，库存1.05万吨；古雷制盐有限公司生产原盐1400吨，放运4535吨，库存1700吨，库存250吨。

【做好小包装食盐产品推介】

每月至少组织开展一次宣传活动。在城区，以超市为阵地，开展大中型商超在节假日期间对品牌盐的宣传促销活动；深入社区宣传，倡导健康消费，提高消费者绿色、健康、高端小包食盐系列产品的认知度和接受度。在农村，在农贸市场摆摊设点开展宣传促销活动，多渠道、多形式的面对面宣传，提高消费者对品牌盐的认知度。在抓好主营业务的基础上，注重培育非盐经济，促进非盐经营业务快速拓展，全年非盐销售3.88万元。

【盐场周边盐民自用盐供应】

对盐场周边盐民自用盐供应采取供应箱装自然盐，全年供应123.24吨。为提高盐区盐民食用碘盐覆盖率，分公司工作人员多次，进村入户宣传，向群众解释自然盐的价格比日晒盐价格高的原因，让群众接受食用自然盐。

【多种渠道宣传食用合格碘盐】

利用“3•15”消费者权益日、“5•15”防治碘缺乏病日，联合有关部门大张旗鼓加大宣传。5月13日，县盐务局与卫生局、疾病控制中心在石榴镇开展联合宣传活动，现场接受群众咨询，分发宣传单，向群众赠送碘盐、多品种盐，讲解宣传碘盐知识、提倡食用健康低钠盐、多品种盐。现场赠送多品种盐3箱、精选自然盐1箱，接受群众咨询500多人次，发放宣传单800多份。

【盐政执法】

根据省、市打击制贩假冒食盐专项治理行动工作的方案要求，规范食盐市场秩序。6月22日，在辖区内开展打击制贩假冒食盐联合行动；9月18日，在县专项行动领导小组的协调下，盐务局、经信局、公安、食品安全、市场监督管理局等部门，组成联合检查组，对辖区绥安镇的大型商超、中心市场，深土镇、漳浦盐场进行突击检查。此外，全年盐政检查173次、645人次，查获大小案件131件。其中查获三轮摩托车2辆，加工场涉盐案件2件，小案件127件；查获各类盐产品6.76吨，没收食盐4.70吨，罚款5770元。

（供稿：盐务局）

经济管理

·发展规划与实施·

【概况】

2016年,漳浦县发展改革局受县政府委托,编制漳浦县2016年国民经济与社会发展计划,并组织实施;全县确定重点项目106个,加快推进重点项目建设;简化审批程序,全年办理审批核准类项目146件、备案类项目430件;完成6·18"项目成果对接会各项任务,征集企业技术需求21项,对接项目51项;推进精准扶贫,争取以工代赈项目2个,完成2800人825户造福工程场地搬迁。

【国民经济和社会发展年度计划编制和实施】

受县政府委托,编制漳浦县2016年国民经济与社会发展计划及2016年上半年计划报告,经县人民代表大会审议通过后组织实施。2016年主要发展目标为:地区生产总值增长11%;规模工业总产值增长15%,规模工业增加值增长14.50%;固定资产投资增长20.10%;社会消费品零售总额增长11%;一般公共预算总收入增长6.40%,地方一般公共预算收入增长5%;实际利用外资(验资)增长7.32%,外贸出口总值增长6.24%;人口自然增长率控制在12.8‰以内,城镇居民人均可支配收入增长10.20%,农村居民人均可支配收入增长9.60%;居民消费价格指数控制在2.30%左右;单位GDP能耗降低、主要污染物排放总量减少等指标控制在市政府下达目标范围之内。

【重点项目快速推进】

全县确定重点项目106个,全年完成投资180.40亿元,占年度计划投资180亿元的100.20%。32个省市在建重点项目全年完成投资102.30亿元,占年度目标102.10亿元的100.10%。是年,全县完成固定资产投资255.30亿元,同比增长21.20%,超额完成市下达奋斗目标。

【向上争取补助资金】

是年,争取到国家专项建设基金项目3个,项目总投资20.84亿元,争取基金补助19820万元,3个项目均已签约。

【项目审批】

及时做好国务院、省、市政府取消和下放行政审批事项的承接工作,落实行政审批制度改革的各项措施,严格执行国家、省新出台的有关政策文件,不再执行与之相抵触的旧政策文件,优化投资审批程序。实行审批服务标准化管理,减少审批环节、简化审批程序,提高审批服务效率。是年,办理各类事项579件(其中审批核准类项目146件、备案类项目430件),总投资262亿元;办理模拟审批件1件。所有事项均在承诺期限内办结,办结率99.80%,

【深化重点领域改革】

全国深化县城基础设施投融资体制改革试点县工作 做好全国县城深化基础设施投融资体制改革试点县工作总结,加强获得中央预算内资金的5个PPP项目的管理,推进项目顺利实施。

申请市政工程政府和社会资本合作 向国家发改委、建设部上报申请重大市政工程领域政府和社会资本合作(PPP)创新工作试点城市。2016年，储备PPP项目6个，分别是县城区蓝理路等5条市政道路PPP项目；县城区金浦大道南段、盘古大道东段等PPP项目包；县城区和康大道、大亭路等PPP项目包；万安“五纵四横”道路PPP项目；朝阳水库；万安园区至沿海大通道连接线项目。

经济体制改革联络工作　承担县全面深化改革领导小组经济体制改革专项工作小组联络员工作，为全县深化经济体制改革进行协调联络。

公务用车制度改革工作　根据《中共漳州市委办公室漳州市人民政府办公室关于印发〈漳州市全面推进公务用车制度改革实施方案〉的通知》和市车改办相关要求，结合漳浦县实际，制定《漳浦县全面推进公务用车制度改革实施方案》，以县委办、县政府办印发并贯彻实施，全县车改各项工作按时、按要求稳步推进。

【其他工作】

“6·18”项目成果对接　完成第十四届“6·18”项目成果对接会各项任务，征集企业技术需求21项，完成市下达任务数(10项)的210%；对接项目51项，完成市下达任务数45项的113%，总投资29.10亿元。

金融与企业改制上市　宣传企业上市及“场外市场”挂牌相关知识，动员企业参与省、市发改系统组织的各类培训，提高县域内优秀企业家代表对企业上市及新三板等“场外市场”的认识。帮助成功上市及挂牌企业申报上市奖励及“场外市场”挂牌资金补助，至年底，已有宏盛园艺、扬基生物科技、美丽家香等挂牌海交所，并兑现“场外市场”挂牌企业补助；万辰生物科技已上新三板，海峡生物科技新三板资料正在审查；盈丰食品上市材料已上报至国家证监会备查，金绿置业正在进行股改，准备赴港交所上市。

海西天然气管网工程征(租)迁　海西天然气管网工程征(租)迁涉及南浦乡、长桥镇、石榴镇、绥安镇、大南坂镇、旧镇镇、霞美镇、杜浔镇、沙西镇和中西林场等10个乡镇场，除江滨南岸部分线路(约10千米)为避免重大规划冲突仍在进一步优化外，其余各乡镇场均已基本完成交地任务。完成征(租)地57.30千米，涉及村户3761户，实际交地面积100.27公顷。部分标段已开工铺设管网。

精准扶贫脱贫攻坚　根据县委、县政府关于推进精准扶贫打赢脱贫攻坚战两年行动的实施意见的要求，做好精准扶贫工作。争取以工代赈项目2个，完善贫困村基础设施建设，其中绥安镇罗山村7万元，霞美镇前梧村9万元。争取集中安置项目基础设施配套资金，是年向上级争取资金200万元，解决湖西乡赵家堡、南浦乡后坑村集中安置区项目基础设施建设。造福工程场地搬迁全面完成，经过近一年建设，2800人825户的造福工程任务通过县、乡镇验收，累计投入资金1.68亿元，同时6户易地搬迁全部竣工。

（供稿：县发展改局）

·统　计·

【概况】

2016年，漳浦县统计以服务经济社会发展为重点，加强乡级统计站建设，在每个乡镇设立统计站；以六鳌镇辖区内规模工业规范化建设试点为示范，在全县规模工业企业推行企业统计“四有”；增强统计咨询参谋作用，编印《漳浦统计月报》,《漳浦统计摘要》《漳浦统计年鉴》等资料，服务社会经济需求；及时查处统计违法行为3起；选调和培训普查员、普查指导员2378人，在全县开展第三次全国农业普查。县统计局国民经济核算、农村统计、基本单位名录库统计专业获得全市第一名的成绩；政务信息宣传工作获得全市第二名。

【夯实统计基层基础】

乡级统计站建设　4月，县编委出台《关于设立乡镇统计机构事项的通知》，在乡镇农村经济服务中心加挂统计站牌子，设立乡镇实体统计站。至年底，每个乡镇统计站都有2—3名专(兼)职统计人员，统计站长负责组织和协调本行政区域内的统计工作。每个场、工业区至少有1

名专(兼)职统计人员,负责本行政区域内统计工作的开展。

实施基层统计人员补贴 继续将村(居)和“四上”企业统计人员补贴纳入县财政预算,对全县317名村(居)统计人员及在报的“四上”企业统计人员,给予每人(或每家企业)每月100元的补贴。

开展基层统计人员业务培训 通过召开专业会议、年报会、业务交流会等以会代训的方式,开展统计专业知识学习培训,提高基层统计人员综合业务水平。

【专业统计工作再上新水平】

通过开展统计业务培训,提高全县统计人员的业务水平,切实把好数据采集源头关。同时,加强基层单位数据质量检查,及时发现和解决基层统计工作中存在的问题。县统计局专业人员执行《中华人民共和国统计法》和专业统计调查制度,逐步完善数据质量控制办法,全面、及时做好统计数据收集、整理、审核和上报工作,各项指标客观真实地反映全县经济社会发展现状。

【统计方法制度改革顺利实施】

开展一套表调查单位管理改革 按照省、市的要求抓好月度、年度调查单位增减变动工作,及时把符合条件的调查单位纳入名录库,清退不符合条件的调查单位,逐步建立一个比较完整的基本单位名录库。

做好统计联网直报业务指导 加强“四上”和房地产开发经营企业、特别是新入库企业统计人员的业务培训和日常指导,做好企业上报情况跟踪,确保企业一套表联网直报工作顺利开展。

推行规模工业统计规范化建设 继续开展六鳌镇辖区内规模工业规范化建设试点工作,并在全县规模工业企业推行;做到企业统计有台账、有凭证、有记录、有档案的“四有”要求,促进统计管理更加规范、统计数据更加准确。

【咨询参谋作用更加凸显】

增强统计咨询作为 编印《漳浦统计月报》,将每月全县主要经济指标数据,及各乡镇场(园区)主要经济指标完成情况编印成册,在第一时间印发给县领导、县直各单位和各乡镇场(园区),提供及时的统计信息服务。每月在“漳浦统计”微信平台发布电子版《漳浦统计月报》和统计信息,在“中国漳浦”“漳浦县统计局”等网站及时公开电子版《漳浦统计月报》和统计信息,编印《漳浦统计摘要》《漳浦统计年鉴》等资料,满足社会公众日益增长的对统计信息多层次、多方位的需求。

监测预警和建言献策 发挥统计分析写作组的作用,围绕党委、政府中心工作,做好月度经济运行监测分析;统计分析材料的质量在有提升,许多建议被县领导采纳。

拓展统计服务领域 协助县政府做好市对县绩效评估、县对乡镇场(园区)绩效考核工作,做好《政府工作报告》《国民经济和社会发展计划执行情况报告》等一些重要文件中数据资料的整理、提供、审核。为漳浦县创建国家生态示范县、招商引资、项目建设,全县各行政事业单位其他事项提供统计数据支持。

【统计外部环境持续改善】

法制宣传 开展统计法制宣传活动,增强社会公众特别是调查对象的统计法律意识,如实上报统计数据。统计法进党校工作形成制度化并持续开展,增强党政领导干部的统计法律意识和责任意识。

统计监督检查 结合上级检查和县统计局的年度工作,对有关单位的统计数据质量进行监督检查。及时发现问题,现场予以业务指导,以推进基层统计规范化建设。

查处统计违法行为 对在统计监督检查中发现的违法违纪行为,做到发现一起处理一起。是年,查处统计违法行为3起,均给予警告,其中1起罚款金额0.17万元。

【农业普查工作稳步推进】

第三次全国农业普查工作开展以来,漳浦县成立以分管农业的副县长任组长的第三次全国农业普查领导小组及其办公室,明确农业普查办公室各成员单位的工作职责和任务,下设相关工作组,建立调查业务组分片区挂钩制度和督查通报制度。在深土镇完成试点工作后，选调2378名普查员和普查指导员，率全市之先开展县级农业普查小区划分及清查摸底业务培训，组织实施普查小区划分及清查摸底工作。至年底，全县划定319个普查区和1692个普查小区，并完成所有小区的编码和命名工作，小区地图正在绘制当中，部分乡镇也开展农业普查前期业务培训。

漳浦县2016年1－12月主要经济指标

表4

指标名称	单位	计划		12月	1–12月累计	占计划%	增长%	1–11月累计	增长%
		总量	增长%						
一. 地区生产总值	亿元	289.40	11.00	—	302.87	104.70	9.30	—	—
二. 规模以上工业总产值	亿元	380.45	15.00	30.27	383.33	100.80	11.50	352.70	11.70
三. 规模以上工业增加值	亿元	110.27	14.50	8.72	111.26	100.90	11.10	102.43	11.30
四. 全社会用电量	亿千瓦时	—	—	1.84	22.15	—	10.90	20.31	11.20
工业用电量	亿千瓦时	—	—	0.81	8.80	—	4.50	7.99	4.00
规模以上工业用电量	亿千瓦时	—	—	0.57	6.18	—	0.20	5.61	0.10
五. 固定资产投资	亿元	253.00	20.10	20.05	255.33	100.90	21.20	235.28	21.20
六. 社会消费品零售总额（含古雷）	亿元	103	11.00	10.10	103.09	100.10	11.40	92.99	11.50
七. 农林牧渔业总产值	亿元	—	—	—	116.03	—	4.20	—	—
八. 公共财政总收入	亿元	21.71	7.64	1.72	19.83	91.40	-1.70	18.12	-2.60
九. 地方公共财政收入	亿元	14.21	5.57	1.20	13.50	95.00	0.20	12.29	-2.00
公共财政支出	亿元	—	—	-2.45	44.57	—	11.40	47.02	22.60
十. 金融机构人民币存款余额(含古雷)	亿元	—	—	—	317.00	—	4.50	303.35	6.80
金融机构人民币贷款余额(含古雷)	亿元	—	—	—	222.82	—	7.70	220.17	10.70
十一. 实际利用外资（验资口径）	亿美元	1.32	7.32	0.14	1.32	100.00	7.30	1.18	8.60
十二. 外贸出口总值	亿美元	6.32	6.20	0.46	5.31	83.90	-5.30	4.84	-3.70
十三. 城镇居民人均可支配收入	元	30772	10.20	—	30689	99.70	9.90	—	—
十四. 农村居民人均可支配收入	元	16282	9.60	—	16535	101.60	11.30	—	—
十五. 居民消费价格指数	%	—	—	102.0	102.00	—	2.00	102.0	2.00

（供稿：县统计局）

·审计·

【概况】

2016年,完成审计(调查)项目45个,审计查出主要问题金额417244万元,其中违规金额2931万元,管理不规范金额414312万元。审计核减工程投资额4695万元,核减红色旅游路等建设项目前期费用5058.86万元,处理应上缴财政884万元,移送有关部门事项7件涉及金额295万元,提交审计信息35篇,被批示、采用的审计信息66篇次。

【预算执行审计】

2016年,对县财政局、绥安工业开发区、县地税局、县市容管理处、台湾农民创业园等5个单位在组织预算收入、安排预算支出以及财政资金使用、管理等方面进行审计;审计查出主要问题金额400771万元,其中:未按规定纳入预算管理143190万元,未按规定征收缴纳收入(少计少缴税费)3649万元,违规改变项目计划和资金用途4810万元,扩大开支范围或提高开支标准列支216万元,会计核算不实87958万元。

审计发现县财政局在组织县本级预算执行中存在未严格执行预算管理,影响财政收支的真实性;预算不够细化;部分财政资金被挤占;部分收回统筹盘活存量资金未按规定使用;部分民生项目存量资金盘活还不到位;部分民生项目专项资金使用进度缓慢;部分新增地方政府债券未按时使用等问题。结合县财政局"同级审",抽查专项资金发现县财政局农业专户存在部分报支手续不够完整。抽查鑫晖水产、陈森明水产、朝阳畜牧有限公司等项目单位,发现存在财务会计核算不够规范;结转固定资产,无任何固定资产验收手续、固定资产明细清单;报支手续不够完整,存在大额现金支付、使用不合规票据报支工程款;与个人签订施工承包合同没有工程质量和数量等问题。抽查锦客隆品牌管理有限公司2015年商贸物流发展资金项目和商贸中心项目,2014年度资产负债表与验资报告所附的资产负债表期末数不相符;2015年度会计账簿的内容和金额与资产负债表、利润表的内容金额不一致;支付配送中心租金263.34万元,仅附1份与漳浦县麦埔村委会签订的通用厂房租赁合同复印件,无附任何收款票据等问题。

对县地税局税收征收管理审计,主要开展耕地占用税和土地增值税税收征收情况审计调查。发现主要问题:⑴部分已供地项目未按规定及时足额申报缴纳耕地占用税,经审计核实2014—2015年度共有127宗供地项目(其中2014年度40宗、2015年度87宗)至2015年期末有15宗项目涉及14家用地单位,少缴未缴耕地占用税3663.88万元,其中应缴未缴超过百万元的企业有8家。⑵个别房地产企业应缴少缴土地增值税,经审计核实2015年度有2家房地产企业在申报营业税时,未按营业税计征额同时预缴土地增值税82.08万元。

绥安工业区管委会存在部分预算收支内容不够真实;车辆费用报支管理不严、报支手续不完整等问题。延伸抽查绥安工业区开发总公司发现:开发总公司财务成本控制不严,资金严重浪费;园区整合财务核算和管理未跟上,整合后的绥安工业区开发总公司未能对期末债权债务余额与债权人和债务人进行询证核实、未对期末资产进行实物盘点核实,且各园区的土地台账、账外资产、账外债权债务等也未理清核实;多退还黄仓工业区北7号地块购地款82.31万元等问题。黄仓工业园道路排水工程未按合同约定预留工程质量保修金。旧镇工业园工程项目管理不规范。大南坂工业园2011—01号地块土石方工程未委托有资质监理机构进行监理。

县市容管理处存在固定资产管理不规范,县城区4个农贸市场未办理财产移交手续;部分市场内的房屋、场地出租租期早已到期,未重新进行招标租赁;部分固定资产出租租期较长,租金明显偏低等问题。

【行政事业单位审计】

2016年,对县建设局、旧镇镇、长桥镇、湖西乡、漳浦一中、道周中学、县妇幼保健院等7个单位开展审计，审计发现未按规定征收缴纳收入；未按规定征提基金；扩大开支范围或提高开支标准列支；违规采购；违规收取费用等问题。

【固定资产投资审计】

2016年，完成红色旅游路建设项目，县卫生局卫生系统业务用房；县医院儿科楼及改扩建项目；县中医院迁建项目景观绿化工程；和康大道及朝阳路交叉口改造工程；香港南路、道周路改造工程；霞美中心幼儿园教学综合楼、象牙小学教学楼及宿舍楼等26个项目的工程结算审计，送审工程造价25636万元，净核减造价4695万元。审计发现存在结算编制、审核人员不按招标文件、投标文件、建设工程合同等文件约定的条款办理结算；无按定额及有关计价、计量规范规定，多计、重复计算工程量及工程项目；竣工图未能反映实际施工情况，无按设计图及技术规范要求施工，材料以次充好，结算编制、审核人员对现场少施工、无施工及变更的项目无作或少作造价调整等问题。

【专项资金审计】

2016年救灾资金和灾后恢复重建工作审计，发现有6个乡镇和22个村未及时拨付使用资金35.36万元。

2015年社会救助政策措施落实情况专项审计，发现不符合保障条件的人员违规享受低保；非重残对象领取重残生活补助；超标准报支特殊门诊救助金和住院救助金。非低保户家庭学生享受义务教育生活补助；非低保户家庭学生享受高中低保助学金等问题。

2015年度“社会保障和就业支出”专项审计，发现就业专项资金支出进度慢、预算结余资金数额较大；残疾人事业款专项及预算结余数额较大等问题。

2015年漳浦县金融支持实体经济特别是小微企业政策措施落实情况审计调查，发现由于受当前经济下行影响、实体经济结构政策的变化，中小企业资金周转放慢，市场竞争激烈，加上金融机构数量发展较快，造成部分金融机构2015年贷款规模有所下降，有效信贷需求下降；企业财务制度不健全，核算不规范，不符合企业贷款发放条件；有效抵押不足，不能满足贷款条件要求等问题。

对官浔镇溪坂村2014—2015年度财政资金使用情况进行审计，审计发现山边自然村的富美乡村建设项目存在先施工后补手续，工程承包价确认缺乏依据，同时工程未及时办理竣工验收手续；生态林补助资金未见支出；报支手续不够完善；会计基础薄弱等问题。

对漳浦县2015年度省级(含中央)“森林生态效益补偿资金”和“林下经济利用资金”的分配、管理、使用情况进行专项检查。发现资金拨付不及时；乡镇、村未发放补偿资金；个别村在发放生态林效益补偿资金时收取卫生费；采取按人口平均发放；会计核算不规范等问题。

【经济责任审计】

2016年，对县建设局、旧镇镇、长桥镇、湖西乡、漳浦盐场、道周中学、县妇幼保健院等7个单位、13位领导干部实施经济责任审计，审计发现违规收取费用；应收资金未收取；变相套取危房改造补助资金；国有资产管理不规范；公款私存；违规发放奖金、补贴；多付工程款；违反政府集中采购制度；未落实收支两条线和专户管理规定等问题。查出违规金额2931.96万元，管理不规范金额4729.08万元，处理上缴财政855.04万元，罚款9.60万元，移送有关部门295.91万元。

（撰稿人：张　秋）

·市场监督管理·

【概况】

2016年，漳浦县市场监督管理工作新登记市场主体17197户，其中，新设立内资企业1368户，新设立外资企业28户，新设立个体工商户6035户；至年底，全县累计实有各类市场主体47530户，其中：内资企业8777户、外资企业499户、个体工商户38254户。办理股权出质22家，动产抵押20件，指导企业融资56.4亿元。办理食品流通许可476家、餐饮服务许可263

家、食品经营许可882家，药品经营许可131件、二类医疗器械备案103件、三类医疗器械许可11件，小作坊生产加工6件，特种设备备案322台，压力管道4家。规范商品编码管理，做好企业商品编码注册、续展、数据采集工作，新办商品编码21家，续展商品编码47家。漳浦县通过首批省级食品安全社会共治示范县验收。

【强化市场监管】

开展食品、药品、特种设备、“双打”等各类专项整治行动50余次，查办各类经济违法违章案件217起，罚没款161.45万元。其中：工商类案件153件，罚没款114.67元；食药类案件60件，罚没款38.02万元；质监类4起，罚没8.76万元。加强“诉转案”工作，查处诉转案案件55起。全年完成餐饮单位服务量化分级评定1084家次，发出食品安全预警提示信息14则，完成18次重要活动保障任务，其中首长保障6次，高职、高考、中考3次，援外保障1次，其他保障8次。

【推进食品安全社会共治示范县建设】

示范街区(点)创建 完成50家餐饮示范单位创建任务。推行明厨亮灶工程，25家餐饮服务单位完成“明厨亮灶”创建，其中金仕顿大酒店和天福闽南文化城2家通过省级“明厨亮灶”示范单位验收。创建流通环节食品质量可追溯示范点，将经营规模大、辐射面广的食品生鲜超市作为创建流通环节食品质量可追溯示范点重点单位；开展食品药品安全示范村居建设，设置监督台、过期药品回收箱和食品药品安全宣传栏等功能；至年底，全县78个建制村设立食品药品示范村居工作站。推进小作坊示范点建设，佛昙镇双桃糕饼厂通过省级小作坊示范点验收。

食品溯源系统建设 2016年，县政府将该项目建设列入为民办实事内容，再次追加180万元建设资金，建成“漳浦县食品药品溯源系统监控指挥中心”。全县20家食品生产经营单位、22家食品批发企业、46家学校食堂及12家大中型餐饮服务单位纳入首期电子监管溯源管理。县市监局投入10.80万元为基层所队配备30台智慧监管仪，连接“溯源系统智慧监管”平台，通过智慧监管仪开展日常巡查监管，在平台上集中反馈，为实现食品安全“来源可查、过程可控、去向可追、责任可究”提供技术保障。系统中已有产品可追溯数据4092条，各类食品信息7278条，供应商信息4387条，企业上传产品采销存等台帐信息25297条。

引导社会力量参与社会共治 在县级层面聘请15名“两代表一委员”(党代表、人大代表、政协委员)为食品安全荣誉监督员；在乡镇，聘请35名离退休老干部、共青团员、社区妇女干部为义务监督员；在村一级，全部设立食品安全申诉举报联络站或消费维权服务站，配备330名食品安全协管员和维权监督员。三级协管网络有效延伸监管触角，促进食品安全监管网格化。食安办定期组织监督员座谈会，请监督员共谋安全大计，定期开展协管员业务培训，发放食品安全协管补贴。漳浦县食品安全社会共治示范县验收以全省总分第2名，成为福建省首批十个示范县(区)之一。

【药械安全监管】

开展药品GSP认证 审核药店GSP认证申报材料64份，并对GSP认证企业进行指导，配合市局对申请GSP认证的现场检查9批次、64家次（其中4家复查）。

开展药械日常监督 检查药品、化妆品生产企业12家次，医疗器械生产企业5家次，化妆品生产企业8家次，对2家药品批发企业的基药、二类精神药品及“含特殊药品复方制剂”检查8家次，发出责令整改通知书6份。完成药品监督抽检106批(2批次不合格)、药品快检抽样200批次、医疗器械抽检6批次，省局“防风行动”抽检11批次，名牌药品抽检1批次。

开展药械市场专项整治行动 开展“问题疫苗”专项检查，检查医疗机构27家，未发现问题疫苗流入县域；检查经营特殊药品单位1家(二类精神药品经营资质)，麻醉药品、精神药品使用单位、戒毒药物维持治疗机构

31家，检查面达100%；开展打击非法制售和使用注射用透明质酸钠行为，检查生产企业3家、实体经营企业31家、使用单位154户次；开展公立医疗机构中标药品质量专项检查，对24家公立医疗机构进行检查。

完成药品不良反应、医疗器械不良事件监测　做好监测报告评价及上报，收到并评价药品不良反应报告625例，超额完成年度任务。其中，新的和严重的药品不良反应报告153例，占30%。报告医疗器械不良事件142例，其中严重伤害报告83例，占比达81.37%。

【强化整治保障食品安全】

开展食品安全专项整治　组织开展农村食品安全“扫雷”、学校食堂及周边食品安全专项检查，对肉制品、蜂蜜行业、植物油塑化剂、竹笋及其制品、配制酒等行业开展专项整治行动。

做好食品抽检工作　开展食品安全抽检，把好食品安全质量关。完成食品抽检431批次(7批次不合格)：其中食用农产品抽检241批（4批次不合格)、肉制品20批(全部合格)、水产品9批(全部合格)、面点酱卤肉淡水产27批（2批次不合格)、月饼10批(全部合格)、大米9批次、风险监测抽样75批次，省局专项督查11批次，猪肉15批次、茶叶9批次，投诉举报抽样5批次(1批次不合格)。

整顿网络订餐平台　按照线上线下一致的原则，通过日常监管、线上监测、举报投诉等方式，加强对网络订餐监管。通过4次约谈“饿了么”“美团”“百度”3家大型网络订餐平台，对213家无证照网络餐饮单位作下线处理，督促新办证185家。

落实食品召回制度　按“三个等级”要求内容做好全县食品安全召回工作，对食品抽检报告不合格的3家企业、2家经营户，及时组织生产经营者做好食品召回工作，消除食品安全隐患。按“一企一档”工作要求建立档案，做好食品生产企业档案整理归档，做到企业基本情况清楚，开展工作有凭有据，及时整理归档。

【特种设备专项整治行动】

强化安全生产意识，先后开展液氨使用单位、压力管道、高考期间食宿、在用的电梯、锅炉、公共场所的大型游乐设施、问题电梯、化工企业特种设备使用管理等专项检查。开展电梯安全专项整治行动，抽调机关业务骨干协同绥安所组成3个专项检查小组，对电梯使用单位和维保单位按照100%全覆盖进行监督检查。与县安监局、经贸局、农业局、海洋渔业局、消防大队等单位联合开展安全生产大检查，检查特种设备使用单位202家次家，发出监察指令书14份，责令改正188条，检验到期特种设备2412台(件)，受理电梯投诉举报8起。开展气瓶数字化工作，液化气充装站送检并报废到期、超期气瓶2244只，送检工业瓶300只，报废液化石油气瓶1152只。查处特种设备违法案件5起，罚没款8万元。

【开展规范市场秩序专项整治】

开展各类市场专项整治　做好“双随机”抽查工作，完成抽查7批次，其中：自主抽查2批次，省局抽查5批次，涉及经营主体567户。开展公用企业专项治理工作，以供水、供电、供气、公共交通、殡葬等行业为重点，着重整治限制交易、滥收费用、搭售、附加不合理交易条件等违法行为。推进“八闽红盾出击”专项行动，查处无照经营、广告违法、商标侵权等扰乱市场行为，查处商标侵权案件39起，违法广告7起，虚假宣传4起，无照经营案件59起。开展农资打假“质检利剑”行动，以化肥为重点，对生产企业等开展现场检查和实物质量抽查，检查农资经营户1499户次，立案查处涉农违法案件31件，罚没12.97万元。开展成品油市场专项整治，检查成品油经营单位365户次，立案15件，罚没20.44万元；同时，开展油品抽验24批次，其中8批次不合格。打击利用非法购销、加工红珊瑚行为，检查可能涉及红珊瑚交易经营场所121户次。

开展无传销县创建　联合公安、文明办、综治办开展“创建无传销县”活动，组织各基层单位加大对传销违法行为的排查和防控，开展无传销社区(村)创建，顺利通过2015年度“省级无传销县”的验收。协助省工商局

"开展创建无传销县活动"摄制组到绥安市管所、绥安镇城西社区现场拍摄。开展直销实地检查调研，建立直销企业服务网点(经销店、专卖店)"经济户口"台账。做好新申请直销许可和申请直销扩区企业协助审批的核查反馈，向市局按时核查反馈信息15条次。

创建食品药品信用体系 推进食品药品安全信用体系建设，完善食品药品生产经营企业档案基础数据库，实现"一户一档"。建立信用等级评价系统，完成46家食品生产企业、146家食品流通企业、1家药品生产企业、122家药品流通企业、24家保健食品流通企业、2家医疗器械生产企业、27家医疗器械流通企业、235家餐饮服务企业、3家化妆品生产企业的信用等级评定，将相关数据全部录入"福建省食品安全监管与社会公共系统"。实行食药安全信用分类分级管理，分为A类监管、B类监管、C类监管、D类监管。

加强计量器具检定 开展集贸市场贸易结算用衡器和乡村卫生机构医疗卫生计量器具免费计量检定，检定计量器具9042台件，其中检定电子秤、台秤4891台件，血压计1399台件，压力表1604台件，天平、砝码152台件，检定总收入74.31万元，缴入县财政43.31万元，减免31万元。

【提升消费维权效能】

创建"三线合一"公众诉求处置平台 整合县级工商"12315"、食药监"12331"、质监"12365"热线电话为"公众诉求处置平台"，100%落实投诉受理首接负责制。通过诉求处置热线，依托基层监管所一线监管力量，统一接收、分派、反馈各个平台转来的公众诉求，实现"三线合一、平台归口、统筹处置"。

加大投诉举报处理力度 办理投诉举报案件414件，其中：受理投诉案件374件，已办结363件，调解成功319件，终止受理23件，不予受理11件，办结率99.70%，调解成功率100%，挽回直接经济损失64.85万元。加大对消费侵权行为查处力度，办理各类消费侵权案件55件，罚没款29.74万元。

【市场监管事务改革】

推进商事制度改革 推进"先照后证""一照一码""五证合一"和个体工商户"两证整合"等工商登记制度改革工作，把营业执照、组织机构代码证、税务登记证办理纳入到"统一受理、内部流转、同步审批、限时办结、统一发证"的"一站式"服务通道，整合社会保险登记证和统计登记证。审批时限由原来2－3周缩短为3个工作日，申请人往返多个部门窗口从10次以上缩减为2次就可办结，提交各相关部门的申请材料由原来33份缩减为14份，填写数据项由300多项减少为100多项，由原来需要领"五个证件"减少到只领一份营业执照，大大提高行政效能。商事制度改革实施后，全县累计办理"一照一码"营业执照10197份（其中新设立2328份，换照7869份），发放电子营业执照6966户。

启动食品经营许可"三证合一"改革 6月，开始办理集食品流通许可、餐饮服务许可和保健品经营许可三项功能于一体的新版"食品经营许可证"。重新编制新许可申请示范文本、《办事指南》等操作规范。申请人可通过混合主体业态申请，1张许可证即可从事原3个证的经营项目。免于提交经营场所证明等10多张申请材料，审批时限由原来由2个月缩短为20个工作日以内，减少监管部门重复进行核查工作，最大限度降低社会成本和行政成本。上半年，办理食品流通许可476家，餐饮服务许可263家；下半年办理"三证合一"食品经营许可882户。

实践"互联网＋企业登记"新模式 在全省率先出台"互联网＋企业登记"改革文件，探索实践"互联网＋企业登记"新模式。率先全面实现企业名称全程电子化登记，企业名称申请不用再提交纸质材料，不用到窗口受理，申请人在电脑或手机可实现自助查询、自主申报名称。是年，办结网上新登记企业188家、网上名称预先核准432件。

市场主体年报工作 采取发放年报公示提醒书、张贴通知、电视宣传、上门宣传、电话通知、建立微信群、逐户发送短信、全程跟踪等形式，向市场主体和社会各界进行广泛宣传，印发企业年报宣传材料4000多份；在县电视台播放2015年度年报公告一周；对未年报企业发送按时报送年度报告提醒短信5000多条；在各基层所公示栏和醒目位置张贴年报公示改革内容通告50条。全县5894户内资企业、431户外资企业、901户农民专业合作社、31984户个体工商户完成2015年度年报公示，年报率分别达92.50%、91.10%、91.80%、99.66%，平均年报率93.77%。

企业简易注销登记试点工作　推进未开业企业、无债权债务企业简易注销登记，着力构建便捷有序、低成本、较短时间的市场退出机制。由原来省级以上报纸45天公告期转为免费的红盾网平台10个工作日公示。全县82户企业办理简易注销登记，在全市的县区中办理数量最多。

推进“全省一张网”建设　推动县政府出台《漳浦县“国家企业信用信息公示系统（福建）”信息归集工作方案》，成立漳浦县推进“全省一张网”建设工作领导小组。明确信息归集的主要内容、各部门主要职责分工、信息归集时间进度要求；建立信息归集的内部工作制度、信用信息系统联络员制度等。全县40个部门分2批通过工商“市场主体信息应急归集报送系统”报送相关信息，录入信用数据2050条。

【实施商标品牌战略】

推进“地标”规范使用、管理和宣传，全县地标24件，集体商标50件。鼓励和支持支柱产业、龙头企业、拟上市企业争创驰名、著名、知名商标。指导15家企业申报福建省著名商标，17家企业申报漳州市知名商标。至年底，全县已有驰名商标企业4件，著名商标35件，知名商标41件。推动质量管理工作和创名牌三年滚动培育计划，组织6家符合条件的企业申报2016年度创福建名牌产品申报工作，至年底，全县有16项福建名牌产品。

【“守合同重信用”申报认定】

做好守合同重信用企业审查、推荐。2016年，16家企业被公示为省级“守重”单位，32家企业被公示为市级“守重”单位，32家企业被公示为县级“守合同重信用”单位。主动提请县政府以政府的名义认定并公示县级“守合同重信用”企业。

（撰稿人：蓝玉红、林晨超）

· 国土资源管理 ·

【概况】

2016年，漳浦县国土资源局以服务社会经济发展为主线，做好用地的报批与供应，全年获省、市政府批准83个项目，总面积203.39公顷；办理国有土地使用权供应66宗，面积241.82公顷；农村住宅小区4宗，面积2.62公顷。加强耕地保护，新增耕地面积170.65公顷；做好国有建设用地收储、出让，共出让国有建设用地使用权72宗，总出让面积57.41公顷，收储国有建设用地使用权1宗，总面积0.56公顷；做好年度卫片执法检查，立案查处违法用地图斑1001个，面积100.07公顷，违法占用耕地41.54公顷；查处矿产疑似违法图斑数量12个。做好征地补偿监管，及时通过征地调节资金拨付征地补偿安置费用8496.46万元，基本生活保障安置被征地农民1501人。

【主动服务保障发展】

开展用地调研　年初组织人员深入开发区及企业开展用地需求调研，建立数据库，为用地报批提供依据。报批中按照项目用地轻重缓急，合理确定用地排序和数量，用地指标优先保证县以上重点项目、重点基础设施建设，保障性住房、普通商品住房等民生工程项目用地。

抓好用地报批　在农转用指标紧张和总量控制的情况下，加强与项目单位的沟通联系，主动提请服务，做好用地预审和规划衔接工作。主动为各类建设项目用地拓展政策空间，见缝插针，采取“抓早、跟踪、挖掘”等形式，并动用一切可动用的人力资源，争取多批回土地。是年受理建设项目农用地转用与土地征收13个批次和6个单独选址项目及村民住宅小区2个批次，共88个项目，总面积288.37公顷；

获得省、市政府批准13个批次、1个单独选址项目和村民住宅小区2个批次，共83个项目，总面积203.39公顷。

高效提供用地保障 加大批后监管力度和办理土地供应，办理国有土地使用权供应66宗，面积241.82公顷；农村住宅小区4宗，面积2.62公顷。供地后及时录入省国土资源厅和国土部的在线监控系统，做到供一宗录一宗，供地率均达到70%以上，符合省国土资源厅供地率考核要求。

【坚守红线保护资源】

耕地保护 健全完善耕地保护责任体系，将市政府下达的耕地保有量和基本农田保护面积分解到各乡镇，列为乡镇政府考核目标，县、乡镇、村逐级签订耕地保护目标责任书，达到辖区内耕地总量不减少、用途不改变的目的。落实《国土资源执法监察巡查工作规范》，健全动态巡查和举报制度，坚决惩治侵占基本农田、侵占农民权益的违规违法行为，保护耕地特别是基本农田。

加大补充耕地储备力度 2016年，漳州市下达漳浦县补充耕地任务126.67公顷，漳浦县实际完成补充耕地项目8个，新增耕地面积170.65公顷；下达漳浦县高标准基本农田建设任务776公顷，漳浦县实际完成高标准基本农田建设项目9个，建成高标准基本农田1535.56公顷。

引导促进土地集约利用 引导建设项目使用疏林地、园地和未利用的荒山荒坡等低丘缓坡地，促进工业园区用地、废弃工矿用地、低效用地的合理开发利用。推广节地型建设模式和节地型产业发展模式，利用低丘缓坡地150.55公顷，占批准用地总面积的74.98%，有效地保护优质耕地，减少良田流失。

【规范运作提高效益】

土地利用监管 建立健全土地供应备案与在线监控制度，对已批未供土地及已供土地的开竣工、开发建设进度等情况进行监管。制定工作方案，开展全县存量建设用地、闲置土地专项调查，建立土地使用情况底册，盘活存量用地，提高土地利用效率。

提高土地经营效益 通过政府主导与市场调节相结合的运作模式，有计划、有组织、有程序地开展国有建设用地收储、出让。是年，全县出让国有建设用地使用权72宗，总出让面积57.41公顷，总成交价21880万元。其中：经营性用地17宗，面积24.96公顷，成交价15572万元；工业用地25宗，面积32.45公顷，成交价6308万元。收储国有建设用地使用权1宗，总面积0.56公顷。

推进矿业市场建设 按《矿产资源法》《福建省矿产资源条例》及《福建省矿业权招标拍卖与挂牌出让管理办法》等要求执行，全面推进矿业权市场建设。是年，通过公开拍卖出让采矿权2宗（机制砂），使用省矿业权出让管理系统进行内网出让程序监测，并通过省矿业权公告公示系统进行外网公示。做好"三清两退一公开"工作，清理县级发证有效期矿山11家，缴纳保证金479.73万元；县级发证拟延续矿山20家，追缴欠缴保证金689.65万元；县级发证清理关闭退出矿山33家，无欠缴采矿权价款、矿补费情况。做好2015年度矿山年检工作，全县持证矿山数28个，应检矿山22个，6个申请年度免检，年检率100%。

【依法行政惩防并举】

年度卫片执法检查 土地卫片：全县2015年度违法用地图斑1001个，面积100.07公顷，违法占用耕地41.54公顷。经过整改，立案率、查处率均达100%。通过年度卫片验收。矿产卫片：2015年度国土部下发漳浦县的矿产疑似违法图斑数量12个，违法图斑涉及的主要矿种为建筑用砂，经现场核实，全部为违法图斑，均已立案查处。

国土资源执法监察 落实《国土资源执法监察动态巡查责任制》，发挥局、所、协管员三级巡查网络和国土资源违法举报电话12336的作用，培育发展国土耳目，强化动态巡查，做到即及时发现、及时制止、及时处理"三个及时"。是年，立案查处国土资源违法行为304起，处罚款1044.33万元。

矿山整治 在全县营造浓

厚氛围和高压态势，建立严厉打击非法违法采矿工作挂钩责任制，整合执法力量，采取监察大队、国土所执法人员与矿点相挂钩，出台罚则，明确责任，奖优罚劣，达到“查处一案，震慑一方，处理一人，教育一片”的效果。查处矿产资源违法案件 29 宗，没收违法所得并处罚款 54.88 万元。

【关注民生维护权益】

征地补偿管理　依法履行征地报批前的征地告知、确认、听证程序，严格执行征地批后“两公告一登记”，做好征地补偿监管。与社会保障部门共同做好被征地农民的社会保障审查，维护被征地农民合法权益。是年发出征地告知书 169 份，拟征收集体土地 129.76 公顷、使用国有土地 161.24 公顷，需补偿总金额 15898.54 万元，发出“征地两公告”13 批，及时通过征地调节资金拨付征地补偿安置费用 8496.46 万元，基本生活保障安置被征地农民 1501 人。

信访调处化解　对受理的信访件做到及时转办交办、及时调查处理、及时反馈答复，对来电来访咨询耐心细致做好政策法规宣传解释，使信访群众得到满意答复。是年，接待群众来信来访 92 件，其中来信 46 件，来访 15 件，来电 31 件。全部按福建省处理信访事项“路线图”答复，信访办结率 100%。

地质灾害防治　完成《漳浦县 2015 年度地质灾害防治方案》的修编，建立 2015 年汛期地质灾害应急指挥系统，完善地质灾害点群测群防监测网络，实现防御地质灾害零伤亡。开展防灾知识培训，举行地质灾害防治暨群测群防培训会，聘请省地质灾害重点实验室的专家对地质灾害点进行实地核查，并拟出初步的治理方案。确定全县地质灾害点总数 19 处，威胁 198 户、3038 人；房前屋后高陡边坡点 74 处，85 户、640 人。其中，省级资金治理点 1 处，即杜浔镇漳浦四中滑坡点，投入资金 155.50 万元，至年底已完成工程量的 85%。做好地灾搬迁工作，省、市下达 2016 年地灾搬迁点任务 40 处，54 户、211 人，大多为高陡边坡点，均为零星分散安置点。至年底已完成搬迁 15 户。“五沿”青山挂白治理点 2 处，即绥安镇来昌碎石场、湖西乡建榕石料场治理，总治理面积 9.86 万平方米，已治理面积 7.90 万平方米，完成比例 80%以上。

【夯实基础提高效率】

抓好基础业务　为确保全县年度土地变更调查与遥感监测工作顺利通过国土资源部的核查，与技术协作单位逐个核查监测图斑，做到对监测图斑情况了如指掌，并一一定性。完成 2016 年度土地变更调查与遥感监测工作，土地变更调查成果通过国土部的审核。开展全县耕地后备资源评价，完成全县农用地变更为未利用地在线举证工作。

提升窗口服务能力　是年，县行政服务中心国土窗口办理公建、企业用地土地使用权登记 83 宗，土地使用权登记面积 399.79 万平方米；县城区个人住宅土地使用权登记 1663 宗，土地使用权登记面积 4.23 万平方米；各乡镇个人住宅用地土地使用权登记 1037 宗，土地使用权登记面积 11.16 万平方米，其中国有土地使用权登记 428 宗，登记面积 4.12 万平方米；宅基地使用权登记 609 宗，登记面积 7.04 万平方米；土地使用权抵押登记 430 宗，土地使用权抵押面积 255.31 万平方米，抵押贷款金额 277058.67 万元。其中公建项目 82 宗，抵押面积 249.06 万平方米，抵押贷款金额 273287.37 万元；新增建设项目用地预审 115 宗，预审用地面积 480.19 公顷；建设用地批准书核发 77 宗；农村集体土地使用权流转 41 宗，土地使用权流转面积 5007.02 平方米；划拨用地补办出让 2 宗，面积 425.15 平方米。

国土资源普法宣传　利用“4•22”地球日和“6•25”土地日之机，开展宣传活动。在单位电子显示屏滚动播放宣传标语；设立宣传点，发放宣传资料 500 多份，接受群众现场咨询 100 多人次；征订《海峡资源报》800 份发至县各相关单位及各乡镇场、各村、各协管员。并利用网站、广播电视、手机短信等形式，全方位普及宣传国土资源法律知识。

（撰稿人：庄雅婷）

·价格管理·

【概况】

2016年，价格管理工作贯彻落实稳价控价的各项措施，规范市场价格秩序，投资18多万元，对平价商品销售区实施全高清视频监控；通过听证，县城区居民用水实行阶梯价格制度及调整县城区污水处理费收费标准；开展价费检查，全年查处乱收费价格违法案件2件，经济制裁50多万元；开展价格认证工作，完成刑事案件涉案物品价格认定325件，认定标的金额8556.33万元；完成涉税财物价格认定631件，成交金额18534.46万元，税收收入899.03万元。是年，漳浦县居民消费价格指数为102，同比上涨2%。

【整顿价费秩序】

实行居民用水阶梯价格制度 7月21日，举行县城区供水价格改革听证会，并经县政府2016年第五次常务会议通过，自2016年12月1日起实行居民用水阶梯价格制度。居民用水阶梯价格：1.居民生活用水价格实行三级阶梯式计量水价（三级比例1:1.5:3累进加价），第一阶梯水价为1.60元/吨，用水量为20吨/户•月（含20吨）；第二阶梯水价为2.40元/吨，用水量为21-30吨/户•月（含30吨）；第三阶梯水价为4.80元/吨，用水量为31吨/户•月及以上。2.特种行业用水价格为4.00元/吨。3.其他行业用水价格为2.00元/吨。

调整漳浦县城区污水处理收费标准 通过听证，并经县政府通过，自2016年12月1日起，调整漳浦县城区污水处理收费标准。县城区污水处理收费标准：1.居民污水处理收费标准由0.80元/吨调整为0.85元/吨；2.非居民污水处理收费标准由0.80元/吨调整为1.20元/吨。

推进医药价格改革 按照“总量控制、结构调整”的原则，实施药品及耗材零差率。是年，测算调整漳浦县医院、中医院、妇幼保健院等3家公立医院的医疗服务收费项目3782项；调增2552项，调减1223项，取消6项，新设便民门诊诊查费1项。

核定101路公交线路票价 核定漳浦客运站至漳州客运西站101路公交线路票价，起步票价为1元，全程票价10元，途中分段计价。

落实漳浦台创园和福建省农民创业园惠企政策 漳浦台湾农民创业园优惠金额为1004万元；福建省农民创业园优惠金额为19.66万元。

【全方位开展价费检查】

加大整顿和规范市场价格秩序的力度，对私立学校教育收费、涉企收费、春运票价、节假日市场价格、医疗服务价格和群众反映的信访案件进行重点检查。全年查处乱收费价格违法案件2件，经济制裁50多万元。接待各类信访件42件，落实答复率100%。

【开展价格认证工作】

按照省物价局“积极推进价格认定法治建设年”的倡导，进一步规范涉纪、涉案价格认定工作，拓宽涉税价格认定领域，是年，完成刑事案件涉案物品价格认定325件，认定标的金额8556.33万元；完成涉税财物价格认定631件，成交金额18534.46万元，税收收入899.03万元。被漳州市物价局评为“2016年度价格认定工作先进单位”。

（供稿：县物价局）

·安全生产监管·

【概况】

2016年，漳浦县发生各类生产安全事故231起，死亡29人（其中发生道路交通事故死亡26人、工矿商贸事故死亡3人），受伤20人，直接经济损失177.29万元，事故起数、死亡人数同比上升148.40%、11.50%，受伤人数、经济损失同比下降16.70%、17.60%，安全生产四项指数与去年同比呈“二降二升”态势。全县有行政许可的危险化学品企业82家，其中生产企业2家，批发企业3家，加油站69家。

【危险化学品隐患治理】

强化隐患大排查大整治

开展危险化学品、易燃易爆企业专项整治和罐区专项整治等。在检查中，对每一个环节、每一个岗位、每一项安全措施的落实等情况，从严、从细、从实地进行彻底排查，跟踪整治到位。是年出动执法人员516人次，检查企业172家次，排查整改安全隐患问题244处，填写《现场检查记录》172份，《责令限期整改指令书》14份，《现场处置措施决定书》7份，《整改复查意见书》18份。

强化危化品领域管控 组织执法人员对69家加油站进行全面检查，发现安全隐患问题32处，已整改19处，限期整改13处。严格市场准入，强化监督管理，打击非法经营汽油的行为；落实重点时段购买罐装汽油实名制，利用公安机关散装汽油购销实名登记信息系统，严格实名登记监督。对违反规定销售散装汽油、不实名登记购买人信息或者登记信息不准确的人和事进行严肃处理。

严格特殊作业审批 邀请专家组开展申请标准化换证的经营、批发企业评审，强化现场隐患整改，强化罐区安全管理，强化特殊作业审批，从严把关。是年，组织评审并完成换证企业66家。

【非煤矿山隐患治理】

全县“两证”齐全的非煤矿山12家。强化安全监管责任落实，严格执行新、改、扩建设项目安全“三同时”制度和安全生产许可制度。是年，出动执法人员432人次，作出检查记录52份，发出整改指令书23份，隐患整改复查意见书23份，发现隐患52条，整改52条，整改率100%。10月，对1家存在重大事故隐患的非煤矿山采取强制停电措施，一个月后，经复查认定该重大事故隐患已整改消除后，同意恢复生产。

【烟花爆竹隐患治理】

严把准入门槛 严格执行烟花爆竹零售点“两关闭”“三严禁”及烟花爆竹批发企业“六严禁”，在对烟花爆竹零售点办(换)证的现场核查过程中，按照有关安全规范要求严格把关。至年底，全县有4家烟花爆竹批发企业，123家烟花爆竹零售经营点。

规范安全监管 对烟花爆竹经营企业建立一家一档，从烟花爆竹零售经营者提交的申请书、对零售点的现场核查、日常监管的执法文书、现场核查图片及现场检查图片等均整理归档，真正做到了“一家一档”。

加强日常监管 加强烟花爆竹经营企业的日常巡查，持续开展隐患排查治理，全力遏制安全事故发生。在销售旺季，烟管办加大检查力度，确保全县烟花爆竹经营秩序稳定，加强各时间段的安全监管。

打击非法销售 抽检烟花爆竹产品的质量，严防不合格产品流入市场。出动执法人员300余人次，检查经营企业90多家次，取缔不具备安全条件合法经营网点20家，严肃查处烟花爆竹批发企业违反“六严禁”和零售点违反“三严禁”行为。

【“打非治违”专项行动】

加大“打非治违”力度，打击安全生产非法违法行为。加大生产安全事故隐患拒不整改生产经营单位的查处力度，提前介入事故调查，按照“四不放过”原则查清事故原因，跟踪事故隐患整改落实到位，并对相应的责任单位和人员进行行政处罚。是年，检查辖区生产经营单位40家，发出责令限期整改指令书6份，并在整改期限届满后进行复查，及时跟踪隐患整改落实到位；行政处罚案件2起，责令停产停业整顿1家，罚款57.90万元。

【推进标准化建设】

开展企业标准化提升工程，指导、协助企业开展标准化创建工作，督促指导到期的危化品企业开展标准化换证自评、换证。至年底，全县大中型企业总数73家，已达标数73家，完成率达100%；小微企业126家，已达标数126家，完成率达100%。全县66家危险化学品企业，均取得安全标准化三级达标证书。同时，推进非煤矿山安全生产标准化建设，在各矿山企业严格落实“一岗双责”，推进三项安全生产先进技术，深化矿山安全条件审查，各矿山企业100%实行中深孔爆破和液压锤作业管理，标准化创建活动有序有效开展，已有12家矿山企业通过验收并取得标准化三级达标证书。

【完善监控防范措施】

建立日常巡查机制 全县重大危险源企业6家,其中液氨使用企业3家,储存批发液化石油气企业3家。指定专人每日巡查重大危险源监控系统,对巡查发现监控系统故障的企业,及时核实原因,督促企业落实整改,确保在线监控完好率。

厘清安全监管责任 指导、协助县建设局(燃气主管部门)成立重大危险源分控中心,完善市、县、部门、企业重大危险源监控“四级”联网系统。明确辖区3家燃气充装企业的重大危险源备案、核销等工作由建设局负责,并定期通报重大危险源场所检查和报警处置情况,推进重大危险源场所多头监管机制。

开展隐患排查整治 邀请3位市级安全生产专家对辖区3家涉氨制冷企业重大危险源场所开展“专家会诊”,对排查出的隐患问题,责令企业限期整改到位;对复查中发现未完成整改的企业一中绿(福建)食品有限公司,依法责令停产停业整顿。

规范安全监管建档 督促企业定期上报重大危险源场所安全评估、重大危险源场所气体检测报警探头检验,事故应急预案修订、备案、演练等工作开展情况;开展重大危险源企业重大危险源申报、备案“一企一档”工作。

【安全生产宣传教育】

以第15个“安全生产月”为契机,以“强化安全发展观念,提升全民安全素质”为主题,开展安全生产宣传咨询日、安全生产应急预案演练周、“安康杯”知识竞赛、影视公益广告作品征集等安全生产月宣传教育活动,利用短信平台向全县的用户发送安全月短信10万多条,在县城区LED屏上滚动播放安全生产宣传标语200余条。开展安全培训,是年,培训861人次。与县委党校组成共建单位,将安全生产知识纳入党校科级班、青年干部班培训内容,派出安全生产经验丰富的专家到校授课,有200多人次受训。

(撰稿人:何永祥)

·海关监管·

【概况】

2016年,东山海关驻漳浦办事处在进出口方面:办理进出口报关单434票,其中进口156票,出口278票,无纸化通关率为98.39%;办理保证金4份,征收税款314.02万元;派查20票,实际查验率29.41%;查获3票,查获率15%;实际进出口贸易额为1171.74万美元,重量为1799.99吨,征税为314.02万元。在加工贸易方面:办理手册备案26本,备案进口金额5981.12万美元,出口金额1.45亿美元。手册变更71份,余料结转113票,内销征税37票,征收税款136.59万元,手册核销28本,手册报核及时率96.43%,结案及时率100%。在转关运输方面:监管转关运输集装箱42标箱,货运总量2013.24吨,转关单数62份。

【服务地方经济发展】

加强与地方政府商务部门沟通 在取消加贸批准证后,针对部分涉及限制类商品的后续工作,与地方各级商务部门沟通,最终成功根据新版生产能力证明,办理加贸新政实施后关区首份加贸手册备案手续。协助地方政府招商引资,为地方政府商务部门提供厦门海关支持跨境电商政策指导;促进深圳赛维网络科技有限公司签约落户漳浦。

支持地方产业发展 前往漳浦台湾农民创业园调研,搜集园区企业需求,达成一系列提高通关速度和服务质量的共识。在皮革行业单耗核定、深加工结转人工审核等方面提供方便快捷的加贸服务。

举办加贸、皮革产业政策宣讲会 针对漳浦辖区内加贸企业集中、加贸业务量较大的特点,联合职能科室分别举办加贸、皮革产业政策宣讲会,向辖区内企业及相关地方主管部门详细讲解海关政策,解决企业疑难问题。

开展辖区内企业摸排 实地走访调查辖区内加工贸易企业经营情况,特别是对进出口异动企业进行摸底,防范企业停产倒闭等引发的监管风险。联合地方环保、安监、消防等部门进行危化品监管，要求相关企业及时报备危化品处理情况，规范危化品管理流程，确保企业安全生产。

（供稿：东山海关驻漳浦办事处）

·出入境检验检疫·

【概况】

2016年，漳浦检验检疫办事处检验检疫出入境货物11754批，3.99亿美元，同比分别减少33.10%和20.90%。其中检验检疫出境货物11657批，3.93亿美元，同比分别减少33.40%和21.40%；检验检疫入境货物97批，611.90万美元，同比分别增加30%和61.60%。

【完善国家级示范区建设】

强化组织保障，与地方政府互动，推动新一届县政府班子继续加大在政策、资金、人员配置等方面投入力度，持续推进和完善示范区建设。强化宣传培训，举办出口保鲜蔬菜产季培训班，发放农药安全使用知识、检验检疫政策法规等资料3100份，发布国外预警信息32条；强化农业投入品管理，组织对示范区农资市场、基地和企业联合执法检查，规范农业投入品流通、使用和追溯管理；强化风险监控，对示范区118个出口基地（块）、26家出口保鲜蔬菜企业956份农产品实施3574项次的风险监控。6月，示范区顺利通过国家级年度验收考核。

【深化检验监管模式改革】

在总结和完善出口食品检验监管模式改革的基础上，探索和实施辖区出口水产品、化妆品检验监管模式改革，并于10月率先实现企业和产品全覆盖。探索出口花卉苗木分级管理，起草、拟制出境苗木监管创新方案和出境农产品分类管理办法2个文件。通过检验监管模式改革，将检验关口前移，在企业自检合格基础上即报即放，平均缩短通关时间2天。

【加强食品农产品检测平台建设】

加强漳浦建设农产品区域性检测中心实验室软硬件建设，扩展检测项目，实现当地出口食品农产品当地检测，平均可缩短2个工作日的检测周期，既提升辖区出口食品农产品质量安全保障能力，又大幅提高出口检验放行速度；同时也为辖区及周边县区企业享受就近、便捷和优惠的检测服务提供便利，每年可为企业节约350多万元检测费用。

【扩大农产品出口】

举办中韩、中澳等自贸协定关税优惠政策宣讲会暨原产地证培训，帮助企业利用自贸区关税优惠政策扩大出口。指导漳浦县中美食品有限公司顺利通过美国FDA官员检查，成为福建省首家通过美国FDA现场检查的出口米粉生产企业；指导漳浦台湾农民创业园兰花生产企业顺利获得加拿大、美国出口资格，2家企业首获介质兰花输美资质；帮助出口榕树解决品质规格、保鲜技术、有害生物等出口难题，有效开拓美国高端市场；帮扶辖区特色农产品在新领域和新品种出口方面取得新突破，指导帮助漳浦县香蕉浆、蜜柚丝、橙果粒浆、牛皮等产品首次销往台湾地区，香芋饼首次出口欧盟，魔芋制品首次出口俄罗斯，凤凰木、黄木槿、樟树等苗木首次出口塞浦路斯。

（供稿：漳浦检验检疫办事处）

财政 税务

·财政·

【概况】

2016年，漳浦县公共财政预算收入19.83亿元，完成调整预算数的102.49%；地方公共财政收入13.50亿元，完成预算调整数的101.30%。公共财政总收入、地方公共财政收入税性比重为81.36%和72.60%。全县公共财政预算支出完成44.57亿元，其中：县级预算安排支出35.93亿元（含新增债券转贷资金4.48亿元）；上级专款补助支出完成8.64亿元；民生支出完成380974万元，同比增长10.81%。

【依法征收筹措资金】

税收征管 贯彻营改增试点行业税制改革，对纳税异常企业进行跟踪和开展纳税评估，做好税源欠缴清收。建立政府公建项目台账信息采集，实现多部门协税护税联动机制，确保税收及时入库，应收尽收。

筹措资金 对接金融机构，通过包装和整合国有资产做大龙睿公司资产，发挥各部门下属国有企业资源优势，争取融资资金15亿元；对接省财政厅，争取地方政府置换债券资金25.65亿元，争取发展性债券资金4.48亿元，合计向上争取地方政府债券资金30.13亿元；盘活财政存量资金、加快支出进度。保障重点工作、民生工程建设资金需求。

【发挥财政政策引导功能】

支持企业发展创新 落实省、市支持企业改革、创新、发展的财政政策，协助企业做好在产品生产、加工、储存、物流运输和出口转型升级、品牌建设、电子商务等各方面的项目申报工作，为企业发展创新提供资金支持。全年拨付扶持企业专项资金1147万元。

推动特色旅游发展 围绕"花样漳州·唐郡漳浦"品牌建设，安排旅游发展专项资金500万元和向上争取专项资金295万元，主要用于游客集散中心建设，兑现旅游奖励政策、旅游宣传促销、旅游项目开发建设补助及旅游规划等工作。

推动科技创新驱动 安排科技专利资金355万元，支持授权专利奖励、高新技术企业认定奖励、科技型企业奖励及科技成果评审奖励；加大发明专利和实用新型专利申请资助扶持补助力度，支持企业品牌创新和开拓市场，增强企业市场竞争力。

推进政府和社会资本合作(PPP) 制定《关于推广政府和社会资本合作模式实施方案（试行）》（该方案已经县政府2016年第6次常务会议研究通过），从实施领域、合作方式、合作条件、操作流程、工作机制等五个方面对PPP工作进行明确和规范。是年，总投资6.78亿元的漳浦县城区蓝理路等5条道路工程项目纳入PPP模式；至年底，全县实施的PPP项目3个。筛选出9个拟采用PPP模式项目，总投资约60亿元，涉及市政交通、水利、环保、教育、卫生等领域。至年底，各个项目正在有序推进中。

【保障基础设施及"三农"投入】

支持市政工程建设 通过企业融资、争取上级专项资金和新增债券等渠道，筹集资金22亿元，保障黄道周公园、沿海大通道、迎宾大道、朝阳隧道等市政建设工程和印石南区安置房、江滨B区安置房和印石B区公租房扫尾工程建设与回购。

落实各项惠农政策　拨付农业支持保护补贴3420万元、渔船油补资金6008万元，森林生态效益补偿资金1740万元，城市公交成品油价格补助资金181万元。安排库区后期扶持资金2207万元，支持做好农业、农村各项惠农政策补助，加快库区和移民安置区道路、饮水等基础设施建设。

发展现代农业　拨付资金2200万元，支持现代渔业、现代林业和现代农业项目建设，加快建设国家现代农业示范区石榴特色产业核心园、绥安大埔精品园和赤土光伏立体农业示范区，新增推广有机肥示范面积800公顷。拨付324万元，培育一批新型职业农民、省市级示范家庭农场和农民合作社。投资1050万元，支持赤湖片高标准农田示范项目建设，形成“田成方、渠相连、路相通”现代农业耕作区，该区农民人均纯收入增加400元以上。拨付3900万元，建设中小河流治理和改造朝阳中型灌区等重点水利项目；拨付7300万元，加快六鳌虎头山一级渔港、佛昙整美和赤湖前湖二级渔港建设。

精准扶贫扶持　拨付资金2743万元，抓好5个市县级扶贫重点村，确保全年脱贫7000人，落实2832人造福安居工程建设，帮扶167户贫困无房户购(建)；对全县4490户建档立卡贫困户扶贫贷款进行贴息和风险担保，运用财政杠杆实施金融、产业帮扶，提高贫困户生产经营效益。

做好“一事一议”财政奖补　是年，完成一事一议财政奖补项目168个，其中：美丽乡村项目4个，传统村落保护项目1个，重点项目建设17个，普惠制项目146个，参与筹资筹劳34.50万人，占全县农村户籍人口46.26%，全年投资8493.81万元，兑现财政奖补资金2968.20万元，带动社会资金5525.61万元投入建设社会主义新农村。

【保障社会民生资金需求】

优先发展教育　县级财政新增投入资金15000万元，对全县义务教育学校附属设施及教育装备进行提升与充实，缩小区域、城乡、校际差距，实现全县城乡义务教育同标准、一体化基本均衡发展格局，创建“义务教育基本均衡县”并通过省级验收。拨付842万元，用于扩大公办幼儿园学位供给和改善幼儿园办学条件，给予304所民办幼儿园专项补助528万元，用于提升保教质量和改善幼儿园办学条件；拨付资金900万元，实施公办幼儿园建设、校舍安全长效机制、薄弱校改造校舍建设项目483万平方米。

完善公共文化体系建设　文化体育与媒体支出完成6245万元，其中：拨付资金配备农家书屋图书20.99万册；拨付资金对农村、社区群众业余文化活动辅导员进行业务指导和培训；拨付资金重点支持老年人健身基地、农村及学校体育基地建设，支持群众性体育活动开展，支持农体协、老体协、篮球等单项体育协会发展。

实现社会保障全覆盖　社会保障和就业支出完成62117万元，同比增长27.56%，其中：拨付资金6274万元，支持古雷港区医院扩建工程和县妇幼保健院、乡镇基层卫生院和综合医院建设贴息补助等项目建设；拨付资金600万元，提升基层医疗机构整体服务能力和管理水平，安排90万元专项资金用于乡镇卫生院建设和修缮。从7月1日起，县财政增加3760万元，为全县11.80万城乡居民社会养老保险基础养老金从每人每月95元提高至110元；基本公共卫生服务财政补助标准从每人每年40元提高到45元；增加投入737万元，促进基本公共卫生服务均等化。降低单位人力资源成本，失业保险费率从5月1日起，单位缴费部分再降0.50%。安排88万元专项经费，支持全县27个社区居家养老服务站正常运转；继续实施百岁老人，高龄老人发放生活补贴。拨付资金781万元，支持再就业支出；拨付资金491万元，加大食品药品部门监督与管理。落实村组织职业化管理经费保障，全县315个村(社区、居)实行职业化管理，村主干报酬分别提高到1600元/月、1800元/月、2000元/月，同时适当提高村两委报酬，分别提高到1000元/月、1100元/月、1200元/月，加大离任村主干生活补贴补助，离任村主干人均不低于500元；财政增加投入1300万元。

加强生态环境治理 统筹安排资金10878万元，推进农村水泥路硬化、危桥改造、公交车定额补贴、路面白改黑等交通项目建设；投入资金3191万元，推进鹿溪等流域水环境综合整治、创建国家级生态县、生态乡镇、黄标车报废补贴、节能环保等各项工作有序开展。有21个村被列入省级美丽乡村“千村整治”工程，给予资金补助1980万元；安排资金2920万元，用于县城及农村垃圾清运和垃圾处理与县城污水处理。

（撰稿人：蔡婕琼）

·国家税务·

【概况】

2016年，漳浦县国税局征管户数14490户，其中：增值税一般纳税人1814户，小规模企业6048户，个体工商户6628户。是年，完成市国税局税收收入102056万元，首次突破10亿元大关，同比增收12488万元，增长13.94%。完成市国税局下达任务数97600万元的104.57%，超收4456万元。其中：直接税收收入91294万元，办理免抵调库10762万元。完成县政府税收收入87634万元（直征76872万元，调库10762万元），同比增加10168万元，增长13.13%。占年初任务数84420万元的103.81%，超收3214万元。

【各项税收改革任务圆满完成】

制定、实施“营改增”工作机制 召开联席会议、专业会，逐户清分、比对，核实“营改增”纳税人数据。开设营改增绿色通道，做好“营改增”业务衔接工作。组织“营改增”业务培训，辅导“营改增”纳税人开好票、报好税。开展行业管征调研，规范后续征管；同时，通过多渠道宣传报道改革情况、税收政策，为“营改增”顺利实施营造良好氛围。四大行业累计实现25425万元。

集中清理异常数据指标夯实基础 持续组织各业务领域人员加强操练，提升系统操作水平。参与测试演练，优化系统，做好系统上线衔接工作，“金税三期系统”平稳上线运行。

开展税收风险应对 对35户企业进行纳税评估，查补入库税款和滞纳金453万元，冲减留抵税金531万元，调整以前年度亏损2056万元，提升纳税人税法遵从度。

打击税收违法行为 推进发票整治和皮革等行业税收专项清理，开展税收专项检查，全年立案检查企业18户，查补入库税款、滞纳金和罚款合计480万元，占直接收入的0.48%。

【优化纳税服务】

简化办税手续 全面推行“一岗通办”业务，均衡业务压力，缓解人流高峰。开启联合办税新模式，国地税窗口人员互派，实现“进一家门、办两家事、省三方心”的纳税服务新模式。推行“020”涉税服务，388户次企业实现网上购票25868份，纳税人实现“足不出户领取发票”，“020”便民服务工作居全市前列。

优化出口企业退(免)税服务 制定《漳浦县出口企业退(免)税服务与管理若干意见》，加强对生产性出口企业服务与管理，防范骗取出口退税，服务纳税人，及时办理4户首笔退税120多万元，扶持新办企业的发展。完成进口料件手册核销工作，核增免抵额742.96万元，进项税额转出222.75万元。签订出口退(免)税无纸化管理承诺书，全面做好无纸化申报备案，顺利推广无纸化试点工作。加快日常退(免)税办理进度，全年办理出口退税1289户次，实现出口销售收入22.95亿元，办理出口退(免)税总额3.73亿元。

落实符合条件的小型微利企业享受税收优惠政策 全年办理各类减免税（含征前减免）3025万元。其中：落实小微企业税收优惠，有5301户个体户和小微企业享受增值税减免优惠2427万元；有4448户享受小微企业所得税优惠政策，减免企业所得税485万元。落实“营改增”改革，“营改增”纳税人全年减轻税收负担8503万元。

（撰稿人：卢志强、赵素兰）

· 地方税务 ·

【概况】

2016年,漳浦县地税局总收入141660万元,比上年度同期148298万元减收6638万元,下降4.48%。其中:市局口径收入79588万元,比上年度同期96946万元减收17358万元,下降17.90%(扣除营改增不可比因素,同口径增收850万元,增长1.42%);完成市局任务71200万元的117.78%。政府口径收入76232万元,比上年度同期93514万元减收17282万元,下降18.48%(扣除营改增不可比因素,同口径减收874万元,减少1.43%),完成县政府任务76000万元的100.31%。社保基金收入55773万元比上年度同期44536万元增收11237万元,增长25.23%,其中:基本养老保险收入33198万元,比上年度同期27268万元增收5930万元,增长21.75%,完成上级任务32400万元的102.46%。在全市2016年度地税系统绩效考评中获得第三名。

【推进"营改增"】

建立"营改增"工作机制　成立"营改增"工作领导机构,设置征管衔接、核算分析、宣传舆情3个项目小组。印发《营改增舆情应急处置专项预案》《营改增专项绩效考评办法》《营改增运维预案》《营改增纳税人投诉保障机制》《办税服务厅营改增突发事件应急预案》等多份配套文件,从督查、效能、宣传、应急保障等多方面保障"营改增"工作顺利推进。

做好"营改增"纳税人移交　"营改增"期间,向县国税局移交营业税纳税人6529户,其中:房地产业187户,建筑业(含外来建安)4435户,金融业49户,生活服务业1858户;移交自开票营业税用票户719户,同时还移交2015年度营业税纳税人申报信息,征收方式,缴纳营业税税额、机打发票领用、开具用票量,电子缴税户头等相关征管数据。

开展业务培训　为能熟练掌握代开、代征相关业务,组织企业相关业务人员进行增值税代征业务培训400多人次,组织收看上级相关视频培训2场,累计培训100人次。同时,对地税人员进行"营改增"专题培训,邀请知名税收专家讲解"营改增"前后税收政策的变化。是年,县地税局代开二手房及个人出租不动产增值税发票932份,代征增值税43.70万元。

【"金税三期上线"工作】

将"金税三期系统上线"工作作为县局"一把手"工程,由县局主要领导亲自抓,分管领导具体抓;并成立金税三期系统上线领导机构,协调解决系统上线遇到的困难。制订"金税三期系统上线"工作实施方案,确保"金税三期"系统平稳上线。经过数据清理、系统测试、宣传培训等几个阶段的不懈努力,县地税局"金税三期上线"工作达到上级提出的"业务不断、服务不降、秩序不乱"要求,完成"金税三期上线"各项工作。

【国地税联合办税】

从5月开始,县国、地税办税服务窗口相互进驻,极大地方便纳税人,让纳税人"进一家门,办两家事"。是年,地税驻国税窗口征收各项地方税费2841万元。联合举办企业所得税汇算清缴业务及网上申报业务培训2期,600余户企业财务人员参加。联合与县农村信用合作联社签订银税协议,推出"银税通"金融产品,共同构筑税、银、企三方合作平台,为企业提供更加便利的融资渠道。

【转变管征理念】

出台"以票控税"制度　对存在土地增值税税款已清算未入库、达到清算条件不清算的企业,由地税局下达"限期改正通知书",对到期未改正,仍然存在欠税的企业,依据《中华人民共和国税收征管法》,由地税局向国税局出具建议文书,控制其房地产增值税发票开具和使用。

建立"先完税后付款"制度　各承建商或投资商在向漳浦县各行政企业事业单位申请预拨款或结算时,必须有县地税部门出具的地方税费已缴纳完成涉税证明,否则不给予拨款。

建立"先完税后出票"制度　加强国、地税合作,国税办税窗口在代开临时增值税票时，纳税人必须先出具地税完税凭证后才予以开票，防止地方税费流失。是年，县地税局驻国税局窗口征收临时地方税费2841万元。

【强化多税种管征】

土地增值税管征和清算 清算房地产企业5户，入库清算税款1948.40万元。全年入库土地增值税13348.73万元，同比增长14.17%。

资源税"从价计征"改革 开展资源税改革"从价计征"测算工作，严格测算税率和换算比。资源税改革后，辖区内企业减负效果显著，是年入库资源税430.46万元，比去年同期659.41万元，减少228.95万元，减少34.72%。

行政事业机关单位残障金交接 及时与县财政局、残联召开联合工作会，组成宣导催报小队，分派城关范围内108户行政机关事业单位的催报催缴工作，并同时做好新政策宣传，辅导缴费人申报费款。全年，残疾人就业保障金入库594万元，同比增长14.07%。

企业所得税汇算清缴 全年自核自缴4038户，汇算清缴面100%，汇算清缴自查补缴税费税款约842万元，检查补缴税款约40.45万元，加收滞纳金及罚款约7.77万元。

个税全员全额明细申报 全年个税管理系统应明细申报5152户，明细申报5147户，比去年同期3843户增长1304户，同比增长33.93%，申报率99.90%，覆盖面达99.25%。

稽查立案检查 全年立案13户，结案12户，有问题户12户，全年总入库税款944.47万元。其中查补入库税款607.48万元，完成市局下达查补任务的151.87%；自查入库税款336.99万元。

（供稿：县地税局）

【漳浦特色美食】

金浦肉卷

※主料：猪腿肉600克

※配料：无咸豆腐皮20小张、白萝卜2000克、青葱珠200克

※调料：精盐12克、鱼露10克、生粉50克、地瓜粉150克、味精4克、白糖6克、食用油500克(后耗30克)

※制作方法：

1、白萝卜去皮刨丝，加8克精盐后轻轻搅拌片刻，捞起萝卜丝挤干，泡水后又挤干涩味待用。

2、猪腿肉切条块状后与萝卜丝、青葱珠、生粉、地瓜粉、酱油、精盐、味精、白糖、一起倒入盆中，用筷子轻轻搅拌均匀作馅待用。

3、馅料放入豆皮中，包卷成4x20厘米左右的长形肉卷。

4、油锅用中火烧至3成热时，将五香肉卷一条一条放入锅中，用筷子轻轻翻动至颜色逐渐变金黄色，油炸时间约在10分钟左右捞起，沥干油后改刀装盘即可食用。

※特点：鲜香味美、传统家常

※营养成分：蛋白质154克 脂肪118克 能量2571千卡 钙879毫克 铁48毫克 锌24.5毫克 维生素A96微克 维生素E43毫克 维生素B13.8毫克 维生素B22.22毫克 维生素C429毫克

——2003年12月被中国烹饪协会认定为"中华名小吃"(杜浔168风味)

漳浦美食协会供稿

金 融

·中国人民银行漳浦县支行·

【概况】

各项存款增幅下滑明显，存款增长压力较大 至2016年末，全县本外币各项存款余额318.40亿元，同比增长4.45%，增速同比下降40个百分点，增速比全市平均增速低4.60个百分点，为漳州各县（市）最低，2016年新增各项存款13.56亿元，同比少增81亿元。

金融融资总量持续扩大，贷款增速稳中趋缓 2016年，全县金融融资总量新增22.26亿元，其中：贷款新增20.30亿元。证券机构融资融券减少807万元。保险机构赔付支出新增0.18亿元。

银行信贷资产总体较好，但潜在信贷风险压力加大 至2016年年末，全县银行机构不良贷款比年初增加3908.25万元，贷款不良率0.45%，同比上升0.16个百分点，比全市平均不良率少2.95个百分点。从总体看，全县银行机构不良贷款仍处于较低水平，信贷资产质量总体较好，但受个别企业在辖外贷款出现风险及古雷PX项目重组缓慢的影响，银行潜在信贷风险的压力将进一步加大。

保险保障能力不断加强，证券市场交易萎缩 2016年，全县4家保险公司（人保财险、人保寿险、太平洋保险、中华财险）保费收入2.99亿元，同比增长31%，理赔支出0.81亿元，同比增长2.30%，赔付率27%。2家证券营业机构交易量238亿元，同比下降21.15%，融资融券余额2339.26万元，同比下降24.60%。

【加大对“三农”重点领域的信贷支持】

探索农村承包土地经营权的抵押贷款试点 起草报县政府印发《漳浦县农村承包土地的经营权抵押贷款试点实施方案的通知》。督促2家地方法人金融机构和3家股份制银行分别出台或转发总行《农村承包土地的经营权抵押贷款管理办法》。通过电视、LED宣传标语、微信等形式，介绍试点政策和各金融机构产品特点和业务办理流程。推动县政府完善试点工作配套条件，加快承包土地确权颁证，规范抵押登记流程，以县政府名义出台《漳浦县农村承包土地的经营权抵押贷款风险补偿专项资金管理暂行规定》和《漳浦县农村承包土地经营权评估指导价格》，并由县财政拨付2016年首期风险补偿金400万元。至12月末，全县累计发放农村承包土地的经营权抵押贷款66笔、金额17145万元，贷款余额5441万元，居全省第二名。

探索金融精准扶贫攻坚服务创新模式 会同县农办推动县政府先后出台《漳浦县扶贫小额贷款贴息实施办法》和《漳浦县扶贫小额贷款实施方案的通知》。通过构建金融精准扶贫长效机制，开展建档立卡和贷款需求调查，引导农信社完善小额贷款管理。创新金融产品和服务模式，探索“保险＋社会”扶贫新模式等，安排专项信贷资金6000万元用于发放扶贫小额贷款，开展金融精准扶贫，支持农户发展产业，拓宽致富渠道。至12月末，全县发放贷款642户，金额1713万元，主要用于发展种植、养殖和加工业。

推动现代农业金融示范县

创建　落实《漳浦县创建现代农业金融服务示范县实施方案》，探索多层次、多模式的信贷支农模式，着力推动全县农村创新金融产品增量扩面工作，加大新型农业经营主体的信贷支持。至12月末，全县涉农金融机构累计发放农业设施抵押贷款20905万元，贷款余额10084万元，比年初增加2123万元，重点支持种植、海水综合养殖和家禽养殖大户。全县涉农金融机构累计发放船舶所有权（船网工具指标）抵押贷款23839万元，余额13695万元，全年新增2723万元。

【加强重点项目融资服务】

会同县经信局举办"漳浦县金融服务中小企业暨金融产品展示对接会"，组织县域19家银行机构、保险公司、证券公司搭建金融超市，展示各自特色金融产品，有针对性向企业推荐融资途径及贷款方案。举办"漳浦县皮革行业企业增加授信额度协调会"，邀请市工、农、中、建、兴业银行现场与企业沟通对接，对高污染、高排放行业中的优质企业提供信贷政策支持，新增3家皮革企业贷款8500万元，对接率达到100%。推广"中征应收账款融资服务平台"，发动4家银行分支行构、7家企业在平台注册，发放应收账款质押贷款超20亿元。

【支持电子商务发展】

引导辖内金融机构以"全国电子商务进农村综合示范县"为契机，加大对电商园及电商企业的金融服务支持。至年底，电商园各项基础设施日益完善，电商业务得到快速增长，全年实现电子商务交易额3.90亿元，跨境电子商务销售额183.93万美元，走在全省前列。

【金融稳定工作】

建立"五项机制"防范金融风险　是年，全县银行业信贷风险呈明显上升趋势，早期积聚的信贷风险集中暴露，给金融系统平稳运行带来巨大压力。为此，漳浦支行建立"五项机制"，指导辖内金融机构加强不良风险专项防控和处置工作，坚决遏制风险蔓延，维护辖区金融稳定，取得显著成效。至12月末，全县银行机构贷款不良率0.45%，居漳州各县(市)最低。

落实存款保险制度　全方位、多渠道组织辖内各银行业金融机构，开展形式多样的存款保险制度知识宣传活动。审核2家法人金融机构本期保费基数、受保存款及应交纳保费金额，并要求按期、足额缴纳保费。根据《存款保险评级管理办法》和市中心支行关于开展2016年存款保险评级工作的通知要求，对2家地方法人金融机构存款保险评级。

依法合规开展"两管理、两综合"工作　以合规性准入为重点，强化开业管理和在营管理。是年，对中信银行漳州古雷支行加入央行金融管理与服务体系进行审核、申报，增强了人民银行金融管理的主动性，强化金融监管，维护金融稳定。开展综合评价，对辖内17家金融机构的12项业务开展情况进行综合评价，评定"A"类银行业金融机构2家，"B"类银行业金融机构11家，"A"类保险业及证券业金融机构1家，"B"类保险业及证券业金融机构3家。

【推动金融生态县建设】

将生态县建设与落实普惠金融相结合　引导涉农金融机构开发惠农信贷产品。通过组织开展"银村共建""银商合作"等方式，扩大农村基础性金融服务覆盖面。建立金融消费者诉调对接机制，拓宽金融消费者维权途径。建立金融知识宣传长效机制，经常性地开展金融知识普及金融消费维权知识的宣传，提高农村金融消费者风险防范意识。

维护金融债权　协助政府召集银监办、县法院和相关银行业金融机构，对年度未执结案件进行逐案分析，研究对策。协调金融机构和法院对金融部门起诉的企业或个人贷款案件，进一步加大执行力度，提高执行率。建立失信惩戒制度，培育良好金融生态环境，法院对未履行判决的案件，定期进行公开，金融机构不得对其新增贷款。对金融部门起诉的企业或个人贷款案件，法院加大执行力度，提高执行率。

【货币发行】

强化现金供应工作管理，抓住重要时间节点开展人民币收付业务暗访23次，暗访单位22个，确保2016年元旦、春节期间辖区旺季现金供应，做到“总量平衡、券别合理、安全运转”。做好1元面额人民币硬币化宣传解释工作，组织深入公交公司等1元人民币用量大的单位进行调研，督促银行机构精准服务、精准投放，推动漳浦农联社购置硬币兑换一体机1台。做好猴年贺岁纪念币、孙中山诞辰纪念币的发行工作，对纪念币发行的预约、兑换及现场兑换，抓好预约情况了解、进度上报、兑换情况督查等，确保发行工作如期完成。

【反假货币】

加强日常反假货币管理，开展形式多样的反假货币宣传；开展明察暗访和执法检查，及时上报辖区2笔假币案件，提高反假币检查工作的威慑力。

【反洗钱】

加强对金融机构“一对一”辅导制度，督促义务主体采取有效措施，持续提升重点可疑交易线索质量，2016年，通过对辖区11家金融机构进行反洗钱现场走访、质询、约谈等方式，落实反洗钱工作。为2家银行机构举办反洗钱业务培训2场，参训100人。提升资金监测工作实效，全年共收集重点可疑交易线索8条，向公安机关报案重点可疑交易线索5条。以纪念《中华人民共和国反洗钱法》颁布十周年为契机，举办漳浦县金融机构反洗钱知识竞赛活动，提升金融机构反洗钱工作人员知识水平和工作能力。规范“一机构一档案”反洗钱监管档案，至年底，全县纳入反洗钱监管的义务主体31家。

【国库】

发挥国库桥梁作用，为辖区财政农民工工资拨款开启“绿色通道”，春节期间划拨农民工工资2600万元，维护农民工合法权益。加强与辖区财政、国税、地税等征收机关沟通，确保辖区“营改增”各项工作顺利运行。协助辖区财政部门推进地方盘活财政存量资金，清理、盘活财政存量资金1124万元，为县委、县政府重点项目支出和中心工作提供有力资金保障。推进国债收款单催兑工作，至12月末，办理收款单兑付11笔，本金合计7100万元，有效维护债权人利益，解决历史遗留问题。

【外汇业务】

密切关注重点交易项目购付汇业务，做好“控流出”工作。配合市中心支局开展对某公司违规发放2笔境外贷款业务未实行备案登记现场核查。督导辖内2家大额利润汇出企业使用人民币替代购汇支出12537万元，减缓辖区购汇流出压力。组织对9家货物贸易异常企业、1家贸易信贷企业进行现场核查或检查，有效督促企业加强收付汇管理工作。加强辖区涉汇主体政策宣传，开展外汇政策宣传13场次，对8家外汇指定银行与部分重点企业开展约谈督导12场次。至年末，全县外汇指定银行外汇收入同比下降8.92%，外汇支出同比下降51.35%，外汇贸易顺差同比上升3.98%。

【支付结算管理】

开展低效助农取款服务点清退工作，是年清退服务点79个，达到对全县助农取款服务点提质增效、降低风险的效果。在此基础上，创新开展对助农取款点星级管理，按服务点的业务量、地理位置、服务环境、日常管理、人员素质、风险防范等内容设定考核评分标准，分别评出5星级10个、4星级20个、3星级20个。开展防范和打击电信网络新型违法犯罪工作，利用各种节假日，组织各银行开展集中宣传，在全县上下形成良好宣传氛围，提高群众的防骗意识。协助县人民检察院将一起涉台电信诈骗的罪款36.17万元，及时返还6名台湾被害人的个人账户。加强支付工具管理，推进电子银行承兑汇票和手机银行业务的发展，推动全县农村地区支付环境的改善。

【征信管理】

做好信用报告查询和收费、缴费工作。至11月末，受理企业信用报告查询72家次，同比增长75.61%，受理个人信用报告本人查询5951人次，同比增长16.46%。做好机构信用代码的发放工作，至12月末，完成审核发证786份。推进农村信用体系建设，至12月末，建立农户信用档案数15.51万户，评定信用农户数6.26万户，贷款累计发生额123.16亿元，余额31.59亿元。推进中小学诚信教育活动，确定绥安镇中学和石榴镇象牙小学作为诚信教育进课堂的试点学校，开展赠书和授课活动。做好漳浦民生村镇银行企业征信系统接入验收和个人征信数据质量量化考评，指导制定标准化操作规程，明确责任追究，确保数据的及时性、完整性和准确性，经考评，该行及时性指标均为100%，完整性和准确性指标均达99.80%以上。

【金融消费者权益保护】

通过"3·15"消费者权益日、金融知识宣传普及月活动、漳浦县2016年社会科学普及宣传周等平台及一些专题宣传活动，提升消费者对金融业务知识的认识。开展消费者金融素养问卷调查和金融消费权益保护环境评估问卷调查，为上级行开展调研提供第一手材料。对漳浦民生村镇银行开展个人金融信息安全专项检查，促进金融机构完善制度，加强个人金融信息保护。与县教育部门探索金融知识纳入国民教育工作，组织开展"金融知识进校园"宣传活动，通过赠送《金融知识系列读本》、开设"金融知识基础教育"课程、校园宣传、举办手抄报比赛等，为金融知识进校园工作打开局面；与象牙小学举行"金融基础知识教育合作备忘录"签约仪式，金融基础知识教育正式纳入象牙小学日常课程，并将通过学校班会、广播、黑板报等方式大力开展金融知识教育活动。联合团县委、漳浦民生村镇银行举办"青少年金融知识普及活动"，让漳浦实验小学六年级学生现场体验银行业务办理、学习金融知识等。

（供稿：人行漳浦支行）

·中国银行漳浦支行·

【概况】

2016年，中行漳浦支主要经济业绩：存款业务：截至12月末，本外币存款余额为343500万元，比年初新增29901万元，新增量份额占比48.41%，市场份额36.11%(四大行)，存款总量和市场份额及新增量份额均居四大行之首。贷款业务：截至12月末，本外币贷款余额125830万元，市场份额17.49%，贷款总量和市场份额均排名靠后。资产质量：截至12月末，公司贷款零不良，零贷不良余额158万元，控制在分行下达的200万控制数以内，信用卡不良197万元，超过不良控制数57万元。经营效益：至12月末，实现净收入9025万元，其中：实现非息收入1024万元；实现拨备前利润7078万元至，实现税后利润5582万元。

【拓展各项业务】

拓展代发薪业务取得成效　发挥中行社保卡发卡银行及助农取款点遍布全县的优势，对人社局领导、企业保主任、企业保经办、退休人员单位、退休老人进行全方位的营销。至12月末，代发金额累计达到11.65亿元，客户所有账户沉甸金额4.82亿元，同比新增1.55亿元。

拓展行政事业存款　加强与政府及事业单位联系，营销成果显著，至12月，行政事业存款日均新增18394万元，新增量与完成率(337.87%)，均居全县金融各行第一。

网点渠道及销售流程优化建设　加强各网点厅堂的引导和营销力量，在4个网点均配备专职的大堂经理及2名引导员，促使电子银行引导率、短信通开通率、柜台业务迁移率、产品销售均比以前有较大的提高。加大自助银行建设力度，投建佛昙支行装修项目、金芳楼离行式自助银行、天鹅湖宾馆离行式ATM。

国际结算业务　至12月末，国际结算业务量为22668.10万美元，市场份额42.16%，比年初新增3.57%，当地市场份额排名第一；跨境人民币结算业务量36167.37万元，市场份额42.03%，比年初新增16.88%，超额完成全年考核目标10.03%，扭转年初国际结算业务下滑的不利局面。

（供稿：中行漳浦支行）

·中国工商银行漳浦支行·

【概况】

2016年，工行漳浦支行本外币各项存款84575万元，贷款133130万元，存贷资产结构明显改善，信贷投放进一步向优良客户集中，逐步退出“散小差”劣质客户，有效规避经营风险；中间业务收入406万元，继续保持快速发展；财务贡献率进一步加强，累计完成清收、核销及转化不良资产8563万元；利息收入8549万元，继续保持有效增长；实现税后利润3428万元；继续保持省“职工模范之家”称号；实现全年安全无事故。

【以增存促增收取得明显成效】

把握重点抢占市场 以代理养老统筹基金为突破口，创新服务手段，提高服务质量，为客户提供人情化、贴心化、细心化服务，帮客户理财，使客户的收益达到最大化，达到巩固老客户、发展新客户、带动“潜”客户的效果，有力推动各项业务的发展，2016年度营销私人银行客户37户、基金销售2217万元、信用卡1923张、分期付款4236万元、

抓重点客户的维护 建立大客户档案，逐步推行差别化服务，培养忠诚客户。落实划街包片营销，推行“地毯式”营销，巩固和发展工行在区域的地位。同时，突出抓块头大骨干和工行品牌优势，实现规模效应。

提升对公存款竞争力 以机制促发展，明确对公存款牵头部门职责，建立由网点主管与专职公存客户经理组成的公存拓展队伍，进一步完善对公存款考核办法，落实大额存款划转上报审批制度，确保资金最大程度在县工商银行封闭运行。同时实施大客户战略，确保对公存款稳定增长，2016年度对公存款余额27970万元，比年初增加1250万元。

【做大做强优质资产业务】

加大个人住房按揭贷款支持力度 定位于个人优质客户群体和优质楼盘，深入市场开展细致的市场调查，确定发展对象，巩固城区市场，开拓城区周边市场，尤其加大纯按揭项目的营销力度，对符合准入条件的楼盘，工行营销人员做到一次性把客户资料完整收集，尽快上报，申请机构准入，实行“择优扶持”的原则，积极营销资金实力强、运营规范的房地产开发项目，至2016年年底共营销楼盘8个，个人贷款余额达43899万元，比年初增加2886万元。

支持、发展有一定规模民营企业 通过建立中小企业金融服务项目库途径，解决制约工行信贷业务发展困境，谋求并实现适合工行实际的资产业务发展之路。不断增强市场竞争力，抓好重点优质客户贷款，深入各大重点优质企业，全方位为企业提供金融服务。

【强化清收盘活】

以全行之力狠抓清收盘活工作 对清收盘活实行实时监测，定期通报，明确清收奖励的原则、对象和范围，设立清收盘活专项奖，对清收人员实行“下不保底，上不封顶”的奖励方式。至2016年年底，“两非贷款”清收、核销49万元、信用卡28万元。不良贷款余额3108万元，不良率2.30%，信贷资产质量得到明显改善。

加强清收盘活制度管理 继续实施行长挂点清收盘活制、专管行长负责制、清收盘活工作问责督办制。对支行出面协商签订的协议，承办人员及时做好后续工作，实施定期问责，通报结果，督促落实到位。做到“四定三包”即定目标、定时间、定措施、定奖惩，包落实、包管理、包清收的责任制，从整体上提高清收盘活的工作效率。

加大对抵债资产的处置和管理 用足用活清收政策松紧尺度，在实际操作中，准确把握政策原则，综合运用以资抵债、表外息减免、核销呆账等各项政策，尽最大可能带动不良贷款本息的清收。对重点关注客户贷款逐户逐笔进行分析研究，一户一策，制定切实可行的风险化解方案，提高清收转化比例。

【提高中间业务收入贡献率】

开展“六到位”工作 即“抓好认识到位，人员到位，任务到

位，激励办法到位，员工培训到位，特色宣传到位”。

加大个人理财营销步伐 强化全员扎实业务学习培训，号召营销人员牢牢把握资本市场回暖良机，投身市场竞争，抢占市场份额，在市场营销中寻求新突破。客户经理“一对一”“面对面”及时向理财金客户传递产品信息，提高客户对工行保本理财产品的认知，2016年度个人理财销售15398万元。

加快发展保险代理业务 实施系统营销，突出抓好柜面保险代理以及抵押财产法人、个人贷款客户保险资源的开发。建立完善保险代理业务考核激励机制。

强化银行卡的市场营销 紧紧围绕市场营销、全面收费、专业化经营3项重点开展工作，促进卡业务由数量扩张型向质量效益型转变。银行卡业务收入迅速增长。2016年度牡丹灵通卡营销12658张、商友卡546张。

（供稿：工行漳浦支行）

·中国农业银行漳浦支行·

【概况】

2016年，农行漳浦支行全行本外币各项存款余额38.89亿元，比年初增加1.72亿元；其中：对公存款余额13.02亿元，比年初增加0.05亿元，个人存款余额25.86亿元，比年初增加1.67亿元。本外币核心存款日均余额37.69亿元，比年初增加3.67亿元；其中：本外币个人核心存款日均余额25.87亿元，比年初增加2.81亿元。各项贷款余额27.67亿元，比年初增加5.15亿元。拨备前利润1.41亿元，居全市农行排名第三位；拨备后利润1.07万元，居全市排名第四位，拨备前利润和拨备后利润再次突破亿元大关，实现中间业务收入4389万元，居全市排名第二位。全行不良贷款余额426.60万元，比年初减少891.20万元；不良率0.16%，比年初下降0.42个百分点，不良贷款实现“双下降”，实现法人零不良，实现四个网点零不良。

【业务经营】

不良防控实现“双降” 至12月底，全年累计收回不良贷款718万元（其中：收回个人不良贷款609万元，收回法人不良贷款本金109万元），核销贷款815万元。

零售业务有效提升 截至12月末，累计销售基金2.10亿元，完成市分行下达计划的112%；个人电子银行活跃客户净增43556户，完成市分行下达计划的105.13%；对私贵金属业务收入131.31万元，完成市分行下达计划的257.47%，同比增加87.71万元。信用卡有效客户新增2670户，同比增加1270户。第三方存管有效户新增数997户，同比增加152户。前三季度全行员工计价总额127.30万元，同比增长40万元。

对公转型取得突破 投放县土地收购储备中心土地收储项目贷款8亿元，带来稳定日均存款近3亿元，实现中间业务收入712.50万元。推进公司业务投行化转型，营销古雷建设发展基金额度25亿元。全行本外币对公贷款余额比年初增加5.15亿元，贷款主要投向三级核心客户和省市重点建设项目，占“四行一社”（工行、建行、中行、农行、农村信用社）增量市份额86%，居首位。全行新开立对公人民币结算账户210户，新增存款5万元以上客户111户，日均存款（含理财）50万元以上客户净增16户。

国际业务稳步发展 截至12月底，累计为存量客户发放各项融资42笔，品种包括短期流动资金贷款15笔、金额5890万元，出口押汇25笔、金额183.10万美元，出口商票融资2笔、金额58.50万美元。全年拓展户数7户，包括漳浦玮柏自行车有限公司、漳浦长生农产有限公司、福建泰庆皮革有限公司、盈丰食品股份有限公司等。为漳浦长生农产有限公司办理漳浦支行首笔外汇资金交易业务—人民币对外汇期权，金额100万美元，带来中间业务收入5万元。完成国际结算量12305万美元，同比增加2758万美元，占本地市场份额19%；跨境人民币交易量27859万元，同比增加2448万元，占本地市场份额23%。

【持续推进网点转型】

加快渠道建设步伐，推进网点建设。前亭基建项目、古雷新港城装修项目进展顺利。持续优化网点环境，对辖区内9个网点进行6S固化导入，提升网点服务质量。通过办礼仪培训班、对违规人员进行通报批评和经济处罚等办法，加大对网点文优服务的检查监督和奖罚力度。在2016年第四期“神秘人”检查中，农行赤湖支行获得100分的好成绩，排名全省第三位。

【夯实基础管理】

营造依法合规经营环境，组织参加2016年全面风险管理责任制管理办法及条线实施细则网络测试，通过率100%。加强消费者权益保护，从源头治理电信网络诈骗。开展“六进”宣传金融知识活动12次。落实安全生产责任制，确保后台保障、安全、营运、科技等条线安全生产、安全无事故；在“三化三铁”建设中，实现“三铁”单位1个，良好单位8个，良好以上占比达100%，支行金库、营业网点“三化三达标”优秀率100%。

【防控化解信用风险】

构建清收机制　加强领导，早排查、早预警、早处置，专题部署推进，提高清收成效。是年，清收不良资产718.09万元。其中，清收法人不良贷款109.73万元，实现法人贷款零不良；古雷石化支行在11月底清收回最后一笔不良贷款，成为漳浦支行第三个零不良的网点；营业部历经2个月努力，在12月中旬收回邱某不良贷款130万元。

提升清收实效　依法清收，做到应诉尽诉，是年，提起诉讼27起，标的金额406万元，通过诉讼收回9起，收回贷款金额263.21万元。岗位清收，明确岗位清收责任，逐户落实责任人，奖罚分明，是年，全行清收的不良资产718.09万元。团队清收，深化支行清收团队的建设管理，专业团队清收处置不良贷款84.72万元。加大呆账核销力度，对符合核销条件的项目成熟一户核销一户，核销不良贷款815万元。

防范化解风险　建立“有问题贷款”台账，做到早发现、早预警。持续开展“有问题贷款”风险排查，根据排查结果建立“有问题贷款”台账，及时更新，并制定“一户一策”化解风险。明确堵新责任，早预案、早化解。建立上下联动、迅速反应的堵新机制，一旦发现风险信号，及时进行跟踪催收。把好信贷准入关，做实信贷“三查”，严防造假，从责任源头追究把好堵新关口。

【服务“三农”】

服务基础设施建设　支持重大基础设施建设、民生工程及产业转型升级等项目的发展。2016年，重点项目（漳浦县“江滨片区”土地收储项目）新增贷款8亿元，涉农贷款增量6.26亿元。获批古雷建设发展基金项目额度25亿元，其他已批待发放项目贷款金额5.75亿元。其中：古雷纬五路项目4.70亿元，南3号码头填海造地工程项目0.75亿元，国网供电0.30亿元。

拓展惠农贷款业务　投放普惠惠农卡发卡余额9609张，比2015年投放量增加211张；新发放惠农卡贷款户4280户，比2015年投放量增加256户。累计发放惠农卡贷款余额18.44亿元，比年初增加2.10亿元。

推广农村承包土地经营权抵押贷款　截至12月末，有农村土地经营权抵押贷款8户，贷款余额3125万元，贷款累计发放金额9285万元。其中：法人贷款3户，贷款余额2988万元；个人贷款5户，贷款余额137万元。主要投向苗木业、养殖业、农业。

落实贫困户建档立卡　通过前期对旧镇等6个乡镇网点的逐户摸排，设立建档立卡贫困户台账，对符合贷款条件的贫困户给予信贷支持。截至12月21日，投放3户金额23万元。

开展“百名助学”帮扶　对建档立卡贫困户参加2016年高考的学生进行摸底，了解贫困户高考考生家庭情况，9月，对杜浔镇北坂村给予“百名助学”捐资2000元。

开展“结对帮扶”　与柘荣县结对建立对口帮扶关系，并与柘荣县农行制定了山海协作金融扶贫方案。12月，对柘荣县建档立卡8名贫困户捐赠金额合计1.20万元。

（供稿：农行漳浦支行）

·中国建设银行漳浦支行·

【概况】

2016年，建行漳浦支行各项业务稳健发展：

存款业务稳步增长 全行一般性存款余额17.98亿元，是年时点新增16023万元，日均新增16911万元，超额完成分行下达的日均新增任务。全年时点新增排列全市第五位，日均新增排列全市第六位，其中个人存款日均新增11823.29万元，增量居全市第二位。

信贷业务取得新突破 截至12月底，全行各项贷款余额15.14亿元，比年初新增27952万元。是年发放个贷6.75亿元(自营性4.36亿元，公积金2.39亿元)，个人贷款是年发放额、新增额创历年新高，楼盘市场占有率达80%。

资产质量保持较高水平 全行不良贷款255.60万元。其中：公司类保持零不良，个人类不良贷款255.60万元。

主营收入稳步增长 全年实现主营业务收入1.20亿元，同比增加2000万元以上。

客户基础不断夯实 全年新增对公账户483户，新增居全市第二位，折算后对公有效客户新增145户，居全市第四位；个人有效客户折算后新增15797户，居全市第三位。

移动金融发展迅猛 手机银行是年新增客户数11272户，增量居全市第三位；手机银行活跃客户数14720户，居全市第二位；移动金融替代率位居全市前列。

信用卡发展继续保持优势 全年信用卡发卡5417张，发卡量居全市第一位；全年便民卡发卡1659张，居全市第一位；全年信用卡分期审批完成金额9187.56万元，居全市第二位。

【提升存款市场份额】

对公存款 走访企事业单位的存款大户，增强日常联动和服务，及时了解客户资金变动和流向，争取存款沉淀至建行。走访县政府及各部门，想方设法，寻求突破。打破传统思路，加强与同业合作。

个人存款 做好公私联动，综合营销，抓代发工资、抓企业主和高管等高端客户营销，挖掘贷款客户、按揭楼盘等上下游客户，做好客户存款综合营销工作。加强渠道建设，推进渠道转型，顺应客户偏好向电子渠道转移的特性，推进物理渠道转型。是年，县支行办公大楼及营业部搬迁和2个自助银行点开业，大大改善办公环境。实行网点功能分区管理，为客户提供智能的交互体验和综合化服务，新投入智慧柜员机、视频柜员机、自助开卡机、填单机等15台。根据上级行网点转型要求，从5月起，实施网点轮休制度，盘活人力资源；推进电子银行、龙卡云闪付移动产品及自助设备等渠道运行效能，提升电子银行签约率、动户率及自助渠道的替代率，提升建行的综合服务能力。

【做好信贷客户营销】

主动与相关部门对接联系，紧抓项目信息源头，争取新项目新客户落户建行。维护重点机构大户，争取应有的份额，加大贷款投放量。对纳税大户、进出口量大的外向型企业及其他优质的中小企业客户进行地毯式营销。加强与县农业局、专业合作社沟通，及时了解农村承包土地经营权工作进展情况，持续推进农村承包土地经营权抵押贷款业务，取得零的突破。

(供稿：建行漳浦支行)

·中国邮政储蓄银行漳浦县支行·

【概况】

2016年，邮储银行漳浦县支行各项业务存款余额26.24亿元，其中公司存款3.47亿元，个人储蓄存款22.77亿元。各项贷款余额110768万元，贷款总净增37108万元，其中小额贷款净增2481万元，完成全年指标91.88%；消费贷净增25257万元，完成全年指标210%；小企业授信贷款净增3166万元，完成全年指标158%；个人商务贷款授信贷款净增6204万元，完成全年指标124%。年底不良贷款476万元，不良率1.39%。

【助力"三农"发展】

在保证业务规模增长，增强持续盈利能力的同时，以"服务三农"为出发点，在赤土乡、赤湖镇、长桥镇等与当地小企业举办银企对接会，通过产品、服务等创新，推进信贷业务专业化、批量化和综合化发展。与工商联、经贸局、农业局、海洋渔业局签订战略合作协议，跟踪研究漳浦县农业设施抵押涉农政策，不断推进农业设施贷款。

【为小微企业提供融资平台】

是年，与当地政府及相关单位服务中小微企业的合作全面铺开，2月，与县经贸局联合召开推介会，并邀请厦门大学博士生导师为漳浦县企业与企业家联合会的100多名企业家进行授课。全年小企业授信贷款新增3050万元。

【加强风控案防能力】

突出加强信用风险管理　针对经济市场不景气这一现象，每月不定期召开逾期贷款分析会，要求管户人员逐个对逾期客户进行分析，按一户一策针对性制定催收计划。是年，全行不良贷款476万元，比年初增加203.24万元；不良率0.42%，与年初基本持平。

提高检查质量　结合总行2016年"非法集资专项排查""内控达标年"等活动，采取多样化方式，组织开展自查及员工排查活动，对发现的问题落实整改。

强化合规经营　从全员教育入手，开展案件防控意识宣传和合规警示教育，利用每季度经营分析会及1月、10月、12月的旺季生产动员会，组织全行员工对新"十条禁令"、员工违规行为处罚办法等进行贯彻学习。

【开展"2016年服务管理年"活动】

以"规范出习惯、习惯成文化、文化出口碑、口碑树形象、形象创效益"为总体工作思路，以示范网点为抓手，全面提升窗口形象；通过"每周进步一点点，每月前进一大步"网点服务规范化标准贯彻活动，全面推进网点服务意识快速提升，促进网点转型；通过服务明星支行和服务明星个人评选，推广服务示范窗口和服务标兵，推动服务管理年活动深入开展，提升营业网点服务水平。

（供稿：邮储银行漳浦支行）

·漳浦县农村信用合作联社·

【概况】

2016年，漳浦县农村信用合作联社加大存款力度，规范贷款管理工作，加快业务创新和机制创新，至12月末，全县农村信用社各项存款余额87.52亿元，比年初增加11.87亿元，增长15.69%；各项贷款余额39.22亿元，比年初增加6.61亿元，增长20.27%，存贷款总量继续位居全县各金融机构首位。年缴交税收6676.60万元，已连续6年获评漳浦县"纳税大户"称号。

【发展普惠金融】

坚持支农支小　巩固和发展县域农村金融主力军作用，从考核机制和增加涉农贷款等方面加大对"三农"经济发展和实体经济的金融支持力度，确保各项支农惠农政策落实到位。至12月末，全县农村信用社涉农贷款余额36.72亿元，比年初增加6.28亿元，增长20.62%，涉农贷款占比93.62%；小微企业贷款余额95388万元，比年初增加17642万元，增长22.69%。

加大信用助学贷款投放力度　利用省联社新开发的助学贷款管理系统，实现网上申贷、审批、办贷的流程化操作，为借款学生、资助中心、高校、银行等用户提供高效运作的业务平台，至12月末，累计发放助学贷款3085笔，金额2065.07万元。从2007年开办至今，累计发放助学贷款16128笔，金额9611.35万元。是年捐助学生20人，发放福万通慈善基金10万元。

尽力尽心精准扶贫　作为扶贫小额贴息贷款业务的唯一承办机构，全力配合政府各部门打赢脱贫攻坚战。全面完成全县4490户的贫困户建档工作，全县11739人的贫困人口全部建立《扶贫开发对象工作台账》。至12月末，设立20个扶贫工作站，发放小额扶贫贷款375户，金额1557.75万元。

【落实惠民富民政策】

推进"金融服务不出村"工程 撤换一些业务办理不积极且存在风险隐患的小额支付便民点，优化便民点布局；对小额助农取款点的机具进行升级改造为新平台机具，减少故障，提高通信质量，提升后台管理水平。至12月末，设立新小额支付便民点270个。

改善农村信用环境 通过对农户小额信用贷款的宣传和发放，及信用评定和信用公开，让农民理解信用的价值，增强农民的信用观念，使具备良好信誉的农户享有守信的益处和便利，逐步营造"守信光荣、失信可耻"的农村社会氛围。至12月末，全县累计评定9个信用乡镇、202个信用村。

金融知识宣传 分别到赤土、古雷新港城、象牙等地开展"金融知识进万家""金融知识万里行"、防范电信网络新型违法犯罪宣传、"5•15"打击防范经济犯罪、防范非法集资等宣传活动，向群众提供反洗钱、反假币、反诈骗、金融理财、电子银行产品、贷款产品等金融知识。分发宣传折页3000多份，赠送金融读本400多份，提供现场咨询15多场次。同时，在联社营业部、赤土信用社开设普惠金融学校，为客户定期开展金融知识培训、金融产品展示，提升客户金融知识水平和金融工具使用能力；是年开展征信、网络安全、人民币、反假币等知识的普惠课程5课时。

（供稿：县农村信用社）

•中国人寿保险漳浦县支公司•

【概况】

2016年，中国人寿保险漳浦县支公司各项业务取得较快发展，至12月31日，公司实现股份总保费收入18232.55万元，同比增长59.85%。其中：长险首年保费9633.45万元，同比增长134.81%，首年期交保费3264.80万元，同比增长81.20%，完成率121.37%。其中十年期及以上期交保费2134.11万元，同比增长76.39%，完成率116.30%；长险首年标准保费1622.62万元，同比增长47.17%，完成130.60%；短期险保费772.76万元，同比增长24.66%；续期保费7826.33万元，同比增长17.09%。在年度考核评级中，被评为2A公司、2015—2016年度省公司先进基层党组织；获2016年度省公司人力卓越单位发展奖、省公司银保渠道特别贡献奖；获全国"成长百强"县称号。

【履行各项给付工作】

公司在发展业务的同时，认真履行各项给付工作，坚持小案件当天结案，大案件7天内赔付的承诺和双人查勘的原则，做到每一笔赔案都能准确合理，决不惜赔，也不错赔。2016年度，办理理赔案件1112件，赔付金额926.81万元；全年保单借款件数为1747件，借款金额达2609.93万元。较好地履行保险保障和补偿的职能。

【项目带动实现业务发展】

精心安排企划活动，开展各项业务竞赛，在不同时期开展多样化的销售活动。特别是二季度加大平台运作力度，通过加强培训、职场训练，细化实操，坚持标准等一系列改进方式，实现十年期保费507万元，超额达成五六联动冲刺目标。在三、四季度业务竞赛中，公司不断改进平台运作成效，借助TM平台和如意随行新品上市，狠抓访量，精细运作，最终实现首年期交、十年期交、标保三项期交目标全面达成。

【强化风险管控机制】

加强费用管控 落实财务预算政策，强化销售渠道费用管控，减少行政办公费用支出，确实将有限资源投入到销售一线，提高销售渠道费用预算管控能力，实施严格费用动支管控办法，养成增收节支的好习惯。

提升业务质量 持续开展"送培训、送指导、送监督"活动，提升柜面服务销售、服务客户技能，强化服务时效的跟踪管理，采取措施提升服务质量、服务时效和客户的满意度；履行收付费管理规定，严把业务处理关键环节，筑牢风险防线。

强化各类风险管控 把风险防范贯穿业务发展的全过程，组织员工开展风险防范主题的警示教育活动，全员上国寿E家学习内控合规知识和反洗钱法规知识并全员参与在线考试。开展防范非法集资诈骗专项治理工作，加大销售误导滚动自查自纠检查力度，发现问题及时整改。开展第八届“诚信我为先”活动，引导销售人员诚实守信展业，防范销售误导风险和销售风险的发生。

开展反洗钱工作 做好日常反洗钱核心工作，组织开展反洗钱宣传工作和开展人行组织的反洗钱知识宣传活动。获得漳浦县金融系统首届知识竞赛“优胜奖”，在人民银行反洗钱机构评级中获B级单位，在全县保险行业位列第一名。

加强重点部位风险管控 严格执行总公司单证、印章管理制度，围绕单证、印章、权限等风险管控重点，开展专项检查。加强关键岗位风险教育及检查制度执行，开展日常监控、突击检查和专项核查，防范公司经营风险。强化违规违纪行为的问责力度，依法、依规从严、从重查处违法违规行为，防范违规违纪行为及案件发生，确保实现“零案件、零处罚、低风险”。

【提升服务水平】

本着“有利于客户服务，有利于支持销售，有利于提高运营效率”的原则，做好各项服务工作，提高服务保障水平。加大回访力度，防范化解经营风险，严格做实各类授权回访，有效保障客户的利益。做好保全、理赔送培训进职场工作，依托理赔统一作业平台的推广使用，优化理赔流程，加强及时报案宣传及从报案到付费的全流程跟踪，加快理赔效率，提升理赔服务。推进1＋N服务品牌建设，提升客户满意度。

（撰稿人：陈阿纯）

·中国人保财险漳浦支公司·

【概况】

2016年，人保财险漳浦支公司根据市场新形势，调整经营管理策略，挖掘社会资源和存量保源，全年保费收入7566万元，同比增加536万元，增长7.60%；拓展“三农”保险业务，全年支付涉农保险赔款1436万元。

【及时调整经营管理策略】

组建专门业务部门 面对非车险市场竞争越来越激烈，及时制定策略，利用人保公司在非车险领域专业性、技术性强优势，新组建2个专职非车险业务部门，专门攻关非车险业务。是年，漳浦支公司非车险保费收1499.95万元。

找准市场发展突破口 以县域内基础设施大建设的机会，为国道324线“白改黑”提供保险保障。高危行业公众责任险在县安监局的支持下，全县高危企业均办理高危行业责任险，为从事人员提供保险保障。是年新开展扶贫人口意外险，通过与县扶贫办汇报沟通，成功承保全县所有乡镇场的扶贫人口意外险，每个贫困人口最高可获赔3万元。至年底，全县41名贫困人口获得补偿，保险金14.68万元。

车险业务 调整车险业务发展思路，建立分管副经理、车商业务部、车商专员业务、经办人员联动机制；加强车商团队建设和4S车行的合作，转变业务督导方式，要求部门经理落实部门每位员工业务跟踪情况，利用每天上班时间在公司大会做报告，详细汇报业务脱保原因，商议对策，以提高车险续保率。

【加强理赔管理】

严格执行理赔制度纪律 加强理赔线内控合规建设，将理赔思想引入正确轨道。不接受客户任何礼金、礼品和宴请，对客户托人或打电话的，都预约到办公室，并由了解案件情况的承保经办人或理赔经办人随同当场处理。在案件审核中，发现个别不合理情况，由经办人解释清楚，对存在问题当场改正或批评教育。

提高查勘定损透明度和可疑案件调查管理 执行“案件集中会审”“配件回收”和“定损回避”制度，引入经办人定损监督和会审参与，将查勘定损做到更透明、更贴切实际。对于会审后车方无法接受的案件，实行现场办公及时解决。成立案件调查领导小组，发现可疑案件及时聘请检察人员参与调查取证。加大对出险情况、人身伤害药费清单、抚养情况、路产损失等方面的调查。深化理赔人员改革，实行理赔质量考核体系，定时轮换理赔岗位。成立理赔指标分管副经理、部门经理、查勘人员联动机制，对每笔案件从查勘、理算、结案、赔款支付全程跟踪，哪个环节出问题就追究那个人的责任，做到案案有跟踪，案案有落实。

【“三农”保险业务】

配合漳浦县“三农”保险服务体系建设领导小组开展工作，促成县政府多项农业保险工作方案出台。开展“三农”保险，构建“三农”综合保险服务网络，至年底，城乡有独立经营场所的“三农”保险服务站5个。力推农业生产保险承保方案，重点推广农村“五小”车辆保险、小额农村家庭财产保险、农村小额人身保险、计划生育手术安心保险等12个险种，得到乡镇政府支持。按照省政府服务“三农”要求，漳浦支公司在2016年开办水稻保险、林木保险、育肥猪保险和能繁母猪保险。是年，受初霜冻影响，县域内部分林木受灾严重，漳浦支公司按协定，及时支付赔款1077万元；水稻因“矮化病”受损，赔款110万元以上；支付能繁母猪和育肥猪赔款164万元。是年支付涉农保险赔款1436万元。

（供稿：人保财险漳浦支公司）

·中国太平洋人寿保险漳浦支公司·

【概况】

2000年11月成立。2016年，太平洋人寿保险漳浦支公司完成新保2799万元，标保11425万元，达成率121.80%，同比增长49.40%；健康人力完成1495人次，达成率149.10%，同比增长50%；新增健康189人次，达成率109.90%，同比增长28.60%；绩优人力完成710人次，同比增长78.40%，优化理赔流程，全年理赔154件，支付金额259.70万元。

【业务发展加快】

加大对新人培育力度，提升新人的技能和服务客户的专业常识。加强业务品质管理，每周开展一次反洗钱工作，促使业务团队保持清醒头脑，防范违规违纪行为及案件发生；开展自查自纠，及时发现问题，解决问题，杜绝经营风险产生。制定连续健康绩优方案，对入围人员进行专项表彰，组织他们参加专属团康活动等，整体健康绩优人次同比增长35%。促进公司业务持续发展。

【提高服务质量】

以业务部、室为单位，每月到各乡镇开展保险宣传，让民众更加了解保险的功用。邀请老客户参加公司举办的亲子活动、健康跑活动、健康体检等多样化服务活动，是年举办客户服务活动102场。为更好服务客户，是年推出寿险APP，客户可自行在APP查询保单明细账，变更基本信息，同时还可以进行贷款等业务，得到客户认可。

（撰稿人：赵雪娇）

【漳浦特色美食】

胡椒饼

※主料：高筋面粉500克、猪棕头油200克

※调料：精盐1.5克、胡椒粉2.5克、白糖10克

※制作方法：

1、面粉在蒸笼1小时后，擀碾碎筛成粉，放入精盐、胡椒粉、白糖拌匀后，加入棕头油搅拌均匀成浅黄色面团，盖上湿净布1.5～2小时。

2、切成1.5厘米左右方块，整齐摆放烤盘内。用木炭烤箱烤15分钟，冷却即可。胡椒饼在杜浔又叫“香仔饼”。

※特点：入口即溶、辛香爽口

漳浦美食协会供稿

社 会 民 生

•民政事务•

【概况】

2016年，漳浦县民政事务工作履行改善民生、落实民权、维护民利的基本职责，规范救助程序，足额发放补助资金，全年发放保障资金4110.78万元、供养资金1266.88万元、补助资金1158.42万元、各类临时救助资金498.37万元、城乡医疗救助费1167.52万元；发放各类优抚对象5558人抚恤补助金和医疗补助金2225万元；完成年度54名转业士官岗位安置和488名退役士兵一次性地方经济补助金发放1293.90万元；新建农村幸福院4所，通过政府购买服务的方式，投入100万元，由专职服务人员上门为3200名服务对象提供养老服务。

【社会救助为民解困】

严格规范救助程序 规范申请、审核、评议、审批、公示、发放等“六个程序”，建立信息核对、动态管理、监管机制、定期核查、制度衔接等“五项机制”，加强信息化建设，建成县、乡（镇）两级低保信息系统，全县城乡低保信息录入完成达到100%，实现全国低保信息系统数据无缝对接，确保精准救助。开展城乡低保清核认定工作，根据省救助申请家庭经济状况核对平台反映的数据，乡镇、村（社区）民政工作人员对申请人的家庭收入、财产状况进行100%入户调查，县民政局按照不低于30%的比例入户抽查，通过复核甄别认定，确保低保救助精准化。对因死亡或因家庭收入发生变化超过低保保障标准的对象给予及时注销、停发；对因灾因病因残等导致生活困难的对象及时纳入保障范围，做到“应保尽保，应退尽退”。是年，全县通过清核认定；清退城乡低保对象6518户、8212人，新增城乡低保对象532户、756人；受理城乡低保对象家庭信息发起核对6万多人次。同时，理清城乡住房困难群众住房救助申请717户、2069人次，并通过省核对平台对其家庭经济状况进行数据比对，使住房困难的家庭得到有效救助及基本的住房保障。

及时足额发放补助资金 是年，全县城乡低保对象10379户，低保人数13050人，发放保障资金4110.78万元；农村五保供养对象1836人，发放供养资金1266.88万元；城乡重度残疾对象13497人，发放补助资金1158.42 万元，发放护理补助资金343.61万元。同时，发放各类临时救助资金498.37万元；城乡医疗救助费1167.52万元；城乡低保（农村五保）电费补贴36833户次，发放帮贴资金108.3万元；全额资助救助对象参合参保241万元。补助资金实行专户管理，县财政、民政局在农村信用联社建立低保金专户，实行专户管理，专款专用，实行社会化发放。

【拓展救助范围】

制定各种救助政策 2016年，先后出台《漳浦县人民政府办公室关于印发漳浦县临时救助管理办法的通知》《漳浦县人民政府办公室转发县民政局等部门关于漳浦县城乡居民医疗救助体系实施办法的通知》《漳浦县人民政府关于完善困难残疾人生活补贴和重度残疾人护理补贴制度的实施意见》《漳浦县人民政府关于印发漳浦县特困供养人员认定办法》，及《关于完善困难残疾人生活补贴和重度残疾人护理补贴制度实施办法》等相关文件，对各种救助作出相关政策规定。

实施城乡医疗救助“一站式”服务 是年，城乡医疗救助“一站式”系统管理服务救助对象4万多人次，使医疗救助对象享受到便捷服务。建立管理科学、标准合理、程序便捷、操作规范的城乡居民医疗救助制度，除“一站式”即时结算服务外，其他医疗救助资金原则上采取社会化发放，个别的救助对象因特殊原因可以采取直接发放，为救助对象提供方便快捷的救助服务。

农村低保对象与扶贫开发建档立卡对象数据衔接 是年，全县扶贫开发建档立卡贫困户4490户、11739人，其中农村低保与扶贫对象重叠交叉对象2365户、2936人。建立农村低保和扶贫开发数据互通信息共享平台，实现对低保对象与建档立卡贫困对象动态监测、工作机制有效衔接。对完全丧失劳动能力的、无劳动能力的、无法通过开发性扶贫措施实现脱贫的人口，全部纳入低保给予兜底保障，做到应保尽保。对有劳动能力的和部分丧失劳动能力的对象纳入建档立卡对象实施帮扶。配合扶贫部门，加强技能培训，加大政策、资金帮扶力度，鼓励其自力更生，摆脱贫困，退出低保。同时，将农村最低生活保障标准与农村建档立卡的贫困户标准“两线合一”，做到民政救助与精准扶贫相衔接。促使民政救助对象通过社会救助和扶贫支持两条路径实现脱贫致富。

【防灾减灾救灾工作有序】

开展防灾减灾救灾应急演练 利用“5•12”全国防灾减灾日，参与由市县组织的“2016年漳州市地震灾害紧急救援队实战拉动演练”和“2016年漳浦县军警民联合防汛救灾演练”，通过参加演练随时做好应急准备。

抓好综合减灾示范点建设 在绥安工业开发区镇门社区创立全县首个“全国综合减灾示范社区”，并一次性通过国家、省、市的验收，为以后开展社区减灾工作发挥示范作用。

做好防灾减灾救灾工作 是年，漳浦县接连受14号台风“莫兰蒂”和17号台风“鲇鱼”的影响，及时防灾核灾，上报灾情，及时足额发放救灾资金270万元到乡镇场，解决受灾地区群众的口粮、衣被取暖等基本生活。在马坪镇和六鳌镇创立2个县级自然灾害避灾点，每个镇给予补助资金各5万元，及时向受灾乡镇拨付100万元的自然灾害生活救助资金，用于支持受灾地区的群众生活、家园重建及重要基础设施抢修。完成全县农房投保工作，投保金额125万元。

【提升优抚安置保障能力】

及时足额发放优抚资金 采用社会化发放方式，发放城乡义务兵优待金761人次1109万元。对全县2015年入伍的大学生，分别给予本科毕业生5000元/人，本科在校生、本科新生、大专毕业生3000元/人，大专在校生、大专新生2000元/人的一次性入伍奖励，全年发放155人次37.40万元。给予在部队获得优秀士兵、三等功的义务兵一次性经济奖励，奖励金额分别为立功受奖当年优待金的10%和30%，全年发放88人次10.80万元。对2015年、2016年秋季退役的士兵、士官共488人，发放退役士兵一次性地方经济补助金1293.90万元。

完成2016年度转业士官安置 经过安置工作领导小组成员单位统一评分，对评分相同的摇球确定排名，公开集中选岗等步骤，对全县2016年54名转业士官进行岗位分配，除1人选择自主择业，其余53名转业士官全部选择好工作岗位。

落实60周岁以上农村籍退役士兵生活补助 及时下发全县新增认定的276位60周岁以上（含60周岁）农村籍退役士兵的老年生活补助，并按中央新补助标准及时兑现相关政策。做好新增295个农村籍退役士兵申报材料的审核认定，并上报省、市审批。至年底，全县享受老年生活补助的农村籍老兵3213人，全年发放老年生活补助金426.90万元。

其他优抚工作 做好优抚对象的信息比对更新，并进村入户完成585个优抚对象的入户核查，读卡更新录入身份证信息500条，新增补充录入户口簿、退伍证等850人，注销优抚系统中290位去世人员信息。全县抚恤优抚对象5558人，重点优抚对象1948人，其中：烈士遗属67人，因公牺牲军人遗属10人，病故军人遗属25人，在乡老复员军人131人，带病回乡退伍军人181人，残疾军人283人，各类参战退役人员1251人。按照抚恤生活补助标准的相关规定，及时足额发放各类优抚对象的抚恤补助金、医疗补助金和慰问金。对全县重点优抚及时发放每人每年180元的门诊补助费，共发放36.02万元。在实施住院医疗补助"一站式"补助的基础上，将补助报销比例由80%提高到90%；将补助封顶线由2.50万元提高到3万元；将大病、慢性病等需长期服药治疗及急诊、急救个人负担较重的对象一次性补助由最高补助8000元提高到1万元；全县补助医疗费用85万元，全年累计发放各类优抚对象抚恤补助金和医疗补助金2225万元。

烈士褒扬工作　推进零散烈士纪念设施抢救保护，对每个由个人管理保护的散葬烈士墓家属补助维修经费2000元，全县补助18个3.60万元。推进烈士证明书换发工作，全年向省民政厅申请换发新版烈士证明书136人。及时足额发放部分老年烈士子女的生活补助金，全县在册享受老年生活补助金107人，全年发放38.50万元。

【加强基层政权建设】

基层民主政权建设　做好城西社区、谭阳村主任缺额补选工作，选举产生新成立的威惠、华府社区居委会班子。抓好示范社区建设，确定南浦乡后坑村、官浔镇红霞村2个村为漳州市第一批农村社区建示范单位。至年底，全县已建立轧内、后坑、红霞、城西、辕门示范社区。加快社区综合服务站建设，申报绥安镇炉尾社区综合服务站建设，获省民政厅给予补助30万元，已建成并投入使用。

规划古雷新港城社区居委会划分　着手启动古雷港区社区居委会划分工作。通过初步规划命名，古雷新港城社区规划总用地面积为189.36公顷，居住用地成组团布局，规划总人口规模约6.52万人。初步规划划分18个社区居委会。

【完善区划地名管理】

2016年继续开展地名普查补查补更工作。8月，与厦门精图信息技术有限公司签订技术服务合同，并2次举办地名普查业务培训班，培训地名普查业务工作人员217人次。通过开展外业信息采集，对新增的地名进行坐标采集和拍照等工作，已调查地名目录总条数5074条，地名信息采集1200条，基本完成地名补查补更工作。完善县城区主要街路命名更名，新命名街路10条、更名6条、撤销4条；规范县城主要街路路标设置，在县城57个主要街路口设置地名标志牌106个。做好古雷港区道路命名规划，初步命名道路75条，其中新港城安置区街路39条，石化核心区道路36条。做好《标准地名词典》的词目表与词条释文编写，已编写地名词条115条。做好县、乡行政区域界线日常管理，开展创建平安边界活动，与临县平和、云霄、龙海3个县（市）分别签订平安边界创建协议书，规范21个乡镇平安边界创建工作考评。

【提高社会福利和社会事务管理水平】

养老服务体系不断完善　农村幸福院项目建设进展顺利，是年，新建农村幸福院4所（绥安镇后港农村幸福园、马坪镇马坪农村幸福园、佛镇花林农村幸福园、赤岭乡杨美农村幸福园）。落实"十三五"期间21个乡镇养老救助协理员岗位，通过政府购买服务方式，采取公开购买信息，自愿报名、择优录用、依照量化评分标准，公示购买结果，统一派遣的方式实施，至年底，21个协理员已到位上岗。居家养老服务，通过政府购买服务的方式，投入100万元，与社会养老服务机构签订服务项目，由专职服务人员上门为3200名服务对象提供各种形式的养老服务。

关爱农村留守妇女儿童　5月，开展全县农村留守人员的摸底排查，排查出农村留守儿童3273人，留守妇女574人，留守老人1821人。建立留守人员信息库，实行动态管理。按时足额发放全县66名孤儿的基本生活补助保障金，全年发放保障金

41.64 万元。

规范婚姻登记服务 从3月1日起，全县取消婚姻登记收费。在2月14日、5月20日、“七夕节” 及11月11日等婚姻登记高峰日期，制定应急预案，进行延时服务。是年，办理国内公民结婚登记7207对，离婚登记1308对，补发婚姻登记证1737对；涉外、涉华侨、涉港澳台结婚登记19对，离婚登记2对，补发婚姻登记证3对；收养登记8件，登记合格率达到100%。

社会组织登记管理 规范登记程序，按登记管理条例严格审核新申请登记的社会组织，对其办公场所、所有权和使用权等进行现场查看；对已同意筹备成立的社会组织，对其领导机构产生过程进行全程监督，确保选举过程合法。创新管理方式，在年检过程中，采取登记机关纸质年检与实地年检相结合的办法，并进行不定期检查，发现问题立即纠正。12月，成立“社会组织综合党委”，对全县336家社会组织进行党员调查摸底，开展社会组织党建工作。成立行业协会商会与行政机关脱钩联合工作组，开展行业协会商会与行政机关脱钩工作。是年，办理社会团体成立、变更及换证83家，办理民办非企业成立56家、变更18家、换证209家。至年底，全县依法登记的社会组织368家，其中社会团体120家、民办非企业单位248家。

殡葬改革稳步持续 宣传殡葬改革法律法规，推行“和谐殡葬、阳光殡葬、绿色殡葬”，在清明节宣传引导“居家祭祀”“电子屏幕祭祀”“网络祭祀”、“错峰祭祀”“鲜花祭祀”等文明祭祀方式，树立文明祭祀新风。落实惠民殡葬政策，全年减免五保户、低保户、百岁老人、重点优抚对象、革命五老和重度1、2级残疾等六类对象915人基本火化费约117.12万元。加快殡仪馆迁建进程，投入资金4500多万元，完成项目一期主体工程火化车间、悼念厅、综合楼9683.55平方米，完成安装6台火化设备，完成火化尾气净化处理设备招标。是年，火化遗体4727具。

流浪乞讨人员救助 完善救助时段覆盖面，重视突发性救助。是年救助流浪乞讨人员619人次，其中精神病人15人次，残疾人43人次，危重病人2人次，护送返乡5人次，接领返乡3人次，提供医疗救助 22人次。

未成年人救助保护 加大青少年禁防赌毒知识和反邪教知识的宣传教育，分批次组织辖区范围300多名初高中新生到城西社区接受法制教育宣讲。通过邀请学校老师讲课，制作动漫画，社区宣传栏等方式，向青少年宣传法制教育知识。抓好示范点建设，指定绥安镇城西社区为未成年人保护试点工作窗口单位，指导社区对辖区内进行全面摸底，对社区未成年人进行分类教育管理，社区成立未成年人思想道德建设领导小组，有针对性组织开展“手拉手结对共建”“送温暖、献爱心”等各种关爱未成年人的活动。

（撰稿人：蓝阿劳）

·人力资源和社会保障·

【概况】

2016年，漳浦人力资源和社会保障工作各项任务指标均按序时进展顺利，社会保障体系不断完善，全县企业养老保险参保64035人，城乡居民养老保险397596人，被征地养老参保21590人，医疗保险60127人；办理工伤保险50860人，办理生育保险41398人；发放失业保险金672人次、373.17万元。全县新增就业人数6512人，城镇下岗失业人员再就业人数2109人，帮助就业困难对象再就业人数360人，新增农村劳动力转移就业人数10123人。调解各类劳动争议案件243起，为4617名劳动者讨薪5769.43万元。县劳动人事争议纠纷多元调处中心被人社部评为“全国人力资源和社会保障系统2014-2016年度优质服务窗口”称号。

【就业再就业成效突显】

政策扶持 严格实行审核发放程序，做好失业登记及就业困难人员认定工作。通过出台公益性岗位管理制度细则，规范公益性岗位人员准入条件、岗位补贴和社保补贴支付方式。向739名灵活就业和下岗失业居民发放社保补贴169.72万元。

公共就业服务　依托各乡镇社会保障工作平台，宣传就业扶持政策，推荐就业岗位信息，成功帮助276名就业困难人员实现就业。开展“春风行动”等公共就业服务专项活动，搭建就业平台，促进农村富余劳动力转移就业。发放就业创业宣传资料1.60万余份，在绥安镇、赤湖镇、古雷镇及人力资源市场组织召开企业用工新春招聘现场会14场，114多家企业（含规模企业35家）进场招聘，提供就业岗位3200个，入场求职咨询人数达6000多人次，初步达成就业意向1378人。

技能培训　发挥乡镇社会保障中心的作用，进村入户走访，做好调查摸底，做到家庭情况清、人员底数清、技能状况清、培训愿望清；注重从市场需求和学员需求入手，举办家政、育婴员等符合市场需求的培训班，提升学员就业竞争力。是年开展创业培训、直补培训、家政培训、电子商务培训，培训人数5912人。

就业再就业成效明显　2016年，全县新增就业人数6512人，完成年计划的100.20%；城镇下岗失业人员再就业人数2109人，完成年计划的105.50%；帮助就业困难对象再就业人数360人，完成年计划的102.90%；新增农村劳动力转移就业人数10123人，完成年计划的101.20%。城镇失业率控制在2.23%以内，低于市政府下达的3.50%的要求。

【社会保障体系不断完善】

社会保险扩面征缴　加强政策宣传，提高企业为职工缴纳社会保险费的意识和自觉性。加强社会保险缴费基数年度稽核，杜绝冒领养老金现象发生，维护参保人员合法权益及公平公正享受养老保险待遇。加强与财政、民政、统计、计生等部门对接联系，通过数据共享、数据比对，做好被征地农民、退伍军人等人群的参保工作，实行动态管理，实现应缴尽缴。

提升经办服务水平　把原来分散在不同地方、不同楼层的几个经办机构集中到大厅实行“五险合一”一站式窗口办公。实施“五险”政策咨询、参保登记、缴费录入、关系转移、待遇审核的“一站式管理、一条龙服务”，提高办事效率。

推进城乡居民养老保险　遵循“保基本、广覆盖、有弹性、可持续”的原则，加强对县、乡镇、村三级经办人员业务培训。加强缴费信息审核，实施参保缴费银行代扣代缴，实现城乡居民社会养老保险参（续）保率稳中有升。是年，为111158名60周岁以上老人发放养老金13681.67万元。

社保资金征收与发放　2016年，全县企业养老保险参保人数累计达到64035人，基金征缴36338万元，发放40758万元。为50860人办理工伤保险，为41398人办理生育保险，公平公正地保证投保者依法享受工伤、生育保险待遇。确保全县5417名机关事业单位离退人员离退休金发放，发放金额2.28亿元。确保失业保险金的按时足额发放，共发放672人次，发放金额373.17万元。稳妥地推进医疗保险工作，及时妥善处理参保人员的医疗费用报销问题，确保医保工作顺利进行；至12月底，有60127人参加医疗保险，征缴金20295万元，支付医疗保险费16650万元，其中个人账户支付8319万元。城乡居民养老保险应参保人数413771人，已参保人数397596人，其中60周岁及以上的城乡居民111158人，参保率达96%，征缴金额4163.75万元。被征地养老参保人数21590人，被征地养老保险发放金额748.80万元。

【人事人才工作有序开展】

机关事业单位招考　按照“凡进必考，择优录用”的进人原则和“公正、公平、公开”的考试原则，经过笔试、面试，体检、政审等环节，招录事业单位65个岗位、人员177人，招聘中小学、幼儿园新任教师181人。

队伍考核培训　按时完成2015年机关、事业单位工作人员的年度考核和奖励工作。全县应参加考核总人数11032人，其中：考核优秀等次的1583人，考核称职等次的9211人，不定等次的225人，考核不称职等次的1人，不属于考核对象12人。共组织9537名各类专业技术人员参加公需科目继续教育网络学习培训和考试。

做好毕业服务工作 办好漳浦县人事人才网，建立网上求职人才库，免费为求职者在人事人才网发布求职信息，及时更新充实网站内容，为在网上招聘人才的用人单位做好跟踪服务工作。做好大中专毕业生档案的接收和人事关系托管等日常工作。是年，接收大中专毕业生报到625人，为247名毕业生及流动人员办理人事代理，先后推荐520多名大中专毕业生到县内企、事业单位就业。

【劳动维权】

加强劳动保障监察 对全县范围内的建筑业、住宿和餐饮业、制造业和个体工商户进行重点检查，特别是加强对发生拖欠民工工资频繁的建筑行业做好材料的备案和建档。严格执行农民工工资保障金制度，保障农民工工资按时足额发放。加强与住建局、公安局、工商局、工会等部门联合，先后在全县范围内开展“春暖行动”、清理整顿劳动力市场秩序等专项检查行动，及时发现和纠正用人单位违法行为。是年，为4617名劳动者讨薪5769.43万元。同时，开展工资支付、劳动力市场秩序清理整顿、女职工劳动权益保护、规范劳务派遣等专项检查，共检查7家劳务派遣公司以及106家用工单位，有效维护劳动者和用人单位双方的合法权益。

加强劳动争议仲裁 结合“两网化”管理，完善劳动保障监察执法体系，增加监察执法力量。并以调解为宗旨，着力在“案结事了”上下功夫。本着“先调解、后仲裁，多调解、少仲裁，能调解、不仲裁”的原则，公正、及时处理好各类劳动人事争议案件。是年，接到各类劳动争议案件323起，调解成功243起，立案224起，结案220起，结案率95%。

信访维稳解困 严格按照《信访条例》和有关法律法规，及时答复信访人员的信访事项。落实信访维稳责任制，对涉及人数多、影响大的不稳定因素进行重点监控，做到早发现、早上报、早控制。是年，接到信访件12件，办结12件，办结率达100%。

（供稿：县人社局）

·住房公积金管理·

【概况】

2016年，漳浦县住房公积金新增归集单位51个，比2015年同期略有增长。全年归集住房公积金30402.56万元，同比增加5730.44万元，增长23.23%，完成年度考核指标的121.61%。至年底，住房公积金归集总额16.85亿元；住房公积金缴存人数28630人，同比增长5.65%。

【住房公积金使用大幅提升】

自2015年4月漳州市放宽住房公积金使用政策以来，漳浦县住房公积金贷款发放额和住房公积金提取额不断增长，资金使用率快速提升。2016年，支付职工提取使用住房公积金17693.74万元，同比增长13.95%；全年办理提取笔数7154笔，同比增长20.26%。是年，发放住房公积金贷款1112笔，金额36565.39万元，同比分别增长78.80%和65.53%。至年底，漳浦县住房公积金贷款累计发放116580.85万元，累计发放6172户，资金使用率86.08%。

（供稿：市住房公积金管理中心漳浦管理部）

·老区建设·

【概况】

2016年，漳浦县老区工作围绕着贯彻落实省委、省政府出台的《关于支持和促进革命老区快发展的若干意见》，投入补助资金590万元，建设老区村水泥路118千米；投入补助资金112万元，扶助老区特色产业项目3个；投入资金60万元，扶建老区项目15个；提高革命“五老”人员及遗偶生活定补标准；做好老区宣传，摄制专题片《闽南井冈山》，出版《历史丰碑》。

【红色文化传承与弘扬】

配合县委宣传部及有关部门做好“三红”文化调研及“三红”文化传播平台的建设，确定以县红楼即红三军军部旧址—红七师司令部旧址—山城烽火—靖和浦中心县委旧址—清泉岩红三团重整武装旧址—南浦红军楼—马坪中心县委旧址为一线的红色旅游线路。协助福建电视台摄制《2016.福建苏区行》大型采访活动到车本村进行采访拍摄。制作以“红军不怕远征难”为主题的图片展示墙，并成立新四军研究会漳浦办事处。与县委组织部、宣传部、党史室、老促会联合摄制专题片《闽南井冈山》，出版《历史丰碑》，回顾漳浦革命老区的历史贡献，弘扬老区精神；提供素材出版《红杜鹃》。配合人民网记者龙岭老区村精准扶贫与脱贫进行专题报道。

【老区宣传】

老区宣传报道员积极投稿，全年被省、市以上报刊采用刊登119篇，其中被《中国老区建设》《红土地》采用9篇，省、市其他报刊、电台采用91篇。为扩大宣传范围，县老促会联系社会贤达、企业家捐资增订《中国老区建设》300份，赠送县四套班子成员及乡、镇、场主要领导，村党支部书记、中学党支部。县老促会、老区办获2016年度全国老区宣传工作一等奖。

【革命旧址修缮】

是年，动工维修的革命旧址有6个项目，即修缮邓子恢点燃“山城烽火”的石榴山城村“雷公会”革命旧址；建设位于石榴车本村蛇仔轮山的红军烈士遗骸安置处；修缮位于霞美五社村的“虎碇岩”革命旧址；修缮位于南浦乡南浦村的中共漳州中心县委机关旧址；修缮位于石榴镇石榴村的中央红军东路军第三军第七师司令部旧址；修缮位于马坪镇后康村的中共漳浦县委成立旧址。

【关心“五老”人员及遗偶生活】

10月起，全县“五老”遗偶每人每月生活定补标准为350元，革命“五老”每人每月生活定补为1050元。与“漳浦微益联盟”共同开展送温暖活动，为革命“五老”及遗偶捐物，清理卫生。元旦、春节期间，走访老区重点乡镇，慰问“五老”、遗偶及部分老区困难群众。

【支持老区各项社会事业发展】

市级补助资金120万元，建成基点村水泥路24千米；县政府补助470万元，新建老区村2013—2015年度水泥路94千米；市级特色产业补助项目3个，补助资金112万元；省级扶建项目15个，扶建资金30万元，县政府配套30万元；全额下拨至各实施单位。开展精准扶贫，重点帮扶市级扶贫村石榴镇龙岭村和4个县级扶贫村赤岭畲族乡土塔村、南浦乡美林村、中西林场中西村、湖西畲族乡后洞村。

（供稿：县老区办）

· 库区移民事务 ·

【概况】

2016年，漳浦县库区移民管理以库区社会主义新农村建设目标，持续推进大中型水库移民后扶工作，投入水库移民后扶补助资金2031.82万元，在移民村实施环境整治、生产开发、社会事业等后扶项目40个，直接惠及移民群众10957人；在全县14个政府集中安置的移民乡镇场的34个移民村开展“平安库区”创建活动，加快推进新民村、杨美村等4个省、市级库区环境综合整治建设试点村的建设步伐。

【加快库区移民村新农村建设】

2016年，全县大中型水库列入后期扶持范围的现状移民总人数为17671人，分布于17个乡镇场52个建制村103个自然村，其中政府集中安置的自然村72个。大南坂镇新民村、赤岭畲族乡杨美村、湖西畲族乡城内村新村、万安农场下埔畲族村被省移民局确定为省、市级库区环境综合整治建设试点村。结合库区实际，围绕“生产发展、生活宽裕、乡风文明、村容整洁、管理民主”社会主义新农村建设的工作思路，以村容村貌整治为突破口，以“项目安全、资金安全、移民满意、党政放心”为工作准则，有计划、有步骤、滚动式推动库区社会主义新农村建设步伐。至年底，全县已建成大南坂镇新民村、赤岭畲族乡杨美村、赤土乡前坂村、下宫村、湖西畲族乡城内村等一批“库区新村”，实现库区家园道路硬化、沟渠清化、庭院美化、村庄绿化、环境净化的目标。

【移民村后扶项目建设】

2016年，投入水库移民后扶补助资金2031.82万元，在移民村实施后扶项目40个。

环境整治项目　环境整治项目28个，投入后扶补助资金1569.32万元。其中：村内路面硬化项目10个，投入后扶补助资金637.32万元，硬化路面6.18万平方米，改善10个移民村14个移民自然村交通条件，共有2365位移民群众直接受益；房屋立面修缮工程4个，投入后扶补助资金338万元，外墙正面贴瓷砖1.60万平方米，侧后面涂刷料3.75万平方米，改善加固移民群众的房屋；管线梳理工程3个，为3个移民村4个移民自然村梳理村内电线、电话线、电视线，共有1150位移民群众受益；移民村标识景观工程6个，投入后扶补助资金117万元，建设移民村标识牌6座；环境整治工程3个，硬化村内道路及巷道1.08万平方米，广场砖2763平方米，村内路灯亮化项目2个，投入后扶补助资金52万元，安装路灯130盏，改善6个移民村21个移民自然村的夜间照明条件，3673位移民群众受益。

社会事业项目　社会事业项目7个，投入后扶补助资金54万元。其中：文化活动室修缮项目2个，投入后扶补助资金20万元，为项目所在文化活动室进行室内装修，优化了移民文化活动室的环境，同时，文化活动室室内配套设施项目2个和移民书屋项目2个，投入后扶补助资金24万元，为库区文化活动室配备电脑、电视、室内体育器材和购置书籍、书架、书桌等文化用品，充实移民群众的业余文化生活，932位移民群众受益；视频监控系统建设项目1个，投入后扶补助资金10万元，为1个移民村建设平安视频监控系统，提高了该移民村周边社会治安防控能力，增强移民群众的安全感。

生产开发项目　生产开发项目5个，投入后扶补助资金408.5万元。其中：生产道路硬化项目4个，投入后扶资金372.5万元，硬化移民生产道路10千米，宽3.50米，水泥砼面厚18厘米，从根本上解决项目区农机作业通行难、田间转移难等问题，提高项目区的农机综合机械化水平，1726位移民群众受益；引水渠建设项目1个，投入后扶资金36万元，新建移民农田灌溉渠道长700米。

【小型水库移民扶助】

全县小型水库原迁移民审定数为85户433人，其中水磨岭水库8户50人，小径水库10户64人，下仓水库11户47人，弯坑水库25户106人，申内水库14户61人，金刚山水库1户7人，苦竹水库2户14人；另有云霄白花洋水库移民14户84人，分别搬迁安置在7个乡镇场8个建制村12个自然村。2016年，投入小型水库扶助资金125万元，实施扶助项目2个。其中：房屋立面修缮项目1个，完成外墙面涂料9户3285平方米；环境整治项目1个，完成村内路面硬化2310平方米、路沿石1178米、浆砌挡土墙762立方米。

【平安库区创建】

深入14个乡镇场34个移民村，开展30次实地调研活动，与镇、村移民干部及移民代表面对面互动，正面宣传政策，提高移民群众对移民政策认知，充分倾听移民对后扶项目建设意见和诉求，把矛盾纠纷隐患解决处理在萌芽状态。结合“温暖在库区、倾情为移民”活动，走村入户慰问移民困难户、特困户195户，发放慰问款8万多元。是年，全县14个政府集中安置的移民乡镇场34个移民村“平安库区”创建达标率达到100%；妥善化解领导包案突出问题信访件，移民信访突出问题和矛盾纠纷的化解率达到100%，基本实现“无矛盾纠纷积压、无矛盾纠纷严重激化、无较大规模移民集体上访和群体性事件、无越级集体上访、无进京到省非正常上访”的“五无”目标。

（撰稿人：陈舒婷）

·民族宗教事务·

【概况】

2016年，漳浦县民族宗教工作做好民族乡发展项目的申报，争取到各级民族补助款1291.06万元，帮扶民族乡经济发展；传承与发展民族文化，投入650多万元，完成蓝氏宗祠“种玉堂”修缮，投资1660万元，实施赵家堡一诒安堡保护设施建设项目；开展民间信仰场所普查，全县民间信场所590间；鼓励引导全县宗教界捐款近378.62万元，用于社会慈善公益事业。

【民族工作】

促进民族乡对台产业交流合作　发挥民族乡的优势，从各个领域搭建对台合作平台。如湖西畲族乡引进台资企业9家（已投产5家），其中车城汽车配件公司成为民族乡首个纳税上500万元企业。赤岭畲族乡以农业合作为主，组织部分乡村干部到台湾学习樱花和树葡萄（嘉宝果）种植；发展花卉苗木产业，引导、扶持花卉企业和种植大户扩大种植规模，吸引台湾商户到赤岭畲族乡建设“九松农业花卉苗木种植基地”，通过合作交流，促进全乡花卉种植业的发展。

帮扶民族乡经济发展　做好民族乡发展项目的申报，是年，争取到各级民族补助款1291.06万元。其中：中央补助资金127万元（少数民族发展项目7个补助款95万元，特色村寨保护项目款20万元，高山族专项扶持资金12万元）；省级项目补助157.91万元（少数民族发展项目补助款73万元，整村推进帮扶资金20万元，危房改造搬迁补助款20.30万元，少数民族助学金44.608万元）；市级补助款115万元（少数民族发展项目补助款90万元，民族乡村专项发展资金25万元）；县级补助91.152万元（其中11.15万元为少数民族中学学生补助资金）；此外，省政府27号文挂钩帮扶湖西、赤岭各400万元，用于民族乡发展建设。

传承与发展民族文化　民族乡注重民族文化资源保护与开发利用，赤岭畲族乡加快畲族文化中心建设，投入650多万元，完成省级文物保护单位蓝氏宗祠“种玉堂”修缮、畲族祖图石刻区、日月潭、七星池等项目建设；蓝氏宗祠“种玉堂”被国家民委授予第五批全国民族团结进步教育基地；投资500多万元，完成文化广场规划建设；投资300多万元，完成省级文物保护单位蓝理叔父家宅修缮和周边环境绿化、美化、亮化。湖西畲族乡投资1660万元，实施赵家堡一诒安堡保护设施建设项目，已进行分项目步道建设及环境整治，赵家堡一诒安堡展示、管理用房及排污工程等分项目也相继实施。总投资2.50亿元的朝天马峰生态园项目，规划总面积104.87公顷，其中建设用地6.49公顷，非建设用地98.38公顷，已基本完成前期土地报批等手续。

民族团结宣传　开展形式多样的民族团结进步宣传月活动，通过移动网络发送信息3万多条，9月23日，与湖西、赤岭2个畲族乡及县书法协会在民族华侨中学举办漳浦民族团结进步宣传月书法笔会，10月13日，省委统战部、省民宗厅组织福建中医药大学专家到漳浦县民族乡举行义诊活动，11月25日，由省民宗厅主办，漳浦县民宗局、赤岭畲族乡、湖西畲族乡承办的第五届全国少数民族文艺《山哈魂》的部分节目在漳浦县民族乡巡回演出。

民族事项调研　是年，到2个民族乡及19民族村开展民族发展、民族权益的专题调研；同时，配合省市民宗部门做好各种专题性调研，并形成《畲族文化传承与保护》《漳浦县少数民族贫困村挂钩帮扶政策落实情况汇报》《漳浦县高山族工作情况汇报》等调研报告。

【宗教事务】

规范宗教场所管理　5月，召开全县宗教团体负责人及重点场所负责人会议，组织学习、领会精神、布置实施管理规范，创建和谐寺观教堂。8月，与县委统战部、公安局国保大队组成联合检查组，对全县15个重点宗教场所进行检查，要求各宗教团体，对本教派场所加强监督。10月，在全县范围内开展民间信仰场所普查，普查范围为2015年前已建的建筑面积面积达到10平方米以上的有人管理的民间信仰活动场所。主要普查内容是民间信仰活动场所数量分布、历史年代、建筑规模、影响范围、管理方式、纳入试点管理时间、文物保护、供奉的主要神祇名称、对台对外交流等情况。通过各乡镇全面走访、登记与普查，全县普查民间信仰场所590间。

两岸宗教交流活动 开展两岸宗教交流活动，探讨民间信仰文化的传承与发展，共同推动两岸民间信仰文化的交流。9月24—25日，由县政府、市台办主办的“海峡两岸开漳圣王文化交流会暨漳浦威惠庙建庙1300周年纪念活动”在漳浦威惠庙举行。活动是国台办“2016年对台交流重点项目”之一。

热心慈善公益 是年，全县宗教界踊跃参与慈善公益事业，兴教寺捐资30万元，用于深土镇道路建设，捐资1万元用深土小学购置空调，改善学生学习环境，资助贫困大学生5万元；狮山寺资助贫困大学生1.80万元；福寿院资助贫困学生4.60万元，捐款10万元用于扶贫济困；南宣寺捐款扶贫1.30万元；宝珠岩捐款15万元用于修路；紫薇寺捐款助学1.20万元；法泉寺捐款修路80万元、助学4万元；县佛教协会捐款扶贫济困3万元；瑞龙岩寺捐款助学1.30万元；清水岩捐款助学3.50万元、修路5.50万元；高山寺捐款修路150多万元。漳浦车仔基督教堂向发生车祸的信徒捐资2.10万元、资助6名特困学生3.60万元、慰问老人1.72万元；乌石天后宫慰问特困户20多万元，向县卫生局捐赠1部救护车（价值40万元）。此外，1月，泉州市政协民宗委、泉州市基督教两会主席林墩奇牧师带领基督教义诊队到漳浦县霞美镇过田村为村民进行为期2天的义诊活动。

（供稿：县民宗局）

·老龄工作·

【概述】

2016年，漳浦县老龄工作加快老龄机构建设，已建立乡级老年协会25个，村级老年协会316个，老年活动中心338个；持续完善养老服务体系，已建有敬老院16所、幸福园34所，床位2946个；开展老年教育，有老年学校341所，在校学员2.83万人，老年人入学率达24%；全年向高龄老人发放高龄补贴346万元。是年，全县有60岁以上老年人口12.77万人，占全县常住人口的14.30%。其中80—89岁老人1.80万人，占老年人口的14.60%，90—99岁老人2497人，百岁老人68人，是漳州市高龄老人数量最多的县份。

【完善养老服务体系】

至年底，全县已建有敬老院16所、幸福园34所，床位2946个。全县农村老年人99%以上都是居家养老。从2010年开始至2016年，全县建有27个社区居家养老服务站（其中，城市社区24个，农村社区3个），有12个乡镇场、10406名老人享受居家养老服务，实现居家养老服务站城市社区全县覆盖。

【老龄机构建设】

至年底，全县已建立乡级老年协会25个，村级老年协会316个。一些企业和居民小区也相继成立老年协会。县老龄办指导小区成立老年协会，给予政策咨询及活动设施支持。加强镇、村两级老年协会规范化建设，是年，全县达到“五个有”标准的老年协会有84个。同时，开展老年活动场所建设，是年，全县新建老年活动中心（室）29个。至年底，全县有老年活动中心338个。活动中心为老年人提供了学习、活动、娱乐的良好场所，成为老年人之家。

【老年人教育】

采取增加投入、资源共享、抓点带面等措施，加强老年学校建设。以县老年大学为示范，强化老年教育。是年，县老年大学有学员800多人，开设课程14门，其中的剪纸、摄影课程列入市级精品课程；全校41个班、队、学会，各具特色，定时开展活动，已出版《漳浦老年教育》校刊6期。至年底，全县有老年学校341所，在校学员2.83万人，老年人入学率达24%。

【高龄老人补贴发放】

继续向80—89周岁老人每人每年发放高龄补贴120元惠老项目，向90-99周岁老人每人每年发放600元高龄补贴，向100周岁及以上的老人每人每月发放200元长寿营养补贴。是年，共发放高龄补贴346万元。绥安麦埔、赤湖亭里、前亭庄厝、长桥友爱等村为全村老人发放固定生活补助。

【爱老助老活动】

县老龄办联合县药监局、县人大科教文卫委举办“合理用药、健康生活”讲座，组织县级医院名医到乡镇、社区，为老年人举办如何正确就医、用药。是年，先后到6个乡镇为1400多名老年人举办讲座，其间，还为老年人免费体检和义诊。县老龄办组织青年志愿摄影队到基层为老人义务照相。

【“敬老月”活动】

“敬老月”期间，县委书记、县长到绥安镇和旧镇镇走访慰问部分老干部和高龄老人；县五套班子在家领导分别到挂钩的乡镇慰问百岁老人和特困老人，为百岁老人送去节日慰问金和“百岁寿星”牌匾；县老龄办慰问150个特困老人；各乡镇场、社区和各部门、涉老单位举行丰富多彩庆祝老年节活动；大部分乡镇党委、政府召开全镇老龄工作会议，表彰老龄工作先进集体和个人及孝亲敬老先进个人；甘林村等30多个村举行“百岁宴”。10月25日，县老龄委组织县中老年艺术团到长桥镇慰问演出。

【老年文体活动】

全县常年有210多支老年文体队伍活跃在基层老年人中间开展各项活动，经常性参加文体活动的老年人超过3.50万人。在富美乡村建设中，各村新建的公园为群众提供文体活动的场地，老年人利用这些场地开展各种各样老年文体活动。广场舞深受全县广大中老年喜爱并迅速发展，全县有广场舞文体队280多支。在8月举办的“美伦清华园杯”全县广场舞比赛中，参赛的有一半以上是老年队，县老年大学队获得一等奖。县中老年艺术团自2004年成立，充分发挥老年文艺宣传队伍的作用，精心编排节目，深入社区和农村开展心慰问演出活动，得到群众的热烈欢迎。是年，县中老年艺术团共举办演出26场。

全县已建立的乡镇场老年体协23个，村级老体协298个；新建老年纳凉点42个，参加健身活动老年人数7万多人；建有门球、地掷球、气排球等球场34个。老体协不定期举办老年健身健步走和泰迪球表演赛、门球、气排球、地掷球、太极拳、剑等多种单项比赛活动。

2016年漳浦县百岁及以上老年人简明情况表

表5

序号	姓名	性别	出生年月	周岁年龄	民族	健康状况	居住地(通信地址)	新增
1	蔡火龙	男	1915.09	101	汉	半自理	绥安镇楼脚村楼前64号	
2	蔡　铺	女	1914.11	102	汉	一般	绥安镇王顶西7号	
3	陈　满	女	1911.02	105	汉	一般	绥安镇王顶北34号	
4	王　得	女	1915.01	101	汉	残疾	绥安镇罗山村铺后14号	
5	李松辉	男	1916.10	100	汉	一般	绥安镇印石花园12栋60	√
6	黄　恋	女	1916.03	100	汉	一般	绥安镇麦埔村	
7	吴高亮	男	1913.09	103	汉	健康	石榴镇山城村	
8	许老狮	女	1916.07	100	汉	健康	石榴镇下车村	√
9	吴盼仔	女	1916.05	100	汉	健康	石榴镇攀龙村	√
10	陈国庭	男	1916.11	100	汉	一般	漳浦南山茶果场	√
11	杨乌番	男	1915.05	101	汉	差	赤土乡下坂村	
12	王　铜	女	1913.0	103	汉	一般	旧镇镇桥头村港西	

续表 5

序号	姓 名	性别	出 生年 月	周 岁 年 龄	民族	健 康 状 况	居住地(通信地址)	新增
13	蔡珠仔	男	1915.08	101	汉	一般	旧镇镇梅竹村	
14	蔡 寸	女	1915.08	101	汉	健康	旧镇镇旧城村	
15	黄 前	女	1915.01	101	汉	一般	旧镇镇浯江村	
16	陈 贵	女	1916.03	100	汉	差	旧镇镇后垅村	√
17	欧阳连	女	1916.09	100	汉	差	旧镇镇潭仔头村	√
18	陈 识	女	1916.08	100	汉	差	杜浔镇范阳村	√
19	彭秀英	女	1916.03	100	汉	差	杜浔镇文卿村	√
20	陈双金	男	1913.05	103	汉	一般	赤湖镇前湖村	
21	杨水法	女	1916.08	100	汉	一般	赤湖镇半石村	√
22	陈张仔	女	1916.02	100	汉	一般	赤湖镇月示村	√
23	杨 术	女	1916.12	100	汉	一般	赤湖镇西潘村	√
24	杨 晓	女	1916.08	100	汉	一般	赤湖镇西潘村	√
25	朱抄换	女	1911.08	105	汉	一般	霞美镇溪仔村港仔头 41 号	
26	戴玉仔	女	1913.09	103	汉	一般	霞美镇溪仔村港仔头	
27	林越前	男	1914.03	102	汉	差	霞美镇五社村	
28	陈阿尽	女	1914.10	102	汉	差	霞美镇中社村南面 138	
29	林顺照	男	1913.11	103	汉	一般	霞美镇霞美村	
30	林亚顺	男	1911.08	105	汉	差	霞美镇塔岭村埔上 20 号	
31	刘 初	男	1915.10	101	汉	健康	霞美镇前梧村 166-1 号	
32	张伯全	男	1916.05	100	汉	一般	霞美镇巷仔村	√
33	蔡 笑	女	1916.05	100	汉	差	霞美镇前梧村	√
34	许对仔	女	1914.01	102	汉	健康	官浔镇红霞村下雄	
35	林大耳	男	1913.10	103	汉	一般	深土镇东庵村	
36	玉 恩	女	1910.05	106	汉	一般	深土镇锦东村楼脚	
37	林尜墘	女	1914.06	102	汉	一般	深土镇塘头村	
38	魏 冉	女	1912.12	104	汉	一般	深土镇大肖村 3 组	
39	魏招富	女	1916.04	100	汉	一般	深土镇塘头下社 379 号	√
40	林阿妹	女	1914.10	102	汉	健康	古雷镇岱仔村庙前	

续表5

序号	姓 名	性别	出生年月	周岁年龄	民族	健康状况	居住地(通信地址)	新增
41	麦玉花	女	1915.11	101	汉	一般	古雷镇古城村	
42	林 然	女	1914.06	102	汉	一般	古雷镇杏仔村	
43	魏 爱	女	1913.10	103	汉	一般	盐场竹屿北瑞街	
44	魏 秀	女	1914.07	102	汉	失明	盐场竹屿中发路	
45	张荫来	女	1915.04	101	汉	半自理	盐场竹屿北瑞街298号	
46	林 勤	女	1914.07	102	汉	一般	六鳌镇大沃村	
47	魏乌糖	女	1914.04	102	汉	一般	六鳌镇下寮村	
48	林乌肉	女	1914.05	102	汉	差	六鳌镇店下村	
49	林悦来	女	1913.12	103	汉	一般	六鳌镇鳌西村	
50	林晓里	女	1916.12	100	汉	一般	六鳌镇鳌西村	√
51	陈瑞珠	女	1915.01	101	汉	健康	湖西畲族乡苏溪村大示36	
52	魏莲招	女	1915.09	101	汉	健康	湖西畲族乡苏溪村大示77	
53	李帆仔	女	1915.07	101	汉	一般	湖西畲族乡岭脚村京尾20	
54	陈溪泉	男	1916.11	100	汉	健康	马坪镇马圩村	√
55	杨 棕	女	1913.02	103	汉	一般	佛昙镇育才路16号	
56	陈 梅	女	1913.01	103	汉	差	佛昙镇园东村梅东	
57	杨锦生	男	1913.05	103	汉	差	佛昙镇下坑村	
58	杨茜娘	女	1915.10	101	汉	瘫痪	佛昙镇东坂村大菜园124	
59	杨槌娘	女	1916.10	100	汉	一般	佛昙镇东坂村	
60	陈翁仔	女	1916.05	100	汉	一般	佛昙镇人坪村	
61	林乌螺	女	1911.08	105	汉	一般	沙西镇高山村塘南113	
62	陈阿娇	女	1914.09	102	汉	一般	沙西镇庄前村庄西131号	
63	陈阿软	女	1914.03	102	汉	一般	沙西镇涂楼村大巷东162号	
64	林 蚶	女	1915.05	101	汉	差	沙西镇高林村	
65	林咩仔	女	1915.05	101	汉	一般	沙西镇河墘村	
66	方快贞	女	1916.05	100	汉	一般	沙西镇下寨村一组	
67	陈涨水	女	1916.02	100	汉	一般	沙西镇下寨村一组	
68	陈碰炮	女	1911.03	104	汉	一般	前亭镇庄厝村	

（供稿：县老龄办）

规划建设 环境保护

·城乡规划建设·

【概况】

2016年,漳浦县城乡规划建设工作完成城市总体规划(2016—2030年)、万安生态产业园区启动区规划等各类规划50余件;计划实施城建项目83个,年计划投资72亿元,截至12月底,累计完成投资86亿元,完成年计划投资的119.40%,其中房地产完成投资71.83亿元(不含古雷项目)。

【城乡规划】

是年,组织编制漳浦县城市总体规划(2016—2030年)、万安生态产业园区启动区规划、闽南文化生态走廊漳浦段规划、县城区停车场、燃气、电力、给水、污水、消防、编制黄仓生活垃圾转运站、青年路农贸市场、万安片区加油站点等城市各类规划50余件。

【市政基础设施建设】

2016年,全县计划市政基础设施项目39个,总投资约55.45亿元,年计划投资15.97亿元,实际完成投资7.70亿元,完成年度计划投资的48.20%。

城市综合交通工程 年度实施项目23个,总投资30.94亿元,年计划投资11.53亿元,实际完成投资6.03亿元。其中:迎宾大道改造工程已完成立交桥建设、全线主车道沥青路面施工、标线、土建工程等,景观绿化工程进入扫尾阶段;金浦大桥于3月开工建设,至年底完成投资5174万元,已完成桩基施工,转入承台、柱子施工;工业南路、湖滨东路、九曲岭片区道路配套项目,蓝理路、滨江道路等前期工作有序推进。

市政公用事业 年度实施项目10个,总投资约24.44亿元,年计划投资4.37亿元,实际完成投资9571万元。已完成万安生态产业园加压泵站、麦埔溪河道整治工程(迎宾大道至铁炉溪段)等;士章南路及中医院污水管道工程、虎炉水库排洪工程、青年路农贸市场等项目已开工建设。

停车设施建设 年度实施项目6个,总投资715万元,计划新建(续建)停车位504个,实际完成投资593万元。至年底,府前街北侧停车场(停车位30个)、浦兴地块停车场(停车位40个)、鼎元路西侧食品公司地块停车场(停车位120个)及紫荆庭停车场(停车位84个)均已完成,新增停车位274个。

【宜居环境建设】

2016年,计划实施宜居建设项目8个,总投资6.09亿元,年计划投资2.30亿元,实际完成投资1.89亿元。

公园绿地建设 年度实施项目6个,总投资2.29亿元,实际完成投资4525万元。其中:道周公园景观小品已全部封顶,进入装修阶段,广场铺设基本完成,黄道周及四君子雕像已安装完成,人工湖及景观小品周围绿化正在施工中;九曲岭山体休闲运动公园完成预算及施工图设计;威惠公园及年度城市片林建设任务均已完成。

美丽乡村建设 年度实施美丽乡村项目25个,总投资8000万元,各示范村整治村围绕"五清楚""两特色"因地制宜推进整治建设,至年底,完成投资1.30亿元,完成年计划投资

144%，累计拆除猪圈、旱厕、禽舍、临时搭盖3.50万平方米，完成裸房整治855幢6.89万平方米，新建农村污水处理设施96个，新建污水管网9.30千米，硬化村道15.20千米、4.06万平方米，新增绿化3.40万平方米。

内河整治　主要是鹿溪流域(三期)水环境整治、沿溪防洪堤建设和鹿溪北岸景观带建设、实施排污截污工程。施工单位已进场施工。年度计划投资3000万元，实际完成投资3032万元。

污水、垃圾处理　2016年，全县累计供水约1752万吨(日供水4.80万吨)；累计处理垃圾约19.34万吨(日处理530吨)，处理率100%；处理污水约1277.50万吨(日处理3.50万吨)，处理率96%。

【安全生产】

针对房屋建筑、市政、燃气、自来水、预拌砼企业的质量安全生产情况，开展季度质量安全综合大检查、安全生产专项检查等。全系统开展检查21次，出动执法人员728人次，监督检查企业418家次、在建项目164个次，发出整改通知书102份，排查安全隐患872条，其中当场整改597条、限期整改165条、投入整改资金406万元、责令8台塔吊、14台施工电梯暂停使用并限期整改到位。

燃气安全检查　全年组织燃气安全大检查8次，发出责令整改通知书56份，安全隐患整改318条，其中当场整改236条，限期整改82条，投入整改资金120余元；并根据相关法律法规，责令1家无证经营出租车加气站停工停产，12家液化气供应点停业整改。

加强安全培训　以全县建设系统企业负责人、在建工程各参建主体单位负责人等为重点宣传教育对象，开展各类安全教育活动6场次，参加人数近1000人次，发放各类安全宣传材料800多份，出动宣传车辆26车次。2016年，实现全县建设领域安全生产零事故、零伤亡。

汛期安全生产　是年，在强台风“尼伯特”“妮妲”“莫兰蒂”“鲇鱼”等防抗期间，以“全覆盖、零容忍、重实效”工作机制落实各项防范措施。汛期期间，共发出防抗台风“紧急通知”2800余份，加固临时工棚160余座，转移人员3800余人次，扶正加固行道树2.60万余株，清淤排污排涝点1200余处，排查管道井盖8000余处次，确保全县建设系统汛期安全。

【人大议案、政协提案办理】

是年，承办人大议案、政协提案35件(人大议案9件，政协提案26件)，其中有关市政基础设施建设提案18件，规划建设提案1件，工程建设9件，其他提案7件。按照县人大、县政协提出办理要求，指定专人负责，各项议案、提案均能落实到位。

(撰稿人：卢有财)

•住房保障与房地产管理•

【概况】

2016年，漳浦县稳步推进住房保障工作，动工建设住宅总套数1656套的保障房项目绥东花园，基本完成721户申请保障户的联合审核；加强商品房销售市场监管与服务，办理商品房预售许可证39件11551套，面积91.15万平方米；加强对物业服务企业监管，促进物业企业服务标准化、规范化。

【稳步提高住房保障水平】

推进保障房项目绥东花园开工　绥东花园系棚户区改造项目，总用地面积6.53公顷，地上总建筑面积16.80万平方米，住宅总套数1656套。按照县政府决定，改变投资方式，将项目用地挂牌拍卖，引入社会资金进行开发建设，政府将回购598套用于安置。该项目用地已于8月完成挂牌拍卖及签订土地出让合同，9月，动工建设。

基本完成申请保障户联审　在印石花园B区公共租赁住房、A区可售廉租住房申请受理后，协同民政、公安、人社、市场监管等有关部门对721户申请保障户的家庭收入、财产情况进行联合审核，严格把好准入关。已基本完成联审，并对联审数据进行汇总整理，待公租房具备交付条件即分配到位。

严格落实保障户年度审核机制 开展惠民家园、印石花园A区保障家庭年度审核，对于不再符合廉租住房保障条件但符合公共租赁住房保障条件的，租金调整为公共租赁住房租金标准收取；对已不符合保障条件的住房保障户，坚决予以清退。是年，清退2套/户，收取保障房租金计88.81万元。其中：惠民家园87户23.98万元、印石花园A区195户39.70万元、益民家园25.13万元；发放2016年度廉租房租金补贴81户10.35万元。

【加强监管 优化服务】

加强市场监管 严格办理房地产开发企业资质审批、预售许可，对符合资质、预售条件的，按规定及时发放资质证书或预销售许可证，让企业满意，让群众放心。是年，办理房地产开发资质3件，办理商品房预售许可证39件11551套，面积91.15万平方米。开展“进企业、解难题、促发展”活动，对全县各房地产投资企业的主要投资销售情况进行每月定时跟踪，并上报相关数据，其中包括碧桂园、美伦清华园、夏商水岸名都、润璟金座等县重点办确定的4个重点项目。以每月定期报送信息月报和固定投资报表等形式，及时了解企业运行动态，全面掌握楼盘的开发投资情况。

是年，全县新建润璟金座、润丰•吉祥佳苑、福茂文华世家、九龙岭温泉度假村、碧海国际度假区•公寓、翡翠湾•巴厘小镇、御景山庄一期房地产固投项目等7个，续建碧桂园、钱隆首府、水岸名都等21个高端地产项目。房地产市场开发投资额60.26亿元(不含古雷，下同)，同比下降1.87%，超额完成县政府下达的全年房地产市场投资52亿的目标任务，超15.88%；商品房新开工面积91.80万平方米，同比上升9.94%；完成商品房销售面积61.22万平方米，同比上升33.46%，成交金额33.83亿元，同比上升24.70%。商品房销售面积超额完成县政府下达全年商品房销售总面积突破50万平方米的目标任务。

优化服务提高效率 强化服务意识，转变工作作风，简化手续。是年，审核发放房屋所有权证4519本；商品房预告登记5460件；在建工程抵押登记11件(2240套)；商品房按揭4856件；现房抵押登记2385件，发放房屋他项权证2385本；商品房分户与存量房(二手房)转移登记3375件；商品房备案登记6045套；房地产抵押权注销登记2287件；司法协助登记110件；开具房产信息证明4599份、提供房产档案复印件1789份(张)。

支持、配合推进全县不动产统一登记工作，做好工作衔接，加快人员划转、已登记资料移交、登记系统对接、信息平台建设等工作，确保不动产登记工作顺利开展。对2014—2016年约1万卷(宗)房产登记档案进行档案数字化建设，为下一步移交全部房屋登记的纸质档案和数字档案做好准备。

【物业服务质量逐步提升】

加强日常监督管理 按照《漳州市物业服务企业和项目经理信用信息管理办法(试行)》的有关规定，对全县32个物业服务小区进行检查，对于物业服务企业管理不到位的，及时发放整改通知书督促整改。

严格信用档案检查 2月，对全县14家物业服务企业开展2015年度物业服务企业和项目经理信用档案检查，通过信用档案管理提升物业服务水平。检查结果：9家本地物业服务企业合格，5家外地进漳物业服务企业合格，17名项目经理合格，1名项目经理不合格。

强化物管工作培训 11月，邀请漳州市物业协会物管专家对漳浦县85名物业企业负责人和项目经理进行《物业管理基础工作》《物业常见设施设备基础简介》等科目培训，促进物业企业服务标准化、规范化建设。

规范物业服务收费 为规范全县住宅物业服务收费行为，保护业主和物业服务企业的合法权益，结合工作实际，制定出台《漳浦县住宅前期物业服务收费标准》。

完善物管前期备案 是年，办理福茂•文华世家、福茂•福源大厦、美伦•清华园等18个物业服务小区的前期物业服务合同备案，备案面积184.96万平方米；归集住宅专项维修资金

3718.29万元，保障住宅售后维修管理，维护产权人利益。

（供稿：县房管局）

·环境保护·

【概况】

2016年，漳浦县环境保护工作以改善区域环境质量为目标，以创建国家生态县为重点，实施生态环境建设年活动，全县生态环境建设“七个五”行动计划项目36个，累计完成投资29.54亿元；加强对全县13家国、省控企业的监管，做好全县总量减排监控；加强环评审批，全年办结审批建设项目114个，从源头上控制新的污染源产生；加强环境执法，查处违法排污企业15家，受理环境问题投诉案件107件，结案率达100%；淘汰黄标车1243辆，完成年任务的119.98%。环境监测计量认证，通过省计量认证复核验收；漳浦县通过国家生态县考核验收。

【生态文明建设】

着力推进国家生态县建设，以扎实的工作迎接国家生态县考核验收，7月，通过国家生态县技术评估，10月，通过国家生态县考核验收。实施生态环境建设年活动，全县生态环境建设“七个五”行动计划项目36个，计划总投资17.55亿元，累计完成投资29.54亿元，完成年度任务的168.30%。完善国家生态县环境基础设施，完成佛昙轧内村、湖西诒安堡等村污水处理设施建设，完成2014年度漳州市唯一的农村环境综合整治项目—盘陀镇农村环境综合整治项目，总投资1584万元，完成投资1584万元，于11月组织项目竣工验收。

【赤湖集控区环境监管】

开展赤湖五金园区综合整治，督促五金园区企业依照现有生产工艺现状重新报批环评手续，编制环境应急预案，落实应急管道、应急池及相关环境应急设施建设；组织清洁生产审核，制定重金属（特级污染因子）监测方案，并委托有资质的第三方监测机构开展监测。至年底，已有6家电镀企业报备环境应急预案，6家企业重新进行环境影响报告书编制，6家企业全部委托第三方监测。持续推进赤湖皮革园区皮革企业建设，首批13家皮革企业全部通过省环保厅环评审批，其中瑞森、泰庆、富洋、信德、德昌、致远、大洋等7家企业通过省、市环保部门竣工验收，宏国、香洲等2家企业已通过试生产并委托市环保局进行项目竣工验收。园区内投产的皮革企业实现年8000多万元的税收。

【总量减排】

加强对县城污水处理厂的日常监管和每月调度工作，一期工程稳定运行，二期工程已于2015年9月底完成并投入运行，运行较为稳定；加强对台玻（福建）光伏玻璃有限公司日常监管及每月调度的工作，不定期组织督查活动并下达整改通知，至年底，2#生产线脱硫设施、脱硝设施已完成调试，稳定运行，脱硫效率达85%以上，脱硝效率达70%以上；加强对扬绿热能有限公司的日常监管及每月调度的工作，该公司脱硫设施已于2015年9月下旬建成投运，在线监控设备已安装完成，正在试运行。完善减排企业自行监测体系，全县有13家国、省控企业，对各自行监测企业进行指导和培训，督促好企业每月按时将自行监测数据上传至福建省污染源企业自行监测数据管理系统，确保该系统正常运行。至年底，办理排污许可证74本，其中正式排污许可证65本，临时排污许可证9本。核定和出具总量指标确认意见函12份。

【环评审批】

坚持“规划先行，提前介入，主动服务，加强监督”，参与县域经济综合决策；创新管理机制，实行环评审批限时办结制，提高服务效率；开辟“绿色通道”，做到“超常规、不违规”。是年，办结审批建设项目114个，其中报告书11个，报告表66个，登记表37个，办结建设项目竣工验收46个，新建项目环境和“三同时”执行率100%，从源头上控制新的污染源产生。

【环境执法】

打击“十五”小企业　联合

公安、检察等部门开展联合执法，依法对石榴镇石古农场4家非法废塑料加工厂进行突击执法，依法进行查封，其中1家移送公安机关进行行政拘留，并处罚款。

依法查处违法排污行为　查处违法企业15家，处罚金33.87万元，对涉及新环保法4个配套办法的非法企业，严格依法移送公安机关进行行政处置。9人受到行政拘留，其中环境犯罪刑事责任3起，2家企业全部停产整顿。

专项执法检查　出动执法人员1265人次，对鹿溪等全县饮用水源地和重点流域进行专项检查。

清理违法违规项目　已排查已批未验收的企业416家，完善规范的企业有371家，已整改22家，排查未批先建企业有81家。

环境投诉案件查办　受理环境问题投诉案件107件，其中水污染43起、大气污染35起、噪声25起，固废2起，其他污染2件，所有投诉案件均及时得到有效的查处，结案率100%。

【重点流域综合整治】

加强组织领导　制定出台《关于开展鹿溪等重点流域水环境综合整治“百日攻坚”行动实施方案》，成立由县委常委、组织部部长任组长，分管副县长任副组长，相关科局长为成员的领导小组，加强整治工作的领导；抽调环保、发改、农业、水利、建设、林业等科局骨干人员集中办公。召开动员大会、推进会、工作例会、约谈会等15次，推进综合整治工作。

加大舆论宣传　利用各种宣传渠道和形式，营造浓厚的舆论氛围。在县广播电视台设“环境综合整治亮剑”专栏，每周2条新闻，播出新闻16条；悬挂横幅300多条，张贴小标语500多张；印发宣传材料5000多份，树立整治宣传广告牌59个；出动宣传车267车次；编辑《简报》6期；在《金浦报》刊发新闻信息5条；在电信手机用户和固定电话用户发送信息20万条。

“百日攻坚”行动　整治包括养殖污染整治、工业污染整治、城乡生活污染整治和河道污染整治四个方面。至年底，养殖污染整治方面：全县重点流域生猪养殖场1303家，生猪存栏10.24万头，猪舍面积28.67万平方米，已关闭抓除1248家，消减生猪存栏9.64万头，拆除猪舍面积28.79万平方米，完成任务的100.43%；工业污染整治方面：检查工业企业100多家，出动执法人员400多人次，检查石板材企业81家，对13家企业进行限期搬迁关闭，1家企业停电整顿，18家企业下达整改通知书，限期整改。城乡生活污染整治方面：重点流域相关乡镇垃圾收集率90%以上，处理率100%。河道污染整治方面：全县已全面实施河长制，建设河道漂浮物打捞清理工作机制，日常巡查汇报工作制度，加强巡查监管力度，杨美水库周边34公顷水葫芦已打捞32公顷。

【危险废物监管】

多层次推动　以漳浦县被省环保厅确定为全省危废监管及规范化管理“达标升级”试点县为契机，全面推进“试点县”工作。强化组织、规划、机构、经费、氛围等五大保障，成立领导小组，出台实施方案，把危废列入《漳浦县经济与社会发展“十三五”规划》，成立县环保局危险废物管理股，县政府落实危废专项经费20万元，通过多层次推动，实现危废污染防治大提速。

网格化和监控平台监管能力建设　力抓监管能力建设、试点企业创建、调查摸底、专项监察执法、样板企业树立、长效管理机制等六大工作，切实抓好网格化和监控平台监管能力建设，确定5家企业进行试点工作，开展“拉网式”调查摸底，摸清全县44家危废企业，开展网上申报登记，召开试点动员会，召开全县危废现场会、危废推进会，以点带面，全面铺开，出动执法人员286人次，检查危废企业115家次，有力地促进全县危废企业规范化管理“达标升级”。

创新危废污染防治工作　凸显网格化管理体系建设、监控平台建设、网上申报、微信发布、公益广告播放、印发宣传资料等六大工作亮点，危废污染防治工作不断创新，达到“危废监管成样板，环保工作上水平”。8月，全省危废监管现场培训暨规范化管理“达标升级”经验推广会(南片)在漳浦县召开,推介漳浦县先进经验。

【黄标车淘汰工作】

是年,漳州市下达漳浦县2016—2017年度黄标车淘汰任务数为2028辆,其中2016年任务数1036辆。至年底,全县共淘汰黄标车1243辆,完成年任务数的119.98%。

【环境质量监测】

以提供技术支持与服务为目标,完成县城区大气环境质量监测和地表水环境质量监测。县城区大气环境质量自动监测站1个点位,6个主要项目PM10、PM2.5、CO、O_3、SO_2、NO_2每日进行监测;县城饮用水源每月进行一次常规监测,监测分析项目29个;近岸海域丰水期监测分析项目29个;开展重点污染源监测,完成135家(次);完成建设项目环保设施竣工验收监测32家。以环境监测能力建设为重点,全面提升质控工作。开展环境监测计量认证,按照《环境监测质量管理手册》要求,通过省计量认证复核验收。

【环境宣传】

加强环境宣传教育,开展“6·5”世界环境日系列宣传;出版《环境简讯》10期,信息量32条(篇);向上级各类报纸杂志播送信息材料115条(篇),其中上《福建日报》1条,《闽南日报》2条,《海峡都市报》专题专版,《海西晨报》2条,《金浦报》15条;《金浦报》环境专题专版2期,漳浦有线电视台新闻23条;制作发出“生态漳浦”公众微信12期;树立各类宣传广告牌68个,悬挂横幅300条,张贴小标语500多张,制作创建国家生态县专题片1片,危废监管及规范化管理专题片1片,危废监管及规范化管理公益广告片1片。

(撰稿人:蔡聪智)

·市政管理·

【概况】

2016年,漳浦县市容管理持续完善制度,加大市容市貌管理、规划管控、卫生保洁、市场管理等工作力度,是年,开展市容市貌专项整治25场,出动执法人员2830人次,发放门前三包责任书6300份,整改不规范经营的餐饮店122家;做好环卫保洁垃圾清运,是年,城乡清运垃圾18.04万吨;加强城区和万安生态产业园区规划管控,是年制止各类违建抢建302起,强制拆除124起,拆除违建面积1.58万平方米;配合乡镇拆违26次,协助拆除违建面积81.48万平方米,腾出土地可利用面积116.33万平方米。被省治违办评为“全省‘两违’综合治理表现突出单位”称号。

【市容管理水平不断提升】

开展市容环境整治行动,创建整洁有序的市容环境。拉长市容执勤时间,加大巡查力度,各市容中队都安排一班早班组人员,定岗清理各辖区农贸市场占道经营,晚班安排2班组人员,对县城区进行全方位巡查,杜绝占道经营现象。是年,开展市容市貌专项整治25场,出动执法人员2830人次,入店宣传2720余家,发放门前三包责任书6300份,整改不规范经营的餐饮店122家,下发《限期整改通知书》327份,规范违规占道经营商家621家、流动摊点887摊次,清理各类横垂条幅545余条。

【环卫保洁清运】

加大督查管理力度,要求保洁公司增加清扫保洁班次,增强保洁力量,确保县城区全天候保洁;组织人员对县城区域内各街道路面、街巷结合部、社区、小区的陈年垃圾杂物进行集中清理,清除各类卫生死角。通过印发告知书,宣传违反城市市容和环境卫生管理的相关处罚条例和办法,要求沿街商家将垃圾收集装袋,定点、定时堆放,减少一线保洁人员的压力。垃圾清运工作分为县城区和各乡镇,县城区清运对象为5个垃圾中转站、3个垃圾临时堆放点以及36个物业小区。是年,县城区清运垃圾约3.63万吨,日平均垃圾运输量约100吨;乡镇垃圾清运对象为全县19个乡镇场,是年,清运垃圾14.41万吨,日平均垃圾运输量约400吨。

【县域规划管控更加有序】

配合县旧城改造征迁指挥部的征迁红线内及城郊接合部的管控，多次开展违章建设专项行动，发现并制止各类违建抢建278起，其中强制拆除103起，拆除违建面积1.10万平方米。对南岸片区进行24小时全天候巡查管控，对违法建设做到露头就打，冒头就拆。是年，发现违搭抢建行为为17起，当场制止12起，组织拆除5起，拆除面积620平方米。参与万安生态产业园区规划管控，针对万安园区顶风抢建行为，做到严查严处，至年底，已下发通知书并制作笔录24宗，强制拆除21起，拆除面积4765平方米。

【市政管理上新水平】

建筑垃圾专项整治 先后开展建筑垃圾专项整治32场，集中清理县城区道路两侧、建筑工地周边乱堆放的装修材料和垃圾。针对建筑材料运输车辆"滴撒漏"问题开展专项整治和清扫行动，已清理建筑及装修垃圾730车次，查处乱倾倒建筑垃圾行为9起，清理"滴撒漏"行为146起，组织清扫人员3280多人次，比较彻底地清理县城区道路的各类建筑垃圾。

实施亮化工程 路灯维护公司已修复路灯1.98万盏，有效保障县城区亮化美化。探索夜景维护市场化运作模式，逐步建立夜景管理长效机制。

清理违章户外广告 开展户外广告牌、"牛皮癣"专项整治行动，拆除未经审批私自设置、审批过期或存在安全隐患的各类违章户外广告设施，共拆除户外大型广告牌13面，街道彩门8座，规范县城区主街道户外广告；雇用专业人员分片区清除各主要街道、背街小巷、无物业小区的"牛皮癣"；探索不同材质、不同颜色"牛皮癣"清洗办法，防止"二次污染"。

流浪人员收容救助 按照县政府专题会议精神，加大流浪人员救助，雇用5名专门人员，负责县城区流浪人员救助安置工作。是年，收容救助流浪人员19人。

【农贸市场管理更加规范】

针对县城中心农贸市场长期存在占道经营和脏、乱、差等现象，经常性开展农贸市场占道经营、乱搭乱设整治，对中心市场等市场占道经营行为进行疏导规范；每天安排6名市场管理人员，从凌晨5点开始上岗，规范早市交易秩序。是年，疏导流动摊点2984摊，拆除黑网491个，拆除帐篷133个，最大限度地确保安全有序。

【"两违"治理】

为推进全县城乡"两违"综合治理深入开展，受县政府委托，县市容管理处牵头协调全县各职能部门做好"两违"整治工作。经常配合乡镇强制拆除"两违"建设，打击抢建违建、新占地抢建违建、侵占已完成的征地区域进行抢建违建等"两违"行为，有效遏制违法建设多发势头。是年，配合乡镇拆违26次，协助拆除违建面积81.48万平方米，腾出土地可利用面积116.33万平方米。

【"渣土车"整治】

牵头联合县公安交警大队、交通执法大队等部门开展渣土车整治行动，每天对县城区重点区域、重点路段、重点工地进行巡查，查处渣土运输车辆非法改装、拼装、无牌、无证、无资质、超载、超限、沿途滴洒漏等违法违规行为。是年，查处渣土车违法违规行为317起，对非法改装、拼装车辆强制割斗161起，累计罚款39.69万元，完成安装GPS录入管控平台45辆。

【配合古雷征迁扫尾和杜浔管控】

配合古雷镇依法拆除行动49次，出动执法人员1370多人次，配合拆除建筑194处；成立古雷征迁拆违应急队伍，配合古雷征迁扫尾工作。同时，配合做好杜浔镇管控，抽调73名执法人员，驻扎各村的管控工作组，充实杜浔管控力量，有效遏制杜浔违法抢建势头。

（撰稿人：陈艺华）

交通　邮电

·交通运输·

【概况】

2016年，漳浦县交通运输工作着力构建“四个交通，两大体系”，全力推进交通工程建设，强化运输行业管理，至年底，全县拥有公路总里程2265.09千米，其中沈海高速66.50千米，国道G324线50.40千米，省道漳东线83.50千米，县道241.10千米，乡道561.10千米，村道482.50千米，自然村路795.70千米；至年底，全县道路运输经营企业198家，其中客运企业9家（出租车公司3家、旅游客运公司1家）、货运企业49家、危货企业4家、汽车客运站22家、汽车维修企业108家（二类43家、三类65家）、驾培机构6家、营运客运车辆188辆，出租车185辆、公交车76辆。全县拥有货运车辆4779辆，总吨位16241吨。

【交通项目建设】

2016年，计划实施交通建设项目13个，交通建设任务计划投资20亿元，实际完成投资20.22亿元，占全年任务的101.10%。

漳州沿海大通道漳浦段（续建）　项目总投资33.50亿元，建设一级公路57.30千米，双向六车道，路基宽度32米。2016年计划完成投资6亿元，全年完成投资8.66亿元，占年度任务的144.30%。至年底，全线53千米沥青路面已完工，旧镇、佛昙2座特大桥下部结构全部完成、上部结构部分进行梁片预制、架设，主桥已进入悬浇施工阶段。

中共闽粤边区特委红色旅游经典景区（靖和浦）出口公路（续建）　项目总投资4.39亿元，路线长33.10千米（其中一级公路12.26千米、二级公路10.21千米、三级公路10.63千米），分为4个标段建设。2016年，S4标段计划完成投资1.10亿元，全年完成投资9523万元，占年度任务的86.57%。至年底，S4标段全线动工建设。

南浦乡至纵二线（割后村）公路工程（续建）　项目总投资1.36亿元。2016年计划完成投资6000万元，全年完成投资9153.60万元，占年度计划的152.50%。至年底，主体工程基本完成。

漳浦县中心车站（续建）　项目按一级客运站标准建设，总建筑面积5.59万平方米，一期工程投资1.02亿元。2016年计划完成投资1300万元，全年完成投资1320万元，占年度计划的101.54%。至年底，一期工程主站房、车辆维修中心及公交首末站主体结构完成。

漳浦古雷大霜（西林）陆岛交通码头（续建）　项目总投资2400万元，新建300吨客货泊位2个（整美村、岱嵩村）及相应的配套设施，设计年吞吐能力为货6万吨、客8万人次，同步建设大霜码头接线路300米、西林码头接线路1000米。至年底，施工队已进场，进行预制场地建设。

国道G324线三古至盘陀岭段“白改黑”（新开工）　项目总投资3.77亿元，路线长40.87千米。2016年，计划完成投资37700万元，全年完成投资41172万元，占年度计划的109.21%。至年底，已建成通车。

漳江湾特大桥及连接线工程（新开工）　项目路线全长6.31千米，其中漳浦段2.57千米，按照双向六车道一级公路标准建设，路基宽度32米，漳浦段预算投资4.37亿元。2016年，计划完成投资15000万元，全年完成投资21198万元，占年度计划的141.32%。至年底，已完成钢栈桥搭建及部分桩基、墩柱等下部结构。

漳浦港城大道公路工程(新开工)　项目概算总投资约12.89亿元，其中一期估算投资约6.65亿元，二期估算投资约6.24亿元。新建一级公路13.99千米，双向六车道，设计车速60千米／小时，路基宽度60米，沥青砼路面，隧道1360米/1座。2016年，计划完成投资4亿元，全年完成投资25343万元，占年度计划的63.36%。至年底，已全线动工建设。

旧镇镇至纵一线(沿海大通道)(新开工)　项目总投资1.10亿元，新建二级公路2.92千米，双向六车道，路基宽度32米(过渡段23米)，沥青砼路面。2016年，计划完成投资1.10亿元，全年完成投资7933万元，占年度计划的72.12%。至年底，已全线动工建设。

【交通运输行业】

推进城乡交通发展　2016年，新增汽电混合的新能源公交车20辆，延伸、优化线路1条(漳浦至漳州)。引导和推广95128出租车电召业务，全县出租汽车100%加入出租车电召平台。落实客运车辆投资任务，符合通车条件且有运营需求的建制村通客车率达到100%。

圆满完成春运工作任务　围绕“一路温馨一路情”主题，2016年，全县春节、国庆期间安全发出客运27909班次（其中加班148班次)，运送旅客62.60万人次，圆满完成春运及国庆期间的工作任务。

规范行业管理　严格落实“三不进站、六不出站”安全规定，加强道路客运站检查，坚决防止危险品进站上车，有效地防止安全生产事故和恐怖袭击事件的发生。规范机动车维修市场秩序，开展全县无证机动车维修店专项整治，打击无证经营13家。创新驾驶培训模式，推行计时培训计时收费、先培训后付费。提升培训质量，增强教练员守法执教的意识。定期不定期对全县驾校进行检查，查看各驾校的培训落实情况，推进智能化管理。

交通执法　先后开展“春雷”“雷霆”等系列行动，打击“非法营运”“超限超载”等非法违法行为，开展“两客一危”、万安园区、县城区等重点领域重点区域整治。是年，累计出动执法人员5880人次，出动执法车辆1476辆次，检查车辆6706辆，查处各类交通运输违章违法案件1063起，有效地净化县道路运输市场，规范道路运输经营秩序。

确保行业安全生产　严格落实“党政同责、一岗双责”规定，开展“道路运输平安年”等活动，逐步形成企业负责、政府监管、行业自律、社会监督的安全生产工作机制。加强源头管理，督促客运企业建立健全安全生产管理制度，加大GPS监控平台监管力度，落实24小时动态监控，督促落实“三长”责任制和“四级”安全管理责任。

【扶贫攻坚】

做好漳州市交通精准扶贫三年行动重点项目的实施，做好农村公路建设，投入补助资金2040万元，补助建设农村公路120千米。帮扶挂钩村道路建设，为湖西乡后洞村、沙西镇高林村和沙西镇北旗村争取资金41.90万元，用于农村道路建设。开展走访，实行“一对一”的精准帮扶，共帮扶12户贫困户，帮助解决生产生活中存在的困难和问题。

(撰稿人：陈嘉伟、刘睿华)

·邮　政·

【概况】

2016年，邮政漳浦县分公司代理金融业务累计实现收入4947万元，完成年度预算的94%，同比增长3.73%。其中利差收入完成3563万元，列全市第一位；包裹快递业务累计实现收入157.11万元，完成年度预算的101.36%，同比增长31.07%；函件业务累计实现收入150.35万元，完成年度预算的100.91%，同比增长4.61%；报刊业务累计实现收入339.12万元，完成年度预算的104.02%，同比增长

11.33%；集邮业务累计实现收入174.63万元，完成年度预算的139.70%，同比增长80.03%；增值业务累计实现收入407.96万元，完成年度预算的98.07%，同比增长10.74%；全县累计实现邮政总收入11677.46万元，收入规模列全省第2位。

【邮政业务】

加大投递能力建设 规范投递标准，制订下发2016年度全县邮政投递工作要点。优化投递配置，投入邮运汽车3辆、三轮摩托车车50辆，并配备18台PDA设备。

提升邮件处理能力 优化作业流程，投递组与邮件组合并作业，简化生产操作，实现邮件快进快出；实现PDA移动处理，提升邮件处理能力；分拣运输环节全面应用网运信息系统，实现邮件全程轨迹跟踪，提升网运管理水平。开展转运、分拣和投递“三合一”生产流程及作业组织优化工作，提升邮件处理能力，提高人员工时利用率和劳动生产率。邮政县分公司被省分公司确定为全省县域“三合一”试点单位。

改善支局、网点硬件条件 针对部分网点破旧小的现状，向上级汇报并申请资金，对盘陀支局、网点进行改建，改善支局、网点硬件条件；增设海滨城、深土邮储营业所，扩大邮政代理金融辐射范围。

承建“县乡村三级物流配送体系” 争取政府财政补助资金1112万元、省分公司补助资金400万元，投建县级仓储配送中心及21个乡镇运营服务中心、168个村级物流服务站，完善、巩固农村电商物流仓储网络布局，打通农村双向物流及快递的“最后一公里”和电商销售的“最初一公里”。

（供稿：县邮政局）

·电 信·

【概况】

2016年，电信股份有限公司漳浦分公司，完成税后收入15002万元，提前完成县政府为民办实事工程“全光县”建设目标，光宽带占比94.81%，平均宽带速率41.35兆，比上年同期提高27兆。公司保持“省级文明单位”称号、省第八届（2015－2017年度）文明行业竞赛创建示范点；同时获漳浦县委、县政府“绩效评比先进单位”“省公司优秀经营奖”“市公司年度绩效考核二等奖”。

【业务成效】

完成光宽带资源建设 对全县所有建制村、作业区和880个自然村，完成光宽带资源建设，实现全县全光资源覆盖。

推出优惠光改服务 在建成“全光县”基础上，推出一系列惠民政策，优惠光改，凡是电信用户，免费租用设备，优惠使用高清互动电视。是年，累计光改8万多户，高清电视新增3万多户。

加大4G基站投建 是年，新建4G基站357个，基站总数增加1.24倍，使天翼成为全县最为通畅的4G网络。进行基站传输双路由、IPRAN网络A设备双路由改造建设，使全县的CDMA（即码分多址）基站传输双路由更加完善，确保特殊状况下通信畅通。

完成城东CC08母局退网 完成漳浦城东CC08母局退网，对17个下挂接入点同时完成割接。城东CC08母局是1997年漳浦县重点通信建设项目。

服务项目建设 是年，累计投入2000多万元，配合古雷、万安工业园区、绥安工业开发区、台湾农民创业园、东南花都、迎宾大道、县城旧城改造等杆线迁移。

【创建数字家庭示范村】

落实省经济和信息化委员会建设规划，在佛昙镇港头、石埕、东坂、扎内村建成数字家庭示范村，实现光纤到村、宽带入户、高清互动电视到户，在村主要公共区域覆盖Wifi网络。内容涵盖公共场所视频监控、乡村特色、乡村新闻、惠农信息、经济发展、数字家庭、互动互助、村务党建、应急广播，并可叠加亲情宝、看护宝、健康宝、智能家居、高清互动电视等应用。数字家庭示范村建设，对全县信息化应用起到促进和示范作用。

（供稿：县电信分公司）

教育 科技

·教育事业·

【概况】

2016年，漳浦县共有学校536所，其中：公、民办幼儿园328所，中小学204所，职校、教师进修学校、电大分校、特殊教育学校各1所；有教职工10122人（其中公办教职工7055人）；在校生131547人（其中小学生60160人、初中生24188人、高中生14255人）。10月，顺利通过“义务教育发展基本均衡县”国家级评估验收。被评为漳州市高中教育教学质量达标县、漳州市初中教育教学质量达标县。

【学前教育】

2016年，全县幼儿园328所，在园学生32347人，入园率98.63%。其中：公办幼儿园25所，学生6514人，占幼儿上园率20%。

项目建设 实施漳浦县第二批乡镇公办幼儿园建设，规划新建公办幼儿园15所，按三个年度分批推进，计划总投资14125万元，建成后可新增学位5490个。

规范管理 健全管理机制，加强幼儿园管理，坚持抓规范、保安全、促提升。每年开展一次“无证幼儿园清理整顿行动”。采取“自愿报名＋搅球派位”方式，规范公办幼儿园的招生工作。做好幼儿园年检工作，通过检查与指导，引导幼儿园走向规范管理。

示范带动 以各级示范性幼儿园创建为抓手，提高幼儿园规范化管理。是年新增县级示范性幼儿园6所，江滨幼儿园、佛昙中心幼儿园分别通过省级示范性幼儿园、市级示范性幼儿园验收。支持、鼓励示范幼儿园做强做优、办好办出特色。开展示范性幼儿园开放日活动，发挥示范辐射作用，带动全县幼儿园管理水平和办园质量的整体提升。

【小学教育】

2016年，全县小学（含教学点）161所，在校学生60160人，应届毕业生7795人，毕业率100%，秋季招生10297人，入学率100%。

加强质量监控 开齐开足开好省颁课程，制定出台《漳浦县小学阶段学校教育教学质量综合评价实施意见》及《2016年漳浦县小学体、音、美、信息技术等科目教学质量监测方案》。从教学常规专项抽查、学科（体、音、美等）教学质量现场监测、小学学科专项抽测、六年级学业检测等方面进行常态化质量监测，量化汇总为学校学年教育教学质量综合评价结果。1月4日，市教育局开展全市小学教育教学质量检测，盘陀中心学校作为被抽学校之一，获全市第三名。

抓常规管理促教学相长 开展“一师一优课、一课一名师”活动，全县16节课获得省级“优课”，1节课获部级“优课”；开展漳州市第二届小学六个学科“十佳优秀教师”评选活动，发现和培养小学各学科优秀骨干教师。创建“义务教育管理标准化学校”，绥安中心学校顺利通过省级“义务教育管理标准化学校”评估验收。

关爱特殊教育对象 做好重度残疾儿童“送教上门”工作，开展县特殊教育学校巡回指导，促进全县特殊教育工作整体水平的提高。改善特殊教育办学条件，有序推进特殊教育学校标准化建设，5月2日，县特殊教育学校搬迁到新校园；12月，学校通过省级“特殊教育标准化学校”评估验收。

【初中教育】

全县初中校32所（其中九年制初中校5所），教学班504个，在校生24188人；应届毕业生8940人，秋季招生数7992人。中考成绩有所提升，被评为“漳州市初中教育教学质量达标县”；道周中学等6所学校获得市“初中教学质量信得过学校”称号，长春中学等11所学校获得市“初中教育教学质量先进校”，漳浦六中等21所学校获得市“初中教育教学质量达标校”。赤土中学通过省级“义务教育管理标准化学校”验收。

【高中教育】

全县高中校11所(其中：高级中学1所，五中、六中保留高中建制，只招收初中生)，教学班271个，在校生14255人，应届毕业生4679人，秋季招生数4868人。高中教育稳中有升，各所二级达标校继续完善学校硬件和学校文化建设，打造优质高中。漳浦一中、达志中学、道周中学等学校朝着一级达标校目标迈进。高考成绩稳居全市第一梯队，是年高考，全县本一批上线数727人，上线率23.40%，本科以上上线数2063人，上线率66.40%，获得“漳州市高中教育教学质量达标县”称号。漳浦一中连续第9年获市“高考功勋奖”，成为全市唯一连续9年获此殊荣的学校，全校本一上线率达62.80%，林扬妍、蓝景芬、魏少鑫、潘庆霖等4人考上清华大学，王文琼考上北京大学。

【民办教育】

全县民办学校3所，在校学生4194人，办学质量稳步提升。特别是初中阶段教育教学质量稳居前列，漳浦英才学校、龙成中学连续获得市级先进单位，保持市“初中教学质量信得过学校”称号。

【成人教育】

加快发展现代职业教育　漳浦职校秋季招收学生861人，其中全日制学生818人，非全日制学生43人。制定实施学历证书与职业资格证书“双证融通”试点工作。支持职业学校开展职业培训和参与补贴培训，做到专业设置市场化、师资队伍双师化、教学实训一体化、学生管理正规化。

推进中职教育创新发展　参与中职学校7项主要常规考核，开展职教教师参加全市中职学校教学公开周活动。鼓励中职学校开展研究性课题，引导中职教师参加中职学校教师素质提高培训和信息化教学大赛。组织参加漳州市及“厦、漳、泉”三市中职学校学生技能联赛，是年，有27名职校学生获得各类技能比赛名次。

巩固漳浦电大多类别、多形式办学模式　漳浦电大学历教育涵盖文法、理工、经济、艺术、医学等类别，开设本、专科20几个专业。是年，完成各类招生686人，向社会输送本专科毕业生722人，在校生1882人。在巩固开放办学教育基础上，增进与多所高校的合作办学，被福建师范大学等多所高校授予优秀办学点及最佳贡献奖。

【师资队伍建设】

落实补充机制　是年，招聘中小学、幼儿园教师177人和专职生管人员4人，一定程度上缓解全县紧缺学科和幼教教师紧张问题。

实施名师工程建设　新组建县级名师工作室4个；报送参加省级名师、名校长培养对象遴选11人；报送教师为市级骨干教师培养对象89人；报送校长、教师参加“国培”、省市级专业培训198人次；培训县级骨干教师1171人次，校长79人次。

【落实惠民政策】

做好义务教育学校“两免一补”资金拨付，拨出寄宿生生活补助526万元(包括低保家庭)，免作业本费197万元。按上级文件要求做好学校各项资助工作，拨出学前教育政府助学金75.80万元、少数民族助学金　72.74万元、普通高中家庭经济困难学生助学金259.99万元、中职学校教育助学金25.40万元。新办理生源地助学贷款1132人，是年贷出金额817.64万元，往年续放金额1325.57万元。

【学校德育】

开展丰富多彩的校园德育活动　在清明节、儿童节、国庆节等重要时间节点，开展“我的中国梦”主题教育实践活动；结合学生行为规范养成教育，通过演讲、征文、手抄报比赛等形式，落实“三节三爱”主题教育，把主题思想贯彻到学生日常学习、劳动、活动中，做到“落细落小落实”。以国学经典诵读为抓手，以“学校道德与法制相结合”主题教育为载体，推动优秀传统文化进校园活动；开展“传承中华文化　共筑精神家园”第23届全国青少年爱国主义读书教育活动；加强家庭教育，构建学校、家庭、社会相结合的“三位一体”教育体系。

强化师德导向　依托“智慧人生教育讲堂”，开展每期一周的全封闭式师德师风培训活动，已举办教师培训专场59期，受训教师6243人次。组织骨干教师参加市级德育、心理健康教育通识培训，提升教师师德师风和德育工作。

【学校体育】

开展“阳光体育”运动，确保学生体育运动时间，定时举办学校运动会，参加省市中小学生体育联赛。发挥11所青少年校园足球特色学校的示范引领作用，开展校园足球运动，提升全县校园足球运动水平；开展《国家学生体质健康标准》测试、上报，全县中小学校测试上报率100%。

【校园整治】

“平安校园”等级创建　深化“平安校园”等级创建和安全标准化建设提升工程三年行动，成立由局长任组长的“两项创建”工作领导小组，制定工作方案，明确责任分工，细化工作要求，加强督查指导，确保工作落实到位。至11月，全县学校安全标准化提升建设全部完成，“平安校园”等级创建评审达标率95%，完成市教育主管局下达管理目标。

学校“三防”建设　加大学校视频监控设施建设力度，在学校大门口内外、学生宿舍、楼梯、食堂等重点部位安装视频监控，实现动态管理；学校视频监控录像资料按要求达到30天。全县各级各类学校都投入资金更新购置学校消防水带、应急灯、灭火器等消防安全设施。全县配备学校专职保安员167人（不包含乡镇负担部分），调整充实聘任法制副校长74人，法制辅导员36人。开展校园周边治安环境综合整治，消除校门口50米内乱摆摊、乱搭盖、乱占道经营等交通安全隐患。牵头组织有关部门开展综合整治行动10次，出动执法人员76人次，取缔“黑网吧”5家，收缴电脑、赌博机以及一批淫秽书报和非法刊物。校园周边200米范围内无网吧等营业性娱乐场所。

安全教育与校车管理　把安全和法制教育纳入学校教学计划，规定每学期不少于6节安全教育课和2节法制教育课。开展“防溺水、防交通事故”为重点的安全宣传教育，全面实施交通安全教育“十个一”工程和防溺水“七不两会”常识教育活动。在落实“每天5分钟，每周半小时，每学期最后一节课”的学生安全教育专题活动基础上，加强双休日、节假日学生安全教育，开设“周末10分钟”的安全教育课活动。开展“安全教育周”“法制宣传月”和“防震减灾”“火灾应急疏散演练”等活动。组织20万人次的教师、学生、家长参加全国、省、市安全知识网络竞赛。建立“校车联席会议”制度，制定校车服务方案，明确各相关部门的监管职责，对校车进行有效的管理。至年底，全县更换、购置国标校车106部，全部安装GPS运行装置和领取校车标牌。

【教育工会】

走访慰问　春节期间，走访慰问教育老前辈、老领导16人，发放慰问金1.40万元；走访慰问困难党员21人，发放慰问金1.80万元；慰问重病号50人，发放慰问金5万元；慰问退休困难教职工及80周岁以上教职工465人，发放慰问金8.50万元。各校也自行开展慰问，有2052人受到慰问，发放慰问金61.70万元；教师节期间，慰问195位在职教师，发放慰问金11.40万元。

举办第五届教职工篮球比赛　由县总工会，县教育局、教育工会主办的第五届教职工篮球赛，有21支球队参赛，一中、赤土和二中代表队分获前三名。

完成第六期职工医疗互助工作　全县约有7000名教职工参加,每人80元,计向县总工会缴存资金56万元。

【离退教协会】

县离退教协会分设34个基层分会,至年底,有离退休教职工会员2598人。开展春节慰问活动,重点慰问特困户20户,当年逝世会员遗属59户,危重病号160人,80岁以上高龄教职工219人,发放慰问金7万多元。有关基层分会及相关学校先后为59位逝世会员组织告别仪式。赤湖、杜浔、沙西、绥安、城关等8个分会设立慈善互助基金会,为逝世会员遗属送去互助款。县协会及有关学校为会员赠送老年人保健书籍《丹霞日志》660册,分发会员阅读。召开重阳节座谈会,为年度81对金婚、10对钻石婚伉俪和43位80周岁教职工开展庆祝活动,并赠送纪念牌匾。

(撰稿人:黄朝主、胡国忠)

• 科学技术 •

【概况】

2016年,漳浦县科技局实施科技项目带动战略和知识产权强县战略,科技进步,创新驱动取得新成效,获省级科技项目申报立项4个,市级科技项目申报立项7个;组织实施在研科技项目27个,促进项目实施示范带动、成果转化作用;专利申报工作再创新高,2家企业申报市级专利产业化,4家企业获得市级专利奖,4家企业被列入市级知识产权试点单位。

【科技项目申报立项呈良好势头】

省级科技项目申报立项　是年,全县获省级立项4个,立项补助资金340万元,为漳州各县(市区)立项数、立项资金两项之最。4个项目分别是:漳州仂元工业有限公司承担的对外合作项目"台湾节水喷灌智能制造技术引进与研发创新产业化"(立项资金100万元)、漳州一帆重工有限公司承担的区域发展项目"五兆瓦直驱式海上风机塔筒设计与制造"(立项资金80万元)、福建绿泉食品有限公司承担的"果蔬汁食药用菌发酵制品产业化关键技术研发及应用"(立项资金80万元)、福建万辰生物科技股份有限公司承担的"金针菇产业发展关键技术集成和示范"(立项资金80万元)。

市级科技项目申报立项　是年,全县获市级立项7个,即彩露华化妆品有限公司、村哲实业、美丽家香食品、金穗园艺、顺新榕树盆景场、同溢堂制药、美一食品等7家企业,共获得市级立项补助资金68万元;此外,一帆重工、万辰生物、绿泉食品等3家企业(省科技厅区域发展项目)还获得市级配套资金各20万元。

组织申报2017年度省级科技计划项目　是年,组织5家企业申报2017年度省级科技计划项目。其中:同溢堂药业有限公司的"益安宁研制与工业化生产关键技术研发"申报省区域发展项目,华达(福建)玩具有限公司的"全新高智能化信息化婴儿车的设计与制造"申报省对外合作项目,福建趴趴跑生态农业综合开发有限公司的"优质猪快速繁育及配套技术应用与推广"申报省星火项目。

【加大工业创新工作力度】

5家企业获高新技术企业称号　组织16家企业负责人参加高新技术企业培育工作会议,让他们了解高新技术企业的相关政策、认定条件、评价指标、网上申报注意事项和如何编写申报材料等。组织福建一帆新能源装备制造有限公司、同溢堂药业有限公司、台玻福建光伏玻璃有限公司等12家企业参加市科技局承办的高新技术企业认定申报培训辅导班培训,并对相关企业进行挂钩辅导。申报高新技术企业通过认定的5家企业为:福建一帆新能源装备制造有限公司、福建扬基生物科技有限公司、同溢堂药业有限公司、漳州伟伊化纤、漳州仂元工业有限公司。

2家获得省级科技小巨人领军企业　组织同溢堂制药有限公司、福建福船一帆新能源装备制造有限公司、扬基生物科技有限公司等10家企业申报2016年省级科技小巨人领军企业,其中同溢堂药业有限公司、福建福船一帆新能源装备制造有限公司2家通过认定，列入2016年省科技小巨人领军企业培育名单，并分别获得2016年科技小巨人领军企业研发费用和奖励专项资金57.90万元和22.90万元。

众创空间有突破　指导企业申报市级、省级众创空间。福建腾睿电子商务有限公司申报福建省众创空间，并通过省级评审认定；四通物流创业港、漳州广盛创客投资管理有限公司等，着手筹建具有漳浦特色的孵化载体，创办众创空间。

申报科技创新券补助　恒烨（福建）卫生用品有限公司、福建绿力生物科技有限公司、同溢堂药业有限公司、漳州市蓝宝塑业有限公司、丰升食品（漳浦）有限公司等5家获福建省科技创新券补助，补助金额合计9.70万元。

【在研科技项目成效突显】

组织实施在研科技项目，确保项目按合同要求取得成效。是年，全县在研的主要科技项目27个，包括10个省级项目、10个市级科技计划和创新项目及7个县级项目。项目实施取得示范带动、成果转化的作用，国家科技富民强县项目“漳浦县优势花卉产品开发与标准化生产示范”、国家星火计划项目“蝴蝶兰新品种规模繁育与示范推广”项目，其成果对科技支撑县域经济和产业发展起到推动作用；科技部科技支撑项目“茶资源增值加工技术研究与应用示范”，获得2016年漳州市科技进步一等奖、福建省科技进步二等奖；“蝴蝶兰新品种选育与产业化关键技术研究示范”，获得漳州市科技进步三等奖。

【专利申报数授权数创新高】

修订专利奖励条款　县政府对原制定的专利奖励条款进行完善修订，使之更适合全县专利发展现状。至年底，全县有效发明专利57件；新增授权专利920件，其中发明13件、实用新型714件、外观设计193件；专利申请1720件，其中发明424件。对2015年7月至2016年6月授权专利给予奖励及进入实质审查阶段发明专利申请给予先行奖励，发放奖励资金266.60万元。

鼓励企业申报专利权质押贷款贴息项目　组织企业参加专利权质押融资培训、知识产权质押融资现场咨询会，鼓励企业申报专利权质押贷款贴息项目，漳浦丰滋雅食品有限公司获得省专利权质押贷款贴息6.40万元。

组织申报漳州市专利产业化　是年，组织申报漳州市专利产业化2个，分别为同溢堂“一种治疗冠心病的药物及其制备方法专利技术的产业化运用研究”、漳州一帆重工有限公司“发动机机座加强板构件及其生产工艺”。

4家企业获得市级专利奖　市知识产权局首次专利奖评审，评审出专利奖一、二、三等奖28项，漳浦县有4家企业的专利获得奖励。其中：漳州钜宝生物科技有限公司的“一种蝴蝶兰的育种方法”、福建新华东食品有限公司的“一种保持罐装蟹肉嫩度的加工方法”被授予二等奖；福建省丰盛食品有限公司的“一种花蛤肉的制备方法”、同溢堂药业有限公司的“一种具有温肾益阳功能的药物及其制备方法”被授予三等奖。

4家企业被列入市级知识产权试点单位　是年，福建绿力生物科技有限公司、福建万辰生物科技股份有限公司、漳州新镇宇生物科技有限公司、漳州伟伊化纤有限公司等4家企业，被列入第七批漳州市知识产权试点单位；漳浦丰滋雅食品有限公司列入福建省知识产权优势企业。

（供稿：县科技局）

文化　传媒　旅游

·文　化·

【概况】

2016年，漳浦县文化工作以弘扬先进文化为主线，创作文艺精品，形式多样地开展群众文化活动，以满足群众日益增长的文化需求；提高公共文化服务水平，免费开放图书，年流通量12万多册，接待读者7万多人次；免费放映公益电影3733场；做好非物质文化遗产的保护与传承，挖掘整理竹马戏、折子戏十几部；加强文保单位安全管理与修缮，全年投入1500多万元，完成全国重点文物保护单位锦江楼和漳浦文庙的维修及15处文物保护单位的安防系统工程建设等。

【文化重点项目建设】

“一场两馆”项目由人民剧场、城市规划展示馆（含行政服务中心、书画院）和档案馆等3幢建筑和市民广场、人群集聚广场、室外综合管线等景观工程组成。位于和康大道东侧，占地面积12.66公顷，总建筑面积2.64万平方米，项目主体工程概算总投资11544万元。2016年，县人民剧场建设完成可研、环评、节能、水土保持方案、地形测绘、地质勘探、地质灾害风险评估、用地报批、土地预审、方案征集、初步设计、人防易地建设、概算、概算审查、施工图纸设计及审图工作。

【群众文化活动】

群众文化活动丰富多彩　全年组织开展贺新春激情广场戏曲展演、“家印之夜”迎新春综艺晚会、第六套健身秧歌比赛、全国助残日文艺演出，征兵工作、国防教育、双拥支前文艺晚会，纪念红军长征胜利80周年文艺晚会，“三下乡”走进深土、走进石榴、走进军营文艺演出，卫计系统专场文艺晚会等文艺展演活动30多场次。主办、承办迎新书画作品展、首届书法临帖展、剪纸精品展、陈达文摄影作品展、税收宣传月书画展、漳浦•彭阳文化艺术交流周作品展，漳浦县学生剪纸、书法、美术作品展，庆祝中华人民共和国成立77周年少儿书画展等各类展览30多场次。带动各地文艺活动170多场次。县芗剧团下乡演出105场，组织获奖剧目《芝麻官系列》下乡巡演30场。完成放映农村公益电影3597场，西湖公园双号免费电影放映136场。

创作文艺精品　省委宣传部重点扶持项目一芗剧《煎石记》完成创作排演，并于7月在漳州市人民剧场完成首演；自编自导自演新编大型芗剧《开漳圣王一陈元光》；芗剧《芝麻官系列》获“第二十六届福建艺术节”剧目一等奖、漳州市第八届百花文艺奖二等奖。发挥文化宣传优势，创作编排方言三句半《创建国优》、方言小品《生男生女都是宝》、新编竹马戏小品《唐二补证》、小品《拒毒》、快板《珍惜生命　拒绝毒品》等节目；创排大型业务戏《望夫恨》《三家福》《庙会姻缘》《薛应龙认母》《玉佩奇冤》《错搭姻缘》等剧目。

文化交流活动　10月，县竹马戏（芗剧）传承保护中心到台湾彰化市进行文化交流演出；新编大型芗剧《开漳圣王一陈元光》参加海峡两岸开漳圣王文化交流暨漳浦威惠庙建庙1300周年庆典活动；组织剪纸艺人参加全国剪纸博览会交流活动；与彭阳县开展文化艺术交流活动，在彭阳举办漳浦书画剪纸作品展、文化艺术交流座谈创作会及剪纸艺术讲座等。

传统民俗活动 利用农村传统节日，组织举办民间传统民俗活动。有佛昙龙舟文化节，湖西诒安堡、佛昙、赤湖、竹屿、旧镇等地的“穿灯脚”习俗，赤岭雨霁顶、长桥泗洲岩4年一度的庙会“辇艺”活动，绥安西庙圣王巡安习俗，杜浔文卿“排宵”祭祀活动，还有“舞狮”“弄龙”“锣鼓”“八音鼓吹乐”“大车鼓”“大鼓凉伞”“跑旱船”“扛尪跳火”“攻炮城”等具有特色异彩纷呈的民俗活动，

【非物质文化遗产保护与传承】

挖掘保护非遗项目 全县县级非物质文化遗产项目31项、市级9项、省级3项、国家级项目1项。2016年，继续深入挖掘、搜集、整理非遗项目，加强非遗项目、传承人、传承基地“三位一体”评估体系建设。组织竹马戏（芗剧）传承保护中心竹马戏传承人先后深入竹马戏发源地深土、六鳌等地挖掘整理竹马戏、折子戏十几部。

非遗进校园活动 扶持指导县江滨幼儿园开展首届木偶文化周系列活动，与第二实验幼儿园举行竹马戏表演交流活动；组织世界非物质文化遗产“漳浦剪纸”走进万安学校，举办“漳浦剪纸传承保护示范点”授牌和捐赠剪纸教学物资等活动。

非遗展览、竞赛、培训 组织举办记住乡愁－中国民间文化艺术之乡漳浦剪纸精品展（福州站、厦门站、漳浦站），漳浦剪纸进校园暨漳浦县学生剪纸、书法、美术作品展。举办全县剪纸培训，“金浦梦、家乡美”民间剪纸职业技能竞赛；协办福建省中小学校外教育艺术素质展演培育活动师资培训（剪纸教学班）。组织参加漳浦、柘荣、晋江三地剪纸作品联展，中国非物质文化遗产传承人研修班。

【文物保护】

文保单位安全管理 建立文物安全巡查制度，每月对全县的寺庙、祠堂、古建筑等文物保护单位进行全面安全巡查，全年出动检查人员600多人次。对发现的安全隐患，即出具“责令整改通知书”，限期进行整改，全年下发整改通知书9份。举办全县文化协管员文物安全管理培训，张贴文物安全通告，对群众进行文物安全保护宣传教育。

文保单位修缮 基本完成全国重点文物保护单位福建土楼之锦江楼主体修缮工程；完成全国重点文物保护单位漳浦文庙大成殿主体维修工程，并通过省、市专家论证评审；完成省级文物保护单位黄道周讲学处和黄道周墓、四君子墓主体维修及讲学处陈列布展工作；配合府前唐文化街区实施蔡新府第维修、复建工程，项目通过有关部门审核验收；启动全县15处文物保护单位的安防系统工程建设；启动漳浦武庙文化公园奠基仪式；启动红色文物红七师司令部旧址的修缮工程。是年累计投入文物修缮保护经费约1500多万元。完成赵家堡建筑群修缮工程修编方案立项报告报批，并通过国家文物局审批；完成全国重点文物保护单位蓝廷珍府第、诒安堡的维修工程立项报告的编制，并通过国家文物局审批；完成深土西丹官厅、官浔大夫家庙、林士章墓、徐表墓、赤土下坂林氏祠堂等一批文物保护单位的修缮设计。

【提升公共文化服务水平】

图书免费开放 县图书馆推广电子图书阅读方式，做好节假日期间读者的服务，开展“有奖灯谜竞猜”“诵读国学经典”等主题活动，通过互动，拉近读者与图书之间的距离。整理、装订、上架过期报刊，方便读者查阅；落实图书免费开放，实现无障碍、零门槛进入。是年，县图书馆图书流通12万多册，接待读者7万多人次；有4000多名读者通过电子图书借阅机下载借阅书籍，全县所有农家书屋实行免费阅读。

博物馆、黄道周纪念馆免费开放 完成博物馆文物库房及展厅维修改造，完成黄道周纪念馆陈列布展改造，全年举办“漳浦县学生剪纸.书法.美术作品展”等临时免费开放展览活动12场次。

公益电影免费放映 坚持每周逢双日公园公益电影免费放映，每村每月放映一部免费电

影，全年放映农村公益电影3597场，完成西湖公园双号免费电影放映136场。

【文化市场管理】

文化市场监管　完成全县128家文化市场经营单位的换证和年检；开展文化市场安全大检查，是年出动执法人员2256人次，检查网吧252家次，歌舞娱乐场所150家次，印刷企业115家次，书店音像店86家次；发现安全出口不畅通等问题的26家次，应急照明部分损坏的15家次，灭火器压力不足或过期的25家次当场责令业主整改，并进行跟踪督查；依法查处无证无照经营歌舞娱乐场所32家。

“扫黄打非”工作　开展“护苗行动”“清源行动”“净网行动”“固边行动”，加强校园周边出版物市场和娱乐场所检查，打击校园周边兜售盗版、恐怖、迷信、低俗、色情的书报刊、音像制品及计算机软件无证照的游商和地摊；严禁在中小学校200米范围内新办网吧、电子游艺室、歌舞娱乐场所。

（撰稿人：黄翰清）

·新闻传媒·

【概况】

2016年4月，整合原金浦报社、漳浦新闻网、县委报道组、网络舆情中心4个单位，成立漳浦县广播电视新闻中心。是年，新闻中心完善通信网络，建立健全通讯员队伍，开展对古雷石化基地、万安产业园等社会热点的报道，至年底，在《福建日报》上稿30多篇，《闽南日报》上稿1000多篇，其中头条新闻30多篇，人民网、东南网、光明网等网站上稿30余条，并向市委宣传部报送新闻信息上千条。

【社会热点报道】

与《福建日报》《闽南日报》共同组织开展“古雷石化”、万安产业园系列专题采访，在《金浦报》第8版开设古雷石化基地、万安产业园专版、专题，报道两个开发区百姓生活变迁及近几年开发建设发展成就。结合县委、县政府中心工作，精心策划，相继推出“三比三看进行时”“治国理政进行时”等系列报道，并及时转载国内各大媒体对漳浦县的宣传报道，为群众提供一个全面了解漳浦县经济社会发展的平台。

【重大活动宣传】

开展县“两会”的宣传报道，在对“两会”进行常规性报道的基础上，推出“两会”特刊，并且选取教育、医疗、保障等群众关心的热点焦点话题进行深入报道，使“两会”的宣传更贴近实际、贴近群众。做好“创卫”活动的系列宣传，开设“创卫进行时”栏目，用图、文结合的报道形式，宣传报道各地各部门在“创卫”方面的典型事迹，为漳浦县创建国家卫生县城营造舆论氛围。及时做好防抗台风新闻报道，设置全力防抗台风“莫兰蒂”“鲇鱼”等专栏，宣传报道各乡镇场各相关部门防抗台风工作成效。

【推进媒体创新突破】

《金浦报》和“漳浦新闻网”推出报道刊发漳浦县名人轶事和优秀传统文化。《金浦报》还开辟“弘扬经典文化　传承华夏文明”系列专版，开设中华经典大家谈，选登《中庸》《菜根谭》等经典著作的原、译文及评析，刊发本地作家学习经典心得体会的文章，引导广大干部群众学经典、议经典；同时，注重祖地文化资源的挖掘和利用，在《金浦报》、“漳浦新闻网”开设祖地文化、漳浦历代名人系列及“金浦故事”系列专版专栏，寻访、追溯古先贤足迹和精神，展现漳浦县建置1300多年的人文古迹。

【创建舆论引导新格局】

是年，漳浦新闻网设置学习宣传贯彻省第十次党代会精神、第八届农博会·第十八届花博会、“三比三看”竞赛活动、治国理政进行时、“两学一做”学习教育、建党95周年、长征胜利80周年、漳浦故事等专栏及30多个新闻专题。漳浦新闻网单月的日均页面访问量最高达6501.80人次；网站的月IP访问量最高达93453个；月网页访问量最高达19.51万人次；单帖最高点击量为3374人次。是年发布全县各类信息近5000条，转载新华社、新华网、中新网、漳州新闻网刊发的新闻信息6000余条。漳浦新闻网还借助《金浦报》报纸传媒的优势，报网互动，全力对中央政策及漳浦县委、县政府工作亮点进行宣传报道。

【加强舆情研判】

引导网民树立正确的互联网法制、道德意识，不发布低俗信息，不浏览低俗网站。规范属地新闻网站的新闻登载，要求属地新闻网站必须做到规范新闻来源标注，保持原稿完整性，坚持新闻真实性，确保不将微博微信等互动栏目帖文作为新闻直接编发，不随意编发境外媒体新闻。派专人对属地新闻网站不定时监视巡查，通过查看网站阵地和网页内容、查阅登记备案信息等形式对属地新闻网站进行专项检查、定期复查，确保网站刊载新闻规范化。与文化、公安、电信、教育等部门联合，形成制度化，经常化，建立长效监管机制，及时准确发现舆情，为领导决策提供参考，及时有效化解舆情事件的负面影响。

（撰稿人：林泽惠）

·档案管理·

【概况】

2016年，漳浦县档案局（馆）馆藏档案45063卷，婚姻、收养、水利普查档案78311件，资料12142册，照片3038张、光盘166张。被福建省人力资源和社会保障厅、福建省档案局授予“全省档案系统先进集体”称号。

【“政府信息”公开】

贯彻落实《福建省档案条例》的要求，做到政府信息公开和保密工作相结合，主动修改单位办公地址领导信息等公开信息，主动公开工作动态、培训、通知等公开信息，调整房屋用于信息公开查阅场所，配置检索利用工具。是年，档案局通过网站公开信息14条，接收各单位报送的政府信息公开文件434份，全文电子化率为100%；接待公众查阅档案局及其他机关政府公开信息103人次，提供政府公开信息138件。

【档案资料接收征集】

档案收集加快有序进行，是年，依法接收县政府办、县纪委、组织部、发改局等单位档案2299卷，接收行政服务中心婚姻档案21628件；督促绥安镇婚姻登记材料规范整理。征集《历史丰碑》《记住乡愁（漳浦剪纸精品集）》《漳浦古村落》《漳浦历史人物传略》《八度空间》《河垅陈氏族谱》等书籍资料45册；购置《中国抗日战争史简明读本》《闽台区域社会研究》等书籍60多本，丰富馆藏，改善结构。

【档案信息化建设】

加快档案数据录入进程，完成馆藏档案3000卷、文件级目录数据录入3.20万件；完成婚姻档案、土地延包等80万页档案全文扫描，全面采取计算机查档检索。着手进行第三期馆藏95万页档案数据化建设，并做好数据脱机安全备份工作。投入8.50万元，采用政府采购，购置服务器、扫描仪、计算机等设施设备。做好档案网站日常维护，及时更新充实网站内容，力求把档案网站建设成政府已公开信息发布和社会公众获取档案信息平台。

【档案指导、监督】

依法开展行政职权清理规范工作，确定行政权力、公共服务事项清单、档案查阅利用流程图，印发《漳浦县档案局行政审批和服务审查工作原则》。印发《漳浦县档案事业发展“十三五”规划》《漳浦县档案局推广随机抽查规范事中事后监管实施方案》《漳浦县档案局推广随机抽查规范事中事后监管制度》《漳浦县档案局关于开展档案安全保密专项执法检查活动的通知》，与县委组织部联合印发《关于加强乡镇党委换届档案管理工作的通知》等，促进依法治档工作有效开展。联合县保密局、数字办、网安办等单位对各乡镇场、县直机关的档案安全保密网络等工作进行检查；组织人员深入绥安镇、古雷经济开发区管委会、古雷拆迁指挥部督促指导婚姻档案、人事档案、征地拆迁档案的整理归档；深入南浦乡后坑村、绥安镇大埔村指导“乡村记忆档案”示范项目建设；指导规范建档6800多卷。

【档案安全管理】

筑牢“预防为主，安全第一”意识，完善健全安全措施，改善安全保管条件。及时转发《国家档案局〈关于进一步加强档案安全工作的意见〉的通知》。邀请漳州市防火中心老师到县档案局开展消防知识讲座。投入4万元，强化档案库房“八防”工作，增添、维护烟感报警器，灭火器，购置除湿机8台，防磁柜1台；投入2.30万元，聘请漳州兰台服务公司对早期破损地契档案进行修复。做好库房清洁、温湿度调控、白蚁防治、档案药品投放等工作。没有发生失泄密事件。

【档案宣传】

“6•9”国际档案日期间，以“海西崛起金漳浦”为主题，制作包括工业经济、旧城新貌、幸福民生、生态家园、美丽乡村、旅游品牌、红色记忆、档案概括等内容的档案图片展板，到漳州科技学院、县实验小学、县委党校、漳浦职专、漳浦县智慧人生讲堂等场所巡回展出。在县电视台播放档案宣传标语，在《金浦报》专版宣传档案工作。利用短信、微信、网络等媒体，同步进行宣传，让社会了解档案和档案工作的独特作用，营造良好档案工作氛围。

【档案利用服务】

着眼民生、服务社会，全面取消查档收费。改善查档环境，查阅室设置便民药箱、老花镜、放大镜等设备，开通查阅服务热线，函查、网上查询等方便群众查阅利用档案信息、政府公开信息。是年，接待利用者3668人次，提供利用档案资料5678卷次，复印或摘录档案6900多页，为群众解决个人事宜、干部职级晋升、人事档案审核等提供相关真实可靠凭证。

【档案馆库建设】

与“一场两馆”项目建设领导小组、设计单位等相关部门配合沟通，做好档案馆项目建设各项前期准备工作。至年底，已完成立项规划、可研初设、地勘环评、水土保持、施工图设计及图审、概算等前期工作，完成土方平整60%。

（供稿：县档案局）

• 党史研究 •

【概况】

2016年，县委党史研究室加强党史征集、研究、编纂，编纂出版《中共漳浦县委执政纪要》2014卷、2015卷，《福建中央苏区纵横—漳浦卷》《中国共产党漳浦县历次代表大会资料》等史料；做好革命遗址保护、利用和开发，县革命历史纪念馆全年接待20多批次2000多人前来参观学习。

【党史编纂】

出版《中共漳浦县委执政纪要》2014卷、2015卷 《中共漳浦县委执政纪要—2014卷》26万多字，于2月编纂出版；《中共漳浦县委执政纪要—2015卷》28万多字，于12月编纂出版。

编纂出版《福建中央苏区纵横—漳浦卷》 《福建中央苏区纵横—漳浦卷》，经省党史室、中央党史出版社审稿，正式出版。全书24万多字，由综述、重要文献、回忆录、重点专题、人物简介、重要遗址、大事记及有关图片组成。

编纂《中国共产党漳浦县历次代表大会资料》 着手编纂《中国共产党漳浦县历次代表大会资料》。该书收录、介绍了中共漳浦县第一次代表大会至中国共产党漳浦县第十三次代表大会召开的时间、地点以及出席会议的代表名单、会议议程、会议主要文件名称、会议组织机构和会议选举结果，全书约30万多字。

【党史宣传教育】

县革命历史纪念馆 先后开展“学党章党规、学系列讲话、做合格党员”，“纪念红军长征胜利80周年”等多次专题展陈；是年前来参观20多批次2000多人次。其中，10月25日，省委常委、宣传部部长高翔在漳州市委书记陈家东、县委书记戴平忠陪同下参观纪念馆。

开展系列活动 是年，是中国工农红军长征胜利80周年、中国共产党成立95周年，也是中共漳浦地方组织成立90周年。县委党史研究室开展系列活动。提供史料、参与审片，协助有关部门拍摄《闽南井冈山》纪录片，协助福建广播影视集团在漳浦开展“2016 福建苏区行”大型采访活动等。

(供稿：县委党史室)

·地方志编纂·

【概况】

2016 年，漳浦县地方志编纂工作着力做好《漳浦县志(1990－2007)》出版发行，编纂出版《漳浦年鉴(2015)》，被省方志委确定为全省 5 个之一的“福建省年鉴精品工程试点单位”，组织编纂出版《漳浦年鉴(2016)》；推进网站和资料室建设；印发宣传手册 1 万册，开展地方志法规宣传；配合省方志委做好“中国地方志发展报告”、《福建茶志》等资料的收集、补充和其他材料报送；完成市方志委下达《漳州茶志》《漳州市志(名产篇)》等资料的收集、补充和校对。

【《漳浦县志(1990－2007)》出版发行】

4 月，由县方志委组织编纂的《漳浦县志(1990－2007)》由方志出版社正式出版。这是新中国成立后漳浦县编纂出版的第二部县志，是第一部县志的续志，上限为 1990 年 1 月 1 日，下限至 2007 年 12 月 31 日。全书分为 29 卷、145 章、589 节、199.70 万字，图照 66 张。全面、系统、翔实地记述漳浦县 1990 年至 2007 年全县的自然、政治、经济、文化和社会的历史与现状。

【落实年鉴“精品工程”省级试点工作】

是年，漳浦县被省方志委列为“福建省年鉴精品工程试点单位”。县方志委积极应对，成立专门工作小组，制订操作性强、目标具体的实施方案，及时调整因领导变动的《漳浦年鉴》编委会组织机构，组织编辑人员赴北京、山东，建宁、泉州等地参加精品年鉴业务培训，提高编辑人员的业务素质与水平，确保精品年鉴试点工作落到实处。

【《漳浦年鉴》编纂出版】

1 月，《漳浦年鉴(2015)》正式印刷出版，全书约 66 万字，彩照 21 张。根据省精品年鉴会议精神和培训要求，《漳浦年鉴(2016)》各项工作以提高年鉴质量，编纂精品年鉴为出发点，把质量意识、精品意识贯穿整个编纂过程，加强框架篇目设计、资料收集、编纂审稿等工作。全面、系统、翔实地记载了 2015 年漳浦县自然、政治、经济、文化、社会等情况，力求客观准确记述年度内具有价值的内容和有影响的大事、要事、新事、特事，辑录年度的热点、重点。《漳浦年鉴(2016)》于 10 月正式出版，全书约 62 万字，彩照 55 张。

【地方志数字化网络化与馆库建设】

持续完善地情网站，漳浦县地方志编纂委员会：http://zpdfz.org.cn/)建设，增加网站空间容量，升级空间配置，加强软硬件建设，提高网站质量；及时调整网站栏目，充实内容，提高入库上网资料的数量；强化志鉴及地情类书籍的数字化工作，形成较为丰富的数字化文献体系。将县方志委出版的书籍电子版上传至网站。同时，完善县志委图书资料室，至年底，资料室有各类图书 1100 余册，并设专人管理。发挥资料室服务社会的作用，是年，接待来自台湾地区、厦门市、芗城区及漳浦县各乡镇前来寻根谒祖、查阅史料、民俗活动、编撰族谱和课题调研等。

【依法治志】

5 月，结合《地方志工作条例》颁布十周年，开展地方志法规宣传月活动，印发宣传手册 10000 册，悬挂横幅标语并通过电子显示屏、手机铃声，宣传《地方志工作条例》等法律法规，展示县地方志成果等。

(供稿：县志委)

·体 育·

【概况】

2016 年，漳浦县体育工作围绕实施全民健身国家战略，制定

“十三五”漳浦县全民健身实施计划；城乡群众体育活动活跃，全年开展福建省全民健身运动会(漳浦分赛区)比赛项目24个，举办群众体育赛事126场次；投入建设资金100万元，支持乡镇、村、学校建设体育场地25个；投入资金61万元，建设“老年人健身康乐家园”61个；向上争取建设资金95万元，助建3个农村体育健身项目；协助3家企业获得体育产业专项补助资金50.66万元。

【群众体育】

推进全民健身实施计划 贯彻落实国务院颁发的《全民健身计划(2016－2020年)》《福建省全民健身实施计划(2016－2020年)》和《漳州市全民健身实施计划(2016－2020年)》，推进全民健身国家战略的组织实施，制订漳浦县全民健身实施计划(2016－2020年)，明确“十三五”期间全县体育工作目标。制订2016年漳浦县群众体育活动计划和全民健身运动会实施方案。开展全民健身运动会的各项比赛和活动，配合县委宣传部、林业局举办“创造森林城市－新都城市广场彩虹跑活动”，联合县综治办、妇联举办“2016年漳浦县推进‘平安家庭’创建活动”暨踢毽子比赛等。

开展群众体育活动 2016年，全县城乡群众体育活动活跃，开展福建省全民健身运动会(漳浦分赛区)比赛项目24个，举办群众体育赛事126场次。先后举办“毅闽杯”羽毛球比赛、民兵预备役“人武杯”篮球比赛，“庆元宵”象棋、围棋、乒乓球比赛和漳浦县第六套健身秧歌比赛等“三节”群众性体育活动；开展8.8全国第九个“全民健身日”系统活动，举办“润丰•吉祥福邸杯”第六届乡镇篮球联赛、全国象棋业余棋王赛(福建漳浦分站赛)、“邮政杯”行进间有氧健身操比赛；组织全民健身运动会“足协杯”足球比赛、“德才杯”游泳比赛、“鼎诚杯”羽毛球协会比赛、“金融杯”职工羽毛球和拔河比赛；在国庆节、重阳节期间，开展老年人门球、气排球、地掷球比赛以及老年人健身气功展示，健身健步走等活动。组织参加2016年“漳州发展杯”第二届漳州市体总乒乓球比赛，获女子团体第三名，男子组第四名；参加2016年“旅投杯”漳州市第二届龙舟大赛，获团体第六名；参加漳州市体育产业政策与知识竞赛，获一等奖。

体育场所和体育设施建设 向省体育局申报赤湖镇农民体育健身工程、绥安镇大埔村社区多功能运动场、绥安镇南门社区健身房等3个建设项目，争取建设资金95万元。县级财政利用体育彩票公益金，投入建设资金100万元，支持乡镇、村、学校建设体育场地25个；投入资金61万元，建设“老年人健身康乐家园”61个。

【竞技体育】

备战13届市运会 是年，全县有田径、游泳、篮球、乒乓球、羽毛球、拳击、击剑、皮划艇、武术套路、散手、跆拳道、举重、足球、摔跤14个项目337名运动员完成省级运动员注册，为备战13届市运会做好准备。同时，对有望在市运会冲击金牌的运动员进行预测，对各训练队下达比赛任务，并制定相应的奖惩办法，调动教练员、运动员的训练积极性。

组队参加市年度锦标赛 组队参加2016年漳州市少年儿童锦标赛，参加摔跤、跆拳道、拳击、武术散手、武术、羽毛球、乒乓球举重、足球、游泳、篮球、田径、击剑等13个项目比赛。获男子武术散手团体第一名、获拳击女子团体第二名、获拳击男子团体第三名、获摔跤男子团体第三名、获跆拳道男子团体第三名、获游泳女子团体第三、获足球男子乙组第三名。

国内大赛获佳绩 漳浦县籍优秀运动员卢云秀，6月2至9日在辽宁瓦房店举行的2016年“将军石杯”全国帆船帆板冠军赛中获得了帆板女子RS:X级长距离第二名、帆板女子RS:X障碍赛第二名、帆板女子RS:X级第二名的成绩；黄艺8月27日在四川全国男篮集训赛上获得南区第二名；陈江宏3月11日在2016中国青少年高尔夫球队际巡回赛阳江站中获得CJGT推杆比赛第三名；王国忠9月14至17日在天津奥林匹克中心体育场举行的2016全国田径锦标赛暨全运会测试赛比赛中获400

米栏第四名。

【发展体育产业】

全县体育用品制造业49家，体育健身休闲业50多家，体育培训业29家。是年，组织协调2家企业参加2016年中国（国际）体育用品博览会，组织7家企业参加漳州市体育产业展览活动。开展2016年体育产业专项资金申报工作，“立和”“北极豹”“火山岛地质公园”3家企业的体育产业获得补助资金50.66万元。

贯彻落实彩票管理条例，提高网点服务水平，全县体育彩票销量继续保持较快增长，是年，全县累计销售体育彩票6674万元，完成全年任务的103%。

（撰稿人：黄翰清）

·广播电视·

【概况】

2016年，漳浦广播电视台坚持科技创新，推进广播电视采编播数字化、高清化，以“互联网＋”思维打造广播、电视、网站、微博、微信、LED大屏以及手机移动客户端等七大宣传业态；积极向上供稿，在漳州电视台《漳州新闻》《记者在线》两档栏目上稿获得业绩分数超过1000分，总得分位列全市各县市区第一名；漳州广播电台新闻用稿超过2600分，总量保持全市第一。在中央电视台上稿15篇，省电视台各新闻栏目上稿330多篇，在福建广播电台新闻上稿336分，省级媒体上稿排名均位居全省县级台前列、全市县级台第一名。

【优化技术装备】

推进广播电视采编播数字化、高清化 “高标清同播”播出系统自2015年12月正式投入使用后，已配备高清电视移动导播台、高清摄像机、高清摇臂一体机等采编设备；同时，建设完成大型数据交换中心、高清虚拟演播室。

拓展传播渠道和宣传手段 以“互联网＋”思维打造广播、电视、网站以及微博、微信、手机、LED屏等七大宣传业态，使漳浦县进入全媒体时代。同时，在全省率先创新推出电台“看得见的声音”广播节目视频直播，受到观众好评，提高收听收视率。其中，“漳浦广播电视台”公众微信号的关注数10万，总点击量突破1000万人次，其中最高一天点击为18万次，单帖点击量最高7万次。公众号在综合大数据评比中获得全省第一名。

强化保障播出安全高效 加大投入，更新设备，完成利用互联网传播视、音频信号，为新闻快速传送打好基础。加大安全监管力度和安全运行管理，完善节目审片制，推进机房24小时值班制及零事故报告制，梳理完善安全管理相关制度，严格落实，防患于未然，确保各级“两会”、重大节假日等安全播出重要保障期的正常播出。

【向上争取项目资金扶持】

向省局、市局申报项目，争取项目资金扶持，优化发展环境。漳浦广电台《基于大数据分析技术的云端新闻网建设》项目扶持评审结果已进入公示；申报的台网融合案例《双向性优质融合项目》，不但获得2016年度省局网络视听节目内容建设项目扶持，同时作为推荐上报国家新闻出版广电总局参评的全省首个县级台项目。

【促进广播电视公共服务均衡化】

提高全县广播电视无线数字覆盖 加强数字无线覆盖网络建设，完成大峰山广播电视转播发射台数字化改造。有效覆盖范围：县城及部分乡镇，群众可方便收看中央台大部分频道、省台卫视、漳州台、漳浦台共16个频道的标清信号和收听漳浦人民广播电台节目。

提升有线广播应急系统 完成全县21个乡镇和部分建制村广播应急系统建设，实现市县乡村四级联播联控和应急预警功能。村级广播每天中午12:00－12:30转播或播放县级节目，18:00－19:00转播或播放市级节目。同时，组建有线广播应急抢修工作组，加强村村响建设巡查维护。在各乡镇开展镇村二级广播管理员技术业务培训。

【新闻报道成效显著】

围绕中心开展报道 围绕

重大项目、重点工作、招商引资等全县经济建设和社会各项事业，开展宣传报道。先后推出《启航2016》《推进四大重点区域、六项重点建设》《环境卫生大整治》等20多个专栏或系列报道。其中，《漳浦新闻》播出广播、电视新闻各2400多篇。加大主题性宣传报道力度，先后开辟《工业强县直通车》《居古雷港城、享幸福生活》《大干六个月确保完成全年目标任务》等系列专栏。高质量完成古雷整岛征迁等直播、录播和宣传报道。

积极向上供稿 与漳州电视台、漳州人民广播电台合作，在市"两台"的新闻栏目《漳州新闻》《漳广新闻》分别合办推出《新闻互联网一漳浦篇》《直播漳州一漳浦篇》，每周一期，每期节目时长约3分钟，报道漳浦县重要时政和项目、经济建设新闻。是年，在漳州电视台《漳州新闻》《记者在线》两档栏目上稿超过1000分，总得分位列全市各县市区第一名；漳州广播电台新闻用稿超过2600分，总量保持全市第一。在中央电视台上稿15篇，省电视台各新闻栏目上稿330多篇，在福建广播电台新闻上稿336分，省级媒体上稿排名均位居全省县级台前列、全市县级台第一名。

对台交流与合作 由漳浦县广播电视台与中央人民广播电台、漳州人民广播电台联合创作的微广播剧作品《寻人》，在参与协办的2016海峡两岸微广播剧大赛中获得金奖。由中央人民广播电台、漳浦县委宣传部、漳浦县广播电视台联合策划制作的广播连续剧《一代相国蔡新》首播仪式在漳浦县广播电视台举行，节目在海峡两岸"闽南话广播协作网"成员台同步播出。

【创作观众喜爱的好节目】

丰富宣传形式 加强广播电视与新兴媒体的互补作用，继续做好广播、电视通过互联网、移动端在线收听收看，方便观众随时点击收看，漳浦县广播电视台FM91.5电台在手机酷狗、蜻蜓FM、喜马拉雅FM平台同时在线收听观众超过2.50万人。推动新媒体与传统媒体的融合发展，运营微信公众平台的使用推广，加强《漳浦旅游》《便民服务》等特色板块推广。增加栏目互动，开办广播栏目《欢喜来卡拉》《带着耳朵去旅行》《夜色情怀》，邀请名师、嘉宾参与到节目中，使之成为本土观众最亲近的媒体，以轻松、实用、有趣、服务的功能进一步拉近与观众的距离。

狠抓节目创优 创新节目制作方式方法，巩固精品工程，狠抓节目创优，选送优秀广播电视作品参加上级组织各轮次评奖活动，获得漳州市县级台节目创优竞赛第一名。是年，漳浦县广播电视台获奖作品30余件次，其中：国家级行业奖5件，省级奖3件，市级奖20余件。

（供稿：县广播电视台）

·旅游事业·

【概况】

2016年，漳浦县接待旅游总人数354.08万人次，同比增长16.40%，实现旅游总收入32.64亿元，同比增长18.50%。漳浦县旅游局获2015年度全省"厕所革命先进单位"、2015年度全省旅游系统网络信息工作先进单位。漳州东南花都有限公司、漳浦天福观光茶园有限公司入选2015年度福建省旅游龙头企业名单，漳浦火山岛自然生态风景区被评为省级十佳文明旅游景区，漳浦翡翠湾滨海度假区被评为省级文明旅游工作先进单位，漳州天福茶业有限公司获评2016年省级观光工厂。

【加大政策扶持力度】

每年安排500万元的旅游产业发展专项资金，主要用于旅游规划、项目、宣传、培训、执法等。2016年，向上争取国家旅游发展基金35万元、省级旅游专项资金245万元、市级旅游发展专项资金25万元，用于支持旅游企业发展。

【做好旅游市场营销】

策划系列旅游节事活动 围绕"月月有活动，季季有高潮"的营销思路，在元旦、春节、"五一"、国庆等小长假期间，各景区旅游活动丰富多彩：东南花都举办大型郁金香花展、"情满花都邂逅郁金香”全国首创大型马拉松以及第八届海峡论坛•第三届海峡(漳州)茶会;火山岛在春节期间推出“大鼓凉伞”民俗表演;天福茶博物院举办“八方茶集”国际茶文化交流茶会暨海峡两岸名茶邀请赛,天福“唐山过台湾”石雕园推出闽南民俗—芗音表演、“十日营”亲子夏令营活动;六鳌翡翠湾滨海度假区举办第三届“蓝色海洋梦”映像丝路沙雕艺术节、欢乐冰雪艺术节、首届海滩音乐狂欢节;佛昙镇举办首届民族民俗文化节暨两岸美食展等。同时,加大旅游节庆活动的宣传力度,借助花博会•农博会的举办平台,宣传漳浦多元的旅游元素;组织辖区内重点旅游景区、旅游酒店、旅行社举办2016年5•19“清新福建•锦绣漳浦”中国旅游日公益惠民主题活动,开展“扫漳浦旅游二维码有礼”活动,参与大转盘赠送景区门票、旅游订制宣传品等丰富多彩的特色惠民活动。

搭建和借助各类营销宣传平台 举办“花样漳州•唐郡漳浦”苏州旅游推介会,推出“春之花、夏之海、秋之山,冬之泉”等旅游名片。组织旅游企业参加第十一届中国东北地区旅游交易大会、2016中国旅游产业博览会、第三届四川国际旅游交易博览会,汕头、深圳旅游推介活动,第十四届厦门食博会等。在第十二届海峡旅游博览会上,漳浦县购买5个展位,再次独立布展,组织辖区内多家旅游企业参展,多方位推介漳浦旅游产品、旅游线路和旅游APP等新媒体介质。

多渠道多形式宣传推介 印制近万份二维码地图和订制旅游收纳袋在各旅游企业和各类宣传活动中发放,全方位展现漳浦美丽风光。借助各类媒体开展宣传,中央电视台《远方的家》、福建电视台《自游自在》、漳州电视台《快乐出发•悠游漳浦》《厦门晚报》等均对漳浦县特色旅游资源进行专题介绍;与中国网中国视窗、中国苏南视窗、搜狐网、侠侣网等协作“厦一站,漳浦”品牌营销;在旧镇高速口、赵家堡高速口、漳浦动车站出口投放“富美金漳浦,山水绿家园”手机推送欢迎信息及导航服务;引导火山岛景区投放动车静态广告,通过头枕巾、LED显示屏向游客宣传推介漳浦特色旅游资源;邀请潮州、汕头18家旅行社到漳浦考察踩线,从而将漳浦特色景区点纳入其旅游线路编排中。

【不断完善旅游基础设施】

天福宿舍区综合楼—开元楼完成投资2045万元,建设完成,于11月20日投入试营业。六鳌翡翠湾度假区酒店公寓项目完成投资7165万元,完成冰雕园、动物园、沙雕改扩建工程,新建蜂巢PIPE和蚁族BOX汽车露营地,已竣工投用;配套度假酒店项目通过总评图审,已完成地基打桩,正进行主体建设。六鳌半岛旅游度假中心土地通过省政府批准,林地通过省林业厅批准,土地招拍挂计划已呈报。七星海国际滨海旅游度假区完成征地120公顷,下穿沿海大通道涵洞已完成,项目地围墙正在建设。六鳌抽象画廊旅游景区及配套项目(龙美湾旅游区)已完成景区开发经营权招标,签订开发合同,已着手开始征地。在南浦乡后坑村、赤土乡溪东村、水头村、官浔镇红霞村新建的7座旅游厕所,于11月底全部完工。

【强化旅游安全监管】

按照“安全、秩序、质量、效益”四统一的旅游工作目标,全年出动36人次,发现安全隐患42条,并全部整改到位。在春节和十一旅游黄金周前夕,联合县安监、消防、卫生等有关部门,对全县各旅游景区、星级饭店、旅行社、旅游购物商店落实节前旅游安全防范和市场整治措施开展大检查。组织全县20多名旅游从业人员参加由市、县安监部门举办的安全业务培训。在安全宣传月活动中,发放《旅游安全常识21条》200多份、旅游法律法规小册子100多份、其他安全宣传资料300多份。建立健全旅游投诉机制,开通投诉电话,24小时受理游客投诉案件,是年接到6起旅游电话投诉案件,已全部办结,回复率100%。全县6家收费旅游景区均按政策要求执行门票优惠、明码标价。

(撰稿人:张慧琦)

卫生 计生

·卫计工作·

【概况】

2016年，漳浦县卫生计生工作通过细化工作任务，落实责任奖惩，推进各项工作有序开展，杜浔中心卫生院、漳浦县第二医院等项目建设全面推进。医改工作取得新成效，有效地控制了医疗费用的增长，完成了市里下达的控费指标。实施130种单病种付费病种，累计节约医保基金及减轻群众负担912万元。计生工作主要指标完成良好，2016统计年，全县总人口917969人，出生率18.52‰；出生人口政策符合率90.67%，比市年度责任指标(90%以上)高0.67个百分点；出生人口性别比111.56，比市年度责任指标(112以下)低0.44个点。

【开展出生性别比综合整治】

保持严打“两非”高压态势，运用经济、政治、法律等综合手段，强化出生人口性别比失调综合整治力度。是年，全县查处“两非”案件28例，其中，重大案件1例，开除党籍1人，注销“再生育服务证”13本。同时，加大计生非诉案件执行力度，严格审核审批制度，完成生育登记服务和再生育审批11495件。强化计生监督执法工作，征收社会抚养费1488.32万元，申请法院强制执行172件。兑现计生“一票否决”，审核个人1028人、单位210个。其中：审核评优评先个人229人、单位151个，审核考察对象327人，审核人大代表452人，因多生育未达处理年限被否决11人。

【夯实常规工作基础】

整顿医疗秩序，开展打击非法行医和“两非”专项行动。落实公共卫生重点监督检查计划，强化公共场所卫生监督力度，提升公共场所卫生水平。规范集中式餐饮具消毒服务市场，开展18家餐饮具服务单位集中培训、卫生抽检、结果公示等工作，提升消毒单位整体卫生水平。深化生活饮用水卫生监督，开展年度及季度的生活饮用水监督监测。开展医疗机构放射诊疗场所卫生监督，加强医疗机构医疗废弃物日常监管力度。开展传染病防治的卫生监督，推进学校教学环境和生活饮用水监督监测，做好学校传染病防控。

【流动人口管理服务】

以“公平对待、服务至上、合理引导，完善管理”为原则，提高服务水平。构建流动人口基本公共卫生计生服务管理均等化的工作格局。是年，流动人口信息协查率、反馈及时率均达100%，市综合平台流动人口出生信息协查率100%。

【基层卫计队伍建设】

通过考试招聘86名毕业生补充到全系统各用人单位。其中，县直单位引进32人均为本科学历，乡镇卫生院引进大专及以上学历卫技人员54人。另外，落实8名定向乡镇卫生院临床医学本科毕业生和2名专升本乡镇卫生院定向生的入编工作。为赤岭、湖西、马坪、竹屿4个边远乡镇卫生院各引进1名特设岗位全科医生。

【深化医疗优质服务】

各医疗机构严格贯彻执行《医疗机构管理条例》、医疗质量管理的法律法规和各项规章制度，以依法执业为重点，落实核心制度，规范诊疗服务行为，保障医疗安全，提高医疗机构服务能力。县直医院优化服务流程，改善就诊环境，简化环节，在门诊部安装缴费结算、取药发号等自动化电子平台，加强导诊引导，方便患者就医。持续改善医疗质量，实施临床路径病种49种、单病种130种，开展新技术、新诊疗项目25种，临床路径管理出院患者达到17%。推进优质护理，县医院和县中医院优质护理工作已覆盖70%的病区。加快推进中医馆建设项目，发挥中医特色，有效推动漳浦县中医药工作深入开展。至年底，已有8个卫生院完成中医馆建设并投入运行。

【完善计生利益导向机制】

推动完善计划生育利益导向机制，法定奖励扶助政策兑现率达100%。已完成部分计划生育家庭农村奖励扶助1813人，发放扶助金240.12万元；城镇奖扶206人，发放扶助金24.96万元；特殊家庭扶助287人，发放扶助金263.64万元；对79户失独家庭实施紧急救助，发放救助金158万元；独女放弃生育指标贡献奖1578人，发放扶助金56.70万元；二女扎奖励29239人，发放奖励金1101.93万元；独生子女奖励71人，发放奖励金6.30万元；新农合补助67883人，发放补助金814.60万元；二(独)女安居工程补助120人，发放补助金36万元；扶助二(独)女特困大学生80人，发放扶助金48万元；对44户计生家庭困难户给予生育关怀补助，发放补助资金10万元；完成对全县计划生育特殊家庭建档摸底及平台录入工作、部份特殊家庭慰问、60周岁以上独生子女和二女免费体检三项工作。

【新农合工作稳步推进】

全县有790391人参加新型农村合作医疗，参合率达100%；筹资水平提高到540元/人•年，比2015年度增加60元/人•年。是年，县医院和县中医院开展单病种（组）付费6522例，补偿1673.31万元。推进重大疾病保障工作，落实22类重大疾病保障政策，465人享受到重大疾病保障待遇，补偿金额达1022.05万元，人均补偿2.10万元，同比增长6.40%。

【宣传服务】

针对不同的卫生计生宣传内容制作宣传品、宣传手册65种。开展各种主题宣传服务活动85场，在全县范围内发送短信108万条，发放宣传折页30万多份，制作宣传展板268张。加强卫生计生新闻宣传报道工作。发表卫生计生新闻报道260篇。其中：国家级媒体1篇，省级媒体40篇，市级媒体100篇，县卫计局门户网站119篇。与县广电台、金浦报社联合开办“卫计之窗”“卫计之声”等专题栏目，开通“健康漳浦”微信公众号。

（撰稿人：陈惠强）

·疾病防控·

【综述】

2016年，漳浦县疾病预防控制中心利用电视、宣传栏等各种媒介，加强卫生防病知识宣传；做好传染病监测，全年上报疫情7178例，及时报告率99.89%，及时审核率100%；落实地方病、慢性病防治措施，开展饮水型地方性氟中毒监测、血防工作及卫生监测，全县查螺面积193.87万平方米；县疾控中心被省疾控中心授予“福建省2014－2015年食品安全风险监测先进集体”和“2013－2015年度福建省慢性病防控工作先进集体”称号。

【传染病监测】

至11月30日，全县疫情网络直报上报卡片上报7178例，及时报告7170例，及时报告率99.89%，及时审核卡片数7178例，及时审核率100%。发现传染病314例，报告312例，及时报告312例，报告率99.36%，及时报告率100%，漏报2例，漏报率0.64%。

霍乱监测 漳浦县于4月1日始开展肠道门诊，至11月30日，全县收集肠道标本578份，海产品418份，检验结果均为阴性；外环境水210份，检验结果均为阴性。

麻疹监测 全年疑似麻疹风疹病例报告20例，实验室检验结果为风疹2例，麻疹病例0

例。根据省市监测方案要求，24小时调查率、48小时录入率、72小时血清送检率均到达100%。

手足口病监测　根据市CDC计划安排，完成手足口病病例咽拭子70份，完成监测任务数，其中肠道病毒通用核酸阳性57例，COXA16阳性1例，EV71阳性3例。

新破、麻疹、AFP监测　发现疑似AFP病例2例，经调查排除脊髓灰质炎。

蚊媒监测　5—10月，对盘陀、长桥、官浔、旧镇、赤土、石榴、杜浔、绥安、佛昙两次、赤湖、湖西等乡镇开展蚊媒布雷图指数监测，布雷图指数分别为35、39、38、18、20、27、13、28、2.6、6.7、34、24。

布病监测　根据省疾控中心下达任务要求，截至10月31日，完成职业人群血清抗体监测101例，完成监测任务。其中抗体检测阳性1例，完成个案调查并对现场处置；发热病人监测病例31份，完成监测任务。

食源性疾病监测　全年县医院累计报告食源性疾病病例122例，中医院报告71例，妇幼保健院71例，完成监测任务。

【疾病控制】

相应传染病控制：脊灰、白喉、百日咳、麻疹、流脑无发现病例，均达到省市下达控制指标。手足口病控制：截至10月31日，网络直报发病2700例，无重症并死亡病例。H7N9禽流感控制：调查处置2例人感染H7N9禽流感病例，进行流行病学调查及疫点处理。登革热控制：8月至9月，佛昙镇发生1起由输入性病例引起的疫情登革热暴发疫情，经落实各项应急防控措施，最后1例病例发生25日后未再发现新病例，布雷图指数降至5以下，双层叠嶂诱蚊法叮咬指数小于2，疫情得到有效控制。

【艾滋病感染者及病人管理】

落实国家“四免一关怀”政策，对符合条件抗病毒治疗的艾滋病感染者，抗病毒治疗率达80%以上。定期对艾滋病病毒感染者和病人进行CD4检测，对其配偶进行艾滋病病毒抗体检测，对本人和配偶进行宣传教育，采取必要的预防措施，避免婚内传播，随访比例达90%以上。

【免疫规划】

4月，对全县2011年1月1日至2015年12月31日期间出生的儿童进行国家免疫规划疫苗查漏补种活动。由于“山东疫苗事件”和部分一类疫苗短缺影响，查漏补种率较低，全县脊灰疫苗应种人数1979人，实种人数885人，接种率为44.70%；麻风疫苗应种人数736人，实种人数388人，接种率52.70%；麻腮风疫苗应种人数868人，实种人数520人，接种率59.90%。全年上报并处置疑似疫苗异常反应36例。根据《预防接种与疫苗流通管理条例》和福建省扩大免疫规划要求，做好一类疫苗预算、分发、运输及管理使用，同时宣传开展安全有效地接种二类疫苗，提高社会效益和经济效益。

【落实地方病、慢性病防治措施】

地方病防治　按照《2016年度福建省地方病防治项目技术实施方案》要求，开展碘缺乏病健康教育、碘缺乏病病情监测与碘营养监测等项目任务，是年检测漳浦县碘盐加工厂12批次108份，合格率100%，碘盐质量保持良好。

饮水型地方性氟中毒监测　按照《福建省饮水型地方性氟中毒监测督导方案(试行)》内容要求，对石榴镇象牙村、佛昙镇洞野村2个饮水型地氟病区村进行病情监测，调查监测村的户籍人口数、常住人口数、16岁以上常住人口数等人口学资料。分枯水期和丰水期各采集1个饮用水样500毫升，测定氟含量；调查改水工程规模、运行情况、供水范围以及受益人口等信息。检查病区村全部8—12岁儿童的氟斑牙患病情况。

血防工作　市疾控中心及漳浦县疾控中心血防工作人员，通过查阅历史资料及咨询退休查螺专家，对全县所有螺点进行实地的GPS定点及全景图片的拍摄；并安排查螺人员进行查螺，全县计查螺面积193.87万平方米，重点对县域内历史有螺环境、可疑钉螺孳生环境等进行查螺，均未发现钉螺。对来自和往返血吸虫病流行区的人员，特别是外来从事农作物种植与收割、水产养殖、水上捕捞以及工程建设等流动人群，采用血清学方法进行血吸虫病筛查202人，完成上级监测任务。

疟疾防治 漳浦县在2014年已通过市级消除疟疾考核验收，是年，为加强疟疾防治力度，制订《漳浦县2016年疟疾防治工作计划》，采取加强传染源搜索、传疟媒介调查和流动人口管理等综合性抗疟措施，未发生疟疾疫情的暴发流行。

鼠疫监测 总结往年鼠疫监测经验并结合全县实际情况，将监测点设在官浔镇、长桥镇、赤岭畲族乡。监测工作从4月1日开始，9月28日结束，共捕鼠261头，其中成年鼠203头，占77.78%，幼年鼠雌雄比为1.42:1；另外，成年鼠类妊娠率为41.79%，平均胎仔数6；采集血清261份，采集鼠肝脾214份，经检验结果均为阴性。8—10月，在官浔镇开展鼠疫防治知识健康教育干预活动，开展鼠疫防治知识知晓率调查，总知晓率为81.07%。

口腔健康调查 3月，县疾控中心专业人员配合福建医科大学附属口腔医院专家在漳浦县开展第四次全国口腔健康流行病学调查；并深入到各调查单位，义务为老年儿童检查口腔问题，讲解口腔健康知识，发放儿童牙膏牙刷和宣传图谱，服务对象536人。

重性精神病人排查和随访 对县域内常住人口开展拉网式排查，对排查出的重性精神病人按照《重性精神病管理治疗规范》和《国家基本公共卫生服务规范》要求建档，录入"国家重性精神病基本数据收集分析系统"。各乡镇卫生院、社区卫生服务中心对辖区内纳入管理的病人每年至少进行4次随防；对病情不稳定或发现疾病有加重征兆的患者，及时进行危险性评估，并进行危机干预，防止肇事肇祸行为出现。至年底，全县国家严重精神障碍信息系统累计建档3464人，其中在管患者3182人，累计死亡患者177人，累计失访患者82人，非在管患者30人。在册患者3287人，在册率4.05‰。是年在系统中患者的管理率为96.56%，规范管理率为81.81%，在管患者服药率58%。

死因监测 漳浦县在2013年新增为省级20个国家死因监测点之一，是年，死因监测工作已覆盖全县21个乡镇。县医院、县中医院、县妇幼保健院3家县直医疗机构及22家乡镇卫生院均为死因监测工作的责任报告单位，在每个医疗机构设1—2名专（兼）职人员负责死因信息登记报告。

【卫生监测】

饮用水卫生监测 根据《全国饮用水卫生监测工作方案（2016年版）》要求，于枯水期、丰水期各采集出厂水、末梢水的水质卫生监测，城乡管网、二次供水的水质卫生监测，每次采集21份水样，共采集42份水样。集中式供水厂、学校自建水、分散式供水点的水质卫生监测，每次采集55份水样，共采集110份水样。做好饮水安全工程监测点基本情况调查，并将检测结果通过网络直报上报卫生部水改中心、省疾控中心。

应急吹扫公共卫生保障 按照市疾控中心关于做好腾龙芳烃应急吹扫公共卫生保障工作的方案，对古雷镇、杜浔镇、霞美镇、沙西镇集中式供水的出厂水和末梢水各1个点。古雷镇分散式3个点，监测时间从3月1日起到6月30日，每月上半月、下半月各1次，每次采集11份水样，共采集88份水样，监测结果及时上报市疾控中心卫计科。

消毒质量监测 开展1家幼儿园消毒质量监测，监测样品数19份；开展4家医院消毒质量监测，监测样品数101份。

公共场所卫生监测 开展13家游泳场所的池水水质卫生监测；对辖区内住宿、沐浴、歌舞厅（KTV）、美容美发、超市等场所进行卫生监测；监测99家、样品数226份、公共用品监测样品数430份。

【创新结核病防治机制】

病人发现 是年，全县结防机构登记报告活动性肺结核病人293人，完成全年任务365例的80.27%，其中涂阳病人165人；在涂阳病人中，新涂阳病人为150人，完成省下达任务的90.91%。

肺结核病人治疗管理 治疗满一年新涂阳病人转归情况：是年，全县结防机构治疗管理新涂阳病人169人，其中治愈144例，平均治愈率为85.21%，达到85%指标要求。

综合医院转诊未到位可疑病人的追踪 开展可疑肺结核病人的转诊与追踪工作，2015年12月1日至2016年11月30日，全县医疗单位及以上综合医院报告本辖区可疑病人888人，重复5人，需转诊追踪883人，转诊及追踪到位801人，总体到位率为90.71%。达到90%指标要求。

涂阳病人密切接触者调查 开展涂阳病人家属密切接触者结核病筛查，是年，全县登记报告涂阳肺结核病人165人，登记密切接触者223人，已筛查223人，筛查率为100%，达到95%的工作指标。

结核病疫情监测 加强对综合医院的技术指导，开展各类网上直报工作核实，做到每天一核实，每周对核实结果进行反馈，按要求进行网络录入与报告。开展全县结核病疫情进展情况动态监测，为结核病防治提供较为完整的数据。

学校结核病筛查 是年，县结防门诊确诊13例学生肺结核病患者，按照《学校结核病防治工作手册》要求，及时进行追访、筛查并做好相关记录。其中3例为外辖区学生，已及时反馈市疾控中心通知患者所在辖区的结防机构进行追访及筛查。

【健康教育宣传】

利用各种媒介开展健康教育 全年向县广电局提供健康教育宣传短片11篇，每天在漳浦新闻播报前、后各播出2遍，时长1分钟，及时传播健康相关信息；中心固定宣传栏出刊6期，共建单位京里村宣传栏出刊2期；LED滚动播放相关宣传口号18条；对全县移动、电信用户发送宣传短信224万条。

开展卫生防病知识宣传咨询活动 是年，开展卫生宣传活动11次，参与的专家、工作人员200多人次，直接参与现场活动的群众2000多人次。现场发放各类宣传资料和宣传实物20多类，各类传单、折页、小册子等8.60万份，悬挂主题横幅11条，展出宣传展板58余版，发放各类墙报100张、安全套1000只、碘盐500包、一次性宣传水杯6万个。

学校健康教育 在旧镇李园中学开展艾滋病防治知识行为干预活动调查，通过张贴墙报、黑板报、宣传栏、讲座、发放宣传单等形式进行干预，对参与基线调查的学生进行调查前后问卷调查，行为形成率提高32.66%；通过6个月的干预活动，提高学生良好的行为习惯。

医院健康教育 在各医疗机构设健康教育咨询台，加强医院健康教育工作督导，促使医院把健康教育贯穿于医疗活动的每个阶段，向病人及家属进行有针对性的知识宣传和康复指导，以及提供面对面的健康教育服务。

社区健康教育 全县乡镇卫生院及村级卫生所（室）都设有固定的健康教育专栏，每两个月更换一次宣传内容，使社区居民能在闲暇之余学习卫生保健知识。

登革热防控宣传 8月底，漳浦县发现登革热病例，县疾控中心加强健康教育宣传，统一制作登革热防控知识问答宣传资料，下发至各乡镇卫生院，并入户宣传发放，累计发放宣传单3.20万张；向全县移动、电信用户发送登革热宣传短信4万条，发动各乡镇卫生院及村级卫生所出一期革热宣传知识，在漳浦电视台新闻前后进行登革热防控知识播报，还利用宣传栏、LED宣传标语、村级广播宣传防控知识等形式开展宣传活动。

重点疾病卫生知识调查 调查人群有农村居民、工矿企业、学校学生3类人群，总数300人，参照省级统一设计问卷，目标人群重点卫生防病知识知晓率80.25%，达到绩效75%要求；人群血压知晓率66.50%，人群血压血糖知晓率63%。调查结果显示农村居民知晓率最低。

【健康体检】

是年，开展食品从业人员预防性健康体检人数9424人，驾驶员体检27268人，公共娱乐场所艾滋病监测人数1877人，学生健康体检8644人。

（供稿：县疾控中心）

·县医院工作·

【概况】

2016年，漳浦县医院以提高医疗“质量、安全、服务、效益”为主题，加强内涵建设，提升服务水平，持续改进医疗质量，提高医疗技术，保障医疗安全；是年，医院门急诊人数432708人，住院人数32002人，病床使用率85%，业务总收入2.60亿元。

【落实《进一步改善医疗服务行动计划》】

开展提升患者满意度专项活动 发出《关于开展提升患者满意度专项活动的通知》，对活动的措施、任务分工、要求达到的效果做明确规定。根据全市二级以上医疗机构满意度调查漳浦县医院群众满意度排名偏后的情况，分析、查找原因，重新制定《漳浦县医院满意度调查管理办法》，设立专职电话回访室，通过对出院病人进行电话回访、发放调查问卷等，吸纳群众意见，查找在职业道德、服务态度、遵守规范、业务工作、收费等方面存在的突出问题；针对存在的问题，有针对性地提出整改意见，限时整改到位。是年，医院电话回访19743人次，发放调查问卷3482张，征求意见、建议263条，整改34条。

优化门诊布局流程 建立客户服务中心，增加导诊人员，提供就医咨询和引导服务；提供便民服务设施，包括出入院一站式服务、便民门诊、现场投诉点等；继续实行门诊服务窗口和诊室弹性排班，缩短检查等候时间和出具检查报告时间；合理安排专家门诊，推行专家门诊“全日制”。推行门诊预约诊疗服务和医技检查预约制度，通过网络、电话、窗口、诊间等多种方式和途径，为患者提供预约诊疗服务；推行医技检查预约制度，特别是住院病人医技检查预约制，把彩超、CT、MRI等无法当日完成的检查科室，由住院科室直接预约，医技科室利用休息时间加班，当日给予完成。是年，门诊预约诊疗数1.95万人次。加强急诊科建设，根据急诊人数配备相应的抢救设施，配备足够的、相对固定的急诊科人员，设立15张床位的急诊病房；加强急诊与院前急救的医疗信息共享和医疗服务衔接，不推诿、拒诊急诊患者；加强急诊与临床科室间的衔接，出台具体措施，做到流程通畅。

【抓质量保障医疗安全】

规范医疗行为 加强质控管理，按照医院管理的13项核心管理制度，每季度组织一次科室综合目标考核，对医疗质量、病历质量、合理用药、合理检查、医技科室质控等检查情况进行分析和通报，要求科室针对存在的问题及时整改。推进单病种管理和临床路径管理，保证医疗质量的持续提高，控制医疗费用，是年，全院开展41种临床路径和130个单病种付费。重新修订患者安全的相关制度，提高医务人员对患者身份识别的准确性，完善关键流程的患者识别措施和手术确认制度及工作流程，对每例手术患者进行手术安全核查和手术风险评估。

加强临床合理用药管理 落实《抗菌药物临床应用管理》，组织全院医师参加培训讲座。规范药物分级使用，建立药品用量动态监测及超常预警机制，规范激素类药品、抗肿瘤药品、辅助药品、超药品说明书使用管理。开展处方点评工作和出台优先使用国家基本药物使用的相关规定，控制药物临床不合理应用。每月公布西药、成药、抗菌药使用金额排名前10名的药品，对超常药品实行限量采购和停止使用等干预措施。是年，实施限量使用的药品46种。

加强医院感染管理 按照《医院感染管理办法》和相关技术规范、行业标准，做好口腔科、手术室、产房、消毒供应室、检验科、血透室等重点科室的院感监测，全年无院感事件发生。按照《医疗废物管理条例》等法规和规章，加强医疗废物的规范化管理，加强对医疗废物的分类、运送、暂存处理工作，有效预防和控制医院感染，杜绝感染事件发生。

加强公共卫生管理 重点加强传染病防控及突发公共卫生事件处置，严格执行传染病疫情监测、报告制度；做好人感染H7N9禽流感、肠道传染病、登革热、结核病、艾滋病等重点传染病防治和培训。组织全院医务人员开展传染病防治知识培训4场,参训人数2100人次。是年,传染病报告4731例,其中乙类传染病851例,丙类传染病3288例,其他传染病592例,无甲类传染病发生。成功治愈人感染H7N9禽流感2例。

提升护理服务质量　成立护理质量管理小组,每季度按质控标准进行检查,并将检查结果及时反馈。鼓励病区上报护理安全事件,对全院护理缺陷进行评估,制定防范措施。落实护士分层级培训及考核制度,加强对新护士及低年资护士的培训;对工作3年以内的护士,每月组织1次技能培训及考核,提高操作技能。规范执业行为,加大护理人员配备,为患者提供安全、优质、满意的护理服务。是年,医院开展优质护理服务覆盖病区达69%。

【加大人才储备、培养和引进力度】

2016年,通过人社局考试招聘(编内)医疗本科生22人,其中临床专业16人、影像专业4人、检验专业1人、药学专业1人;医院通过自行组织考试招聘(编外)护理、助产、临床、医技等卫生技术人员51人;通过人才引进ICU专家1人;对新进的卫生技术人员全部进行岗前培训。是年,医院选送规培医生20人,规培回院医生9人;录用的临床专业人员按规定到上级医院进行三年规范化培训,选派35名卫生技术人员到上级医院进修学习,选派63名卫生技术人员到上级医院进行短期培训。医院聘请上级专家、院内专家举办全院性学术讲座26场次,举办学生讲座24场次;组织医务人员进行三基培训、三基考核、护理人员理论考试4场800人次,操作考试8场320人次;医生、医技人员理论考试2场360人次、操作考试4场160人次。是年,全院发表论文34篇,其中医疗20篇,护理14篇。

【新技术、适宜技术开展应用】

是年,医院开展的新技术、适宜技术有:输尿管镜下钬激光碎石术、胃肠道息肉切除术、内痔注射术、腹腔镜消化道溃疡穿孔修补术、胸腔镜下气胸(肺大泡破裂)治疗、宫腔镜手术、外周神经刺激仪在外周神经阻滞的应用、高压氧舱内治疗“气管切开术后危重病人”、良性位置眩晕手法复位等。

【推进公立医院改革】

做好药品网上招标采购和零差率销售工作,落实合理用药奖惩措施,是年医院药占比33.53%。规范高值耗材采购,建立高值耗材备案采购、阳光采购和竞价招标采购,建立监控目录,降低耗材比,是年医院耗材比24.88%。控制次均费用不合理增长,通过实施单病种付费和临床路径管理措施规范诊疗行为,严格执行医疗服务价格标准,是年门诊次均费用194.43元,住院次均费用5321.02元。落实双向转诊制度,与杜浔卫生院、旧镇卫生院建立医疗联合体,与石榴卫生院、赤土卫生院、深土卫生院建立对口帮扶关系,并签订双向转诊协议,形成区域内医疗资源合作与互补,医院各专业学科带头人轮流到帮扶乡镇卫生院定期坐诊、集中查房、手术指导。继续接受厦门大学附属第一医院、福建医科大学附属第一医院、省肿瘤医院、厦门市儿童医院、漳州市医院对漳浦县医院的帮扶。

【医疗设备、耗材采购管理】

规范医疗设备耗材采购管理,制定《漳浦县医院医疗专用设备采购管理办法》,设备耗材全部实行阳光采购。是年采购医疗设备耗材4912万元,其中:医用耗材2571万元,骨科植入材料887万元,检验试剂1454万元,设备投入620万元。耗材、检验试剂、骨科植入材料采购价格经议价,全年降低采购成本近150万元。是年,医院购置的设备有:彩超、内窥镜摄像系统、呼吸机、监护仪、层流医用空气消毒机、除颤仪、婴儿培养箱、心电图机等。

(供稿:县医院)

• 中医院工作 •

【概况】

2016年,漳浦县中医院门诊

人数 168475 人次，同比增加 19449 人次；出院人数 9859 人次，同比减少 919 人次；药占比(不含中药饮片)26.60%，病床使用率 70.19%；业务收入 9353.84 万元，同比减少 10.70%；门诊次均医药费 206 元，同比减少 3.60%；出院者平均费用 5972 元，同比减少 11.80%。

【开展“三好一满意”活动】

以创建群众“满意医院”为平台，加强医德教育，开展“三好一满意”活动，提升服务质量，优化服务流程，致力为群众办实事。提供便民服务措施，方便就诊群众，如在医院的主要通道贴地标；对危重急患者开通绿色通道，先抢救，后结算；在 5 个病区开展优质护理，关爱病患者；开展出院病人病情跟踪、回访(电话回访)，上半年在全省 120 家二级医院的满意度调查中，县中医院排名第 14 名，12 月上升至第 3 名。

【深化医改工作】

开展临床路径管理，推进单病种定额付费。出台控费责任追究规定，规范诊疗行为，责任到科室，到具体人员，控制医疗费用不合理增长。药占比和耗占比有较大降幅，药占比(不含中药饮片)降至 26.60%，百元耗占比降至 27.80%。

开展与赤湖中心卫生院、霞美卫生院组合医疗联合体，指派 2 位副院长分别到赤湖、霞美卫生院任分管业务副院长，助推基层首诊、双向转诊、促进分级诊疗体系建设。

【加强业务培训】

是年，投入培训经费 17.50 万元，用于医务人员医学继续教育和“三基”培训。各临床科室每月均组织一次业务学习，年不少于 12 次；护理部全年组织护理人员操作考试 4 场；医务科、科教科组织全院性学术讲座 14 次，组织全院医师基础理论考试 2 场，参加业务学习的医师达 1445 人次；组织全院医师技能操作考试 2 场，参加培训的医师 134 人次。选派到上级医院进修人员 16 人(其中规培 5 人，进修 9 人)，短期进修人员 9 人；到上级医院参加学术会议 20 人；参加省通信医学教育 169 人，参加远程继续教育 91 人，参加公务员局组织培训 223 人。鼓励医务人员撰写医学论文，共发表论文 4 篇，其中国家级 3 篇。

【提升病历质量】

组织相关人员定期检查、抽查住院病历和门诊处方，加强病历质控和处方点评，督促、落实“处方点评制度”及“合理用药、合理检查等管理规定”。是年组织检查归档病历 16 次，抽查病历 1164 份，没发现丙级病历，乙级病历 18 份，违反合理用药及抗菌药物使用细则 74 人次，处罚 74 人次；质控员检查出归档病历不合格 6 人次；违反临床输血制度 14 人次，不按时限完成运行病历 91 份，均按规定给予相应处罚。

【促进护理质量持续改进】

抓好护理服务质量提升及技能水平提高，做好医患沟通，注重医疗安全工作落实。开展业务学习，抓专业技能培训考核，提高护理队伍综合素质。安排相关人员到上级医院学习培训 37 人次，组织全院性护理人员学术讲座 4 场，组织护理三基、中医理论考试 4 场，技能操作考试 6 场。定期组织各病区护士长进行护理工作检查 4 次，针对存在问题提出整改意见，配合院感科做好护理质控工作。

【引进新技术、新疗法】

是年，通过引进新技术、新疗法，提高诊疗水平：外科、妇产科开展腹腔镜；妇产科开展阴道镜及无痛人流；胃镜室开展胃黏膜下剥离术和食管支架植入术；检验科开展过敏源检测和自身抗体普免疫检测；康复科开展三伏灸、三九灸、火疗治疗，约为 450 名患者进行非药物治疗，取得一定疗效，较好地突显中医特色优势。此外，做好医疗设备更新、添置，是年，投入资金1718.08 万元，购置 CT、DR 及血透室、口腔科、检验科等医疗设备。新增设口腔科，约投入资金 50 万元，于 1 月正式开业。

【关注民生履行责任】

开展基层卫生院对口帮扶，选派 5 名较有临床经验的副主任及主治医师到赤湖、前亭、杜浔、霞美乡镇卫生院及绥安社区服务中心，开展门诊及业务指导和学术讲座。“120”救护小组实施院外救护，出诊1701车次，急诊科全年接病人13063人次。为院外人员体检2020人次。执行县新农合报账中心的有关规定和要求，及时、准确为24252人次的参合患者和12080位医保患者做好医疗费用核销；同时，落实好对患者的医疗费用管理，确实减轻患者负担。完成县政府、县卫计局指派的医疗保障任务41天次，派出医务人员83人次，派出救护车39车次。组织下乡义诊4次，参加医务人员20人次，诊治患者约350人次，免费发放药品200余份。

（供稿：县中医院）

·妇幼保健·

【概况】

2016年，县妇幼保健院门诊数为21.18人次，同比增长11%；住院总数6288人次，同比增长8%，其中妇产科出院病人3984人次，同比增加298人次，新生儿科出院病人2304人次，同比增加172人次。是年业务总收入为6959.57万元，同比增长45%。医疗收入为4610.05万元，同比增长22%；其中：药品收入1002.04万元（药占比为21.74%，同比降低15%），同比增长3%；卫生耗材收入270.74万元，同比增长42%；检验收入962.80万元，同比增长64%；门诊收入2491.14万元，同比增长19%；住院收入2118.90万元，同比增长25%。5月26日，完成搬迁工作。新医院占地面积2.28万平方米，建筑面积2.91万平方米，开发床位100张，其中：妇产科55张，儿科新生儿科15张，儿科35张。10月，漳浦县获得省级“妇幼健康优质服务示范县”称号。

【妇女保健】

住院分娩率　全县有产妇数17021人，活产数17105人，住院分娩活产数17105人，住院分娩率100%。

孕产妇系统管理　全县均开展围产期保健服务，孕产妇系统管理15901人，系统管理率92.96%；同时，做好高危孕产妇管理，进行高危孕产妇管理7696人，高危产妇住院分娩率达100%。

孕产妇死亡监测　全县发生孕产妇死亡1例，死于内科并发症，死亡率为5.85/10万。

开展妇女病普查普治　根据《漳浦县城乡已婚低保妇女常见妇女病免费检查为民办实事工作实施方案（2015－2016）》要求，落实低保已婚妇女4000人，其中，完成普查人数3966人，普查率为99.15%。

【儿童保健】

儿童保健服务　7岁以下儿童保健数89323人，5岁以下体检数68560人，3岁以下系管数44259人，高危儿筛查数3037人，筛查率3.40%，对所有高危儿均进行登记管理及专案管理。是年，活产数17105人，新生儿访视16151人，新生儿访视率94.42%，新生儿疾病筛查16898人，新筛率98.79%。按要求进行血样采集、运送及召回。新生儿听力筛查16548人，听力筛查率96.74%，5岁以下血红蛋白检测58939人，检测率85.97%，6个月母乳喂养率95.04%；同时，开展眼保健28320人，口腔保健2212人，心理保健2078人。在县妇幼保健院门诊开展小儿“四病”防治及常见病、多发病的诊治，以方便群众。

儿童死亡监测　全县死胎死产83例，新生儿死亡40人，死亡率2.34‰；婴儿死亡69人，死亡率为4.03‰；5岁以下儿童死亡87人，死亡率为5.09‰；无发生新生儿破伤风。

儿保工作　组织医务人员先后4次对各乡镇卫生院儿童保健工作进行全面督导检查与指导；举办4期儿保培训班、例会档案齐全；制定对托幼机构人员培训和定期督导制度，实施对托幼机构的管理指导，覆盖率达100%。

【农村妇女增补叶酸项目的免费发放】

为农村育龄妇女免费提供增补叶酸项目，是国家实施的重大公共卫生服务项目之一。全年免费服用叶酸人数9497人，2016年，预估6200人，完成率为

153.18%。住院补助预估8000人，发放住院补助9853人，完成率为123.16%。

【“三网监测”工作】

根据中国妇幼卫生监测工作要求，继续抓好“孕产妇死亡监测”“5岁以下儿童死亡监测”“出生缺陷监测”等工作，加强“三网监测”的监督指导。强化“两个系统”工作规范化管理，降低孕产妇、儿童死亡率。全县5岁以下儿童死亡得到有效控制，持续保持在较低水平；出生缺陷发生率持续保持在国家规定标准之内。

【落实优生检查、免费婚检】

2015年10月1日至2016年9月30日，县妇幼保健院婚检情况：男应检数5056人，女应检数5056人，男实检数4584人，女实检数4576人，婚检率达90.59%，疾病检出率4.49%。

【四项筛查】

新生儿听力筛查，全年筛查16548人，筛查率为96.74%；产前筛查，产前筛查是预防先天缺陷儿出生的重要干预手段，是年如期完成3000例的免费产前筛查任务；新生儿疾病筛查，全年筛查16898人，筛查率为98.79%；地贫筛查完成900对。

【预防艾滋病、梅毒和乙肝母婴传播】

持续开展预防艾滋病、梅毒和乙肝母婴传播工作，加强医院健康教育工作，通过板报、宣传栏、上街咨询、观看录像等形式的健康教育活动，普及基本卫生知识，倡导健康生活方式。全年孕产妇艾滋病病毒检测16294人，检测率为95.73%；梅毒检测16224人，检测率为95.32%；乙肝检测16295人，检测率为95.73%。

【对口支援和医联体建设】

县妇幼保健院与厦门市妇幼保健院签订对口支援协议，厦门市妇幼保健院定期派遣骨干医师对漳浦县妇幼保健院进行支援，指导和业务培训相关科室；县妇幼保健院各科室选派行政和医务人员到厦门市妇幼保健院进修。县妇幼保健院与深土卫生院、前亭卫生院签订对口支援协议，通过选派医师到卫生院坐诊、指导和业务培训，提高卫生院医务人员的技术水平和医院管理水平，完善卫生院的服务功能。是年，县妇幼保健院公开新招录医学专业人员22人，选派4名医疗骨干医师到上级医院进修培训，选派2名毕业生到上级医院规培，以提高医疗技术水平。

【加快新技术、新项目实施】

新购进赛默飞Phadia 100，开展过敏源检测；购进迈瑞2000I，开展乙肝两对半、梅毒特异性抗体等的定量检测；购进日立7180生化分析系统，完善生化项目的检测项目；在罗氏cobas6000新开展torch五项、肿瘤标志物、铁蛋白、和AMH等项目；购进了中山生科的血型分析系统，改变血型鉴定等多项目的检测方法，提高准确率。

（供稿：县妇幼保健院）

•爱国卫生运动•

【概况】

2016年，漳浦县爱国卫生运动以改善城乡卫生环境，营造整洁温馨的人居环境为主线，开展全民健康宣传教育，组织开展春季环境消杀活动、秋季爱国卫生运动、秋冬季灭蟑灭鼠活动和第28个爱国卫生月活动，出动宣传车1045次，参与人数13671人，参与部门数257个；清理卫生死角和四害孳生地1076处，清理垃圾4604吨。投放灭蚊灭鼠灭蟑各种粉剂、药料共1.04万公斤，明显地改善城乡卫生环境。

【开展爱国卫生专题宣传】

3月，在西湖公园举办“清洁家园、灭蚊防病”春季爱国卫生专题活动，县爱卫会分管领导、卫计局局长参与活动，活动通过广播、媒体等方式宣传春季防蚊灭蚊和健康防病等知识。现场发放宣传画、宣传册等宣传材料4000份。

【第28个爱国卫生月活动】

4月，是全国第28个爱国卫生月，根据省、市爱卫办通知要求，县爱卫会印发《2016年漳浦县爱国卫生月活动方案》，要求各乡镇政府、国有农林盐茶场、绥安工业区(园)和台湾农民创业园管委会、县直各单位在全县范围内广泛开展以“清洁家园、除害防病、促进健康”为主题的爱国卫生月活动。爱卫月期间,张贴宣传海报522处,出动宣传车1045次,参与人数13671人,参与部门数257个;清理卫生死角和四害孳生地1076处,清理垃圾4604吨。

【持续开展除“四害”活动】

春季环境消杀活动 县爱卫会出台《关于开展春季除“四害”活动实施方案》,4月27日,在全县范围开展以“清洁家园、除害防病、促进健康”为主题的除“四害”活动。聘请专业消杀服务公司对县城区所有的大街小巷、公共场所、22个居民片区和33个物业居民小区等进行一次大规模地毯式除“四害”活动,做到全社区全覆盖,不留死角,特别针对县城区下水道进行灭蟑蚊幼虫。将“四害”密度控制在国家标准以内,为居民提供卫生舒适的生活环境。此次春季灭蚊灭鼠活动发放鼠药2900公斤,投放灭蚊4.50%顺式氯氰菊酯(微乳剂)1360公斤,投放0.60%高效氯氰菊酯粉剂1975公斤。

秋季爱国卫生运动 8月29日,佛县镇出现登革热疫情后,县委、县政府高度重视,立即召开关于开展全县秋季爱国卫生运动防控登革热的紧急会议。会议要求各乡镇、各单位立即行动起来,发动各家各户翻盆倒罐,清除各类积水,消灭蚊虫孳生地,力求疫情区乡镇布雷图指数控制在5以内,其余乡镇布雷图指数控制在15以内。从9月14日开始,利用12天的时间对县城区所有的大街小巷、公共场所、22个居民片区和33个物业居民小区等方面,尤其是针对园林绿化地带、垃圾收集和转运站(点)、废品收购站(点)、农贸市场、公厕、企事业单位及公共场所、居民室内外的各种积水,以及各类明沟和暗沟,大中型水体和小型积水及无人管理荒地等容易孳生蚊虫地方进行一次大规模地毯式除“四害”活动。此次秋季爱国卫生运动县城区消杀面积99.25万平方米。投放灭蚊4.50%顺式氯氰菊酯(微乳剂)50毫升1100公斤,投放0.60%高效氯氰菊酯粉剂1575公斤。

秋冬季灭蟑灭鼠活动 12月,开展秋冬季灭蟑灭鼠活动。特别针对县城区总长度4.16万米的下水道进行灭蟑蚊幼虫,投放2.50%高效氯氰菊酯. 右胺菊酯烟雾剂和12%烯丙氯菊. 氯菊酯水乳剂共450公斤。并结合环境卫生整治,发动群众积极参与,重点消除病媒生物孳生地,严密组织,科学开展灭蚊灭鼠工作,投放鼠药1000公斤。

(供稿:县爱卫会)

【漳浦特色美食】

杜浔酥糖

※主料:花生仁500克

※**配料**:干葱头末40克、猪的粽头白肉油400克

※调料:上等鱼露5克、白糖500克

※制作方法:

1、经挑选的花生仁用细沙在锅中炒至香蕉色,筛去细沙、去花生外膜,剔除花生鼻后待用。

2、在锅中投入白肉油、白糖用木材烧至白糖溶解呈淡黄色时,放入干葱头末待呈金黄色迅速注入鱼露,快速倒入制好花生仁搅拌均匀后马上出锅,倒在大木板上摊平待冷却。

3、酥糖在木板不能太冷,掌握在40℃左右时用刀切割可成小方形,切割后有不成形的边角料过筛,挑选成形的酥糖冷却1～2天,可以包装入袋出厂。

※特点:香酥可口、油而不腻、风味纯佳

※营养成分:蛋白质135克 脂肪583克 能量8059千卡 钙237毫克 铁14毫克 锌16毫克 维生素A141微克 维生素E91毫克 维生素B13.9毫克 维生素B20.85毫克 维生素C10毫克

漳浦美食协会供稿

气象测报 防震减灾

·气象测报·

【概况】

2016年,围绕全省气象工作重点和新站建设,完成全县31个自动气象站的汛期巡检和故障维护,完成11个北斗卫星通信终端的安装与软件升级;做好灾害性天气预报、预警服务,制作“重要天气预警报告”105期、“重要专题气象服务”43期、“重要气象信息专报”48期,“临近天气预报”117期,各种灾害性预警信号发布620次。

【气象设施建设维护】

在完成新站的业务正式运行及业务现代化工作改革的同时,完成全县31个自动气象站的汛期巡检、台风前的巡查以及不定期的故障维护;完成长桥、火山公园自动站的升级改造和古雷区域站新址的建设;完成11个北斗卫星通信终端的安装与软件升级。加强气象资料的保密使用及有偿提供的管理与服务,气象资料有偿使用创收6.40万元。

【社会气象服务】

为解决信息覆盖最后1公里的问题,年初,运用微信平台的功能,建设“灾害性天气直播频道”,有效地传播灾害预警、直播情报跟踪、反馈灾情回报。针对上半年阴雨日数长、暴雨多、强对流天气频繁等特点,适时开展预警、预报服务;并按短时临近预报业务具体要求开展直通式的气象服务,根据不同时段的雨情、汛情,及时为地方政府提供决策性气象服务。特别是“莫兰蒂”后续赤土乡“9·15”暴雨,引发绥安镇草埔村大林自然村内涝,气象台以超常规做法,开展直通服务、监测服务和决策性气象服务,为人员转移、排涝抢险工作发挥作用。海峡论坛、高考等期间,提供专题气象服务。是年,县气象台共制作“重要天气预警报告”105期、“重要专题气象服务”43期、“重要气象信息专报”48期,“临近天气预报”117期,各种灾害性预警信号发布620次。

【加强社会管理及新站后续建设】

落实气象行政审批简政放权,简化审批手续。是年,受理防雷设计审核37件,办结37件,办结率100%,平均办理时间为3天;受理防雷竣工验收33件,办结33件,办结率100%。加强社会管理,制定双随机检查方案,开展执法巡查,检查危化企业8家(中石化、中石油各3家,涉氨制冷企业1家,民营加油站1家)。新站续建项目扎实推进,截至12月底,新站建设累计投资900多万元。新站附属设施设计及预算审核已于12月完成,将于2017年开始招投标。

【全年季节气候状况评价】

冬季(2015年12月—2016年2月) 冬季平均气温14.2℃,比历年平均低0.1℃,属正常。12月至2月正常。最高气温27.2℃,出现在2月13日;最低气温−0.3℃,出现在1月25日。冬季降水量458.80毫米,比历年平均偏少206%,属异常偏多年份。其中,2015年12月—2016年1月异常偏多,2月偏少。2015年12月9日、2016年1月28日出现日历史极值,12月9日98.60毫米、1月28日70.40毫米。冬季日照214.00小时,比历年平均少166.90小时,属偏少。

其中:2015 年 12 月—2016 年 1 月异常偏少,2 月正常。

春季 (3—5 月) 春季平均气温 20.2℃,比历年平均高0.2℃,属正常。最高气温 35.4℃,出现在 5 月 31 日;最低气温 6.9℃,出现在 3 月 28 日;月际变化:3 月份平均气温显著偏低,4 月份平均气温正常,5 月份平均气温显著偏高。无倒春寒和五月寒出现。春季降水量 810.7 毫米,比历年平均偏多 64%,属显著偏多。月际变化:3 月份雨量异常偏多、4 月份异常偏多,5 月份正常。春季日照时数 240.90 小时,属显著偏少年份。月际变化:3 月份日照正常,4—5 月日照偏少。

夏季 (6—8 月) 夏季平均气温 28.1℃,与历年平均持平,属正常,6 月份显著偏高,7、8 月份正常。极端最高气温 37.5℃,出现在 7 月 28 日;极端最低气温 20.8℃,出现在 8 月 31 日,创历史同期新低;出现日最高气温≥35℃的高温天气 19 天。夏季降水量 596.80 毫米,比历年偏少 98.50 毫米约 14%,属正常。其中:7 月份偏少,6 月份和 8 月份正常。受西南暖湿气流和切变线影响,6 月 12 日(66.20 毫米)和 8 月 2 日(66.70 毫米),出现暴雨天气。夏季日照时数 496.50 小时,比历年平均偏少 100.20 小时,属偏少。

秋季(9—11 月) 秋季平均气温 24.1℃ ,属正常。9 月和 11 月份正常、10 月份显著偏高。"23 型"秋寒出现在 10 月 30 日,"20 型"秋寒出现在 11 月 23 日。秋季降水量 582.40 毫米,比历年偏多 316.60 毫米约 119%,异常偏多,9 月份偏多,10 月和 11 月份异常偏多。9 月 30 日(75.50 毫米)、10 月 21 日 (55.10 毫米),受西南暖湿气流影响,出现暴雨天气。10 月 25 日至 11 月 7 日,连续 14 天无降水。秋季日照时数 327.20 小时,比历年偏少 181.90 小时,属异常偏少。9 月份偏少、10 月和 11 月份均显著偏少。

【主要关键期天气】

春播期 (2 月下旬至 4 月上旬) 春播期平均温度 15.5℃,比历年平均偏低 0.7℃。总雨量 309.80 毫米,比常年偏多117.00 约 61%,降水主要集中在 3 月 7—25 日。总日照时数 142.10 小时,比历年偏少 9.10 小时约 6%。2 月 25 日至 3 月 7 日,连续 12 天无降水量,出现春头旱。3 月 8—25 日,连续降水日数达到 18 天,出现持续的低温阴雨天气。由于长时间的持续性低温阴雨天气,导致秧苗长势慢、苗势弱等特点,影响早季秧苗的移栽。

汛期 (4—9 月) 汛期总雨量 1399.80 毫米,比常年偏多 12%。由于地域差别,全县降水分布不均匀,从山区到沿海递减,最多出现在石榴镇,达 1754.50 毫米,最少出现在竹屿盐场,为 980.6 毫米。其中:前汛期(4—6 月)总雨量 788.10 毫米,比历年同期偏多 21%,4 月份与历年同期相比显著偏多 121.30%,5 月份与历年持平,6 月份略偏少。台风季(7—9 月)总雨量 611.70 毫米,比历年同期偏多 2%。除 7 月份偏少之外,8 月份正常,9 月份属偏多。以县气象站为主,整个汛期出现 50 毫米以上的暴雨天气 5 场。汛期平均气温 26.2℃,比历年平均偏高 0.7℃。夏季高温日数接近于常年,≥35℃高温日数只有 20 天,最高出现在 7 月 28 日,最高气温达 37.5℃。

台风季 (7—9 月) 2016 年,影响漳浦县的台风个数偏少,影响程度偏轻,雨量正常略偏多。台风季降水量 611.70 毫米,比历年平均偏多 12.60 毫米约 2%。

【气象灾害】

霜冻 受南下寒潮影响,1 月 25 日出现历年来最低温度值,全县大部出现霜,山区有结冰,县气象站最低气温 -0.3℃。

低温阴雨 3 月 10—12 日,出现接续 3 天日平均气温≤12℃的不利于春播、春种的春寒天气。3 月 8—25 日连续 18 天、4 月 9—18 日连续 10 天出现降水天气,持续的低温阴雨天气,导致秧苗长势慢、苗势弱,影响早季秧苗的移栽。

强降水 1 月 28 日,受西南暖湿气流的影响,出现暴雨天气,24 小时降水量 70.40 毫米,刷新同期历史最大纪录。3 月 10 日、20—23 日,全县普降大雨,部分乡镇出现暴雨天气;3 月 19 日凌晨,长桥镇出现 1 小时 25.90 毫米的短历时强降水,傍晚时分,沿海的杜浔、霞美、旧镇等乡镇出现冰雹天气。受西南暖湿气流和切变线影响,6 月 12 日(66.20 毫米)和 8 月 2 日(66.70 毫米)出现暴雨天气。受西南暖湿气流影响,9 月 30 日(75.50 毫米)、10 月 21 日(55.10 毫米)出现暴雨天气。

【台风影响】

台风“莫兰蒂”于 9 月 10 日 14 时在西北太平洋洋面上生成,11 日 14 时发展成强热带风暴,12 日 02 时发展成台风,12 日 08 时发展成强台风,12 日 11 时发展成超强台风,并一直维持超强台风级别,14 日 23 时减弱为强台风,并在 9 月 15 日 3 时 05 分,以强台风级别在厦门市翔安区沿海登陆。受其影响,9 月 14 日,漳浦县普降阵雨,局部中雨;15—16 日,全县普降大到暴雨,局部大暴雨;统计 13 日 20 时至 16 日 20 时的过程雨量,全县有 2 个区域自动站点≥200 毫米,5 个区域自动站点≥100 毫米,19 个区域自动站点≥50 毫米,以赤土乡的 287.00 毫米为最大。其中:15 日 20—21 时,赤土乡出现短历时强降水,1 小时雨量达 102.30 毫米。受台风影响,全县大部分乡镇出现 8—10 级阵风,以盘陀 11 级风 (30.90 米/秒)为最大。

(撰稿人:杨珂玲)

·防震减灾·

【概况】

2016 年,漳浦县防震减灾工作以有防无患为目标,多渠道多形式地开展防震减灾科普宣传,全年发放防震减灾宣传资料 1.50 万份,举办防震减灾专题讲座 36 场次;加快推进乡镇地震应急避难场所建设,全县已建有乡镇地震应急避难场所 12 处;指导创建地震安全示范社区,已创建绥安镇绥北社区假日新天国际、绥南社区江滨花园、城西社区港城国际小区等 3 个社区为国家级地震安全示范社区,推荐旧镇富港小区申报市级地震安全示范社区。通过移动平台群发震情短信,消除群众疑虑稳定民心。

【多渠道开展防震减灾科普宣传】

形式多样开展防震减灾宣传月活动 在防震减灾宣传月期间:5 月 9 日、10 日,分别在漳浦一中、龙湖中学举行住宿生和全校师生地震应急疏散演练。5 月 11 日起,连续一周在漳浦电视台播放《地震预警》宣传片,连续一个月在漳浦数字宣传频道滚动播放《加强防震减灾 构建和谐社会》宣传片。5 月 12 日,通过移动平台向社会民众群发短信 3000 多条,在绥安中心学校举办防震安全知识讲座。5 月 13 日,向县特殊教育学校赠送《防震减灾手册》和《应对地震灾害,公众自救互救常识》光盘等 200 多份。5 月 14—15 日,向民众开放县地震科普教育基地。此外,在网站开辟专题专栏,及时更新动态。将《漳浦县防震减灾宣传手册》《平安随手册》等宣传材料分发到县直机关及乡镇场。组织工作人员、志愿者进农村,先后到盘陀镇西厝村、南浦乡美林村、深土镇埭厝村、绥安镇查岭村和寨窑村等,开展防震减灾科普知识宣传和对农村民居抗震设防进行现场指导,累计走访 1000 多户家庭。

部门联动开展宣传活动 5 月 27 日,召开全县防震减灾工作会议,以会代训,对宣传贯彻第五代地震动参数(烈度)区划图进行动员培训。6 月 1 日,在国家强制性标准 GB18306—2015《中国地震动参数区划图》实施的第一天,县地震办、城乡规划建设局深入佛昙镇走访联创世纪置业投资有限公司,就佛昙镇一般建设工程抗震设防基本烈度标准提高到Ⅷ度进行宣传交流。10 月 19 日,在县委宣传部牵头组织 2016 年社会科学普及暨文化科技卫生“三下乡”活动中,县地震办深入盘陀镇开展防震减灾科普宣传咨询服务,分发宣传手册、光盘及彩页 800 多份,现场示范、讲解如何使用应急救援包。现场还赠送了防震减灾宣传雨伞,当晚文艺晚会上地震办捐赠盘陀镇 20 只价值 3000 元应急救援包。11 月 8 日,县地震办联合城乡规划建设局组织对 120 多名从事农村建筑工匠进行

培训，聘请漳州市建筑技术培训中心专业老师授课。全年举办专题讲座36场次，发放宣传资料1.50万份。

防震减灾信息宣传　县地震办结合工作开展情况，及时报送相关信息。是年，报送信息49条，多条信息被中国地震局、省、市地震局采用，并在《闽南日报》上刊登，信息采用量位居全市前列。

【加强机关单位防震减灾知识培训与演练】

把“防震减灾与地震应急管理知识”纳入县委党校主体班干部培训计划。11月29日，漳州市地震局应急救援科科长洪小勇在县委党校第十八期青干班上，给56名学员作《防震减灾　人人有责》的主题讲座。10月11日，县地震办联合县消防、红十字会举办县直机关应急安全救护培训班，来自县直部门71名机关工作人员参加培训。此外，各中小学校、幼儿园每学期至少组织开展一次应急疏散演练，各乡镇、社区、企事业也结合实际，开展规模不等的避震应急演练。是年，县地震办指导地震应急疏散演练20多场。

【推进乡镇地震应急避难场所建设】

将推进乡镇应急避难场所建设纳入《漳浦县国民经济和社会发展第十三个五年规划纲要》和《漳浦县城乡总体规划(2015－2030)》。明确“十三五”期间，每个乡镇至少建设1处应急避难场所。2016年，在绥安镇机关新建设2处、佛昙镇新建设1处地震应急避难场所。至年底，全县已建有地震应急避难场所12处，占全县21个乡镇57%。建立应急避难场所日常管理和督查制度，将管护经费纳入年度财政预算，保障已建12处应急避难场所功能正常发挥。

【创建地震安全示范社区】

加强业务指导　严格落实“八个有”的创建标准，指导已建社区成立地震安全示范社区创建工作领导小组，编制社区地震应急预案和社区应急疏散方案，组建社区地震应急救援志愿队伍，利用辖区公共绿地、广场、学校建设应急避险场所，设置标识牌，开展地震演练，提高社区工作人员和社区居民防震减灾的能力。2016年，重点指导沿海人口大镇旧镇的创建，指导推荐旧镇镇旧城村富港小区申报市级地震安全示范社区。

巩固好已创建地震安全示范社区。按照“试点先行、总结经验、以点带面、逐步推广”的创建思路，多措并举推进地震安全示范社区创建。已创建绥安镇绥北社区假日新天国际、绥南社区江滨花园、城西社区港城国际小区为国家级地震安全示范社区。

【协办市地震灾害应急联动演练】

8月11日，由漳州市抗震救灾指挥部主办，漳浦县人民政府协办，代号为“漳震1608”的漳州市地震灾害应急救援队实战拉动演练在漳浦县绥安镇举行。县制定演练方案，成立演练指挥协调领导小组，下设综合协调、现场保障、后勤保障、通信保障、宣传报道等若干工作组。漳浦县组织15支抗震救灾指挥部成员单位救援队参加，军分区、武警支队、消防支队三支市级专业地震紧急救援队及省196地质大队、漳州市公路局各派1支救援队参加联动演练，漳州开发区、古雷开发区也出动无人机参加联动演练。省地震局副局长朱海燕等相关领导观摩演练，全县47个抗震救灾指挥部成员单位和21个乡镇、2个管委会也组织观摩救援演练。其间，向观摩群众分发《中华人民共和国防震减灾法》《福建省防震减灾条例》《农村民居抗震设防手册》《漳浦县防震减灾宣传手册》等1000多份。

【加强地震灾害紧急救援队伍建设】

在巩固县级已拥有的医疗救护、电力、通信、交通、水利等部门建立的地震灾害紧急救援队资源的基础上，着力推进每个乡(镇、场)建立1支地震灾害紧急救援队伍，每个村(社区)、作业区建立1支自救互救志愿者队伍。同时，加强对各地震应急救援队伍进行相关技能培训，确保地震灾害能开展救援行动。

(撰稿人：徐慧卿)

乡　镇

•绥安镇•

【概况】

2016年，绥安镇实现社会生产总值915847万元，同比增长18%，其中工业总产值714568万元，同比增长20%(规模工业总产值695216万元，同比增长20%)；农业总产值75466万元，同比增长8%；实现财税收入75168万元，同比增长6.20%；其中国税收入14345万元，同比增长24.70%；地税收入60823万元，同比增长2.70%；出口创汇11161万美元，同比下降27.90%；固定资产投资287387万元，同比增长59.90%；限额以上社会消费品零售总额103579万元，同比增长20.10%；农民人均可支配收入15398元，同比增长10.50%。

【工业项目成效显著】

在“三比三看”竞赛活动中，完成吉祥府邸、石斋北路、鑫成金属、晶晶工贸、飞兴蜜饯、鸿兴纺织等22个项目征迁扫尾工作。新引进广集友工贸、欣兴旺服饰制造等项目，项目采用租赁通用厂房的方式，至年底，已全部实现投产；路易斯服装加工、东诚金属制品、联鑫服装加工等项目正在加快建设；亿斯卡服饰、国电投光伏、盈科保健食品加工、翔通宝达建材加工等项目已完成签约。是年，全镇工业项目投资额21.97亿元，完成年任务17.3亿元的127%；重点项目投资额3.30亿元，完成年任务3.20亿元的103%。规模工业产值69.52亿元，完成年任务68.97亿元的101%，其中：镇域规模工业产值2.53亿元，完成年任务1.98亿元的127%；黄仓规模工业产值66.99亿元，完成年任务66.99亿元的100%。新增规模企业数4家，完成年任务4家的100%；新办工业企业数16家，完成年任务8家的200%；新投产工业企业7家，完成年任务5家的140%。

【农业农村持续发展】

基础工作稳步推进　实现农业产值2.15亿元，粮食、蔬菜种植、水稻保险、生猪数、动物防疫等工作均完成上级下达的任务。加强渔业养殖管理，完成鱼产品抽样检测10家。加强森林防火及森林资源管理，完成植树造林67公顷。完成21个社区、村的农村土地登记确权入户摸底、测绘核实、名单公示；至年底，完成6个村的合同制作。完成东坑垄、卫星、九曲岭3个水库除险加固扫尾工程，农村安全饮水二期工程已完成进村管道铺设和入户安装，具备验收条件。

扶贫攻坚扎实开展　通过产业扶持、就业介绍、企业助学、支农贷款、生产培训等形式，及大户帮带、企业帮扶、银行支持、镇村引导等途径，增加贫困人口的收入，至年底，实现脱贫109户、327人，完成305人脱贫年目标任务的107%。

现代农业加快发展　投资104万元，新建2.67公顷的无公害蔬菜大棚基地；总投资414万元、容量3500立方米的蔬菜基地冷链保鲜库项目进入室内装修阶段。

生态环境加强保护　建立完善网格化环保监管体系，突出水资源管控治理；开展鹿溪流域水环境综合治理，完善水流域管控治理市场化运作机制，拆除猪舍300户8.70万平方米，全面完成上级下达任务；推进"黄标车"淘汰，全镇黄标车600辆，占全县任务数近35%，是年淘汰409辆。

【安全管理】

建立健全"党政同责、一岗双责、齐抓共管"安全生产责任体系，强化安全生产监管，开展"安全生产月"活动，开展村级消防安全知识视频教育和道安、地灾点、非煤矿山、工地、食品、校园安全专项治理等一系列宣传活动和专项整治行动。加强农村"五小"工程建设，完成22个村的交通安全义务劝导站建设，配齐36个村社区交通安全员和义务劝导员队伍，深入开展隐患排查治理，对重点路段、重点对象进行排查并整改治理，全年整改隐患点5处，铺设减速带452米，架设安全警示标志牌42块，安装爆闪灯40盏、道路广角镜12面等，大埔村获评"漳州市道路交通安全示范村"称号。

（供稿：绥安镇党政办）

· 旧镇镇 ·

【概况】

2016年，旧镇镇实现固定资产投资6.59亿元，规模工业产值4.10亿元，合同外资1833万美元，实际利用外资450万美元；粮食产量12374吨，水果产量88540吨，农业生产总产值5.60亿元，同比增长3.70%；实现财税收入2585万元，同比增长4.66%，其中国税收入1531万元，地税收入1054万元；出口创汇4700万美元；固定资产投资13.13亿元，同比增长20.68%（含园区）；限额以上社会消费品零售总额2.01亿元，同比增长42.86%；农民人均可支配收入16241元，同比增长11.56%。

【发展强劲经济】

强力推进招商引资和项目建设 总投资50亿元的海西如意城、总投资3.60亿元的自行车产业园等项目建设开展顺利，其开发建设将大幅增强全镇工业实力，改善居住环境。高起点完善各园区、各项目的基础配套设施，11万伏变电站、LNG供气站、台玻高位水池、焚烧发电厂进厂道路、台玻双回路用电线路和工业园天马大道等配套项目落地，为投资兴业环境提供强力保障。

培植壮大特色农业规模 以"乌石荔枝""旧镇白鳗"和"旧镇大蚝"等国家地理标志为示范带动，科学种养。全年有荔枝、龙眼、苹果枣等水果1667公顷，年总产量6万吨。发展海水立体生态养殖已超过670公顷，年产量1.90万吨。特色食品加工业逐渐兴起，其中，广昌记翰林糕获得第四批"福建老字号"称号。

【全镇面貌已现新颜】

提升镇区基础建设 暾照路、富楼街、漳东线镇区段、旧镇大桥、林旧线郭厝段道路等主干道相继建成并投入使用，沿海大通道旧镇段和迎宾大道旧镇段工程建设接近尾声，港城大道旧镇段、沿海大通道—迎宾大道连接线、旧镇湾大桥等项目均在加紧建设中，富楼街、海防路等道路的亮化美化及管线下地等设施基本完善。

新农村建设 依托"一事一议"财政奖补和"美丽乡村"建设等项目资金，建成村级水泥路、老人活动中心、水库加固等惠民项目。结合"美丽乡村"示范点建设，林美村、东厝村、西示村、岩埭村以拆促建，拆除破旧构筑物上万平方米，并配建郊野公园、生态塘、污水处理厂及垃圾处理池等基础设施。

【生态建设全面铺开】

生态环境综合治理 加强污水处理，西示村沿原有排污沟建成260米的生态沟和一个800平方米的生态塘。并建立东厝村和西示村两个生态文明示范点。强化畜牧养殖污染整治，关闭拆除禁养区养殖户23户，完成下达任务100%；可养区关闭并拆除不达标养殖户11户，减少存栏292头，同时强化病死畜禽无害化处理。完成黄标车淘汰66辆，完成年任务的71%。旧镇中心卫生院成为全市乡镇卫生医疗机构首家规范开闸医疗废物集中处置的单位。

富美乡村建设 岩埭村是2016年"美丽乡村"项目建设示范村。是年，岩埭村已拆除破旧构筑物2000平方米；建立完善垃圾运转长效机制，配备专职保洁员2人，垃圾车1辆，垃圾桶100个；完成村民休闲娱乐活动场所平整和硬化工程和污水沉淀池建设。

“两违”整治　加大拆违宣传、巡查和执法力度，确保“两违”零增长。是年，全镇拆除违法建筑5.26万平方米，完成年初下达任务数的150%；拆后土地利用率达100%。确定山仔村为“无违建”创建示范点，通过以点带面，增强全镇治违控违意识，建立健全“两违”治理长效机制，遏制“两违”行为的发生。

【社会保障成效显著】

加大教育事业投入　实施教育均衡“一校一策”工程，总投入1800万元，建成塑胶跑道2000米，新建围墙3000多米、大门13个，修缮校舍7万多平方米，铺设地板1.10万平方米，改造旱厕600平方米，建设篮球场和排球场共27个。

提升医疗设施水平　不断完善软硬件配套设施，卫生院扩建住院楼业务用房1200多平方米，增加病床40张，创建中医康复新病区，改建完成全县首家规范化接种门诊，方便群众就医。

扶贫攻坚初具成效　通过调查摸底，全镇贫困户275户、715人。已落实产业帮扶18户，就业帮扶106户，资金帮扶10户，安居帮扶20户，其他帮扶121户。精准脱贫取得阶段性成效，是年实现脱贫194户、485人。

【社会大局和谐稳定】

化解矛盾纠纷　健全信访责任体系，预防和妥善处置各类群众上访事件，尤其初信初访化解，对重点信访件实行信访挂钩和领导包案制度。全年接到各类信访件29件，其中县级以上信访件16件，与上年同期相比（总量58件，县级以上16件），信访总量减少50%；已签订息访息诉7件，化解率100%，没有发生影响稳定的重大案件和突出问题。

开展平安旧镇创建活动　实施综治网格化管理建设，投入150万元，完善设备和平台系统，完成29个村（居）平安监控探头铺设；在各村路口及海防路、各中小学校周边道路等重点区域增设交通安全标志、爆闪灯和减速带。加强安全生产责任制建设，落实“党政同责、一岗双责”工作机制，实现镇、村（居）“五覆盖”，在重大节日及重要时段期间，组织开展35次安全大检查，确保全年没有发生重大安全生产事故。

（撰稿人：刘子源）

·霞美镇·

【概况】

2016年，霞美镇完成生产总值14.72亿元，同比增长15%，其中工业总产值4亿元，同比增长15%（规模工业总产值7400万元，同比下降31.50%），农业总产值8.13亿元，同比增长15%；实现财税收入1372万元，同比增长24.30%，其中国税收入866万元，同比增长43.60%，地税收入500万元，同比增长2.10%；出口创汇125万美元，同比增长62.30%；固定资产投资4.90亿元，同比增长20%；限额以上社会消费品零售总额5656万元，同比增长11.90%；农民人均可支配收入14284元，同比增长11%。

【项目建设顺利推进】

开展“项目攻坚年”各项工作，重点工程建设再掀高潮。沿海大通道、海西天然气管道、霞美溪万里安全生态水系整治、铭万建材、中阳建材、新铭煌建材、港城大道等一批重点工程有序推进；港城大道征地、一航水产、晟鑫物流、白石避风塘等项目按期进展。完成海堤除险加固、坡耕地改造、南渔饲料和10千米的“村村通”自然村道路硬化建设，元晟工贸于8月进行试投产。

【专项整治取得实效】

霞美溪流域整治取得实效，拆除两岸54座临时搭盖，拆除面积达到8000平方米，投资141.80万元的东港（霞美段）清淤排涝工程基本完工。建立健全河流溪域渠道整治管理制度，及时清理水葫芦、生活垃圾、建筑垃圾等漂浮物。加强对水利资源的管理保护，打击取缔非法采砂点2起。推广使用沼气池51口，提高农户建池的积极性，促进农村能源结构转型升级。关闭拆除禁养区的生猪场35户，拆除面积 9950 平方米；关闭拆除可养区内生猪存栏 250 头以下的小规模生猪养殖场 44 户，升级改造可养区生猪存栏 250 头以上的小规模生猪养殖场 3 户。加强全镇 19 个村环境卫生长效管理，深入开展家园清洁行动，通过每月环境卫生评比，实现定期保洁、定期清理、定期转运，创造优美的村庄环境。持续推进"两违"综合治理，全镇发现 1250 宗次，强制拆除违建面积 10.21 万平方米，查扣非法运输建筑材料车辆 86 辆；巩固黄埔村无违建村创建，新创建运头村、巷内村 2 个无违建村。开展"安全生产月"活动，开展"三无"渔船、非法灌装液化气、涉氨企业、食品安全等重点领域的专项整治，实现安全生产零事故。开展道路交通安全综合整治，排查道路安全隐患，完善道路安全设施配套及省道漳东线路段道路亮化工程，全镇排查查处各类交通违法 257 起，有效减少道路交通事故发生。

【农村工作稳步前进】

富美乡村建设　黄埔村是省级重点建设村，按照"分清楚、扫清楚、拆清楚、摆清楚、粉清楚"的总要求，突出自然景观、提升环境卫生，新建公厕 1 座、污水处理池 1 个，完成 500 米的排水沟建设，安装巷道路灯 44 盏，种植绿化树 300 多棵，拆除危房 1950 平方米、旱厕猪圈 103 间，清理垃圾 225 车，规范管线 2 千米，实现全村村容村貌整洁有序。同时围绕特色找定位，着手建设面积 4 公顷的农家乐、面积 8 公顷的红坑休闲公园和黄厝路老人活动中心。

落实森林防火责任制　加大森林资源保护力度与建设，完成沿海防护林造林绿化 40 公顷，实现森林火灾事故零发生，也没有发生非法占用林地行为。

构建特色种养殖乡镇　从品牌培育、规模养殖、质量提升等方面，扶持牡蛎、鲍鱼、杨梅三大特色产业，全镇发展牡蛎吊养 1466.67 公顷，产值 1.50 亿元，是全省最大的牡蛎生产加工基地和牡蛎贸易集散地之一。吊养鲍鱼 1.50 亿粒，年产值 6 亿元。种植杨梅 733.33 公顷，产值近亿元。同时，发展一村一品，形成霞美牡蛎、北江鲍鱼、董门海参、黄埔杨梅、巷内梅酒等品牌产品。

开展精准扶贫　因户施策，采取针对性更强、作用更直接的措施，对全镇 322 户 859 人的贫困人口制定出可实施、能增收的脱贫项目，实施技能、创业培训，实现预期脱贫目标，完成 8 户贫困户危房改造和 24 户房屋修缮安居工程。

【社会事业有序开展】

全面完成全镇 13 所中小学教育均衡"一校一策"项目建设，通过县级验收；教育质量持续保持领先，镇初中 52 名学生考入漳浦一中。重视社会保障工作，是年累计发放低保金、残疾人基本生活保障金 268 万元，新农合参合率 100%，城乡居民保参合率 90%，基本实现应保尽保。开展"创建幸福家庭"和"诚信计生、阳光计生"活动，落实"四术"103 例，打击"两非"2 例，表彰 34 名计生先进个人；人均投入计生经费 4.66 元，人口出生率10.36‰、总性别比 109.65，均比上年度同期有大幅度的下降。实行领导干部信访包案责任制，上级批转信访件 13 件次均落实"六定五包"责任制，信访问题基本得到妥善解决。排查不稳定因素，受理各类纠纷 162 起，调解成功 157 起，调处成功率达 97.10%，没有发生矛盾纠纷引发的"民转刑"重大刑事案件和群体性事件。投入 5 万元开通全镇手机平安霞美彩铃和社会公众安全感宣传，投入 70 多万建设 8 个村综治网格化监控项目，实现镇域全覆盖。

（撰稿人：蔡晓宏）

• 杜浔镇 •

【概况】

2016 年，杜浔镇完成工业总产值 47587.50 万元，同比增长 7%，其中，规模工业总产值 15300 万元，同比下降 26.19%；实现财税收入 3219 万元，同比增长 53.28%；其中国税收入 2464 万元，同比增长 176.85%；地税收入 755 万元，同比下降 37.60%；固定资产投资 9460 万元，同比增长 441.50%；限额以上社会消费品零售总额10602万元，同比增长85.22%；农民人均可支配收入15097万元，同比增长9.80%。

【为港区开发提供保障】

为确保港区水、电、路等基础设施及包括新港城在内的石化产业配套项目用地，镇政府先后抽调精干工作人员近100人次组成征迁工作组，到林前、后姚、湖里、北坂、防沙场、城里、近城、院边、路边、过洋等10个村（场）开展征迁工作。完成征地329.33公顷，涉及19个项目。其中包括沿海大通道10－1、10－2标段40.93公顷，纬五路道路工程47公顷，次五路II段44公顷以及新港城人饮工程1.33公顷等。妥善解决新港城人饮工程问题，为搬迁移居到新港城的古雷群众及周围的村落提供安全卫生的饮用水。林前村东港溪排涝绿化及配套道路项目工程开工动土，后姚村后姚自然村整体搬迁进入尾声，收海工作扎实开展。

【农业产业稳步提升】

相继建立湖里胡萝卜、后因小番茄、过洋杨梅三大主导农业产业园区，种植规模逐步形成，粮食产量稳步上升，全镇粮食总产量始终保持在2.20万吨以上的水平。特色农业产业初具规模，分布在后姚村、林前村、湖里村、北坂村及防沙场的杜浔镇万亩节水灌溉暨无公害蔬菜示范基地，总面积约667公顷，以种植胡萝卜、白萝卜、花生为主；片区内土壤为改良沙壤土，地下水比较丰富，适宜配套喷灌、微灌、管灌等节水灌溉项目；片区蔬菜种植以家庭经营为主（每个家庭在1公顷左右不等），还有一部分是公司建基地，产品销往山东、上海、广州、东莞等多个大中城市，出口日本、韩国、欧盟等国家和地区。农朋食品是市级产业化重点龙头企业，获中国驰名商标品牌。

【持续做大旅游产业】

漳州碧海置业先后投入4亿元用于项目建设，其中6300多万元用于游客接待中心，景观等旅游以及旅游配套项目建设；以漳浦县委旧址红色文化纪念区为核心主线，加大力度开发红色文化体验拓展区、宗教文化区以及休闲养生区的特色旅游产业项目。

【加强“两违”巡查管控】

广泛宣传造势 利用多种媒体宣传《中华人民共和国土地管理法》《中华人民共和国城乡规划法》和“两违”综合治理；在主要路段显眼位置悬挂打击“两违”的大型固定宣传标语20多幅；包装22辆三轮摩托车组成杜浔镇“两违”整治宣传车队，不定点、不间断地到各村巡回播放“两违”整治宣传录音讲话，并利用村村通广播进行密集播放，宣传坚决制止和打击“两违”的目的意义、方法步骤、措施纪律、责任追究等；对非法运输建筑材料的车辆查扣、涉案人员查处等案件公开曝光。形成强大的宣传阵势，营造浓厚的舆论氛围。

强化巡查管控 按照“三区域”“四重点”“六先拆”原则，持续保持高压态势，对重点“两违”对象进行重点打击。建立“片区－督查组－巡查管控队”三级巡查管控体系，每天对全镇实行不间断动态巡查，不留死角。对巡查发现的“两违”行为，做到“露头就打，出土就拆”。早发现、早制止、早查处，把“两违”问题制止在萌芽状态。是年制止“两违”抢建装修行为2841宗，拆除“两违”抢建面积7.79万平方米，查扣非法运输建筑材料车辆1118辆。其中公安派出所344辆，北坂边防所360辆，交警中队414辆。对查扣的车辆由交通、公安部门依法进行处罚。

【平安建设不断深化】

安全生产不断巩固 严格落实安全生产“党政同责、一岗双责”，开展消防、非煤矿山无证开采、烟花爆竹安全、船舶安全、农村液化气、易燃易爆物品等各项整治工作；开展“安全生产月”、安全生产大检查和大检查“回头看”，加强应急防范和值班值守，提高应急处置能力。

信访维稳不断加强 实施镇村二级信访接待、来信来访台账登记、驻村包片领导负责、“一村一卷，一件一策”等多项工作机制。是年，接待受理群众来信来访117件次（一件多投重复件5件次）。其中上级批转件33件次，同比下降45%，已办结32件，办结率达97%。排查各类民间纠纷223件，其中婚姻家庭类35件，邻里纠纷47件，房屋宅基地类21件，损害赔偿类84件。其他类36件，成功调处223件，调处成功率达100%。

设施建设 投入20多万元完成辖区11个主要交通事故多发路段的整改。深入推进社会管理服务中心规范化建设，逐步完善网格化管理平台，建成龙港社区、居委会及正阳、后因、路边、徐坎等6个村的网格化服务管理中心，安装监控摄像头216个，均已投入使用。

【社会公共事业快速发展】

生态环境建设 2016年，累计投入400万元开展家园清洁活动。对排污管道进行改造，拆除牛圈、猪圈、旱厕等共计2000平方米，新建一批新公厕；在全镇范围开展卫生集中整治，清理各村陈年垃圾，取缔漳云线等道路沿途多个群众随意堆放的垃圾池，建设垃圾中转站，在全县率先实行"以奖代补"卫生激励机制，在各村建立卫生管理长效机制， 实现垃圾日产日清，是年处理垃圾14324吨。重点打造路打、后因村富美乡村示范点。完成造林绿化562.80公顷。拆除小规模不达标生猪养殖场167家。淘汰黄标车78辆。

科教文卫事业统筹推进 推进义务教育均衡，对全镇所有中小学进行改扩建。是年投入2103.81万元用于建设漳浦四中、杜浔中心学校、杜浔中心幼儿园、范阳小学、文卿小学等一批校安工程项目，顺利通过义务教育均衡县验收。投入5700万元，改扩建杜浔中心卫生医院，改善医疗设备，提高医疗水平；规划建设漳州市古雷医院，已完成前期工作，正在进行项目征地。

兴建民生水利工程 相继建成农村饮水安全工程、杜浔溪堤防与护岸工程、老鼠穴水库和龙峰水库除险加固工程、小型农田水利灌溉工程、东港、东溪、牛尿港三大水利设施优化等一批水利设施项目。并投入资金对文卿、徐坎等村渠道、排水沟、港道加固清淤。

社会保障体系不断完善 城乡居民养老保险续缴率超过90%，新型农村合作医疗保险参合率达100%。农作物良种补贴、种粮农民农资等惠农政策均得到全面落实。

扶贫力度不断加大 对全镇262户757个贫困对象进行建档立卡，切实做到精准扶贫、因户施策、分类实施、扶贫到户、责任到人，通过产业帮扶、就业帮扶、挂钩帮扶、安居工程及兜底帮扶等多项帮扶措施，确保扶贫开发工作取得实实在在的成效。

（供稿：杜浔镇党政办）

·沙西镇·

【概况】

2016年，沙西镇实现社会生产总值38262万元，同比增长6.80%，其中工业总产值10937.90万元，同比增长8.60%，（规模工业总产值5008.70万元，同比增长7.40%）；农业总产值10949万元，同比增长8.20%；实现财税收入1198万元，同比增长9.60%；其中国税收入598万元，同比增长17.40%；地税收入600万元，同比增长1.90%；出口创汇2万美元，同比增长9.80%；固定资产投资10095.50万元，同比增长43.70%；完成限额以上社会消费品零售总额9320.40万元，同比增长7.30%；农民人均可支配收入13472万元，同比增长9.40%。

【项目建设强力推进】

完成固定资产投资10095.50万元，其中：工业项目固定资产投资5107.70万元，新开工项目7个；完成技术需求项目1个（水产品常温保鲜技术需求），完成成果对接项目2个（茶叶加工色泽保鲜与海产品混养技术）。是年，完成征地总面积68.13公顷，其中：古雷港区纬五路（沙西段）4公顷、沿海大通道（古雷开发区沙西段）45.33公顷、漳江湾特大桥及连接线工程18.80公顷。

【工业经济持续发展】

招引（飞地）工业项目11个，其中：注册资本1亿元以上项目1个，注册资本5000万元－10000万元项目1个，注册资本1000万元－3000万元项目1个，注册资本500万元－1000万元项目3个；新办工业企业11

家，新投产工业企业11家。完成规模工业产值5008.70万元，完成工业税收174.50万元，其中国税税收收入108.10万元，地税收入66.40万元。

【“三农”工作有序实施】

农业　粮食播种面积1200公顷，粮食总产量0.95万吨，超额完成县下达全年任务指标，农业支持保护补贴1504.67公顷。开展农村土地登记确权颁证工作，完成11个建制村和沙西村西山自然村的权属调查，屿头村、涂楼村及沙西自然村调查摸底工作正在进行。治理畜牧养殖污染，拆除7户、1477平方米的养殖场，无害化处理158只病死畜禽；完成春秋季动物防疫防控，没有出现重大动物疫病。

林业　完成造林绿化（含“四绿”工程）40公顷，其中种植“三沿一环”33.33公顷，红树林6.67公顷，完成县下达造林任务。

饮水工程　投入1224万元，建设沙西“十三五”农村安全饮水工程，完成白衣村、北旗村、屿头村、河墘村、院前村、枋林村的管网铺设，其中白衣村、高山村已通水。

富美乡村建设　投资224万元实施蓬山村富美乡村建设，其中：投资6万元用于整治乱搭盖、废旧建筑；投资12万元用于垃圾处理；投资2万元用于清理村排污沟渠；投资2万元用于整治缆线和裸房；投资8万元用于村庄绿化；投资48万元进行水泥路面硬化；投资146万元用于景观公园建设。

精准扶贫　建档立卡贫困户203户564人，落实帮扶责任人，确定帮扶措施，投入5.60万元为每个贫困家庭购买意外险，发放扶贫小额贷款10户。至年底，脱贫101户362人；无房户5户，全部竣工入住；造福工程38户143人，特困户危房修缮27户，全部完工。

【社会管理措施有力】

“两违”整治　出动巡查人数5940人次，出动执法车辆1188车次，组织拆违行动198次，拆除“两违”案件63宗，拆除面积2.25万平方米。

安全整治　开展“安全生产月”活动，组织安全生产大检查7次，及时发现问题、限期整改。联合派出所、边防所出警执法26次，查处94起无牌无证，刑事拘留6人次，查处醉驾16起，查处超载车辆92辆，查处无佩戴安全头盔88人次。

生态环境整治　淘汰黄标车23辆；建设河墘污水处理池，并对处理设施进行管理；开展畜牧养殖污染治理行动，完成禁养区退养、关闭、拆除和可养区的标准化改造。

（撰稿人：薛宇超、卢小环）

•古雷镇•

【概况】

2016年，古雷镇全力打好整岛搬迁、收地收海、项目建设三大攻坚战，先后完成全镇13个村10483户39820人的搬迁，征地1247.33公顷，收海6206.67公顷；限额以上社会消费品零售总额1026万元，同比增长3.30%，农民人均可支配收入1.29万元，同比增长6%。

【石化基地建设全面突破】

整岛搬迁成效斐然　科学制定《搬迁安置补偿方案》，先后完成石化启动区第一、二期5个村、2738户、11835人搬迁和其余8个村、7745户、27985人的整岛搬迁任务。为石化启动区PX、PTA和海顺德特种油品项目率先投产以及炼化一体化项目等重大项目落地投建创造条件。

收地收海齐头并进　先后完成古雷炼化一体化、台湾中石化、锦江石化、中怡精细化工、新阳科技、腾龙化学、春达化工、海顺德催化剂等重点项目收地。至年底，完成收地面积1247.33公顷，占任务数1270.80公顷的98.20%；完成收海面积6206.67公顷，其中：网箱养殖19420排733.33公顷，筏式养殖2873.33公顷，虾池、鲍鱼场及工厂化养殖393.33公顷，滩涂养殖1933.33公顷，可满足重大项目建设的用地用海需要。

配套设施建设日臻完善　完成疏港大道、PTA重件路、天福—腾龙芳烃220千伏Ⅰ、Ⅱ回线路、110千伏线路、古龙线、古码线等供电线路与日供水5万吨自来水厂、5000吨级重件码头及配套运输道路、30万吨级化工码头、5万吨杂货码头、航道、公用管廊、排污管道等配套项目建设，有效地提升石化园区的公共配套服务水平。

【巩固提升民生保障】

社会保障体系 巩固和发展农村新型合作医疗保障制度，新农合参保率达100%。落实城乡居民养老保险政策，全镇居民养老保险参保人数1.81万人，参保率95%，60周岁以上老人均享受每人每月800元搬迁人口补助金。重视困难群众的生活救助，全镇有678户、756人纳入低保救助，有98户、99人纳入五保户救助；开展精准扶贫，全镇50户、95个贫困人口如期脱贫。

引导群众转型就业 重视失地失海农民再就业工作，引导农民提早转产转业，鼓励和支持他们往服务、加工、贸易等第三产业发展。举办企业招聘会，提供就业岗位2000余个，组织3000多人次参加免费职业技能培训，协调新港城物业公司，为搬迁群众提供环卫、安保、楼管等职位650个。推行“互联网＋”模式，扶持培植农村电商园，全镇有3000多人从事网上销售土特产、海产品等。

强化新港城公共管理 随着第三期8个村群众搬迁入住新港城，新港城居住人口达到4万多人，形成一个人口密集的居民住宅区。强化居民区公共管理，成立执法大队加强市容市貌管理，取缔乱摆摊乱设点，明确店面、道路、小区卫生保洁责任区域和责任单位，保障搬迁群众安居乐业。

（供稿：古雷镇党政办）

·六鳌镇·

【概况】

2016年，六鳌镇实现社会生产总值284516万元，同比增长25.78%，其中工业总产值273217万元，同比增长26.23%，农业总产值5586万元，同比增长25.10%；实现财税收入8214万元，同比增长3%，其中国税收入5028万元，地税收入1982万元；固定资产投资130375万元，同比增长48.15%；限额以上社会消费品零售总额8723.40万元，同比增长30.21%；农民人均可支配收13396万元，同比增长10.04%。在全县乡镇重点工作综合考评中，被县委、县政府评为第二名，实现连续五年获得全县二等奖。

【工业项目推进有序】

以打造“工业强镇”为目标，全年引进“飞地工业”6家，总注册内资12500万元，外资1000万美元。分别为福建福船一帆新能源装备制造有限公司、福建汇跃实业发展有限公司年加工20000吨南美洲白对虾项目、漳州市六鳌仁工贸有限公司年加工紫菜800吨项目、漳州市良木栖钢结构有限公司年制造3万吨风机塔筒配件项目、漳浦县华盛达食品有限公司年加工1100吨海产品项目、漳浦县洋德宝食品有限公司年加工1000吨紫菜项目。有序推进“三比三看”竞赛活动，及时解决项目存在的重点难点问题。六鳌半岛旅游度假中心项目基本完成土地征迁；翡翠湾度假中心B地块完成“三通一平”及地下基础建设；福船一帆新能源项目新增资13亿元进行产能扩建，打造成全省最大的海上风电装备制造中心；六鳌一级渔港取得实质性进展，主体工程建设完成，港池基本形成；抽象画廊项目完成项目规划设计等前期工作和66.67公顷山林地的征迁，已开工建设。是年，实现工业总产值273217万元，同比增长26.23%，其中，规模工业总产值256739.85万元，同比增长24.45%。

【滨海旅游强势而上】

以打造“滨海旅游名镇”为目标，把旅游业作为全镇的战略性支柱产业。将文化元素融入六鳌旅游发展大格局，翡翠湾打造“沙雕艺术节”“冰雪艺术节”“沙滩啤酒节”“人体彩绘”等特色旅游精品；发挥翡翠湾企业龙头带动作用，连片开发抽象画廊、六鳌古城、虎头山、美丽乡村、传统古村落等旅游资源，发展壮大六鳌旅游业。巩固提升鳌西、鳌东美丽乡村建设，东门美丽乡村以六鳌古城为背景，实施绿化、亮化、净化、美化、硬化“五化”工程，打造成有历史记忆、六鳌特色、产业支撑、文化传承的美丽乡村群落。是年，全镇接待游客约80万人次，旅游直接收入超4亿元。

【社会事业健康发展】

实施“科教兴镇”战略，建设完成六鳌中学、六鳌中心学校新校区、淑华学校、大澳小学4所学校的塑胶跑道、篮排球场及校园硬化、绿化等配套设施，通过国家教育均衡考核验收。开展精准扶贫，投入60多万元对69户贫困户进行房屋修缮、危房改造；对贫困人口进行就业帮扶、低保救助及购买人身意外保险。233名贫困人口实现脱贫，占全镇贫困人口的66%。在环境卫生综合整治中，按照“扫干净、摆整齐、保畅通”的基本要求，初步建立起垃圾处理长效管理机制，推行城镇一体化垃圾处理模式，实现农村生活垃圾日产日清，环境卫生综合整治水平得到全面提升。12月，顺利通过第十三届（2015－2017年度）市级文明乡镇年度考评。

【计生综治工作】

落实人口计生管理目标责任制，年度考核从上年度的第7名进步到第1名。深化“平安六鳌”建设，全镇分发平安建设宣传单近8000份，各村利用广播播放“平安漳浦”宣传录音300余次，发送平安建设宣传短信8万余条。落实安全生产责任制，推广网格化管理，推进企业安全标准化建设，平安建设范围和覆盖面不断扩大，全年无安全生产事故发生。开展道路交通安全综合整治，投入资金100多万元在主要路段安装监控探头、爆闪灯、震荡标线、减速带等道路交通安全警示标志，在全镇重点路段设置10个道路交通劝导站，出动1200多人次开展巡查600多次。

（撰稿人：郑文强）

•深土镇•

【概况】

2016年，深土镇实现固定资产投资6.10亿元，完成年任务的203%；规模工业产值9.80亿元，完成年任务的102%；出口创汇5540万美元，完成年任务的124.50%；实现财税收入3009万元，同比增减22.90%，其中国税收入1867万元，同比增减49.90%，地税收入1142万元，同比增减47.30%；固定资产投资60962万元，同比增长19%；限额以上社会消费品零售总额7435.20万元，同比增长40.40%；农民人均可支配收入1.50万元，同比增长10%。

【工业企业有序发展】

新增规模工业企业圣安食品1家，完成年任务的100%；新投产圣安食品、浦盛建材、隆驰建材、创亿金属制品、惠盈农业等5家工业企业，完成年任务的250%；新开工建设项目6个，完成年任务的300%；新批内资合同注册资本1.80亿元，完成年任务的105%；新批外资合同注册资本650万美元，完成年任务的216.70%。

【加快农业转型升级】

投资150万元，完成水土流失重点乡镇治理项目建设，投资506万元，完成坡耕地水土流失综合治理项目建设。农村土地登记确权工作顺利推进。圣安食品、惠盈农业建成投产，其中圣安食品实现当年晋级“农字号”规模企业。新华东“＋xinhuadong牌速冻虾”获福建名牌产品认证；“深土三角文蛤”“深土皱纹盘鲍鱼”农产品品牌效应持续发酵，有效提升市场竞争力。

【注重宜居建设】

围绕美丽乡村建设、环境卫生建设、小城镇综合体项目建设，提升宜居深土内涵。在全县率先采用ppp模式，签约合作总投资达6.50亿元的“碧水丹山”小城镇综合体项目。投入400多万元，以山边村和车敖村为示范点，打造集旅游、休闲、娱乐的新农村。实施生活垃圾日产日清，建立垃圾治理长效机制，改善农村环境，提升群众幸福指数。

【完善民生保障】

投入106万元，解决16户无房户住房问题；通过扶贫贷款、造福工程补助、修缮补助、扶贫助学、大病救助、帮助就业等途径，帮助285户贫困户、535人实现脱贫。基本完成总投资2.40

亿元的沿海大通道深土段建设，投资400万元新建农村水泥路10千米。以创建“义务教育基本均衡县”为契机，投入1000万元完善中小学软硬件设施。是年，发放种粮综合直补、渔船油补等补助资金250万元，争取10个“一事一议”项目财政奖补资金达141万元，新农合报销补偿2000万元，发放新农保900万元，发放困难补助金、低保金、慰问金等30多万元，基本实现应保尽保。

（撰稿人：陈宇鸿）

· 赤湖镇 ·

【概况】

2016年，赤湖镇实现社会生产总值55亿元，同比增长12.70%，其中工业产值43.50亿元，同比增长17%（规模工业总产值40.10亿元，同比增长10.80%），农业生产总产值6亿元，同比下降8.10%；实现财税收入7260万元，同比增长6.30%；其中国税收入5420万元，同比增长21.40%；地税收入1840万元，同比下降22%；出口创汇300万元，同比增长24.40%；固定资产投资13.20亿元，同比增长10%；外资到资400万美元，内资到资6亿元以上；限额以上社会消费品零售总额5289万元，同比下降92.60%；农民人均可支配收入1.52万元，同比增长11.10%。

【工业经济总量不断壮大】

实施“新型工业强镇、现代农业富民”的发展战略，按照产业集群化的发展模式，规划建设镇办工业区12.41平方千米，形成五金、皮革、石材、游艇、农产品加工等5个产业园；五金园、皮革园是省级批准的集控区。是年，皮革园区首批新增富盈、瑞泰2家企业试投产，试投产企业总数达到11家；此外，峰安、峻安2家企业已开工建设，是年实现产值24.34亿元，贡献税收5200万元以上。其中纳税1000万以上1家，500万元以上3家，生产总值有大幅度提升。五金、皮革园区规划得到调整，批而未供和闲置土地得到清理。是年，实现产值2.50亿元，贡献税收800万元。整合333.33公顷土地谋划产业园开展对外招商。10月，五金、皮革、游艇3个产业园整合归并绥安工业区，成立赤湖工业园管理中心。至年底，全镇有注册工业企业320家，其中规模企业31家。

【农业农村基础得到巩固】

完成全镇13个村的土地确权颁证第一、二轮公示工作。实施、完成危房改造37户。总投资1350万元的前张、山油片区农业综合开发及节水灌溉项目建设有序开展，已完成工程总量的1/4；总投资528万元，涉及土地162公顷的后湖湖美片区农业综合开发全面完成；总投资1500万元的赤湖溪中小河流治理项目二期建设顺利完工，沿溪护岸得到加固并打造成观光带；赤湖溪安全水系整治纳入全县计划盘子，投入资金350万元打造的后湖村美丽乡村示范点，创建成效突显。全镇通过农村土地流转，扶持壮大农业龙头企业，带动农业特色产业基地的建立，促进耕作制度的改变和新品种新技术的引进推广，推进设施农业、精致农业和品牌农业的发展，使赤湖镇成为全国大葱、胡萝卜出口基地之一，成为福建省首批供港蔬菜生产基地。至年底，全镇有注册农业龙头企业6家。

【城镇建设秩序持续优化】

总投资425万元的白赤线改扩建顺利竣工，后湖、前张等村通往镇区道路得到质的改善；镇区主干道“4+2”改造项目有序开展，将落实三线下地、“白改黑”，使其成为赤湖镇区的精品路段。加大对“两违”的管控和土地卫片整治力度，清理拆除非法占地违章建筑5.35万平方米，完成全年任务的107%。沿海大通道两侧及各村建房秩序得到进一步规范，前湖、半石小区规划正在报批。农村环境卫生整治深入开展，卫生保洁机制得到强化，镇容镇貌得到改善。

【社会事业有序推进】

做好义务教育均衡创建工作，发动各村捐资助学，是年，筹集资金570万元；全镇14所中小学16个项目高质量得到完成，顺利通过国家督察组验收。精准扶贫有效落实，是年按预定计划实现脱贫180户447人。总投资2.70亿元的疏港公路路线图基本确定，总投资220万元农贸市场改造顺利完成，总投资200万元的象鼻山休闲公园完成一期建设。省级农村宣传思想文化示范乡镇创建各项工作有序推进，投入50万元对镇文化站进行修缮；并重点打造提升威奕庙广场、前湖、后湖、北桥等一批文化亮点。

（撰稿人：杨维勇）

·佛昙镇·

【概况】

2016年，佛昙镇实现社会总产值28.92亿元，同比增长11.56%；农民人均可支配收入15974元，同比增长17.04%；实现财政税收6694万元，其中：国税收入3451万元，地税收入3243万元；全镇规模工业企业5家，实现规模工业产值11.50亿元；工业税收3600万元；社会固定资产投资9.10亿元；注册合同外资额568万美元，实际利用合同外资549万美元；实现出口创汇4670万美元，新办工业企业7家；完成技术要求项目3个，项目成果对接2个。

【城乡环境全面优化】

基础设施不断完善　有序推进整美（岱嵩）陆岛交通码头的开工建设和佛昙湾特大桥建设；启动佛昙第二公办幼儿园开工建设；实施佛昙农贸市场升级改造；投资近150万元建设下苏往大桥边1.70千米水泥路；投资196万元完成轧内村至沿海大通道道路拓宽项目；投资65万元完成轧内水土保持生态村建设；其他财政奖补项目累计投资约875万元，完成岱嵩和人坪村农民公园建设，基础设施得到进一步完善。

城乡面貌不断改善　开展村容整洁工作，开展“农村环境卫生百日整治”行动，加大环境卫生整治力度，在镇区主要路口增设垃圾箱160个，完善沿街商户“门前三包”制度；投入200多万元建成垃圾中转站并投入使用，建立“村收集、镇处理”垃圾收集处置模式；结合爱国卫生月活动，投入169万元用于各村陈年垃圾综合治理；成立环境卫生整治督查组，对全镇环境卫生进行量化评比，完善卫生评比常态考核机制，推进卫生管理制度化、常态化。

生态保护不断加强　轧内村代表漳浦县接受国家级生态县验收并顺利通过；建设大白石村排污沟等一批排污设施；建设轧内水土保持项目治理水土流失83.33公顷；开展非法采矿、采砂等专项整治活动，持续推进“四绿工程”、人造林更新等补植工程，完成造林绿化49公顷，超额完成县下达造林任务。

【项目建设成效显著】

厦门港南岸漳浦海岸新城项目强力推进　已完成征地203.34公顷，拆除育苗场、虾池43家，迁移坟墓986座，完成秀岛三路、秀岛五路等道路主体建设，秀岛二路、六路和区间路道路基本实现无障碍施工，完成施工总长度达7.50千米。可安置1200座坟墓的整美陵园建成投入使用。

商贸城建设加快步伐　已完成征地34.33公顷，完成任务数的98%，一期项目已建成4条2.10千米的市政道路、1座标志性售楼部及17幢商贸楼房，总建筑面积约18万平方米。

富美乡村建设成效显著　轧内、后许、大白石、东坂4个富美乡村，实现巷道硬化、房屋美化及村庄绿化。完成大坑代卿古樟园中心景区、玄天上帝公庙和石猴讲坛等人文景观建设。佛昙镇被评为漳州十大经济发展最美乡镇，轧内村被评为省级乡村旅游特色村、省级第五批历史文化名村、漳州市十大最美乡村游。

佛昙溪港道整治初现成效　拆除占用河道虾池13.27公顷、违章建筑1445平方米，完成护岸填土加固3千米及河道清淤，新建防洪堤3千米、水闸4座、穿堤涵管4座，行洪排洪能力得到显著增强。

【社会事业全面发展】

文化教育事业加快发展　各级投入2600多万元用于义务教育均衡发展。举办第四届龙舟文化节，美食文化节等大型活动；

举办首届联创杯篮球联赛，10支篮球队参加；组队参加全县农民健身秧歌赛获得冠军；举办漳浦二中80周年校庆；设立石埕小学弘石奖学奖教基金。

卫计工作扎实开展　占地8万平方米的漳浦第二医院整体搬迁项目开工建设。深入开展“生育关怀”行动，下发帮扶慰问金32.21万元，发放小额贴息贷款47万元、“幸福工程”扶助款25万元，计生惠民政策得到有效落实。开展春季计生攻坚行动、“红五月”人口文化宣传服务、计生宣传月等活动，抓好各项常规工作，出生人口政策符合率明显提高，性别比失调得到改善。

社会保障覆盖面不断扩大　做好城镇居民及新型农村合作医疗工作，全镇新型农村合作医疗参合人数54351人，参合率99.95%；完善城乡居民最低生活保障制度，办理低保户1099户1357人、五保户99户101人。是年安居工程计划惠及49户136人。

社会综合管理不断加强　“平安佛昙”建设持续深化，在镇区各个主要路口安装视频监控308个，完善镇级网格化平台建设，完成各村居网格化平台信息采集和录入工作；落实“四下基层”工作机制，畅通群众诉求渠道，强化矛盾纠纷排查。严格落实安全生产“党政同责，一岗双责”，开展“安全生产月”活动，推进企业安全标准化建设，对镇域内企业、加油站、学校等单位开展安全生产督查活动和消防安全整治，实现全镇全年安全生产事故零发生。

（供稿：佛昙镇党政办）

·前亭镇·

【概况】

2016年，前亭镇实现社会总产值达41.40亿元，同比增长15.10%，其中工业总产值31.80亿元，同比增长14.80%，农业总产值7.60亿元，同比增长15.50%；实现财政收入2840万元，同比增长5.20%，其中国税收入1852万元，地税收入786万元；固定资产投资8.79亿元，同比增长16.40%；限额以上社会消费品零售总额1.65亿元，同比增长32.30%；农民人均可支配收入达14416元，同比增长8.40%。

【经济发展提速增效】

项目建设步伐加快　全镇新开工项目23个，总投资10.30亿元。其中工业项目有新森实业、卓强工贸、艺桐工贸、百林工贸、坤德水产、幸福庄园、合宜伞业、蓝邦家具、台康健身器材、万顺吉非金属加工扩建等10个；工业项目总投资3.60亿元，其中坤基鞋业、蓝邦家具分别投资3000万元和3500万元完成投建，转入投产，万顺吉非金属加工投资6073万元进行厂房扩建。是年，全镇实现规模工业产值29.3亿元，同比增长15.50%。

招商引资成果凸显　以前亭工业园为平台，筑巢引凤，对接原木家居企业，引进福人集团、高桥工贸、明佳工贸、裕泓木业等原木加工家具制造企业；至年底，园区内累计进驻企业18家。通过政策扶持、服务引导等方式，推动新森实业海产品加工，新侨食品有限公司、幸福庄园食品有限公司等企业落户；其中新森实业海产品加工项目总投资6000万元，幸福庄园食品有限公司投资800万美元进行果汁冰棒、冰激凌生产加工销售。

农业经济持续推进　海产养殖业不断壮大，发挥元新、顺益食品龙头带动作用，是年，全镇海产养殖产量达7020吨，同比增长12.20%。现代农业发展持续升温，以蜜原生态农场为重点，发展高优特色水果种植，莲雾和火龙果获得国家绿色食品标志。发展休闲农业产业，全镇年接待游客量达2.10万人次。畜牧产业发展迅猛，重点扶持延源家庭农场等进行标准化、规模化养殖；是年，延源家庭农场规模养牛1500多头，牛舍7000多平方米，经济收入1800万元，被评为省级畜禽标准化示范场。

要素保障不断加强　调整并充实海岸新城和前亭工业园2个项目区征迁工作领导小组，召开征迁动员部署会，对余下征地工作采取任务分解、倒排进度、绩效挂钩等方式，并利用村老年协会、关系户及广泛社会资源协助推进。是年，全镇完成征地47公顷，其中海岸新城完成征地

23.87 公顷；前亭工业园完成征地 12.03 公顷，东部自来水管道完成征地 11.10 公顷。

【农村建设全面铺开】

富美乡村建设有序推进　以洛运村作为全镇富美乡村建设示范村，投入 150 万元，完成村主干道、次干道、巷道硬化，并配套建设排水排污管道、沿路绿化。启动后蔡村安置小区一期建设，过港村新村住宅小区完成土地填方、平整等前期工作。

环境卫生建设大力开展　督促指导 13 个建制村健全环境卫生机制，投入 80 万元，完成村级垃圾清理发包，有效规范生活污水处理设施和垃圾中转站运行，实现生活垃圾日产日清，投入 30 万元，开展卫生环境整治行动，全镇日均垃圾处理量达 15 吨，农村人居环境显著改善。

城镇交通设施持续完善　是年，沿海大通道前亭段全线贯通；连接杨美互通口快速通道进入前期准备阶段；全镇 13 个村投入 440 万元，完成 9.20 千米的村级道路硬化建设。

深化"两违"专项整治　拆除违建 13 宗 5.34 万平方米，腾出土地 5.58 万平方米，拆后土地利用面积 5.58 万平方米，总利用率达 100%。

【民生事业统筹发展】

民生项目大力实施　是年，投入 1400 多万元，用于全镇 11 所中小学校附属设施建设，项目包括塑胶跑道、围墙修缮、墙面粉刷、操场硬化、体育设施建设、排水系统、旱厕改造完善等方面；投入 200 万元，进行文山村移民项目工程建设；投入 100 万元用于村级路灯建设。

扶贫工作精准深入　通过建档立卡、"挤水分"及"回头看"等一系列程序，完成全镇留守儿童、妇女、老人、低保对象、精神病患者等信息录入；健全党员干部挂钩帮扶机制，采取一对一、多对一帮扶制度，实施产业扶持、教育培训、小额免息贷款、造福工程等到村到户项目实施，帮助 149 户 413 人率先实现脱贫。

社会保障工作深入到位　是年，全镇发放低保户补助资金 114 万元，发放残疾人补助资金 21.80 万元，新农保、新农合参保率分别达到 95.36%和 100%，做到应发尽发，应保尽保。

【社会管理创新高效】

综治维稳工作扎实有效　是年，全镇化解矛盾纠纷 177 件，调处成功率 100%；受理信访件 13 件，其中已办结 12 件；漳州市 12345 政务平台投诉件 20 件，已全部答复处理。重点信访对象稳控到位，未出现越级上访和进京非访等情况。把"平安前亭"建设作为全镇社会治安综合治理工作的一项重要内容来抓，开展"平安示范村"创建和村级网格管理工作站建设。投资 746 万元，用于 14 个平安建设实体项目，做到每个建制村都有一个实体化平安建设项目，已完成实体化平安建设项目 13 个。

计生工作水平进一步提高　在宣传解读"全面二孩"政策的同时，紧绷计划生育基本国策这根弦，强化镇、村干部责任。是年，全镇计生政策符合率 93.03%，出生率 15.88‰，性别比 106.50。

安全生产警钟长鸣　重点检查道路交通、消防、非煤矿山、烟花爆竹、食品等行业领域。全年出动执法人员 114 人次，检查生产经营单位 35 家，发现并整改 54 处安全隐患；投入 11 万元，用于全镇 12 处道路交通隐患点整治。

（撰稿人：胡毅恒）

• 马坪镇 •

【概况】

2016 年，马坪镇实现社会生产总值 7.58 亿元，同比增长 17%，其中工业总产值 1.20 亿元，同比增长 10%；农业总产值 2.80 亿元，同比增长 11%；实现财税收入 343 万元，同比增长 3.30%；其中国税收入 98 万元，同比增长 6.50%；地税收入 245 万元，同比增长 2%；固定资产投资 9435 万元，同比增长 3.20%；限额以上社会消费品零售总额 3230 万元，同比增长 1.10%；农民人均可支配收入 15820 万元，同比增长 12%。

【现代农业扩规增效】

在继续发展杨梅、食用菌、

油茶、毛豆、淡水养殖等五大特色产业的基础上，引进发展优质品种，扩种百香果20公顷，火龙果13公顷及名贵苗木；开展土地确权工作，完成各村场权属调查和审核公示工作。

【扶贫攻坚】

建立健全挂钩帮扶机制，完成137户401人贫困对象建档立卡，做到每个建档立卡贫困户都有镇村干部挂钩帮扶。镇级安排发放扶贫补助5.48万元，县级挂钩帮扶补助10万元。落实造福工程33户112人，争取补助款50.40万元。通过产业帮扶、就业帮扶、资金帮扶等多种渠道，实现脱贫81户254人。

【环境保护成效明显】

开展水环境综合整治百日攻坚行动，拆除生猪养殖面积1200平方米，去功能化5000平方米。加大"两违"整治力度，出动人员500多人次，拆除违建面积1.80万多平方米；开展黄标车淘汰工作，淘汰黄标车10辆。

【美丽乡村建设持续推进】

投入200多万元，巩固提升仙都村美丽乡村建设成果；投入120万元，实施后康村美丽乡村建设工程，完成村庄洁化、序化、绿化和巷道硬化等工程。同时，加大其他村级基础设施建设，是年，新建水泥路15.80千米，农路指标验收5千米。

【社会事业有序展开】

投入550万元，实施马坪中学、中心小学及马圩小学等义务教育均衡创建项目，教学基础设施全面改观；投入25万元，助推平安马坪建设；加大新农合和新农保参保缴费力度，参保率均达到99%。

（撰稿人：庄志杰）

·官浔镇·

【概况】

2016年，官浔镇固定资产投资7.18亿元，完成年度任务5.40亿元的133%；财政收入1737万元，完成全年任务的97.80%，其中地税808万元，完成任务数的80%，国税929万元，完成任务数的122%；外资实际到资150万美元，完成年任务150万美元的100%。出口创汇完成170.60万美元，完成年任务70万元的243%。社会消费品零售总额1.35亿元，完成年任务1.30亿元的104%。

【项目建设与工业经济】

重点项目建设 是年，官浔镇有县重点项目4个，即隆福10公顷果蔬种植项目、三本工业公司扩建项目、官浔镇环境整治项目、官浔镇现代农业生态观光园基础配套设施建设。完成重点项目投资1.48亿元，完成年度任务1.48亿元的100%。

工业经济 是年，新办工业企业3家（福建晓翁生态农业开发有限公司、漳浦宜圣冷冻有限公司、漳浦辰宇水产品加工有限公司），完成年任务的150%。500万元以上工业项目投资额为6689万元，完成年任务5000万元的134%。规模工业产值9359万元，完成年任务1亿元的93.60%。工业企业税收225万元，完成年任务220万元的102%。

【农业与农村工作】

农村土地登记确权颁证 成立镇土地承包确权登记领导机构，开展5次业务培训。是年，完成全镇9个建制村的土地确权登记工作，转入第二轮公示阶段。

实施精准扶贫 健全挂钩帮扶机制，做到每个建档立卡贫困户都有镇村干部挂钩责任人，有帮扶措施和脱贫目标。做好全镇22户农村贫困无房户（购）建房工作，其中新建8户，安置5户，购置二手房9户。完成全镇12户特困户房屋修缮。

农产品质量安全 完成农产品质量安全监测指标，接受省、市"检打联动"监测合格率100%。落实属地管理责任，成立监管机构，督导辖区内生产经营企业建立生产记录档案，推进农产品质量安全可追溯平台建设。开展农业种植养殖污染治理和辖区内农产品质量安全定性检测。

重大动物疫病防控 做好高致病禽流感、口蹄疫、猪瘟和高致病性猪蓝耳病等重大动物疫病的防控及动物 H7N9 流感防控工作。做好文件资料和消毒记录、值班记录。

【富美乡村建设】

在完善溪坂、山边花都新村、红霞生态新村、康庄田园新村的基础上，着力抓好国道 324 线官浔段环境整治，打造美丽乡村景观带。加快推进省炉、赵厝 2 个省级美丽乡村示范点建设步伐。

村庄清洁 强化保洁队伍、设施建设及经费等要素保障，投入 290 万元，每村配备 1 名卫生监督员，4 名保洁员，4 辆垃圾车。建立管护机制，村里生活垃圾做到定时定点清理、收集，日产日清，实行“垃圾不落地”，无暴露和积存垃圾。

村庄秩序 对村内房前屋后杂物乱堆乱放进行统一治理，清理石头、柴火等废弃物 354 处。对村内的电力、电信、有线电视等线路进行整理，做到规范有序、整齐美观。对村内的建(构)筑物进行治理，拆除没有保留价值的废旧房屋、残墙断壁和旱厕、猪圈、蘑菇房及各类违法乱搭乱建物 36 处，面积 2123 平方米。

村庄道路硬化 在村入口处树立景观石，对村主干道和环村路进行改造，建设公厕等配套基础设施；村内主次干道、巷道硬化率达到 100%。

村庄绿化 村庄范围沿路、沿溪、沿沟渠做到应绿尽绿，并在环村道路两侧搭设竹篱笆，与周边环境协调一致，实现村内居民房前屋后绿化美化。利用村内空杂地、闲置土地建设片林绿地，全部实现绿化。建立绿化管护机制，落实管护人员和管护资金，绿化维护良好，推进富美乡村长效运行。

房屋美化 对裸房外墙粉刷装饰、色调协调，修缮有破损的墙壁，使新村村容村貌焕然一新。

【“两违”专项整治】

建立健全机制 成立镇“两违”综合治理工作领导小组，抽调精干人员组建镇“两违”执法中队，配备“两违”执法宣传车 4 部。制订《官浔镇“两违”整治工作实施方案》和《官浔镇“两违”整治“百日攻坚”实施方案》；建立日常巡查制度，分别在各个路段进行巡查管控。

广泛宣传 在镇村主要干道悬挂“两违”横幅 32 条，用 LED 显示屏滚动播放“两违”宣传标语；利用村村通广播，镇执法宣传车进行流动播放，向村民下发《致全镇人民一封信》。在村党务、村务公开栏通告“两违”治理情况，引导村民自行拆除“两违”建筑。

强化查违控违 将全镇按村分为不同的区域，每个村由村书记做第一责任人，配合镇“两违”办开展日常巡查，发现一起，治理一起，严厉打击“两违”苗头，确保“两违”零增长。出动车辆 145 车次、人员 600 人次，拆除 9250 多平方米，腾出土地面积 1.69 万平方米，下达责令停工通知书 41 份，完成全年任务的 62%。

【生态环境保护】

水利资源保护与利用 加强水资源保护，成立南溪溪堤管理处，建立一支 13 人的监督管理队伍，配备一部巡查车，及时清理重点流域水葫芦、水浮莲、建筑垃圾等。推进农村安全饮水建设，实施农村安全饮用水“村村通”工程，管道安装达到“一户一表一龙头”，水质达到国家饮用水标准，保障基本生活用水需求。辖区内没有出现与河道采砂有关的信访案件，没有出现破坏水环境、水利工程及非法采砂行为。

畜牧养殖污染治理 在可养区，存栏 250 头以下猪场关闭拆除 3 座 342 平方米，改造 9 座，面积 1890 平方米，消减生猪 1988 头；对禁养区的猪舍一律关闭拆除，共拆除 17 座，面积 1853 平方米，减少存栏数 1801 头。强化病死畜禽无害化处理，推广使用病死猪无害化处理机械设备，对病死畜禽进行无害化处理。

【维稳信访工作】

加强维稳信息员、维稳群众工作队、网络舆情引导员 3 支队伍建设，发挥司法所、派出所、“德煌”人民调解工作室和村级调解员这“3＋1”4 支维稳队伍的整体合力，在各村成立 9 个综治信访服务站，配备维稳信息员 25 人，维稳群众工作队 36 人、网络舆情引导员8人，并成立镇直治安巡逻队16人、村级治安巡逻队54人。创新宣传模式，印发平安建设宣传单和平安建设彩图挂历各1万多份，分发给村民，提高村民的知晓率、重视率。落实镇每月2次、村每周1次的排查制度。是年，全镇调解各类矛盾纠纷57起，调处成功率达100%。

【提升计生工作新水平】

完成指标任务　全镇总人口为26540人，2016年出生400人，出生率15.07‰，自然增长率5.29‰；年度出生人口政策符合率90%，含补报往年出生人口政策符合率80%；出生人口性别比为111.6。

帮扶政策落实到位　投入3.70万元，作为“生育关怀”金秋助学专项资金，表彰“阳光女孩”；为1023人办理计划生育家庭意外伤害保险；慰问计生困难户和失独家庭、留守老人、儿童、流出困难妇女等93户，慰问外来困难人员6户，合计发放慰问金3.70万元；发放“幸福工程”项目款和小额贴息贷款合计37万元。征收社会抚养费38.39万元。

（撰稿人：杨国原）

·长桥镇·

【概况】

2016年，长桥镇实现社会生产总值14.40亿元，同比增长9.30%；完成固定资产投资6.42亿元，完成年任务152.90%；财税收入5636万元，完成年任务的105.70%，其中国税收入3763万元，完成年任务133.40%，地税收入1873万元，完成年任务74.60%；新批注册外资601.20万美元，完成年任务150%；出口创汇403万美元，完成年任务90%；限额以上社零总额4991万元，完成年任务125%，限额以上新增个体数2个，完成年任务100%；全镇文化产业企业4家，文化个体户8家，完成产值909.70万元；农民人均可支配收入1.75万元。

【工业经济持续增长】

是年，完成重点项目投资6798万元，完成年任务116%；新办工业企业数11个，完成年任务550%，其中新投产工业企业数3个，完成年任务300%；净增规模企业8家，完成年任务226.70%；技改投资1.26亿元，完成年任务311%；实现规模工业产值7.35亿元，完成年任务109%。

【招商引资】

“林业循环经济产业园”重点项目工作有序推进，涉及长桥镇的征地工作基本完成。南浦路涉及长桥镇的遗留征地问题完成签约。投资3亿元的农业硅谷三期项目于11月开工建设。12月，赴深圳招商，新批注册外资企业5家。

【推进农村土地登记确权颁证】

是年，投入土地登记确权颁证工作经费8万元，完成3期142人次的确权颁证工作培训，发放宣传材料2600份，以循环督查的形式对各村确权工作进行三轮指导督查。完成全镇9个村，75个村民小组、2754户农户的调查摸底工作，100%完成权属调查工作。9个村的土地确权登记颁证核减工作全部完成，核减耕地59.10公顷不予确权颁证。至年底，9个村第一轮公示100%完成；长桥、东升、春光等3个村进入第二轮公示阶段。

【美丽乡村建设成效凸显】

东升村是长桥镇美丽乡村示范村，是年，东升村加强基础设施建设，对2条村主干道共400米进行扩建，建设一条长1.50千米，宽3.50米的由国道324线通往苏坡机耕路基，扩大全村道路硬化面积；实施“LED灯”全村贯通项目工程，安装150盏路灯并投入使用，总投资15万元，实现全村亮化升级；投资5万元，新安装监控11个。加强全村环境卫生整治，美化绿化村容村貌，建设垃圾中转站，与保洁公司签订保洁服务合同，实行定时定点清运，做到垃圾日产日清；在村主干道两侧和村部周边进行绿化修整，栽种绿化苗和花卉。

【扶贫攻坚扎实推进】

通过镇村精准识别，全镇确定贫困户156户、451人，其中无房贫困户 15 户。经过一对一结对帮扶、产业扶贫和助学助医等举措，是年，脱贫 124 户、357 人。15 户 29 人无房户全部搬入新居。“造福工程”扶贫搬迁 17 户 60 人。

【“两违”专项整治】

是年，全镇拆除厂房 17 家、铁棚、房屋 56 座，面积 3.32 万平方米，完成年任务 151%。

【道路交通安全】

成立镇道路交通安全工作领导小组，以交通安全宣传“五进”（进工地、进村庄、进社区、进企业、进校园）活动为载体，加强交通安全法律法规和交通安全知识普及教育。创建市级交通安全示范村－长桥村，通过省交警总队、市交警支队考核验收。

【综治信访工作】

完善全员维稳、风险评估和应急处置机制，重视初信初访，回应群众合理诉求，开展部门联合调解，做好矛盾纠纷化解工作。是年成功调解信访积案 16 件、群体性上访 4 件、初信初访 7 件，化解各类矛盾纠纷 32 起。持续深化“平安长桥”创建，加强社会治安综合治理，维护重点时期、敏感时期的社会安定稳定，提升群众安全感和满意度。

（供稿：长桥镇党政办）

·石榴镇·

【概况】

2016 年，石榴镇主要经济指标完成良好，完成规模以上工业产值 36850 万元，同比增长 8%，其中规模工业总产值 31609.10 万元，同比增长 12.82%；实现财税收入 2493 万元，同比增长 9.20%，其中国税收入 1622 万元，同比增长 10.49%，地税收入 871 万元，同比增长 6.87%；完成出口创汇 690 万美元，占年任务 670 万美元的 102%；固定资产投资 37166 万元，同比增长 19.60%；限额以上社会消费品零售总额 7112 万元，同比增 6%。

【工业项目有序推进】

是年，全镇固定资产投资项目 10 个，均是新开工项目，全年完成 3.72 亿元，占年任务 3.60 亿元 103%，其中，列入市、县重点项目有 2 个（合本生物和天意农业），完成投资 1.60 亿元，占年任务 1 亿元 160%。完成技术需求和成果对接项目 2 个（即鑫梅科技、天意农业），完成年任务的 100%；新办工业企业完成 2 家（即澳洲羚羊、爱琪服饰），新增资工业企业 1 家（即木天工贸），完成年任务的 100%，实现投产 1 家（即飞秒服饰），完成年任务的 100%；全镇规模工业企业有 5 家（即金阳食品、洪流汽车悬架、锦益服饰、博松服饰、两全服饰），产值完成 3.16 亿元，完成年任务 3.20 亿元 98.70%，其中，两全服饰是新增规模企业，完成年任务 100%；引进外资企业 1 家（即泰雄贸易），注册资金 500 万元美元，超额完成任务。

【项目带动成效凸显】

项目建设加快步伐　工业领域：飞秒服饰投资 4000 万元建成投产，洪流汽车悬架投入 500 万元完成扩建和技改，博松服装完成搬迁扩建，金阳食品运营良好。交通领域：红色旅游道路建设项目有序推进，S3 标段和 S1 标段建设即将完成，并启动 S4 标段征迁工作；同时，完成梅林段 1.80 千米道路拓宽改造工程。农林水领域：推进温斗等村 334 公顷土地整理项目，实施象牙、申内等水库除险加固工程，加快农村安全饮水工程扫尾工作，推进鹿溪小流域、石榴小流域水土综合治理项目以及旱涝保收工程、小农水项目。社会事业领域：投入 1440 多万元，进行义务教育均衡发展达标建设。

招商引资扎实推进　是年，引进项目 3 个，分别是漳州澳羚牧业有限公司投资生态农业及乳制品加工为一体综合发展项目、漳浦鲜麓居生态农业项目和漳州爱琪服饰有限公司投资服装加工项目；漳州澳羚牧业和鲜麓居生态农业 2 个项目已进入实质性征地阶段。此外，福建木天工贸有限公司完成增资至 2000 万元。

【营商环境持续改善】

土地使用问题有效解决　全年项目用地涉及征地4宗(红色旅游道路、飞秒、中幼儿园、木天工贸),完成供地3宗(飞秒、中幼儿园、木天工贸),新征土地面积共40公顷。

"两违"有效遏制　拆除"两违"建筑53宗,拆除面积4.81万平方米;受理市级转办"两违"举报案件1件,县级2件,已办结。

深化"平安石榴"创建　排查调处各类矛盾纠纷224起,调处率达100%;抓好落实各项信访工作,收到重访1件,已重新调查办理,无初信初访件,签订息访息诉协议书3份;推广社区网格化管理,实现辖区18个村视频监控全覆盖;开展道路交通安全三年综合整治,投入200多万元实施道路安全工程,完善道安基础设施,加强隐患排查,有效遏制重特大事故发生。

【农业农村发展态势良好】

提升农业质量效益　推进农业供给侧结构性改革,把增加绿色优质农产品供给放在突出位置,在抓好万亩高产创建示范片项目,稳定粮食生产面积的基础上,注重效益和市场竞争,做精做优高优水果、生物医药、花卉、工厂化食用菌、石榴填鸭等特色产业,扶持林下种养殖和产品采集等林下经济。加快建设石榴特色现代农业核心示范园,累计完成投资1.25亿元;聘请专业团队高标准规划设计,探索同台湾果蔬与花卉协会共建模式,引进先进技术和管理经验,着力打造集标准化生产种植、加工展示、休闲观光为一体的特色现代农业核心示范园。

打好脱贫攻坚战　完成25户贫困危房户危房改造,解决13户贫困无房户住房问题,实现脱贫人员260户722人,脱贫攻坚"龙岭模式"获得市、县肯定。

推进美丽乡村建设　突出产业发展、环境整治、文化提升、生态保护等建设内容,累计完成投资500万元,推进象牙、石榴、梅北等村美丽乡村建设步伐,打造象牙至车本沿途美丽乡村景观带。

提高生态文明建设水平　以创建国家级生态县为契机,持续加大生态文明创建力度;投入200多万元,开展生活垃圾大整治,做到生活垃圾日产日运;加大黄标车整治,动员车主主动报废,报废黄标车83辆,完成年任务99辆的84%;开展水环境综合整治,关闭拆除574户生猪养殖场所,拆除面积2.20万平方米。造林绿化,完成人工造林更新132.60公顷,超额完成全年任务,没有发生森林火灾和破坏生态公益林事件。

(供稿:石榴镇党政办)

•盘陀镇•

【概况】

2016年,盘陀镇实现规模工业总产值23.91亿元,同比增长30%;完成工业固定资产投资29154万元,重点项目投资16810万元,项目固定资产投资95962万元。新办企业9家,新投产企业3家,完成技改投资10969万元。实现财税收入9983.04万元,同比增长6%;其中国税收入8753万元,同比增长6%;地税收入1230.04万元,同比增长4%;出口创汇196万美元,同比增长2%;限额以上社会消费品零售总额14690万元,同比增长20.30%;农民人均可支配收入13203元,同比增长6%。

【工业经济稳步推进】

新建扩建工业项目8个,即一洲有机生物肥料生产扩建项目、天福肉制茶食品加工项目、金山王服饰有限公司年加工20万套服装项目、艾女欣服饰有限公司年加工23万套服饰项目等;新办工业企业9家,即漳州市伊派服饰织造有限公司、福建一硒食品有限公司等。

【农业农村工作加快步伐】

美丽乡村建设步伐加快　围绕"拆清楚、扫干净、摆整齐、保畅通"的要求,投资210万元进行通坑富美乡村和产山美丽乡村建设。全年转运垃圾4902吨,完成县下达任务的100.50%。拆除破旧房屋及违章搭盖50处、禽畜舍160间,旱厕52座,总面积1800平方米。完成总投资300万元的割埔移民库区环境综合整治项目。

基础设施建设逐步完善 通过向上争取项目资金、政府补助、村民自筹等方式，投入237万元实施村主干道、次干道、巷道硬化5千米近1.20万平方米，并配套建设排水排污管道。投入50万元进行道路拓宽改建和美化绿化工程，绿化面积3000多平方米，做到需绿必绿、应绿尽绿。配合上级工作，完成国道324“白改黑”前期工作，并实施一批农村公路建设，完善镇村道路交通网络。

资源管控力度加大 加大对非法采矿和采砂场的取缔力度，取缔6个非法采矿场和12个非法采砂场。推进“无违建”创建活动，拆除违建60宗，建筑面积3.63万平方米，完成县下达任务数的110%，腾出土地12.05平方米。开展危房改造，拆除危房54座，拆除面积7.09万平方米，经核准改建54宗，占地面积为5780平方米。开展生猪养殖污染、河道管护、五沿“青山挂白”、黄标车淘汰等专项整治。

农村土地确权全面展开 经过前期调查摸底、影像解释、制作宗地图、信息录入，全镇11个村、107个村民小组、5972户已全部完成航拍、地籍测绘、现场指界，完成测绘面积1404.73公顷。

精准扶贫扎实开展 落实全镇146户453人贫困对象的帮扶责任人和帮扶措施，联系县直挂钩部门进行对口帮扶；完成全镇13户住房特困户的房屋修缮，完成9户21人无房户住房建设，已全部入住；贫困户24户89人的造福工程扶贫搬迁建设均已封顶；办理17户61万元的小额扶贫贷款，支持贫困户发展种、养殖业，组织贫困户中缺乏技术的劳动力人口参加相关部门的技术培训。

基础工作稳步推进 完成年粮食播种面积793.33公顷，粮食产量达4770吨。鼓励群众发展淡水养殖，实现水产品年产量2048.80吨。完善动物防疫档案，重大动物防疫防控工作已通过省畜牧局检查。投入450万元，建设农村安全饮水二期项目，已完成85%的工程量，涉及全镇11个村。开展汛期隐患排查整治，已完成上洞村溪堤水毁及水坝基础修复，基本完成自来水厂水毁修复工程。防汛救灾物资储备到位。

森林资源有效保护 落实森林防火责任制，完善镇、村森林火灾扑救队伍，加大防火广告宣传力度，张贴宣传标语180条，加强巡查，打击盗伐林木的行为，有效地保护了森林资源，防范森林火灾发生，全年没有发生森林火灾事故；全年完成植树造林面积44.20公顷。

【社会各项事业统筹发展】

计生工作强力推进 是年，全镇共出生540人，计划内出生489人，出生人口政策符合率90.50%，出生人口性比例112.90%，各项指标均保持在全县控制范围内。办理一孩准生、再生育服务证、流动人口服务证214本，上门服务群众800余人次，实现窗口服务零投诉。

社会保障水平稳步提高 加快完善社会保障体系，提升社会保障水平，是年，全镇新型农村合作医疗保险参保人数达26721人，参保率100%，新型农村社会养老保险总参保9829人，参保率93.20%。

综治维稳工作有序进行 是年，全镇投入资金54万元用于综治维稳、治安打击、打假巡查、道安整治、群防群治、平安建设等工作。平安创建扎实有效，新一轮“平安家庭”挂牌率95%以上，社会治安重点整治工作成效显著。查处治安案件64起，抓获酒驾7起。建立健全信访、矛盾纠纷排查调处化解机制，排查调处各类矛盾纠纷88起，办理信访件3件，没有发生因矛盾纠纷引发的“民转刑”案件，没有发生群体访、越级访，敏感时期、重大活动、重要节日期间安定稳定。

安全生产常抓不懈 落实安全生产“党政同责，一岗双责，齐抓共管”制度，开展安全生产大检查、隐患大排查、重点行业领域整治、“六打六治”“打非治违”等专项行动和安全执法检查15次，排查整改各类隐患23处，发放安全告示、整改通知书65份，发放安全生产宣传手册7000份，实现全年安全生产零事故。

（撰稿人：吴玉玲）

·大南坂镇·

【概况】

2016年，大南镇实现社会生产总值434945万元，同比增长17.80%，其中工业总产值413928.40万元，农业总产值10017万元；实现财税收入120万元，同比增长6%，其中国税收入76万元，地税收入44万元；出口创汇46676元，同比增长28%；固定资产投资93902万元，同比增长3150%；出口创汇6265万美元，完成年任务6000万美元的104%；限额以上社会消费品零售总额1.72亿元，完成年任务1.55亿元的111%；农民人均可支配收入1.65万元，同比增长6%。

【工业保持稳定增长态势】

是年，全镇实现工业总产值413928.40万元，同比增长18.60%，其中规模工业总产值387976万元，同比增长19.10%；固定资产投资19亿元，完成年任务11.40亿元的166%；500万元以上工业固定资产投资12.60亿元，完成年任务8.50亿元的148%；新办工业企业14家，完成年任务8家的175%；新投产工业企业8家，完成年任务6家的133%；新批注册内资3.35亿元，完成年任务1.55亿元的216%。

【“三比三看”成效显著】

比征迁看交地　活动伊始，在县下达的铭鑫、富山2个征迁任务基础上，自加压力，再增加平安工房、方兴工艺、正强工贸、和丰食品、明泰工贸等5个征迁项目作为活动任务。7个征迁项目是年全部完成任务。

比招商看项目　是年，走出去招商6次，对接项目8个，成功签约4个，注册3个，其中签约外资项目1个（彩露华观光工厂），总投资1.80亿元；签约并注册内资项目3个（南港、永华、东科），总投资约2.63亿元。

比投建看投资　大南坂工业园7个项目（富山、圣莎拉、绿泉、森凯、和丰、香江达成、明泰，总投资约6.3亿元）纳入全县“三比三看”竞赛范围。主动对接企业，协调相关部门，帮助解决用地、用电、用工等难题，力促项目尽早开工建设。至年底，7个项目已开工投建。同时，力促南港、五菱汽车、嘉瑞工贸、丰骏万达等4个项目新开工投建，总投资约1.50亿元。

【招商引资再创佳绩】

把招商引资、发展工业作为全镇工作的重中之重，引进达维、绿悦、万祥工贸等14个工业项目，总投资约6亿元。至年底，还有岩泉农业研发、蚊香制品、果蔬加工等3个项目在谈，计划总投资约3亿元。

【项目建设强力推进】

是年，全镇在建工业项目32个，其中21个已竣工，尚有11个项目在建设中。其中，际诺思轻工制品加工项目，总投资1.98亿元，占地6.60万平方米，总建筑面积6.50万平方米，已完成大部分厂房建设；香江达成物流园项目，总投资2.50亿元，已完成投资3000万元，建成一期厂房1万多平方米；佳乐森新型建材项目，总投资5500万元，已完成投资5000万元，基本竣工。

【营商环境不断优化】

着力化解用供地问题　化解土地征迁遗留问题，盘活泉兴、杏欣、格联特、佳乐森、联详、绿泉等17个项目闲置土地40公顷，提高土地资源利用效率；同时，加大新征土地推进力度，全年完成港城快速通道、汽车4S产业园、香江达成物流园等项目征地70多公顷。

推进“两违”专项整治　采取“5＋2”“白＋黑”、节假日无休不间断，开展“横向到边、纵向到底”的全方位动态巡查，对新增“两违”行为做到“露头就打、出土就拆”，确保“无违建乡镇”创建活动的顺利开展。是年，拆除违建1.65万平方米，完成拆违任务1.5万平方米的110%。

落实安全生产责任　投入30万元，开展道路交通安全整治，排查整改隐患点11处，查处各类交通违法行为630起。道安事故死亡率较往年大幅度下降；落实安全生产“党政同责、一岗双责”，推进企业安全标准化建设，杜绝安全生产事故。

强化效能建设　在全县率先成立镇级效能办，负责督查上下班纪律、重大项目进度等工作。对18名违反规定工作人员进行问责，其中约谈5人，通报批评18人，起到较好的教育作用。

【农业农村发展态势良好】

推动各项常规工作进展　落实各项强农惠农政策，发放各类惠农补贴40万元，惠及农户1000多户。做好动物防御，有效预防"登革热""禽流感"等传染病发生，免疫接种猪口蹄疫1.15万头，禽流感2.79万羽，免疫率达100%；推进生猪污染养殖整治，4家养猪250头以上的养殖场完成提升改造。完成土地确权登记，涉及村民226户、土地20.27公顷。

推进美丽乡村建设　投入550万元，推进坑内村美丽乡村创建，建成环村水泥路900米，面积200平方米的水冲式公厕1座、占地2公顷的休闲公园1处及排水沟整治等配套工程多处。以点带面，鼓励其他还没被县纳入美丽乡村创建的村庄，从整治农村环境卫生"脏乱差"等问题入手，先行先试，开展美丽乡村创建。

开展精准扶贫　实行"一把手"负总责、亲自抓，分管领导具体抓，层层落实好帮扶工作责任，多方位、多渠道推进扶贫攻坚。在农技培训扶贫、贴息贷款扶贫、公益性岗位扶贫等政策的基础上，为扶贫对象办理人身意外险，每户都做到一个政策，点对点对接，比全县提前1年，率先实现15户、46人的扶贫对象全部稳定脱贫。

推进生态文明建设　以创建国家级生态县为契机，持续加大生态文明创建工作力度。投入60万元，开展生活垃圾大整治，完善"户集、村收、镇运"的垃圾清运模式，做到生活垃圾日产日运，垃圾清运工作位列全县前茅；加大黄标车整治力度，全镇报废黄标车57辆，完成年任务66辆的86%；加大水环境综合整治工作力度，关闭拆除16处生猪养殖场所，拆除面积1.30万平方米。是年，大南坂镇代表漳浦县接受国家级生态县建设专家评估组检验，顺利通过验收。

（供稿：大南坂镇党政办）

·南浦乡·

【概况】

2016年，南浦乡实现社会生产总值16829万元，同比增长8.25%，其中工业总产值357万元，同比增长19.61%；农业总产值10176.40万元，同比增长7.04%；实现财税收入525万元，同比增长1.90%；其中国税收入235万元，同比增长1.70%；地税收入290万元，同比增长2.10%；固定资产投资26908万元，同比增长23.50%；限额以上社会消费品零售总额1348万元，完成全年任务的103.60%；农民人均可支配收入1.10万元，同比增长4.55%。

【招商引资取得成效】

新批内资企业3家，分别是漳浦鼎源食品加工有限公司年加工食用菌500万罐项目，投资额4850万元；漳浦丰盈食品加工有限公司年加工蔬菜2000吨项目，投资额4500万元；漳浦弘昌食品加工有限公司年加工绿竹笋2000吨项目，投资额4750万元，共计14100万元。

【农业农村工作有新突破】

"一溪四园"景观格局逐步成型　以美丽乡村建设为抓手，围绕一溪（龙溪滨水景观带）四园（天正文化园、古镇文化园、祖师文化园、红军文化园）的景观格局，通过面上整治、节点打造、细节修饰，对各村进行美化绿化亮化，达到"小整治、大变样"的效果。投资7500万元，拓宽从324国道至南浦乡政府7.20千米道路；投资500万元，完善"祖师文化园"建设，重点实施美林至中西村"祖师路"建设、美林村生态公园、溪滨景观步行道和龙桥村镇区改造、龙溪湾生态公园建设等项目；投资100万元，对"天正文化园"中的"龙溪竹海""戏水南溪"等特色景观进行完善；投资300万元，完善"红军文化园"建设，重点重修南浦村红军楼，建立"闽南小苏区"，继续提升兴巷、后坑2个美丽乡村建设，打造"古韵龙桥、禅音南浦、碧水美林"等美丽南浦生态品牌。

民生项目加快实施　开展旧村复垦工程、土地整理、水土流失综合治理和坡耕地综合治理等工程，改善农业生产条件；实施街道整治、集镇供水等工程，改善农村人居环境；实施南溪防洪堤建设、地质灾害点治理、水库除险加固等工程，保护农民生命财产安全。其中一期新建龙桥村的防洪堤3.44千米，项目总投资2020.85万元，已完成项目建设；二期新建防洪堤5千米，项目计划总投资2180万元，涉及村庄有美林村、龙桥村、后坑村、兴巷村、马苑村，至年底，项目建设已完成投资60%。

特色农业发展步伐加快　依托万亩绿竹林，鼓励、引导竹农实施竹笋无害化种植、规模化收购、品牌化管理和体验式经营。鼓励当地企业加强山苏、白玉菇、明目叶等特色蔬菜的研发培育，实现差异化发展，发展生态农业、特色农业、观光农业。

推进精准扶贫　按照“规划到村、帮扶到户、责任到人”的总体思路，采取“一村一策、一户一法”等精准扶贫措施，稳步推进全乡52户、184人贫困对象稳步脱贫。

生态环境得到有效保护　在全乡范围内实行“两违巡查整治”“水资源保护巡查整治”“森林防火巡查”“卫生巡查整治”四位一体的综合巡查整治，保护南浦乡生态资源，改善村居环境。

【完善综治维稳工作机制】

加强平安乡镇和平安村建设，把宣传法律政策、宣传“三率”等多项服务组合在一起，快速、妥善、有效排查整治突出问题、处置突发性事件苗头。是年，全乡信访总量17人次，无发生集体上访事件，无赴京、省上访。严格村级综治协管员管理，增强基础矛盾化解实力。全乡有综治协管员9人，平安中心户长49人，维稳信息员21人，治安巡逻队员41人。

（供稿：南浦乡党政办）

• 赤土乡 •

【概况】

2016年，赤土乡围绕“打造绿色赤土，创建生态新区”的发展目标，经济社会保持较好的发展态势，全年完成500万元以上固定资产投资4.60亿元，同比增长16.20%；规模工业产值5.44亿元，同比增长55.40%；财政收入1678万元，同比下降32%；社会商品零售额7044万元，同比增长35.50%；农民人均可支配收入12692元，同比增长9.20%。在2016年度乡镇绩效考评中名列全县第一名。

【发展产业提高经济实力】

工业发展步伐加快　把工业作为转变经济发展方式、优化经济结构、提升区域经济的主要突破口，引进中电投与福建绿领现代农业共同投资11亿元开发光伏发电与现代农业综合项目，新能源特色产业初具规模，形成全省最大的光伏与现代农业开发基地。

现代农业提质增效　实施千亩高优水果种植工程，发展现代农业，引导群众种植莲雾、苹果枣、妃子笑、桂味等高优水果67公顷，逐步取代传统低价值水果。

【优先发展民生事业】

城乡面貌逐步改观　从交通、居住、医疗、环境等方面改善镇区居住环境，提升整个镇区品位。投入2100万元，建成万丰路镇区段，建成68套建筑面积1.70万多平方米安置示范区；投入1320万元，实施浯江溪堤防与护岸工程，打通堵塞河道，达到防洪防涝与景观效益双赢；投入1500万元，建成占地1.33万平方米、建筑面积4500平方米全县最标准的乡镇级卫生院。

铺路造桥　投入100多万元，修建浯江溪水头村段潜水桥，结束南坑石牛寨长期交通不便的历史。在水泥路村村通基础上，实现全乡自然村水泥路村村通，包括偏远山区的小山村横山水美、古致闪门、丹乌苦竹也都通上水泥路；实施农村安全饮水工程，铺设10千米输水管道网络，解决近3000人口饮用水问题。

建设美丽乡村　建设下宫、溪东2个美丽乡村，被列为省级美丽乡村重点村。

环境卫生整治　发动全乡开展环境卫生整治，成立14支环卫队伍，各村做到每日一打扫，每日一清理。建成赤土垃圾中转站，实行垃圾统一收集、集中处理，日清运垃圾30车，全乡环境卫生明显改观。

【社会事业协调发展】

教育文卫事业全面进步 “教育均衡”有序推进，教育质量有效提升，投入980万元，新建岩山小学和赤土中心幼儿园，实施教育均衡发展，实现塑胶跑道、冲水式厕所中小学全覆盖。11个村的农民体育活动场所投入使用。社会保障逐步完善，新型农村合作医疗参合率达100%。

精准扶贫进展良好 全乡有贫困户155户，贫困人口505人。是年，完成贫困户脱贫105户、339人，完成指标任务的105%。其中，开展造福工程和发放小额贴息贷款56户，37户符合造福工程验收标准，无房户10户27人全部竣工入住；异地搬迁1户5人，竣工入住；特困户房屋修缮1户。发放小额贴息贷款19笔82万元，用于扶持贫困户发展种植业、养殖业等相关产业。

（撰稿人：陈纯美）

·湖西畲族乡·

【概况】

2016年，湖西畲族乡实现国民生产总值9.29亿元，同比增长11%，其中工业总产值50500万元，同比增长25.70%(规模工业总产值47500万元，同比增长34.60%)；农业生产总产值33897万元，同比增长11%；实现财税收入2390万元，同比增长41.40%；其中国税收入2069万元，同比增长50.10%；地税收入321万元，同比增长2.80%；出口创汇2659万美元，同比下降10.60%；固定资产投资25933万元，同比增31.20%；限额以上社会消费品零售总额7427万元，同比增长169%；农民人均可支配收入15770元，同比增长12%。

【经济建设获新佳绩】

加大招商引资力度，清理解决未开工企业遗留问题，推进闲置土地项目嫁接，取得新成效。全年引入注册资本2000万元以上工业企业4家，即益祥建材、建榕建材、盈通工贸、镃源饲料。蓝创、柏森等一批工业项目相继投建投产，全年完成工业投资16002万元，完成年目标任务的133.40%；其中完成技改投资5727万元，完成年目标任务的204.50%。规模工业企业3家，即车城、海瑞、森发，实现规模工业产值4.75亿元，完成年任务的101.10%；限上社零企业8家，完成产值7427万元，完成年任务的132.60%。

【项目建设有新提升】

对各个项目进行目标化、节点化，逐个分解任务，具体落实到每位班子成员身上，对项目建设实行全程跟踪，及时了解掌握项目建设情况、协调解决项目建设过程中的问题和困难，促进工作进度。全年安排新建、续建项目32个，总投资6.40亿元，其中纳入固定资产投资统计项目10个，完成固定资产投资2.59亿元，完成年目标任务的120.10%。实施河道整治、顶坛一城内片农田治理、坡耕地治理、顶楼至后洞革命老区村道路拓宽工程、顶坛小学重建、教育均衡系列项目及通自然村水泥路等一批民生项目。

【旅游事业有新发展】

规划发展赵家堡高速出口商贸物流产业园区，继赵家堡国通物流、鑫皇酒店投产投用后，总投资4000万元的外资企业源邦仓储公司也即将建成投产。总投资1660万元的中投项目赵家堡一诒安堡保护设施建设项目已进行分项目步道建设及环境整治，赵家堡一诒安堡展示、管理用房及排污工程等分项目都在陆续实施。推进总投资2.50亿元，规划总面积104.87公顷，其中建设用地6.49公顷，非建设用地98.38公顷的朝天马峰生态园项目，基本完成前期土地报批等手续。挖掘旅游新亮点，卧龙谷景区道路进入设计，将结合后溪村美丽乡村建设，打造形成与“五里三城”文化旅游相呼应的精品旅游路线。

（撰稿人：蓝米湖）

· 赤岭畲族乡 ·

【概况】

2016年，赤岭畲族乡完成固定资产投资12527万元，完成年任务12000万元的104.39%。其中工业固定资产投资4719万元，完成年任务7000万元的67.41%；完成企业技术改造投资额4719万元，完成年任务4700万元100.40%。重点项目投资3289万元。完成财政收入612万元，完成年任务608万元的100.66%。完成限额以上社会消费总额14300万元，完成年任务14200万元的100.70%。文化产业产值5031万元。

【工业经济】

把招商引资工作列为工作重点，设立乡村两级招商联运机制、专职招商队伍定期例会制、按月上报机制、专职招商队伍责任机制等四个招商引资工作机制。利用蓝氏种玉堂、雨霁顶三官大帝等平台，动员蓝氏宗亲回乡兴业，并通过他们的社会关系网开展亲情招商、以商引商，提升招商引资的成功率。是年，招引飞地工业项目3个，即漳浦县科源高岭土有限公司、漳州高乐晨电子科技、漳州远大食品有限公司，完成年任务2个的150%。实现新开工项目2家，即漳浦县仁寿石材加工厂、漳浦江泉石业有限公司。新投产项目1家，即漳浦县升亿隆工贸有限公司。完成技术引进1家，即福建省趴趴跑生态农业有限公司优质莆田黑猪的培育。全年规模工业产值6540万元，完成年任务6500万元的100.62%。2016年工业税收年任务430万元，实际完成433万元，完成年任务100.69%。其中：国税352万元，完成年任务100.57%，地税81万元，完成年任务101.25%。

【农业农村工作】

农业　完成全乡9个村登记确权调查摸底及测绘，面积766.87公顷；投入经费1万元，开展农产品质量安全定性检测309例；投入5000元，用于春季防疫，高致病禽流感、口蹄疫、猪瘟和蓝耳病等4个病种免疫率100%，抗体70%以上。

林业　完成植树造林40公顷、森林抚育26.67公顷，封山育林133.33公顷，完成年任务的100%。全年无发生森林火灾。

渔业　制定水产品质量安全预案，建立养殖监管动态台账，全年送检淡水鱼6批次；举办淡水养殖技术培训班一期，参训22人次。

水利　投资330万元，用于建设石椅村水土保持项目和顶坑径水库除险加固；投资1250万元，开展生态水系治理（赤湖溪流域赤岭段）建设，项目已完成设计工作。

【发展特色产业】

生态养猪和杏鲍菇生产　引进漳州“趴趴跑”农业有限公司，建立“趴趴跑”国家标准化生产示范基地，基地总占地面积约73公顷；公司是一家以生猪饲养、销售、肉制品加工为主，经济林、景观树种种植为辅的现代农牧企业，总投资5000万元；经农业部核准，列为首批国家级生猪养殖示范场，取得省农业厅颁发的“无公害农产品产地证书”和农业部颁发的“无公害农产品认定证书”；是年，生猪存栏数1.50万头。以“趴趴跑”农业有限公司和玉凯龙食用菌等企业为龙头，引领全乡农民发展生态养猪和杏鲍菇生产。

发展软枝油茶种植　引进油茶新品种岑软2号，推广引导群众发展油茶岑软2号种植，对新种植新品种油茶的种植户，给予补助奖励。至年底，全乡已推广种植新品种岑软2号油茶100公顷。计划扩展至130公顷，将赤岭打造成为漳州市最大新品种油茶种植基地。

推广晚熟优质荔枝　扩大晚熟荔枝规模，引进推广琼A4无核荔枝、双肩绿荷包、蜜丁香等晚熟优质荔枝品种，对低产传统荔枝果园进行改种或嫁接换种。至年底，全乡种植晚熟优质荔枝270多公顷。

创建蜜柚特色农业产业园　利用大行村连片种植的334公顷蜜柚基地，结合家庭农场建设理念，规划建设蜜柚产业园区，已完成第一阶段建设；投资400万元，建设园区道路3.20千米，机耕路1.20千米，泥结石道、排灌渠道4.30千米。通过完善园区基础设施，配套建设观景台、木栈道等设施，把该园区建设成为集农业生产和观光旅游为一体的特色农业产业园区。

发展庭院经济　利用农村剩余劳动人口，盘活农家闲置庭院、顶层楼面场地等，推广金钱龟、黄喉水龟、黄缘闭壳龟等养殖，增加农民收入。石椅村蓝武福成立养龟合作社，投资2000多万元引进金钱龟、黄喉水龟等养殖。在他的带动下，至年底，该合作社有养龟户6户，建有6个龟场，养殖龟4000多只，可获纯利300多万元。该养龟合作社获得“2016年省青年农民合作社优秀示范社”。

【新农村建设】

美丽乡村建设　以赤岭村为示范，以省级文物单位蓝理叔父家宅为中心，打造宜居、整洁、美丽乡村。全年投入资金276万元，完成蓝理叔父家宅修复、周边环境规划设计、道路建设及绿化、亮化，缆线改造。拆除废旧房屋、残墙断壁4座，旱厕、猪圈等各类违法乱搭乱建15座。建立长效机制，全村设置垃圾池3个，发放垃圾桶700个，配备保洁员3名并与其签订聘用合同，每名保洁员配备一辆手推保洁车及时清运垃圾。同时，投入85万元，完成畲村公园至顶下西自然村1.30千米道路的征地、设计、填土及硬化。

“两违”治理整治　制定“两违”综合治理年度工作方案；利用宣传车、巡逻车以及宣传手册进行多方位的宣传；是年拆除“两违”面积1.93万平方米，完成年任务的107.40%；拆除后主要用于项目建设和生态绿化，利用率达到100%。推进杨美村“无违建”示范点创建。

环境综合整治　全乡淘汰黄标车26辆，完成任务数的96.15%。完善环保网格化工作体系，按计划完成环保违规项目清理。严格执行环境影响评价制度和环保“三同时”制度，做好污染物达标排放。开展好集中式生活饮用水源保护、水环境综合整治工作和大气污染防治工作。在赤岭村、前园村等开展生态文明示范村创建，推进生猪养殖污染和石板材加工污染整治，开展固体废弃物污染防治，对工业危险废物进行无害化处置。

【社会事业】

医疗卫生　在实施医疗救助的基础上，发动企业捐助贫困户投保人身意外险420人。在土塔贫困村建立标准化卫生室，聘请1名医生，配置救急药品。

综治信访　成立创建“平安赤岭”的项目化推进领导小组，确定“小农水项目”“赤岭乡镇区网格化管理”“石坑平安边界”等平安建设实体化项目。推进“电话平安联防”平台，通过“农政通”平台向干部群众发送平安建设手机短信5800多条。通过张贴打假公告、播放打假录音、设立打假举报电话等形式，推进打假工作。对群众反映的问题及时办结，全乡实现无进京到省到市访、无集体访、无越级访案件的信访“三无”工作目标。

道路交通安全　高度重视道路交通安全工作，坚持定期排查和不定期巡查，每周开展不少于2次的专项整治；并根据排查的情况及时汇总，联系交通、交警和公路等部门协调解决。建设交通安全示范村和交通安全劝导站，加大交通安全宣传教育。全年巡排查12次，发现隐患问题8个，清除路边视线障碍物3处，设置爆闪灯和路面提示标志5处，印发宣传材料2000份，书写固定标语10条，横幅标语6条，红纸标语300张。

计划生育工作　全乡2016年度出生297人，出生政策符合率94.90%，政策兑现率达100%，流动人口服务管理率达98%以上，基层计划生育机构队伍建设达标率100%。对违法生育的对象，及时依法征收社会抚养费，年度征收社会抚养费11人，征收金额31.20万元。

（撰稿人：陈志杰）

农林盐茶场

·石古农场·

【概况】

2016年,石古农场实现社会生产总产值5555万元,同比增长9%,其中工业总产值500万元,同比增长8%,农业生产总产值4855万元,同比增长11%,第三产业增加值241万元;水果产量1059吨、产值529万元;农民人均可支配收入5500元,同比增长6%。

【土地经营管理步入常态】

与石榴镇职能部门建立联动机制,加强监察预警,各村居实行动态巡查和每周一报工作制度。各区包片到人,明确责任范围,有效防止外来污染大户的流入,及时制止乱搭乱建行为3起。鼓励土地适度规模经营,发展家庭农场和专业合作社,支持2户场员升级为家庭农场有限公司。

【新村建设有序推进】

持续推进石古作业区危旧房安置区建设,投入28.60万元对区内二期B块、C块—1土地进行平整。结合危旧房改造,按个人申请、作业区审核、危改办复核、上墙公示、组织验收等环节,对适合集中安置的危改户协调纳入安置区统一安置。危改任务指标55户已有43户竣工,年度完成18户的集中安置。

【社会工作平稳开展】

严格筛选建档立卡扶贫户,采取包村干部"一人一户""一户一策"的帮扶措施。全场贫困户20户,至年底,已有13户实现脱贫。与民政等部门衔接,争取到临时救助和特困救助28人次。注重矛盾纠纷排查,形成以场、区、村调委会为主要节点的维稳网络,坚持抓"早"抓"小",全年调处矛盾纠纷3起,无发生越级上访事项和安全生产事故。

(供稿:石古农场)

·万安农场·

【概况】

2016年,万安农场工农业总产值达27811万元。其中:工业总产值15462万元(规模以工工业产值14800万元),农业总产值12349万元,工农业同比下降9.50%;国民生产总值5722万元,同比下降3%;固定资产投入31万元,同比下降50%;限额以上社会消费总额1425万元,同比增长6%;农民人均可支配收入16565元,同比增长11%。

【征地工作推进有力度】

农场结合园区基础设施建设和项目引进情况,制定科学合理收地任务、范围,明确人员分工、时间节点,落实责任制,确保按时完成项目用地征收工作。截至12月,已征收土地383.80公顷,清表442公顷。其中:建垅组收地90.07公顷,清表112.87公顷;南景组收地46.80公顷,清表77.73公顷;文科组收地62公顷,清表71.47公顷;道路组收地75.67公顷,清表77.33公顷;万安村征地23.80公顷,清表32.40公顷;光伏组征地66.13公顷,清表40.67公顷;田美组收地17.53公顷,清表3.13公顷;绥安组收地0.80公顷,清表26.80公顷。核心区200公顷的土地征收百分百完成。

【项目建设有进度】

万安园区项目建设 是年，园区的项目建设共7个：投资9500万元的万安大道二期，长2.05千米，于3月6日开工建设，至年底已完成桥梁桩基建设，路基完成800米。安义路第一标段长4.77千米，于9月23日进行施工单位招投标开标，中标价1.38亿元，至年底施工方已进场做开工建设准备；安义路第二标段，已完成初设批复，地质勘察，正在进行招标前期工作。污水处理厂已完成选址、可研编制，正在开展土地报批和环评等前期工作。唐郡漳浦一期4.53公顷文化用地农转用，已经省政府批复，签订出让合同，项目区展示馆和项目建设临时指挥部已建成，项目组已进场。主体高4层，建筑面积5800平方米，投资1200万元的万安中心幼儿园，于10月开工建设，至年底已完成主体二层建设。

万安农场项目建设 是年，农场项目建设累计完成投资674万元。分别为：投资162万元，完成古陂危房改造配套设施项目建设；投资160万元，完成海新作业区3.50千米的生产道路硬化；投资120万元，完成西垅作业区景观、绿化、排污工程建设；投资54万元，完成西垅社内道路修补工程；投资30万元，完成下埔畲族村文化活动中心内装修；投资28万元，完成场部停车棚建设；投资26万元，完成下埔畲族村管线疏理工程；投资25万元，完成下埔畲族村道路硬化；投资25万元，完成下埔畲族村朝阳库区路灯工程建设；投资15万元，完成西垅作业区水库堤岸维护；投资12万元，完成海新作业区视频监控建设；投资9万元，完成下林排水管建设；投资7万元，完成场农贸市场硬化、水沟改造和摊位铁棚搭建；投资1万元，完成农场老年活动中心门球场搭铁棚搭建。

【土地管控措施有强度】

加强农场国有土地资源的规范管理，开展“两违”综合治理专项活动，对非法占建、抢建；非法买卖及变相承包土地；非法采矿、开采高岭土等不法行为进行严厉打击，切实保护好管控好3000公顷国有土地资源，为园区建设和项目引进创造良好环境。县土地城建执法局下派一个中队、20人服务万安园区土地管控，在园区执法大队的配合下，对非法占建、抢建等不法行为进行严厉打击。是年，拆除两违建筑22宗，面积5265平方米。

【民生事业稳步推进】

推进垦区危房改造项目 2016年度任务数90套，投资135万元的危房改造项目已全部实施。其中，竣工82套，在建8套。

道路交通秩序专项整治 认真贯彻落实，省、市、县关于道路交通安全综合治理“三年行动”精神，全面加强全场道路交通秩序专项整治工作，坚决遏制重大交通事故发生，成立工作领导小组，对辖区内隐患路段进行排查，先后投入5万元对各路段隐患点安装减速带、护栏、凸面镜等，清除安全隐患。

加大教育投入 是年，万安学校教育均衡建设投资264万元，分别完成教育技术装备93万元，校园硬化、美化建设86万元，教舍维修24万元，万安学校景观工程建设30万元，墙体粉刷20万元，校门口场地硬化11万元。2016年万安学校被市教育局评为“初中教育质量达标校”。

家园清洁行动 深入开展农村生活垃圾综合整治行动，聘用专职卫生清运队伍和保洁人员对全场各区（村）生活垃圾实行日产日清，动员职工群众共同参与。是年共投入50万元对全场脏、乱、差现象进行整治，有效地改善人居环境。

精准扶贫工作 做到扶贫要有具体措施，具体挂钩到人，保证扶贫对象全面脱贫。是年全场扶贫对象63户、168人，已全面完成脱贫任务。

计生管理 2016年全场出生人数110人，政策出生105人，政策符合率95.45%，出生率17.19‰。

重视老年事业 2016年，万安农场老年活动中心被县老体协推荐为“福建省老年人健康乐家园”。场老体协门球队参加由县老体协组织的“全民健身运动会漳浦分赛区门球比赛”，获农村组“铜奖”，场老年活动中心负责人郑桂英被县老体协推荐为“福建省老年人体育健身优秀辅导员”。

（撰稿人：林龙泉）

·长桥农场·

【概况】

2016年，长桥农场致力于农业产业结构调整，引导富余劳动力从事二、三产业；切实做好在建项目的用地征迁，完成漳龙林业循环经济产业园区一期征地面积193公顷；落实国有垦区危房改造政策，投入资金60万元，改造危旧房40户；投入资金760万元，开展库区移民居住区的环境改造和立面改造等工程。

【做好在建项目的基础工作】

做好漳龙林业循环经济产业园区征地工作，至年底，基本完成一期征地面积193公顷；协同漳龙木业有限公司办理54公顷的农用地转为工业用地及林地征用手续，并做好园区生态林占一补一工作，种植林木6.67公顷。完成店前作业区的农业综合开发项目，项目投资400万元。完成店前库区移民的沟渠挡土墙工程，工程投入约80万元。开工建设山边新村，至年底，已建成新房25幢。投入60万元，进行农田水利设施修复。

【调整农业产业结构】

建立合理有效的土地流转机制，盘活土地资源。引导职工群众将一部分土地流转出来，进行规模经营，改变原有传统的耕作方式。引导富余劳动力从事二、三产业，缓解企业用工需求。以花为媒，借助花博会、农博会、海峡花卉集散中心为依托，开辟闽台农业交流，提升农业产业化，调整农业种植结构。

【落实惠农政策】

粮食综合补贴和良种补贴 将县农业局发放的补贴及时落实到农户，是年，农场粮农综合补贴总面积50公顷，发放粮补4.51万元；良种补贴48.67公顷，发放良种补贴1.10万元。

做好重大动物疫病防疫 农场年补贴3600元，采取承包方式，开展重大动物疫病防疫.重点做好禽流感、猪蓝耳病、牲畜口蹄疫、猪瘟等疫病的控制，免疫率98%。

【加快富美乡村建设】

落实国有垦区危房改造政策，投入60万元，改造危旧房40户，全部竣工通过验收。投入760万元，开展库区移民居住区的环境改造和立面改造等工程。投入20万元，开展环境卫生整治，做到生活垃圾日产日清。

（供稿：长桥农场）

·白竹湖农场·

【概况】

2016年，白竹湖农场完成工农业总产值827.68万元，同比增长7.98%。其中：工业总产值100.44万元，同比增长8.01%，农业总产值621万元，同比增长8.03%；粮食总产量350吨，与上一年度持平，水果产量1700吨，同比增长20%；实现财税收入26.48万元，同比增长8.01%；农民人均可支配收入6200元，同比增长8.03%。

【完成滨海新区建设项目征地】

是年，滨海新区技术产业园建设项目在农场的白竹湖、顶埕2个作业区完成征地373.33公顷，涉及户数537户，入户签订征地协议530户，完成征地任务占98.7%，没有发生信访和危害征地不利因素。

【农业与农村工作】

种植业 抓特色产业发展，对杨梅进行补缺优良品种果苗，改进生产技术，提升产品质量。引导职工、群众发展水果、蔬菜、玉米等农作物生产。全场有水果种植专业大户60户。

畜牧业 生猪饲养是白竹湖农场经济发展的一个支柱产业，为做强做大生猪饲养业，联系县农村信用社为饲养户发放小额贷款95万元。至年底，全场有生猪饲养户18户，存栏母猪500头，生猪2800头，出栏2200头，产值420万元，同比增加2倍。

家园清洁行动 组织场部干部、职工、场员进行清理村庄周边垃圾、污水沟共计200人次，清理垃圾约100吨。督促清洁工及时清理堆放垃圾并组织相关人员不定时对生猪饲养户进行卫生检查,以及疾病防治。

劳动力转移 与县移民局、人社局和相关企业单位联系,协调组织富余劳动人员参加技能培训,推进剩余劳动力的再就业。是年,共完成技能培训180人,实现劳动转移180人。

【项目建设】

重点项目 是年,白竹湖农场农村重点项目建设1个,即和坑作业区融达新型建材有限公司,已在9月完成建设,总投资2100万元。

民生工程 民生工程3个:即投资16万元,完成和坑作业区往长佛线820米水泥路路肩铺设加固,消除交通安全隐患;投资6万元,完成白竹湖作业区场部的村道硬化;投资32万元,完成场部空杂地的全面绿化。

【民营工业】

民营工业以机砖生产为主,是年,全场有机砖生产企业4家,年产值1400万元。由于品种更新,产量逐步增加,产品质量不断提高,给生产户带来较好经济效益。

【社会事业】

计生工作 是年应征收社会扶养费3.50万元,已征收3.50万元。出生27人,计划内生育27人,政策符合率100%。

维稳与信访工作 利用标语,流动广播等形式,开展平安建设宣传。将信访矛盾排查分解到各片区的包片干部,及时查处矛盾纠纷。实现上级党委下达知晓率75%、重视率85%、满意率95%的目标。创建平安家庭278户,创建率98%。辖区全年没有发生刑事案件和信访件。

森林防火 白竹湖农场有林地面积1000多公顷,在去冬今春干旱季节,利用广播进行流动宣传,涂新设置在进入林区路口的固定宣传牌,在各作业区张贴防火宣传标语,入户发放防火通告,力求做到森林防火家喻户晓。同时,强化护林员上山巡逻制度,防止上山人员身带火种,制定扑火预案,确保森林防火的各项措施落实到位。

(供稿:白竹湖农场)

·玳瑁山茶场·

【概况】

2016年,玳瑁山茶场实现社会生产总值2853万元,同比增长6%,其中工业总产值243万元,同比增长8%;农业生产总产值 2372万元,同比增长3%;粮食总产量295吨,与上一年度持平;水果总产量3150吨,同比增长1.02%;茶叶产量116吨,同比增长9%;农民人均可支配收入5400元,同比增长3%。

【农业农村工作】

发展茶叶特色产业,改进茶叶加工技术,提升茶叶质量,促进市场竞争能力,全场有茶叶加工户5户,茶叶产量116吨,年产值260万元;同时,引导职工群众发展水果、蔬菜等农副产品生产。全场生猪饲养户50户,母猪存栏数300头,生猪存栏数7002头,年出栏11350头,产值1360万元。与县移民局和相关企业联系协调,组织茶场富余劳动力参加技能培训,推进就业,是年实现就业24人。

【垦区危旧房改造】

投入200万元,完成危旧房改造10户;投入2.40万元,完成危旧房工改造基础设施配套工程。

【社会事务】

计生工作 全面实施二孩政策,坚持每月召开计生列会,及时了解计生工作进度,通报完成情况并布置任务。是年,出生11人,政策内生育11人,政策符合率100%;征收社会抚养1.70万元;

卫生工作 全场各作业区坚持每月进行一次卫生大扫除,清理水沟9次。雇用固定的卫生保洁员4人及固定垃圾车1辆。在特殊时期组织人员对全场各作业区进行“四害”的消杀。

维稳与信访 围绕维稳、信访、矛盾排查和平安建设四项内容开展工作,是年排查民事纠纷4件,化解上访苗头,没有出现越级上访事件。安排工作人员每月上山2次,对场辖区内的重点地区进行排查,确保全场没有发生制假现象。开展交通安全整治，查处无牌无证 25 起，不带头盔 16 起，超载 7 起。

（供稿：玳瑁山茶场）

·南山华侨茶果场·

【概况】

2016 年，南山华侨茶果场实现社会生产总值 1047.20 万元，同比增长 2.60%，其中工业总产值 35 万元，同比增长 2%，农业生产总产值 600 万元，同比增长 3%；限额以上社会消费品零售总额 411.40 万元，同比增长 2%；农民人均可支配收入 8600 元，同比增长 4.90%。

【优化农业产业结构】

以“一场一品”的发展思路，进行产业结构调整。对茶园优良品种进行改造种植、技术改良等手段，提升茶叶“金观音”的品质和档次；引导群众对果树进行高接换种、改良，推广种植晚熟优质荔枝品种“南山双肩玉荷包”。

【开展助贫脱困】

按照贫困村脱贫摘帽标准和贫困户退出机制，推进贫困村整村推进项目和面上脱贫对象精准扶持项目建设。金盆村整村脱贫已投资 6 万元；扶贫攻坚应脱贫 8 户 26 人，逐户落实帮扶措施，筹措帮扶资金，促进贫困户通过发展产业增加收入。县侨办投入帮扶资金 0.20 万元，用于资助贫困学生和贫困户发展农业种植等产业。至年底，全场脱贫 8 户 26 人。

【社会民生项目建设】

美化生活环境　为侨村休闲广场增设 10 套石桌椅，对村中损坏的水沟盖进行更换，同时，为提高美丽乡村基础设施，在侨村范围增设路灯 12 盏，以保障村民的日常娱乐及安全出行。对石步溪村沿 522 县道两侧进行硬化美化绿化工程（脚踏砖铺设、绿化树池砌造、沿路户主门户水泥硬化处理等），总投资 12.75 万元，已完工投入使用。实施场部到南山侨村路灯线路改造。由原铝电线更换为有皮铜电线，总长 2000 多米。新安装文化站至幸福园路段的路灯设施，总长 300 米。

村道建设　动工建设顶坑自然村至杨美自然村村道（路基宽 7 米，路面水泥硬化宽 4.50 米，长 1200 米），已完成挡土墙，排水沟和 7 米宽的基础设施，惠及人口 1000 多人。

危房改造　总投资 300 万元，规划建设危房改造 20 户及水、电、路等基础设施建设。

社会保障　茶果场总人口 1400 多人，其中职工 676 人（在职 362 人，退休 314 人），是年及时为职工缴纳社保和医疗保险费用 202.10 万元。做好 8 户低保户家庭生活补贴救助，小额信贷 1 户、就业扶助 2 户，共投入资金 2.04 万元。

【计划生育工作】

全场纳入计生人口年底数 1289 人，年出生 26 人，政策符合率 88%（含往年）；征收社会抚养费 1 万元。

（供稿：南山华侨茶果场）

·中西国有林场·

【概况】

2016 年，中西林场批证出材面积 108.33 公顷，批证出材量 1.28 万立方米，木材销售 1.28 万立方米；林场经济总收入 2550.95 万元，完成计划1419.48 万元的 179.70%，其中：木材销售收入 868 万元，占任务 760.98 万元的 114.06%；上级拨入各项资金 1428.65 万元，事业费 103 万元，多种经营承包上缴 24 万元，其他收入 127.30 万元；总支出 177.93 万元，占计划支出 1988.89 万元的 89%；林场资金结余 779.20 万元。

【林业生产】

良种基地建设　中西林场相思林木良种基地是福建省重点林木良种基地，种子园有相思品种 5 个、282 个优良家系、26 个无性系，总面积 82.20 公顷。通过多年科学管理，其社会效益和科研价值已逐渐显现，6 月，获得省科技进步三等奖；11 月，正式申报国家重点林木良种基地。

落实新增乡土珍贵树种造林　按照市局要求，全面完成乡土珍贵树种火力楠造林 34 公顷，调整树种结构，提高森林质量。

造林任务按时完成 克服开春后时间紧，任务重，雨水多的困难，主动联系引进工队，于 4 月比原计划提前一个多月完成造林 98.73 公顷，占年任务 93.33 公顷的 105.80%。其中：速丰林 64.73 公顷，火力楠 34 公顷。所有林分长势良好，成活率达到 95%。

实施森林抚育 全年完成森林抚育 852.53 公顷，完成任务数的 100%。其中：中央抚育项目 442.87 公顷，省级重点项目 409.67 公顷，森林经营示范林 73.33 公顷。

【推进木材招投标】

桉树主伐、皆伐共 9 个伐区，面积 107.20 公顷，全部进行招投标。完成 9 个伐块 13 个小班的木材招投标，其中霜冻采伐 21.20 公顷。9 个伐块设计出材 1.27 万立方米（其中霜冻采伐 2258 立方米），标底的金额 560.20 万元，中标金额 650.35 万元，增加收入 90.15 万元。

【病虫害防治】

吸取上年的经验教训，及早部署按树有油桐尺蠖虫防治工作，5 月，聘请县森防站专业人员对桉树有油桐尺蠖虫采取有效防治措施，控制其发展和蔓延，完成桉树病虫害防治面积 440 公顷。同时，施放白僵菌粉炮 1 万粒，防治松毛虫，防治面积 266.67 公顷。

【加强林地管理】

妥善处置林地被占用及与周边群众争议较多的历史遗留问题，加强与当地执法机关的协调合作，采取灵活有效的应对措施，及时处理 2 起因林地争议而干扰林场正常营林生产的矛盾纠纷，查处 3 起侵占林场林地案件，强制收回被占林地 0.67 公顷，有效遏制侵占蚕食国有林地的势头蔓延。

【重视安全生产】

组织全场干部职工管理人员收看安全生产警示片，落实安全生产责任制，把责任细化到人，加强现场管理，发现问题及时整改。以市局集中安全生产大检查及“安全月”活动为契机，进行大宣传，大检查，发放安全宣传单 1000 份、张挂安全标语横幅 50 条、临时宣传牌 60 个。

（撰稿人：李清哲）

·下蔡国有防护林场·

【概况】

2016 年，下蔡国有防护林场总经营面积 466.53 公顷，海岸线长 7.50 千米，沙滩地全部造林，林木总蓄积量 2.76 万立方米，主要树种是木麻黄、湿地松。是年，林场的经营总收入为 248.12 万元，其中石英砂资源费收入 36 万元，完成年初计划的 144%；承包款收入 51.60 万元，完成年初计划的 129%，同比增长 58%；银行利息收入 160.52 万元，完成年度计划 110.28%；经营总支出 519.10 万元，其中管理费用 354.40 万元，营林投资 119.23 万元，营业外支出 45.47 万元。

【林业生产】

围绕“美化林场”这一主题，开展造林活动，安排生产科人员走遍每个林班，清查林空地，经过科学合理规划，完成补植套种木麻黄 8650 株，道路两侧绿化带种植绿化大苗 382 株；组织林场人员跟班监督和技术指导古雷开发区构建一条 14 千米的绿化隔离带；新造林晴天浇水 2.75 万株 / 次；幼林抚育扩穴除草 2.04 万株；化学除草约 15.47 公顷；追肥 3000 公斤；病虫害防治 40 公顷。

【加强国有林地管控】

对全场林地的边界以挖水沟、立水泥桩为标记的方式进行清理确权，投资 3.10 万元，挖水沟 2 千米，树立水泥桩 300 支，巩固林场的林地，有效制止周边村民以蚕食的形式侵占林场的林地。及时制止非法占用林地的行为，是年，用法律的形式对 2 起非法侵占林地的对象通过公安局进行立案处理，并将其中面积较大一起起诉至法院由法院判决。至年底，已将 2 起非法占用林地案件（一起在沿海基干林带违法建筑房屋面积455平方米，挖虾池6000平方米；另一起在承包农地上违法建筑房屋，改变承包地的经营性质，占用林地面积329平方米）的违法建筑彻底拆除，并平整补种树木，恢复林地原状。

【护林防火】

开展防火宣传、值班、巡逻工作，在林区主要路口增设护林防火宣传牌15个，与电信部门合作利用短信等方式进行林地管理和森林防火的网络宣传。加强治安联防队和护林队伍建设，充实护林力量，加大盗伐打击力度，制订《2016年护林防火管理方案》，建立护林防火责任制度，划分责任片区，落实责任到人，确保每个林班都有人负责，是年没有发生森林火灾。

（供稿：下蔡防护林场）

·漳浦盐场·

【概况】

2016年，漳浦盐场8个工区产盐20615吨，完成年任务的43.13%，销盐29281吨（含居委会1408吨），销售收入1732万元（含居委会85万元，不含税收206万元）；完成税收629万元（含晶浦公司115万元），完成年任务的92%。上缴职工社保金582万元，争取各类补助、分成等360万元。

【科技创新】

注重科技创新，规范生产操作工艺，探索先进的生产方式，先后开发出优质细白盐、精制食盐、日晒盐等一系列市场竞争力强的新品种。投入技改资金263.60万元，对124.50坎结晶池进行新型瓷砖改造，全面推行散装盐装运机械化，大大提高生产效率和经济效益。

【安全生产】

推进安全生产标准化建设提升“三年行动”，组织全场性安全大检查4次，排查落实安全生产及火灾隐患12处，开展食品质量安全大检查3次。全场查处各类交通违规95起，完成黄标车报废7辆，完成年任务64%，全场道路交通安全形势总体平稳，没发生道路安全伤亡事故。

【项目建设】

引进漳浦竹屿光伏电站项目，装机规模100兆瓦，总投资约15亿元，其中一期投资8亿元，项目建设用地75.67公顷，项目于10月开工建设。投资100万元，建设竹屿顶山环境整治工程一期建设项目，该民生工程对顶山周边竹屿幼儿园及职工群众生活区环境进行改造整治，工程于4月底完成并投入使用。投资160万元，建设第一、二工区水泥路。总投资320万元，建设“义务教育基本均衡县”“一校一策”工程，其中盐场自筹资金120万元，投资69.10万元，建设漳浦盐场海堤内港段加固工程，工程于11月开工。雄厝村多方筹资，投入50万元建设雄厝村石厝自然村小公园，工程完成基础挖填土方部分及栏杆围建，进入景点建设。

【社会民生保障工作】

完成全场218户的低保核查，建立特困职工档案，实行动态管理，将“两节”的重点慰问与平时扶贫帮困工作结合起来。全年发放慰问金近15万元。是年，全场新型农村合作医疗参合率100%，城乡居民社会养老保险参保率95.10%。

【农村农业工作】

实施“一村一品”经济战略 雄厝村种植特色花菜喜获丰收，产量达203万吨，创产值698万元；竹屿村水产养殖业持续发展，养殖科技含量不断提升，养殖品种不断多样化，混养效益日益显现，产值不断提高，且带动水产品物流行业迅速发展。全场水产业及附加流通产业产值14600万元。

脱贫攻坚 完成全场48户153人贫困人口信息采集及建档立卡。与县统计局、科技局和县妇联联合对20户贫困户采用入户慰问等形式进行帮扶，发放生活用品及慰问金1.02万元。是年，向县争取造福工程扶贫补助资金7.10万元，补助6户贫困户。至年底，全场完成29户92人脱贫。

农村土地承包经营权确权登记颁证工作 完成全场607

户农户的土地经营权入户调查登记工作,完成100%;并于10月底完成绘图和确权工作。全场第三次全国农业普查工作于11月进入普查实施阶段,至年底正有序进行。

【平安建设】

推进“平安盐场”“法治盐场”建设,开展矛盾纠纷大排查,全年排查调处化解各类矛盾纠纷21起,调处21起,调处率100%。全年接到上级转发信访件5件,回复办结5件,办结率100%。

(撰稿人:陈建党)

·杜浔盐场(制盐分公司)·

【概况】

2016年,杜浔盐场年产原盐1480吨,其中一级盐860吨、二级盐620吨,完成生产任务的29%;年销售量4560吨,其中一级盐2800吨、二级盐1760吨,完成销售任务的88%;全年总收入259万元。至年底,盐场原盐库存350吨,其中一级盐300吨、二级盐50吨。

【科学管理生产】

是年,雨量较多,至11月底,雨量1487.50毫米,有效天气104天,对于盐业生产影响比较大。为确保生产任务的完成,加强管理,每周坚持召开安全生产工作例会,让管理人员互相学习、汇总工作、吸收并消化先进经验和优良的工作技巧;对一些共性问题提早预防,根据存在的情况和气候趋势,做出新一周的工作部署,细化任务。严格按制盐操作规程组织生产,做到生产场面有组织、有秩序,发现问题及时协调处理;生产管理人员按各自职责坚持到生产一线现场巡查和监督,落实一线生产现场指挥管理,促进完成原盐的生产任务。

【加强质量管理】

以提质增产为主攻方向,在生产中,坚持做到产量、质量并重。根据各个季节变化和各工区实际情况组织生产,严格合理控制结晶面积,实行量卤开晒,较好地保证深卤和新卤结晶,为原盐质量创造条件。是年,放运到漳州各县市区原盐基本没有收到反馈产品的质量问题。

【安全生产】

采取有效的措施,加强现场一线安全管理。坚持每月例行安全检查以及日常巡查工作,做好检查记录,特别是滩场扬水设备和电力设施的检查和维护,发现隐患及时整改。全年投入安全生产整改资金8万元,更新部份照明线路、电机、直流泵、配电箱、纳水闸板等生产配套设备,修护运盐道路,及时消除安全隐患。定期或不定期召开各工区安全生产会议,落实上级安全生产精神和安全生产制度,加强职工安全生产培训教育,制止各种违章行为。

【关注职工生活】

经常调查了解全场300多名职工家庭状况和实际面临的困难。对困难职工及重病户职工家庭,及时委派工会人员到家或医院给予关心和慰问;遇到家庭特殊情况的,发动职工献爱心,给予捐助。

(供稿:杜浔盐场)

人物和先进单位

人物名表

漳浦县副科级以上领导名表

·中共漳浦县委员会·

【书记、副书记、常委】

职务	姓名	籍贯	任职时间
书记	沈志平	平和	续任——2016－06
	戴平忠	芗城	2016－06——在任
副书记	戴平忠	芗城	续任——2016－06
	黄庆华	南靖	2016－06——在任
	李明清	东山	续任——2016－09(挂职)
	简洪坤	南靖	2016－02——在任
常委	刘军	洪泽(江苏)	续任——2016－07
	何晓明	龙海	续任——2016－05
	柳亚殊	云霄	续任——2016－02
	刘达文	漳浦	续任——在任
	陈勇谋	芗城	续任——2016－07
	齐全明	乐陵(山东)	续任——2016－06
	陈锦云	福安	续任——在任
	吴新斌	武平	续任——2016－06(挂职)
	邓思民	莆田	续任——2016－07
	林益生	东山	续任——2016－07
	马文山	彭阳(宁夏)	续任——2016－08(挂职)
	黄国峰	漳浦	2016－03——在任
	黄海明	漳浦	2016－07——在任

	沈顺来	诏安	2016－07——在任
	戴文利	漳浦	2016－07——在任
	林苏洪(女)	诏安	2016－07——在任
	陈金生	云霄	2016－07——在任

【中共漳浦县委系列单位】

县委办公室

主　任	洪和庭	漳浦	续任——2016－05
	王永盛	漳浦	2016－08——在任
副主任	黄毅卿(女)	漳浦	续任——在任
	林锦泉	漳浦	续任——2016－07
	林建国	漳浦	2016－04——在任
	陈智海	漳浦	2016－08——在任
纪检组长	陈良跃	漳浦	续任——2016－08

主任科员　李旺坤(11 月免)　黄金聪(11 月免)　黄毅卿　陈智海　黄艺军(11 月任)

组织部

部　长	邓思民	莆田	续任——2016－07
	沈顺来	诏安	2016－07——在任
副部长	洪照宏	漳浦	续任——在任
	陈同苗	漳浦	续任——在任
	邱志华	龙海	续任——在任
	陈耀胜	漳浦	续任——在任

组织员办公室

主　任	林甲主	漳浦	续任——2016－11
	杨晓娟(女)	漳浦	2016－11——在任
副主任	王秀茗(女)	漳浦	2016－04——在任

正科级组织员　吴　佐　杨晓娟(女,11 月免)　陈耀胜　何惠珠(女,11 月免)

副科级组织员　黄世哲　高聪伟(12 月任)

宣传部

部　长	陈勇谋	芗城	续任——2016－07
	林苏洪(女)	诏安	2016－07——在任
副部长	陈玉宝	漳浦	续任——在任
	林建耀	漳浦	续任——在任
	苏英纶	漳浦	续任——在任
	卢艺福	漳浦	续任——在任

主任科员　林机套

副主任科员　何志腾(11 月免)

统战部

部　长	刘达文	漳浦	续任——在任

副部长	黄荣仙	漳浦	续任——2016－11
	蔡黎明	漳浦	续任——在任
	林甲主	漳浦	2016－11——在任
副主任科员	许余宾(女)　陈志雄　张翠珏(女)		

政法委员会

书　记	何晓明	龙海	续任——2016－05
	黄海明	漳浦	2016－07——在任
副书记	林飞跃	漳浦	续任——在任
	王建峰	漳浦	续任——在任
	杨海峰	漳浦	续任——在任
	林顺德	龙海	续任——2016－02(兼)
	吴国豪	漳浦	续任——在任
	陈志伟	漳浦	续任——2016－02(兼)
	陈伟强	龙海	2016－02——在任(兼)
	蔡义林	龙海	2016－02——在任
纪检组长	陈国库	漳浦	2016－05——在任
主任科员	何卫平		
副主任科员	陈葵艺　杨志坚　戴东跃　蔡罗坤		

县社会治安综合治理委员会办公室

主　任	王建峰	漳浦	续任——在任(兼)

610 办公室

主　任	吴国豪	漳浦	续任——在任

教育工委(4 月撤销)

书　记	陈勇谋	芗城	续任——2016－04(兼)
副书记	陈仁俊	漳浦	续任——2016－04
	黄耀光	漳浦	续任——2016－04(兼)
	戴贵盛	漳浦	续任——2016－04(挂职)

农村工作领导小组办公室

主　任	王少平	漳浦	续任——2016－11
	许少维	漳浦	2016－11——在任(兼)
副主任	林荣斌	漳浦	续任——在任
	王建文	漳浦	续任——在任
	王亦成	安溪	续任——在任
副主任科员	魏志杰		

机构编制委员会办公室

主　任	何进祥	漳浦(官浔锦江)	续任——在任
副主任	王紫莛(女)	安溪	续任——在任
	林为国	漳浦	续任——在任

机关事业单位登记管理局

局　长	叶冠文	漳浦	续任——在任

台湾工作办公室(县政府台湾事务办公室)

主　任	蔡红茂	漳浦	续任——在任
副主任	林松山	漳浦	续任——在任
	许智富	漳浦	续任——在任
主任科员	戴荣花(女)		
副主任科员	李荣彬		

台湾渔民事务工作站

站　长	张有嘉	漳浦	续任——在任

县直机关党工委

书　记	邓思民	莆田	续任——2016－07(兼)
	沈顺来	诏安	2016－07——在任(兼)
常务副书记	杨福山	漳浦	续任——在任
副书记	卢全胜	漳浦	续任——在任
	王炳建	漳浦	续任——在任
纪委书记	陈志民	漳浦(赤湖)	续任——在任
主任科员	何碧燕(女)　郑建鲁		
副主任科员	程银珠(女)		

老干部局

局　长	陈同苗	漳浦	续任——在任(兼)
副局长	陈飞彪	漳浦	续任——在任
主任科员	蓝志跃(1 月免)　陈泗杰		

精神文明建设办公室

主　任	陈国辉	漳浦(佛昙)	续任——在任
副主任	蓝培在	漳浦	续任——在任
	林燕坤	漳浦	续任——在任
主任科员	何志腾(11 月任)		

机要局

局　长	杨志勇	漳浦	2016－05——在任

保密局

局　长	王永华	漳浦	续任——在任

信访局(县政府信访局)

局　长	蔡小彬	漳浦	续任——在任
副局长	洪宗华	漳浦	续任——在任
	陈晓宏	漳浦	续任——在任

党史研究室

主　任	林锦泉	漳浦	续任——2016－07
	涂金城	漳浦	2016－08——在任

副主任	蓝晓君(女)	漳浦	2016－04——在任

行政学校(党校)

校　长	邓思民	莆田	续任——2016－07(兼)
	沈顺来	诏安	2016－07——在任(兼)
常务副校长	吴　佐	云霄	续任——2016－11
	蔡立芬(女)	漳浦	2016－11——在任
副校长	卢江艺	漳浦	续任——在任
	陈俊雄	漳浦	续任——在任
正科级组织员	蔡立芬(女,11月免)		

老龄工作委员会办公室

主　任	李文峰	漳浦	续任——在任

漳浦宾馆

书记、经理	李旺坤	漳浦	续任——2016－11

【园区】

古雷港经济开发区(处级)

书　记	沈志平	平和	续任——2016－08
	吴文团	云霄	2016－08——在任(兼)
副书记	卢　力	平和	续任——在任
	朱铭炜	云霄	2016－07——在任
纪工委书记	沈建东	诏安	续任——在任

绥安工业区

书　记	陈燕斌(女)	漳浦	续任——2016－08
	陈建华	漳浦	2016－08——在任
副书记	李文庚	漳浦	续任——2016－05
纪委书记	郑贵德	漳浦	续任——在任

台湾农民创业园(长桥农业园艺科技合作园区)

书　记	陈德贤	漳浦	续任——在任
副书记	王添文	漳浦	续任——2016－05
	戴厝魁	漳浦	续任——在任
纪检组长	张少珍(女)	漳浦	2016－05——在任

【单位党组】

卫生与计划生育局党组

书　记	王木泉	漳浦	续任——在任
副书记	胡建水	漳浦	续任——在任

人力资源和社会保障局党组

书　记	郑惠坚	漳浦	续任——在任
副书记	陈　斌	莆田	续任——在任

农业局党组

书　记	王少平	漳浦	续任——2016－11
	黄荣仙	漳浦	2016－11——在任
副书记	张齐嘉	漳浦	续任——2016－04
	许少维	漳浦	2016－04——在任

水利局党组

书　记	陈石金	漳浦	续任——在任

文化广电体育局党组

书　记	谢长生	漳浦	续任——在任
副书记	何清江	漳浦	续任——在任

市场监督管理局党组

书　记	王荣元	漳浦	续任——2016－08
	吴立宏	漳浦	2016－08——在任
副书记	王志伟	漳浦	续任——在任
	吴伟亮	漳浦	2016－04——在任

民政局党组

书　记	吴立宏	漳浦	续任——2016－08
	王瑞东	漳浦	2016－08——在任

财政局党组

书　记	陈衍龙	漳浦	续任——在任
副书记	林建新	漳浦	2016－04——2016－11

林业局党组

书　记	黄建平	如东(江苏)	续任——2016－04
	张齐嘉	漳浦	2016－04——在任

商务局党组

书　记	王志勇	漳浦	续任——在任

国土局党组

书　记	王赐义	漳浦	续任——2016－08
	林国辉	漳浦	2016－08——在任

发展和改革局党组(4 月成立)

书　记	高文贵	漳浦	2016－04——在任
副书记	林亚扁	龙海	2016－04——在任
	黄炳坤	漳浦	2016－04——在任

·漳浦县人大常委会·

【主任、副主任】

主　任	陈少华	漳浦	续任——在任

副主任	吴川泽	漳浦	续任——2016－12
	刘两溪	漳浦	续任——2016－05
	张秀华（女）	云霄	续任——在任
	王予军	许昌（河南）	续任——在任
	王朱申	漳浦	续任——在任
	王赐义	漳浦	2016－12——在任

【县十六届人大常委会委员】

杨和来　黄录章　张俊云　李开龙　黄东辉（专职常委）
陈志坚（专职常委）　吴秀莲（女）　李色香（女）　林晋生　洪照宏
洪振垣　林锦泉　张美珍（女）　王秋月（女）　许志强　陈展平　卢合智

【县十七届人大常委会委员】

杨和来　黄录章　陈志坚　吴秀莲（女）　卢合智　黄东辉　王少平
何俊明　戴仲云　黄金聪　陈丽蓉（女）　李色香（女）　庄志华（女）
王秋月（女）　程伟平　洪照宏　林飞跃　卢艺福　张美珍（女）
何惠珠（女）　李富家　杨爱香（女）　陈展平

【人大常委会工作机构】

办公室

主　任	杨和来	漳浦	续任——在任
副主任	林荣建	漳浦	续任——2016－11
	陈志勇	漳浦	2016－11——在任
副主任科员	戴顺龙（11月免）　林志鹏（11月免）		

信访办公室

主　任	卢合智	漳浦	续任——在任
主任科员	林荣建（11月任）		
副主任科员	杨达武（11月免）		

人事代表工作委员会

主　任	黄录章	漳浦	续任——在任
副主任	陈亚兰（女）	漳浦	续任——2016－11
	刘如洁（女）	漳浦	2016－11——在任
主任科员	陈亚兰（女，11任）		

内务司法工作委员会

主　任	陈志坚	漳浦	续任——在任
副主任	杨达武	漳浦	2016－11——在任
副主任科员	张肇祥（11月任）		

财政经济委员会

主　任	陈　言	漳浦	续任——2016－11

	黄东辉	漳浦	2016－11——在任
副主任	林志鹏	漳浦	2016－11——在任
主任科员	邱秋荣　陈言(11 月任)		

教育科学文化卫生委员会

主　任	陈国辉(六鳌)	漳浦	续任——2016－11
	何俊明	龙海	2016－11——在任
副主任	王秋月(女)	漳浦	2016－11——在任
主任科员	林应璋　陈国辉(11 月任)		

农村经济工作委员会

主　任	张俊云	漳浦	续任——2016－07
	王少平	漳浦	2016－11——在任
副主任	庄志华	惠安	续任——在任
主任科员	戴仲云(11 月免)　李开龙(11 月任)		

华侨台胞民族宗教委员会

主　任	李开龙	漳浦	续任——2016－11
	戴仲云	芗城	2016－11——在任
副主任	李色香(女)	漳浦	续任——2016－11
	戴顺龙	漳浦	2016－11——在任
主任科员	李色香(女,11 月任)		

城乡建设环境资源保护委员会

主　任	吴秀莲(女)	漳浦	续任——在任
副主任	林懿祥	漳浦	续任——2016－11
主任科员	林懿祥(11 月任)		

·漳浦县人民政府·

【县长、副县长】

县　长	戴平忠	芗城	续任——2016－06
	黄庆华	南靖	2016－06——在任(6－12 月为代县长)
常务副县长	柳亚殊	云霄	续任——2016－02
	黄国峰	漳浦	2016－02——在任
副县长	陈美慧(女)	莆田	续任——在任
	戴文利	漳浦	续任——2016－07
	郑世然	漳浦	续任——在任
	蓝文华	漳浦	续任——2016－07
	戴晓清	漳浦	续任——2016－07
	陈伟红	漳浦	续任——在任

	蓝主保	漳浦	2016－07——在任
	陈伟强	漳浦	2016－07——在任
	陈志伟(赤湖)	漳浦	2016－07——在任
县长助理	张延能	漳浦	续任——在任(赴宁夏挂职)
	陈阳升	漳浦	2016－11——在任
县政府党组成员	陈志伟	漳浦	续任——在任
	魏建真	漳浦	续任——在任

【县政府系列单位】

政府办公室

主　任	王永盛	漳浦	续任——2016－08
	陈志元	漳浦	2016－08——在任
副主任	陈进四	漳浦	续任——2016－05
	林国辉	漳浦	续任——2016－08(兼)
	陈世杰	漳浦	续任——在任
	陈良跃	漳浦	2016－08——在任
	洪贵荣	漳浦	2016－11——在任
纪检组长	郑建南	南安	续任——在任
主任科员	陈利平		
副主任科员	陈美兰(女)　黄艺军(11 月免)　刘友钦　林晓斌(11 月任)		

支前双拥工作办公室

主　任	林绍东	漳浦	续任——在任
副主任	林艺强	漳浦	续任——2016－12
	朱冬龙	漳浦	续任——在任

发展和改革局

局　长	高文贵	漳浦	续任——在任
副局长	林广雄	漳浦	续任——在任
	蓝汉义	漳浦	续任——在任
	何进祥	漳浦(官浔红霞)	续任——在任
	林庆永	漳浦	2016－11——在任
纪检组长	黄少坚	漳浦	续任——在任
主任科员	蓝捷胜　黄炳坤		
副主任科员	林庆永(11 月免)		

粮食局

局　长	黄炳坤	漳浦	续任——在任(兼)
副局长	黄加进	漳浦	续任——在任
主任科员	洪泰山		

物价局

局　长	林亚扁	龙海	续任——在任

副局长	蔡建立	漳浦	续任——在任
	林毅武	漳浦	续任——在任

经济和信息化局

局　长	陈建华	漳浦	续任——2016－08
	蔡燕斌(女)	漳浦	2016－08——在任
副局长	黄宏星	漳浦	续任——在任
	林寿明	漳浦	续任——在任
	刘　海	漳浦	续任——在任
纪检组长	黄卫西	漳浦	续任——2016－11
	洪玲玲(女)	惠安	2016－11——在任
主任科员	阮金龙　杨跃进　刘健钦　黄卫西(11月任)		
副主任科员	林艺华(女)		

科学技术局

局　长	杨长泰	漳浦	续任——在任
副局长	蔡昭生	漳浦	续任——在任
主任科员	郭镇东		
副主任科员	林志雄	陈吟泉	

知识产权局

局　长	郭镇东	漳浦	续任——在任(兼)

商务局

局　长	王志勇	漳浦	续任——在任
	涂惠宗	漳浦	2016－04——在任
纪检组长	陈旺宝	漳浦	续任——在任
主任科员	李春跃　李毅杰　陈炳煌		
副主任科员	吴明智　涂惠宗(4月免)　戴文龙(4月任)		

教育局

局　长	黄耀光	漳浦	续任——2016－07
	王一鸣	漳浦	2016－08——在任
副局长	朱炉堃	漳浦	续任——在任
	杨惠聪	漳浦	续任——在任
	陈秋绒(女)	漳浦	续任——在任
纪检组长	李旺万	漳浦	续任——在任
主任科员	陈仁俊(4月任)　陈志伟(4月任)		
副主任科员	陈志伟(4月免)		

民族与宗教事务局

局　长	杨历群	漳浦	续任——在任
副局长	何子达	漳浦	2016－11——在任
副主任科员	何子达(11月免)		

公安局

局　长	林顺德	龙海	续任——2016－02
	陈伟强	龙海	2016－02——在任
政　委	林　锐	诏安	续任——在任
副局长	陈北河	漳浦	续任——在任
	柯志鸿	漳浦	续任——2016－11
	蔡荣福	漳浦	续任——在任
	陈瑞强	漳浦	续任——在任
	林长盛	漳浦	续任——在任
	张文芳	漳浦	2016－02——在任
	何惠生	诏安	2016－02——在任
纪委书记	陈少任	漳浦	续任——在任

副科级以上领导　李志能　张镇顺　陈坤山　刘小纯　李玉锋　吴文坚　林芳艺　叶晓秋　柯卫新　卢连色　蓝周全　蔡进生　卢志坚　黄瑞文　潘毅明　周浦和　李继伟　陈曲斗　林友发　许达强　陈福有　郑扬新　方艺斌　胡育斌　林炜江　黄秦贵　蔡耀辉　卓建金　李夙辉　徐河镇　郑进展　林育强　林　峰　林景珍(女)　王易升　范晓林　林瑞连　林雄志　林兴州　蓝绿野　俞慧武　邱志翔　林喻成　商荣裕　汤儒鸿　石建湘　余华恢　林志贤　张亚强　郑德金　黄延伟　许木林　杨龙泉　陈毅庭　邱清泉　林新军

副主任科员　陈世辉　余建生　林炎镇　邱亚教　林燕鹏　蔡玉山　林武定　林斌毅　齐浦明　林南生　陈智慧　陈少锋　蓝国安　刘　锋　刘进加　杨荣福　张雅田　庄朝坤　胡镇江　林太山　李进忠　张树义　王闽秋　潘忠川　黄宽定　王世明　刘　琳(女)(洪小辉任委员,免陈明发委员)

民政局

局　长	吴立宏	漳浦	续任——2016－08
	王瑞东	漳浦	2016－08——在任
副局长	林国平	漳浦	续任——在任
	林绍东	漳浦	续任——在任
	黄成福	漳浦	续任——在任
	洪志敏	漳浦	2016－12——在任
纪检组长	何立志	漳浦	续任——在任
主任科员	许耀和	柯云东	
副主任科员	洪志敏(12 月免)		

革命老区根据地建设办公室

主　任	许耀和	漳浦	续任——在任(兼)
副主任	赵永庆	漳浦	续任——在任
副主任科员	王珍妹(女)		

司法局

局　长	林耀雄	漳浦	续任——在任

副局长	许剑平	漳浦	续任——在任
	吴明坚	漳浦	续任——在任
纪检组长	陈进财	漳浦	续任——在任
副科级领导	张长伟　陈志豪　蔡建云　林栋梁　陈龙章　蓝良裕　杨海东 黄瞻洋　林志荣　蔡锴斌　林宝勇　庄东宏　许国富　邱宏伟(12月免) 蓝小裕(12月免)　林达辉(4月任)　陈和国(4月任)　吴金慧(4月任) 蔡爱细(4月任)　翁小勇(4月任)　周艺清(12月任)　张汉斌(12月任)		
主任科员	陈正谦　林凤英(女)		

财政局

局　长	陈衍龙	漳浦	续任——在任
副局长	李建华	龙海	续任——在任
	林建新	漳浦	续任——2016－04
	陈顺利	漳浦(湖西)	续任——在任
	黄文元	漳浦	2016－04——在任
纪检组长	丛美红(女)	霍邱(安徽)	续任——在任
总会计师	林建新	漳浦	2016－04——2016－11
主任科员	陈顺利　何志雄　陈云清(11月任)		
副主任科员	蔡云忠　卢艺安　陈云清(11月免)　陈佶萍(女)		

人力资源和社会保障局

局　长	陈　斌	莆田	续任——在任
副局长	黄旺寿	漳浦	续任——2016－04
	刘景文	菏泽(山东)	续任——在任
	许坤才	漳浦	续任——在任
	洪元峰	漳浦	2016－04——在任
纪检组长	吴赞生	漳浦	续任——在任
主任科员	黄伟安　陈宏辉(4月任)　黄多佑(4月任)　陈建南(4月任)		
副主任科员	蔡恩平　游瑞元(4月免)　黄多佑(4月免)　谢建章 陈建南(4月免)　商永进(4月任)		

县退管办

主　任	范志军	漳浦	2016－04——在任

机关社保中心

主　任	陈　力	漳浦	2016－04——在任

国土资源局

局　长	王赐义	漳浦	续任——2016－08
	林国辉	漳浦	2016－08——在任
副局长	陈国裕	漳浦	续任——在任
	林伟雄	漳浦	续任——在任
	陈建才	漳浦	续任——2016－05

	杨国友	漳浦	续任——在任
纪检组长	陈海泳	漳浦	续任——在任
监察大队教导员	洪天德	漳浦	续任——在任
主任科员	吴良雄		
副主任科员	戴浦雄　郑建和　陈培强		
不动产登记中心			
主　任	杨林辉	漳浦	2016－09——在任
城乡规划建设局			
局　长	许志明	漳浦	续任——在任
副局长	陈海滨	漳浦	续任——在任
	陈琪斌	漳浦	续任——在任
	胡茂辉	漳浦	2016－12——在任
纪检组长	陈春龙	漳浦	续任——在任
总工程师	陈顺庆		
主任科员	蔡传勇　林长辛		
副主任科员	洪松民　胡茂辉(12月免)　曾宪梁　欧汉洋(12月任)		
市容管理处			
主　任	林国辉	漳浦	续任——2016－05
	陈进四	漳浦	2016－05——在任
教导员	黄金聪	翔安(厦门)	续任——2016－11(兼)
副主任	陈宝玉(女)	漳浦	续任——在任
	林建国	漳浦	续任——2016－04
	陈裕斌	漳浦	续任——在任
	林子豪	漳浦	续任——2016－12
	刘智阳	漳浦	2016－11——在任
人民防空办公室			
主　任	翁慧建	漳浦	续任——在任
副主任	林长辛	漳浦	续任——在任
副主任科员	林孝杰		
住房保障与房地产管理局			
局　长	蔡传勇	大埔(广东)	续任——在任
交通运输局			
局　长	卢辉达	漳浦	续任——在任
副局长	刘俊育	漳浦	续任——在任
	管建亮	漳浦	续任——在任
	王晓彬	福清	续任——在任(挂职)
	郑福安	漳浦	2016－02——在任
纪检组长	陈坤谋	漳浦	续任——在任
副组长	许心意(女)	漳浦	续任——在任

主任科员	黄维跃		
副主任科员	刘建利		
执法大队			
大队长	黄维跃	漳浦	续任——在任
运管所			
所　长	洪德两	漳浦	续任——在任
水利局			
局　长	陈石金	漳浦	续任——在任
副局长	郑荣裕	漳浦	续任——在任
	陈全来	漳浦	2016－04——在任
纪检组长	刘伟长	漳浦	续任——在任
总工程师	柯建龙	漳浦	2016－04——在任
主任科员	陈良溪　张庆新		
副主任科员	卢鸿宝		
林业局			
局　长	黄建平	如东(江苏)	续任——2016－04
	张齐嘉	漳浦	2016－04——在任
副局长	赵建民	漳浦	续任——在任
	柯文森	漳浦	续任——在任
	林武强	漳浦	续任——在任
纪检组长	陈来顺	漳浦	续任——在任
主任科员	胡发屏　许达武		
副主任科员	朱国进　王世坦　卢美菊(女)		
公安森林分局			
局　长	杨道德	漳浦	续任——在任
教导员	陈志良	漳浦	续任——在任
农业局			
局　长	张齐嘉	漳浦	续任——2016－04
	许少维	漳浦	2016－04——在任
副局长	蓝跃光	漳浦	续任——在任
	陈林生	漳浦	续任——在任
	张德生	诏安	续任——在任
纪检组长	林居南	漳浦	续任——在任
主任科员	何建河　柯进平　陈龙伟　洪　苗(女)		
副主任科员	戴文勇(9月免)　林六二		
库区移民开发管理局			
局　长	涂金城	漳浦	续任——2016－08
	蓝和阳	漳浦	2016－08——在任
副主任科员	柯毅嵘(女，4月任)		

畜牧局

局　长	蓝跃光	漳浦	续任——在任(兼)

农业机械管理站

站　长	陈龙伟	漳浦	续任——在任(兼)

海洋与渔业局

局　　长	李六三	漳浦	续任——2016－08
	蓝永强	漳浦	2016－08——在任
副局长	洪俊杰	漳浦	续任——在任
	陈建榴	漳浦	续任——在任
	蓝志强	漳浦	续任——2016－05
	陈志华	漳浦	续任——在任
	刘建德	漳浦	2016－08——在任
纪检组长	洪立学	漳浦	续任——在任
执法大队教导员	郑向阳	漳浦	续任——在任

主任科员　赵建忠(4月退休)　林建明　陈木枫(6月免)　王鲁安(11月任)

副主任科员　蔡振阳　刘达宏(12月免)

市场监督管理局

局　长	王志伟	漳浦	续任——在任
副局长	蔡益华	漳浦	2016－04——在任
	蔡世坤	漳浦	2016－04——在任
	蔡海东	漳浦	2016－04——在任
纪检组长	林进三	漳浦	续任——在任
副组长	吴耀坤	漳浦	续任——在任
	黄光明	漳浦	续任——在任

正科级市场监管专员　吴伟亮　杨振林　刘南越　王荣元(8月任)

副科级市场监管专员　吴炼山　王元甫　林大军

食品药品安全总监　詹富强(8月任)

副科以上领导　孔　飙　王蔗龙　陈志坚　林忠明　商毅平　魏其荣　陈勇团　陈永乐　林志强　张军强　陈飞鸿　陈启孟　卢宗勇　陈银海　谢旭闽(11月任)

主任科员　王裕宏

副主任科员　罗敬祥　尤长浦　林发福　郑文强　林汉武　刘清标　李榕珊(女,4月任)　许淑鸾(女,4月任)　林空军(4月任)

质量计量检测所

所　长	陈银海	漳浦	2016－04——在任

卫生和计划生育局

局　长	胡建水	漳浦	续任——在任
副局长	赵　文	永泰	续任——在任
	陈秀珍(女)	漳浦	续任——在任
	林兰福	漳浦	2016－04——在任

	黄旺寿	漳浦	2016－04——在任
纪检组长	王电辉	漳浦	续任——在任
主任科员	卢和木　戴两全　陈捷生(12 月任)		
副主任科员	蔡合成(10 月免)　陈楚田　黄育香(女,4 月任)　吴立艺(4 月任)		

审计局

局　长	杨惠杰	漳浦	续任——在任
副局长	陈励明	漳浦	续任——在任
	杨爱香(女)	漳浦	续任——在任
	陈龙春	漳浦	续任——在任
纪检组长	赵杰铭	漳浦	续任——在任
总审计师	郑少生	漳浦	续任——在任
主任科员	欧阳忠宝		
副主任科员	张　秋　蓝太生　李韶华(女)		

统计局

局　长	杨水受	漳浦	续任——2016－08
	吕坤新	漳浦	2016－08——在任
副局长	林高春	漳浦	续任——2016－11
	陈洁秋	漳浦	续任——在任
	林跃民	漳浦	2016－11——在任
纪检组长	刘　强	文登(山东)	续任——在任
主任科员	林高春(11 任)		
副主任科员	王闽东　林跃民(11 月免)　蔡东香(女,11 任)		

国家统计局漳浦调查队

队　长	喻武东	龙海	续任——在任
副队长	林水金	漳浦	续任——在任
	方文忠	云霄	续任——在任

环境保护局

局　长	李英明	漳浦	续任——在任
副局长	陈捍南	漳浦	续任——在任
	尤芳艺	南安	续任——在任
纪检组长	陈艺伟	漳浦	续任——在任
总工程师	胡守贤	漳浦	续任——在任
监测中心主任	刘贵熊	漳浦	2016－04——在任
主任科员	许志强(5 月退休)　陈捍南　黄香莲(女)		
副主任科员	蔡聪智		

文化广电体育局

局　长	何清江	漳浦	续任——在任
副局长	李志鑫	金门	续任——2016－04
	何亚万	漳浦	续任——在任

	林坤荣	漳浦	2016－10——在任(挂职)
	王耀庭	漳浦	2016－10——在任(挂职)
纪检组长	王耀清	漳浦	续任——在任
主任科员	何俊明(11月免)　赵　弘　林耀宗(11月免)　李志鑫(4月任)　李旺坤(11月任)		
副主任科员	陈光辉		
执法大队			
副主任科员	梁学军(4月任)　陈广生(4月任)　林坤荣(10月任)　王耀庭(10月任)		
广播电视新闻中心			
主　任	戴贵盛	漳浦	2016－04——在任
副主任	杨立宏	漳浦	2016－04——在任
	曾惠龙	漳浦	2016－09——在任
	薛敏灵	漳浦	2016－09——在任
旅游局			
局　长	林耀宗	漳浦	续任——在任
安全生产监督管理局			
局　长	刘添顺	漳浦	续任——在任
副局长	许志强	漳浦	续任——在任
	江少红(女)	漳浦	续任——在任
	游瑞成	漳浦	2016－04——在任
纪检组长	林俊成	漳浦	续任——在任
副主任科员	蔡彬荣　黄宽辉(12月任)		
档案局			
局　长	王朱林	漳浦	2016－11——在任
副局长	王朱林	漳浦	续任——2016－11
	林桂荣(女)	漳浦	续任——在任
地方志编纂委员会			
主　任	赵惠娇(女)	漳浦	续任——在任
副主任	陈淑惠(女)	漳浦	续任——在任
外事侨务办公室			
主　任	杨腾飞	漳浦	续任——在任
副主任	陈炎辉	漳浦	续任——2016－12
二轻集体工业联社			
主　任	林连络	漳浦	续任——在任
供销合作社联合社			
主　任	张家生	漳浦	续任——在任
副主任	陈长安	漳浦	续任——2016－04
	何明松	漳浦	续任——在任
	戴江艺	漳浦	续任——在任
	陈志勇	漳浦	2016－12——在任

主任科员	郑重振　陈长安(4月任)		
副主任科员	郑林山(11月任)		

地震办公室

主　任	陈熊武	漳浦	续任——在任
副主任	徐慧卿(女)	漳浦	续任——在任

【园区】

古雷港经济开发区(处级)

主　任	卢　力	平和	续任——在任
副主任	陈文基	漳浦	续任——2016－08
	陈艺章	漳浦	续任——在任(挂职)
	朱铭炜	云霄	2016－07——在任
	章　洲	大田	续任——在任
	林培兴	华安	续任——在任
	陈　林(女)	长泰	续任——在任(挂职)
	林东文	东山	续任——在任(挂职)
	叶炳辉	南安	续任——在任(挂职)
	林仲友	莆田	续任——2016－05
	林　盛	福安	续任——2016－05
	黄亚标	漳浦	续任——2016－05
	郭炎河	华安	续任——2016－05
调研员	曾跃国	漳浦	续任——在任
正科级领导	黄建龙　石艳生　李永法　郭淑彬(女)　李耀坤　王汉清 陈秀绒(女)　周毅军　蓝永强　李四毛　黄建法　沈金辉 林宝敏　郑宝源　杨建得　陈跃清　柯英杰　张园艺		

绥安工业区

主　任(副处级)	涂平辉	漳浦	续任——在任
副主任	洪旺枞	漳浦	续任——在任
	许志远	漳浦	续任——在任
	林兴林	漳浦	续任——在任
主任科员	吴继志　王志明(5月免)　蓝伟斌　何思聪		

台湾农民创业园

主　任	王添文	漳浦	续任——2016－05
	戴厝魁	漳浦	2016－05——在任
副主任	陈鸿辉	漳浦	续任——2016－12
	张少珍(女)	漳浦	续任——2016－05
主任科员	陈顺利(杜浔)　戴厝魁(5月免)		

万安生态产业园

主　任	林乙平	漳浦	2016－05——2016－08

	戴文利	漳浦	2016－08——在任(兼)
副主任	邱志远	漳浦	2016－05——在任
	黄乙滨	漳浦	2016－09——在任
	陈艺新	漳浦	2016－12——在任

赤湖工业园

主　任	杨亚中	漳浦	2016－11——在任
副主任	陈海田	漳浦	2016－11——在任
	张党恩	漳浦	2016－12——在任

· 政协漳浦县委员会 ·

【主席、副主席】

主　席	林培兴	漳浦	续任——在任
副主席	吴水跃	漳浦	续任——在任
	何北贡	漳浦	续任——在任
	蓝主保	漳浦	续任——2016－07
	张少榕(女)	漳浦	续任——在任
	蓝振强	漳浦	2016－07——在任
副调研员	林仲文	漳浦	续任——在任

【政协第十四届常委】(按姓氏笔画排列)

王明煌　许秀练　李加添　张　群　陈文海　陈丽华　陈忠辉
陈挚纯　陈海亮　陈隆峰　陈毅媛　邱广生　邱志华　吴志民
郑文辉　林长贤　林少聪　林惠云　林瑞新　周文贵　周建阳
姚淑丹　黄文伟　黄全和　黄河生　黄国辉　梁加辉　谢秀莲
蓝玉瑛　蓝建进　蓝佳金　蔡文麟　蔡建文　薛福财　戴鹏毅

【政协各工作机构】

办公室

主　任	戴鹏毅	漳浦	续任——在任
副主任	陈伟斌	漳浦	2016－11——在任
主任科员	蓝振祥　薛元民		
副主任科员	陈伟斌(11月免)		

学习文史委员会

主　任	林惠云	漳浦	续任——在任
副主任	陈叶纯(女)	漳浦	续任——2016－11
主任科员	陈叶纯(女,11月任)		

提案委员会

主　任	蓝建进	漳浦	续任——在任
副主任	陈少辉	漳浦	续任——2016－11
主任科员	陈少辉(11 月任)		

法制与社会事务委员会

主　任	刘解法	漳浦	续任——2016－11
	陈海亮	漳浦	2016－11——在任
副主任	陈永生	漳浦	续任——2016－11
主任科员	刘解法(11 月任)　陈永生(11 月任)		

台港澳侨联络委员会

主　任	曾荣彬	漳浦	续任——2016－11
	谢秀莲(女)	漳浦	2016－11——在任
副主任	陈一华(女)	漳浦	续任——在任
主任科员	曾荣彬(11 月任)		

经济与科技委员会

主　任	陈挚纯(女)	漳浦	续任——在任
副主任	周壮丽(女)	漳浦	续任——在任
主任科员	陈民辉(6 月任)		
副主任科员	陈俊武(11 月免)		

文教卫体委员会

主　任	邱广生	漳浦	续任——在任
副主任	何越仲	漳浦	续任——2016－11
主任科员	何越仲(11 月任)		

民族与宗教委员会

主　任	蓝振祥	漳浦	续任——2016－11
	林长贤	漳浦	2016－11——在任
副主任	林长贤	漳浦	续任——2016－11
主任科员	邱长土(11 月任)		

委员工作室

主　任	蓝玉瑛(女)	漳浦	续任——在任
副主任	陈俊武	漳浦	2016－11——在任

· 中共漳浦县纪律检查委员会 ·

【书记、副书记、常委名单】

书　记	刘　军	洪泽(江苏)	续任——2016－07
	陈金生	云霄	2016－07——在任

副书记	王一鸣	漳浦	续任——2016－08
	林晋生	漳浦	续任——2016－08
	林锦泉	漳浦	2016－07——在任
	程伟平	漳浦	2016－07——在任
常　委	程伟平	漳浦	续任——在任
	赵翠玲(女)	漳浦	续任——在任
	陈汉章	漳浦	续任——在任
	杨增玄	龙海	续任——在任
	吴志强	漳浦	2016－07——在任

正科级纪检监察员　柯丽雯(女)　洪国华　林晋生(8 月任)

副科级纪检监察员　王凤辉　洪玲玲(女,11 月免)　蓝国明　胡水友　黄清源　张志伟　王超英(女)

【监察局】

局　长	王一鸣	漳浦	续任——2016－08(兼)
	林锦泉	漳浦	2016－08——在任(兼)
副局长	洪国华	漳浦	续任——在任(兼)
	吴志强	漳浦	续任——2016－07(兼)
	蔡玉真(女)	漳浦	2016－07——在任

【县纪委、监察局工作机构】

办公室

主　任	陈锦坤	漳浦	续任——在任

信访室(举报中心)

主　任	张志强	漳浦	续任——在任

第一纪检监察室

主　任	潘渝文	南安	续任——在任

第二纪检监察室

主　任	陈剑锋	漳浦	2016－12——在任

第三纪检监察室

主　任	王　宁	平和	2016－03——在任

第四纪检监察室

主　任	李庆川	漳浦	2016－03——在任

案件审理室

主　任	林跃辉	漳浦	续任——在任

案件监督管理室

主　任	郑毅兴	漳浦	续任——在任

党风政风监督室(党风廉政建设室)

主　任	张达永	漳浦	续任——在任

纠正行业不正之风工作室

主　任	李庆川	漳浦	续任——2016－03

执法监察室

主　任	王　宁	平和	续任——2016－03

组织和宣传部(宣传教育室)

部　长	李贺强	漳浦	续任——在任

纪检监察干部监督室

主　任	尤逸君	漳浦	2016－12——在任

县行政服务中心

主　任	方晓明	云霄	续任——在任
副主任	林耀文	漳浦	续任——在任
	余进耀	漳浦	续任——在任

县机关效能建设办公室

主　任	林忠来	漳浦	续任——在任

·社会团体·

总工会

主　席	刘达文	漳浦	续任——在任(兼)
常务副主席	翁永金	漳浦	续任——在任
副主席	吴龙颜	漳浦	续任——在任
	蔡景龙	漳浦	续任——在任
主任科员	许启生　张美珍(女)　陈毅媛(女)		
副主任科员	林　恩(女)		

共青团漳浦县委员会

书　记	杨　媛(女)	漳浦	续任——在任
副书记	李富家	漳浦	续任——在任
	陈赞敏	漳浦	2016－04——在任

妇女联合会

主　席	谢秀莲(女)	漳浦	续任——2016－11
	何惠珠(女)	漳浦	2016－11——在任
副主席	王秋月(女)	漳浦	续任——2016－11
	林丽琴(女)	漳浦	续任——在任
	简瑞斌(女)	漳浦	续任——在任(挂职)
副主任科员	胡晓君(女)		

文学艺术界联合会

主　席	洪振垣	漳浦	续任——在任

副主席	陈建新	漳浦	2016－04——在任

工商业联合会(总商会)

党组书记	黄河生	漳浦	续任——在任
会　长	陈典平	漳浦	续任——在任
第一副会长	黄河生	漳浦	续任——在任(兼)
专职副会长	黄文海	漳浦	续任——在任

归国华侨联合会

主　席	吴世强	芗城	续任——在任
副主席	许见星	潮阳(广东)	续任——2016－01(兼)
	王杰秀(女)	漳浦	2016－01——在任
副主任科员	徐国和(3 月退休)	何惟英(女)	

台湾同胞联谊会

会　长	张　群(女)	云林(台湾)	续任——在任

残疾人联合会

理事长	杨少农	漳浦	续任——2016－11
	蓝振祥	漳浦	2016－11——在任
副理事长	林玉法	漳浦	续任——在任
	郑元顺	漳浦	2016－12——在任
主任科员	何玉纯(女)	杨少农(11 月任)	
副主任科员	陈素丽(女)		

关心下一代工作委员会

主　任	李宋保	林市(河南)	续任——在任

老区建设促进会

会　长	戴全成	漳浦	续任——在任

科学技术协会

主　席	陈海亮	漳浦	续任——2016－11
副主席	林建宗	漳浦	续任——在任
	林育珍(女)	漳浦	续任——在任
主任科员	商清来		

计划生育协会

会　长	吴水跃	漳浦	续任——在任(兼)
常务副会长	陈捷生	漳浦	续任——2016－12
	吴森明	漳浦	2016－12——在任
副会长	李文胜	漳浦	续任——在任
	洪月卿(女)	漳浦	续任——在任
	洪振垣	漳浦	续任——在任(兼)
	郑惠坚	漳浦	续任——在任(兼)
主任科员	陈庆宝		

社会科学界联合会

主　席	翁永祥	漳浦	续任——在任
副主席	刘兆民	漳浦	续任——在任(兼)
	蔡立芬(女)	漳浦	续任——在任(兼)
	陈建新	漳浦	续任——2016－05
	林杜鸿	漳浦	续任——在任

企业与企业家联合会

会　长	杨安乐	漳浦	续任——在任

爱国卫生运动委员会

主　任	戴文利	漳浦	续任——在任(兼)
常务副主任	王木泉	漳浦	续任——在任(兼)

红十字会

会　长	戴文利	漳浦	续任——在任(兼)
常务副会长	蔡美兰(女)	漳浦	续任——在任

·法院　检察院·

人民法院

院　长	翁麦展	东山	续任——2016－01
	郑通斌	芗城	2016－01——在任
副院长	林龙法	漳浦	续任——在任
	杨毅波	漳浦	续任——在任
	林伟文	漳浦	续任——在任
纪检组长	蔡和备	漳浦	续任——在任

正科级领导　赵碧惠(女,3月免)　张龙贵　黄瑞生　王道生　王文山　余速金　林木海(1月免)　黄钢生(10月任)　吴昭晖(女,10月任)　林镇一(10月任)　陈文胜(10月任)　姚国明(10月任)

副科级领导　洪良平(12月免)　蔡雄斌　姚国明(10月免)　刘建头　陈月虹(女,12免)　许合兴　黄钢生(10月免)　吴昭晖(女,10月免)　张勇军　薛建龙　许云川　洪和明　林镇一(10月免)　张建成　林惠勇　陈文胜(10月免)　林振通(10月任)　蔡仲仁(10月任)　庄韦华蓝(10月任)　叶春生(10月任)　巫旭辉(10月任)　庄江海(10月任)　杨耀宗(10月任)　吴成斌(10月任)

人民检察院

检察长	林文井	龙文	续任——2016－01
	吴绵棋	仙游	2016－01——在任
副检察长	许永康	漳浦	续任——2016－05
	林　海	漳浦	续任——在任

	林宏杰	漳浦	续任——在任
	陈永强	漳浦	续任——在任
纪检组长	许九德	漳浦	续任——在任

正科级领导　叶金荣　陈奕雄　卢望华(女)

副科级领导　林海印　刘建南　徐国平　陈清华　林炳合　林耀煌　陈福长　杨文鹏　郑建川　王惠明　郑坤川　张国宝　陈锦华　何丽娜　李伟强　林悦欣　陈岩峰

·省、市驻县机构·

国家税务局

局　长	黄黎明	龙海	续任——在任
副局长	胡镇城	漳浦	续任——在任
	杨少民	漳浦	续任——在任
	郭建武	漳浦	续任——在任
纪检组长	黄坤斌	龙海	续任——在任

副科级以上领导　黄登旺　卢志强　张跃敏　洪堃海　许国防　康裕仁　刘文仁　蔡振强　许镇川　蓝永顺　李糖元　卢伟强　蓝文枝　许其成　许龙照　杨阿香(女,12月免)　刘辉龙(1月免)　蓝扬辉　许惠美(女)　林加法　谢邦华　冯精专　陈文生　蔡鹏飞　何志强　陈文才　林志武　陈玉娟(女)　林一雄　陈日桂　蔡志民　许艺红(女)　刘文山　丁宝珊(女)　曾惠珍(女)

地方税务局

局　长	朱平然	东山	续任——在任
副局长	孙振华	潮州(广东)	续任——在任
	施自生	云霄	续任——在任
	黄军华(女)	漳浦	续任——在任
纪检组长	张家平	吉安(江西)	续任——在任

副科级以上领导　王一清　何文亮　张建新　郑鸿鹏　陈天海　陈宋来　陈爱强　陈镇勇　柯志华(女)　戴进明

主任科员　王道明　杨仕奇

副主任科员　刘仲山　杨国辉　林剑鸿　郑长成　胡秀婷(女)

东山海关驻漳浦办事处

主　任	董黎明	株洲(湖南)	续任——15－12
	蔡伟强	漳浦	2016－01——在任
副主任	林智慧	漳浦	2016－01——在任

副调研员　陈文天(5月免)

主任科员　蓝安全(5月免)　林智慧　陈金福　陈耀辉

漳州检验检疫局漳浦检验检疫办事处

主　任	刘顺国	龙海	续任——在任
副主任	马凯阳	芗城	续任——2016－08
	黄悦宏	芗城	2016－08——在任
副主任科员	吴佳斌		

气象局

局　长	戴群春	南靖	续任——在任
副局长	杨珂玲(女)	漳浦	续任——在任
纪检书记	陈瑞林	漳浦	续任——在任

盐务局

局　长	林惠强	漳浦	续任——2016－12
	朱拥军	龙海	2016－12——在任
副局长	林孔化	漳浦	续任——2016－12
	王一明	福州	续任——2016－12
	王鹰鹏	漳浦	2016－12——在任
	曾亚保	莆田	2016－12——在任

烟草专卖局(烟草公司)

局　长	张族云	漳浦	续任——在任
副局长	陈　昌	长泰	续任——在任
副经理	陈艺惠	漳浦	续任——在任
纪检员	陈　宏	云霄	续任——在任

住房公积金漳浦管理部

主　任	曾建春	龙海	续任——在任
副主任	黄豪琛	漳浦	续任——在任

公路局

局　长	徐伟民	长泰	续任——在任
书　记	林树盛	平和	续任——在任
副局长	郑和友	漳浦	续任——在任
	陈秋伟	漳浦	续任——在任

邮政漳浦分公司

总经理	王德财	龙海	续任——在任
副总经理	王惠丰	芗城	续任——2016－07
	郭海强	龙海	2016－09——在任
副主任科员	许来福(10月免)　魏文杰(10月任)		

电信漳浦分公司

总经理	杨火灶	华安	续任——在任
副总经理	陈进发	龙海	续任——在任
	黄美娜(女)	龙海	续任——在任
	曾　强	芗城	续任——在任

国网漳浦县供电有限公司

总经理	陈晓华	龙海	续任——在任
书　记	黄艺峰	漳浦	续任——在任
副总经理	林志国	漳浦	续任——在任
	林育生	东山	续任——在任
	黄添印	漳浦	续任——在任
纪委书记	吴琳丽(女)	云霄	续任——在任

福建移动通信有限公司漳浦分公司

总经理	沈　禧	东山	续任——2016－04
	黄狄超	南靖	2016－04——在任

中国联通有限公司漳浦分公司

总经理	柳　萍(女)	云霄	续任——在任

·武装部 边防 消防 武警·

人民武装部

政　委	陈锦云	福安	续任——在任
部　长	韩晓东	洪泽(江苏)	续任——在任
副部长	廖仔桥	寻乌(江西)	续任——2016－05

武警漳浦边防大队

大队长	陈明发	华安	续任——2016－06
	洪小辉	芗城	2016－07——在任
政　委	杨东明	随州(湖北)	续任——在任
副大队长	蔡荣辉	芗城	续任——2016－07
	杨玉华	宜昌(湖北)	续任——2016－12
	谢红友	龙岩	2016－07——在任
	吴志军	芗城	2016－12——在任

武警漳浦消防大队

大队长	洪玉荣	莆田	续任——在任
教导员	詹振宇	泉州	续任——2016－11
	邱禄金	龙岩	2016－12——在任

武警漳浦县中队

中队长	雷晓展	霞浦	续任——在任
指导员	邱建德	龙海	续任——2016－05
	黄金泉	芗城	2016－06——在任

·金融 保险·

人民银行漳浦县支行

行　长	陈汉伟	漳浦	2016－03——在任
副行长	郑文贵	漳浦	续任——在任
	林建南	漳浦	续任——在任
	陈汉伟	漳浦	续任——2016－03(主持)
副主任科员	洪日春(9 月免)　饶凤斌　陈朝曦		

中国银漳浦县支行

行　长	胡瑚琳	诏安	续任——在任
副行长	陈红丽(女)	漳浦	续任——在任
	王跃华	漳浦	续任——在任

工商银行漳浦县支行

行　长	许李琪	漳浦	续任——在任
副行长	梁学耘	福州	续任——在任

农业银行漳浦县支行

行　长	陈戴本	南靖	续任——在任
副行长	林茂清	东山	续任——2016－04
	博永进	仙游	续任——在任
	吴　罡	敦化(吉林)	续任——2016－03
	黄镇平	平和	2016－04——在任

建设银行漳浦县支行

行　长	饶凤蔚	漳浦	续任——在任
副行长	林柳明	漳浦	续任——在任
	赵子荣	华安	2016－06——在任

县农村信用合作联社

理事长	何清忠	云霄	续任——在任
主　任	林丰然	龙海	续任——在任
监事长	林国庆	云霄	续任——在任
副主任	蓝顺良	漳浦	续任——在任
	黄柳华	华安(女)	续任——在任

中国邮政储蓄银行漳浦县支行

行　长	林建寿	芗城	续任——在任
副行长	张　陵	芗城	续任——在任

中国人寿保险漳浦县支公司

经　理	沈文奇	南靖	续任——在任
副经理	吴文锋	漳浦	续任——在任

	柯培辉	芗城	2016－05——在任

中国财产保险漳浦支公司

经　理	陈朝阳	漳浦	续任——在任
副经理	何永方	漳浦	续任——在任
	徐纬洪	漳浦	续任——在任

中国太平洋人寿保险漳浦分公司

经理	沈阿芬	芗城	2014－07——在任

·直属教育　卫生单位·

漳浦一中

书　记	陈荣龙	漳浦	续任——在任
校　长	胡少吴	漳浦	续任——在任

县人民医院

书　记	洪振惠	漳浦	续任——在任
院　长	陈汉毅	漳浦	续任——在任

县中医院

书　记	陈古树	漳浦	续任——在任
院　长	卓　斌	平和	续任——在任

疾病防控中心

书　记	郑元顺	漳浦	续任——2016－12
主　任	陈侨生	漳浦	续任——2016－11
	吴镇杰	漳浦	2016－11——在任

妇幼保健院

书　记	黄　芙	漳浦	续任——在任
院　长	方日明	云霄	续任——在任

·乡镇场·

绥安镇党委、人大、政府负责人

党委书记	许坤煌	漳浦	续任——2016－05
	杨艺明	漳浦	2016－05——在任
人大主席	刘秋玲(女)	漳浦	续任——在任
人大副主席	许月华(女)	漳浦	2016－08——在任
党委副书记、镇长	李伟国	漳浦	续任——2016－05

	洪和庭	漳浦	2016－05——在任
党委副书记	林中华	漳浦	续任——2016－05
	王基旺	漳浦	续任——在任(综治计生)
	陈荣南	漳浦	2016－05——2016－12
	曾志元	漳浦	2016－12——在任
纪委书记	陈健东	漳浦	续任——在任
组织委员	吴志阳	漳浦	续任——在任
宣传委员	黄贵义	漳浦	续任——在任
统战委员	王义斌	漳浦	续任——在任
党委秘书	王朝晖	漳浦	续任——在任
党委委员	曾志元	漳浦	续任——2016－12(武装部长)
	张　锐	彭阳(宁夏)	续任——2016－07(挂职)
	林艺强	漳浦	2016－12——在任(武装部长)
副镇长	卢海堤	漳浦	续任——2016－08(科技)
	杨瑞峰	漳浦	续任——在任
	刘镇洁	漳浦	2016－12——在任
主任科员	陈荣南　杨昆仲(12 月任)		
副主任科员	林艺明(12 月免)　刘镇洁(12 月免)　谢宝竹		

旧镇镇党委、人大、政府负责人

党委书记	王上飞	漳浦	续任——在任
人大主席	柯文伟	漳浦	续任——2016－05
	林中华	漳浦	2016－05——在任
党委副书记、镇长	陈志勇	漳浦(沙西)	续任——2016－05
	柯文伟	漳浦	2016－05——在任
党委副书记	赵卫强	漳浦	续任——在任
	陈志坤	漳浦	续任——2016－05(综治计生)
	林艺武	漳浦	2016－05——在任(综治计生)
	许志远	漳浦	2016－12——在任
纪委书记	林纯伟	漳浦	续任——在任
组织委员	胡志阳	漳浦	续任——在任
宣传委员	戴智渊	漳浦	续任——2016－12
	蓝小裕	漳浦	2016－12——在任
统战委员	王典林	漳浦	2016－05——在任
党委秘书	陈少斌	漳浦	续任——在任
党委委员	刘达宏	漳浦	续任——2016－12(武装部长)
	林志阳	漳浦	2016－12——在任
副镇长	李　芸(女)	漳浦	续任——在任
	王典林	漳浦	续任——在任(科技)
主任科员	张长贵　郑定在　刘天瑞(12 月任)		

副主任科员	邱王锦　林宏伟		

霞美镇党委、人大、政府负责人

党委书记	陈森辉	漳浦	续任——2016－05
	林振宗	漳浦	2016－05——在任
人大主席	黄海南	漳浦	续任——2016－11
	王荷明	漳浦	2016－11——在任
党委副书记、镇长	卢惠祥	漳浦	续任——2016－11
党委副书记	黄进源	漳浦	续任——2016－05
	洪文胜	漳浦	续任——在任(综治计生)
	陈海东	漳浦	2016－05——2016－12
纪委书记	许月华(女)	漳浦	续任——2016－08
	黄耀文	漳浦	2016－12——在任
组织委员	洪文胜	漳浦	2016－08——2016－12
	王连城	漳浦	2016－12——在任
宣传委员	蓝智煌	漳浦	2016－05——在任
统战委员	郑汉鹏	漳浦	2016－12——在任
党委秘书	周诗明	漳浦	2016－05——在任
党委委员	陈志卫	漳浦	2016－05——在任(武装部长)
	陈少煌	漳浦	2016－05——2016－12
	王振中	漳浦	2016－05——2016－12
副镇长	郑汉鹏	漳浦	续任——2016－11
	卢春华(女)	漳浦	2016－12——在任
主任科员	陈海东　李泽福(4月免)　陈少煌(4月任)　王振中(4月任)		
副主任科员	胡艺发(12月免)　黄进源(5月任)　洪跃明(12月任)　林惠婷(女,12月任)		

杜浔镇党委、人大、政府负责人

党委书记	陈志达	漳浦	续任——在任
人大主席	李相武	漳浦	续任——2016－05
	王洪德	漳浦	2016－05——在任
党委副书记、镇长	林振宗	漳浦	续任——2016－05
	李相武	漳浦	2016－05——在任
党委副书记	方志坚	漳浦	续任——在任
	林伟杰	漳浦	续任——在任(综治计生)
纪委书记	陈少煌	漳浦	续任——2016－04
	陈满海	漳浦	2016－04——在任
组织委员	林立维	漳浦	续任——在任
宣传委员	王武乾	漳浦	续任——在任
统战委员	陈晓冬	漳浦	续任——在任
党委秘书	周诗明	漳浦	续任——2016－05
	黄建生	漳浦	2016－05——在任

党委委员	陈志卫	漳浦	续任——2016－05(武装部长)
	黄攀辉	漳浦	2016－04——在任(武装部长)
副镇长	黄建生	漳浦	续任——在任(兼)
副镇长	洪素芯(女)	漳浦	2016－04——在任
主任科员	林海东　邱晚水(4月任)　潘建春(4月任)		
副主任科员	陈艺龙(12月任)　邱晓婷(女,12月任)　陈梅燕(女,12月任)		

沙西镇党委、人大、政府负责人

党委书记	卢长贵	漳浦	续任——2016－05
	洪艺明	漳浦	2016－05——在任
人大主席	涂文胜	漳浦	续任——2016－05
	陈志坤	漳浦	2016－05——在任
党委副书记、镇长	陈湘海	漳浦	续任——2016－05
	涂文胜	漳浦	2016－05——在任
党委副书记	郑贵林	漳浦	续任——在任
	郑贵章	漳浦	续任——在任(5月免武装部长)
纪委书记	陈安宏	漳浦	续任——在任
组织委员	陈小建	漳浦	续任——2016－05
	郑秋强	漳浦	2016－04——在任
宣传委员	林加金	漳浦	2016－12——在任
统战委员	王杰秀(女)	漳浦	续任——2016－01
	吴瑞宏	漳浦	2016－05——在任
党委秘书	陈长法	漳浦	续任——在任
党委委员	杨志文	漳浦	2016－05——2016－12
	陈小建	漳浦	2016－05——2016－12
	林志文	漳浦	2016－12——在任(武装部长)
副镇长	陈长法	漳浦	续任——在任(兼)
	陈杰辉	漳浦	续任——在任
主任科员	杨志文　陈小建　陈江山(4月任)		
副主任科员	刘德武(12月任)　洪国太(12月任)		

古雷镇镇党委、人大、政府负责人

党委书记	卢建明	漳浦	续任——在任
人大主席	魏国华	漳浦	续任——在任
党委副书记、镇长	许德文	漳浦	续任——2016－05
	郑建和	漳浦	2016－04——在任
党委副书记	林其安	漳浦	续任——在任
	许开有	漳浦	续任——在任(综治计生)
纪委书记	杨春金	漳浦	续任——2016－05
	张昌阳	漳浦	2016－05——在任
组织委员	邱远章	漳浦	续任——在任

宣传委员	洪贵荣	漳浦	续任——2016－11
	胡艺发	漳浦	2016－12——在任
统战委员	黄华芬(女)	漳浦	续任——在任
党委秘书	杨春金	漳浦	2016－05——在任
党委委员	林志辉	漳浦	续任——在任(武装部长)
副镇长	洪朝福	漳浦	续任——在任
	邱远章	漳浦	2016－12——在任(兼)
主任科员	陈宝国　林建强　洪金辉		
副主任科员	林　松(12 月任)　邱智强(12 月任)		

古雷新港城安居服务中心

主　任	陈宝国	漳浦	续任——在任
副主任	林团助	漳浦	续任——在任
	张志文	漳浦	续任——在任

六鳌镇党委、人大、政府负责人

党委书记	叶达国	漳浦	续任——2016－05
	林龙喜	漳浦	2016－05——在任
人大主席	陈结定	漳浦	续任——2016－08
	陈志民	漳浦	2016－11——在任
党委副书记、镇长	蔡荣辉	漳浦	续任——在任
党委副书记	刘建发	漳浦	续任——在任
	陈国库	漳浦	续任——2016－05(综治计生)
	王荣安	漳浦	2016－05——2016－12(综治计生)
	戴智渊	漳浦	2016－12——在任(综治计生)
纪委书记	邱志平	漳浦	续任——2016－05
	洪栋梁	漳浦	2016－05——在任
组织委员	林海坤	漳浦	2016-08——2016－12
	蔡睿遒	漳浦	2016－12——在任
宣传委员	陈志勇	漳浦(深土)	续任——2016－11
	林开通	漳浦	2016－12——在任
统战委员	陈敏雄	漳浦	续任——2016－12
	陈晓琼(女)	漳浦	2016－12——在任
党委秘书	陈绍龙	漳浦	2016－05——在任
党委委员	洪　正	漳浦	2016－05——在任(武装部长)
	林海坤	漳浦	2016－05——在任
副镇长	陈永源	漳浦	续任——在任
	洪　正	漳浦	续任——在任(科技)
主任科员	陈敏雄　王荣安　林海坤(5 月任)		
副主任科员	陈晓琼(女，12 月免)		

深土镇党委、人大、政府负责人

党委书记	许志刚	漳浦	续任——在任
人大主席	陈锦辉	漳浦	续任——在任
党委副书记、镇长	吴周杨	漳浦	续任——在任
党委副书记	林朝波	漳浦	续任——在任
	王志永	漳浦	续任——在任(综治计生)
纪委书记	戴伟泉	漳浦	2016－05——在任
组织委员	邱丽玉(女)	漳浦	续任——2016－12
	林智贤	漳浦	2016－12——在任
宣传委员	陈满海	漳浦	续任——2016－04
	陈许凤(女)	漳浦	2016－12——在任
统战委员	蔡尧盛	漳浦	续任——2016－05
	陈志惠	漳浦	2016－05——在任
党委秘书	陈银国	漳浦	续任——在任
党委委员	郑辉强	漳浦	续任——在任(武装部长)
	陈志惠	漳浦	2016－04——在任
	邱长土	漳浦	2016－05——2016－11
副镇长	余华柱	漳浦	续任——2016－04
	陈永平	漳浦	续任——在任

主任科员　　邱长土(11月免)　谢冬义　邱丽玉(女,9月任)

赤湖镇党委、人大、政府负责人

党委书记	林龙喜	漳浦	续任——2016－05
	叶达国	漳浦	2016－05——在任
人大主席	郑建和	漳浦	续任——2016－04
	黄进源	漳浦	2016－05——在任
党委副书记、镇长	洪艺明	漳浦	续任——2016－05
	陈建才	漳浦	2016－05——在任
党委副书记	吴少甫	漳浦	续任——在任
	刘天瑞	漳浦	续任——2016－12(综治计生)
	蔡志毅	漳浦	2016－12——在任
组织委员	温晓暄	安溪	续任——在任
宣传委员	林志成	漳浦	续任——在任
纪委书记	陈志刚	漳浦	2016－05——在任
统战委员	杨添福	漳浦	2016－12——在任
党委秘书	洪清江	漳浦	2016－05——在任
党委委员	张泽强	龙海	2016－05——在任(武装部长)
	郑建华	漳浦	2016－05——2016－12
副镇长	陈志刚	漳浦	续任——2016－05
	张泽强	龙海	续任——2016－12(科技)

	陈珠娟（女）	漳浦	2016－04——在任
主任科员	杨亚中　郑建华　林立志（12 月任）		
副主任科员	陈长泉　曾少雄		

佛昙镇党委、人大、政府负责人

党委书记	陈福强	漳浦	续任——2016－05
	陈森辉	漳浦	2016－05——在任
人大主席	林秋德	漳浦	续任——2016－05
	陈伟滨	漳浦	2016－05——在任
党委副书记、镇长	蓝和阳	漳浦	续任——2016－05
	林秋德	漳浦	2016－05——在任
党委副书记	林凯恒	漳浦	续任——2016－11
	陈伟滨	漳浦	续任——2016－05
	林秋德	漳浦	2016－05——在任
	杨阳寿	漳浦	2016－05——2016－12
	吴伟强	漳浦	2016－12——在任
	蓝武艺	漳浦	2016－12——在任（综治计生）
纪委书记	薛迎滨	漳浦	2016－05——在任
组织委员	蓝进强	漳浦	2016－05——在任
宣传委员	戴艺文	漳浦	续任——在任
统战委员	吴凌云	漳浦	2016－12——在任
党委秘书	黄惠芬（女）	漳浦	续任——2016－05
党委委员	蓝进强	漳浦	2016－04——在任
	林剑军	漳浦	2016－04——在任（武装部长）
	蓝明顺	漳浦	2016－05——2016－12
	陈志勇	漳浦（赤湖）	2016－05——在任
副镇长	杨添福	漳浦	续任——2016－12
	陈志勇	漳浦（赤湖）	续任——在任（兼）
	李顺福	漳浦	2016－12——在任
主任科员	杨阳寿　蓝明顺（4 月任）　林志强（12 月任）		
副主任科员	林晓斌（11 月免）　薛迎滨（4 月免）		

前亭镇党委、人大、政府负责人

党委书记	吕坤新	漳浦	续任——2016－05
	王添文	漳浦	2016－05——在任
人大主席	洪立新	漳浦	续任——2016－05
	王志明	漳浦	2016－05——2016－11
	林凯恒	漳浦	2016－11——在任
党委副书记、镇长	洪立新	漳浦	2016－05——在任
党委副书记	李向阳	漳浦	续任——在任
	杨东军	漳浦	续任——在任（综治计生）

纪委书记	陈聪明	漳浦	2016－05——在任
组织委员	王小波	漳浦	2016－04——在任
宣传委员	赵雪林	漳浦	2016－05——在任
统战委员	魏建孟	漳浦	续任——2016－12
	王　芳(女)	漳浦	2016－12——在任
党委秘书	陈瑞武	漳浦	续任——在任
党委委员	王榕鑫	漳浦	续任——在任(武装部长)
	陈焕伟	华安	续任——在任(兼,边防所长)
副镇长	赵雪林	漳浦	续任——在任(兼,科技)
	唐品涛	湖北	2016－12——在任

主任科员　陈长兴(11 月免)　林乙平(5 月免)　陈鸿辉(12 月任)

副主任科员　蓝杰麟　戴伟泉(5 月免)　黄豪坚

马坪镇党委、人大、政府负责人

党委书记	陈湘海	漳浦	2016－05——在任
人大主席	郑乾元	漳浦	续任——在任
党委副书记、镇长	陈建贡	漳浦	续任——2016－08
	杨水受	漳浦	2016－11——在任
党委副书记	陈志东	漳浦	续任——在任
	郑艺真(女)	漳浦	续任——在任(综治计生)
纪委书记	陈维通	漳浦	2016－05——在任
组织委员	林周兴	漳浦	续任——在任
宣传委员	陈毅谦	漳浦	续任——在任
统战委员	陈志东	漳浦	2016－12——在任
党委委员	戴文明	漳浦	续任——2016－04(武装部长)
	陈华东	漳浦	2016－12——在任(武装部长)
	洪　璐	漳浦	2016－05——2016－12
副镇长	陈维通	漳浦	续任——2016－05
	林庆丰	漳浦	2016－04——在任
	陈毅谦	漳浦	2016－12——在任

主任科员　卢进才(5 月免)　陈添坤(12 月任)

副主任科员　张鼎铭　庄志杰(12 月任)

官浔镇党委、人大、政府负责人

党委书记	王任艺	漳浦	续任——在任
人大主席	林振华	漳浦	续任——在任
党委副书记、镇长	朱艺辉	漳浦	续任——在任
党委副书记	许艳霞(女)	漳浦	续任——在任
	陈中坚	漳浦	续任——在任(综治计生)
纪委书记	林加成	漳浦	续任——在任
组织委员	林水林	漳浦	2016－04——在任

宣传委员	黄依俊	漳浦	2016－12——在任
统战委员	邝　斌	新田(湖南)	续任——在任
党委秘书	陈文来	漳浦	续任——在任
党委委员	林文秀	漳浦	续任——2016－12(武装部长)
	黄进民	漳浦	2016－12——在任(武装部长)
	蓝亚杰	漳浦	2016－05——2016－12
副镇长	何远平	漳浦	续任——2016－12
	杨国原	漳浦	2016－12——在任
	林水林	漳浦	2016－12——在任(兼)
主任科员	林文秀　蓝亚杰		

长桥镇党委、人大、政府负责人

党委书记	蔡艺良	漳浦	续任——2016－01
	卢长贵	漳浦	2016－05——在任
人大主席	蔡炳煌	漳浦	续任——在任
党委副书记、镇长	林惠明	漳浦	续任——2016－05
	郭武军	漳浦	2016－05——在任
党委副书记	邱宝清	漳浦	续任——在任
	陈唐盛	漳浦	续任——在任(综治计生)
纪委书记	蔡剑义	漳浦	续任——在任(兼)
组织委员	罗悄袖(女)	漳浦	续任——在任
宣传委员	郑志华	漳浦	续任——在任
统战委员	罗悄袖(女)	漳浦	2016－12——在任(兼)
党委委员	李团寿	漳浦	续任——在任(武装部长)
副镇长	潘建春	漳浦	续任——2016－04
	黄依俊	漳浦	续任——2016－12
	戴文龙	漳浦	续任——2016－04
	李团寿	漳浦	2016－12——在任(兼)
	陈启孟	漳浦	2016－12——在任
	林晓军	漳浦	2016－12——在任
主任科员	蓝荣何　黄锦山　蔡尧盛(4月任)		
副主任科员	王　勤(12月免)		

石榴镇党委、人大、政府负责人

党委书记	卢秀云(女)	漳浦	续任——2016－05
	李伟国	漳浦	2016－05——在任
人大主席	刘哲勇	漳浦	续任——在任
党委副书记、镇长	何胜火	漳浦	续任——在任
党委副书记	吴锦州	漳浦	续任——在任
	陈江山	漳浦	续任——2016－04(综治计生)
	邱志平	漳浦	2016－05——在任

纪委书记	杨昆仲	漳浦	续任——2016－05
	涂秋生	漳浦	2016－04——在任
组织委员	陈跃罗	漳浦	续任——2016－05
	陈建洪	漳浦	2016－08——在任
宣传委员	蓝明顺	漳浦	续任——2016－04
	何远平	漳浦	2016－12——在任
统战委员	何朝政	漳浦	2016－12——在任
党委秘书	陈建洪	漳浦	2016－04——2016－12
	刘秋明	漳浦	2016－12——在任
党委委员	陈加元	漳浦	续任——在任(武装部长)
	李文良	漳浦	2016－05——2016－12
	杨昆仲	漳浦	2016－05——2016－12
	黄永坤	漳浦	2016－05——2016－12
副镇长	蔡玉真(女)	漳浦	续任——2016－05
	陈建洪	漳浦	续任——在任　(兼)
	郑　琼(女)	漳浦	2016－04——在任

主任科员　李文良　杨昆仲(12 月免)　黄永坤

盘陀镇党委、人大、政府负责人

党委书记	杨艺明	漳浦	续任——2016－05
	许坤煌	漳浦	2016－05——在任
人大主席	柯志伟	漳浦	续任——在任
党委副书记、镇长	蔡森梅(女)	芗城	续任——在任
党委副书记	陈水城	漳浦	续任——在任
	蔡泉江	漳浦	续任——在任(综治计生)
纪委书记	林海坤	漳浦	续任——2016－05
	陈琳贵	漳浦	2016－04——在任
组织委员	蔡海利	漳浦	续任——在任
宣传委员	柯美华(女)	漳浦	续任——在任
统战委员	王振中	漳浦	续任——2016－04
	林天兴	漳浦	2016－12——在任
党委秘书	蓝武艺	漳浦	续任——2016－12
	林艺明	漳浦	2016－12——在任
党委委员	吴逢日	漳浦	续任——2016－12(武装部长)
	王　勤	漳浦	2016－12——在任(武装部长)
	杨艺东	漳浦	2016－05——2016－12
副镇长	黄晓莹(女)	漳浦	续任——在任
	蔡海利	漳浦	2016－12——在任

主任科员　杨艺东　吴逢日　许海勇

副主任科员　陈许凤(女,12 月免)　林天兴(12 月免)

大南坂镇党委、人大、政府负责人

党委书记	郑煜辉	漳浦	续任——在任
人大主席	王　鸿(女)	漳浦	续任——在任
党委副书记、镇长	陈阳升	漳浦	续任——2016－11
	王志明	漳浦	2016－11——在任
党委副书记	陈志民	漳浦	续任——2016－11
	陈再荣	漳浦	续任——在任(综治计生)
	刘达宏	漳浦	2016－12——在任
	林兴林	漳浦	2016－12——在任(挂职)
纪委书记	黄丙章	漳浦	续任——2016－05
	杨永华	漳浦	2016－05——在任
组织委员	蔡志毅	漳浦	续任——2016－12
	谢志民	漳浦	2016－12——在任
宣传委员	邱耀斌	漳浦	续任——在任(兼人武部长)
党委委员	杨永华	漳浦	续任——2016－12(人武部长)
	吴海洲	诏安	2016－05——在任
副镇长	欧汉祥	漳浦	续任——2016－12
	陈炎辉	漳浦	2016－12——在任
	许建有	漳浦	2016－12——在任
	郑国连	漳浦	2016－12——在任
主任科员	郭武军(5月免)　吴海洲　黄丙章(5月任)		
副主任科员	林连和		

南浦乡党委、人大、政府负责人

党委书记	张晓龙	漳浦	续任——在任
人大主席	洪逸峰	漳浦	续任——2016－11
	陈长兴	漳浦	2016－11——在任
党委副书记、乡长	陈丽蓉(女)	漳浦	续任——2016－11
	洪逸峰	漳浦	2016－11——在任
党委副书记	张华东	漳浦	续任——在任
	陈耀兴	漳浦	续任——在任(综治计生)
纪委书记	翁国安	漳浦	2016－05——在任
组织委员	林柱宗	漳浦	2016－04——在任
宣传委员	蔡明辉	漳浦	2016－05——在任
统战委员	陈道林	漳浦	2016－12——在任
党委委员	徐文献	漳浦	续任——在任(武装部长)
	蔡明辉	漳浦	2016－04——在任
副乡长	翁国安	漳浦	续任——2016－05
	陈道林	漳浦	2016-04——在任
	张捷平	漳浦	2016－12——在任

	张金兰(女)	漳浦	2016－12——在任
主任科员	徐文献　余华柱(4 月任)		
副主任科员	邱炳成　林晓军(12 月免)　许寿明(12 月任)		

赤土乡党委、人大、政府负责人

党委书记	杨振有	漳浦	续任——在任
人大主席	刘建德	漳浦	续任——2016－08
	林乙平	漳浦	2016－08——在任
党委副书记、乡长	陈志元	漳浦	续任——2016－08
	陈结定	漳浦	2016－11——在任
党委副书记	林福建	漳浦	续任——2016－09
	陈俊龙	漳浦	续任——在任(综治计生)
	卢海堤	漳浦	2016－08——在任
纪委书记	林志强	漳浦	续任——2016－12
组织委员	黄惠芬(女)	漳浦	2016-05——在任
宣传委员	何时昕	漳浦	续任——在任(5 月起兼武装部长)
统战委员	林建伟	漳浦	续任——2016－12
	魏建孟	漳浦	2016－12——在任
党委秘书	蔡雨来	漳浦	续任——在任
党委委员	林艺武	漳浦	续任——2016－05(武装部长)
	林志盛	漳浦	2016－05——2016－12
副乡长	林空印	漳浦	续任——在任
	魏建孟	漳浦	2016－12——在任(兼)
主任科员	林志盛　王景松　林福建(9 月任)　林乙平(5 月任,8 月免)		

湖西畲族乡党委、人大、政府负责人

党委书记	蓝永强	漳浦	续任——2016－05
	陈志勇	漳浦	2016－05——在任
人大主席	蓝周全	漳浦	续任——在任
党委副书记、乡长	蓝宗武	漳浦	续任——在任
党委副书记	王万主	漳浦	续任——2016－12
	陈永国	漳浦	续任——2016－12(综治计生)
	林建伟	漳浦	2016－12——在任(综治计生)
纪委书记	吴伟强	漳浦	续任——2016－12
	陈振华	漳浦	2016－12——在任
组织委员	蓝志清	漳浦	续任——在任
宣传委员	杨正寅	漳浦	2016－12——在任
统战委员	蓝阿伦	漳浦	续任——在任(兼武装部长,12 月免部长)
党委秘书	张昌阳	漳浦	续任——2016－05
	蓝米湖	漳浦	2016－12——在任
党委委员	吕火良	漳浦	2016－12——在任(武装部长)

	王荷明	漳浦	2016－05——2016－12
	林立志	漳浦	2016－05——2016－12
	陈跃罗	漳浦	2016－05——2016－12
副乡长	陈添坤	漳浦	续任——2016－12
	蓝志清	漳浦	2016－12——在任(兼)
	郑雯蓉(女)	漳浦	2016－12——在任

主任科员　　王荷明(11 免)　林立志(12 月免)　陈跃罗(5 月任)　陈永国(12 月任)

副主任科员　　黄国荣　郑雯蓉(女,12 月免)

赤岭畲族乡党委、人大、政府负责人

党委书记	王瑞东	漳浦	续任——2016－05
	林惠明	漳浦	2016－05——在任
人大主席	王洪德	漳浦	续任——2016－05
	卢进才	漳浦	2016－05——在任
党委副书记、乡长	蓝素梅(女)	漳浦	续任——在任
党委副书记	柯建有	漳浦	续任——在任
	蓝永义	漳浦	续任——在任(综治计生)
纪委书记	陈安华	漳浦	续任——在任
组织委员	蓝长和	漳浦	2016－04——在任
宣传委员	何来福	漳浦	2016－12——在任
统战委员	蓝长和	漳浦	2016－12——在任
党委委员	陈和生	漳浦	续任——在任(武装部长)
	何来福	漳浦	2016－05——在任
副乡长	陈银发	漳浦	续任——在任
	陈智慧	漳浦	2016－04——在任
	何来福	漳浦	续任——2016－12

主任科员　　张肇禧　戴文明(4 月任)

大南坂农场党委、场负责人

书　记	郑煜辉	漳浦	续任——在任(兼)
副书记、场长	陈阳升	漳浦	续任——2016－11(兼)
	王志明	漳浦	2016－11——在任(兼)

石古农场党总支、场负责人

书记、场长	刘哲勇	漳浦	续任——在任(兼)

万安农场党总支、场负责人

书记、场长	刘建德	漳浦	续任——2016－08
	陈结定	漳浦	2016－08——在任(兼)

长桥农场党总支、场负责人

书记、场长	王添文	漳浦	续任——2016－05
	戴厝魁	漳浦	2016－06——在任

白竹湖农场党支部、场负责人

书记、场长	洪立新	漳浦	续任——在任(兼)

玳瑁山茶场党支部、场负责人

场　长	王洪德	漳浦	2015－11——在任

南山茶果场党支部、场负责人

书记、场长	吴森明	漳浦	续任——2016－12
	林子豪	漳浦	2016－12——在任
副场长	冯道东	防城(广西)	续任——在任
	谢晋安	漳浦	2016－12——在任

中西林场党委、场负责人

书　记	李艺波	漳浦	续任——2016－06
书记、场长	何明辉	漳浦	2016－06——在任
副书记、场长	何明辉	漳浦	续任——2016－06
副书记	林国华	漳浦	续任——在任
	张发金	漳浦	2016－06——在任(兼纪委书记)
纪委书记、副场长	张发金	漳浦	续任——2016－06
副场长	戴志民	漳浦	续任——在任
	李冬云	漳浦	2016－06——在任
	杨育杰	漳浦	2016－06——在任

下蔡林场党支部、场负责人

书　记	林国华	漳浦	续任——在任
副书记、场长	邱佳辉	漳浦	续任——在任

漳浦盐场党委、场负责人

书记、场长	杨跃进	漳浦	续任——在任
副书记	薛艺伟	漳浦	续任——在任(兼纪委书记)

杜浔盐场(制盐分公司)党支部、场负责人

书记、场长	洪锦通	漳浦	续任——在任

（注:为资料的完整性,领导名录除收录各单位副科级以上领导外,还收录各单位副主任科员以上非领导职务的工作人员。单位排名顺序不分前后）

· 人物传 ·

柯永麟

柯永麟(1921 年 3 月－2016 年 4 月)，出生于绥安镇溪南村梨仔园自然村的一个普通农民家庭，在家排行第三，上有一姐一兄，下有 2 个弟弟。在他幼年的时候，父亲柯有土因病逝世，全家的生活担子便落在母亲身上，为了生活，母亲只得一边耕种农田，一边帮人打工赚点零钱，以维持全家人生计，生活过得十分艰辛。无奈之下，母亲只得将柯永麟 4 岁的五弟卖给人家，以减轻家庭重负，也为五弟谋一条生路。柯永麟则在溪南村和京里村帮人放牛，没有工资报酬，每天只换取三餐。一直到 11 岁时，柯永麟才回家帮母亲料理农活。

民国 21 年(1932 年)4 月，中央红军攻克漳州，进驻漳浦县城后，革命的烽火在漳浦县城乡迅速漫延起来。溪南村的革命活动也同样开展得如火如荼，梨园村因位于溪南村东门外，只有 5－6 户人家，四周又都果树环绕，因此成为中共地下党工作人员的活动基点。柯永麟的母亲受革命思想影响，把自己的家作为革命的一个联络点和落脚点，当时，中共漳浦地下党的主要领导人朱曼平、张太西等就经常在他们家出入。白天，他们就隐匿在柯永麟家中，晚上外出开展革命活动。柯永麟因此有机会自小就与他们接触，接受他们的教育。他也开始在思想上认识到广大人民群众贫困的根源在于腐败政治制度，只有推翻腐败政治统治，人民群众才能在政治上、经济上得到翻身解放。

民国 25 年(1936 年)6 月的一个夜晚，15 岁的柯永麟离开家乡，在时任中共地下党漳浦县浦南区委书记张太西的引领下，到闽南红军游击队当上一名战士。不久，就担任游击队班长。民国 29 年(1940 年)春，他奉调到中共闽南特委机关当警卫员。与游击队相比，特委机关的工作地点比较固定，柯永麟便在朱曼平等特委机关领导的辅导下，学习文化知识，没有纸和笔，他一有空，就用树枝在地上练着写字。孜孜不倦的学习，不但使他从一个不识字的文盲，成为能看书学习的战士，更通过学习，进一步加深对革命的认识和理解，坚定理想和信念。民国 30 年(1941 年)6 月，柯永麟加入中国共产党。

民国 34 年(1945 年)，柯永麟离开特委机关，到诏安乌山担任游击队中队长。是年年底，他奉命带领 1 个班的战士，与闽西王涛支队汇合，攻打永定县大埔高陂的反动势力。其间，队伍几次遭遇到国民党部队的围剿，但每次柯永麟都临危不惧，带领战士们突出重围，并胜利完成攻打大埔高陂的战斗任务，把 1 个班的战士安全带回乌山根据地，展现了独当一面，独立工作的能力。民国 35 年(1946 年)春，柯永麟被任命为钟骞支队副政委，并于 6 月间带领 3 个班(不久后 2 个班奉调回乌山，在靖和浦只留下 1 个班)的战士挺进靖和浦(南靖、平和、漳浦)地区，主要任务是打击反动势力，发动群众，恢复和发展革命老区，扩大根据地。靖和浦地区是土地革命战争时期闽南主要革命根据地，是中共闽南特委机关所在地、工农红军独立第三团成立和活动的地方。民国 27 年(1938 年)春，红三团北上抗日后，在国民党顽固派的围剿下，靖和浦地区所有革命基点村都被国民党民团所占领。特别是民国 32 年(1943 年)1 月，中共漳浦县委书记张太西牺牲后，靖和浦地区中共党的活动基本停滞，靖和浦地区笼罩在白色恐怖中。

经过一年时间的浴血奋战，在柯永麟领导下，靖和浦地区的革命形势发生了喜人的变化：一是恢复了中共党政组织，民国36年(1947年)7月，靖和浦工作委员会成立，下设5个工作团，柯永麟任书记；二是革命武装队伍持续扩大，靖和浦独立大队拥有战士近200人，是闽南特委领导下的各县革命武装人数最多、装备最好的一支革命武装力量；三是恢复了大部分的老区，并发展新区，到民国37年(1948年)底，靖和浦革命区域除漳浦县城镇外，平和东半县、云霄一部分、海澄县及龙溪县各一部分，一直到漳州南乡，都成了革命活动地区；纵横几百里的革命区域，拥有革命群众50万—60万人，是闽南各县最广泛、革命最活跃、人口最多的地区；四是培养了60多名斗争经验丰富、意志坚定的干部。这些条件的形成，为靖和浦地区的解放奠定坚实的基础。

1949年9月19日，柯永麟率领靖和浦独立大队，配合解放军解放了漳州后，奉命带领靖和浦独立大队和5个工作团及靖和浦工委机关人员，于9月23日，解放漳浦县城。

1949年10月1日，中共漳浦县委、漳浦县人民政府成立，柯永麟被任命为漳浦县人民政府县长。在任漳浦县县长的6年中(其中在1951年7月至1953年3月，带职到中央党校学习1年6个月)，柯永麟与其他县委、县政府的领导一起，带导全县人民开展剿匪反霸、抗美援朝、土地改革三大革命运动，恢复发展工农生产，筹款筹粮支援前线，为新政权的建立和巩固呕心沥血。1956年底，柯永麟调任龙溪专区，先后担任专署林业局长、经济作物局长、农业局长；1963年底，调任诏安县任县长；1982年8月，调任漳浦县委常委、县政协主席。

1984年2月，柯永麟光荣离休，虽说是离休，但柯永麟革命的热情一点不减，一直到2011年，他均是中共漳浦县党代会和县人大会的代表，还参与县老区建设促进会、县关心下一代工作委员会的工作，为漳浦县的经济社会发展出谋献策；同时，受聘为漳州市委党史顾问小组的成员，参加漳州市中共闽南党史的研讨、整理和修编。他还每天安排时间，伏案笔耕，先后编辑出版《靖和浦边区革命斗争见闻》《世纪回眸》《回顾闽南革命根据地》等书籍数十万字。自离休后，柯永麟连续多年被省市县评为优秀共产党员、“老有所为”先进个人、优秀离退休干部、模范老干部、文明市民等称号。2016年4月1日，柯永麟因病逝世，享年96岁。

•2016年获地厅级以上表彰的个人名表•

（按颁奖时间顺序排列）

获省部级以上表彰的先进个人名表

获奖姓名	工作单位	获奖名称	颁奖单位	颁奖时间
黄瑞生	县人民法院	荣誉天平奖章	最高人民法院	2016—01
王文山	县人民法院	荣誉天平奖章	最高人民法院	2016—01
黄钢生	县人民法院	荣誉天平奖章	最高人民法院	2016—01
林镇一	县人民法院	荣誉天平奖章	最高人民法院	2016—01
林振通	县人民法院	荣誉天平奖章	最高人民法院	2016—01
林耀文	县人民法院	荣誉天平奖章	最高人民法院	2016—01
胡予军	县人民法院	荣誉天平奖章	最高人民法院	2016—01
杨巧臻	县人民法院	荣誉天平奖章	最高人民法院	2016—01
翁坤林(家庭)	绥安镇大埔村	全国最美家庭	全国妇联	2016—05
陈勇团	县市监局	全国个私协会系统先进工作者	国家工商局、中国个体劳动者协会	2016—12
陈丽华	县农业局	2014—2016年度全国农牧渔业丰收奖12316农业信息化服务创新与推广一等奖	农业部	2016—12
陈伟琳	湖西乡	“中国网事•感动2016”网络人物	新华社	2016—12

获地厅级表彰的先进个人名表

获奖姓名	工作单位	获奖名称	颁奖单位	颁奖时间
蔡秋莲	县人民检察院	全省政法系统“优秀政法干警”	省委政法委、省人社厅	2016—01
张晓荣	县竹马戏保护中心	第6届福建艺术节、第26届戏剧汇演表演一等奖	省文化厅	2016—01
高小燕	县供电公司	调度控制管理先进个人	省电力公司	2016—02
陈祺天	县供电公司	营销(农电)先进个人	省电力公司	2016—02
王婉君	县供电公司	基建管理工作先进个人	省电力公司	2016—02
严伟斌	县供电公司	人力资源先进个人	省电力公司	2016—02

获奖姓名	工作单位	获奖名称	颁奖单位	颁奖时间
杨艺珣	县妇联	福建省巾帼志愿者	省妇联、省巾帼志愿者协会	2016—03
陈洁秋	县统计局	漳州市 2006—2015 年度统计工作先进工作者	漳州市政府	2016—03
林跃民	县统计局	漳州市 2006—2015 年度统计工作先进工作者	漳州市政府	2016—03
蔡东香	县统计局	漳州市 2006—2015 年度统计工作先进工作者	漳州市政府	2016—03
黄建新	县统计局	漳州市 2006—2015 年度统计工作先进工作者	漳州市政府	2016—03
张丽琼	县统计局	漳州市 2006—2015 年度统计工作先进工作者	漳州市政府	2016—03
商跃龙	县统计局	从事统计工作三十年以上工作者	漳州市政府	2016—03
林淑群	大南坂镇	漳州市 2006—2015 年度统计工作先进工作者	漳州市政府	2016—03
李　幸	县疾控中心	福建省“十二五”地方病防治工作先进个人	省疾控中心	2016—03
何艳丽	县疾控中心	2013—2015 年福建省慢性病防控工作先进个人	省疾控中心	2016—04
王志军	县环保局	2015 年度全国排污申报与排污收费工作先进个人	环保部环境监察局	2016—04
戴全成	县老促会	优秀通讯员	《中国老区建设》报社	2016—05
林子杰	团县委	福建省优秀共青团干部	团省委	2016—05
陈学贤	县供电公司	优秀 QC 小组先进个人	省电力行业协会	2016—05
郑志阳	县供电公司	优秀 QC 小组先进个人	省电力行业协会	2016—05
黄浩麟	县供电公司	优秀 QC 小组先进个人	省电力行业协会	2016—05
黄　毅	县供电公司	优秀 QC 小组先进个人	省电力行业协会	2016—05
高辉斌	县供电公司	优秀 QC 小组先进个人	省电力行业协会	2016—05
林智勇	县供电公司	“五一劳动奖章”	省总会	2016—05
何建河	县农业局	2012—2015 年度福建省农业系统先进工作者	省农业厅	2016—06
蔡丽君	县农业局	2015 年度福建省植保科技服务先进个人	省植物保护学会	2016—06
姚建有	县疾控中心	福建省 2014—2015 年食品安全风险监测先进个人	省疾控中心	2016—06

获奖姓名	工作单位	获奖名称	颁奖单位	颁奖时间
林育生	县供电公司	优秀共产党员	省电力公司	2016－06
郑煜辉	大南坂镇党委会	优秀党务工作者	中共漳州市委	2016－06
蓝文艺	赤岭畲族乡政府	优秀党务工作者	中共漳州市委	2016－06
刘　俊	县供电公司	优秀党务工作者	省电力公司	2016－06
黄明斌	县供电公司	优秀共产党员	省电力公司	2016－06
林淑群	大南坂镇	2014－2015年度全省优秀辅助调查员	国家统计局福建调查总队	2016－06
黄少敏	县国税局	“金税三期优化版推广工程”个人三等功	省国税局	2016－06
洪宗华	县信访局	2012－2015年度全省信访系统先进工作者	省人社厅、省信访局	2016－06
李文彪	漳浦台创园	漳州市优秀共产党员	中共漳州市委	2016－06
张丽国	县人民法院	全省法院党建工作先进个人	省高级人民法院	2016－07
林志晖	县人民法院	全省法院党建工作先进个人	省高级人民法院	2016－07
齐家彦	县人民检察院	2016年度全省优秀公诉人	省人民检察院	2016－08
杨安乐	县企联	2016年全省企联系统先进工作者	省企联	2016－08
蔡燕斌	县商务局	2015年度漳州“三维”招商项目跟踪落实先进个人	漳州市政府	2016－09
胡国法	县商务局	2015年度漳州“三维”招商项目跟踪落实先进个人	漳州市政府	2016－09
沈志荣	县公安局	2016年度全省卷烟打假打私和治理真烟非法流通工作成绩突出集体	省公安厅、省烟草专卖局	2016－10
林权惠	县疾控中心	参与台风“尼泊特”卫生应急救援人员	省卫计委	2016－10
何丽娜	县人民检察院	全省检察机关“优秀接待员”	省人民检察院	2016－11
陈岩峰	县人民检察院	全省检察机关第十五期司法警察培训班“优秀学员”	省人民检察院	2016－11
蔡赞宾	县疾控中心	福建省2015年禽流感监测先进个人	省疾控中心	2016－11
陈荣寿	漳浦台创园	漳州市党建标兵	中共漳州市委	2016－12
魏居福	县电信公司	后端最佳小CEO	省电信公司	2016－12
蔡国平	县电信公司	分支局后端最佳小CEO	省电信公司	2016－12
王坤芳	县电信公司	后端最佳小CEO	省电信公司	2016－12

·漳浦县副高级以上专业技术职务人员名表·

（2016年）

姓　名	工作单位	专业技术职务	任职资格确认时间
陈银海	县药品检验所	中医学专业（非临床）副高级专业技术	2016.01.26
陈达阳	县委党校	高级讲师	2016.06.13
杨文通	漳浦职业技术学校	高级讲师	2016.05.09
陈雪华	县医院	高级会计师	2016.08.22
詹国荣	达志中学	中小学正高级教师	2016.09.18
邱秀珍	县疾病防控中心	副主任医师	2016.11.24
张坤团	县疾病防控中心	副主任医师	2016.11.24
蔡文忠	县第二医院	主任医师	2016.11.24
郑桂香	县妇幼保健院	基层主任医师	2016.11.24
何惠中	赤岭卫生院	副主任医师	2016.11.24
陈毓宏	南浦卫生院	副主任医师	2016.11.24
王良标	深土中心卫生院	副主任医师	2016.11.24
蓝玉宇	旧镇中心卫生院	副主任医师	2016.11.24
黄迎新	旧镇中心卫生院	副主任医师	2016.11.24
谢辉龙	县中医院	副主任医师	2016.11.24
赵益发	县医院	副主任医师	2016.11.24
蔡丽娟	县中医院	副主任护师	2016.11.24
许亚娇	县中医院	副主任护师	2016.11.24
胡秀月	县医院	副主任护师	2016.11.24
黄卫华	县中医院	副主任护师	2016.11.24
陈玉惠	县中医院	副主任护师	2016.11.24
吴文如	县妇幼保健院	副主任医师	2016.11.24
郑秀华	杜浔计生服务所	副主任医师	2016.11.24

姓 名	工作单位	专业技术职务	任职资格确认时间
许秋良	县医院	副主任医师	2016. 11. 24
林仲友	霞美卫生院	副主任医师	2016. 11. 24
郑亚生	旧镇中心卫生院	副主任医师	2016. 11. 24
陈素琛	县中医院	副主任医师	2016. 11. 24
杨志武	县中医院	副主任医师	2016. 11. 24
涂财成	县中医院	副主任医师	2016. 11. 24
郑金武	霞美卫生院	副主任医师	2016. 11. 24
黄剑明	县第二医院	副主任医师	2016. 11. 24

漳浦县公务员局浦职改[2016]文件通知，同意确认

姓名	工作单位	专业技术职务	任职资格确认时间
陈海彧	县医院	副主任医师	2015. 12. 09
刘衍波	县医院	副主任医师	2016. 12. 09
黄凯明	县医院	副主任医师	2016. 12. 09
杨兰辉	县医院	副主任护师	2016. 12. 09
王秀娇	县中医院	副主任护师	2016. 12. 09
赵丽英	官浔中心卫生院	副主任护师	2016. 12. 09
陈奕华	县计生服务站	副主任护师	2016. 12. 09
郑凤龙	县妇幼保健院	主任医师	2016. 12. 09
邱广宜	县中医院	主任医师	2016. 12. 09
陈卫莲	县林业执法大队	高级工程师	2016. 12. 23
林建有	赤湖林业站	高级工程师	2016. 12. 23
许荣利	梁山水库管理处	高级工程师	2016. 12. 23
陈建贤	县流域水利管理中心	高级工程师	2016. 12. 23

• 2016 年获地厅级以上表彰的单位名表 •

（按颁奖时间顺序排列）

获省部级以上表彰的先进单位名表

获奖单位	获奖名称	颁奖单位	颁奖时间
漳浦县	2011－2015 年全国法治宣传传教育先进单位		2016－06
漳浦县	义务教育发展基本均衡县	国务院教育督导委员会	2016－10
县地税绥安开发区分局	全国模范职工小家	全国总工会	2016－05
土塔村计生协会	全国计生（村级）先进集体	中国计生协会	2016－05
县人民检察院	全省先进基层党组织	中共福建省委	2016－06
县烟草公司物流中转站	全国安康杯竞赛优胜班组	全国总工会、国家安监局	2016－06
县供电公司城郊供电所	2015 年度全国“安康杯”竞赛优胜班组	全国总工会、国家安监局	2016－06
县委宣传部	第十二届全国青少年爱国主义读书教育活动组织优秀奖	全国青少年爱国主义读书教育活动组委会	2016－07
赤岭乡蓝氏宗祠“种玉堂”	全国第五批民族团结进步教育基地	国家民委	2016－10
县劳动人事争议纠纷多元调处中心	全国人力资源和社会保障系统 2014－2016 年度优质服务窗口	人社部	2016－12
旧镇中心卫生院	2015－2016 年度群众满意的乡镇卫生院	国家卫生计生委	2016－12
深土中心卫生院	2015－2016 年度群众满意的乡镇卫生院	国家卫生计生委	2016－12
赤湖中心卫生院	2015－2016 年度群众满意的乡镇卫生院	国家卫生计生委	2016－12
石榴卫生院	2015－2016 年度群众满意的乡镇卫生院	国家卫生计生委	2016－12
前亭卫生院	2015－2016 年度群众满意的乡镇卫生院	国家卫生计生委	2016－12
湖西城内村	第四批中国传统村落	住建部、文化部、国家文物局、财政部等	2016－12

获地厅级表彰的先进单位名表

获奖单位	获奖名称	颁奖单位	颁奖时间
漳浦县	省级食品安全社会共治示范县	省食安办	2016—10
漳浦县	2016 全省计划生育工作先进单位	省计生领导小组	2016—12
漳浦县	2016 年省级妇幼健康优质服务示范县	省卫生计生委	2016—12
县检察院控申举报接待室	福建省第八届(2015—2017 年度)文明行业创建竞赛活动示范点	省精神文明建设指导委员会	2016—01
漳浦台创园	漳州市科学技术进步三等奖	漳州市政府	2016—01
团县委	2015 年福建省大中专学生志愿者暑假三下乡社会实践活动先进单位	团省委、省教育工委、省教育厅、省学生联合会	2016—01
县广播电视台	2015 年度电视公共频道新闻协作先进单位	省广播影视集团电视公共频道	2016—01
县广播电视台	2015 年度全省电视新闻协作先进县级台	省广播影视集团	2016—01
县竹马戏保护中心芗剧《芝麻官》系列	第 6 届福建艺术节、第 26 届戏剧汇演剧目一等奖	省文化厅	2016—01
六鳌镇	2006—2015 年漳州市统计工作先进集体	漳州市政府	2016—02
赤湖镇	2006—2015 年漳州市统计工作先进集体	漳州市政府	2016—02
团县委	2016 铁路春运优秀集体	省青年志愿者协会、南昌铁路局团委	2016—03
县广播电视台	2015 年度全省电视新闻协作先进县级台	省广播影视集团	2016—03
天福观光园妇联会	海峡儿童联谊交流基地	省妇联	2016—03
县书协	2016 年“万名书法家送万福进万家”先进集体	中国书法家协会	2016—03
县疾控中心	2013—2015 年度福建省慢性病防控工作先进集体	省疾控中心	2016—04
县委宣传部	全省文化科技卫生“三下乡”活动先进集体	省委宣传部	2016—05
县老促会	老区宣传工作一等奖	中国老促会	2016—05
县老区办	老区宣传工作一等奖	中国老促会	2016—05
县行政服务中心	五一先锋号	省总工会	2016—05
县红十字会	省红十字系统先进集体	省人社厅	2016—05

续上表

获奖单位	获奖名称	颁奖单位	颁奖时间
火山岛自然风景区	福建省十佳文明景区	省文明办、省旅游局	2016—05
佛昙镇轧内村	第五批省级“历史文化名镇名村”	省住建厅、文化厅	2016—05
县广播电视台	2015 年全省供稿工作十强县级台	省广播影视集团	2016—05
大南坂派出所	全省公安机关执法示范单位	省公安大树	2016—06
公安交警大队	全省公安机关执法示范单位	省公安大树	2016—06
边防北坂边防所	基层建设先进单位	省公安边防总队	2016—06
县市监局检查大队	执法办案有功单位	省工商局	2016—06
县疾控中心	2014—2015 年度食品安全风险监测先进集体	省疾控中心	2016—06
漳浦电大	最佳合作奖	福建师范大学	2016—06
漳浦电大	开展“退役士兵”项目优秀集体	福建电大	2016—06
漳浦电大	招生规模优秀集体	福建电大	2016—06
县旅游局	2015 年全省旅游网络系统信息工作先进单位	省旅游局	2016—06
漳浦翡翠湾滨海度假区	省级文明旅游工作先进单位	省旅游局	2016—06
漳浦火山岛自然生态风景区	省级十佳文明旅游景区	省旅游局	2016—06
天福茶叶有限公司	2016 年省级观光工厂	省旅游局	2016—06
县旅游局	2015 年全省“厕所革命”先进单位	省旅游局	2016—06
县人民法院赤湖法庭	全省法院党建工作先进集体	省高级人民法院	2016—07
县电信公司	优秀经营奖	省电信公司	2016—06
县直机关党工委	全省机关工委系统先进集体	省直机关党工委	2016—07
县地税局党总支	2016 年全市先进基层党组织	中共漳州市委	2016—07
县企联	2016 年全省企联系统先进单位	省企联	2016—08
县少年宫	福建省青少年校外教育先进单位	省青少年宫协会、省青少年校外教育测评中心	2016—08
县委宣传部	2015 年度全省宣传文化系统舆情信息工作先进单位	省委宣传部	2016—09
县委宣传部《记住乡愁—中国民间文化艺术之乡漳浦剪纸精品集》	第 25 届“金牛杯”金奖	中国编辑学会美术读物专业委员会	2016—09

续上表

获奖单位	获奖名称	颁奖单位	颁奖时间
县商务局	2015年度漳州"三维"招商项目跟踪落实先进单位	漳州市政府	2016－09
县公安局"2013、9、4"生产、销售伪劣产品案专案组	2016年度全省卷烟打假打私和治理真烟非法流通工作成绩突出集体	省公安厅、省烟草专卖局	2016－10
县公安局"2014、8、12"生产、制售假烟网络案专案组	2016年度全省卷烟打假打私和治理真烟非法流通工作成绩突出集体	省公安厅、省烟草专卖局	2016－10
龙湖中学政治处	福建省"五一先锋号"	省总工会、省教育厅	2016－10
县实验幼儿园教导处	福建省"五一先锋号"	省总工会、省教育厅	2016－10
旧镇中心学校教导处	福建省"五一先锋号"	省总工会、省教育厅	2016－10
县人民检察院	全省检察机关"优秀HS廉政微片"	省人民检察院	2016－11
县检察院控申举报接待室	全省检察机关"文明接待室"	省人民检察院	2016－11
县人民检察院	2016年度全省检察机关司法警察基础体能考核总评成绩优秀基层院	省人民检察院	2016－12
县人民检察院	全省检察机关检察委员会规范建设示范单位	省人民检察院	2016－12
县妇联	2016年度全省妇联系统先进集体	省人社厅、省妇联	2016－12
县档案局(馆)	全省档案系统先进集体	省人社厅、省档案局	2016－12
县电信公司	福建省第八届(2015－2017年度)文明行业竞赛创建示范点	省文明委	2016－12
县经济作物站	2016年福建省农业系统先进集体	省农业厅	2016－12
县种子管理站	福建省种子协会行业先进单位	福建省种子协会	2016－12
县市容管理处	全省"两违"综合治理表现突出单位	省治违办	2016－12
县物价局	2012－2015年度全省物价系统先进集体	省人社厅、省物价局	2016－12
县水产技术推广站	全省海洋渔业系统先进集体	省海洋渔业厅、省人社厅	2016－12
县教育局	全省教育系统关心下一代工作先进集体	省教育系统关工委	2016－12
县地税局办税服务大厅	全省地税系统先进集体	省人社厅、省地税局	2016－12
漳浦电大	招生优秀集体	福建电大	2016－12
赤岭蓝武福合作社	2016年全省青年农民合作优秀示范社	省供销社	2016－12
县残联	集体三等功	市政府	2016－12

·2016年漳浦县纳税500万元以上企业名单·

（49家）

纳税1亿元以上企业（1家）

漳州市烟草公司漳浦分公司

纳税5000万元至1亿元企业（2家）

漳浦县农村信用合作联社

天福集团

纳税1000万元至5000万元企业（26家）

漳浦华顺置业有限公司

福建福晟钱隆房地产开发有限公司

万新集团

盈丰集团

漳浦县碧桂园联创房地产开发有限公司

国网福建漳浦县供电有限公司

漳浦美伦房地产开发有限公司

福建金绿置业发展有限公司

漳浦丽都房地产开发有限公司

漳浦国源房地产开发有限公司

漳浦长德商贸物流开发有限公司

车城汽车配件（福建）有限公司

同溢堂药业有限公司

福建金仕顿房地产开发有限公司

漳州钱隆房地产开发有限公司

福建瑞森皮革有限公司

革新（漳浦）金属制造有限公司

福建和进食品制罐工业有限公司

漳州元新食品有限公司

漳浦亿雄置业有限公司

漳州市阳光皮革制造有限公司

漳浦联创世纪置业投资有限公司

福建新华东食品有限公司

漳发金地（漳浦）置业有限公司

漳浦县南顺时装针织有限公司

漳浦新假日房地产开发有限公司

纳税500万元至1000万元企业（20家）

漳州一帆重工有限公司

福建港城房地产开发有限公司

立和（漳州）实业有限公司

台玻集团

葛洲坝集团第五工程有限公司

漳州信德皮革有限公司

漳州市万义房地产开发有限公司

漳浦致远皮革有限公司

漳州伟伊化纤有限公司

中石化森美（福建）石油有限公司漳州漳浦霞潭加油站

漳州市恒立欣房地产开发有限公司

福建省丰盛食品有限公司

仂元集团

大唐漳州风力发电有限责任公司

福建弘安建筑有限公司

中交第三航务工程局有限公司厦门分公司

漳州市联合发电子科技有限公司

福建省金泉建设集团有限公司漳浦分公司

格联特（漳州）轻工制品有限公司

漳州富洋皮业有限公司

文献

适应新常态 实现新跨越 加快建设生态宜居宜业宜游的滨海新城

——在中国共产党漳浦县第十三次代表大会上的报告

中共漳浦县委书记 戴平忠

各位代表、同志们：

现在，我代表中共漳浦县第十二届委员会向大会作工作报告，请予审议。

·五年来的工作回顾·

漳浦县第十二次党代会以来的五年，是我县加快崛起、跨越赶超的五年。五年来，我们在省委、市委的坚强领导下，全面贯彻落实党的十八大和十八届三中、四中、五中全会精神，认真学习贯彻习近平总书记系列重要讲话和对福建工作的重要指示精神，团结带领全县广大党员干部群众，积极应对经济下行压力，深入开展“五大战役”“三比一看”“三个年”“大干6个月”等活动，较好地完成了县第十二次党代会确定的各项目标任务，金浦大地呈现又好又快发展的新气象。

——这五年，是经济持续快速发展，综合实力显著提升的五年

2015年，全县实现地区生产总值318.80亿元（含古雷，下同），是2010年的2.2倍，五年年均增长12.30%；固定资产投资324.10亿元，是2010年的2.3倍，年均增长18.40%；公共财政总收入31.55亿元，是2010年的3倍，年均增长24.20%。产业结构持续优化，三产比例由28.80:34.50:36.70调整到19.5:40.50:40。完成对绥安、黄仓、旧镇、大南坂4个工业园的整合归并，打造了万安生态产业园、长桥木业循环经济产业园、前亭工业园、赤湖皮革园等一批特色园区，规模工业总产值由109.80亿元增加到452.50亿元。连续三年进入全市“五大战役”综合考评前三名，被评为“福建省县域经济发展十佳县”“全国最具竞争力百强县”“国家级现代农业示范区”“全国出口食品农产品质量安全示范县”“国家电子商务进农村综合示范县”“省级优秀旅游县”。

——这五年，是古雷征迁攻坚克难，石化基地迅速崛起的五年

始终把服务古雷开发建设作为全县头等大事，举全县之力加以推进，累计抽调1200多名干部长期驻扎古雷，顺利完成了福建省改革开放以来规模最大的工业征迁，涉及搬迁13个村、房屋面积

262.30万平方米、征地2.10万亩、清海9.30万亩，近4万名群众欢天喜地搬入环境优美、配套齐全的古雷新港城。特别是在古雷整岛搬迁工作中，我们的征迁工作组发扬主人翁精神，与六个兄弟县征迁工作组一道，团结协作，攻坚克难，仅用13个月就全面完成任务，再一次创造了令人赞叹的“古雷速度”，诠释了可敬可贵的“古雷精神”。古雷征迁的全面完成，有力保障了重大石化项目用地用海需要，PX、PTA、海顺德特种油、中怡化工、春达化工等项目投建投产，总投资近千亿元的古雷炼化一体化项目于2015年12月正式奠基落地，一批重大石化产业项目即将落地投建，一座现代化石化基地迅速崛起。

——这五年，是县城建设力度空前，城市面貌日新月异的五年

紧紧依托古雷大项目，加快建设滨海新城市，五年共实施城建项目549个，累计完成投资309亿元，县城建成区面积从10平方公里拓展到20平方公里。坚持高起点、高品位规划，聘请英国阿特金斯、天津规划设计院、世博会中国馆之父何镜堂院士等国内外一流设计团队和规划大师对重点区域、重要地段、关键节点进行规划设计。投入30多亿元，完成10个片区旧城改造，征收房屋面积近120万平方米。投入10多亿元，新建、改造城市道路20多条，县城区38公里主次干道全部实现“白改黑、上改下”。投入16亿元，新建9座城市公园。金仕顿大酒店、永嘉天地、新都城市广场等一批高端商贸项目建成投用，城市面貌日新月异，一座宜居宜业、商贸繁荣的滨海新城逐步显现。

——这五年，是民生事业全面发展，群众获得更多实惠的五年

城镇居民人均可支配收入从14957元增加到27924元，农村居民人均可支配收入从8004元增加到14856元。新增城镇就业3.70万人，农村劳动力转移就业5.10万人。社会保障体系日益完善，城乡居民合作医疗参合率100%，补助补偿比例调整到全省最高水平；新建续建保障性住房3917套，困难群众住房条件有效改善。投入6亿元建成校安工程206个，被确认为福建省“双高普九”县。县医院改扩建项目、新中医院、新妇幼保健院建成投用，改造建设一批乡镇卫生院，新增业务用房14万平方米、床位1000张以上。群众生活环境显著改善，创建国家级生态乡镇18个、省级生态乡镇20个、市级生态村243个；建成梁山水库、彭水水库引水工程以及一批农村饮水项目；建成县城污水处理厂二期、城市生活垃圾焚烧发电厂以及一批城乡生活垃圾转运站，县城污水处理率达96%，生活垃圾处理率达100%。实施漳州沿海大通道（漳浦段）、迎宾大道、万安大道、厦深高速铁路（漳浦段）、红色旅游道路等一批重大交通项目，建成农村水泥路600公里；实现国道50公里全线亮灯，建成安全隔离栏38公里，群众出行更加安全、便捷。与此同时，科技、文化、人口与计划生育等各项事业全面进步，社会治安综合治理、“平安漳浦”建设取得明显成效，社会保持安定稳定。荣获“全国文化先进县”“全国科技进步考核先进县”“中国书法之乡”“全国计生优质服务先进县”“省级社会管理综合治理先进集体”“省级平安先行县”“省级生态县”“省级园林县城”等称号。

——这五年，是党的建设全面加强，党风政风更加清明的五年

深入开展党的群众路线教育实践活动和“三严三实”专题教育，干部作风明显改善，党群干群关系更加密切。圆满完成乡镇党委换届和村级组织换届选举。深化干部人事制度改革，实行民主推荐实名制。积极推行村主干职业化管理，激发了村干部干事创业热情，培育形成了一批农村精品党建示范村和农村党建创新典型。非公党建工作走在全省前列，台企党建“天福样板”两次得到中央政治局委员、中组部部长赵乐际的批示肯定，台创园非公党建被列为全市示范点。宣传思想工作卓有成效，精神文明创建活动蓬勃开展。机关效能建设不断加强，深入开展“积事”大清理活动，在行政服务中心设立工业企业办证窗口，率先在全市推行“三证一章”合办审批新模式。认真落实党风廉政建设责任制，扎实推进惩防体系建设，狠抓中央八项规定精神落实，严肃查处腐败案件和发生在群众身边的不正之风，党风廉政建设和反腐败工作取得新成效。与此同时，民主法治建设全面深化，人大、政协、统战、民宗、侨务、人武、老区、工青妇等工作得到新加强，荣获"全国法治宣传教育先进单位""省级双拥模范县"(六连冠)等称号。

同志们，五年的成绩来之不易。这是在省委、市委的坚强领导下，在历届县委班子打下的良好基础上，全县各级党组织和广大党员干部群众共同奋斗的结果，也是各人民团体、工商联和社会各界积极参与，驻浦部队、武警官兵、公安干警以及港澳台胞、海外侨胞鼎力支持的结果。在此，我代表中共漳浦县第十二届委员会，向所有关心、支持、参与漳浦发展的同志们、朋友们、同胞们，表示衷心的感谢和崇高的敬意！

在肯定成绩的同时，我们也清醒地认识到存在的问题和不足，主要是：县域经济总量还不大，产业发展缺乏重大项目支撑；产业转型升级不快，自主创新能力不强，企业抵御风险能力还比较弱；城乡、区域发展还不平衡，社会事业发展不够全面，生态环境保护、信访维稳形势依然严峻；一些干部的思维、能力和作风与经济发展新常态的要求还不相适应；少数基层党组织的战斗堡垒作用发挥不明显；一些地方和领域的不正之风和消极腐败现象仍然存在，等等。对此，我们必须高度重视，采取有力措施，切实加以解决。

·在新的历史起点上开启跨越发展新征程·

未来五年，是全面建成小康社会的决胜阶段，也是漳浦加快发展的关键时期。面对新形势、新常态，我们要切实增强责任意识、机遇意识和忧患意识，主动作为，奋力拼搏，推动漳浦在新的历史起点上实现新一轮跨越发展。

今后五年全县工作的总体要求和奋斗目标是：高举中国特色社会主义伟大旗帜，坚持以邓小平理论、"三个代表"重要思想、科学发展观为指导，深入贯彻落实党的十八届五中全会和习近平总书记系列重要讲话精神，围绕"四个全面"战略布局，牢固树立"五大发展"理念，全力推进"四大重点区域"(古雷港区、县城中心区、厦门港南岸漳浦片区、现代农业示范区)开发建设，做大产业龙头，突出创新驱动，加强民生保障，致力生态保护，狠抓改革攻坚，实现速度、结构、质量、环境协调统一，加快建设生态宜居宜业宜游的滨海新城。力争到2020年，全县地区生产总值五年年均增长11%；公共财政总收入年均增长10%；地方级公共财政收入年均增长9%；固定资产投资年均增长21%；城镇居民人均可支配收入年均增长9.20%；农村居民人均可支配收入年均增长9.70%。

在具体工作中，要重点抓好以下五个方面：

(一)突出产业转型升级，努力建设富强漳浦

力争到2020年，三次产业结构调整为13.20:45:41.80。

一要举全县之力加快工业发展。始终把工业发展作为全县工作的重中之重，着力加快转型升级，壮大工业经济总量。继续实施全县工业园区的整合归并，做大做强漳浦经济开发区，加快建设万安生态产业园、前亭工业园等一批特色鲜明、配套齐全的产业园区。坚持创新驱动发展，主动对接"中国制造2025""互联网＋"行动计划，积极发展电子信息、新材料、生物与新医药、新能源等新兴产业；加快传统产业改造提升，探索运用"机器换工"，推动数控技术和智能装备在工业领域广泛应用。坚持抓龙头、铸链条、建集群，持续加大招商引资力度，紧盯长三角、珠三角、港澳台等先进地区，着力引进一批大项目、好项目。力争到2020年，培育形成食品加工、装备制造、皮革制造、家居木业、精细化工等一批上百亿元的产业集群，全县规模工业总产值达600亿元。与此同时，要发扬主人翁精神，继续全力服务好、保障好古雷港区的开发建设，加快建设世界一流的国家级石化基地。

二要大力发展现代服务业。坚持把旅游业作为现代服务业发展的龙头产业，进一步挖掘自然生态、滨海风光、人文景观、特色美食等旅游资源，加快建设海岸新城、七星海、翡翠湾、抽象画廊等重点旅游项目，完善旅游设施配套，精心打造一批独具地方特色的旅游品牌，促进传统观光游向休闲度假游转型；加快乡村生态旅游开发，实施乡村旅游“百镇千村”行动计划，使生态旅游业成为富民强县产业。以入选全国电子商务进农村综合示范县为契机，搭建综合型的县域农村电子商务公共服务体系，实现广大农村享受与城镇同等无差异化的电子商务服务；特别是要利用电商平台推动农产品产销对接，打响我县农产品知名品牌，实现农业增效、农民致富。依托大交通，发展大物流，重点推进县城综合物流园、旧镇综合物流园、赵家堡物流配送中心等一批物流项目，提升物流现代化水平。与此同时，积极发展现代金融、中高端房地产业、现代商贸服务业、健康养老服务业和中介服务业，构建现代服务业产业体系。

三要优化提升现代农业。充分发挥我县现代农业的独特优势，坚持用工业理念发展农业，推动农业“接二连三”。加快国家现代农业示范区、漳浦台湾农民创业园、漳浦农民创业园平台建设，大力发展无公害农产品、绿色食品和有机食品，打造漳浦特色生态农业品牌，提高农产品效益。深入推进适度规模经营，发展壮大家庭农场、专业合作社，做大做强农业龙头企业，构建新型农业经营体系。

（二）突出统筹城乡发展，努力建设宜居漳浦

科学谋划县、镇、村协调发展的新格局，推动城乡一体化发展，提高城乡居民生活品质。

一要高品质建设中心县城。按照建设漳州次中心城市发展定位，加快实施“面海东进、跨溪南扩、依山北拓”城市发展战略，重点推进鹿溪江滨两岸、火车站场、九曲岭三大板块和万安、大南坂、旧镇三个组团的开发建设，提高中心城区综合服务能力和辐射带动能力。贯彻“海绵城市”建设理念，继续实施城市道路管网、绿化美化、夜景提升等工程，加快建设完善九曲岭公园、道周公园等城市公园，不断提升城市管理水平，着力创建国家级园林城市和国家级卫生县城。

二要加快推进小城镇和宜居农村建设。加快新型城镇化建设，培育发展一批中心镇和特色镇，重点启动实施绥安镇低碳社区城镇化建设示范项目，着力打造功能齐备、生活便利、宜居宜业的新型城镇化样板。持续开展宜居环境建设行动，加快实施房屋立面改造、河道清理、管线整理、垃圾归类、污水处理等项目，推进全县宜居乡村建设全覆盖，打造一批“美丽乡村”“富美乡村”。

三要完善城乡交通基础设施。加快构建“城乡一体、枢纽集成、覆盖全县”的综合交通运输枢纽，重点加快建设港城大道、国道县城过境段改造、沈海高速杨美互通口，以及漳江湾、佛昙湾、旧镇湾三座跨海大桥等一批重大交通基础设施项目，逐步完善路网布局；加快建设漳浦汽车中心站、公交首末站，完善农村客运场站配套建设，基本实现行政村村村通班车。

（三）突出深化改革开放，努力建设活力漳浦

着力破除影响科学发展的机制体制，增强发展的内生动力，不断开创发展新局面。

一要以更大的力度深化改革。持续深化九大重点领域改革，力争取得重大突破，形成在全市、全省乃至全国具有借鉴意义的漳浦经验。继续加快转变政府职能，深化行政审批制度改革，持续推进简政放权。加快农村综合配套改革，稳妥推进农村土地制度改革，激发农村发展活力。大力推动金融创新，畅通融资渠道，吸引社会资本参与公益性、基础性项目建设，提升金融服务保障能力。

二要以更大的力度扩大开放。以漳州被国家列为开展构建开放型经济新体制综合试点试验城市为契机，实施更加积极主动的开放战略，加快形成全方位、多层次、宽领域的大开放新格局。发挥我县对台合作前沿优势，持续深化浦台农业、文化、教育、科技、社会等领域交流合作。积极主动融入厦漳泉同城化发展布局、国家“一带一路”战略部署，深化与周边地区多领域合作，推动重大产业项目对接。

（四）突出构建生态文明，努力建设美丽漳浦

坚持一手抓经济、一手抓生态，深入实施生态建设“七个五”行动计划，积极创建国家级生态县，率先建成生态文明先行示范区。

一要加快发展绿色经济。完善建设用地投资强度控制标准和评价体系，鼓励集约节约用地；严格控制高污染、高能耗、高排放产业发展，培育发展新能源、新材料、节能环保等绿色新兴产业，推动石油化工、皮革制造等主导产业向高端、绿色方向发展；

积极倡导绿色消费,形成节约、绿色、低碳的生活方式和消费模式。

二要强化环境综合治理。以解决危害群众健康和影响可持续发展的突出问题为重点,着力抓好工业污染、养殖污染、农村面源污染防治,加强重点行业和重点区域清洁生产与污染治理,推进我县六大水系流域治理;持续开展农村环境综合整治,全面实施城乡一体化的垃圾处理模式,推进城市片林、乡村公园绿地等项目,建设绿色城镇、绿色村庄,改善人居生活环境。

三要加强保护修复生态。坚决落实生态红线,严格按照重点开发、限制开发、禁止开发的区域定位进行开发保护;加强山体植被和景观保护,加大对"两违""青山挂白"、毁林占地、滥伐生态林、矿山违规开采、河道非法采砂等整治力度,切实保护好生态环境。

(五)突出改善民生福祉,努力建设幸福漳浦

全力加快民生项目建设,下大力气解决好脱贫攻坚、教育医疗、道路交通、住房保障等关系群众切身利益的热点难点问题,努力让群众有更多获得感。

一要坚决打赢脱贫攻坚战。始终把脱贫攻坚作为最大的政治任务、最大的民生工程来抓好抓实,确保2017年全县贫困人口全部稳定脱贫。根据致贫原因和帮扶需求,实行一村一策、一户一法,通过发展特色产业、转移就业、开展教育培训、医疗救助、社保政策兜底等措施,做到扶真贫、真扶贫、真脱贫;加大扶贫资金投入,继续实施造福工程,改善困难群众生产生活条件。

二要统筹推进各项社会事业。坚持教育优先发展,积极创建全国"义务教育基本均衡县",推进漳浦一中、达志、道周等学校创建省一级达标校;建成一批公办幼儿园,满足"全面两孩"后的幼儿教育需求;大力发展职业教育和成人教育,扩大技能型人才培养规模。加强卫生服务体系建设,继续完善县医院、中医院、妇幼保健院和乡镇卫生院、村级卫生所(室)的软硬件配套,加快推进康宁、联创2家民办医院建设,促进基本公共卫生服务逐步均等化。健全完善公共文化服务体系,加快建设县文体中心、人民剧场、海峡两岸(漳浦)畲族文化产业园等重点文化项目。完善就业创业服务体系,健全多层次的养老保险体系,稳步提高保障水平。实现农村自来水"村村通",全面解决农村饮水安全问题。加强保障性安居工程建设,优化公租房、廉租房和经济适用房比例,加快推进棚户区、城中村和农村危房改造。

三要加强和创新社会治理。严格落实社会治安综合治理责任制,深入推进"平安漳浦"建设,完善立体化社会治安防控体系建设,严密防范和依法打击各类违法犯罪活动,加强毒品等突出问题专项治理,提升人民群众安全感。建立社会群体利益诉求代言机制,健全信访部门诉求反应联动机制,妥善处理人民群众利益诉求。建立健全食品药品安全监管网络与溯源体系,提升食品药品监管能力和水平。严格落实"一岗双责、党政同责",全面加强安全生产和道路交通安全工作措施,坚决遏制重特大事故发生。建立健全突发事件应急管理机制,提高应对自然灾害、事故灾难、公共卫生、社会安全等应急处置与保障能力。

·坚决落实全面从严治党要求·

履行新使命,实现新目标,必须充分发挥党在经济社会发展中的领导核心作用。全县各级党组织要坚持把抓好党建作为最大的政绩,坚决落实全面从严治党主体责任,切实加强党的思想建设、组织建设、作风建设、反腐倡廉建设和制度建设,不断提升党建科学化水平,为漳浦新一轮跨越发展提供坚强组织保障。

(一)加强思想建党,以先进的理念引领漳浦新一轮跨越发展

大力推进学习型党组织建设,完善党委(党组)理论中心组学习制度,用马克思主义中国化最新成果武装头脑、指导实践、推动工作。深入开展"两学一做"学习教育,引导全县广大党员干部坚定理想信念,提高党性觉悟,严明政治纪律和政治规矩,增强政治意识、大局意识、核心意识、看齐意识。牢牢掌握意识形态工作的领导权、主动权，培育和践行社会主义核心价值观，传播漳浦好声音，讲述漳浦好故事，引导广大干部群众把思想和行动统一到县委的决策部署上来。

（二）严格选人用人，以一流的队伍推动漳浦新一轮跨越发展

严格执行《党政领导干部选拔任用工作条例》，坚持“20字”好干部标准和“德才兼备、以德为先”的用人导向，注重把政治坚定、群众公认，在基层一线、重点区域、重点工作中实绩突出的干部选拔到领导岗位上来。建立健全干部选拔任用工作全程纪实制度，全面推行实名制推荐，严把廉政审核关，落实干部选拔任用责任追究制度，提高选人用人透明度。深化干部人事制度改革，认真贯彻执行中央关于《推进领导干部能上能下若干规定》，切实让那些想干事、肯干事、干成事的干部有用武之地。大力培养和选拔优秀年轻干部，重视培养和选拔妇女干部、少数民族干部和党外干部，充分调动广大干部干事创业热情。

（三）夯实基层基础，以坚强的堡垒保障漳浦新一轮跨越发展

大力推广南浦乡后坑村“项目党小组”、官浔镇溪坂村“1+2”共建模式、绥安镇城西社区“135”工作机制等农村党建创新典型，结合“美丽乡村”建设打造可学、可看、可信的农村党建“精品示范线路”。继续做强台企党建“天福模式”，加快推进漳浦台湾农民创业园非公企业党建e网管理试点工作，加大“两新”组织党建工作力度，构建“大党建”工作格局，不断扩大党的组织覆盖和工作覆盖。继续开展农村“三资”清理，整顿转化软弱涣散村级党组织，扶持和壮大薄弱村集体经济，完善村干部管理机制、村级组织运转保障机制、党组织领导的村级民主自治机制。加强和改进党员发展、教育和管理工作，切实优化结构、提升质量。落实党员干部直接联系服务群众制度，扎实开展党代表、党员进社区活动，打通服务群众“最后一公里”，不断增强党在基层的凝聚力、影响力、战斗力。

（四）加强整风肃纪，以务实的作风推进漳浦新一轮跨越发展

巩固和拓展党的群众路线教育实践活动和“三严三实”专题教育成果，持续加强对违反中央八项规定精神行为的监督执纪问责，坚决防止“四风”问题反弹回潮。加强机关效能建设明察暗访，大力整治“为官不为”“走读”“庸懒散”“中梗阻”等突出问题，打造一支勤政廉政、充满活力的干部队伍。认真贯彻落实厉行节约、反对浪费的规定，进一步完善公务接待、公车使用、办公用房、职务消费等制度，推进作风建设制度化、常态化、长效化。

（五）落实“两个责任”，以清廉的风气促进漳浦新一轮跨越发展

严格落实党风廉政建设党委主体责任和纪委监督责任，进一步完善“两个责任”清单和考核问责办法。认真把握和运用监督执纪“四种形态”，健全苗头性问题排查提醒制度，立足抓早抓小、层层设防，切实做到惩前毖后、治病救人。始终保持惩治腐败的高压态势，严肃整治和查处发生在群众身边的不正之风和腐败问题，切实推动全面从严治党向基层延伸。强化廉政风险防控，加强对土地出让、工程建设、资金分配、选人用人、行政执法和司法等关键领域的监督管理，完善党务、政务和各领域的办事公开制度，健全并严格执行党内监督制度，逐步构建“不敢腐、不能腐、不想腐”的有效机制。

实现漳浦新一轮的跨越发展，必须大力推进社会主义民主政治建设。要坚持党的领导、人民当家做主、依法治县有机统一，支持人大及其常委会依法履行职责，提升监督实效；支持政府依法行政，不断增强政府公信力和执行力；支持政协切实履行职能，提高参政议政实效。加强民族、宗教、对台、侨务等工作；支持工会、共青团、妇联等人民团体依照法律和各自章程开展工作；加强法治建设，确保司法公正；坚持党管武装，认真做好双拥共建工作，巩固发展军政军民团结的良好局面。

各位代表、同志们，发展成就令人鼓舞，美好未来催人奋进。让我们更加紧密地团结在以习近平同志为总书记的党中央周围，在省委、市委的坚强领导下，进一步解放思想，开拓创新，真抓实干，奋力赶超，为加快建设生态宜居宜业宜游的滨海新城而努力奋斗！

漳浦县人大常委会工作报告

（节选）

——在漳浦县第十七届人民代表大会第一次会议上

漳浦县人大常委会主任　陈少华

各位代表：

现在，我代表漳浦县第十六届人民代表大会常务委员会，向大会报告五年来的主要工作，请予审议，并请列席会议的同志提出宝贵意见。

· 过去五年的工作回顾 ·

过去的五年，是我县经济社会和民生事业取得重大发展的五年，也是我县民主法治建设和人民代表大会制度建设取得重大进展的五年。五年来，县十六届人大常委会在中共漳浦县委的坚强领导下，高举中国特色社会主义伟大旗帜，以邓小平理论、“三个代表”重要思想、科学发展观为指导，坚持党的领导、人民当家做主、依法治国有机统一，深入学习贯彻党的十八大和十八届三中、四中、五中、六中全会精神，全面贯彻落实习近平总书记系列重要讲话和对福建工作的重要指示精神，紧紧围绕全县工作大局，充分发挥国家权力机关作用，全面完成了县十六届人大常委会的各项工作任务，为推动我县经济、政治、文化、社会和生态文明建设作出了应有贡献。

一、服务大局成效凸显

服务大局是社会主义法治的重要使命。五年来，县人大常委会把围绕中心、促进发展作为重要职责，主动服从服务全县经济建设中心，有力地推动了全县经济社会健康可持续发展。

（一）充分发挥职能作用。根据县委的决策部署和县政府的重点工作，依法行使重大事项决定权，作出决定、决议 8 项，促进我县深入实施项目带动战略，进一步用好用活上级各项优惠政策，强化投资运作，加快形成抓项目、谋发展、促转型的热潮，为县委“四大重点区域、八项重点工作”战略部署深入实施发挥积极作用。

（二）全力支持发展大局。开展重点项目建设进展情况调研，对古雷整岛搬迁工作进行视察，凝聚调动各方面的智慧和力量，推动市委、市政府，县委、县政府决策部署贯彻落实；常委会领导挂钩联系乡镇和重点项目，经常深入乡镇和项目建设现场检查指导，促使项目建设扎实推进和挂钩乡镇各项经济指标顺利完成；先后对全县工业园区产业布局、工业发展和招商引资进行专题调研，提出合理化建议，为县委决策服务。

（三）推动全面深化改革。把全面深化改革要求贯穿于人大工作全过程，牵头民主法制领域改革专项工作，推动相关改革工作有序开展；开展行政服务中心工作调研，推动县政府加快行政审批制度改革，持续推进简政放权，激发市场活力和社会创造力；支持县法院、县检察院人事制度改革，推动县法院、县检察院逐步建立与当前社会条件相适应的法治新秩序，更好回应广大人民群众需求。

(四)及时依法选举任命。坚持党管干部、人大依法选举和任免干部的原则，及时依法补选出县政府县长、县人大常委会组成人员和县法院院长、县检察院检察长。五年来还任免国家机关工作人员232人次；任免县人大各工作委员会委员75人次；任免县法院人民陪审员70人次。从而为地方国家机关更好地履行职能提供有力的组织保障。选举、决定任命或任命之后随即举行宪法宣誓仪式，增强国家工作人员的责任感、公仆意识和法治观念。

二、监督工作实效增强

监督“一府两院”工作是人大的法定职责。五年来，县人大常委会共听取和审议专项工作报告92项，先后对11部法律法规实施情况进行检查，开展专题询问、调研、视察和跟踪督查等活动86次。

(一)推动科学发展。一是推动加快转变经济发展方式。每年都听取和审议县政府上半年工作报告，先后听取和审议“十二五”规划纲要实施情况的中期评估、“十三五”规划编制情况的报告，开展台资企业发展工作调研，2016年，听取和审议县政府关于城乡总体规划(2015－2030)的报告、开展科技进步“一法一例”执法检查，着力推动县政府及其职能部门培育发展新动力，优化劳动力、资本、土地、技术、管理等要素配置，激发创新创业活力，不断提高经济发展的质量和效益。二是促进计划预算有效执行。每年都听取和审议计划执行情况、预算执行和决算情况以及审计工作报告，突出对落实国家重大方针政策情况的审查，突出对预算收支平衡、法定支出、重点支出等方面的审查，突出对资金使用效益的监督，推动县政府及其职能部门促进城乡区域协调发展，促进经济社会协调发展；每年都依法批准县本级决算和古雷港经济开发区、绥安工业区年度预算，并根据县政府、古雷港经济开发区和绥安工业区的预算调整报告作出决定、提出具体要求。三是推动“三农”工作稳步发展。听取和审议现代渔业发展专项工作报告，组织对动物防疫法实施情况的检查，对花卉产业、经济林、农业龙头企业发展情况进行视察，开展农机推广与服务、水库除险加固、农产品加工企业生产、供销社服务“三农”、农村信用社支持“三农”等进行专题调研，针对“三农”工作中的重点、难点问题，督促县政府有关部门加大“三农”工作力度，坚持走产出高效、产品安全、资源节约、环境友好的农业现代化道路，有力地促进全县农业增效、农民增收、农村发展。四是推动生态建设和环境改善。听取和审议县政府关于全县水资源环境保护和生态县建设专项工作报告，开展水污染防治法执法检查，对乡镇污水处理设施建设情况和水源地周边环境综合整治情况进行视察，对特色食品工业园区工作、万安生态园工作进展情况进行调研，推动县政府及其职能部门加快建设资源节约型、环境友好型社会，坚定走生产发展、生活富裕、生态良好的文明发展道路。

(二)着力保障民生。一是高度重视社会保障工作。认真贯彻落实省人大常委会《关于加强社会保障工作监督的决定》，每年听取和审议县政府关于社会保障工作情况的报告，提出审议意见，推动县政府不断扩大社会保障覆盖面，逐步建立健全社会保障体系。二是高度重视公共安全和服务。听取和审议县政府关于自来水普及和饮用水安全保障专项工作报告，推动县政府及其职能部门扎实推进自来水普及和饮用水安全保障工作；开展食品安全、住宅小区治安与物业管理工作调研，推动县政府进一步落实食品安全监管责任，更加重视住宅小区服务工作。三是着力推进医疗卫生事业健康发展。听取和审议县政府关于县级公立医院综合改革、民办医院机构规范管理、新型农村合作医疗、城镇职工基本医疗保险、机关事业单位社保、城乡低保等专项工作报告，推动县政府深化医药卫生体制改革，深入实施全民参保计划，加大职工基础养老金统筹力度，逐步建立覆盖城乡的基本医疗卫生制度和现代医院管理制度。四是促进社会全面进步。听取和审议县政府关于农村公路与安保工程建设专项工作报告以及城镇化建设示范项目规划、设立“漳浦慈善日”等议案，组织妇女权益保障法、人口与计生“一法一例”执法检查，开展国有农场垦区危房改造、畲族文化建设、移民后期扶持项目建设情况和归侨侨眷权益保护法执法以及促进革命老区发展条例落实情况调研，对保障性住房、农村文化体育和市政道路建设情况进行视察，推动县政府及其职能部门更加重视弱势和特殊群体，加大对革命老区、少数民族地区的转移支付，促进社会全面进步。

(三)推动公平正义。一是推动司法公正。每年都听取和审议县法院、县检察院上半年工作报告，五年来还听取和审议县政府关于“六五”普法、社区矫正专项工作报告，县法院关于落实人民陪审员制度情况专项工作报告，县检察院关于反贪污贿赂情况专项工作报告，组织对公安机关规范化建设情况进行视察，开展刑法执法检查，指出司法机关工作中的薄弱环节，要求司法机关深入开展法制宣传教育，优化职权配置，夯实基层基础工作，强化队伍建设，规范司法行为，推动司法机关严格公正文明执法，维护社会稳定和长治久安。二是推动教育公平。听取和审议县政府关于学前教育专项工作报告，引起县政府对公办幼儿园建设的高度重视，对于缓解“入公办园难”和“就近入学难”问题起着重要促进作用。五年来还开展校安工程建设进展和职业教育发展情况视察、义务教育均衡发展工作调研，推动县政府及其职能部门合理配置教育资源，推动义务教育均衡发展。三是关注社会热点难点。把信访工作作为监督工作的重要组成部分，主动参加信访联席会议，协助做好重大活动期间信访工作，认真听取信访群众合理诉求。五年来共受理群众来信 655 件次、接待来访群众 648 批 1038 人次，坚持法治导向，完善和改进信访工作机制，推动涉法涉诉等问题的解决，依法维护信访群众合法权益。

(四)增强监督实效。一是突出监督重点。紧紧围绕县委的工作中心、“一府两院” 的工作重点、改革发展的难点以及广大群众普遍关注的热点，在充分调研的基础上，抓住那些带有普遍性和倾向性、经过努力可以解决的突出问题，作为监督工作重点，增强了监督工作的针对性。二是拓展监督领域。监督领域从“一府两院”向垂直管理部门拓展。2016年，听取和审议县公安消防大队关于开展“人民满意消防大队”复评工作的报告，授予县公安消防大队为 2014－2016 年度“人民满意消防大队”，促进县公安消防大队狠抓整改突出的问题，健全和完善一系列便民利民服务机制。几年来，通过开展税收征管法执法检查、开展税源及税收征管、农村金融信贷支持“三农”工作、地税和国税工作等专题调研，提出合理化建议，着力解决影响投资环境的突出问题，从而更好地发挥垂直管理部门职能作用，有利于形成服务发展的合力。三是改进监督方式。出台《漳浦县人大常委会关于开展满意度测评工作暂行办法》《漳浦县“人民满意单位”评议工作暂行办法》，有力地促进受评议单位工作作风的好转和工作效率的提高。四是强化跟踪督办。在常委会组成人员“审议意见”交办后，适时组织跟踪督办，督促报告机关采取有力措施，改进相关工作，促使“审议意见”能够得到很好研究处理；每年开展“专项工作报告”、执法检查工作整改“回头看”，推动县政府及其有关部门进一步落实责任，促使社会普遍关注的热点难点问题不断得到解决，受到广大群众的普遍欢迎，提升了政府公信力。

三、代表工作稳步提升

代表工作是人大工作的基础和依托。五年来，县人大常委会坚持尊重代表主体地位，主动搭建和创新代表活动平台，依法保障代表履职，充分发挥代表作用，推动代表工作上新水平。

(一)夯实工作基础。换届之后及时将全县 289 名县人大代表和 1629 名各级人大代表进行编组，为代表参加活动创造条件。于 2012 年和 2014 年举办两期代表履职培训班，不断提高代表的综合素质、工作水平和依法履职能力，更好地履行宪法和法律赋予代表的权利和义务。根据省委、市委和省人大常委会、市人大常委会的部署，坚持党的领导，坚持发扬民主，坚持严格依法办事，扎实有序推进县乡人大代表换届选举工作，于今年 12 月 4 日依法选出县人大代表 290 名，乡人大代表 1322 名。

(二)创新履职平台。继续开展“6•28 代表统一活动日”活动，2012 年至 2016 年活动主题分别为：“创建乡镇人大代表工作室”“争当人民满意的代表”“密切联系群众、提高履职水平”“营造亲商重商氛围，助力工业经济发展”“营造风清气正换届环境”，引导代表围绕主题开展活动，有效调动代表活动积极性。创建乡镇人大代表工作室，推进代表履职常态化、长效化。邀请代表参加调研、视察、执法检查和跟踪督查活动，五年来有近600人次参加县人大常委会组织的各种活动，有效发挥代表的主体作用。

（三）提升办理质量。加强对代表的指导，引导代表围绕全局性、普遍性问题提出建议，增强建议的针对性。健全和完善代表建议办理工作的督办制度，每年听取和审议县政府关于代表建议办理情况的报告，推动办理工作从“答复型”向“落实型”转变。通过开展代表建议办理情况视察、检查和“回头看”活动，及时协调解决代表建议办理过程中出现的问题，把代表多次提出、社会普遍关注的建议作为重点督办，促使代表建议办理质量进一步提升，得到代表的普遍认可。

（四）强化服务保障。每月向代表寄送有关文件和材料，努力保障代表知情知政权。加强代表活动的组织服务保障工作，认真落实代表履职补贴和代表活动经费的相关要求，确保县人大代表活动经费逐年增加、乡镇人大代表活动经费逐步列入本级财政预算，从而为县、乡人大代表活动提供有效保障。

四、自身建设不断加强

自身建设是履行法定职责的前提。五年来，县人大常委会始终把加强自身建设摆在突出位置，努力提升运用法治思维、法治方式开展工作和解决问题的能力，着力夯实依法履职基础。

（一）理想信念更加坚定。坚持把思想政治建设放在首位，深入开展党的群众路线教育实践活动、“三严三实”专题教育活动和“两学一做”学习教育，牢固树立政治意识、大局意识、核心意识和看齐意识；扎实开展“四下基层”活动，认真听取群众的呼声、愿望和要求，更好地维护广大群众的利益；加强制度建设，促进人大机关管理制度化、科学化、规范化。

（二）理论研讨更加深入。每年主动参加省人大组织的课题研讨，扎实推进人民代表大会制度理论和实践创新。五年来共提交课题研讨论文72篇，有12篇论文获奖，获奖论文总数和等次居全市各县（市、区）第一位。

（三）宣传工作更加扎实。围绕常委会履职亮点，认真组织策划，加强对常委会服务大局、重要活动、工作动态、监督实效的宣传，积极向《人民政坛》、《漳州人大》等杂志和省市人大网站投稿，人大宣传信息荣获全市各县（市、区）“五连冠”。

（四）联系交流更加广泛。主动加强与省、市人大常委会的工作联系，自觉接受省、市人大常委会的指导和监督；加强与兄弟单位的横向交流，学习借鉴工作经验；加强对乡镇人大及其主席团的工作指导，不断提升县乡人大工作水平。

各位代表，本届县人大常委会工作取得的成绩，是在县委正确领导下，全体县人大代表、常委会组成人员和县人大机关工作人员辛勤工作的结果，是县政府、县法院、县检察院密切配合的结果，是乡镇人大、社会各界和县人大常委会历届老领导、老同志大力支持的结果。在此，我代表县十六届人大常委会向大家表示崇高的敬意和衷心的感谢！

政府工作报告

（节选）

——在漳浦县第十七届人民代表大会第一次会议上

漳浦县人民政府代县长　黄庆华

各位代表：

现在，我代表漳浦县人民政府，向大会报告政府工作，请予审议，并请政协委员和其他列席人员提出意见。

·一、过去五年工作回顾·

过去五年，我们在市委、市政府和县委坚强领导下，在县人大、县政协监督支持下，团结带领全县人民，积极应对经济下行压力，围绕“一城四区”[①]发展布局，深入开展“五大战役”[②]“八场攻坚战”[③]“六项重点建设”[④] 等活动，较好完成各项目标任务。预计2016年完成地区生产总值285.90亿元，年均增长12.60%；固定资产投资253亿元，年均增长34.20%；公共财政总收入19.80亿元，年均增长9.80%；地方公共财政收入13.60亿元，年均增长9.20%；社会消费品零售总额102.4亿元，年均增长13%；外贸出口5.30亿美元，年均增长3.30%，实现了经济快速发展和社会全面进步。

过去五年，是我县经济实力显著增强的五年。我们坚持一手抓古雷征迁，一手抓全局发展，着力三产融合，做大经济总量，被评为“全省县域经济发展十佳县”、“全国最具竞争力百强县”。

古雷征迁战役全面胜利。举全县之力服务古雷开发，抽调10批1200多名干部，参与古雷搬迁、征地、收海、管控等一系列战役，征收房屋262.30万平方米、征地2.10万亩、收海11.20万亩，完成13个行政村、10879户、近4万名群众的整岛搬迁，实现了古雷全镇外移、异地集中安置，创造了全省空前、全国罕见的奇迹和壮举。五年来我县始终担负主体责任，倾注大量心力，展现了主人翁、主力军、主心骨的作用，为古雷石化基地崛起、推动漳州跨越发展作出了历史性重大贡献。

工业经济短板逐步补齐。突出园区平台支撑，整合绥安、黄仓、旧镇、大南坂、赤湖5个工业园，开发面积增加到26.30平方公里。规划建设万安工业园、前亭工业园、赤湖皮革园、长桥林业循环经济产业园等一批特色园区，累计投入35亿元、征地2.60万亩。完成各类土地报批3.30万亩、土地整理2.40万亩，清理闲置土地6000亩。建成盈丰食品工业园、伟伊化纤、敏捷动漫、致易电子等一批重大项目，逐步形成食品加工、机械制造、纺织服装等产业集群。预计2016年完成规模工业总产值382亿元，年均增长15.70%；规模工业企业229家，其中产值超亿元96家、税收超千万元10家。

现代农业优势不断凸显。实施点、线、面工程，以国道两翼示范带动全县农业转型增效，在全省率先建成漳浦农民创业园，成为国家现代农业示范区。花卉苗木、蔬菜、水产、水果、食用菌等特色产业实现规模化、标准化生产。农村土地承包经营权确权登记颁证试点工作基本完成。建成绿色、有机、无公害农产品基地27万亩，发展设施农业28万亩，培育市级以上农业龙头企业35家、专业合作社21家。新增中国驰名商标2个、国家地理标志证明商标19个、著名商标31个。建成农业硅谷、海峡花卉集散中心等一批农业配套项目。投入14.50亿元，建设各类渔港13个，完成冬春修水利和水库除险加固工程276个。荣获“全国粮食生产先进县”。

现代服务业快速成长。打响“五行文化游”、“厦一站，漳浦”旅游品牌，创建六鳌翡翠湾、天福石雕园2个国家4A级景区，成为全省4A级景区最多的县份；建成游客集散服务中心、金仕顿大酒店等一批旅游配套项目，荣获“福建省优秀旅游县”。建成四通物流园，开工建设大南坂品牌汽车4S园、香江物流园。建成电商创业园、县级物流仓储中心和50个村级服务站点，成为“国家电子商务进农村综合示范县”。新增中信、兴业、光大等12家金融机构，全县存款余额突破330亿元、贷款余额达到220亿元。

过去五年，是我县城乡面貌日新月异的五年。我们坚持以城带乡、城乡共荣，推进城乡一体化，南太武滨海新区开发建设有声有色，全县城镇化率达49%，被评为“国家生态县”和“全省宜居环境建设示范县”、“省级园林县城”。

城市建设扩容提质。实施“面海东进、跨溪南扩、依山北拓”发展战略，旧镇、大南坂、万安“三个组团”同步扩张，火车站场、鹿溪两岸、九曲岭“三大板块”各具雏形，县城建成区拓展到22平方公里，扩大近一倍。五年累计投入城市建设资金371亿元，是上一个五年的2倍。大手笔、高标准建成迎宾大道、万安大道、通站大道三条进出县城大通道，与改造升级后的国道漳浦段共同构成东西南北、四通八达的城市交通框架。县城区主次干道全部实现白改黑、上改下，彻底解决了“蜘蛛网”“雨必涝”等市政顽疾。完成10个片区旧城改造，征收房屋63万平方米，建成永嘉、新都、长德等富有现代都市气息的城市综合体。实施鹿溪等重点流域水环境综合治理，完成绥东溪、南门溪景观改造，新建鹿溪、道周、石斋等9个城市公园和金浦大道路口、龙湖大道南侧等27个街头绿地，县城主要路段和公共场所实现树绿花红、亮化美化。

美丽乡村效应彰显。实施镇区净化、亮化、美化工程，建成22个农民文化公园。佛昙、深土、赤土等一批小城镇综合体建设加快。开展“两违”综合整治，累计拆违210.6万平方米，腾出土地4100亩，镇村面貌大为改观，创建国家生态镇18个。投入5亿元，开展美丽乡村创建活动和农村生活垃圾治理三年提升行动，完成村庄人居环境整治86个、创建美丽乡村67个，农村更加整洁有序。旧镇镇石牛尾和湖西乡赵家城、城内3个村入选中国传统村落名录。佛昙镇轧内村被评为省级历史文化名村和全省最美乡村，南浦乡后坑村成为全国休闲农业与乡村旅游示范点。

基础设施日臻完善。投入80亿元，基本建成沿海大通道漳浦段、红色旅游道路、六鳌疏港公路，建成农村水泥路600公里，实施农村公路安保工程250公里，改造危桥30座，全县城乡道路实现安全畅通。投入7.90亿元，扩建110千伏以上变电站8座，改建10千伏以上线路1246公里。完成澎水水库至县城引水工程和自来水厂扩建工程，县城居民全部喝上优质水；实施农村安全饮用水工程，60万农村百姓用上自来水。建成生活垃圾焚烧发电厂、36座乡镇垃圾中转站和县城污水处理厂、45个农村污水处理点，形成“村收集、镇转运、县处理”的垃圾处理系统。

过去五年，是我县民生事业投入最多的五年。我们坚持把增进民生福祉作为施政主攻方向，财政用于民生支出累计达153.50亿元，占财政总支出的83.30%，年均增长12.10%。

社会事业全面丰收。投入6亿元，建成校安工程206个、总面积35.80万平方米，全县中小学校基本建成塑胶跑道、全部用上冲水式厕所，是我县教育史上办学条件改善最显著的五年，通过省级“双高普九”(5)、“两项督导”(6)和全国“义务教育发展基本均衡县”验收。成立丰盛食品院士专家工作站，荣获“国家科技进步先进县”。芗剧《黄道周》《七品芝麻官》获得全省汇演金奖，再次跻身全国文化先进县行列。承办第十五届省运会羽毛球和桥牌比赛，沙西镇李庭申为我县勇夺首枚残奥会银牌。投入7亿元，高标准扩建了县医院，建成新的中医院和妇幼保健院，改扩建11个乡镇中心卫生院，全县新增业务用房14.10万平方米、床位1000张，医疗服务条件跃居全省县级最高水平，被评为“全国基层中医药工作先进县”“全国计生优质服务先进县”。

社会保障较快提高。新增城镇就业3.30万人、农村劳动力转移就业5万人，城、乡居民人均可支配收入分别年均增长11%和11.40%。城乡居民合作医疗参合率达到100%，补偿比例居全省前列。新建续建保障性住房3917套、99.20万平方米，建成20所乡镇敬老院和34所农村幸福园。实施精准扶贫“七大攻坚工程”(7)，完成167户贫困无房户安居工程、825户造福工程搬迁任务，稳定脱贫7500人，占总贫困人口的64%。被确定为“原中央苏区县”。

社会大局和谐稳定。落实安全生产责任制，推进企业安全标准化建设。深入开展道路交通安全三年综合整治，遏制重特大事故发生。禁毒工作扎实有效。食品药品安全监管持续加强，通过“全省食品安全社会共治示范县”验收。全面推广社区网格化管理，加强社会矛盾纠纷化解，解决信访积案214件，社会安定稳定。被评为“省级平安先行县”和“全国普法先进县”。

五年来，我们不断加强政府自身建设，有序推进政府机构改革，深化行政审批制度改革。严格执行中央八项规定精神，深入开展群众路线、“三严三实”(8)和“两学一做”(9)学习教育活动。全面推进依法行政，自觉接受人大依法监督和政协民主监督，执行重大事项报告和人大、政协班子成员列席政府常务会议制度。五年来共办理人大代表意见建议288件、政协委员提案401件，办结率100%。同时，人事编制、审计统计、侨务对台、支前双拥、广电网络、民宗物价、档案县志、老干老龄、老区老促、工会共青团、妇女儿童、文学艺术、防震减灾等各项事业都取得新进步。

以上成绩的取得，是县委统揽全局、坚强领导的结果，是全体人大代表、政协委员和社会各界建言献策、监督支持的结果，是全县广大干部群众团结奋斗、共同打拼的结果。在此，我代表县人民政府，向全体人大代表、政协委员，向各人民团体和离退休老同志，向驻浦部队、武警官兵和政法干警，向所有参与支持漳浦建设与发展的社会各界人士、广大干部群众，表示崇高的敬意和衷心的感谢！

在肯定成绩的同时，我们清醒地看到，政府工作与人民期待还有一定差距，经济社会发展中还存在不少问题。主要表现在：一是工业短板依然突出；二是土地、资金、人才等要素制约比较明显；三是城乡环境卫生问题治理和“两违”管控尚未形成长效机制；四是亲商扶商氛围不浓，营商环境亟待优化，等等。对这些问题，我们一定高度重视，采取更加有力措施认真解决。

·二、今后五年目标任务·

今后五年，是我县加快建设富美金漳浦、全面建成小康社会的决胜阶段。根据县第十三次党代会战略部署，今后五年政府工作的总体思路是：全面贯彻党的十八大和习近平总书记系列重要讲话精神，围绕“五位一体”(10)总体布局和“四个全面”(11)战略布局，落实“五大发展”(12)理念，着眼新型工业化、城镇化、信息化、农业现代化和绿色化，着力供给侧结构性改革，全面推进古雷石化基地、县城中心区、厦门港南岸漳浦片区、现代农业示范区四大重点区域建设，擦亮“千年古县”，打造“食品名城”，唱响“浪漫之都”，勇当排头兵，再创新辉煌，加快建设生态宜居宜业宜游的滨海新城，率先全面建成小康社会，奋力推动富美金漳浦再上新台阶。主要预期目标是：力争到2021年，地区生产总值年均增长11%以上；固定资产投资年均增长21%以上；公共财政总收入和地方公共财政收入均年均增长10%以上；城镇居民人均可支配收入年均增长不低于9.2%，农村居民人均可支配收入年均增长不低于9.7%。实现上述目标，我们必须找准发展定位，明确目标方向，发挥自身优势，落实创新举措：

(一)加快转型升级，实现经济发展大跨越。紧扣发展第一要务，推进产业转型升级，培育经济增长新动力。

坚持工业强县。实施工业发展跨越行动计划。加快园区开发建设，到2021年，建成绥安、万安、赤湖、前亭、长桥等一批标准化工业园区，力争新增工业用地5万亩、园区建成区突破60平方公里，规模工业产值突破800亿元、工业税收超25亿元。实施“百亿产业”发展计划。重点培育食品加工、皮革化工、装备制造、家居木业、电子商务、新能源等产业集群，力争产值超百亿元产业4个以上，其中食品加工产业产值超300亿元，将我县打造成“中国食品名城”。实施“亿元企业”培育计划。加大科技创新力度，力争产值超百亿元企业1－2家、超50亿元企业3－5家。

坚持农业稳县。大力发展水产、水果、蔬菜、食用菌、花卉苗木等主导产业，高标准打造石榴现代农业产业观光园、官浔万亩花卉苗木产业园、赤湖深土蔬菜产业示范带、沿海水产养殖示范基地。加快发展休闲、智慧农业，加强农产品品牌创意设计，融入文化特色和养生元素，扩大佛县河豚、六鳌紫菜、石榴填鸭等“一乡一品”的知名度和吸引力，创建一批国家级、省级休闲农业示范村、示范镇。计划投入30亿元，实施大水网规划建设，建成朝阳水库和前亭东部水厂、万安中部水厂，从根本上解决全县生产生活用水需求，实现农村自来水普及率100%。

坚持服务业兴县。唱响“唐郡漳浦•浪漫之都”，打造国际滨海旅游目的地。推进六鳌龙美湾、赤湖七星海、前亭香山湾等一批大项目开发建设，争创1个5A级景区，新增2个4A级景区、2个省级乡村旅游休闲集镇、6个省级乡村旅游特色村，力争旅游增加值占GDP比重超过5%。推进“互联网＋”[13]行动，加快建设电商创业园，构筑以食品、花卉、光电、服装等产业为基础的农村电商和跨境电商产业体系，力争到2021年，全县电子商务年交易总额突破50亿元。建成大南坂品牌汽车4S产业园，力争20家品牌汽车经营商进驻园区，打造闽南地区最具竞争力的现代化汽车服务中心。

(二)强化城乡统筹，构筑滨海新城大格局。立足漳州次中心城市发展定位，东连厦门港，南接古雷港，打造生态宜居宜业宜游的滨海新城。

建设大城乡。以创建国家园林城市和国家卫生县城为动力，加快实施“面海东进、跨溪南扩、依山北拓”发展战略，推进“三大板块”和“三个组团”建设，努力成为领跑漳州、辐射闽南的经济文化金融信息新高地，力争县城建成区突破35平方公里。加快推进新型城镇化建设，深化杜浔小城市培育试点，建成一批产业特色鲜明、体制机制创新的特色小镇。因地制宜实施示范村整治、空心村改造和特色村建设，建成更多富美乡村。基本完成全县所有行政村人居环境整治，创建80个省级美丽乡村。

构建大交通。继续保持投资强度，计划投入100亿元，建成港城大道、沿海大通道及连接线、万安大道三期、县道提升改造工程等一批交通基础设施，加快推进古雷铁路支线、古武高速、沈海高速扩容等一批重大项目建设，增加万安、杨美、石榴3个高速互通口，建成汽车中心站、海岸新城客运码头、六鳌一级渔港等客货运交通枢纽，构建综合立体的大交通格局。大力改善农村公路网络，抓好2000人以上建制村道路单改双、县乡路网优化、干线公路改造、村道硬化和安保提升等五大工程，建立建、管、养长效机制，保障农村群众便捷平安出行。

营造大生态。加强水、大气、土壤污染防治，实施山、水、林、田、海生态保护和修复工程，加快完善流域、森林生态补偿机制，持续推进鹿溪、南溪、佛昙溪、赤湖溪、浯江溪、杜浔溪六大重点流域和佛昙湾、旧镇湾综合治理，巩固扩大“两违”整治成果，严厉打击非法采砂采矿、滥砍滥伐等破坏生态环境行为，治理水土流失10万亩。基本建成生态安全保障体系，创建全国生态文明先行示范区。

(三)立足共建共享，致力民生福祉大提升。坚持将政府主要财力用于改善民生，实施“幸福民生四大工程”，使发展成果更多更公平惠及千家万户。

实施教育强基工程。加大公办幼儿园建设力度，确保到2021年，学龄前儿童公办幼儿园入学率达50%。加快农村小规模学校调整改造，全面实施高中阶段免费教育，大力发展职业教育、成人教育和特殊教育。大力倡导社会办学，全面提高办学水平和教育质量。加强教师队伍建设，提高教师待遇水平，充实边远农村师资力量，确保城乡孩子均衡接受优质教育。

实施健康漳浦工程。深化公立医院综合改革，实施医疗、医保、医药联动，建立覆盖城乡的基本医疗卫生制度；推进分级诊疗工作，加大人才引进培养，提高医疗卫生服务水平。实现县医院“三级乙等医院”创建达标，鼓励创办民营医院，加快一批乡镇卫生院改造提升或迁址重建，健全村级卫生服务网络。力争到2021年病床数每千人4张、医生数每千人2.17人，全方位满足城乡群众就医需求。

实施文化提升工程。加快建设基层公共文化服务设施，重点建设闽台畲族博物馆，建成县文体中心、人民剧场、城市规划展示馆、档案馆和两帝师文化公园。重视传统文化保护传承，挖掘千年古县文化底蕴，加强文艺精品创作，打响开漳圣王、千年妈祖、畲乡风情、红色车本等漳浦特色文化品牌。到2021年，全县所有镇、村基本建成综合性公共文化场所。

实施保障惠民工程。建立与经济发展相适应的社会保障调整机制，实行城乡居民医保一体化政策，推行以公租房为主要方式的新型住房保障制度，形成更加公平可持续的社会保障体系。实现养老服务设施覆盖城乡，每千名老年人拥有养老床位20张以上。完善就业创业服务体系，确保到2021年新增城镇就业岗位4.50万个，农村劳动力转移就业6万人以上，城镇登记失业率控制在3.50%以内。

·《政府工作报告》有关注解·

(1)“一城四区”：一城就是要把县城建设成为海西生态宜居滨海新城，打造国家级园林城市和漳州南部商贸中心；四区就是要做大做强古雷石化产业区、南太武滨海新区、国道两翼花卉产业区和万安生态产业区。

(2)“五大战役”：重点项目建设战役、新增长区域发展战役、城市建设战役、小城镇改革发展战役、民生工程战役。

(3)“八场攻坚战”：古雷港区开发建设攻坚战、工业发展攻坚战、县城建设攻坚战、农业农村发展攻坚战、交通道路建设攻坚战、旅游建设攻坚战、民生工程攻坚战、措施保障攻坚战。

(4)“六项重点建设”：重点园区建设、重点项目建设、民生事业建设、生态文明建设、发展环境建设和党的建设。

(5)“双高普九”：高水平、高质量普及九年义务教育。

(6)“两项督导”：对县级人民政府教育工作督导评估和县党政主要领导干部抓教育工作督导考核。

(7)“七大攻坚工程”：特色产业发展工程、搬迁改造安居工程、教育培训扶智工程、医疗保险救助工程、社会保障兜底工程、基础设施建设工程、“双薄弱村”强基工程。

(8)“三严三实”：严以修身、严以用权、严以律己；谋事要实、创业要实、做人要实。

(9)“两学一做”：学习共产党党章党规和习近平总书记系列重要讲话精神，做合格党员。

(10)“五位一体”：经济建设、政治建设、文化建设、社会建设、生态文明建设。

(11)“四个全面”：全面建成小康社会、全面深化改革、全面依法治国、全面从严治党。

(12)“五大发展”：创新、协调、绿色、开放、共享。

(13)“互联网＋”：利用信息通信技术以及互联网平台，让互联网与传统行业进行深度融合，创造新的发展生态。

(14)“三比三看”：比征迁看交地、比投建看投资、比招商看项目。

(15)“一区两园”：国家现代农业示范区、漳浦台湾农民创业园、漳浦农民创业园。

(16)PPP：政府和社会资本合作，是公共基础设施中的一种项目融资模式。

(17)“三公”经费：政府部门人员因公出国(境)经费、公务车购置及运行费、公务招待费产生的消费。

政协第十三届漳浦县委员会常务委员会工作报告

（节选）

——在漳浦县政协十四届一次会议上

漳浦县政协主席　林培兴

各位委员、同志们：

我代表十三届县政协常委会向大会作报告，请予审议，并请列席会议的同志提出意见。

·过去五年工作回顾·

过去的五年，是我县经济社会发展最快、城乡面貌变化最大、人民群众受益最多的五年。五年来，县政协在中共漳浦县委的正确领导下，充分发挥人民政协的优势和作用，牢牢把握团结和民主两大主题，服务中心，认真履职，为协调推进"四个全面"①战略布局、贯彻落实"五大发展理念"②深入开展"三个建设年和一大攻坚战"③、加快推进漳浦科学发展跨越发展作出了积极贡献。

一、不断提高协商能力，切实提升履职水平

过去的五年，是县政协常委会"政治把握能力、调查研究能力、联系群众能力、合作共事能力"显著提高的五年。

1.政治协商更加规范。在县委的领导下，进一步完善了政治协商工作机制。五年来，共举行全委会议5次、常委会议18次、主席会议56次，开展了内容丰富、形式多样的协商活动。一是精心组织全体会议整体协商。在每次全体会议之前，都要组织委员围绕全县工作重点、难点，精心准备大会发言材料。先后有43位委员在大会上作口头发言和书面发言。由于发言质量较高，得到与会领导及同志的高度评价，许多发言意见建议被县委、县政府领导批示，转交有关部门办理。二是精心组织常委会议专题协商。五年来共开展了12次专题协商活动，内容涉及城市建设、交通安全、营商环境、社会事业、民生民计等方面，共形成协商报告12篇、专题发言材料13篇，提出建议意见40多条。专题协商成果得到县委、县政府的积极采纳，为县委、县政府出台《漳浦县重大工业项目招商引资奖励试行办法》等文件决策提供了重要参考。三是精心组织主席会议重点协商。按照"三在前、三在先"④原则，先后对每年度的《政府工作报告》、"十三五"规划纲要（草案）等事关我县经济和社会发展的重大事项进行协商，为党政科学决策、民主决策提供参考依据。

2.民主监督更加有效。五年来，我们把民主监督贯穿于政协各项工作中，不断强化监督意识，拓宽监督途径，丰富监督手段，提高监督水平。一是专项协商监督。在18次政协常委会上，分别邀请县检察院、法院、绥安开发区、公安局、财政局等15个部门的主要领导到会通报工作情况，面对面听取常委的意见建议。二是专题民主监督。重视政协委员到县直相关单位担任特邀监督员，鼓励他们在涉台案件审理、重大案件听审、信访公开听证、价格听证、政风行风、机关效能评议、乡镇主要领导述职报告等专题活动发挥积极的监督作用。

3.参政议政更加深入。五年来，根据县委决策部署，县政协积极拓展参政议政领域，提高参政议政实效。一是领导联席会议成效显著。每年定期召开一次县政府、政协领导联席会，由县政府、政协领导互相通报工作情况，围绕全县中心工作，就“补短板”“抓落实”“破难题”进行沟通交流。同时，县政府领导及相关部门负责人还就县政协反映的有关社会热点问题进行现场解答，切实提高了参政议政实效。二是社情民意工作卓有成效。积极鼓励政协委员、政协机关干部，围绕群众关注的社会热点、焦点问题，广泛收集社情民意，积极采写上报政协信息。五年来，共收集社情民意信息261条，向县委、县政府领导和上级政协反映社情民意信息212条，被上级政协采用75条，2016年社情民意信息工作评比位居全市各县市区第一名。其中，何佳凤委员撰写的《应加强医疗费用票据管理防止医保基金流失》被全国政协专报件采用，为党委政府了解民意、体察民情，促进问题的解决发挥重要作用。

二、不断创新工作方式，充分激发履职活力

过去的五年，是积极推进创新工作，有效履职的五年。

1.创新提案工作机制。五年来，县政协认真实践，不断改进提案督办形式和沟通方式，针对承办提案较多的县建设局、教育局、卫计局等部门专门召开提案办理协商会，请承办单位领导到会倾听委员们的意见和建议，并现场进行答复，促进承办单位及时掌握和解决人民群众关心的热点难点问题。五年来，共征集提案423件，立案401件，提案件件有落实、事事有回音，提案综合办结率100%，评选表彰优秀提案30件，提案办理先进单位10个，提案办理先进个人28人。

2.创新调研视察方法。我们坚持把调研视察作为履行职能的“精品”来打造，确立了“人员选调要精、调查研究要实、建议意见要深”的原则。每年围绕调研视察课题，抽调参政议政能力强的委员和有关部门负责人或专家，采取听汇报、座谈、实地走访、发放调查问卷、查看相关资料等方法开展调查研究，力争掌握第一手翔实资料，并对资料进行认真分析提炼。五年来，共形成25篇调研、视察报告和4份呈阅件报送县委、县政府和相关部门，成为县委、县政府决策措施中的重要内容。如《关于引导和帮扶古雷搬迁群众快速实现就业转型的建议》引起了县委、县政府的高度重视。

3.创新委员履职考核方式。我们将委员走访活动和委员履职考核活动进行创新结合，邀请县委组织部、统战部全程参与，采取走出去，看具体、看亮点，边看边议的方式，着重考核走访委员任期内的“四个一”⑤履职情况和自身发展情况。一是走访考核在外委员。以驻外商会为单位，由政协领导每年带队分组赴上海、深圳、广州等8个异地商会，向浦籍在外企业家宣传介绍漳浦优良的营商环境，认真听取他们对全县中心工作及县政协工作的意见建议，鼓励支持他们创新创业，回乡投资兴业。二是走访考核本地委员。我们按界别将委员分组，定期组织召开座谈会、收集信息、走访企业，加强委员之间交流互动。五年来，共召开主题座谈会60场，有3000多名在外乡贤、浦籍企业家和政协委员参加座谈，收集到1000多条好意见、好建议。

三、不断增强文化自信，着力助推文化建设

过去的五年，是我们秉承传统、彰显特色，力推漳浦地方文化繁荣发展的五年。

1.重视推动文史修编工作。五年来，我们坚持文史资料工作的统战性和“三亲”特点，聘请一批热心文史工作的退休老干部和社会人士为政协文史征集研究员，建成一支相对固定的文史修编队伍，结合县域实际，突出地方特色，有序推进文史工作。一是不断拓宽政协史料征集渠道和文史题材，陆续编撰出版《漳浦村社要览•2014年版》《漳浦历代名人》《漳浦历代名人传略》《漳浦古村落》《漳浦文史资料》《黄道周书法导临》等近50部书籍。其中，《漳浦历史人物传略》是在《漳浦历代名人》的基础上，再选录300名历代人物，重点记录各历史人物的政绩和德行，再现历史人物风采，见贤思齐，推动漳浦精神文明建设。《漳浦村社要览•2014年版》全文140多万字，是了解漳浦历史和风俗民情的小百科全书。二是积极配合全国、省、市政协做好《畲族百年实录》《漳州古村落》等7部有关文史资料的征编工作。通过文史资料的挖掘、整理、征集和出版工

作，逐步对漳浦历史文化资源进行系统性整合，取得存史资政、团结育人的良好效果。

2. 重视推动族谱修编工作。族谱修编工作是一项集民心的公益事业，在常委会的推动下，进展顺利。一是完成对林、吴、许、王等15个姓氏的族谱修编；有黄、张、刘、蔡等4个姓氏正在收集汇总，即将修编完成；有李、陈、杨等8个姓氏也正在有序推进。二是设立“漳浦县姓氏族谱展示馆”，计划将追随陈元光至漳浦的87姓族谱全部整编馆藏，作为我县文化传承和两岸寻根谒祖、文化交流的重要平台，现已收录37个姓氏166册族谱。

3. 重视推动文物保护与修缮工作。充分发挥政协“智囊团”作用，积极推动历史文化传承创新，大力推进文化遗产、非物质文化遗产和历史文化名镇、名村的保护开发。我们组织委员和专家学者到县威惠庙、孔庙、武庙遗址、海月岩、海云家庙、林士章墓、杨世懋总兵府、锦江楼等文物保护单位视察调研、实地考证，并多次召开座谈会反复论证，为我县文化遗产恢复重建和修缮保护工作提出许多科学性、前瞻性的意见和建议。如明朝户部尚书林士章墓的修缮工作，县城关帝庙重建工程，我们都积极组织有关部门及专家学者对设计方案进行反复研究、比较筛选、充分论证，使项目快速顺利实施。

4. 重视推动诚信文化建设工作。围绕构建社会核心价值体系，县诚信促进会认真开展诚信维权活动，大力弘扬社会诚信风尚。通过建立微信公众平台、微信群、《诚信漳浦》内刊等平台，促进成员之间的互动、交流及政策宣传教育引导，深入开展“诚信宣传周”“3·15拒绝传销”等主题宣传活动，积极促进社会民生重点领域的诚信文化建设。今年，还专题开展“新春诚信书画展”“海峡两岸诚信文化书法交流笔会”等交流活动，倡导形成“以诚实守信为荣、以见利忘义为辱”的社会氛围。

四、不断增强中心意识，努力扩大履职成效

过去的五年，是全方位服务中心、助推发展取得丰硕成果的五年。

1. 为项目建设倾心尽力。五年来，我们将工作力量推向经济社会发展的主战场。一是机关干部主动担当。先后有5名政协领导、10名机关干部和部分委员在新港城、古雷石化园区、长桥木业园区、万安工业园、前亭工业园和县城区改造的征地、收海和项目建设一线担任指挥长、副指挥长和组长、业务骨干等工作。政协班子成员还经常深入基层、深入企业，做好挂钩乡镇和项目的跟踪服务工作，主动担当，为项目建设贡献力量。二是政协委员群策群力。我们号召广大政协委员和社会各界人士主动带头配合征迁工作，主动了解项目建设情况，帮助解疑释惑、化解矛盾、建言献策，以实际行动加快项目建设步伐。

2. 为服务民生真心出力。五年来，我们充分发挥人民政协联系面广的优势，积极发动我县各级政协委员、社会贤达和企业团体参与社会公益事业，献爱心、送温暖，取得良好社会效果。如：黄全和、陈建中、吴志民、杨集文、王明煌、梁加辉、周文贵、王庆荣、陈纪林、王建祥、张群豪、郑洪坤、陈忠辉、施结麟、陈英雄、林树森、林炳义、杨坤田、蔡文谦、杨小龙、陈国强、蓝佳金、王阿文、林水泰、洪阿其、杨志旺、陈壬水、蓝宝华、陈迪鹏、郑远明、杨春葵、吕美玲等各级委员、社会贤达和港澳台侨胞都慷慨解囊、捐资助学，支持公益事业。特别是黄全和、陈建中、吴志民，多年来累计捐资上千万元，受到省政府表彰。还有县总商会、泉州商会、厦门商会、深圳商会、广州商会、上海商会、香港漳浦同乡会等团体通过各种形式支持公益事业、扶贫济困，传递正能量。如上海商会成立“浦爱基金”鼓励帮助在沪的漳浦学子更好地完成学业，同时成立“浦创天使投资基金”，为毕业后留在上海就业、创业的漳浦青年提供各种帮助，真正实现“扶上马，送一程”，得到浦籍在沪乡亲的普遍赞誉。

3. 为宣传漳浦尽心竭力。我们重视加强与各级政协组织和国内外知名人士的联系和交流，努力推动海峡两岸文化及民间社团交流，不断做大“朋友圈”，提升漳浦对外形象。一是认真接待，深入交流。五年来，海内外贵宾到漳浦视察调研指导工作有105批次。其中，全国政协主席俞正声，副主席林文漪、刘晓峰等领导前来漳浦调研，视察古雷石化基地、台湾农民创业园和闽南文化生态走廊等项目，并提出了重要指导意见。二是拓展渠道，广泛交流。

五年来，我们对外文化交流的规模和范围进一步扩大，内容和形式日益丰富，渠道和层次更加多样。林培兴、林仲文等政协领导带领部分县政协委员应邀赴马来西亚和中国台湾地区举办《中国当代书画名家—林仲文书画展览》，林仲文"字画"在马来西亚拍卖所得200万人民币全部捐献给华人清寒子弟基金会；吴水跃副主席应邀赴泰国参加第五届国际开漳圣王文化交流研讨会；林艳环委员率县竹马戏演出团应邀赴台巡回演出，并携《开漳圣王陈元光诗赋•林仲文书法作品集》开展开漳圣王文化交流；粘东旭委员的国画作品《龙江春韵》作为省礼赠予台湾政要；高少苹、陈燕榕、卢淑蓉等委员到美国、澳门、上海、广州等国内外城市，举办剪纸非遗作品展，宣传漳浦、提升漳浦。

五、不断加强自身建设，积极展示良好形象

过去的五年，是自身建设不断加强，政协形象得到全面提升的五年。

1.加强理论学习，提高自身的思想政治素质。一是切实加强学习研究。深入学习贯彻中共十八大、十八届三中、四中、五中、六中全会和习近平总书记系列重要讲话精神，专题学习《中国共产党廉洁自律准则》和《中国共产党纪律处分条例》等党纪法规，不断巩固履行职能的思想政治基础。二是深入开展教育活动。按照中央、省市委和县委的总体部署，深入开展群众路线教育实践活动和"三严三实""两学一做"等专题教育活动，研究制定实施方案，及时进行教育动员，深刻认识专题教育的重要意义、目标和具体要求。通过有计划、有步骤的学习教育，提高了政协委员和机关干部的大局意识、责任意识和纪律规矩意识。三是持续提升履职能力。着力健全制度，改进会风文风。通过丰富多彩、形式多样的界别活动，相互沟通，相互激励，不断提升习总书记提出的"懂政协、会协商、善议政"的履职意识，强化政协机关干部思想政治建设、作风建设和能力建设，不断提高整体素质、服务水平和工作质量。

2.加大宣传力度，营造委员合力氛围。五年来，我们不断加大对委员履职工作的宣传，运用各类媒体，宣传委员工作取得的新进展、新经验、新成效。选择部分成效突出的委员，在电视台、《金浦报》制作"委员风采"专题报道。同时，出台《漳浦县政协优秀提案、调研、信息、文史工作奖励办法》，鼓励媒体及时报道政协会议、调研视察、提案办理、委员发挥作用等重要内容，展现委员风采，树立政协委员良好形象。

3.加强队伍建设，增强服务意识。一是加强干部队伍建设。五年来，有3位副主席转任副县长，有12名干部得到重用或提拔，干部队伍结构进一步优化。二是加强机关效能建设。在机关持续开展作风建设年、机关效能年等系列主题教育活动。建立健全学习、考勤、财务管理、车辆管理等制度。严格执行办公用房、公务接待和公务用车标准。持续推进争先创优活动，获得"市级文明单位""县级先进基层党支部"等称号。三是加强委员服务中心意识。强化委员履职保障，建立委员联络服务机制，进一步拓宽政协委员学习培训、联络联谊、服务管理的渠道。

各位委员，同志们，过去的五年，是勤奋工作、硕果累累、大有作为的五年，也是不断创新、不断奋进、充满活力的五年。五年来所取得的新成绩，是中共漳浦县委正确领导、县政府及有关部门大力支持和广大政协委员及政协机关工作者共同努力的结果。也是与历届老领导、老同志和社会各界的关心帮助分不开的。在此，我谨代表十三届县政协委员会，向为政协工作付出心血和汗水的全体委员和各界人士致以崇高敬意！向多年来关心支持政协工作的领导和同志们表示衷心感谢！

"有付出就会有收获"。总结这五年的履职实践，我们深切体会到：做好新时期人民政协工作，必须始终围绕中心服务大局。准确把握政协工作的目标和正向，做到与党委政府同唱一台戏、同谋一盘棋，不离题、不跑偏，不添乱、不添堵；做到党政工作推进到哪里、政协工作就跟进到哪里、力量就汇聚到哪里、作用就发挥到哪里。必须找准政协坐标定位。坚持政协就是政协，搞清楚弄明白政协是什么、做什么、怎么做；坚持有所为有所不为，始终保持政协固有的性质和特点，切实做到献策不决策、参政不行政，不越位、不错位、不缺位，说好政协话，干好政协事，当好政协人。必须坚持大团结大联合。发挥政协组织具有广泛代表性、巨大包容性、党派团体合作性等优势，多做协调关系、活血化瘀工作，多做求同存异、体谅包容工作，多做增进团结、汇聚力量工作，把不同党派、不同民族、不同阶层、不同群体、不同信仰的人紧密团结起来，努力拓展团结面、扩大朋友圈，共同画好推进漳浦改革发展的最大同心圆。必须重视协商民主建设。坚持有事早商量，遇事多商量，坚持协商于民、协商为民，切实发挥好人民政协作为协商民主重要渠道、专门机构和制度平台的作用，在社会各界中广泛而深入的商量，努力寻找最大公约数，增进最大共识度。必须发扬务实开拓精神。坚持求真务实，大兴调查研究之风，不走马观花、不道听途说、不夸夸其谈，努力建真言谋良策，出实招求实效；坚持改革创新，大力推进政协理论创新、制度创新、工作创新，全面加强党派、界别、委员、专委会、机关“五位一体”自身建设，努力提高政协履职的现代化和科学化水平。

回顾五年来的工作，在肯定成绩的同时，应当看到，我们工作还存在一些问题和不足，主要是：委室工作开展还不够平衡，履职水平还不高，部分委员的履职能力有待进一步提升，履职成果的转化有待进一步加强，等等。希望各位委员、各位同志对常委会的工作多提意见建议，共同推动我县政协工作迈上新台阶。

•《政协常委会工作报告》有关内容注释•

1.“四个全面”：全面建成小康社会、全面深化改革、全面推进依法治国、全面从严治党。

2.“五大发展理念”：中国共产党第十八届中央委员会第五次全体会议，于2015年10月26日至29日在北京举行。全会强调，实现“十三五”时期发展目标，破解发展难题，厚植发展优势，必须牢固树立并切实贯彻创新、协调、绿色、开放、共享的发展理念。

3.“三个建设年”和“一大攻坚战”：项目建设年，生态环境建设年，营商环境建设年和脱贫攻坚战。

4.“三在前、三在先”：政治协商工作由县委统一部署并实施，将县政协的政治协商纳入决策程序，凡属协商范围的事项及工作，必须由县政协协商在县委决策之前、县人大通过之前、县政府实施之前，做到县政协先协商后决策、先协商后通过、先协商后实施，未经县政协协商不得提交县委决策、县人大表决通过、县政府实施。

5.“四个一”：撰写一份提案；反映一条社情民意信息；至少参加一次专题调研视察活动；至少办一件实事好事。

附　录

·重要文件(通知)目录·

县委(县政府)出台的部分重要文件(通知)目录

日　期	文　号	文件标题
1月7日	浦委〔2016〕1号	县委、县政府关于成立四大重点区域六项重点建设总指挥部及调整县领导挂钩乡镇的通知
2月17日	浦委〔2016〕10号	县委、县政府关于印发《漳浦县加快推进生态文明建设实施方案》的通知
2月17日	浦委〔2016〕11号	县委、县政府关于表彰2015年度乡镇、县直机关绩效考评先进单位和纳税大户的决定
2月22日	浦委〔2016〕12号	县委、县政府关于关于兑现2015年度人口和计划生育工作奖惩的决定
3月28日	浦委〔2016〕13号	县委、县政府关于印发《漳浦县2016年项目建设年实施方案》的通知
4月6日	浦委〔2016〕16号	县委、县政府、古雷管委会关于贯彻实施《市委关于古雷开发区调研督查的专题会议纪要》精神意见
4月11日	浦委〔2016〕40号	县委、县政府关于印发《漳浦县2016年生态环境建设年实施方案》的通知
4月15日	浦委〔2016〕41号	县委印发《关于落实省委党风廉政建设责任制检查和移交的问题清单和问责建议的整改任务与分解方案》的通知
4月20日	浦委〔2016〕44号	县委印发《关于落实市委2015年度责任制检查反馈意见的整改任务与分解方案》的通知
5月31日	浦委〔2016〕69号	县委、县政府关于贯彻落实古雷新港城创新社会管理体制工作情况的报告
6月24日	浦委发〔2016〕1号	县委、县政府关于落实发展新理念，加快建设现代农业示范区，实现全面小康目标的实施意见

续上表

日　期	文　号	文件标题
2月22日	浦委发〔2016〕2号	县委、县政府关于2016年人口和计划生育工作的意见
3月2日	浦委发〔2016〕3号	县委、县政府关于推进精准扶贫，打赢脱贫攻坚战二年行动的实施意见
4月11日	浦委发〔2016〕4号	中国共产党漳浦县第十二届委员会第十四次全体会议决议
4月11日	浦委发〔2016〕5号	县委关于认真做好乡镇领导班子换届工作的通知
5月12日	浦委发〔2016〕6号	县委关于印发《县委2016年工作要点》的通知
8月1日	浦委发〔2016〕7号	县委、县政府关于印发《漳浦县2016年度乡镇绩效考评方案》的通知
8月1日	浦委发〔2016〕8号	县委、县政府关于印发《漳浦县2016年度县直机关绩效考评方案》的通知
9月21日	浦委发〔2016〕9号	县委、县政府印发《关于重大工业项目招商奖励试行办法》的通知
9月21日	浦委发〔2016〕10号	县委、县政府关于印发推进供给侧结构性改革的总体方案（2016—2018年）的通知
9月21日	浦委发〔2016〕11号	县委、县政府关于实施创新驱动发展战略，建设创新型漳浦的决定
9月21日	浦委发〔2016〕12号	县委、县政府关于印发《落实保障措施，加速工业跨越发展的若干意见》的通知
10月9日	浦委发〔2016〕13号	县委、县政府关于印发《漳浦县构建和谐劳动关系的实施方案》的通知
10月12日	浦委发〔2016〕14号	县委、县政府印发《关于开展项目建设和招商引资工作"三比三看"竞赛活动的实施方案》
11月14日	浦委发〔2016〕15号	县委、县政府印发《关于开展创建国家卫生县城活动的实施方案》的通知
12月6日	浦委发〔2016〕16号	县委关于印发《漳浦县委巡察工作实施办法（试行）》的通知

县政府出台的部分重要文件（通知）目录

日　期	文　号	文件标题
1月17日	浦政〔2016〕1号	县政府关于加强活禽经营市场H7N9禽流感防控工作的通告
1月25日	浦政〔2016〕2号	县政府关于公布漳浦县城镇土地基准地价（更新）的通告
1月25日	浦政〔2016〕3号	县政府关于古雷新港城区域内禁止燃放烟花爆竹的通告
1月26日	浦政〔2016〕4号	县政府关于绥安镇等三个乡镇活禽经营市场恢复交易有关事项的通告
3月28日	浦政〔2016〕5号	县政府关于清明节期间森林防火的通告
4月6日	浦政〔2016〕6号	县政府关于公古树名木挂牌保护名录的通告

续上表

日　期	文　号	文件标题
4 月 8 日	浦政〔2016〕7 号	县政府关于实施 2016 年度海洋伏季休渔制度的通告
4 月 26 日	浦政〔2016〕8 号	县政府关于进一步加强古雷半岛东侧陆域管理的通告
8 月 15 日	浦政〔2016〕9 号	县政府关于在全县范围内对无绿色环保标志机动车实施限制通行的通告
1 月 8 日	浦政文〔2016〕1 号	县政府关于同意 2016 年度我县因电网事故限电序位安排方案的批复
1 月 18 日	浦政文〔2016〕3 号	县政府关于漳浦县第二实验幼儿园控制性详细规划的批复
1 月 27 日	浦政文〔2016〕6 号	县政府关于表彰漳浦县竹马戏(芗剧)传承保护中心的决定
1 月 29 日	浦政文〔2016〕9 号	县政府关于漳州港古雷港区六鳌作业区 3# 泊位 3000 吨级通用码头工程填海地块控制性详细规划的批复
2 月 5 日	浦政文〔2016〕11 号	县政府关于同意成立漳浦县前亭工业园农场有限公司的批复
2 月 23 日	浦政文〔2016〕14 号	县政府关于上报 2016—2020 年中型水库移民后期扶持“十三五”规划
2 月 24 日	浦政文〔2016〕16 号	县政府关于下达 2016 年全县主要经济指标任务的通知
2 月 29 日	浦政文〔2016〕17 号	县政府关于下达 2016 年农资综合补贴资金的通知
3 月 10 日	浦政文〔2016〕18 号	县政府关于下达 2016 年度漳浦县渔业安全生产等责任书的通知
3 月 4 日	浦政文〔2016〕23 号	县政府关于同意明确校车使用许可期限的批复
2 月 29 日	浦政文〔2016〕24 号	县政府关于做好 2016 年民兵整组工作的通知
3 月 14 日	浦政文〔2016〕27 号	县政府关于调整全县 2016 年限额以上社会消费品零售总额指标任务的通知
3 月 15 日	浦政文〔2016〕28 号	县政府关于分解二达 2016 年财政收入计划的通知
3 月 21 日	浦政文〔2016〕30 号	县政府关于印发漳浦县 2016 年推进依法行政建设法治政府工作要点的通知
3 月 18 日	浦政文〔2016〕33 号	县政府关于印发漳浦县 2016 年度国有建设用地供应计划的通知
3 月 20 日	浦政文〔2016〕35 号	县政府关于责令大洋(漳州)皮业有限公司停产整顿的通知
3 月 12 日	浦政文〔2016〕36 号	县政府关于促进全县工业经济稳定增长若干措施的通知
3 月 25 日	浦政文〔2016〕38 号	县政府关于下达 2016 年重大动物疫病和动物 H7N9 流感防控工作责任书的通知
3 月 28 日	浦政文〔2016〕40 号	县政府关于印发《漳浦县国家现代农业示范区以奖代补资金项目贷款贴息实施办法(试行)》的通知
3 月 31 日	浦政文〔2016〕44 号	县政府关于印发漳浦县重点水污染企业专项整治实施方案的通知

续上表

日　期	文　号	文件标题
4月7日	浦政文〔2016〕45号	县政府关于认真做好创建义务教育基本均衡县市级督导评估整改工作的通知
4月7日	浦政文〔2016〕46号	县政府关于下达漳浦县2016年消防安全目标责任书的通知
4月8日	浦政文〔2016〕47号	县政府关于下达2016年度漳浦县海洋伏季休渔责任书的通知
4月10日	浦政文〔2016〕50号	县政府关于印发漳浦县农村承包土地的经营权抵押贷款试点实施方案的通知
4月14日	浦政文〔2016〕54号	县政府关于漳浦县青年路农贸市场控制性详细规划的批复
4月11日	浦政文〔2016〕56号	县政府关于同意2016年安全生产监管执法工作计划的批复
4月27日	浦政文〔2016〕59号	县政府关于印发漳浦县2016年深化行政审批制度改革规范行政审批行为工作方案的通知
4月25日	浦政文〔2016〕62号	县政府关于印发《漳浦县城市基础设施配套费征收管理规定》的通知
4月25日	浦政文〔2016〕63号	县政府批转县城乡规划建设局关于《漳浦县实施〈福建省规划管理技术规定〉细化规划(试行)》的通知
4月22日	浦政文〔2016〕64号	县政府关于认定2014-2015年度守合同重信用单位的通知
5月3日	浦政文〔2016〕66号	县政府关于印发《漳浦县扶贫小额贷款贴息实施办法》的通知
5月23日	浦政文〔2016〕77号	县政府关于增补漳州日好农业开发有限公司等8家企业为我县级农业产业化龙头企业的通知
5月31日	浦政文〔2016〕80号	县政府关于妥善处理历史遗留问题规范工业企业房产证补办工作的实施意见
6月8日	浦政文〔2016〕85号	县政府关于2016年储备订单粮食实行直接补贴的实施意见
6月8日	浦政文〔2016〕86号	县政府关于进一步建立健全项目党态化管理工作机制的意见
5月30日	浦政文〔2016〕87号	县政府转发福建省农业厅等部门关于《福建省新型职业农民认定管理和扶持办法(试行)》的通知
6月21日	浦政文〔2016〕92号	县政府关于印发《古雷征迁补偿安置的补充规定》的通知
6月9日	浦政文〔2016〕98号	县政府关于印发漳浦县优化整合妇幼保健和计划生育技术服务资源实施方案的通知
6月12日	浦政文〔2016〕99号	县政府关于下达2016-2020年森林防火责任书的通知
6月28日	浦政文〔2016〕101号	县政府关于印发县级公立医院绩效考核办法(试行)的通知
6月9日	浦政文〔2016〕102号	县政府关于印发漳浦县县级公立医院院长目标年薪制实施办法(试行)的通知
6月28日	浦政文〔2016〕108号	县政府关于公布县级前置审批事项的通知

续上表

日　期	文　号	文件标题
6 月 28 日	浦政文〔2016〕109 号	县政府关于公布县级行政审批中介服务事项的通知
7 月 15 日	浦政文〔2016〕119 号	县政府关于印发《漳州市畲族乡经济社会发展规划(2016-2030 年)》的通知
7 月 22 日	浦政文〔2016〕125 号	县政府关于同意大南坂镇设立蓝厝畲族作业区的批复
7 月 28 日	浦政文〔2016〕129 号	县政府转发县电子商务工作领导小组关于调整漳浦县电子商务进农村综合示范中央财政资金管理办法的通知
8 月 3 日	浦政文〔2016〕132 号	县政府关于下达 2016 年安全生产目标责任的通知
8 月 9 日	浦政文〔2016〕135 号	县政府关于重申支持和促进科技创新十三条措施的通知
8 月 10 日	浦政文〔2016〕138 号	县政府关于下达 2016 年保护和发展森林资源目标管理责任制的通知
8 月 18 日	浦政文〔2016〕144 号	县政府关于印发 2016 年漳浦县推进简政放权放管结合优化服务改革工作要点的通知
8 月 18 日	浦政文〔2016〕145 号	县政府关于做好漳浦县国家生态县技术评估整改工作的通知
8 月 26 日	浦政文〔2016〕153 号	县政府关于加快推进残疾人小康进程的实施意见
8 月 25 日	浦政文〔2016〕154 号	县政府关于完善困难残疾人生活补贴和重度残疾人护理补贴制度的实施意见
9 月 18 日	浦政文〔2016〕165 号	县政府关于补齐发展短板扩大有效供给的意见
9 月 18 日	浦政文〔2016〕166 号	县政府关于漳浦县耕地质量等别监测方案(2016－2020 年)的批复
9 月 18 日	浦政文〔2016〕168 号	县政府关于有序降低杠杆率水平防范化解金融风险的实施意见
9 月 26 日	浦政文〔2016〕169 号	县政府关于佛昙镇总体规划局部调整的批复
10 月 25 日	浦政文〔2016〕181 号	县政府关于公布漳浦县乡镇政府权责清单的通知
10 月 25 日	浦政文〔2016〕182 号	县政府关于规范涉及行政审批中介服务组织管理的意见
10 月 26 日	浦政文〔2016〕185 号	县政府关于印发漳浦县保护地质公园鱼鳞石园区专项行动方案的通知
11 月 3 日	浦政文〔2016〕190 号	县政府关于下达 2016 年农业支持保护补贴资金的通知
11 月 4 日	浦政文〔2016〕192 号	县政府关于印发漳浦县推进政府与社会资本合作模式(PPP)实施方案(试行)的通知
11 月 11 日	浦政文〔2016〕196 号	县政府关于进一步做好营级以下军队转业干部安置工作的实施意见
11 月 18 日	浦政文〔2016〕197 号	县政府关于明确福建省漳浦粮食联合储备库项目建设、融资等有关问题的通知
11 月 18 日	浦政文〔2016〕206 号	县政府关于进一步明确县政府领导成员安全生产“一岗双责”责任分工的通知

续上表

日　期	文　号	文件标题
11月29日	浦政文〔2016〕209号	县政府关于漳浦县实验幼儿园古雷第二分园开园的批复
11月3日	浦政文〔2016〕210号	县政府关于同意将漳州沿海大通道（滨海一级疏港公路）漳浦段项目列入漳浦县2016年度政府购买服务实施项目的批复
12月20日	浦政文〔2016〕213号	县政府关于印发漳浦县道路交通安全问责实施办法（试行）的通知
12月6日	浦政文〔2016〕215号	县政府关于明确漳浦县港城大道公路工程项目有关事项的通知
12月27日	浦政文〔2016〕225号	县政府关于做好有关工程项目海域使用权出让工作的通知
12月28日	浦政文〔2016〕226号	县政府关于漳浦县“十三五”时期土地资源保护和开发利用专项规划（2016-2020年）的批复
12月30日	浦政文〔2016〕227号	县政府关于培育新型粮食市场主体促进粮食流通产业发展的实施意见
1月13日（2017年）	浦政文〔2016〕228号	县政府关于扶持现代服务业发展的若干意见
12月30日	浦政文〔2016〕229号	县政府关于印发漳州市海上搜救中心漳浦分中心组建方案的通知
12月30日	浦政文〔2016〕230号	县政府关于成立漳州市海上搜救中心漳浦分中心领导机构的通知
12月30日	浦政文〔2016〕231号	县政府转发国务院关于印发降低实体经济企业成本工作方案的通知

县委办出台的部分重要文件(通知)目录

日　期	文　号	文件标题
1月7日	浦委办〔2016〕2号	县“两办”关于成立漳浦县完善村级组织运转经费保障机制工作领导小组的通知
1月14日	浦委办〔2016〕3号	县“两办”关于印发《漳浦县深化精准扶贫工作十条措施》的通知
1月28日	浦委办〔2016〕4号	县“两办”关于印发《漳浦县农村环境卫生整治百日行动实施方案》的通知
2月19日	浦委办〔2016〕5号	县“两办”关于进一步加强基层干部队伍作风建设的通知
2月19日	浦委办〔2016〕6号	县“两办”关于进一步加强机关作风建设的通知
3月16日	浦委办〔2016〕11号	县“两办”关于印发《漳浦县深入开展“三个年”“四大重点区域、六项重点建设”和脱贫攻坚战宣传方案》的通知
3月29日	浦委办〔2016〕15号	县“两办”关于2016年重点项目实行分级管理和建立领导挂钩责任的通知
4月1日	浦委办〔2016〕17号	县“两办”关于成立漳浦县生态文明建设领导小组的通知
4月12日	浦委办〔2016〕18号	县“两办”关于成立海峡两岸开漳圣王文化交流会暨漳浦威惠庙建庙1300周年纪念活动组织委员会的通知
4月13日	浦委办〔2016〕19号	县“两办”关于印发《漳浦县农村贫困无房户安居工程的实施意见》的通知
4月13日	浦委办〔2016〕21号	县“两办”关于印发《漳浦发展环境(营商环境)建设年活动实施方案》的通知
4月13日	浦委办〔2016〕22号	县“两办”关于漳浦县滨海新区高新技术产业园更名的通知
4月14日	浦委办〔2016〕23号	县“两办”关于印发《县领导及县直机关单位挂钩乡镇(村)安排表》的通知
5月10日	浦委办〔2016〕26号	县“两办”关于转发《2016年漳浦县科技活动周工作方案》的通知
5月16日	浦委办〔2016〕31号	县委办关于启用“中国共产党漳浦县教育局委员会”印章的通知
5月18日	浦委办〔2016〕32号	县委办关于启用中共漳浦县水利局党组印章的通知
5月18日	浦委办〔2016〕33号	县委办印发《关于在全县党员中开展学党章党规，学系列讲话，做合格党员》学习教育实施方案》的通知
6月6日	浦委办〔2016〕37号	县“两办”关于印发《漳浦县农村基层宣传文化长廊建设四年规划》的通知
6月7日	浦委办〔2016〕38号	县“两办”关于开展2016年为民办实事工作的通知

续上表

日　期	文　号	文件标题
7月13日	浦委办〔2016〕39号	县"两办"关于转发《中共福建省委办公厅、福建省人民政府办公厅印发〈关于进一步推进预算公开工作的实施意见〉的通知》的通知
7月18日	浦委办〔2016〕41号	县"两办"关于印发《贯彻实施〈中共漳浦县委关于制定漳浦县国民经济和社会发展第十三个五年规划的建议〉重要举措分工方案》的通知
8月15日	浦委办〔2016〕46号	县委办关于印发《漳浦县贯彻落实〈关于深化落实党风廉政建设主体责任的暂行规定〉主要任务分工方案》的通知
8月16日	浦委办〔2016〕47号	县"两办"关于下达漳浦县2016年度扶贫工作主要任务的通知
8月17日	浦委办〔2016〕48号	县"两办"关于印发《漳浦县2016年县直机关挂钩项目及工业项绩效考核实施方案》的通知
8月30日	浦委办〔2016〕52号	县"两办"印发《关于开展鹿溪等重点流域水环境综合整治"百日攻坚"行动的实施方案》的通知
8月30日	浦委办〔2016〕53号	县"两办"关于印发《漳浦县重点流域水环境"百日攻坚"综合整治生猪养殖场拆除奖励方案》的通知
9月28日	浦委办〔2016〕62号	县"两办"关于组织2016年县重点课题调研的通知
10月12日	浦委办〔2016〕65号	县"两办"关于印发《漳浦县2016年县直机关挂钩征迁攻坚项目绩效考核实施方案》的通知
10月14日	浦委办〔2016〕66号	县"两办"关于印发《漳浦县精准扶贫工作考评办法》的通知
11月14日	浦委办〔2016〕71号	县"两办"关于印发《漳浦县城区环境整治百日行动实施方案》的通知
11月15日	浦委办〔2016〕72号	县"两办"关于2016年漳浦县第二批驻村蹲点干部进村到岗有关事项的通知
11月21日	浦委办〔2016〕74号	县"两办"关于启用"漳浦县广播电视新闻中心"印章的通知
11月23日	浦委办〔2016〕77号	县"两办"关于印发《漳浦县全面推行政府法律顾问制度的实施意见》的通知
11月24日	浦委办〔2016〕78号	县"两办"关于印发《漳浦县环境保护督察实施方案（试行）》的通知
11月28日	浦委办〔2016〕79号	县"两办"关于漳浦县社区矫正试点工作领导小组更名为漳浦县社区矫正工作联席会议的通知
1月25日	浦委办发〔2016〕1号	县委办关于转发《漳浦县关心下一代工作委员会2016年工作意见》的通知
1月25日	浦委办〔2016〕2号	县委办关于印发《县委落实党风廉政建设主体责任清单》《县纪委落实党风廉政建设监督责任清单》的通知
5月6日	浦委办〔2016〕3号	县委办关于转发《2016年全县宣传思想文化工作要点》的通知
6月6日	浦委办〔2016〕5号	县委办印发《关于深化机关干部精准帮扶贫困群众的实施方案》的通知

续上表

日　期	文　号	文件标题
8月26日	浦委办〔2016〕6号	县委办印发《关于进一步深化机关干部精准帮扶贫困群众的实施方案》的通知
12月5日	浦委办〔2016〕7号	县委办关于印发《漳浦县党委（党组）意识形态工作责任制度制实施细则》的通知
12月20日	浦委办〔2016〕8号	县“两办”关于印发《漳浦县全面推进公务用车制度改革的实施方案》的通知
12月20日	浦委办〔2016〕9号	县委办转发《中共漳州市委办公室印发〈关于进一步加强农村基层党风廉政建设若干意见〉的通知关于
12月22日	浦委办〔2016〕10号	县“两办”关于印发《漳浦县行业协会、商会与行政机关脱钩工作方案》的通知

政府办出台的部分重要文件(通知)目录

日　期	文　号	文件标题
1月13日	浦政办〔2016〕3号	政府办关于转发县海洋渔业局2014年度漳浦县机动渔船石油价格财政补贴工作实施方案的通知
1月13日	浦政办〔2016〕4号	政府办关于印发县城区市容光焕发环境百日整治行动实施方案的通知
1月15日	浦政办〔2016〕5号	政府办关于加强政务信息工作的通知
1月26日	浦政办〔2016〕6号	政府办关于印发漳浦县2016年度春运工作方案的通知
2月3日	浦政办〔2016〕8号	政府办关于贯彻落实漳浦县处置恐怖袭击事件应急预案的通知
2月17日	浦政办〔2016〕9号	政府办关于拓展内需市场促进企业发展的通知
2月16日	浦政办〔2016〕10号	政府办关于印发漳浦县贯彻落实粮食安全省长责任制实施方案的通知
3月1日	浦政办〔2016〕11号	政府办关于开展受理工贸企业资金链应急周转金、中小企业贷款风险补偿基金审核工作的意见
3月1日	浦政办〔2016〕12号	政府办转发省政府办公厅关于建立审计整改落实工作制度的通知
3月9日	浦政办〔2016〕13号	政府办关于下达2016年地质灾害搬迁任务的通知
3月11日	浦政办〔2016〕14号	政府办关于成立漳浦县人民政府教育督导委员会的通知
2月14日	浦政办〔2016〕15号	政府办关于提高我县农村居民最低生活保障标准的通知
3月18日	浦政办〔2016〕16号	政府办关于印发《漳浦县临时救助管理办法的通知
3月15日	浦政办〔2016〕19号	政府办关于印发全面加强危险废物污染防治工作实施方案的通知
3月14日	浦政办〔2016〕20号	政府办关于启用漳浦县万安生态产业园区管理中心印章的通知

续上表

日　期	文　号	文件标题
3 月 16 日	浦政办〔2016〕21 号	政府办关于切实抓好 2016 年植树造林和森林经营工作的通知
3 月 18 日	浦政办〔2016〕22 号	政府办转发县财政局关于 2016 年漳浦县行政事业单位国有资产清查工作方案的通知
3 月 23 日	浦政办〔2016〕23 号	政府办关于印发漳浦县 2016 年度地质灾害防治方案的通知
3 月 23 日	浦政办〔2016〕24 号	政府办关于印发漳浦县 2016 年度土地矿产卫片执法监督检查工作方案的通知
3 月 27 日	浦政办〔2016〕25 号	政府办关于印发漳浦县道路交通安全综合整治“三年提升工程”实施方案的通知
3 月 25 日	浦政办〔2016〕27 号	政府办关于加强 2016 年春季重大动物疫病防控工作的通知
3 月 2 日	浦政办〔2016〕31 号	政府办关于印发漳浦县木业产业(林业工业)企业准入条件用条件及规划建设要求的通知
4 月 5 日	浦政办〔2016〕35 号	政府办关于进一步加强建设工程抗震设防管理的通知
4 月 7 日	浦政办〔2016〕39 号	政府办关于开展重点应用场所配备简易消防设施工作的通知
4 月 8 日	浦政办〔2016〕40 号	政府办转发县财政局关于《漳浦县行政机关和事业单位会议费管理办法》的通知
4 月 8 日	浦政办〔2016〕41 号	政府办转发县财政局关于《漳浦县行政机关和事业单位会差旅费管理办法》的通知
4 月 11 日	浦政办〔2016〕42 号	政府办关于转发县农业局关于 2016 年农产品质量安全工作要点的通知
4 月 11 日	浦政办〔2016〕43 号	政府办关于下达 2016 年粮食生产指导性计划的通知
4 月 12 日	浦政办〔2016〕44 号	政府办转发漳浦县 2016 年百村富美乡村创建、百村生态上环境整治实施意见的通知
3 月 31 日	浦政办〔2016〕45 号	政府办关于印发漳浦县突发性地质灾害应急预案的通知
4 月 18 日	浦政办〔2016〕46 号	政府办转发县防汛抗旱指挥部关于县城区防洪应急预案(修订)的通知
4 月 18 日	浦政办〔2016〕47 号	政府办转发县防汛抗旱指挥部关于漳浦县防台风暴雨洪涝应急预案(修订)的通知
4 月 26 日	浦政办〔2016〕48 号	政府办关于推广大随机抽查机制规范事中事后监管的实施意见
4 月 29 日	浦政办〔2016〕50 号	政府办关于印发漳浦县 2016—2017 年黄标车报废补贴方案的通知
4 月 2 日	浦政办〔2016〕52 号	政府办关于印发县政府办落实党风廉政建设主体责任清单的通知
5 月 12 日	浦政办〔2016〕55 号	政府办转发县土渣办关于进一步加强渣土车专项整治工作实施意见的通知
5 月 16 日	浦政办〔2016〕56 号	政府办关于印发漳浦县乡镇船舶规范化管理工作实施方案的通知

续上表

日　期	文　号	文件标题
5月16日	浦政办〔2016〕57号	政府办关于推进分级诊疗制度建设的实施意见
5月26日	浦政办〔2016〕61号	政府办关于做好2016年造福工程扶贫搬迁工作的通知
5月2日	浦政办〔2016〕62号	政府办转发县综治办等部门关于《漳浦县实施以奖代补落实严重精神障碍患者监护责任的暂行办法》的通知
5月11日	浦政办〔2016〕63号	政府办转发县民政局等部门关于开展农村留守儿童摸底排查工作实施方案的通知
6月1日	浦政办〔2016〕64号	政府办转发县民政局等部门关于漳浦县城乡居民医疗救助体系实施办法的通知
6月2日	浦政办〔2016〕66号	政府办关于开展夏季消防检查工作的通知
5月3日	浦政办〔2016〕68号	政府办关于印发漳浦县防范和打击非法集资工作方案的通知
6月2日	浦政办〔2016〕69号	政府办关于印发漳浦县"国家企业信息公示系统(福建)"信息归集工作方案的通知
5月31日	浦政办〔2016〕70号	政府办关于印发漳浦县落实便民服务"马上就办"实施方案的通知
5月3日	浦政办〔2016〕71号	政府办关于印发县政府党组落实党风廉政建设主体责任清单的通知
5月24日	浦政办〔2016〕72号	政府办落实省市实施投资工程包的工作方案
6月2日	浦政办〔2016〕73号	政府办漳浦县家政服务业补短板实施方案
6月22日	浦政办〔2016〕75号	政府办关于印发《漳浦县生态环境损害修复资金管理办法(试行)》的通知
6月16日	浦政办〔2016〕76号	政府办关于实施城乡居民社会养老保险2016年缴费工作奖励机制的通知
6月16日	浦政办〔2016〕77号	政府办关于印发漳浦县促进旅游投资和消费实施方案的通知
6月19日	浦政办〔2016〕78号	政府办关于加强漳浦县行政执法与刑事司法共享平台使用管理有关总是的通知
6月2日	浦政办〔2016〕79号	政府办关于成立县属国有林场改革领导小组的通知
6月21日	浦政办〔2016〕80号	政府办关于印发2016年政务公开工作主要任务分解表的通知
6月8日	浦政办〔2016〕81号	政府办转发福建省人民政府办公厅关于进一步规范和改进涉企检查活动的通知
6月21日	浦政办〔2016〕82号	政府办转发福建省人民政府关于降低企业成本减轻企业负担的意见
7月8日	浦政办〔2016〕84号	政府办关于印发2016年全县应急管理工作要点的通知
7月14日	浦政办〔2016〕87号	政府办关于印发漳浦县小型农田水利工程管理实施细则(试行)的通知
7月18日	浦政办〔2016〕88号	政府办关于印发漳浦县未成年人社会保护试点工作实施方案的通知

续上表

日　期	文　号	文件标题
7月14日	浦政办〔2016〕89号	政府办转发县扶贫办等部门关于漳浦县扶贫小额贷款实施方案的通知
7月11日	浦政办〔2016〕90号	政府办关于全面改善义务教育薄弱学校基本办学条件工作专项督导的自评报告
7月2日	浦政办〔2016〕91号	政府办关于加快预算执行和盘活财政存量资金的通知
8月4日	浦政办〔2016〕92号	政府办关于印发漳浦县建立健全"12345"政务服务热线平台落实便民服务"马上就办"实施方案的通知
7月21日	浦政办〔2016〕93号	政府办转发县农业局等部门关于进一步加强多功能拖拉机交通安全专项整治工作方案的通知
7月2日	浦政办〔2016〕95号	政府办关于印发2016年全县治理"餐桌污染"建设"食品放心工程"工作方案的通知
2月22日	浦政办〔2016〕96号	政府办转发漳州市人民政府关于加强金融服务实体经济防范化解金融风险的通知
8月1日	浦政办〔2016〕97号	政府办关于印发漳浦县2016年漳州市地震灾害救援队实战拉动演练子方案的通知
8月3日	浦政办〔2016〕98号	政府办转发漳州市人民政府关于加快推进投资项目并联审批实施意见的通知
8月4日	浦政办〔2016〕99号	政府办关于开展第四次森林资源规划设计调查工作的通知
8月8日	浦政办〔2016〕100号	政府办关于印发漳浦县推行"互联网+企业登记"制度改革实施方案的通知
7月27日	浦政办〔2016〕101号	政府办关于印发漳浦县互联网金融风险专项整治工作方案的通知
7月27日	浦政办〔2016〕102号	政府办关于印发漳浦县非法集资风险专项整治工作方案的通知
8月9日	浦政办〔2016〕103号	政府办关于贯彻落实进一步规范和改进涉企检查活动的实施意见
8月11日	浦政办〔2016〕104号	政府办关于开展全县乡镇政府权责清单编制工作的通知
8月12日	浦政办〔2016〕105号	政府办关于印发漳浦县2016年深化医药卫生体制改革工作要点的通知
8月15日	浦政办〔2016〕106号	政府办转达发省政府办公厅关于加快实施农产品质量安全"1213行动计划"的通知
8月16日	浦政办〔2016〕109号	政府办关于认真做好"同级审"审计整改工作通知
8月18日	浦政办〔2016〕110号	政府办转发市政府法制办关于2016年度依法行政绩效评估标准的通知
8月22日	浦政办〔2016〕111号	政府办转发漳州市人民政府办公室关于行政执法主体资格确认和行政执法人员清理工作方案的通知

续上表

日　期	文　号	文件标题
8月19日	浦政办〔2016〕112号	政府办关于印发第十九届中国国际投资贸易洽谈会漳浦县分团体筹备工作方案的通知
8月18日	浦政办〔2016〕113号	政府办关于贯彻落实国务院及省政府廉政工作会议精神任务分工的通知
8月25日	浦政办〔2016〕114号	政府办关于印发漳浦县2016年农村危房改造实施方案的通知
8月29日	浦政办〔2016〕115号	政府办关于印发漳浦县创建农产品质量安全县工作方案的通知
8月22日	浦政办〔2016〕116号	政府办关于逐步优化树种结构的通知
8月26日	浦政办〔2016〕117号	政府办关于建立漳浦县企业破产和信贷风险处置工作统一协调机制的通知
8月26日	浦政办〔2016〕118号	政府办转发市金融办关于进一步规范企业信贷服务协调工作的通知
8月26日	浦政办〔2016〕119号	政府办关于印发漳浦县P2P网络借贷风险专项整治工作实施方案的通知
8月26日	浦政办〔2016〕120号	政府办关于印发漳浦县通过互联网开展资产管理及跨界从事金融业务风险专项整治工作实施方案的通知
8月26日	浦政办〔2016〕121号	政府办转发处非办关于开展打击新型非法集资违法犯罪集中宣传活动的通知
8月26日	浦政办〔2016〕122号	政府办转发市政府办公室关于漳州市投资项目“多评一表、多图一审”实施办法(试行)的通知
8月31日	浦政办〔2016〕123号	政府办转发县道安办关于进一步加强道路交通安全综合整治工作方案的通知
9月1日	浦政办〔2016〕125号	政府办转发县市场监管局等部门关于开展互联网金融广告及以投资理财名义从事金融活动风险专项整治实施方案的通知
8月2日	浦政办〔2016〕127号	政府办关于进一步做好违规建设项目环保清理整顿工作的通知
9月8日	浦政办〔2016〕129号	政府办关于贯彻落实省市降低企业成本减轻企业负担政策措施的通知
9月1日	浦政办〔2016〕130号	政府办关于漳浦县汛期隐患排查整“百日行动”工作方案的通知
9月9日	浦政办〔2016〕132号	政府办关于认真组织实施《漳浦县国民经济和社会发展第十三个五年规划纲要》及县级重点专项规划的通知
9月18日	浦政办〔2016〕134号	政府办关于印发漳浦县开展打击取缔非法加油站(点)、加油车专项整治工作方案的通知
9月18日	浦政办〔2016〕135号	政府办关于印发2016年第14号超强台风“莫兰蒂”灾后重建和恢复生产工作方案的通知
9月19日	浦政办〔2016〕136号	政府办关于开展行洪河道清障专项整治行动的通知

续上表

日　期	文　号	文件标题
9月29日	浦政办〔2016〕138号	政府办关于回加快推进企业“五证合一”和个体工商户“两证整合”登记制度改革的通知
9月29日	浦政办〔2016〕140号	政府办关于印发漳浦县社会科学普及规划纲要(2016—2020年)的通知
10月10日	浦政办〔2016〕141号	政府办关于印发漳浦县第二次全国地名普查补查补更工作实施方案的通知
10月10日	浦政办〔2016〕143号	政府办转发省财政厅等部门关于清理偿还政府欠款专项整治实施方案的通知
10月10日	浦政办〔2016〕144号	政府办关于印发漳浦县粮食安全应急预案的通知
10月10日	浦政办〔2016〕145号	政府办关于加快推进粮食应急体系建设的实施意见
10月13日	浦政办〔2016〕147号	政府办关于开展水源管理整治工作实施方案的通知
10月17日	浦政办〔2016〕149号	政府办关于印发2016年漳浦县食品安全重点工作安排的通知
10月17日	浦政办〔2016〕150号	政府办关于印发漳浦县“十三五”食品药品安全专项规划的通知
10月24日	浦政办〔2016〕151号	政府办关于印发漳浦县清理规范工程建设领域保证金工作方案的通知
10月20日	浦政办〔2016〕152号	政府办关于印发漳浦县进一步加强和推进网上行政审批服务实施方案的通知
10月24日	浦政办〔2016〕153号	政府办关于印发漳浦县2016年促进市场公平竞争维护市场正常秩序重点任务工作方案的通知
10月20日	浦政办〔2016〕154号	政府办关于印发漳浦县迎接第八届农博会. 第十八届花博会环境整治工作实施方案的通知
10月27日	浦政办〔2016〕155号	政府办关于印发漳浦县国民经济和社会发展第十三个五年规划纲要任务分解方案的通知
10月31日	浦政办〔2016〕156号	政府办关于进一步加强考勤管理工作的通知
10月31日	浦政办〔2016〕157号	政府办关于印发漳浦县2015年度可养区生猪规模养殖场（存栏250-1500头)标准化提升改造验收的通知
9月19日	浦政办〔2016〕161号	政府办关于促进人力资源服务业务加快发展的实施意见
11月2日	浦政办〔2016〕162号	政府办关于建立职业教育工作联席会议制度的通知
11月2日	浦政办〔2016〕163号	政府办关于印发提出升旅游服务质量加强旅游市场综合监管实施方案的通知
11月4日	浦政办〔2016〕164号	政府办关于做好2016年贫困户无房户安居工程及造福工程扶贫搬迁验收工作的通知
11月8日	浦政办〔2016〕165号	政府办关于调整《漳浦华侨史》编委会成员的通知

续上表

日　期	文　号	文件标题
11月8日	浦政办〔2016〕166号	政府办关于印发漳浦县道路交通安全综合整治“大干50天”攻坚战实施方案的通知
11月8日	浦政办〔2016〕167号	政府办关于印发漳浦县城区道路交通秩序专项整治工作方案的通知
11月9日	浦政办〔2016〕168号	政府办转发县城乡规划建设局等部门关于《漳浦县城市生活饮用水二次供水管理办法》的通知
10月31日	浦政办〔2016〕170号	政府办转发省政府办公厅关于进一步强化防汛防台风应急转移工作的通知
10月31日	浦政办〔2016〕171号	政府办关于印发2016年漳浦县农村土地承包经营权确权登记颁证工作考评方案的通知
11月11日	浦政办〔2016〕172号	政府办关于做好2016年扶贫对象动态调整和建档立卡信息采集录入工作的通知
11月21日	浦政办〔2016〕173号	政府办关于启用漳浦县赤湖工业园管理中心印章的通知
11月13日	浦政办〔2016〕174号	政府办关于做好新型农村合作医疗意外伤害补充保险工作的通知
11月21日	浦政办〔2016〕175号	政府办关于建立漳浦县互联网经济联席会议制度的通知
12月5日	浦政办〔2016〕182号	政府办关于印发漳浦县居住证制度实施方案的通知
12月5日	浦政办〔2016〕183号	政府办关于公布漳浦县农村承包土地经营权评估指导价格的通知
12月7日	浦政办〔2016〕185号	政府办转发漳州市人民政府办公室关于开展2016年粮食安全省长责任制考核工作的通知
12月7日	浦政办〔2016〕186号	政府办关于成立漳浦县粮食安全省长责任制考核工作组的通知
12月9日	浦政办〔2016〕187号	政府办关于印发漳浦县政策性农村住房保险实施方案的通知
12月7日	浦政办〔2016〕188号	政府办关于印发漳浦县2016年财税体制改革实施方案的通知
12月14日	浦政办〔2016〕189号	政府办转市政府办关于漳州市人民政府法律人才库工作规则的通知
12月16日	浦政办〔2016〕191号	政府办关于加强财政性资金投建工程项目管理的通知
12月14日	浦政办〔2016〕193号	政府办关于印发漳浦县数字家庭示范县建设规划方案的通知
12月14日	浦政办〔2016〕194号	政府办关于进一步促进汽车4S产业集群发展的通知
12月20日	浦政办〔2016〕195号	政府办关于组建防汛防台风应急抢险与灾后重建服务队伍的通知
12月22日	浦政办〔2016〕197号	政府办转发县水利局等部门关于《漳浦县鹿溪水系综合整治工程一期项目资金管理暂行办法》的通知
12月21日	浦政办〔2016〕199号	政府办关于印发漳浦县大气污染防治工作实施方案的通知
12月22日	浦政办〔2016〕200号	政府办关于报送2016年度年鉴资料的通知

续上表

日　期	文　号	文件标题
12 月 27 日	浦政办〔2016〕202 号	政府办关于印发县政府 2017 年主要工作责任细化分解表的通知
12 月 28 日	浦政办〔2016〕204 号	政府办关于印发漳浦县梁山水库水源地保护管理办法的通知
12 月 30 日	浦政办〔2016〕205 号	政府办关于加强粮食流通行政执法管理工作的通知
12 月 28 日	浦政办〔2016〕207 号	政府办关于印发漳浦县“十三五”安全生产专项规划的通知
10 月 30 日	浦政办〔2016〕210 号	政府办转发市政府办关于全面治理拖欠农民工工资问题实施意见的通知
12 月 30 日	浦政办〔2016〕211 号	政府办关于印发漳浦县严厉打击非法违法采矿专项行动实施方案的通知
12 月 30 日	浦政办〔2016〕212 号	政府办转发市政府办关于进一步推进乡镇(街道)便民服务中心建设工作的通知
12 月 31 日	浦政办〔2016〕214 号	政府办关于开展 2016 年度保护和发展森林资源目标管理责任制考核的通知
12 月 23 日	浦政办〔2016〕215 号	政府办关于印发县政府办进一步规范公务接待管理规定的通知
12 月 30 日	浦政办〔2016〕216 号	政府办关于印发漳浦县创建国家卫生县城工作规划的通知
12 月 30 日	浦政办〔2016〕217 号	政府办转发市政府办关于漳州市市级重大投资项目模拟审批实施办法的通知

拼音检索

说　明

一、本索引采用主题词分析法，按主题词首字汉语拼音字母顺序排列。
二、栏目、分目标题用黑体字。“特载”“专记”“大事记”内容不作索引。
三、索引主题词后的数字表示页码，数字后的 a、b、c 表示栏别左中右。
四、空一字起排的款目为上一主题的“附见”。

A

B

C

F

G

H

J

K

L

M

N

P

Q

R

S

T

W

X

Y

Z

漳浦县人民政府办公室文件

浦政办〔2017〕207号

漳浦县人民政府办公室
关于报送2017年度年鉴资料的通知

各乡镇人民政府，国有农林盐茶场，各工业区（园）和台创园管委会，县直各单位及省市驻漳浦机构：

为做好2017年度《漳浦年鉴》编印工作，发挥年鉴资料“存史、资政、育人”的作用，经县政府同意，决定启动2017年度年鉴资料的报送工作，现将有关事项通知如下：

一、各单位所报送的资料，第一部分要有“概况”的条目及内容，余下的其它条目、内容力求详细全面，既要写出工作做法，又要写出工作成效或结果，特别是单一记事条目，以某一具体事物、事件、社会或自然现象为对象，内容包括：事主、时间、地点、经过、原因和结果，以及单位的年度大事记。所有的数据以全年为准。

二、单位、个人2017年获市级以上表彰受奖的，要写明所表彰受奖的名称、颁奖单位、颁奖时间。

三、各单位要列出2017年度本单位副科级以上的领导及副主任科员以上非领导职务的人员名表。如当年任免的，要写明任免时间和籍贯。

四、各单位需提供能反映本单位2017年度大事、要事的相片5张（用于年鉴彩页，需文字说明并注明拍摄人及拍摄时间）。

五、各单位所报送的资料要署上撰稿人的姓名，必须通过单位保密审查，由领导签名，并加盖公章。

请各单位于2018年3月1日前将年鉴资料（纸质版和电子稿）报送漳浦县方志委。电子稿可提交U盘，或发送至邮箱zpdfz@163.com。县志委地址：绥安镇青年路11号（原国税大楼）二楼，联系电话：3222416。

漳浦县人民政府办公室

2017年12月22日

抄送：县委办公室。

县人大常委会办公室，县政协办公室。

漳浦县人民政府办公室 2017年12月22日印发